丛书编委会成员名单

（按汉语拼音排序）

智能交通系统(ITS)系列丛书

新一代智能化交通控制系统关键技术及其应用

■ 杨兆升 著

中国铁道出版社
CHINA RAILWAY PUBLISHING HOUSE

内 容 简 介

新一代智能化变通控制系统(Novel Intelligent Traffic Control System,简称 NITCS)是智能运输系统(ITS)的核心研究领域,其理论也是智能运输系统的基础理论。NITCS 主要实现对机动车流动态分配、实时控制、科学管理等功能,从而达到提高城市道路服务水平的目的。

本著作总结了作者近年来的科学研究成果,书中所提出的许多理论、模型及方法是智能运输系统理论研究的最新成果。该书主要内容包括:交通控制系统的产生、发展以及我国新一代智能化交通控制系统结构框架及其主要研究内容;大范围战略交通控制系统框架结构、多源交通决策信息融合与交通状态判别技术、大范围战略交通控制模型和算法;控制子区动态划分与合并技术及混合交通智能控制策略及实施技术;多目标智能控制技术及其在新一代智能化交通控制系统中的应用;完成了大范围战略交通控制系统软件及区域交通协调控制系统软件的需求分析、系统设计和集成测试,并进行了新一代智能化交通控制系统工程应用。

本著作可作为交通运输工程类本科生和交通信息工程及控制、交通运输规划与管理、载运工具运用工程专业的硕士生、博士生及培训班参考用书。也可供从事智能运输系统、交通信息工程及控制、交通运输规划与管理等领域工作的科学研究人员和技术人员参考。

序

随着经济发展和技术进步，交通运输已经成为人们经济生活中不可缺少的重要组成部分。它对保证社会经济体系及日常生活的正常运转发挥着越来越大的作用。

近20年来，世界各国先后建立了四通八达的交通运输网络，但交通工具的增长速度远远高于道路和其他交通设施的增长，因此随之引起交通拥堵、环境污染、交通事故等一系列交通问题,也造成了巨大的物质与经济损失。这些情况表明，单纯依靠修建道路与交通设施和采用传统的管理方式来解决交通问题,不仅成本昂贵、环境污染严重，而且其缓解交通拥堵、提高交通运输效果也是十分有限的。

为此早在30多年前人们就提出了智能交通系统的概念，但对智能交通系统或智能运输系统（ITS）进行系统的研究则始于20世纪80年代。ITS是将驾驶员、交通工具和道路、环境三位一体来考虑。广义上ITS应包括交通系统的规划、设计、实施与运营的管理实现智能化;而狭义上ITS则主要是指交通运输管理和组织的智能化。其实质就是采用现代高新技术对传统的交通运输系统进行改造而形成一种新型现代交通系统。也即是说，ITS就是将先进的信息技术、传感技术、数据通信技术、自动控制技术、运筹学、图像分析技术、计算机网络以及人工智能等有效地综合运用于整个交通管理系统。在系统工程综合集成的总体思想指导下，建立起一种在大范围内全方位发挥作用的实时、准确、高效的运输综合体系。ITS智能化的特征体现在：原理上是基于知识系统;系统功能上应至少具有判断能力、推理能力和学习能力，并应有辅助决策的作用;结构上应由机器感知、机器学习、机器识别及知识库等部分组成。

当然，ITS并不意味着交通系统完全智能化。在组织或控制交通系统时，只是希望系统运行秩序化,即尽可能达到高度组织化的程度，利用计算机和其他设备部分地替代交通主体——人,完成部分预测、处理和决策。在交通系统管理中，更重要的还是人的参与。

ITS的发展将推动交通运输进入信息时代，是21世纪现代化交通运输系统的发展方向。只有将“人和物的运载和运输”和“信息的运载和运输”融为一体，充分利用信息技术的最新成果，挖掘信息资源的最大潜力，才能大幅度提高运输效率和服务质量，满足日益增多的社会需要。

中国是当今世界交通基础设施建设发展最快的国家，但仍满足不了经济的快速发展和人民生活水平提高的要求,而且这一供需矛盾也日益突出。为此近十年来，我国也加速了ITS的研究,特别是国家在“九五”期间，原国家科委与十几个部委成立了全国智能运输系统协调指导小组及办公室,将全球定位系统 GPS（Global Positioning

System)、地理信息系统 GIS（Geographic Information System）以及管理信息系统 MIS（Management Information System）简称“3S”（GPS、GIS、MIS）作为重点项目予以支持，并初步启动了ITS体系框架和标准体系的研究；“十五”期间，随着各项技术成熟与发展，ITS应用已经成为社会的共识，为此科学技术部将“智能交通系统关键技术开发和示范工程”列入“十五”国家科技攻关计划的重大项目。目前该项目已经全面启动，首批确定了北京、上海、天津、重庆、广州、济南、青岛、杭州、深圳和中山10个城市作为智能交通试点示范城市。

我们相信，随着现代高科技的飞速发展，ITS必将在我国有着良好的发展前景与非常广泛的应用领域。它的成功定会对未来的生活起着不可估量的重要作用。

本丛书的作者都是长期从事ITS研究的第一线工作人员。我们期望本丛书的出版将有助于推动我国ITS事业的积极探索与健康发展。

中国科学院院士
中国工程院院士

2002年10月20日

丛书前言

随着经济全球化与科学技术日新月异的发展，人类社会文明进入了一个快速发展的新时期。知识经济的兴起，信息时代的到来，使很多传统领域都面临着革命性的变革。交通运输作为社会经济生活的一个重要方面，对保证社会经济体系的正常运转发挥着越来越大的作用。改革开放以来，我国经济和社会得到了快速的发展，高效、快捷的交通系统已成为社会经济发展的有力保障。在深入学习贯彻党的十六大精神、全面建设小康社会、走新型工业化道路的新时期，如何实现信息化带动工业化，如何利用信息技术改造与提升传统的交通运输业成为一个必须面对的问题。我国政府在“十五”国民经济发展纲要中明确指出：“交通建设要统筹规划，合理安排，扩大网络，优化结构，完善系统，推进改革，建立健全畅通、安全、便捷的现代综合运输体系。”特别是要以“信息化、网络化为基础，加快智能型交通的发展”。

智能交通与运输系统是将计算机、通信等众多高新技术与传统交通运输融合的集成和应用，是集高新技术的研究开发、系统集成、产业化和推广应用为一体的系统工程，它涉及到国家和地方的诸多相关部门，其内容与广大人民群众的切身利益直接相关。智能交通与运输系统技术的发展符合未来交通运输发展的方向，也将为我国高新技术产业的发展提供一个巨大的市场。因此在我国开展智能交通与运输系统的开发和应用，将对促进国民经济和社会的快速发展，增强国际竞争力有十分重要的意义。

2000 年由科学技术部牵头成立了全国智能交通系统（ITS）协调指导小组及办公室。在国务院各有关部门的大力协同和配合下，地方政府及科研单位、院校、企业积极参与，经过不懈努力，取得了许多令人可喜的研究和建设成果，其中包括建立了国家级的智能交通系统工程技术研究中心，制定了中国智能交通发展战略和中国智能交通系统体系框架，一些城市编制了地方智能交通系统发展规划和体系框架，开发了各种智能交通应用系统，在某些关键技术和产品开发及产业化等方面也取得了令人瞩目的成绩。“十五”期间，科学技术部在国家科技攻关计划中设立了“智能交通系统关键技术开发和示范工程”项目，以及北京、上海、天津、重庆、广州、深圳、济南、青岛、杭州、中山等 10 个城市进行的试点示范工程等项目正在顺利实施。这些成绩得到了社会的广泛关注和认可，社会各界对通过智能交通系统建设、解决或缓解日益严重的交通问题寄予了厚望。

为了加快我国 ITS 的人才培养，提高 ITS 从业人员的专业素质，更好地促进我国 ITS 事业的快速、健康发展，在国内 ITS 领域有关专家的努力下将于 2003 年撰写智能交通系列丛书。

本套丛书涉及到与智能交通系统建设相关的体系框架原理与应用、标准体系原理与方法、评价技术、控制技术以及车辆定位、地理信息及智能交通系统研究文集等，是各位专家及作者努力攻关、积极思考和辛勤劳动的成果。在此，我谨代表科学技术部全国智能交通系统协调指导小组向参与丛书撰写的各位专家、学者表示衷心的感谢，希望在大家的共同努力下，使中国 ITS 的研究和应用为国民经济和社会发展发挥更大的作用。

科学技术部秘书长

2002 年 12 月

前　言

智能交通系统(Intelligent Transportation Systems,简称 ITS)是目前国内外公认的有效地解决城市交通问题,特别是交通拥挤、交通阻塞、交通事故和交通污染等交通问题的最佳途径。自 20 世纪 70 年代末以来,发达国家投入了大量人力、物力和财力对 ITS 的诸多领域进行了广泛的研究与应用,取得了显著的阶段性成果。受国情、国力的限制,我国采用分层次、有重点地对 ITS 的核心内容进行了研究。交通控制系统作为智能交通系统领域的核心之一,本著作从学术意义和实用价值并重的角度出发,论述了新一代智能化交通控制系统关键技术,并构筑了适合我国国情的新一代智能化交通控制系统。

新一代智能化交通控制系统(Novel Intelligent Traffic Control System,简称 NITCS)突破了国内外传统交通控制系统的功能和控制模式,采用大系统智能控制与分层动态递阶协调的思想,以大范围战略协调控制级作为中央协调优化中心,从而突破了传统交通控制系统控制节点有限(路网节点数＜100)的限制,实现大范围的宽稳态协调控制,能够满足特大城市(路网节点数＞2 000)对城市路网控制节点实施统一协调优化控制的需求,有效缓解大范围路网区域内和区域间的交通拥挤问题。

新一代智能化交通控制系统是智能交通系统的核心研究领域,本著作重点论述了新一代智能化交通控制系统的基础理论及关键技术。不仅在学术上进行深入研究,而且还特别注重方法的实用性。其主要内容如下:(1)介绍了交通控制系统产生与发展,阐述我国新一代智能化交通控制系统结构框架,分析了新一代智能化交通控制系统所涉及的关键技术;(2)对国内外交通控制系统研究现状进行了综合分析,分析对比传统交通控制系统与新一代智能化交通控制系统的优缺点;(3)对大范围战略交通控制系统框架结构、多源交通决策信息融合与交通状态判别技术、大范围战略交通控制模型和算法等方面进行了深入研究;(4)以战略检测器与战术检测器的优化配置为基础,根据实时动态交通参数的变化,开发了控制子区动态划分与合并技术及混合交通智能控制策略及实施技术,保证了区域混合交通流交通控制策略和算法的实施;(5)将交通控制多目标的确定及其指标体系与度量方法的开发引入新一代智能化交通控制系统中,重点研究基于进化算法的智能交通控制技术和智能交通控制融合技术,对新一代智能化交通控制系统智能控制方法与技术进行了较为深入的理论探讨；(6)完成了大范围战略交通控制系统、区域交通协调控制系统及智能化交通信号控制器软硬件的需求分析、系统设计和集成测试；(7)鉴于对新一代智能化交通控制系统实施效果评价的必要性，借助计算机模的方法对其实施后的效果进行了模评价，并将新一代智能化交通控制系统进行工程应用。

本著作根据作者本人主持完成的国家高技术研究计划(863 计划)《新一代智能化交通控制系统关键技术开发》、《基于多源实时交通数据的城市道路交通状态预测技术开发》及国家自然科学基金项目项目《城市交通流系统协同理论与控制方法研究》等研究成果综合整理而成。承蒙课题组全体成员，特别是杨庆芳教授、姜桂艳教授、胡建萌高工、于德新老师、王薇老师、郑黎黎老师、王媛博士、林赐云博士、管青博士等人参加编写。于德新老师协助杨兆升教授作了统稿工作，在此一并表示衷心感谢！

我国新一代智能化交通控制系统的研究还刚刚起步，尽管本著作所阐述的理论、模型和方法有所突破，但还有待进一步深入研究。由于作者水平有限，难免有疏漏之处，敬请读者批评指正。

杨兆升

2008 年于吉林大学

目　　录

第1章 绪论

1.1 交通控制系统概述

进入20世纪80年代，整个世界处于和平与发展时期，世界各国经济都处于经济发展阶段，新技术、新材料的不断涌现促进制造业的迅猛发展，其中，汽车工业表现尤为突出。与此同时，社会、经济的快速发展以及人民生活水平的提高，汽车保有量的急剧增长，引发了一系列城市交通问题。交通控制系统应孕而生。

随着计算机技术和自动控制技术的发展，以及交通流理论的不断完善，城市交通控制系统的规模逐渐从点控、线控向面控发展，协调方式也从固定式协调配时向自适应协调配时发展，更重要的是控制方式从离线周期控制发展到了在线实时控制，并且在线实时控制方式适应交通流变化能力不断增强，控制效果不断提高。这种在线实时控制的自适应控制系统被认为是未来交通控制系统的发展方向之一。

1.1.1 城市道路交通存在的主要问题

随着经济以及科学技术的发展，机动车的保有量迅速增加，从而导致交通问题日益严重，其主要表现如下：

(1) 交通事故频发，对人类生命安全造成极大威胁

统计研究表明：世界总人口中，每年有将近19/100 000的人死于交通事故，这个数字可与战争中的死亡人数相比。据统计，20世纪因交通事故全世界共死亡2 585万人，该数字比第一次世界大战中死亡的人数还多。在侵略战争10年中美军死亡5万人，这个数字只相当于20世纪70年代美国1年的交通事故死亡人数。

(2) 交通拥堵严重，导致出行时间增加，能源消耗加大

20世纪70年代，统计研究表明：在英国一个大约具有100个平面交叉口的城市内，每年由于车辆延误造成的经济损失就达400万英镑；在东京，通过268个主要平面交叉口的低效率交通流运行的年经济损失约为2亿美元；在巴黎，每天由于交通拥挤引起的损失时间相当于一个拥有10万人口的城市的日工作时间。据测算，如果一辆小汽车在7 km/h至88 km/h的速度之间加减速1 000次，则比匀速行驶时多消耗燃油60 L，如果是卡车则多消耗144 L。

(3) 空气污染和噪声污染程度日益加深

汽车的尾气排放,噪声是当今世界最严重的环境污染源之一。发达国家的调查表明:汽车排出的污染物占大气污染物总量的60%以上;交通噪声占城市环境噪声的70%以上。这种污染在车辆制动和起动过程中更为严重。实验表明,车辆在起、制动时排出的废气量是均速行驶时的7倍以上,产生的噪声也比正常行驶时高出7倍。

交通问题还间接造成城市有限的土地资源和能源被无效地使用,公共运输系统的吸引力降低,运行效率下降,严重影响了人类生活的质量,给环境、经济和社会带来了严重的后果。

目前,解决上述问题的办法通常有两种:一是通过行政手段改变交通的运行规律,如采用公交优先措施、限制私人小汽车的过速发展、交错安排各单位的上下班时间和工休日等;二是采用结合先进的科学技术,引进智能交通运输系统(Intelligent Transportation System),统筹规划,合理安排,提高现有基础设施的利用效率。

1.1.2 交通控制的目的

交通控制的目的既是要在确定的行政规定约束下,采用合理的运作方法来确保公共和私人运输方式具有最佳的交通条件。具体表现在以下几个方面:

➢ 减少交通事故,增加交通安全

对交通实施控制可以把发生冲突的车流和行人从时间和空间上分离,从而减少交通事故的发生。

➢ 缓和交通拥挤,提高交通效益

合理进行交通控制可以对交通流进行有效的引导和调度,使交通流保持在一种平稳的运行状态,从而避免或缓和交通拥挤状况,大大提高交通运输的运行效率。

➢ 提高公交效率,减少交通负荷

在交通控制中,可以采用公交优化的方式,减少公交车的旅行时间,提高运行效率,从而可以提高公共运输系统对公众的吸引力,减少私家车、单位班车的使用,有效减少交通负荷。

➢ 降低污染程度,节省能源消耗

实施交通控制可以减少汽车的停车次数,并使车辆在较佳的运行状态下运行,从而可以减少尾气污染和能源消耗。

➢ 节省建设投资,提高通行能力

通过主动控制(交通流诱导)和被动控制(交通信号控制)相结合,在时间上和空间上合理优化、引导路网交通流,均衡路网负荷,提高路网通行能力,从而避免因缓解交通拥堵进行新建、扩建道路的投资。

➢ 优化资源配置,合理利用设施

通过主动控制与被动控制相结合,提高交通基础设施的有效使用率,合理优化各种交通基础设施的配置。

1.1.3 交通控制的任务

交通控制的主要对象是车辆及各种交通参与者,因此交通控制的任务是对道路上的交通流进行合理的引导和控制,以缓和或防止交通拥挤的发生、减少尾气排放和噪声污染以及能源消耗,并及时为交通参与者提供实时的路况交通信息,以增进交通安全、防止交通拥挤的扩散。

1.1.4 交通控制系统的历史沿革

根据英国学者韦伯斯特(F. V. Webster)和柯布(B. M. Cobbe)的著作描述,早在1868年,随着交通出行不断地增加以及交叉路口交通冲突不断严重,逐渐引起了人们对交通安全以及交通拥堵的关注。英国机械工程师纳伊特在伦敦斯敏斯特街口通过在煤油灯前变换用红、绿玻璃作为信号来实现交通信号控制。但是由于一次煤气爆炸事故使这种交通信号控制几乎销声匿迹了近半个世纪。随着城市电气化的发展,1914年以及稍晚一些时候,美国俄亥俄州的克利夫兰、纽约、芝加哥才重新相继出现以电力发电的交通信号灯。这标志着道路交通控制技术发展的开始。

1918年,美国纽约市街口开始安装一种电机控制的3个信号灯,信号灯色由人工操纵。这种信号灯是真正意义上的信号灯,因为它已经成为控制交叉路口车辆行驶的工具。

1923年,Garrett Morgan 申请专利 Morgan 交通信号灯,后来卖给了通用电气公司。

1926年,英国人制作了结构简单的交通信号机,这种信号机用小电动机带动齿轮机械转动,单段定周期地交换控制红、绿灯开关。它可以不用人来控制,但由于它不能根据实际交通情况作出相应的改变,因此它并不如人工控制有效,却奠定了城市交通自动控制的基础。

1930年,美国研制成功了世界上第一台感应式信号机,这种信号机可以根据交通情况的变化,自行调整信号时间。

1964年,加拿大多伦多市建立了一套由IBM650型计算机控制的交通信号协调控制系统,它是世界上第一个采用计算机控制的城市交通信号控制系统,大大提高了控制系统的性能和水平。该控制系统采用的控制方法与以往的不同,它是通过计算机网络对城市部分区域或所有区域实行协调控制。这是城市道路交通控制技术发展的里程碑。

在此之后,世界各国都相续建立以计算机为核心的区域交通控制系统,以便有效解决日益紧张的城市交通问题。交通控制系统的发展历程大致可用表1.1表示:

表 1.1　交通控制系统的发展过程

年份	方式	国别	应用城市	系统名称	系统特征	路口数	周期	检测器
1868	点控	英国	伦敦		燃气色灯	1	定	无
1914	点控	美国	克利夫兰		电灯	1	定	无
1926	点控	美国	各城市		自动信号灯	1	定	无
1928	点控	美国	各城市		感应信号灯	1	变	气压式
1917	线控	美国	盐湖城		手控协调	6	定	
1922	线控	美国	休斯敦		电子计时	12	定	
1928	线控	美国	各城市		步近式定时	多	多	
1952	面控	美国	丹佛市		模计算机动态控制	多	变	气压式
1963	面控	加拿大	多伦多		数字计算机动态控制	多	变	电磁式
1968	面控	英国	哥拉斯哥	TRANSYT	静态控制	多	变	环形线圈
1975	面控	美国	华盛顿	CYRANO	动态控制	多	变	环形线圈
1980	面控	英国	哥拉斯哥	SCOOT	动态控制	多	变	环形线圈
1982	面控	澳大利亚	悉尼	SCATS	动态控制	多	变	环形线圈
1985	面控	意大利	都灵	SPOT/UTOPIA	动态控制	多	变	环形线圈
1989	面控	法国	图卢兹	PRODYN	动态控制	多	变	环形线圈
1995	面控	德国	科隆	MOTION	动态控制	多	变	环形线圈
1996	面控	美国	新泽西	OPAC	动态控制	多	变	环形线圈
1996	面控	美国	凤凰城	RHODES	动态控制	多	变	环形线圈
1997	面控	希腊	哈尼亚	TUC	动态控制	多	变	环形线圈

世界各种先后研制的交通控制系统，大体可以分为三代：

第一代是多套配时方案选择式控制，即在计算机中存储有适合各种交通情况的配时方案，计算机根据检测器送来的当时交通情况信息，从这些配时方案中选出一套控制信号灯的动作。这种控制的优点是计算机运算量小。

第二代是配时方案生成式，与第一代不同的是，这种控制的配时方案不是选择的而是实时计算出来的。这种控制系统实时性比较强，但计算机运算量比较大。

第三代是一周期一换的配时方案产生式，它不同于第二代的是每一周期信号参数均有更新。

1.1.5　典型交通控制系统

经过几十年的发展，世界各国先后研制了多种交通控制系统，国外的交通控制系统比较典型的有英国 TRRL 研究开发的 TRANSYT 系统和 SCOOT 系统、澳大利亚开发的 SCATS 系统、美国 RHODES、OPAC、德国的 VRS2100 型计算机交通控制系统、日本 Kyosan 电器制作有限公司的京三交通控制系统等。

1. TRANSYT 系统

TRANSYT 系统是英国道路研究所花费近 10 年的时间研制成功的控制系统。后经专利转让，各国对 TRANSYT 进行了不断改进，美国已经发展到了 TRANSYT-7F，英国也已发展到 TRANSYT-8 型，基于 TRANSYT 开发出的系统现已被世界 400 多个城市所采用，是最成功的静态控制系统。它们的主要技术特征有：

(1) 控制模式为静态模式。

(2) 系统目标为平均延误时间、停车次数、排队长度最小。

(3) 参数特征为绿信比、相位差是通过建立优化数学模型进行优化确定，但不对周期进行优化，仅从事先确定的方案中选择确定。

(4) 利用爬山法对配时参数进行寻优确定。

2. SCATS 系统

SCATS 系统是一种实时配时参数方案选择系统，属于响应式联机操作系统，20 世纪 70 年代开始研究，20 世纪 80 年代投入使用。该系统把信号周期、绿信比和相位差作为各自独立的参数分别进行优选，优选过程所使用的“算法”以饱和度和综合流量为主要依据。算法中使用的“饱和度”，在概念上有别于传统意义上的饱和度，而是指被车流有效利用的绿灯时间与绿灯显示时间之比。它的优化过程并没有利用数学模型，而是在各种预定的方案中进行优选，方法简单但配时方案的数量是有限的。

3. SCOOT 系统

是一种对路网实行实时协调控制的自适应控制系统。SCOOT 系统是在 TRANSYT 的基础上发展起来的，因此他的模型及优化原理与 TRANSYT 相似。所不同的仅仅是前者为在线运行，后者为脱机运行。因此 SCOOT 系统无须事先准备任何备选配时方案。SCOOT 系统中包含了一个用于联机计算的实时交通预测模型，可以对交叉口停车线断面上的车流图式、车辆受阻排队情况以及交通拥挤程度做出定量的预测，并进一步计算出对应于各种配时参数组合的路网运行目标值。

4. RHODES 系统

RHODES 系统(real-time，hierarchical，optimized，andeffective system)，它是由美国亚利桑那州立大学的 P. B. Mirchandani 等人于近年开发成功，并陆续在美国亚利桑那州的图森市和腾比市进行了现场测试，结果表明该系统对半拥挤的交通网络比较有效。COP(相位可控制化)，REALBAND(有效绿波带)和预测算法是 RHODES 系统的核心技术。最新版本在对普通交通流影响不大的前提下，增加了公交优先功能，提出了一种被称为"公交绿波带"(Busband)的概念。

5. OPAC 系统

OPAC 系统(Optimization Policies for Adaptive Control)，它是 1983 年由美国提出的，并已在 90 年代初开始试运行。该控制系统采用了动态规划原理来优化控制策略及 DYPIC 程序的反传动态编程算法中提出离散时间周期性滚动优化的方法；同时采用分散式控制结构以减少网络通信量、分布并行处理以便将危险分散，并使优化过程可以达到最少的约束条件。

6. 中国的交通控制系统

目前，国内交通控制公司大多集中在开发交通信号控制器上，比较典型的有上海交大的 MIC-TC 型路口信号控制器、南京多伦科技有限公司的 DPS-16 型交通信号控制器，青岛海信的 SC100、SC200 系列交通信号控制器，北京亿阳的 EHLSTC-1620 交通信号控制器，哈尔滨新中新的 2000-I 交通信号控制器，西北工大的 XATM-V 型智能交通信号控制器等。这对于改善我国交通信号控制系统硬件设施国产化水平低的状况、开发具有我国自主知识产权的交通信号控制系统起到一定的促进作用。在实际的工程应用中，上述公司以交通信号控制器为主来构造交通信号控制系统，大多采用单点定时控制，基本没有干线协调功能，未实现区域控制功能，局部应用于中小城市；同时我国自主开发的交通信号控制器在可靠性、兼容性、扩展性、灵活性等方面还有待进一步改进完善。这些设备不仅不能与国外的控制系统兼容，而且由于我国还未在交通信号控制领域形成统一的数据通信规范，这些交通信号控制器在不同的公司构造的信号控制系统中也无法实现兼容，从而出现了"各自为政"的局面，无法实现统一协调管理。

目前，这些控制系统都有自身无法克服的缺点，特别是在宏观交通控制方面已经很难找到一种更为先进的控制方法来实现大范围交通的全面控制、区域与区域的协调控制以及区域边界之间的协调控制。因此，有必要拓展新的思路来实现整个交通网络交通流的整体协调与控制。

1.2 新一代智能化交通控制系统研究综述

1.2.1 研究背景

传统的交通控制系统根据城市交通流的历史数据，预先将路网分成点、线、面三种控制形式，运行过程中，根据城市路网交通状况的实时变化，通过控制系统中已有的模型或策略，优化或优选信号配时参数，以通过对路口信号灯灯色显示的控制，达到对路网交通信号的联网或联动协调控制，从而实现对路网机动车交通流的控制，如图 1.1 所示。

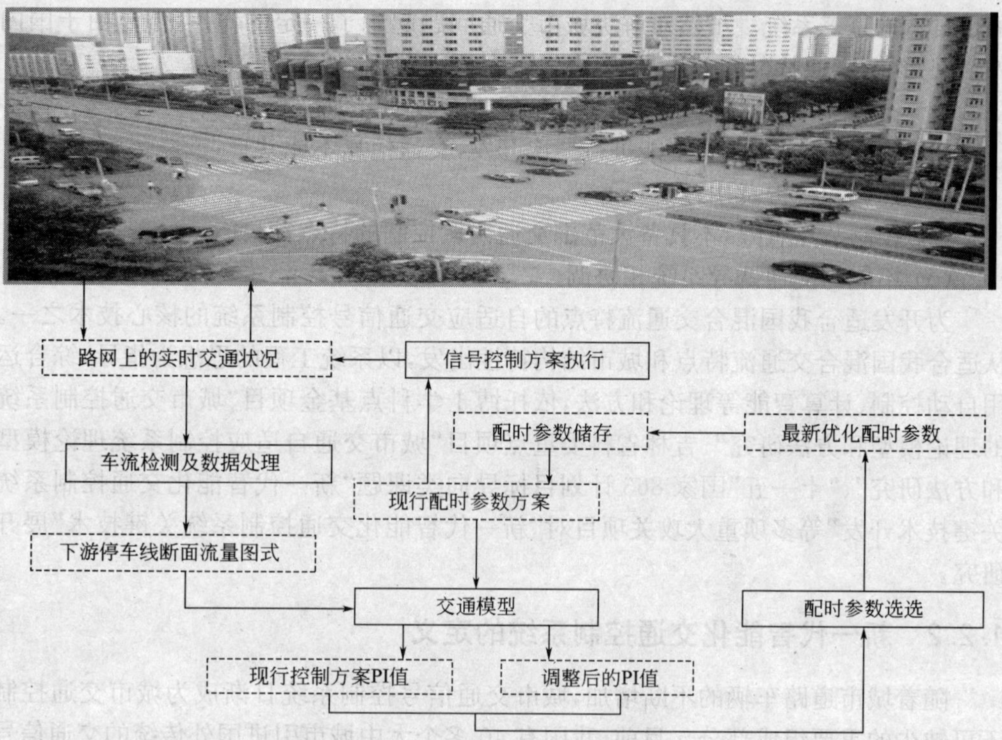

图 1.1 典型交通控制系统流程图

其作用在于：

- 提高通行能力
- 防止交通拥挤
- 减少尾气排放
- 保障交通安全

其意义在于：

- 解放路口交警警力
- 减少人力、物力投入
- 优化资源配置
- 提高社会生产力

因此，交通控制系统已经成为当今世界各国交通工程领域不可或缺的、最重要的高新技术。

国内 30 余个大城市全部是引进国外的交通控制系统，应用情况如下：其中 SCOOT 系统在北京、大连、成都、青岛投入使用，SCATS 系统在上海、广州、沈阳、宁波、杭州投入使用，长春和郑州引进的是西班牙的 Sanco 交通控制系统，深圳则使用的是日本的京三系统。虽然对解决城市交通问题起到了一定的作用，但是由于国内外路网条件、交通状况的差异，还存在以下主要问题：

(1) 不适合我国混合交通流的特点，配时参数不合理；

(2) 核心技术不公开，不能进行二次开发，交通信息不能共享；

(3) 购置和维护费用过高；

(4) 控制节点有限，不具备大范围交通协调控制的特点；

(5) 不能与交通诱导系统相协调。

为开发适合我国混合交通流特点的自适应交通信号控制系统的核心技术之一。从适合我国混合交通流特点和城市结构特性出发，以系统工程的思想为指导，综合运用自动控制、计算智能等理论和方法，依托博士学科点基金项目“城市交通控制系统的理论模型和方法研究”、吉林省科委重点项目“城市交通自适应控制系统理论模型和方法研究”、“十一五”国家863计划目标导向类课题“新一代智能化交通控制系统关键技术开发”等多项重大攻关项目对“新一代智能化交通控制系统关键技术”展开研究。

1.2.2 新一代智能化交通控制系统的定义

随着城市道路车辆的不断增加，城市交通信号控制系统日渐成为城市交通控制不可缺少的重要组成部分。目前，我国有40多个大中城市引进国外传统的交通信号控制系统，这些系统控制对象单一，控制范围小(区域节点数小于100)且无法互联互通，控制策略僵化且不适用于饱和、过饱和交通流，主要用于在非饱和交通流条件下规范车辆在交叉口的运行秩序，无法解决交通拥挤、拥堵条件下交通流的快速疏散和提高系统运行效益的问题。新一代智能化交通控制系统(Novel Intelligent Traffic Control System，简称NITCS)基于实时动态交通信息及交通状态判别技术，采用分级分区的大系统动态分层递阶控制框架，将大范围作为中心协调层，将区域作为优化控制层，将交叉口信号控制器作为联动执行层，从大范围(交叉口数量大于2 000)协调、区域(交叉口数量大于500)优化、交叉口联动三个层次对路网交通流进行协调控制，从时间和空间两个角度，优化路网交通流，均衡路网交通负荷，有效提高了非饱和交通流情况下的安全性，解决了饱和、过饱和交通流条件下的交通拥挤、拥堵问题。突破并解决了国内外传统交通控制系统控制范围小、各区域之间无法协调、控制策略僵化、交通拥挤、拥堵条件下无法实现交通疏导的难题。

1.2.3 新一代智能化交通控制系统的框架结构

NITCS采用分级分区递阶控制模式，主要包括大范围战略控制级、区域控制级和路口控制级，如图1.2所示。

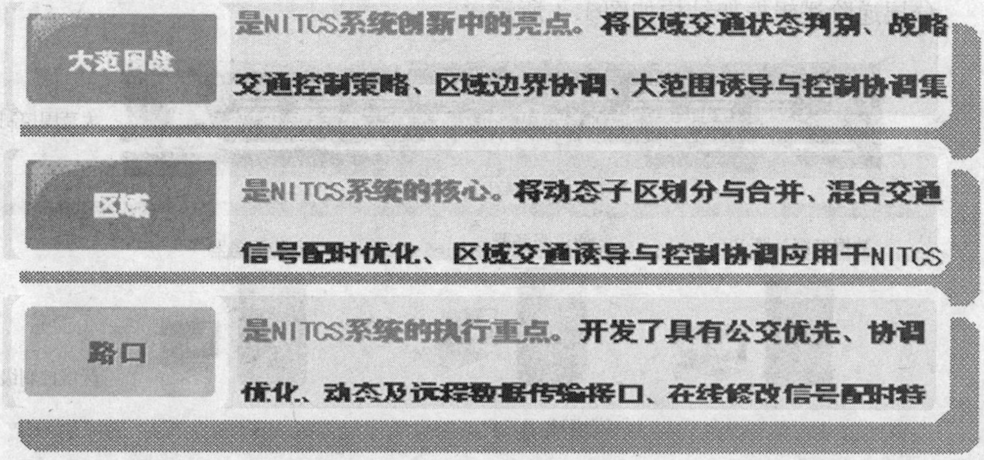

图 1.2 NITCS 的组成

其系统物理框架如图 1.3 所示：

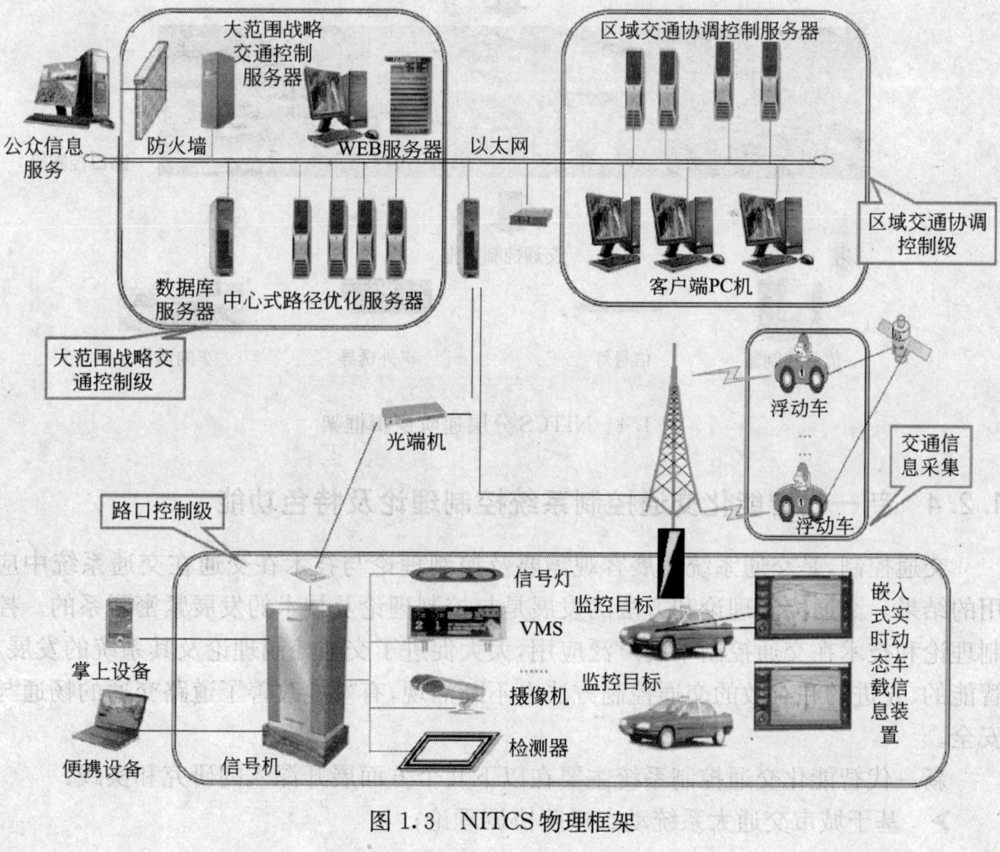

图 1.3 NITCS 物理框架

分层递阶逻辑框架结构如图 1.4 所示：

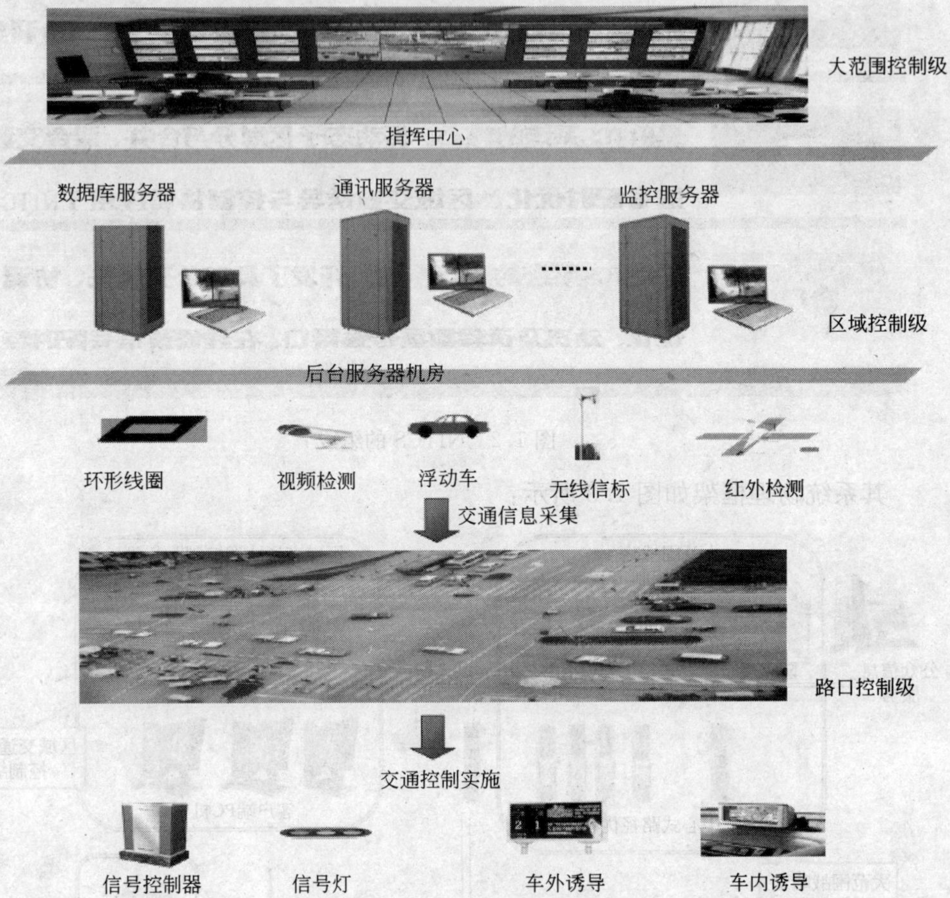

图 1.4　NITCS 分层递阶逻辑框架

1.2.4　新一代智能化交通控制系统控制理论及特色功能

交通控制，是交通系统发展客观需要及控制理论与技术在交通在交通系统中应用的结果。交通控制理论和方法的发展是与控制理论及技术的发展紧密联系的。控制理论和技术在交通控制中的广泛应用，大大促进了交通控制理论及其系统的发展，智能的、先进的和有效的交通控制方法也不断涌现，有效地改善了道路交通的畅通与安全。

新一代智能化交通控制系统主要在以下几个方面展开深入的研究和实践：

- 基于城市交通大系统动态递阶协调理论；

➢ 交通诱导与交通控制协同理论；

✧ 大范围战略交通控制技术；

✧ 大范围交通控制与交通诱导双目标协同技术；

✧ 混合交通信号配时参数优化技术；

✧ 区域智能交通控制策略优化技术；

✧ 区域交通控制与交通诱导协同技术。

1. 城市交通大系统动态递阶协调理论

城市交通系统是一个复杂的大系统，它具有高维、多目标、关联性、分散性、不确定性、主动性等特点；为了更深入地对城市交通大系统进行研究，基于大系统理论和协同学原理，建立城市交通大系统动态递阶协调理论。

该理论将交通诱导和交通控制作为系统状态的调节量，同时将城市交通系统分成多级(多层)耦合的子系统，上级需对下级子系统间的关联进行协调，从而得到全局最优的控制策略并下发给下级；从而打破了以往对城市交通系统的研究只停留在单一区域层的局限，更符合城市交通系统的特性，为解决城市交通问题提供了一个崭新的思路。

2. 交通诱导与交通控制协同理论

交通诱导通过合理分配，改变了车流在空间路网上的分布；交通控制方案决定了车辆在交叉口的等待时间，改变了车流在时间上的分布；二者若能协同，则能够均衡路网上的交通负荷，合理化车辆时空分布；也可以达到整体性、局部性互补，动态性、稳定性相协调，强制性与灵活性共存，达到 1＋1＞2 的效果，如图 1.5：

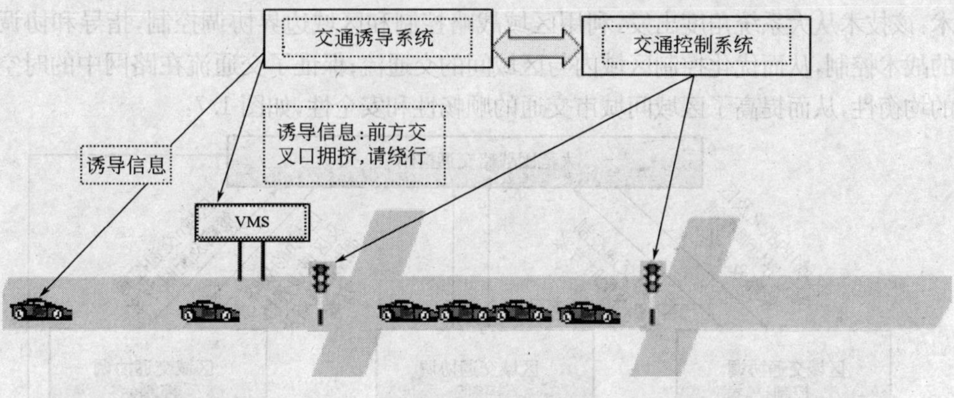

图 1.5 交通诱导与交通控制的协同运作

长期以来，国内外仅依靠交通诱导和交通控制解决城市交通问题，且将二者做为独立系统分别进行研究。作者在 20 世纪 90 年代就提出交通诱导和交通控制协同的理念，并通过主持完成的“九五”国家重点自然基金、“十五”国家科技攻关、“十一五”国家“863”计划等课题不断深入研究。

基于协同学原理，将引起交通状态变化的调节量(交通控制、交通流诱导)作为交通系统的序参量，建立了交通诱导与交通控制协同理论，如图 1.6。该理论：

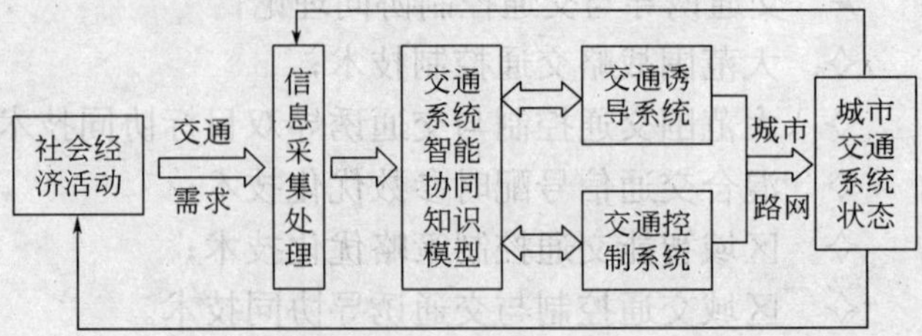

图 1.6　交通诱导与交通控制协同流程

➢ 明确了城市交通状态有序化的机理；
➢ 确定了交通系统稳定性丧失的条件；
➢ 建立了序参量的知识模型。

3. 大范围战略交通控制策略及模型

国外在交通控制领域的研究起步较早，研究成果较多，开发了一些适用于工程应用的系统，包括英国的 SCOOT、澳大利亚的 SCATS、日本的 Kyosan、西班牙的 Sanco、美国的 TRANSYT 等。目前国内省会城市普遍采用国外的交通控制系统。

在已有的交通控制系统中，虽设有中心监控层，但是没有大范围协调控制。区域控制和区域控制之间相互独立，不能相互协调，这样致使交通控制不能从整体优化的角度出发优化交通流；容易产生由于区域与区域之间交通负荷时空分配不均衡而引起的局部交通堵塞。

作者在国际上首次基于大系统理论中的递阶协调理论，开发了大范围战略交通控制技术：该技术从大系统角度出发，利用区域战略控制和区域边界协调控制，指导和协调区域的战术控制，从而优化控制区域内与区域间的交通流；保证了交通流在路网中的时空分配的均衡性，从而提高了区域间城市交通的顺畅性和安全性，如图 1.7：

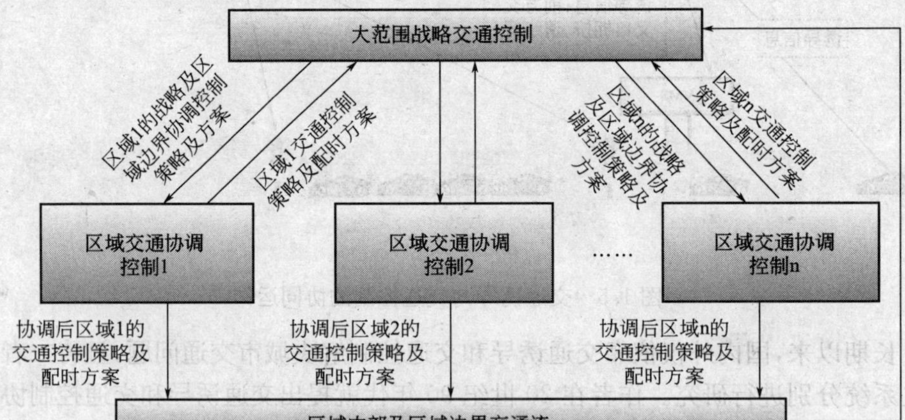

图 1.7　大范围战略控制逻辑框架

涵盖的特色功能包括(如图 1.8～图 1.10):

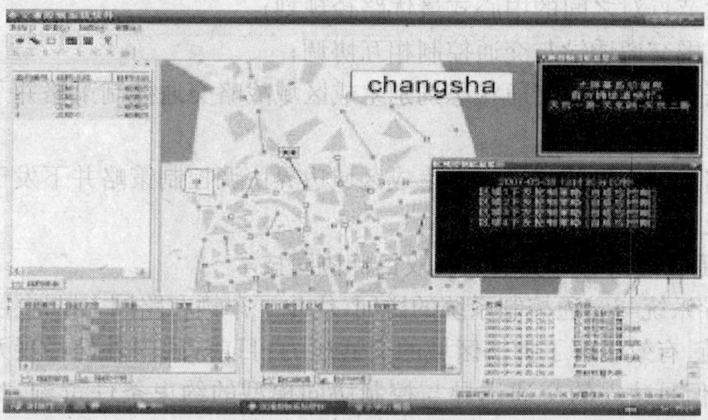

图 1.8 大范围战略控制界面

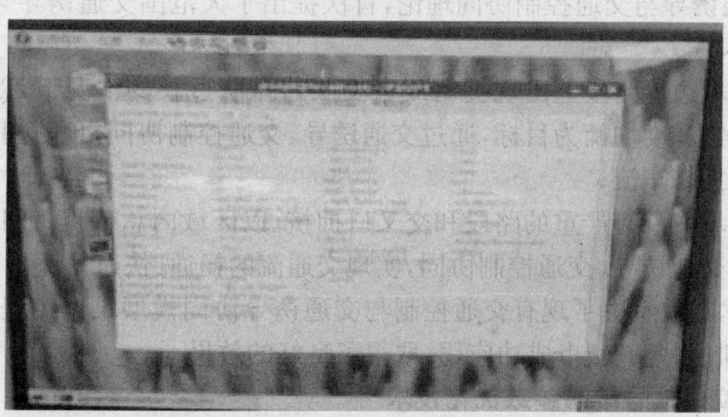

图 1.9 大范围动态路径规划计算平台

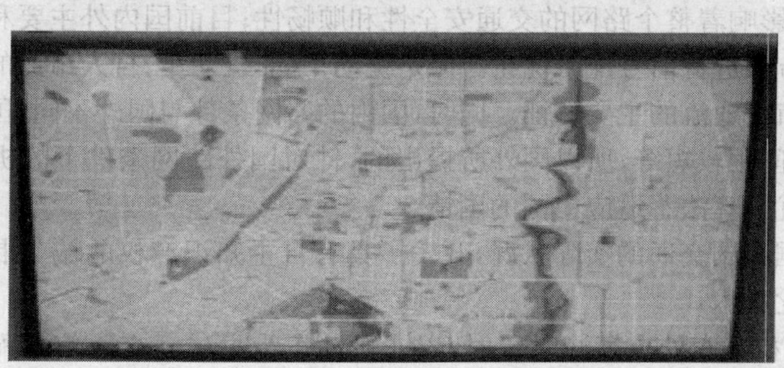

图 1.10 大范围控制中心动态路径规划路径规划

◆ 实时采集的检测器数据(固定型检测器、浮动车检测器)预处理及融合;

- ◆ 短时交通参数预测及交通状态判别；
- ◆ 任意节点对之间的中心式最优路径规划；
- ◆ 大范围交通诱导与交通控制相互协调；
- ◆ 根据大范围路网交通状态判别生成区域战略交通控制策略并下发于区域交通控制级；
- ◆ 根据区域边界的交通状态生成区域边界协调控制策略并下发于区域交通控制级。

4. 大范围交通诱导与交通控制双目标协同技术

交通诱导系统与交通控制系统的协同，优化了车辆在路网上的时空分布，从而均衡了交通负荷，有效缓解了拥挤区域的交通压力；目前，国内外已经展开了两个系统协同的研究，但是建立的交通诱导与控制协同模型的约束条件苛刻，难以获得最优解。所以在现有两系统的工程应用中，它们仍然单独运行，相互独立；

基于交通诱导与交通控制协同理论，首次提出了大范围交通诱导与交通控制双目标协同技术：

- ➢ 在区域边界路段上出现拥堵或者交叉口排队过长的情况下，以协同区域内路段饱和度均衡为目标，通过交通诱导、交通控制协同，预防拥挤加剧、快速疏散拥挤车流；
- ➢ 当区域内没有严重的路段和交叉口拥挤，以区域内总行程时间最小为目标，通过交通诱导、交通控制协同，实现交通流的畅通、快速。

该项技术有效解决了现有交通控制与交通诱导协同模型难以工程应用的问题，并已经在深圳、淄博等城市成功应用，取得了良好的效果。

5. 混合交通信号配时参数优化技术

交通信号配时优化是交通控制系统的核心，它所提供的配时参数是否符合交通流状况，直接影响着整个路网的交通安全性和顺畅性；目前国内外主要利用国外的经典信号配时方法进行信号配时优化。但是机动车、非机动车、行人组成的混合交通一直是我国城市交通流的主要特征。同时，国内的路网条件与国外不同，国外路网成方格型，交叉口间距较短等；所以国外所提出的，针对国外路网条件下的机动车交通流的信号配时优化算法不适应中国的国情。

作者根据我国交通的实际状况，开发了具有自主知识产权的城市混合交通信号配时参数优化技术：

- ➢ 当非机动车处在高峰时段时，以非机动车为主建立交通信号配时参数优化模型；
- ➢ 在机动车处在高峰时段时，把非机动车折算成标准小客车进行信号配时计算。

该技术集机动车信号控制、非机动车信号控制、公交优先信号控制于一体，具有原创性，解决了长期困扰我国混合交通流信号控制系统核心技术空心化的问题。

6. 区域智能交通控制策略优化方法

任何一种控制策略都立足于一定的道路交通条件。只有当路网的交通流运行特性满足或接近控制策略的适用条件时，系统的控制效果才能达到最佳状态。目前，在国内外所开发的交通控制系统中，系统一旦搭建完成，控制策略基本保持不变。

由于交通流随着时间和空间的变化而变化，单一的交通控制策略无法适应不断变化的交通流状态。一旦交通流状态不适应交通控制策略所适应的条件，控制系统无法对交通流进行快速反应和高效的控制。

作者首次开发了区域智能交通控制策略优化技术，该项技术可以针对不同的交通流状态，自动实施不同的交通控制策略（如图 1.11，图 1.12）：

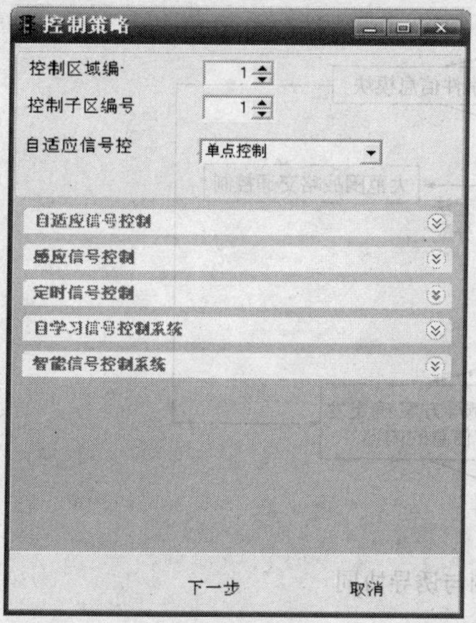

图 1.11 区域控制策略界面 1

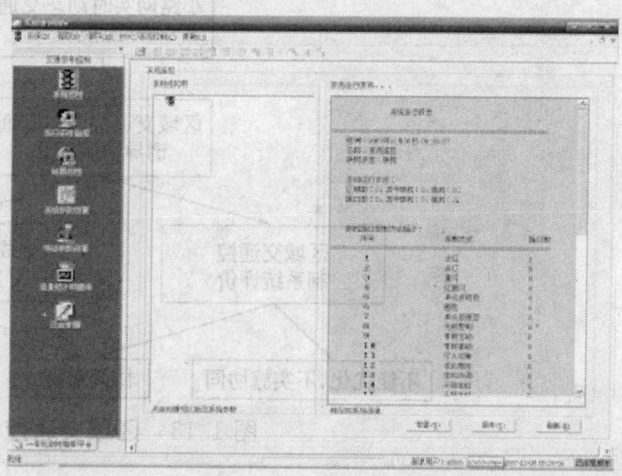

图 1.12 区域控制策略界面 2

- ➢ 当区域内路段或交叉口出现交通拥挤时，根据交通流状态信息，自动调整各通行方向及毗邻路段交叉口的绿灯时间，促使拥挤区域排队车辆的尽快消散，避免拥挤进一步加剧；
- ➢ 同时根据交通状态的不断变化，灵活转换控制方案。

该项技术克服了传统技术很难对具有非线性、模糊型和不确定性的交通系统进行有效控制的缺陷，有效预防和缓解了交通拥挤，提高了道路通行能力和使用效率。

7. 区域交通诱导与交通控制协同实施技术

在国内外已工程应用的交通控制系统中，区域层仅仅采用信号控制实现对路网交通流的控制，尚未将交通诱导与交通控制相互协调，从时空角度出发优化区域交通流。随着协同理念的不断深入，国内外的学者逐渐开展了这方面的研究，大多数研究集中在信息获取层面上的协同，尚未提出可工程应用的实施技术。

作者提出了基于小路网均衡分配的区域交通诱导与交通控制协同实施技术，如图 1.13。

将区域流量进行交通分配后的交通流参数信息传输给区域控制级，区域控制级在此交通流参数的基础上进行交通信号配时优化；

促进了区域交通诱导和交通控制效益的最大化，使路网交通流量均衡分配，有效地缓解了交通拥挤。

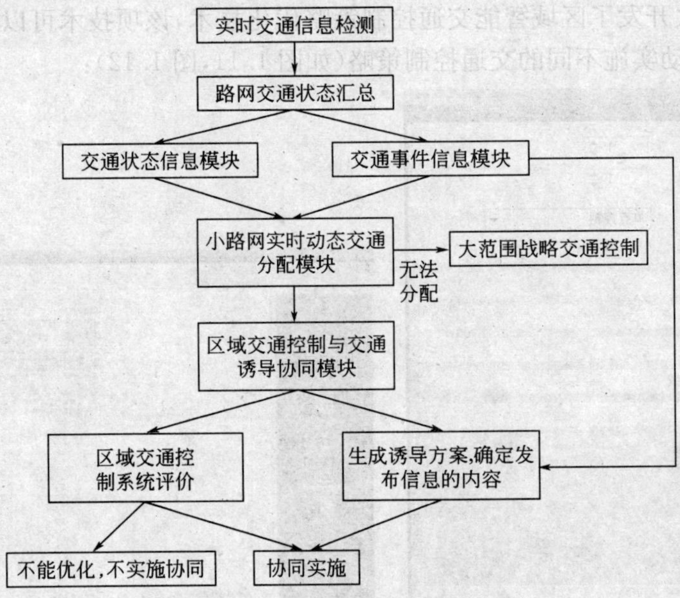

图 1.13 区域交通控制与诱导协同

1.3 本章小结

本章在介绍传统的交通信号控制系统的基础上，提出了新一代智能化交通控制系统，并简要介绍新一代智能化交通控制系统的框架结构以及特色功能。

第2章 大范围战略交通控制技术

2.1 大范围战略交通控制系统框架结构

2.1.1 大范围战略交通控制系统开发背景

交通系统作为社会经济和物质结构的基本组成部分，其发展水平是国家兴旺发达的重要标志之一。交通运输业的快速发展，能更有效的组织生产，安排生活，提高城市客货流的有效运转，促进城市经济发展。然而，现代交通工具也给城市带来了各种交通问题，近半个世纪以来，交通拥挤、道路阻塞和交通事故的频繁发生以及环境污染严重加剧，极大地困扰着世界各国的大城市。交通拥挤增加了人们的出行时间和成本，空气污染、噪声污染，破坏城市环境，严重影响了居民休息和教育、文化活动，危害人体健康，交通事故增多造成了大量的人员伤亡和高额的直接和间接经济损失，增加社会不安定因素，制约了城市的进一步发展。

在国外，特别是西方国家，由于经济发展起步较早，20世纪60年代时交通问题就已经非常突出，纽约、巴黎、伦敦等城市的中心街道上，平均车速每小时只有10多km。美国德克萨斯州运输研究所对美国39个主要城市的研究，估计美国每年因交通阻塞造成的经济损失约为410亿美元，12个最大城市每年的损失均超过10亿美元；日本东京每年因交通拥挤造成交通参与者时间损失的价值相当于123 000亿日元；而欧洲每年因交通事故、交通拥挤和环境污染造成的经济损失分别达到500亿欧元、5 000亿欧元和50亿～500亿欧元。

我国经济的迅猛发展和城市化进程的快速推进，城市人口、机动车保有量、交通量持续大幅度增加，导致了交通需求与道路交通设施之间的尖锐矛盾。城市交通拥挤的加剧，不仅造成巨额的经济损失，发展严重甚至会导致城市功能的瘫痪。交通拥挤不仅使交通延误增大，行车速度降低，带来时间损失；而且低速行驶增加耗油量，导致燃料费用增加、能源浪费；汽车尾气排放增加而造成环境质量恶化，据统计，北京市仅来自汽车排放尾气中的一氧化碳、炭氢化合物、氮氧化合物分别占北京大气污染物的63%、73%和2%，是北京大气中的主要污染源。此外，城市交通拥挤使交通事故增多，据公安部统计，2005年全国共发生道路交通事故450 254起，造成98 738人死亡，直接财产损失18.8亿元，2006年全国共发生道路交通事故378 781起，共造成

89 455 人死亡。由交通事故导致的死亡人数让人触目惊心，减少交通事故，提高城市道路运行的安全性已成为迫在眉睫的问题。

随着汽车保有量不断增加，随着城市规模不断扩大，交通管理的范围也越来越大，对交通控制系统的管理效率提出了更高的要求。

大范围战略交通控制是一项复杂的系统工程，按照系统的观点，任何事情都是互相有机联系的整体。所以在构建大范围战略交通控制系统时，应首先按照全局的观点对系统的框架进行整体构造，然后按照“自上向下”的分析设计思想，将系统逐层逐级地进行分解，之后按照“自下而上”的思路进行系统集成，这样才能构成大范围战略交通控制系统。因此，对大范围战略交通控制系统框架结构进行研究是非常必要的。

作者研究并确定了大范围战略交通控制系统的目标和功能，采用结构化设计方法和工具，分析大范围战略交通控制系统中子系统的划分及各子系统功能，理清大范围战略交通控制系统中子系统之间的数据交换关系，完成对大范围战略交通控制系统总体架构的搭建，为实施大范围战略交通控制系统提供指导。

作者首先研究大范围战略交通控制系统结构框架，在这个框架下，对相关的大范围战略交通控制技术进行研究，在此基础上，完成大范围战略交通控制系统软件开发，并与区域控制系统集成，形成一个软硬件兼容的、功能完整的、分层控制的大范围战略交通控制系统。

2.1.2 大范围战略交通控制系统的基本定位

现有国外自适应交通控制系统是分区域独立控制的。随着大型通信网络技术和大规模交通信号控制器的开发，要求在管理层上有大范围的战略交通控制技术来实现交通控制的整体最优。这是未来智能交通控制系统发展的趋势。

城市交通流分布在城市道路网络中的各条具体的道路上，不同路段、不同交叉口的交通流的流量、速度都不相同，说明交通流的特性与空间位置密切相关；即使是空间位置相同的交通流，由于不同时间段的交通出行的特征、规律不同，也会导致它们在不同的时间具有不同的特性和规律。因此，可以看出，城市道路网络交通流呈现出不同的空间和时间特性。

交通信号控制系统是通过信号灯色的变换，改变不同方向的车辆通过路口的时间，从而使车流量在网络上的时间分布发生变化，本质上是对交通流量的时间分布进行调整。而交通诱导系统是通过改变行驶在不同路径上的车辆数，达到网络流量均衡的优化目标，即对路网上未来即将发生的交通流量的空间分布进行直接调整。所以，对城市道路网络交通流进行合理控制，需要采用交通信号控制和交通诱导两种方式的共同作用。

同时,由于交通流的特性及规律与其地理情况密切相关,而城市道路交通系统在运动过程中又具有随机性和动态性,因此在计算机容量、计算速度和系统可靠性等条件的限制下,对大范围内整个路网的交通流进行统一的控制显然是不现实,也是不经济的。所以有必要在划分控制区域的基础上,进行控制区域之间的协调,进而实现在大范围空间内的整体交通控制。

"大范围战略交通控制系统"主要面向大城市的交通管理与控制,随着城市规模不断扩大,城市路网密度增大,以及安装信号灯交叉口数量增多,城市交通控制系统需要管理的范围逐渐增大。面对不断增大的控制范围,交通控制系统必须要适应这种变化。因此,提出了"大范围战略交通控制系统"的概念。针对"大范围战略交通控制系统",作者给出了对"大范围"以及"战略控制"的基本定位。

2.1.2.1 "大范围"的理解

"大范围"是一个模糊的概念,不同的人有不同的理解。作者在认真分析城市交通控制系统的特点基础上,明确了对"大范围"的基本定位。

第一种理解:"大范围"是地理上的概念。指地理上的需要控制的范围很大,即需要控制的信号机数量很多,分布比较广泛。但是,具体来说,信号机的数量达到多少可以算作"大范围"则没有统一的标准。自适应交通控制系统一般要求系统能够实时生成整个区域的协调控制策略,是否能满足这一要求,则与计算机的处理速度、数据传输速度以及交通控制策略生成算法的计算复杂程度等因素有关。

第二种理解:"大范围"是指控制手段上的多样化。传统意义上的交通控制是指交通信号控制,即通过对信号配时参数进行优化,来合理分配车辆在交叉口的通行权。信号控制是一种被动式的控制手段,驾驶员根据经验选择适合的行驶路线,由于驾驶员得不到实时的路网交通状况信息,因此,在路网交通量比较大的情况下,某些交叉口和路段出现拥堵在所难免。而交通流诱导则是一种主动式的控制手段,交通流诱导是通过为驾驶员发布实时交通状态信息,使驾驶员能够主动地避开拥堵路段和拥堵交叉口,从而使整个路网交通流均匀、合理地分布。大范围战略交通控制系统将协同交通信号控制和交通流诱导两种控制手段,更有效地管理越来越复杂的交通。

第三种理解:"大范围"是指交通系统特性比较复杂。指一个城市的各个区域交通状态差别较大,各个区域的交通独立性较强,不适合作为一个区域来统一协调与管理,在这种情况下,也可以把这个城市交通控制区域看成是一个"大范围"。

2.1.2.2 "大范围"的确定

根据以上对"大范围"的理解,一个城市根据各区域交通特点来决定是否选择"大范围"战略交通控制系统,以及是否运用多样化控制手段来进行交通管理与控制,这二者是比较容易确定的。但是"大范围"控制范围内交叉口数量的确定,则需要综合考虑几方面的因素：计算机处理速度、网络传输速度、控制策略生成算法的复杂程度等。

作者通过对国外现有交通信号控制系统的分析、对现在计算机系统性能分析，以及对国家科技部项目指南中的技术指标进行分析，并通过模拟测算控制策略生成算法的计算速度，确定了“多于500个信号控制交叉口”的区域可被看成“大范围”，多于500个信号交叉口的城市可以使用大范围战略交通控制系统。

近年来，国外在控制层次与区域动态划分方面进行了研究，取得了一些理论成果，但尚不成熟，没有成熟的技术出现，也未见实际工程应用。我国学者虽然也认识到了大范围战略控制的必要性，但只是在大范围战略控制的问题上进行了初步的理论探讨，并没有进行深入、细致的研究。因此，“大范围”战略交通控制系统的开发具有重要的理论意义和现实意义。

2.1.2.3 “战略控制”的定位

大范围战略交通控制系统实质上是指以交通信号控制和交通诱导为控制手段，对范围广泛、状态复杂的大规模交通系统进行整体控制，主要包括区域间网络交通流协调优化控制，以及各区域内部战略级控制策略的制定，从而达到缓解城市道路的交通拥挤，减少环境污染、减低能源消耗的目标。

“大范围战略交通控制系统”采用分层结构，一般由三个或四个控制层次构成，而“战略控制系统”处于三层(或四层)控制结构的最上层(中心层)，其主要功能是对整个控制系统的运行进行管理和监控。“战略控制”可以从以下两个方面理解。

第一种理解：针对区域边界出现的矛盾状况进行协调控制。战略控制层需要根据区域边界上的交通状态，协调各个控制区域边界上的矛盾，缓解区域边界上的交通拥挤。对于一个较大的控制范围，众多的控制节点，首先要把这个大范围划分成几个控制区域，每个区域由一个区域控制系统单独控制。在各区域交通状态均正常的情况下，各个区域控制系统单独控制各自的区域，中心控制级不需要进行干预，只有在相邻控制区域的控制系统在边界上的控制策略相互矛盾而使区域边界交通状况发生混乱的时候，大范围战略控制系统才需要对各区域的边界控制方案进行协调，从而使区域边界上的交通拥堵现象得以缓解，使区域间的交通量得以均衡分配。

第二种理解：根据各个控制区域内部的交通状态，下发该区域的总体控制策略。由于各个控制区域的交通状态在不同的时间段内可能有所不同，因此，有必要根据区域的总体交通状态的特点来决定采取什么样的控制策略。一般来说，在区域交通比较畅通的情况下，应该采用单点感应式控制，这样车辆的延误最小。在区域交通比较拥挤的情况下，应该采用固定配时的控制策略，这样控制系统的效率最高。而区域交通状态处于中间状态时，即总体不太拥挤，但也达到一定交通量的情况下，应该采用自适应协调控制策略，在这种交通状态下，自适应协调控制才是最有效的。“战略交通控制系统”通过对区域交通状态的判断来向不同的区域控制系统下发该区域在某种交通状态下的控制策略，使区域交通控制系统采用最合理的控制方案，从而使整个交通系统处于最有效的运行状态。

2.1.2.4　大范围战略交通控制系统特点

（1）能够生成大范围交通控制策略

城市路网错综复杂，整个控制系统需要覆盖的交叉口成千上万，而道路上的交通状态又是时刻在改变，所以城市交通系统是一个复杂的非线性的时变的庞大系统。已有的区域控制系统往往把控制区域分成几个子区，由一个控制中心统一下发策略，但区域之间无法协调。这就需要一个大范围交通控制中心处于战略位置统筹安排，为各个区域提供控制策略，并协调各个区域以及区域边界的策略，达到大范围的交通控制效益整体最优。

（2）分层递阶协调控制区域间的交通流

为了便于交通控制策略的实施和整个路网的最优控制，根据复杂大系统理论，将整个交通控制网划分为若干个等级和层次，每个等级根据上级下发的控制参数在可能范围内自行优化，最后由上级根据下层最优制定一个整体最优策略。分层递阶协调控制既能保证每一个层次相对最优，又能达到整体最优。大范围交通控制系统采取了 SCATS 的控制框架，融入了 SCOOT 的配时方法，在 SCATS 的基础上加入了区域之间的协调以及区域边界的协调，在 SCOOT 的基础上加入了人工智能控制算法。

（3）信号控制与交通诱导相协调

传统的信号控制系统没有考虑控制效果对交通需求的影响，也没有考虑到交通流对交通控制系统的前馈性，无论采取何种方式，其本质都是对已经发生的即将通过某个路口的车辆进行控制，其结果是改变了不同方向的车辆通过路口的时间，从而使网络流量在时间上的分布发生变化，以最大限度地提高现有道路的通行能力。这种方式无法在出行者发生行为前影响交通流的分析，因此有很大的局限性，未能发挥出交通控制系统的导向作用。

随着车辆保有量的迅速增加，传统的交通信号控制系统仅仅从时间上控制交通流的方法，已经不能解决越来越严重的城市交通拥挤等问题。这就需要将交通信号控制系统和交通诱导系统相互协调起来，从时间上、空间上均衡交通网络交通量，协同解决交通拥挤问题。

（4）智能化交通控制策略选择

传统的信号控制系统一旦系统建成后，交通控制策略就已经固化在其中了，无法再根据时变的交通状态再进行控制策略（控制方式、控制目标、控制周期等）的变化。

新一代智能化交通控制系统在智能化理论的指导下，可以根据交通状态的变化随时改变交通控制策路。使得不同交通状态在不同的控制策略下取得最优的交通控制效益，充分发挥各种交通控制策略的优势作用。

(5) 混合交通流控制

已有的交通控制系统的模型都是基于传统的交通流理论。这些理论由于它的局限性已经不适应交通流的实际运行特点，再加上中国混合交通的特点，所以更加不能适合中国混合交通流的特点。新一代智能化交通控制系统以非线性动力学理论为基础，建立了非线性混合交通动力学模型，为混合交通流控制奠定了理论基础。同时，该系统以减少交叉口冲突点为目标，为行人、非机动车建立了适合的交通控制形式，优化了整个交叉口的各种交通流，解决了中国混合交通流控制的难题。

作者开展了大范围战略交通控制关键技术的开发，建立大范围战略交通控制模型，开发"大范围战略交通控制系统"软件。总体框架结构设计是大范围战略交通控制系统的核心工作，也是大范围战略交通控制系统功能及性能分析的具体化。依据对中国城市交通特点及交通现状的深入分析，同时结合国内外现有交通控制系统的基本结构，提出大范围战略交通控制系统总体框架结构，该总体框架结构包括系统数据流程及软件功能结构、系统硬件结构及系统通信结构等几个方面。

2.1.3 大范围战略交通控制系统的总体框架

在比较分析国内外现有交通控制系统框架结构的基础上，作者提出了符合我国国情的大范围战略交通控制系统的三层控制结构。

2.1.3.1 大范围战略交通控制系统层次结构

大范围战略交通控制系统是一个复杂的大系统，国内外现有的控制系统基本采用多层控制结构。作者开发的大范围战略交通控制系统也采用多级层次控制系统结构，一般为三级控制，结构呈分层递阶形式，第一级是中心控制级，第二级是区域控制级，第三级为信号机控制级。系统利用先进的计算机网络技术及通信技术形成一个分级控制、密切协作的控制整体。

中心控制级处于大范围战略交通控制系统的最高层，起一种命令控制中心的作用，该层次的主要功能是协调、管理和监控各区域控制系统的运行，包括区域边界协调和区域控制策略制定。具体来说，包括以下几项功能：

(1) 根据各区域交通状态，制定各区域的战略交通控制策略及方案；

(2) 根据区域边界交通控制状态，协调各个区域边界的交通控制策略，均衡交通负荷；

(3) 协调大范围的交通信号控制系统与交通诱导系统；

(4) 完成交通控制信息的下发；

(5) 监控区域内任一信号交叉口的数据并指导区域交通协调控制系统运行。

区域控制级处于大范围战略交通控制系统的中间层，该层次的主要功能包括：

监视从信号机善恶的交通流和设备性能的数据并传到中心控制级；

操纵信号机的控制，选择控制方法并协调信号机级的控制。

信号机控制级处于大范围战略交通控制系统的最下级，该层次的主要功能包括：

- 监视检测器
- 监视设备故障
- 收集和汇总检测数据

把有关交通流和设备性能的数据传送到区域控制级。

以上三个层次相互联系，各个层次分工明确，上一个层次负责对下一个层次的管理与监控，共同构成一个完成的大范围战略交通控制系统。

大范围战略交通控制系统的层次结构可以用图 2.1 描述：

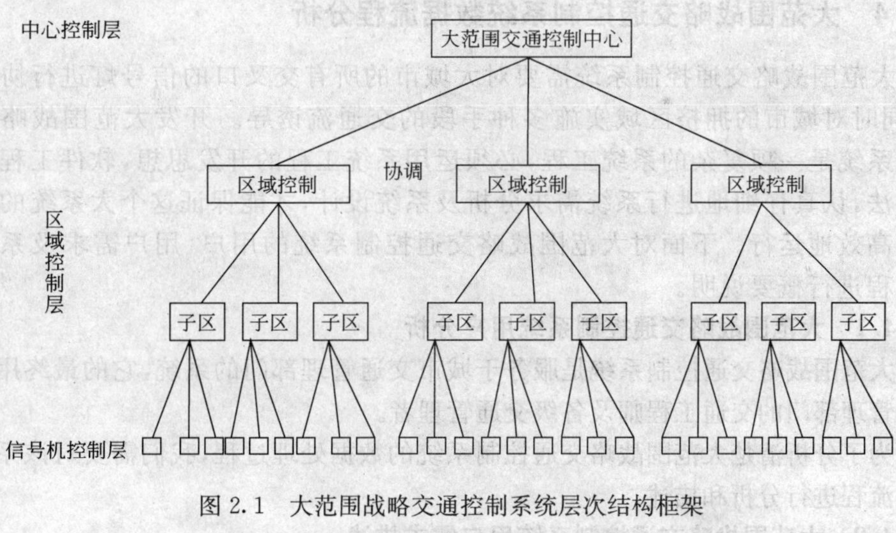

图 2.1　大范围战略交通控制系统层次结构框架

图 2.1 所示：中心控制层通过通信系统与各区域控层的计算机相连，负责区域控制系统之间的协调控制，区域控制系统通过通信系统与各信号控制机相连，负责区域内信号机之间的协调控制，而信号机根据区域控制系统下发的配时方案负责交叉口的信息配时控制。

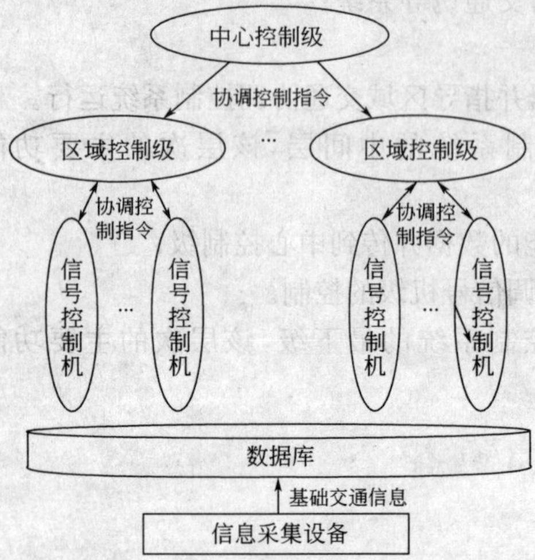

图 2.2 大范围战略交通控制系统层次间联结方式

2.1.3.2 大范围战略交通控制系统层次间的关联方式

大范围战略交通控制系统是通过先进的通信网络系统联结起来的，各层次之间的分工是明确的，而相邻层次之间的指令传递是通过数据库联结起来的。中心控制级在需要对区域控制系统发布协调控制指令的时候，把这些指令存储在相关的数据库表中，而与之关联的区域控制系统适时地读取这些指令，并执行这些指令。

因此，大范围战略交通控制系统通过数据库把各层次联结成一个整体。系统结构层次分明，各层次分工明确，并且各层次之间联结方式简单，容易实现、维护方便，系统可扩展性好。大范围战略交通控制系统层次间的联结方式见图 2.2。

2.1.4 大范围战略交通控制系统数据流程分析

大范围战略交通控制系统需要对大城市的所有交叉口的信号灯进行协调控制，同时对城市的拥挤区域实施多种手段的交通流诱导。开发大范围战略交通控制系统是一项复杂的系统工程，必须运用系统工程的开发思想，软件工程的开发方法，认真仔细地进行系统需求分析及系统设计，才能保证这个大系统的整体协调高效地运行。下面对大范围战略交通控制系统的用户、用户需求及系统数据流程进行概要说明。

2.1.4.1 大范围战略交通控制系统用户分析

大范围战略交通控制系统是服务于城市交通管理部门的系统，它的最终用户是交通管理部门的交通工程师及各级交通管理者。

为了分析清楚大范围战略交通控制系统的数据处理过程，我们需要对该系统的数据流程进行分析和描述。

2.1.4.2 大范围战略交通控制系统用户需求描述

大范围战略交通控制系统处于整个控制系统的中心级，负责整个系统的管理与监控，主要用于协调各区域交通控制系统的有效运行：

一方面，在各区域控制系统正常运行的情况下，大范围控制系统不干预区域控制系统的运行，而当区域控制系统之间出现控制策略互相矛盾的时候，以及区域之间出现拥挤现象时，大范围的中心控制级就需要对有矛盾的区域边界及区域之间进行协调控制。

另一方面，根据各个区域的整体交通运行状态为其制定相应的控制目标和控制策略，使整个控制系统能够采用最适合各种交通状态的控制策略和控制手段，以实现多目标智能化战略交通控制的目的。

大范围战略交通控制系统的用户需求可以采用系统数据流图进行描述。见图 2.3。

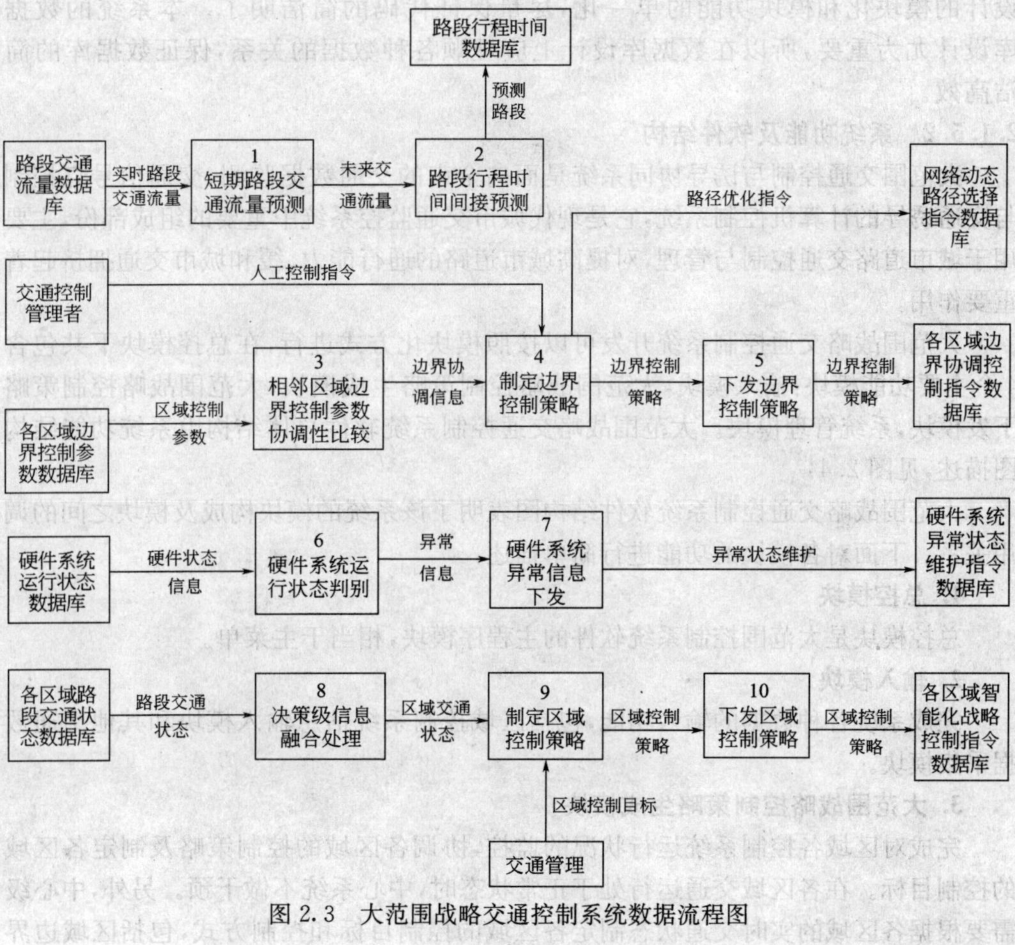

图 2.3　大范围战略交通控制系统数据流程图

2.1.5　大范围战略交通控制系统软件结构框架

ITS 智能交通系统是指采用电子计算机技术、电子技术和现代通讯技术，使车辆和道路智能化，以形成道路的交通环境安全快速，从而达到缓解道路交通拥堵、减少交通事故、改善道路交通环境、节约交通能源、减轻驾驶员疲劳的目的。在北美、欧洲及亚洲的日本等经济发达、交通问题严重的国家，已实施ITS，并把ITS列入国家计划，每年划出专项资金用于ITS研究，以推动ITS的发展。而大范围战略交通控制系统是ITS智能交通系统的一个实际应用尝试。该系统是一个复杂的大系统，对这个系统的开发需要采用系统化的开发思路和开发方法。

2.1.5.1 设计原则与设计思路

本系统以稳定性、准确性、实时性为设计的基本原则，在此基础上力求程序设计的模块化和模块功能的单一化，尽量保证代码的简洁明了。本系统的数据库设计尤为重要，所以在数据库设计上应理顺各种数据的关系，保证数据库的简洁高效。

2.1.5.2 系统功能及软件结构

大范围交通控制与诱导协同系统是面向全市的交通数据监测、交通信号灯控制与交通诱导的计算机控制系统，它是现代城市交通监控系统中重要的组成部份，主要用于城市道路交通控制与管理，对提高城市道路的通行能力、缓和城市交通拥挤起着重要作用。

大范围战略交通控制系统开发可以按照模块化方式进行，在总控模块下共包含4个主要功能模块：输入模块，大范围战略控制策略生成模块，大范围战略控制策略下发模块，系统管理模块。大范围战略交通控制系统软件总体结构由系统功能结构图描述，见图2.4：

大范围战略交通控制系统软件结构图表明了该系统的模块构成及模块之间的调用关系。下面对各模块的功能进行简单描述：

1. 总控模块

总控模块是大范围控制系统软件的主程序模块，相当于主菜单。

2. 输入模块

完成系统各种数据的输入功能，包括区域控制系统信息输入模块和其他交通数据采集模块。

3. 大范围战略控制策略生成模块

完成对区域各控制系统运行状况的监控，协调各区域的控制策略及制定各区域的控制目标。在各区域交通运行处于正常状态时，中心系统不做干预。另外，中心级需要根据各区域的实时交通状态制定各区域的控制目标和控制方式，包括区域边界协调策略生成模块和区域控制目标生成模块。

（1）区域边界协调策略生成模块

在区域间的控制方案出现冲突的时候，中心控制系统需要进行协调，制定边界协调策略。同时需要确定什么时候需要协调，通过什么参数来协调，通过什么方法来协调，协调效果如何评价。

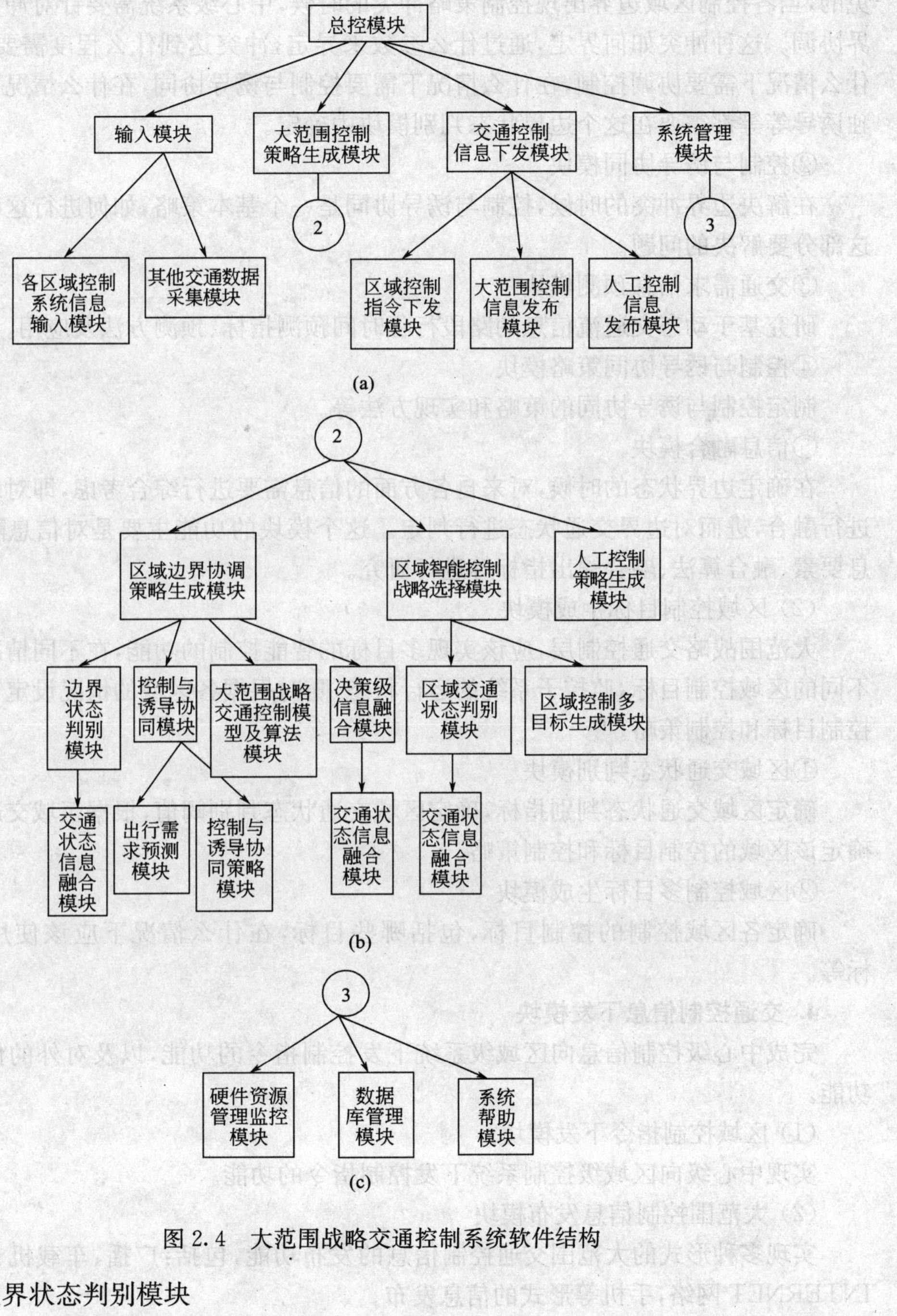

图 2.4　大范围战略交通控制系统软件结构

①边界状态判别模块

由于各个区域控制系统是各自优化的，区域之间出现控制策略不协调是不可避免的，当各控制区域边界出现控制策略冲突的时候，中心级系统需要针对冲突进行边界协调。这种冲突如何界定，通过什么参数来界定，冲突达到什么程度需要协调，在什么情况下需要协调控制，在什么情况下需要控制与诱导协同，在什么情况下需要单独诱导等等都需要在这个边界状态判别模块中确定。

②控制与诱导协同模块

在解决边界冲突的时候，控制与诱导协同是一个基本策略，如何进行这种协同是这部分要解决的问题。

③交通需求信息预测模块

研究基于动态交通流信息的路段行程时间预测指标、预测方法及应用。

④控制与诱导协同策略模块

制定控制与诱导协同的策略和实现方法等。

⑤信息融合模块

在确定边界状态的时候，对来自各方面的信息需要进行综合考虑，即对多源信息进行融合，进而对边界交通状态进行判定。这个模块的功能主要是对信息融合的信息要素、融合算法、融合输出指标等进行研究。

(2) 区域控制目标生成模块

大范围战略交通控制层，应该实现多目标的智能控制的功能，在不同情况下设定不同的区域控制目标，监控子系统的运行状态，随时根据各区域的情况设定各区域的控制目标和控制策略。

①区域交通状态判别模块

确定区域交通状态判别指标，确定区域交通状态判别阈值，根据区域交通状态来确定该区域的控制目标和控制策略。

②区域控制多目标生成模块

确定各区域控制的控制目标，包括哪些目标，在什么情况下应该使用什么目标等。

4. 交通控制信息下发模块

完成中心级控制信息向区域级系统下发控制指令的功能，以及对外的信息发布功能。

(1) 区域控制指令下发模块

实现中心级向区域级控制系统下发控制指令的功能。

(2) 大范围控制信息发布模块

实现多种形式的大范围交通控制信息的发布功能，包括：广播、车载机、显示屏、INTERNET 网络，手机等形式的信息发布。

5. 系统管理模块

完成对中心级系统资源的管理，包括：对软件、硬件、数据及数据库的监控，以及对下级系统资源运行状态的监控与管理。

(1) 硬件管理模块

主要完成大范围控制系统的硬件及通信系统运行状态的监控与管理功能。

(2) 数据管理模块

主要完成大范围控制系统的数据资源的统一管理，包括：数据的准确性、一致性、完整性等的管理，数据库的维护及运行状态管理等。

2.1.5.3 大范围战略交通控制系统数据库系统框架

大范围战略交通控制系统各层次之间是通过对数据库进行读写操作而联接起来的，因此，该系统的数据库设计至关重要。

本系统采用关系型数据库：Oracle 10g，数据库中包含相关的数据表，分别存储系统各层次所需要的原始数据和中间数据以及输出数据和控制指令。数据库设计见本文后续章节。

2.1.6 大范围战略交通控制系统硬件结构框架

大范围战略交通控制系统是一项复杂的系统工程，它协调了区域与区域之间的交通流分布，实现了大范围的交通控制和交通诱导的集成。从空间、时间上优化路网交通流分布，均衡路网交通负荷，充分提高大范围道路网络的使用效率及通行能力，从而使得大范围交通控制系统服务水平达到最高。

大范围战略交通控制系统硬件的设计是在综合考虑以上功能要求的基础上，本着系统要具有高可靠性、先进性、易扩展性、可维护性及高性价比的原则提出的。

2.1.6.1 大范围战略交通控制系统硬件设计原则

1. 高可靠性

随着科学技术的发展，现代化的机器、技术装备、交通工具越来越复杂。这些机器和设备等的可靠性受到了人们的广泛重视，我们把这种可靠性称为系统可靠性。系统愈复杂，若可靠性达不到较高的指标要求，则系统出故障的可能性愈大、造成的损失也愈大。这些损失可能是经济上的、信誉上的，甚至是造成生命安全或更严重的灾难性后果。因此，对于一个大型的应用系统来说，必须具备高可靠性。

大范围战略交通控制系统尽管是协调区域与区域之间交通流分布的，但是其作用的结果将直接影响到路网的交通流分布。所以大范围战略交通控制系统所依赖的硬件系统必须是稳定可靠的，这是大范围战略交通控制系统硬件选型所必须遵循的一个重要原则。所选硬件设备必须保证故障发生率低、恢复时间短，并且在发生故障的情况下，要能够迅速找出最佳方法来恢复系统的运行，避免因硬件故障而影响整个城市的交通状况。

提高系统的可靠性，一方面要提高构成系统的各元件本身的可靠性，如：要提高飞机的可靠性，首先要提高发动机、控制系统、导航系统等的可靠性；另一方面还要提高系统承受误操作的可靠性。

提高系统的可靠性，还要从系统的设计着手。要使系统的元器件工作在正常状态下，没有过载超负荷等现象的发生，并且要有一定的富裕度。也可以采用冗余储备，使系统即使有个别元器件或设备出现故障仍能正常工作。当然冗余设备有可能增加系统的复杂性和成本，但是如果设计得合理，在成本增加不多的情况下，使系统的可靠性有很大的提高，是完全值得的。

2. 先进性

大范围战略交通控制系统的硬件设备还必须具有先进性，即在满足功能的前提下，整个系统选型、软硬件设备的配置均要符合高新技术的潮流，并且在今后一段时间内保持一定的先进性。

系统的硬件选型必须至少要考虑到未来 3～5 年的发展需要，随着我国经济的飞速发展，各大城市的交通量也越来越大，各种交通问题也会随之而来，对各类交通系统的要求也会越来越高，因此大范围战略交通控制系统的硬件设备的选型既要充分结合当前城市的交通状况，也要对未来做出恰当的评估，据此选择适应的设备，这样才能避免短期内因技术陈旧造成整个系统性能不高或过早淘汰，造成不必要的浪费。

3. 易扩展性

大范围战略交通控制系统的硬件设备必须有良好的扩展能力，以便适应业务增长的需要，但必须以保障投资和不影响原有性能为原则。

4. 易维护性

大范围战略交通控制系统的硬件设备系统要易于维护管理，由于新的广域网网络系统规模较大，设备复杂，需要网络系统具有良好的可管理性，网管系统具有监测、故障诊断、故障隔离、过滤设置等功能，以便于系统的管理和维护。

2.1.6.2 大范围战略交通控制系统硬件结构

大范围战略交通控制系统的功能决定了系统的硬件设计要求，包括系统服务器、数据库服务器、控制中心交换机、通信网络等的选择与设计。大范围战略交通控制系统的硬件结构见图 2.5。

大范围战略交通控制系统的硬件系统主要由以下几部分构成：

- 控制中心

大范围战略交通控制系统控制中心主要硬件构成包括大范围战略交通控制系统服务器、数据库服务器及控制中心交换机三部分。

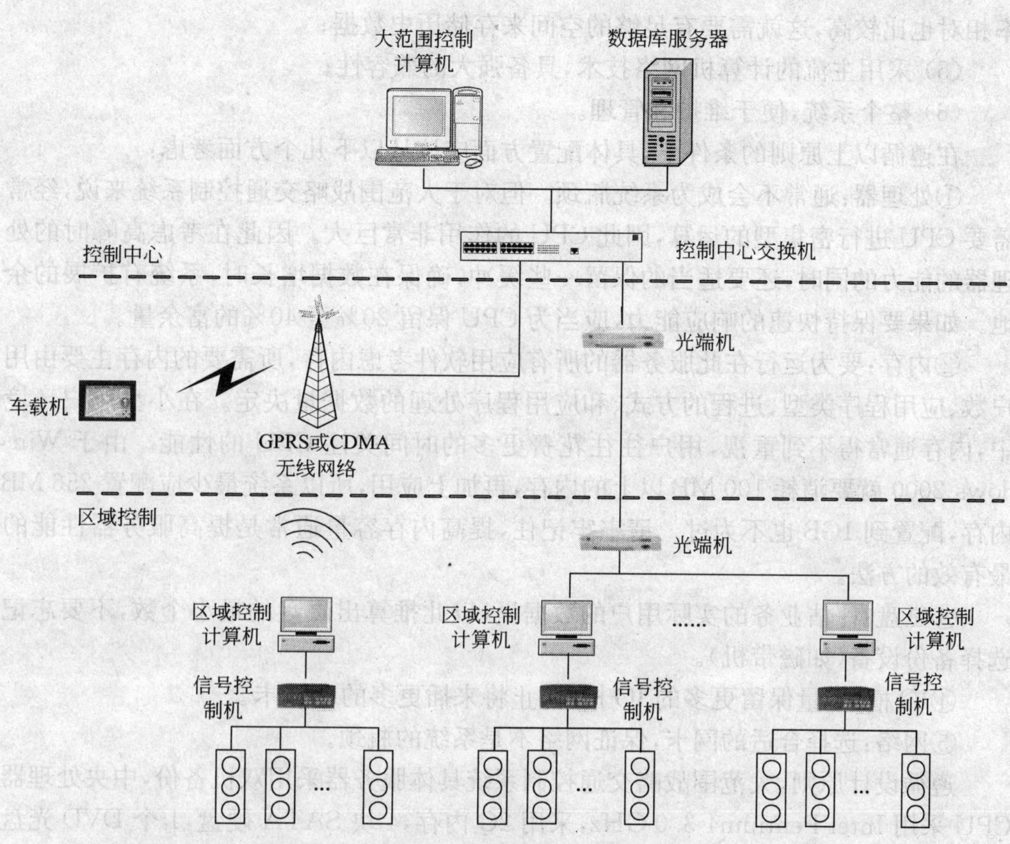

图 2.5　大范围战略交通控制系统硬件结构

1. 大范围战略交通控制系统服务器

大范围战略交通控制系统负责协调区域与区域之间的交通流分布，从而实现大范围的交通控制和交通诱导的集成。在这个过程中，系统既要存储各种交通信息数据，又要根据实时的交通状况给出各种策略，因此对于运行与控制中心的大范围战略交通控制系统来说，支持其运行的服务器对性能和空间都有较高的要求，在综合考虑了本系统功能的情况下，确定了大范围战略交通控制系统服务器的整体配置原则如下：

(1) 强大的 CPU 和 I/O 处理能力：这是保证系统快速响应各种请求的关键；

(2) 高可靠性：大范围战略交通控制系统服务器是整个系统的核心，不但要求要在性能上满足系统的应用需求，而且还要具有不间断地响应各种请求的能力。因此，服务器的可靠运行是整个系统稳定发挥功能的基础；

(3) 具有长远的生命周期和易扩充性，能适应现在和未来的需要；

(4) 足够的内外存储容量：交通基础信息数据是实时变化的，因此数据的采集频率相对也比较高，这就需要有足够的空间来存储历史数据；

(5) 采用主流的计算机网络技术，具备强大的兼容性；

(6) 整个系统，便于维护和管理。

在遵循以上原则的条件下，具体配置方面应该从以下几个方面考虑：

①处理器：通常不会成为系统瓶颈。但对于大范围战略交通控制系统来说，经常需要 CPU 进行密集型的运算，因此 CPU 的作用非常巨大。因此在考虑高峰时的处理器的能力的同时，还要适当的保留一些缓冲，确保在数据增长时，系统有扩展的余地。如果要保持快速的响应能力，应当为 CPU 保留 20%至 40%的富余量。

②内存：要为运行在此服务器的所有应用软件考虑内存，所需要的内存主要由用户数、应用程序类型、进程的方式、和应用程序处理的数据量决定。在小型用户环境中，内存通常得不到重视，用户往往花费更多的时间关注 CPU 的性能。由于 Windows 2000 就要消耗 100 MB 以上的内存，再加上应用，所以系统最少应配置 256 MB 内存，配置到 1GB 也不为过。请牢牢记住，提高内存容量通常是提高服务器性能的最有效的方法。

③磁盘：评估业务的实际用户的数据量，以此推算出磁盘的最小个数，不要忘记选择备份设备(如磁带机)。

④IO 槽：尽量保留更多的 IO 槽，防止将来插更多的 PCI 卡。

⑤网络：选择合适的网卡，保证网络不是系统的瓶颈。

遵循设计原则，大范围战略交通控制系统具体服务器采用双机备份，中央处理器 CPU 采用 Intel Pentium4 3.0 GHz，采用 2G 内存，4 块 SATA 硬盘，1 个 DVD 光盘驱动器，ATAPI 接口。这种配置完全能够满足本系统的当前和今后很长一段时期内的需要。

2. 数据库服务器

数据库保存的是整个系统最重要的数据，是整个系统的应用核心、重中之重，因此数据库服务器在稳定性、安全性以及可扩展性上都有特殊的要求，稳定可靠的数据库服务器可以保证系统的应用常年运行。考虑到数据库以上的要求，大范围战略交通控制系统在数据库选型上选择了 Oracle 10g 作为系统的数据库，oracle 是一套庞大的系统软件，因此在硬件配置上有着自身特殊的要求。

oracle 可配置架构有两种，一种是单机布署，采用独立主机结构，另一种是网络布署，采用网络主机结构。

3. 控制中心交换机

控制中心交换机是负责大范围战略交通控制系统与区域控制系统进行数据交换的重要设备。它是构建整个交通控制系统的基石。

交换机属于集线器的一种，但是和普通的集线器在功能上有较大区别。普通的集线器仅起到数据接收发送的作用，而交换机则可以智能的分析数据包，有选择的将其发送出去。

从广义上来看，交换机分为两种：广域网交换机和局域网交换机。大范围战略交通控制系统采用的交换机就是局域网交换机。

● 区域控制中心

大范围战略交通控制系统区域控制主要由区域控制计算机、信号控制机构成。其主要功能是运行区域控制软件，由区域控制软件负责生成的配时方案控制路口信号灯。

1. 区域控制计算机

区域控制计算机主要用于运行区域交通控制软件，控制路口信号机，并与控制中心计算机交换数据。考虑到区域控制计算机要完成的功能，系统采用工控机作为区域控制计算机。每一台工控机可以带一台信号机。

工控机即工业控制计算机，全称 Industrial Personal Computer。工控机是专门为工业现场而设计的计算机，而工业现场一般具有强烈的震动，灰尘特别多，另有很高的电磁场力干扰等特点，且一般工厂均是连续作业，即一年中一般没有休息。

鉴于区域控制计算机的工作特点，选用工控机作为区域控制计算机是非常合适的。在本系统中，选用的工控机为研华 IPC-610H 型工业计算机。IPC-610H 是 4U 高 14 槽机架式工业控制计算机，专为任务关键应用而设计。

2. 信号机

信号机选用宝康电子自主开发制造的 GBS2000 型系统信号机。

● 通信系统

大范围战略交通控制系统是一个通过现代网络通信技术连接起来的大系统。系统各部分之间在空间上都有一定的距离，各部分之间只有通过信息交换才能进行协调优化。快速、准确、实时地进行各部分之间的信息交换和信息共享是实现大范围战略控制的基础。同时，在依托现代网络通信技术基础上，将大范围战略控制系统内所有控制设备连接起来，形成宽带通畅的信息渠道。

通信系统是沟通信息系统、决策系统和执行系统，使之有机协调运行的枢纽。大范围战略交通控制系统采用两种通信网络构成其通信系统，一是采用光端机实现两系统间的通信，二是采用无线通信技术实现通信。

由于在信息服务中心与实时传送流量数据和路网路况信息的交通控制中心、实时调度车辆运行的公交调度中心、处理路网交通紧急事件的紧急事件处理中心、传送天气信息的气象台等地之间相距较远，而需要传输的数据量又很大，所以文中采用 DDN 数字数据网来建立有线通信。

为了大范围交通系统与交通区域子系统间互联通信，局域网与固定通信网间数据接口采用 V.35 接口。区域的无线通信电台与其 LAN 上无线通信服务器的接口为 V.24 或 RS232，大范围网络操作系统采用 UNIX，通信协议采用 TCP/IP，数据库为 ORACLE。

系统内部的接口从数据流向上可分为四种接口。一是采集前置机与应用服务器的接口，前置机和服务器由以太网连接，通过通知服务和事件服务传送数据。二是应用服务器与数据库服务器的接口，由应用服务器上的数据库服务程序实现数据存取操作。三是应用服务器与用户界面的接口，一种方法是服务器端通过通知服务，把实时数据发给用户；另一种方法是由用户端发出请求，服务器端把查询数据发给用户。四是软件公开标准(CORBA 与 J2EE，即面向对象分布或公开标准)接口，通过该接口，首先能够使服务器端的程序通过 HTTP 协议，发布到广域网或局域网中，供交通管理人员或互联网上的 Web 用户使用；其次能够使互联网上的 Web 用户通过 HTTP 协议向服务器发出请求，访问和查询交通信息；再次能够使服务器端的程序通过封装，传递给用户端，供管理人员及技术人员使用。

2.2　多源交通决策信息融合及判别技术

2.2.1　多源交通信息的内涵和外延识别

2.2.1.1　基础交通信息的概念

在智能化交通管理系统中，信息是最为核心的内容，系统的各种功能都是以信息应用为中心展开的。正是信息的采集、传输、存储、分析处理及应用，实现了交通管理从简单静态管理到智能动态管理的转变，便于交通静态及动态信息在最大范围内、最大限度地被出行者、司机、交通管理者、交通研究人员及政府机构所共享和利用，从而实现了大交通系统的动态优化运行，有效地满足了人们对交通系统发展的需求。

“基础”可以理解是一个系统的最根本或最起点的部分，是系统中其他部分的支撑。基础是否坚固决定着一个系统是否稳定和可靠。基础交通信息应该是智能交通管理系统里最基本、最直接的数据，基础交通信息的来源、质量和内容等在很大程度上决定了交通信息处理系统的效率和效果。

交通系统由四个基本要素：人(交通出行者、驾驶员和管理者)、物(货物)、各类交通工具和相应的交通设施构成。

交通信息的严格定义是指所有与交通系统的四大组成要素相关联的信息。面向智能交通管理系统的基础交通信息主要是指与交通运行状态和交通控制系统有关的交通信息，是交通信息中最直接、最基础的信息。分为动态交通信息和静态交通信息两类信息。

基础交通信息包括基础交通地理信息、交通实时状态信息、交通控制和管理信息、交通政策法规信息、公共交通信息。不同信息类型，其组织与处理方式不同，提供服务的表现方式不同。不同层次上的用户对不同类型信息的需求方式也不同。

2.2.1.2 基础交通信息的分类

1. 根据信息变动的频率划分，分为静态信息和动态信息两类

静态信息主要是指标识交通系统中如高速公路、城市道路、公路设施、停车场分布等常规组成部分的性能、特征和指标的信息，这些信息在相当长的时间内是相对稳定的。主要包括与交通管理相关的基础地理信息（路网分布、功能小区的划分、交叉口的布局、城市基础交通设施信息等），道路交通网络基础信息（道路技术等级、长度、收费、立交连接方式等）；车辆保有量信息（包括分区域、时间、不同车种、车辆保有量信息等）；交通管理信息，如单项行使、禁止左转、限制进入（分时间限制进入管制和空间限制进入管制）。

动态信息主要是指公路和城市道路上所有移动物体所具有的特定信息，这些信息根据实际交通状况时刻变化。主要包括网络交通流状态特征信息（流量、速度、密度等）；交通紧急事故信息；环境状况信息；交通动态控制管理信息等。

2. 根据数据在交通管理系统中的作用的划分，分为瞬时性数据、短时性数据和历史性数据三类

瞬时性数据是要满足对瞬息多变的交通多样性做出及时方案而采集的数据，如：自适应信号交叉口检测器检测到的车辆到达的信号。

短时性数据是为制定某一具体的交通方案而采集的数据，其采集时段比较长，如：对定周期交叉口制定配时方案、研究事故多发路段的车速等采集的数据。

历史性数据是指有选择性地将过去的交通信息进行处理后存储，为以后的交通管理服务，与前两种相比，其采集的时间跨度更长、抽取样本量更大，其基本目的是为交通评价、交通预测、交通规划等具体方案的设计提供信息。

2.2.1.3 基础交通信息的特征

1. 基础交通信息的属性特征

按照决策论的观点，信息的价值主要在于它的决策价值，也就是说，信息对于人们做决策是有意义的，尤其是对管理者做出正确的决策是有价值的。如果，信息不能对决策人的决策产生任何影响，那么它就不能被叫做信息。交通信息也是如此，它应该对各方面、各层次的交通管理决策有价值。从这个角度来说，基础交通信息具有以下一些基本属性特征：

（1）基础交通信息具有准确性

准确的信息对正确的决策才有正面的影响，才有价值，而不准确或不正确的信息不但对决策没有价值，还会对决策产生负面的影响，这是显而易见的。而基础交通信息又是其他交通信息的基础，是其他交通信息的源泉，因此，基础交通信息的准确性就尤其显得重要。那么如何确保基础交通信息的准确性，对于智能化交通控制系统的建设来说是一个非常关键的问题。

（2）基础交通信息具有及时性

及时的信息对做出正确的决策才是有意义的，而过时的信息对决策是无用的。比如说，自适应交通信号控制周期的变化需要根据实时的交通流量等数据来进行计算，如果系统不能及时采集到交通流量数据并且及时地计算出相应的信号周期，那么这些基础交通数据的采集就是没有意义的了。因此，要保证基础交通信息是有用的，就要从两个方面来保证，一是及时采集到基础交通信息，并采取适当的手段，把信息传输到信息处理中心，快速、准确地处理出各种类各层次的用户所需要的不同类型、不同精度的信息，这样才能保证相应的交通信息在需要的时候送给需要它的使用者，以实现信息的决策价值。

（3）基础交通信息具有共享性

基础交通信息是智能运输系统中各子系统所需要的共同信息，因此，基础交通信息应该可以为各子系统所利用，这就要求基础交通信具有统一的数据标准，统一的采集格式和提供方式。而基础交通信息的采集设备不可能完全相同，那么不同的采集设备采集上来的不同形式的数据如何统一，以保证数据的一致和相容，这也是一个需要解决的问题。数据融合技术是解决这一问题的有效手段。

（4）基础交通信息的采集具有实时性和动态性

基础交通信息是进行交通管理与控制、车辆诱导、车辆安全等功能的基本数据，对它们的采集必须是实时的，动态的，这样的数据才能满足各方面的需要，才是有意义的信息。所谓“实时”，是指即时采集、处理、发布，从而使交通管理者和交通参与者掌握和了解即时交通状况。所谓“动态”就是一方面交通信息采集、处理、发布随交通状况不断变化，同时要不断地和历史数据库去比对、分析，以使交通管理者和交通参与者掌握和了解交通状况变化趋势是否异常等。因此，采用什么样的手段来实现基础交通信息采集的实时与动态又是一个必须解决的问题。

（5）基础交通信息具有海量信息特征

由于交通系统是一个复杂庞大的系统，路网复杂，路段众多，再加上实时，动态的采集、处理、传输、发布的要求，使整个系统的数据采集量、传输量、处理量、发布量都是一个非常大、非常大的数量。对于这种所谓的海量数据，必须采取特殊的办法来处理，比如，利用数据压缩技术、数据仓库技术等解决办法。

（6）基础交通信息具有增值性

基础交通信息具有海量信息的特点，也就是说基础交通信息数据量非常大，这是数据挖掘技术应用的基础。针对这些大量的基础交通信息，如何从中挖掘出更有价值的信息，这也是一个很有研究前景的研究领域。

2. 基础交通数据参数的特性

(1) 基础交通数据参数精确性和误差分析

系统对各种交通参数的精确程度的要求不同，一般分为精确值，准确值，近似值。如电子收费系统中不停车收费对车辆的识别值必须是精确值、用于交通需求分析的汽车保有量比用于交通诱导的实时交通量精确性要低。由于电子技术和通信技术的快速发展，系统采集到的交通参数越来越和实际值相近。但是测量值和计算值之间存在一定的误差，误差产生有其必然性和偶然性的因素。根据误差的来源分类可分为：观察误差，建模误差，舍入误差，截断误差。一般用绝对误差和相对误差来评价和反映系统对参数误差的容忍度。

(2) 基础交通信息数据参数的敏感性和模糊性

数据的敏感性有两个含义：一是指交通参数的微弱变化对交通状况的影响比较大，例：信号控制的交叉口信号周期长度的变化对交叉口交通状况影响比较大。二是指交通参数的微弱变化对依据该参数做出的交通预测和决策有很大的波动。由于数据检测器工作环境变化和不稳定性存在将导致数据采集的误差，这将引起数据发生偏差和波动从而影响交通的预测和决策。

数据的模糊性有两个含义：一是指参数的值是否可以用现有的设备精确地检测到。二是检测到的数据真实反映交通状况的程度。

由以上分析可以看出，基础交通信息是一种质量要求高，数据量巨大，对整个交通管理系统来说至关重要的因素。那么针对基础交通信息的基本特性，在解决交通信息系统问题的时候，就必须解决好一些基本问题，比如：如何保证基础交通信息的准确性的问题，尤其是动态交通信息的实时采集的准确性问题，同时，如何保证信息采集的实时性和信息发布的动态性问题；如何保证通过不同渠道采集到的基础交通信息能够以相同的标准、相同的数据格式形成一个可以共享的公用信息平台；如何处理这种海量数据；如何对这些海量数据进行数据挖掘等等。因此，通过对基础交通信息特点的研究，我们理清了交通信息系统必须解决的一系列问题，解决好这些问题，是实现交通信息系统，建立共用信息平台的基本保证。

2.2.1.4　交通信息的多源性

在对基础交通信息的概念进行分析和理解的基础上，我们得出：交通信息的多源性是指基础交通信息种类繁多、来源广泛、分布分散，可以从主体要素、时间空间、参与层次、获取途径、状态类别等方面加以描述。见图2.6。

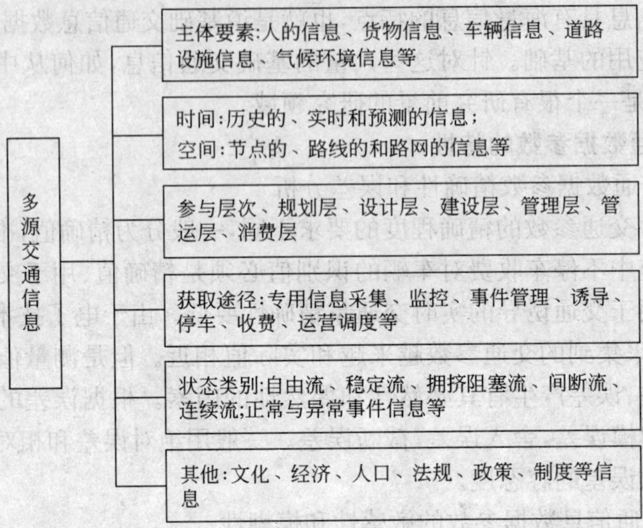

图 2.6　交通信息的多源性

2.2.2　多源交通决策信息融合技术简介

2.2.2.1　多源信息融合的定义

多源信息融合是把多个渠道,多方位采集的局部环境的不完整信息加以综合,消除多源信息间可能存在的冗余和矛盾的信息,加以互补,降低其不确定性,以形成对系统环境的相对完整一致性描述的过程,从而提高智能系统的决策、规划、反映的快速性和正确性,降低决策风险。也就是指对来自多源的信息进行多级别、多方面、多层次的处理,从而产生更多的有意义的信息,而这种新信息是任何单信息源所无法获得的,是一个涉及到信息科学、计算机科学、自动化科学的交叉学科。其实,它并不是一个新概念,人类常将多个感知器所获得的信息用来准确地识别环境或物体的状况,并引导他们的下一步动作,即使这些信息含有一定的不确定性、矛盾或错误的成分,他们也可将各种感知器的信息综合起来,并使这些感觉信息互相补充、印证,完整的处理具有不同功能的多感知器所获得的信息,实现由单个感知器所不能实现的识别功能,从而改善他们的生存能力。将这种方法应用于工程实际中,就形成多源信息融合。

由于多源信息是关于同一对象的不同(或相同)侧面的有关信息,所以这些信息的相关是必然的,当一组多源信息的每个源以不同的可信度采集对象的同一个特征时,这组多源信息提供了冗余信息。由于每个源的噪声并不是完全相同的,因此将这组冗余信息进行融合,能降低总的不确定性,提高精度。并且由于冗余信息的存在,当一个甚至几个信息源出现故障时,系统仍可以利用其他信息源获取对象的信息,以维持系统的正常运转,使系统具有容错性能;当各个信息源所提供的信息是被感知特征空间中的各个相互独立的子空间时,这些信息就是互补信息。互补信息能够提供完整描述对象的能力,互补信息描述了对象中的多个不同特征,因而减少对对象模型理解的歧义,提高系统正确决策的能力,并且这种互补性经过适当处理后可以补偿单一信息源的不准确性和测量范围的局限性,提高信息获取的速度。在同等数量的信息源下,各个信息源分别单独处理与多源信息融合处理相比,由于多源信息融合可以使用并行结构,采用分布式系统并行算法,可显著提高信息处理的速度。降低信息获取的成本。信息融合提高了信息的利用效率,可以用多个较廉价的信息渠道获得与昂贵的单一信息渠道同一甚至更好的信息,如可用多个较为廉价的传感器获得与昂贵的单一传感器同一甚至更好的效果,因此可大大降低系统的成本。

概括的说,多源信息融合可以获得有关对象的更准确、更全面的信息;可明显抑制噪声,降低不确定性;可以弥补单一信息源的不准确性和测量范围的局限性;可以增加系统的可靠性。如果某个或某几个传感器失效时,系统仍能正常运行;扩展了空间覆盖范围;扩展了时间覆盖范围;提高了空间分辨率;增加了测量空间维数。

2.2.2.2　多源信息融合应用于交通系统的必要性

随着自动化技术在各个领域的深入渗透,有效的运用传感器所提供的信息进行信号的综合处理,提高系统的性能,满足系统完成各种复杂任务的需要,显得愈来愈重要,尤其在智能交通管理系统中,一个监控中心的实时交通数据往往来自分布在各线路上的各种交通参数检测器,包括:线圈检测器、超声波检测器、红外检测器、微波检测器、视频检测器等,各种检测器能够检测到的交通参数种类和形式均不相同,各有优缺点,而且由于各种误差的存在,首先必须对各个数据源的数据进行检验;另外,为了整体把握一个路段的交通流参数,有必要对多个数据源联合分析处理,以避免单个信息源失效而导致的判断失误。也就是要进行检测器多源动态交通参数的融合,把来自多个或多种信息采集设备的基本交通参数进行识别判断和综合处理,得出比从任何单个数据源更加全面、准确、可靠的基础交通参数,为需要这些交通参数的子系统服务。融合结果用于交通状态和事件的识别,分析交通运行状态、事件影响、严重程度、涉及范围、预测未来发展趋势等。最后完成由信息到决策的转换,为智能交通管理系统提供交通管理决策类信息、公众发布类信息、特殊服务类信息等。可见,多源交通信息融合技术是智能交通系统有效运行的基础,是为最终的交通管理决策提供有效信息的保障。

2.2.2.3　多源交通信息的融合模式

信息融合技术的严格定义是一个处理探测、互联、相关、估计以及组合多源信息和数据的多层次多方面的过程,以便获得准确的车辆状态和身份估计,并将相关信息用于交通管理的决策支持。这一定义强调信息融合的三个核心方面:一是信息融合是在几个层次上完成对多源信息处理的过程；二是信息融合包括探测、互联、相关、估计以及信息组合；三是信息融合的结果包括较低层次上的状态和身份估计，以及较高层次上的决策支持。

信息融合技术是高层次的共性关键技术，它涉及智能交通管理系统中多种交通信息采集装置和各种信息源的有效结合，包括有用数据的获取、过滤、综合、相关和合成，以便进行交通运行态势和环境判定、事故检测等。信息融合技术给交通信息加工和处理提供了一种很好的方法，信息融合技术的最大优势在于它能合理协调多源数据，充分综合有用信息，提高在多变环境中正确决策的能力。

交通管理系统中的信息融合全部涉及到信息融合的像素级、特征级和决策级。其中像素级和特征级融合处理的是地面交通信息和部分空间信息（GPS），输出的是对城市交通状态的部分描述，如状态向量、特征和属性等；决策级融合属于高层处理，处理的数据包括地面交通信息、全部的空间信息、气象等其他交通相关信息以及交通领域专家的知识等，输出的是抽象结果，如对交通系统的状态、交通系统整体性能评价以及对系统运行的预测等。支持城市交通指挥决策系统的正常运行。

多源交通信息融合可分为 3 个层次：像素级融合、特征级融合和决策级融合。

(1) 像素级融合

像素级融合就是直接在采集到的原始数据层上进行的融合为像素级融合。这种融合在各种传感器的原始观测信息未经预处理之前就进行数据综合分析，是最低层次的融合。

(2) 特征级融合

特征级融合先对来自传感器的原始信息进行特征提取（特征可以是被观测对象的各种物理量），然后对特征信息进行综合分析和处理，这样的信息融合即为特征级融合。特征级融合属于中间层次，其融合过程为：首先提取像素信息的表示量或统计量，即提取特征信息，然后按特征信息对多传感器数据进行分类、综合和分析。

(3) 决策级融合

决策级融合是一种高层次融合，其结果为监测、控制、指挥、决策提供依据。决策级融合从具体决策问题出发，充分利用特征级融合的最终结果，直接针对具体决策目标，融合结果直接影响决策水平。

2.2.2.4 多源交通信息融合的系统结构

智能交通管理系统的功能分别满足不同层次用户的需求，这决定了多源交通信息融合系统具有层次化的结构特点。

面向智能化交通管理系统的多源交通信息融合包括多个相同种类传感器信息融合、不同种类传感器间的信息融合、不同区域的局部交通信息融合以及某个子系统的全局信息融合。其系统结构如图 2.7 所示。

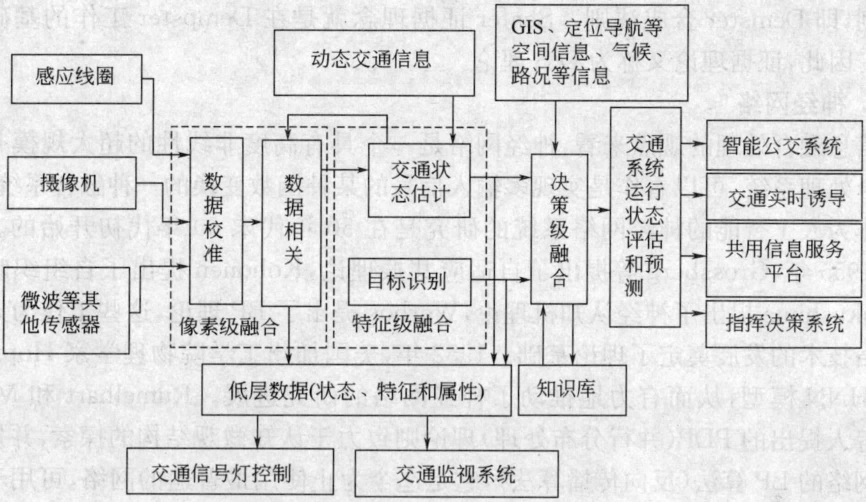

图 2.7 多源交通信息融合的系统结构

2.2.2.5 决策级信息融合的一般方法

决策级信息融合决策级融合是一种高层次融合，其结果为监测、控制、指挥、决策提供依据。决策级融合从具体决策问题出发，充分利用特征级融合的最终结果，直接针对具体决策目标，融合结果直接影响决策水平。

决策级信息融合的功能具体体现在交通运行质量评定、交通状态判别及预测、交通事件影响分析、效益评估、损失评估等方面，常用以下几种信息融合技术。

1. D-S 证据理论

最早用于解决认识不确定性问题的方法是 Bayesian 概率理论，在实践中逐渐发现 Bayesian 主观概率理论存在一定的问题，最主要表现在：概率理论普遍遵循的一个原则就是概率的可加性。根据可加性，如果我们相信一个命题为真的程度为 S，那么我们就必须以 1-S 的概率去相信该命题的反命题。但在许多情况下，这是不合理的。举例来说，对“地球以外存在着生命”和“地球以外不存在生命”这一对命题来说，在目前科学水平或我们所拥有的知识（证据）下，我们既不能相信前者，由不敢轻易相信后者，即我们对前者的信度很小，同时，对后者的信度也很小，因此，两者之和根本不可能等于 1。之所以出现这种情况，其根本原因在于人们所获取的知识存在不确定性，所以，追求可加性的 Bayesian 概率理论不能反映出对知识的不知道信息。

证据理论是研究认识不确定性问题的另一种理论，属于人工智能的范畴。该理论于 1974 年由 Shafer 正式创立，但为证据理论做出重大贡献的第一个学者则是 A. P. Demster，他于 1947 年提出了上、下概率的概念，第一次明确给出了不满足可加性的概率。1948 年他又针对统计问题给出了两批证据（即两个独立的信息源）合成的原则，即 Demster 合成法则。Shafer 证据理念就是在 Dempster 工作的基础上产生的。因此，证据理论又称为 D-S 理论。

2. 神经网络

信息融合处理的观点来看，神经网络是一个具有高度非线性的超大规模并行信息融合处理系统，可以看作是实现多输入信号的某种函数变换的一种融合系统。

作为人工智能的神经网络系统的研究是在 50 年代末 60 年代初开始的。1956 年到 1955 年，Grossberg 等提出了自适应共振理论，Kohonen 提出了自组织映射模型，Fukushima 提出了神经认知机理论，Werbos 提出了 BP 理论，这些工作为人工神经网络技术的发展奠定了理论基础。1952 年，美国加州工学院物理学家 Hopfied 提出了 HNN 模型，从而有力地推动了神经网络的研究进展。Rumelhart 和 McClelland 等人提出的 PDP(并行分布处理)理论则致力于认知微观结构的探索，并发展了多层网络的 BP 算法(反向传播算法)，它是迄今为止使用最普遍的网络，可用于语言综合、自适应控制等。

神经网络有两个与传统方法进行信息处理完全不同的性能：第一，神经网络是自适应的和可以被训练的，它有自我修改能力。第二，神经网络结构本身就决定了它是大规模并行机制，就是说神经网络从原理上就比传统方法快得多。因此，它的研究与应用已成为科学技术研究中的又一新的热点，其应用也取得了令人鼓舞的进展。如模式识别、图像处理、专家系统、运输系统、管理系统、财政金融等，已广泛采用了神经网络技术。

3. 模糊逻辑

模糊数学是描述模糊现象的数学，近 20 多年得到迅速的发展，已形成模糊综合评判、模式识别、模糊聚类分析、模糊优化、模糊控制等许多模糊方法。

对于许多需要采集、处理和集成多源信息系统来说，要想达到自主和有效就需要通过某种方法，将一种传感器提供的不完备、不一致或不准确数据与其他传感器提供的数据进行融合，以得到更有用的信息。传感器融合为这类问题的解决提供了途径。传感器融合问题的实质是一种推理机制，通过它可以将通常以概率密度函数或模糊关系函数形式给出的两个(或多个)不同知识源或传感器的评价指标变换为单值评价指标，该指标不仅能反映每一种传感器所提供的信息，而且能反映仅从单个传感器无法得到的知识。

4. Bayes 估计

Bayes 方法用在多传感器信息融合时，先将多传感器提供的各种不确定性信息表示概率。将相互独立的决策看作一个样本空间的划分，使用 Bayes 条件概率公式对他们进行处理，最后系统的决策可用某些规则给出，如：取最大后验概率的决策作为系统的最终决策，但这方法存在以下的不足：

(1) 需要给出各传感器目标类别的先验概率,即需预先经过大量的实验得到各先验概率分布,这在很多实际的系统中是比较困难的,甚至是不可能的。

(2) 要求各可能的决策相互排斥。

(3) 可能的决策较多时,先、后验概率的计算将变得很复杂,影响实时性。

所以,用 Bayes 方法解决多传感器信息融合问题时有一定的局限性,但在一定场合下,仍不失为一种行之有效的方法。

2.2.3 决策级信息融合技术在大范围战略交通控制系统中的应用

2.2.3.1 应用背景

由于城市化和工业化的高速发展,使得城市中车和路的矛盾日益突出,中国的大部分城市将会面临比其他国家更为严重的交通拥挤。以北京市为例,2003 年下半年以来,截至 10 月份,北京汽车社会保有量达到 205 万辆;2004 年 2 月底达到 212 万辆。北京市汽车发展的历程,第一个 100 万辆用了 40 年,第二个 100 万辆仅仅用了 6.5 年,汽车发展之迅猛,出人预料。因而,北京市城市道路交通负荷日趋严重。据统计,1999 年,北京市区 400 多处主要干道交叉口中,高峰小时机动车流量超过 1 万辆以上的路口有 55 个,5 千至 1 万辆的有 51 个,严重拥挤堵塞的路口和路段达 99 处。市中心道路网高峰期间的平均负荷度超过 0.9,11 条主要干道的平均车速降至 12 km/h,有近 1/5 的路口和路段呈现瘫痪状态。2003 年,北京市 80%～90%的道路交通处于饱和或超饱和的状态下运行,交通拥堵也就不足为奇了。

交通拥挤的直接危害是使交通延误增大,行车速度降低,带来时间损失。交通拥挤造成了巨大的经济问题。有人曾经测算过,每天上下班时间,北京城每一个重要的交通干线都拥堵不堪,每辆车仅刹车所耗燃料费单程就高达十几元,200 万辆汽车路上行驶,仅此一项燃料费消耗就超过 3 000 万元。北京一年堵车造成的直接经济损失大概是 60 亿元。著名经济学家茅于轼表示,“不仅是北京,大城市无一不堵车,而且现在蔓延到了中等城市,这个问题不解决必然造成国民经济巨大的浪费。”

城市道路交通拥堵,困扰着各项活动的正常进行,影响城市活力的发挥。交通拥挤使交通事故数量增多,而交通事故的增多又使交通阻塞加剧,形成恶性循环。阻塞造成车辆的频繁启动、停止、加速,加大了废气和噪声的污染,降低了环境质量。交通拥挤也有许多间接危害,例如城市中心区商业为避开交通拥挤而向郊区转移,形成了市中心的萧条化。交通阻塞使人烦躁不安,不但容易诱发事故,而且影响工作效率和人的健康。交通拥挤问题已成为政府主管部门、业内人事、广大群众共同关心的话题。

为解决城市交通的拥挤问题,需要从供求两个方面来采取措施。不仅要求进一步加强基础设施的建设,而且要求最大限度地提高现有路网的利用效率。二者同时都需要对城市交通运行状况进行判断和评价。

利用采集到的数据信息对某一时间段的路网交通状况做出较客观的评估，得出易于被使用者接受、利用的直观信息，不仅有利于交通管理部门针对已经出现或即将出现的拥堵情况进行交通分配、诱导和控制，避免和疏导交通拥堵；同时也可以为出行者提供有意义的参考，协助道路使用者在合适的时间选择最佳路径，最快地到达目的地，避免时间和金钱的浪费，提高路网利用率。

2.2.3.2 大范围战略交通控制系统需求分析

大范围战略交通控制系统就是大范围交通控制中心站在战略的高度，根据系统内部的控制协调模型和算法，对实时采集的数据进行分析计算，以大范围全局最优和区域局部最优为协调目标，实现大范围内交通控制区域在不同层次和不同级别的交通流无缝优化控制而向区域控制中心和区域边界下发的控制指令，以解决区域和区域之间以及区域边界的不协调，是大范围交通控制系统的核心，属于决策级。

新一代智能交通控制中的区域交通战略控制就是协调区域之间的不协调，根据区域的交通状态，从大范围整体最优的目标出发，分层递接协调控制交通流。为了便于交通控制策略的实施以及交通控制的整体最优，把整个路网划分成几个区域，控制中心则收集处理区域上传的交通数据，首先控制中心向区域下发控制参数指标，区域级则根据指标自行优化各个控制参数，控制中心根据整体最优对区域的优化结果进行小范围的调整再下发到区域级，实现交通信息的反馈处理。另外，考虑出行者的路径选择对交通状况的影响，控制中心把交通控制和交通诱导协同起来，向区域下发大范围交通诱导策略，以达到在时间上和空间上改变路网交通流的分布。控制中心发布的交通控制策略和交通诱导策略，采用智能式的生成方式，具有一定的灵活性。

可见，合理的处理区域上传的交通数据，实时的准确的判断区域交通状态，是大范围战略控制系统功能实现的前提和基础。

2.2.3.3 研究内容

通过前面的分析不难得出，在大范围战略交通控制系统中，实时准确的判断区域交通状态是至关重要的。由于城市区域道路的交通运行状态包括宏观区域的交通运行状态与微观路段和交叉口交通状态，其中区域的宏观交通运行状况又取决于每一个路段和交叉口的微观交通运行状况。为了对区域道路交通运行状况进行全面的评价，本章在综合分析宏观区域路网信息和微观交通参数信息的基础上，建立了多种类、多层次的评判指标。利用基于模糊逻辑的决策层信息融合技术对交通状态进行了量化，提出了易于被使用者接受，能体现人对交通运行状态的感觉变化规律的评价集。具体研究内容如下：

（1）多源交通信息的内涵和外延分析；

（2）多源交通决策信息融合概念的功能分析；

（3）基于多源决策信息融合技术的区域交通状态判别。

2.2.3.4　研究意义

综合看来，对城市区域交通状态实时准确的判别：

（1）有利于交通管理者做出交通运行管理决策

交通运行管理的主要目的是在掌握路段和交叉口在每个时段交通状况信息的基础上，运用交通信号控制、现场交通指挥和交通诱导等手段对道路交通流进行管理，降低道路的拥挤程度和拥挤持续时间，提高现有道路的利用效率和安全性。

（2）有利于交通参与者做出正确的出行决策

在对各个路段、交叉口等做出科学、量化的评价后，通过交通广播、电视、电话、互联网、车载导航装置、路边可变信息板等交通诱导方式，向交通参与者提供实时的交通流信息。

（3）为大范围战略交通控制策略的生成提供了依据。

（4）为区域交通控制目标的生成提供了依据。

2.2.4　交通控制相关状态判别技术

2.2.4.1　固定型交通检测器状态判别概述

城市道路交通状态是指交通流的总体运行状况，具有多尺度、多变量、随机和时变的特性。不同的交通状态，需要采用不同的交通控制策略和控制方案。

从宏观上看，交通状态可分为正常状态和异常状态。正常状态是指所有车辆都能够有秩序、安全、顺畅地运行；异常状态即为非正常状态，包括常发性交通拥挤、偶发性拥挤和不引发拥挤的交通事件。在通常情况下，交通拥挤又可分为一般拥挤、较严重拥挤、严重拥挤和堵塞等。

从微观上看，交通状态可表现为交通流量大小、车辆速度快慢、车辆排队长短、延误时间大小、交通负荷高低等定量指标。

建立城市道路交通状态指标体系的目的，是在综合考虑交通信息获取可行性的基础上，用不同层次、不同角度的指标满足各类交通控制决策的要求，以提高城市道路交通控制的效果。本项目提出的城市道路交通状态指标体系由宏观指标、中观指标和微观指标组成。

2.2.4.2　微观指标

微观指标用于从不同角度描述单个路段或路口的交通状态，通过交通模型或记录的方式与基础交通信息相关联。

1. 各进口道流量

信号控制路口各进口道流量是指某一检测时间段内，各进口道上游检测器检测到的流量。检测器采集到的进口道各车道流量存储至数据库，各进口道流量按照进口编号与分析期合计得到。

2. 路口平均延误

用于状态判别的路口平均延误是指某一检测时段内，各方向路段延误加权值。但基于固定型检测器采集到的数据无法计算各方向路段延误。

经典的路口平均延误模型主要是为信号配时服务的，主要有稳态延误模型、定数延误模型、过度函数延误模型。

稳态延误模型只有在饱和度足够低的情况下，即车辆平均到达率远低于通过能力时才是接近实际的。定数延误模型在路口过饱和状态下较适合。过度函数延误模型在稳态延误理论曲线与定数延误理论曲线之间得到一个过渡函数曲线，用以协调二者。

(1) 稳态延误模型

稳态理论基于如下的基本假定：

①车辆平均到达率在所取的时间段 T 内稳定不变。

②所研究的进口断面，通过能力在相应时段内为常数。

③车辆受信号阻滞所产生的延误时间与车辆到达率的相关关系在 T 内不变。

④在时间段 T 内，各个信号周期车辆到达率的变化是随机的，因而车辆在停车线断面受阻排队长度也是随机变化的。在某些信号周期内可能出现车辆的到发不平衡，产生滞留车队。但经过若干周期后，滞留车队将消失，即就整个时段 T 而言，车辆到发始终保持平衡。

稳态延误模型中路口平均延误包括 2 部分：均衡相位延误与随机延误。经典的稳态延误模型中路口平均延误的模型如下：

Webster 模型：

$$d=\frac{c\left(1-\frac{g}{c}\right)^2}{2\left(1-\frac{q}{S}\right)}+\frac{x^2}{2q(1-x)}-0.65\left(\frac{c}{q^2}\right)^{\frac{1}{3}}x^{2+5g/c} \tag{2.1}$$

式中 d——平均延误；

c——周期时长；

g——有效绿灯时间；

x——饱和度；

q——到达率。

Miller 模型：

$$d=\frac{c(1-g/c)^2}{2(1-q/s)}\left[c(1-g/c)+\frac{2Q_0}{q}\right] \tag{2.2}$$

式中 Q_0——平均过饱和车辆。

$$Q_0=\frac{\exp[-1.33\sqrt{Sg(1-x)x}]}{2(1-x)} \tag{2.3}$$

Akcelik 模型：

$$d=\frac{c(1-g/c)^2}{2(1-q/s)}+\frac{Q_0}{q} \tag{2.4}$$

式中　$Q_0=\begin{cases}\dfrac{1.5(x-x_0)}{1-x} & x>x_0,\\ 0 & x\leqslant x_0。\end{cases}$

$$x=0.67+\frac{Sg}{600}$$

R. Akcelik 曾将 F. Webster、Miller 及 ohno 等人的公式与他自己的公式作过比较，给出的结果相差甚微，最多相差 1s。在文中我们可以选择形式较简单、所需参数较易获得的模型。

(2) 定数延误模型

定数延误模型的建立基于以下 3 条基本假设：

①车辆到达率 q、通过能力 Q 在时间段 T 内为一定值，且 q 大于 Q。

②在时间段 T 的开始点，初始排队长度为零。

③过饱和排队长度随着时间的增长而直线增加，由初始值 0 一直到时段 T 结束。

平均延误为：

$$d=\frac{D}{qt}=\frac{Cr}{2q}+\frac{Q_0}{q} \tag{2.5}$$

式中　Q_0——平均过饱和排队车辆数，即某进口道方向上所有车道排队车辆总和，

$$Q_0=\frac{(q-C)t}{2}=\frac{(x-1)Ct}{2};$$

C——该进口方向通行能力。

(3) 过度函数延误模型

过度函数延误模型中路口平均延误包括 3 部分：均衡相位延误、随机延误、过饱和延误。

$$d=\begin{cases}\dfrac{c(1-g/c)^2}{2(1-q/S)}+\dfrac{Q_0}{C} & x<1,\\ (c-g)/2+\dfrac{Q_0}{C} & x\geqslant 1。\end{cases} \tag{2.6}$$

式中　$Q_0=\dfrac{Ct}{4}\left[x-1+\sqrt{(x-1)^2+\dfrac{4x}{Ct}}\right]$。

由于以上延误的计算的分析期都是信号周期，而文中的分析期要求与信号周期独立，且文中要求对交叉口各进口的状态单独分析，因此该指标难以应用。

3. 路口服务水平

正如道路路段的服务水平取决于路段的平均运行车速及路段交通负荷一样，道路交叉口的服务水平取决于交叉口的车辆平均延误及交叉口交通负荷，通常用交叉口车辆平均延误作为服务水平划分标准。《美国通行能力手册》给出了美国以车辆平均停车延误为划分依据的信号交叉口服务水平划分标准，如表 2.1 所示：(A，B 两级服务水平只有在良好的绿波信号或很短的信号周期下才有可能达到)

表 2.1 美国信号交叉口服务水平划分标准

服务水平	A	B	C	D	E	F
平均停车延误(s)	≤5.0	5.1～15.0	15.1～21.0	25.1～40.0	40.1～60.0	>60.0

结合中国的实际情况，宜采用表 2.2 所示适用于各类交叉口的服务水平划分标准：

表 2.2 适用于中国各类交叉口的服务水平划分标准

服务水平	车辆平均延误(s)	交通状况描述
A	≤5.0	车流畅行，基本无阻
B	5.1～15.0	车流基本畅行，略有阻力
C	15.1～30.0	车流运行正常，有一定延误
D	30.1～50.0	车流尚能正常运行，但延误已较大
E	50.1～80.0	车流已处于拥挤状态，延误很大
F	>80.0	车流已超饱和，常处于阻塞状态

由于路口服务水平的划分难以满足本项目中交通状态的动态判别的要求，因此，不采用此标准来判别交通状态。

4. 路口各进口道排队长度

(1) 用于信号配时

绿灯初始时刻进口道停车线前车道上累计停驶车辆数。计算方法参考经典模型中排队长度的计算。

(2) 用于状态判别

$$Q=q_{1\to2}^{A}-q_{1\to2}^{B}+q_{\mathrm{q}}^{AB} \tag{2.7}$$

式中 Q——进口道排队长度；

$q_{1\to2}^{A}$——t_1 到 t_2 时刻上游检测器采集的累计到达流量；

$q_{1\to2}^{B}$——t_1 到 t_2 时刻根据下游交叉口饱和流率计算的通过交叉口车辆数；

q_1^{AB}——t_1 时刻进口道原始车辆数。

采用此模型计算排队长度存在以下 3 个难点：

难点 1：q_1^{AB} 无法确定，若认为其值为 0，则会有很大的误差。

难点 2：$q_{1\to2}^{B}$ 的计算误差很大

$$q_{1\to2}^{B}=S\cdot\left(\frac{g}{C}\right)\cdot t \tag{2.8}$$

按公式(2.7)计算得到的 t_1 到 t_2 时刻根据下游交叉口饱和流率计算的通过交叉口车辆数与真实值有区别，主要有 3 个干扰因素：

①若按公式(2.7)计算，则分析期 t 并不一定是整周期，会出现误差。

②公式(2.7)适用的条件是，假设在绿灯启亮时刻，所有该路段上的车辆已经全部在停车线前排队等候，此时车流才会以饱和流率 S 通过停车线。但现实中，车辆有很大的离散性，且这种离散性随路段长度的长短而变化，很难定量表示。

③即便路口上车辆满足②中假设，绿灯时间内并不是一直有车，因此若直接乘分析期 t，则会比真实值大很多，误差很可能无法接受。

难点 3：支路汇入、分流产生的影响。若路段中间有支路汇入、分流，而未布设检测器，则由支路汇入、分流的车流量是无法得到的。

综上所述，基于固定型检测器的排队长度难以计算，因此难以用此指标来划分交通状态。

5. 路段上车辆数

(1) 稳态延误模型计算模型

根据前面的分析，路口排队长度难以计算，因此难以用此指标来划分交通状态。但是，可以近似估计路段上的车辆数。估计方法如下：

$$Q=q_{1\to2}^{A}1-q_{1\to2}^{B}+q_1^{AB} \tag{2.9}$$

式中 Q——t_2 时刻路段上车辆数；

$q_{1\to2}^{A}$——t_1 到 t_2 时刻上游检测器采集的到达流量；

$q_{1\to2}^{B}$——t_1 到 t_2 时刻通过下游交叉口的车辆数；

q_1^{AB}——t_1 时刻路段上原始车辆数。将历史数据中到达流量最小的时刻，如每日凌晨 2 点的值定义为 0，由此得到 q_1^{AB} 的递推值。

Q 的计算关键是 $q_{1\to2}^{B}$，若分析期内信号配时方案不变，则：

$$q_{1\to2}^{B}=S\cdot\left(\frac{g}{c}\right)\cdot t \tag{2.10}$$

式中 S——各交叉口进口饱和流率；

$\frac{g}{c}$——实时绿信比；

t——分析期。

若分析期所取得的长度包含了 n 个绿信比不同的信号配时方案，则应根据实时绿信比按下式计算：

$$q_{1\to 2}^{B}=S\left[\left(\frac{g}{c}\right)_{1}\cdot t_{1}+\left(\frac{g}{c}\right)_{2}\cdot t_{2}+\cdots+\left(\frac{g}{c}\right)_{n}\cdot t_{n}\right] \tag{2.11}$$

$$t_{1}+t_{2}+\cdots+t_{n}=t \tag{2.12}$$

式中 $\left(\frac{g}{c}\right)_{i}$——分析期内各信号配时方案的实时绿信比；

t_1——各信号配时方案持续的时间。

(2) 误差分析

依照此模型计算的路段上车辆数仍然存在一些难以克服的误差：

①分析期的长度很可能并不是信号周期的整数倍，残余时段依旧看作整周期，按该周期的实时绿信比计算。此误差相对较小，可以忽略。

②在高峰时段，认为绿灯起亮时交叉口停车线前已经有很多车辆排队等候，车流以饱和流率放行，此时计算得到的路段上车辆数误差较小；在平稳或车流量很小时，按式计算的 $q_{1\to 2}^{B}$ 偏大，Q 的计算值可能会为负值。在 Q 值为负时，表示放行能力大于车流到达，取 Q 为 0。但依然存在缺陷，车流到达在 0 到临界 $q_{1\to 2}^{A}$ 之间时都为 0，在这个范围内虽然交通负荷是变化的，但反映在模型中是均一状态。

③若路段上存在支路，且没有布设固定型检测器，则支路汇入与驶离车辆数将会对路段上车辆数的计算产生很大的影响。但目前，基于道路上布设的检测器难以排除这种干扰。若能根据前文固定型检测器布设中的补充检测器的原则，在一些符合条件的支路补充检测器，则可以排除这种干扰。此外，利用固定型检测器与移动型检测器的数据融合技术，将浮动车采集的信息作为补充，也是排除这种干扰的一种有效途径。

(3) 程序流程(图 2.8)

6. 路口饱和度

(1) 计算模型

传统路口饱和度定义是指饱和程度最高的相位所达到的饱和度值。故该指标的计算必须与信号周期联系。通行能力是按照每个相位分别计算的，文中信号周期是可变的，因此相位也是可变的，难以获得各相位通行能力。而且各相位的通行能力是不分进口的整个交叉口的通行能力，难以满足文中分别对各进口饱和程度分析的要求。此外，文中要求饱和度的分析期与信号周期脱离。因此传统的饱和度定义在文中难以应用。

本书为了满足状态判别的需要与参数的可计算性定义了广义饱和度：交叉口的广义饱和度为各进口饱和度的加权值。

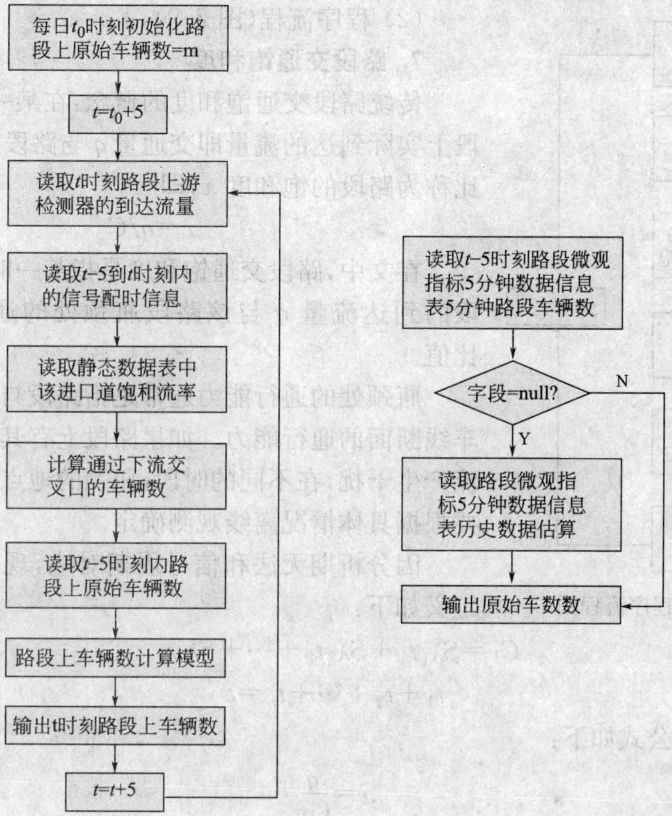

图 2.8　程序流程图

交叉口各进口饱和度：各进口到达车辆数与该时刻该进口通行能力的比值。

$$x_i=\frac{q_i}{C_i} \tag{2.13}$$

式中　x——交叉口各进口饱和度；

q——各进口到达车辆数；

C——各进口通行能力，为各进口饱和流率与该时刻实时绿信比的积，$C=S\cdot(g/c)_i$。

交叉口广义饱和度：

$$X=\sum\alpha_i x_i \tag{2.14}$$

式中　α_i——加权系数，根据路段的等级确定权值。主次路相交时给主路以较大的权值。

用交叉口广义饱和度来反映整个交叉口的交通状态。然后用饱和度将各进口的交通状态分级，分别表示各进口的状态。

(2) 程序流程(图 2.9)

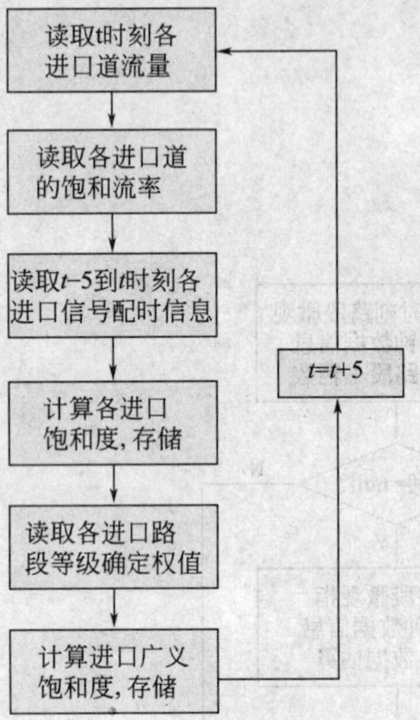

图 2.9 程序流程图

7. 路段交通饱和度

传统路段交通饱和度的概念：在某一时间段内，路段上实际到达的流量即交通量 q 与路段通行能力 C 之比称为路段的饱和度 x，即

$$x=q/C \tag{2.15}$$

在文中，路段交通饱和度是指某一时间段内，该路段的到达流量 q 与该路段瓶颈处的通行能力 C 的比值。

瓶颈处的通行能力通常是指路段与路口交汇处停车线断面的通行能力。如果路段上有其他进出口对车流产生干扰，在不同的时段，瓶颈的地点可能不同。需要根据具体情况离线观测确定。

因分析期无法和信号周期对应，现将通行能力 C 定义如下：

$$C_1=S\lambda_1 t_1+S\lambda_2 t_2+\cdots+S\lambda_n t_n \tag{2.16}$$

$$t_1+t_2+\cdots+t_n=t \tag{2.17}$$

则饱和度公式如下：

$$x=\frac{q}{C_1} \tag{2.18}$$

式中 q——路段的到达流量；

C_1——路段瓶颈处的通行能力；

S——路段饱和流率；

λ_n——交叉口实时的绿信比；

t_n——交叉口使用绿信比 λ_n 的时间；

t——分析周期。

按照此模型计算时存在 2 个干扰因素：

①分析期 t 并不一定是整周期，会出现误差。

②绿信比 λ 和信号周期 c 是变化的。

2.2.4.3 中观指标

1. 路口拥挤程度分级方法

中观指标用于描述单个路口交通状况的综合水平，通过一定的算法或统计分析与微观指标相关联，这类指标既可以是单个微观量化指标的离散化表达结果，也可以是多个微观指标融合表达的结果。

文中将路口拥挤程度等级划分为：顺畅、阻滞、拥堵 3 级。

拥挤指数定义：由流量、路段上车辆数、广义路口饱和度这 3 个指标的组合得到的一个可以反映路口拥挤程度的指数。在判别拥挤等级的过程中，分级的指数应当是相对标准。考虑相对标准是因为各微观指标并不是绝对的。流量与路段宽度、车道数有关；路段上车辆数和路段宽度、车道数、路段长度有关系。

若采用绝对标准，则应当将各相对微观指标转化为绝对微观指标。

流量转换为单位截面流量：

$$q'=\frac{q}{nd} \tag{2.19}$$

式中　n——车道数；

d——单车道宽度。

路段上车辆数转换为路段单位面积车辆数：

$$Q'=\frac{Q}{ndl+n'd'l'} \tag{2.20}$$

式中　l——未渠化路段长度；

n'——渠化段车道数；

d'——渠化段车道宽；

l'——渠化段长度。

将拥挤分级的方案有 2 个，即模糊聚类法和拥挤指数法。

1）模糊聚类法

（1）聚类步骤

①数据变化处理，使不同量纲、不同数量级的数据能放在一起比较。变换的方法有标准化变换、规格化变换、对数变换。这里选择较简单的规格化变换：

$$x'_{ij}=\frac{x_{ij}-\min\{x_{ij}\}}{\max\{x_{ij}\}\cdot 1.2-\min\{x_{ij}\}\cdot 0.8} \tag{2.21}$$

式中　x_{ij}——原始数据；

x'_{ij}——规格化后数据。

②计算模糊相似性矩阵

取模糊相似系数 $r_{i,j}=\dfrac{1+\cos\theta}{2}$，则 r_{ij} 在[0,1]区间内，$R=(r_{i,j})$ 构成一个模糊相似矩阵。

③获得模糊分类关系

对模糊矩阵进行褶积计算：$R\rightarrow R^2\rightarrow R^3\rightarrow\cdots\rightarrow R^n$，直到 $R^n\cdot R=R^n$，由此得到模糊分类关系 R^n。

褶积的计算由下式得到：

$$R^2=[\bigvee_{k=1}^{n}(r_{ik}\wedge r_{kj})] \tag{2.22}$$

其中记号“$\bigvee$”和“$\bigwedge$”的含义由下式定义：

$$a\bigvee b=\max(a,b)$$

$$a\bigwedge b=\min(a,b)$$

④模糊聚类

对满足传递性的模糊分类关系 R^n 进行聚类处理，给定不同置信水平的 λ，求 R_λ 阵，得出 R 的 λ 显示，得到普通的分类关系。

当 $\lambda=1$ 时，每个样品各成一类，随 λ 值的降低，由细到粗逐渐归并，直到聚为指定的分类数为止。

关于 λ、R_λ 阵的定义如下：

若 A 为 X 上的任一模糊集，对任意 $0\leqslant\lambda\leqslant1$，记 $A_\lambda=\{x\mid x\in X,A(x)\geqslant\lambda\}$，称 A_λ 为 A 的 λ 截集。A_λ 是普通集合，而不是模糊集。

由于模糊集的边界是模糊的，如果要把模糊概念转化为数学语言时，需要选取不同的置信水平 $\lambda(0\leqslant\lambda\leqslant1)$，来确定其隶属关系，$\lambda$ 截集就是将模糊集转化为普通集合的方法，而模糊集 A 是一个具有游移边界的集合，它随 λ 值的变小而增大，即当 $\lambda_1<\lambda_2$ 时，有 $A_{\lambda_1}\supset A_{\lambda_2}$。

(2) 判别步骤

①计算各个判别变量的组内均值和总均值

$$\bar{x}_j^{(1)}=\frac{1}{n}\sum_{k=1}^{n_1}x_{kj}^{(1)} \tag{2.23}$$

$$\bar{x}_j^{(2)}=\frac{1}{n}\sum_{k=1}^{n_2}x_{kj}^{(2)} \tag{2.24}$$

$$\bar{x}_j^{(3)}=\frac{1}{n}\sum_{k=1}^{n_3}x_{kj}^{(3)} \tag{2.25}$$

总均值：

$$\bar{x}_j=\frac{1}{n}\sum_{l=1}^{m}\sum_{k=1}^{n_l}x_{kj}^{(l)}$$

$$(n=n_1+n_2+n_3) \tag{2.26}$$

②计算各组离差矩阵 S_l 和总的协方差矩阵 D

离差矩阵：

$$S_l=[S_{ij}^{(l)}] \tag{2.27}$$

$$S_{ij}^{(l)}=\sum_{k=1}^{n_l}(x_{ki}^{(l)}-\bar{x}_i^{(l)})(x_{kj}^{(l)}-\bar{x}_j^{(l)}) \tag{2.28}$$

总的协方差矩阵：
$$D=\frac{1}{n-m}\sum_{l=1}^{m}S_l$$
（m 为分组数，这里取3） (2.29)

③计算 D 的逆矩阵
$$D^{-1}=(d_{ij}^{-1}) \tag{2.30}$$

④建立各组的判别函数
$$f_1=\ln q_1+c_{l0}+\sum_{j=1}^{p}c_{lj}x_j \tag{2.31}$$

其中：$q_l=\frac{n_l}{n}$

$$c_{lj}=\sum_{j=1}^{p}d_{ij}^{-1-(l)}x_i$$

$$c_{l0}=-\frac{1}{2}\sum_{i=1}^{p}c_{li}\,\bar{x}_i^l$$

⑤对待判别样品进行判别

将待判别样品的判别指标带入各组判别函数计算式，计算对应于各组的判别函数值，然后将其判属函数值最大的一组。程序流程如图2.10所示。

2）拥挤指数法

确定一个由单位截面流量、路段单位面积车辆数、交叉口广义饱和度得到的一个函数式，为一定值，可以反映拥堵等级，将其定义为拥挤指数 M。

$$M=\beta_1\frac{Q}{Q_m}+\beta_2\frac{X}{X_m} \tag{2.32}$$

式中 β_1,β_2——加权系数，$\beta_1+\beta_2=1$；

Q_m——根据道路通行能力得到的该路段可以容纳的最大车辆数；

X_m——广义饱和度的最大值，取1。

由此得到的拥挤指数 M 为0～1之间的一个值，将其划分为3个区间，分别表示顺畅、阻滞、拥堵3级。标定区间阈值的方法可以采用方案1的聚类结果或人为标定。

2. 路段拥挤程度分级方法

1）模糊聚类法

聚类分析直接比较各事物之间的性质，将性质相近的归为一类，将性质差别较大的归入不同的类。聚类分析时所取的样本量要尽量覆盖各种交通状态，样本量要足够大，应当采用若干天24小时的数据输入进行聚类分析。在用聚类分析将交通状态分级后，将实时的交通信息变量输入，建立判别函数，将其归为其中一个等级。

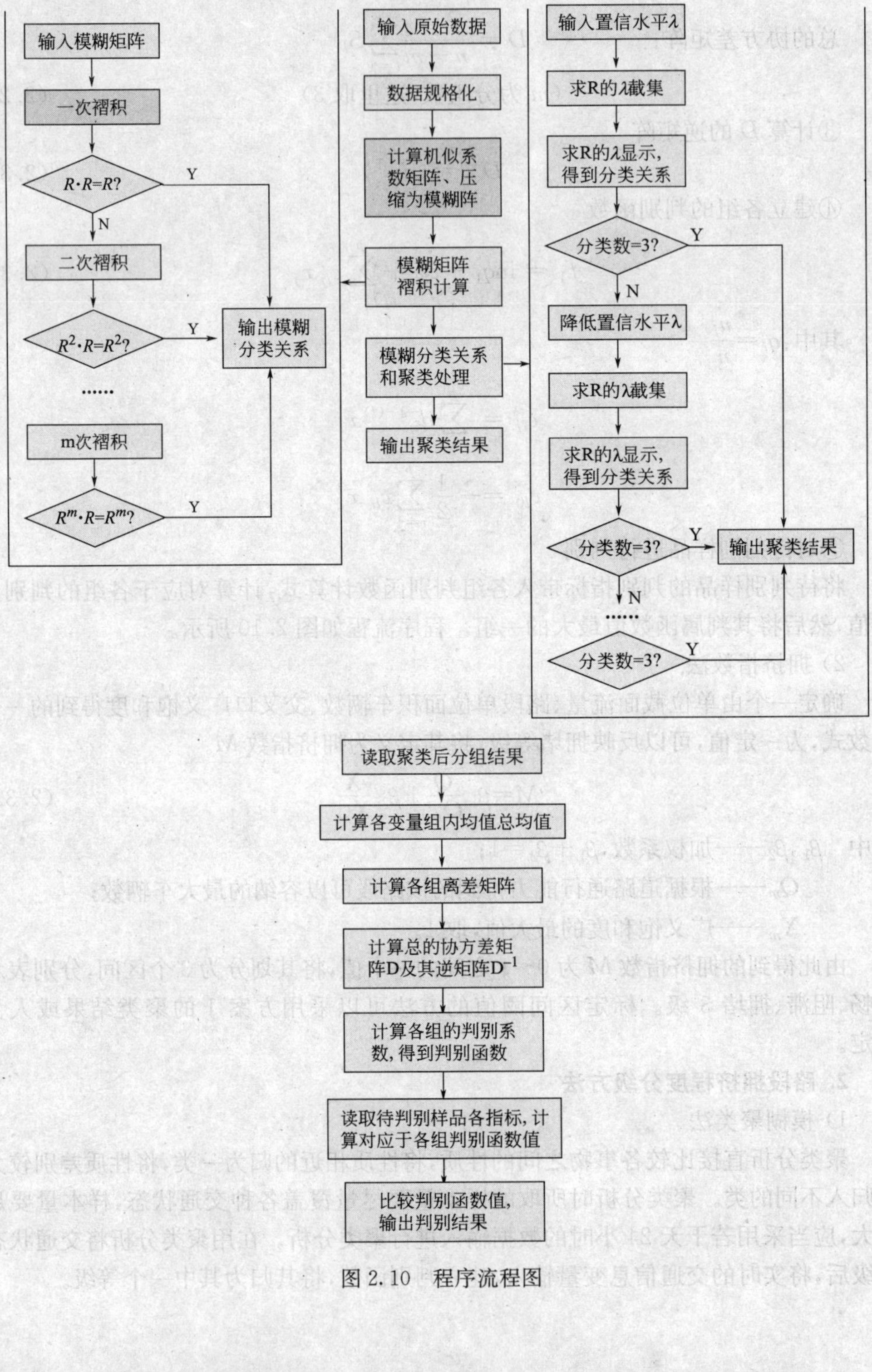
输入模糊矩阵
一次褶积
R·R=R?
Y
N
二次褶积
R²·R=R²?
Y
输出模糊分类关系
……
m次褶积
Rᵐ·R=Rᵐ?
Y
输入原始数据
数据规格化
计算机似系数矩阵、压缩为模糊阵
模糊矩阵褶积计算
模糊分类关系和聚类处理
输出聚类结果
输入置信水平λ
求R的λ截集
求R的λ显示，得到分类关系
分类数=3?
Y
N
降低置信水平λ
求R的λ截集
求R的λ显示，得到分类关系
分类数=3?
Y
输出聚类结果
N
……
分类数=3?
Y
读取聚类后分组结果
计算各变量组内均值总均值
计算各组离差矩阵
计算总的协方差矩阵D及其逆矩阵D⁻¹
计算各组的判别系数，得到判别函数
读取待判别样品各指标，计算对应于各组判别函数值
比较判别函数值，输出判别结果

图 2.10 程序流程图

根据输入参数个数的不同，模糊据类法的方案有2个。

方案一：

在该方案中，采用路段拥挤指标包括流量（与路段宽度、车道数有关）、占有率、速度，这些参数都可以直接从检测器中得到。

通过采集大量数据，形成3×n维交通状态信息向量，然后经过聚类分析将拥挤程度分为3类，表示不同的状况；将实时数据输入，进行判别分析，判定当前拥挤程度等级。见表2.3。

表2.3 Initial Cluster Centers

	Cluster		
	1	2	3
Q	34.00	5.00	20.00
V	20.40	44.30	30.10
O	97.033	67.30	73.5

方案二：

在该方案中，采用路段拥挤指标包括流量（与路段宽度、车道数有关）、占有率、速度、广义路段上车辆数（与路段宽度、车道数、路段长度有关）、广义路段饱和度。

通过采集大量数据，形成5×n维交通状态信息向量，然后经过聚类分析将拥挤程度分为3类，表示不同的状况；将实时数据输入，进行判别分析，判定当前拥挤程度等级。见表2.4。

表2.4 Initial Cluster Centers

	Cluster		
	1	2	3
Q	16.00	20.00	5.00
V	15.50	30.10	43.70
O	69.50	97.03	59.82
X	87.00	95.00	61.00
q	70.00	82.00	51.00

2）改进的（基于模糊聚类）McMaster算法

（1）传统的McMaster算法

McMaster算法是由加拿大的McMaster大学土木工程系基于突变理论开发的，该算法对交通事件的检测过程包括两个阶段：①检测事件的存在；②检测事件的类型。这种算法将获得的交通流量和占有率数据表示在二维空间上，并将流量-占有率二维图形划分为4个区域，每个区域代表一种交通状态，McMaster算法基于下述假设：当交通从拥挤变为非拥挤状态时，其速度急剧变化，而流量和占有率缓慢的变化，使用从拥挤到非拥挤交通变化的流量——占有率关系，该算法开发了流量——占有率模型。算法的交通状态分类如图2.11所示。

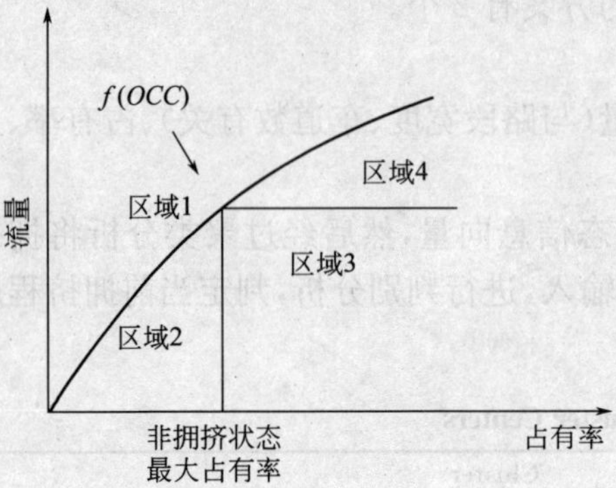

图 2.11 McMaster 算法的交通状态分类图

区域 1 表示正常(非拥挤)交通状态;区域 2 表示偶发性拥挤地点上游的交通状态;区域 3 表示缓慢交通流的拥挤状态,一般意味着该检测站下游发生拥挤;区域 4 表示常发性拥挤地点上游处的交通状态。通过检查实测数据点在四个区域中的分布情况,可以对某个检测站点下游交通拥挤状态的开始、持续和结束时刻进行判别。

为了降低误判率,该算法规定在三个连续的采样周期内,车速均降至阈值以下,或占有率超过阈值,或流量与占有率都在非拥挤区域之外,可判定有拥挤存在。在连续两个采样周期内,车速、流量和占有率任意两个超过各自的阈值,也可以判断是发生了交通拥挤。具体的算法流程如图 2.12 所示。

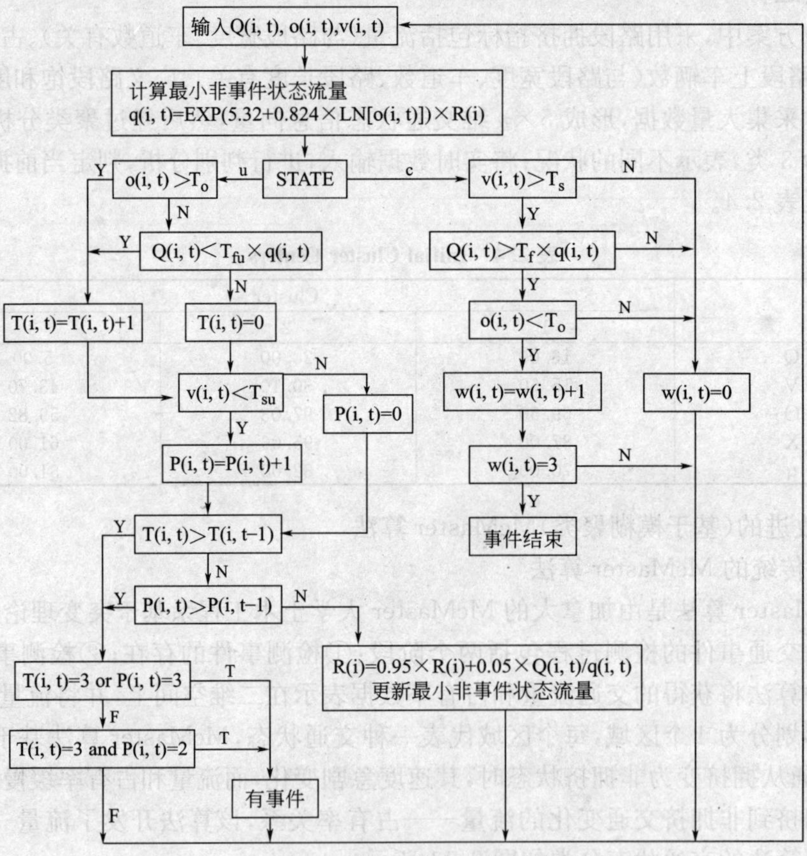

图 2.12 McMaster 算法的事件检测逻辑流程图

图 2.12 的符号说明：i 为站点编号；t 为时间；$Q(i,t)$ 为 i 站点 t 时刻的流量；$o(i,t)$ 为 i 站点 t 时刻的占有率；$v(i,t)$ 为 i 站点 t 时刻的速度；u 为无事件；c 为事件；$q(i,t)$ 为最小非事件状态流量；T_o 为占有率阈值；T_s 为拥挤速度阈值；T_{fu} 为非事件状态流量阈值；T_f 为事件状态流量阈值；T_su 为非事件状态速度阈值；$T(i,t)$ 为非事件状态下流量、占有率持续性检测次数（$T(i,t)=3$）；$P(i,t)$ 为非事件状态下流量速度持续性检测（$P(i,t)=3$）；$Q(i,t)$ 为事件持续性识别次数（$Q=3$）；$R(i)$ 为用来更新最小非事件状态流量公式的因子；$W(i,t)$ 为事件检测计数值。

(2) 改进的 McMaster 算法

改进的 McMaster 算法判断拥挤的依据是城市道路路段在拥挤时车流速度降低，道路占有率增加以及有拥挤车流的存在。该算法区分交通拥挤与非拥挤状态是以图 2.14 中的曲线为界，该曲线代表了正常区域的下限，一旦路上检测器得到的数据在该曲线之上时判为非拥挤状态，低于该曲线状态则为拥挤状态。

该模型判别步骤如下：

①利用模糊聚类法，形成聚类中心

通过采集大量数据，形成 $2\times n$ 维交通状态信息向量，然后经过聚类分析将拥挤程度分为 3 类，表示不同的状况。见表 2.5。

表 2.5　Initial Cluster Centers

	Cluster		
	1	2	3
Q	87.00	4.00	5.00
O	22.60	95.80	1.39

②将不同类别的点分别用不同的颜色表示，形成散点图。如图 2.13 所示。

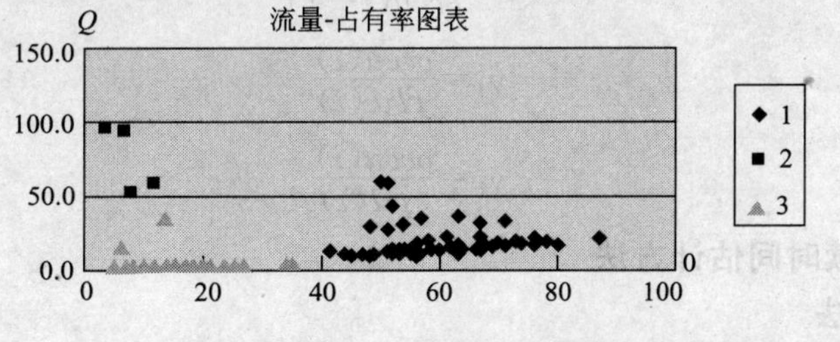

图 2.13　基于流量—占有率的交通状态分类图

③采用手工的方法划分界线

该算法的特点是从被检测路段实际交通特性出发，在基本交通流曲线 $q=q(o)$ 的基础上，用正常（非拥挤）交通区域的下限曲线（拥挤临界曲线）和非拥堵最大占有率两条曲线把 q—o 平面划分为 3 个区域，分别对应着不同的交通状态。如图 2.14

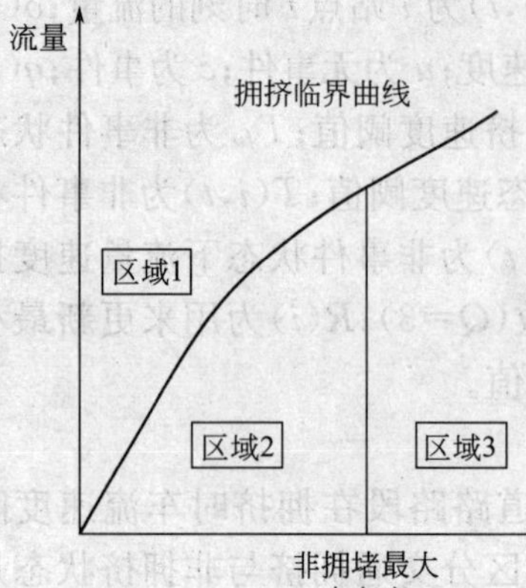

图 2.14 改进的 McMaster 算法的交通状态分类图

所示。

ⅳ）将实时数据输入，通过检查实测数据点在三个区域中的分布情况，可以对某个检测站点下游交通拥挤状态的开始、结束时刻和拥挤程度等级进行判别。

区域 1 表示正常交通状态（顺畅）；区域 2 表示缓慢交通流的轻度拥挤状态（阻滞）；区域 3 表示严重拥挤状态（拥堵）。

考虑到城市道路条件的差异，对每条路段都要采集大量的数据，通过聚类分析将拥挤程度分为 3 类；然后将不同类别的点分别用不同的颜色表示，形成散点图；最后采用手工画图的方法划分界线。

(3) 基于 ANN 的单截面算法

ANN 是近年来出行并得到快速发展的人工智能技术之一，已在许多领域得到了有效应用。由于 ANN 能够模人脑对信息的记忆和处理功能，擅长从海量的数据中提取出有用的知识，因此提出了基于基于 ANN 的单截面算法。

ANN 算法的工作流程如图 2.15 所示。

输入变量的设计

$$
\begin{aligned}
y_1 &= \frac{spd(i)}{spd(i-1)} \\
y_2 &= \frac{occu(i)}{occu(i-1)} \\
y_3 &= \frac{occu(i)}{flw(i)} \\
y_4 &= \frac{occu(i)}{spd(i)}
\end{aligned}
\tag{2.33}
$$

3. 拥挤持续时间估计方法

(1)估计方法

在将交通状态进行分级后，确定了各分类中心。

在进入拥挤状态时刻开始计时 t_1。

将据短时多步预测得到的交通状态信息输入判别函数，判别未来各预测时间段拥堵等级。

在拥挤结束的时刻结束计时 t_2。

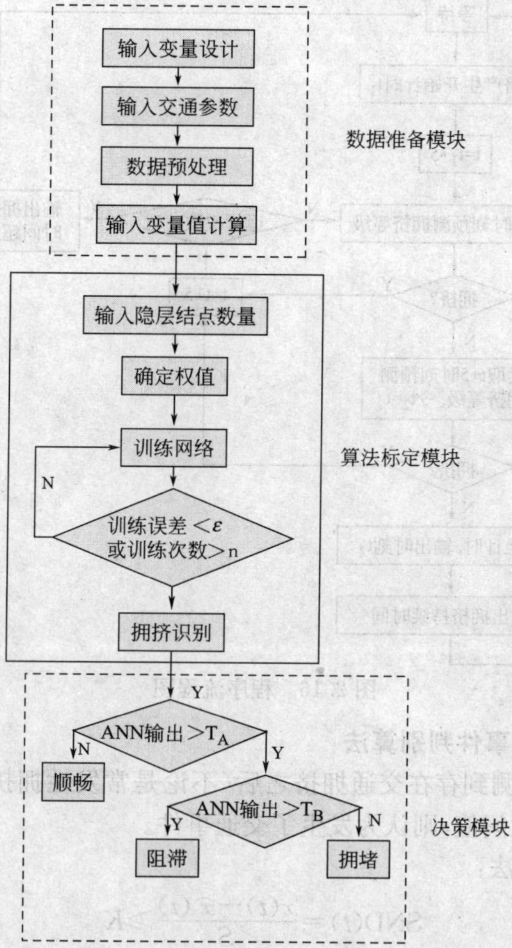

图 2.15　ANN 算法的工作流程

继续连续判断下 m 步由短时预测数据得到的交通状态，若不在出现拥挤状态，则停止计时，认为此次拥挤结束，拥挤持续时间为 $t=t_2-t_1$；否则继续进行状态判别。若 m 步预测数据显示拥挤，则认为是下一次拥挤。

其中调用的 m 步预测的时间不能超过 30 min，超过 30 min 的预测数据精度难以满足要求。因此当判断拥挤持续时间到 30 min 时还未结束，则将其输出为超过 30 min，具体值将无法得到。

在每一步判断为拥挤后，判断其拥堵等级为阻滞还是拥堵，将拥堵持续时间单独输出。

(2)程序流程(图 2.16)

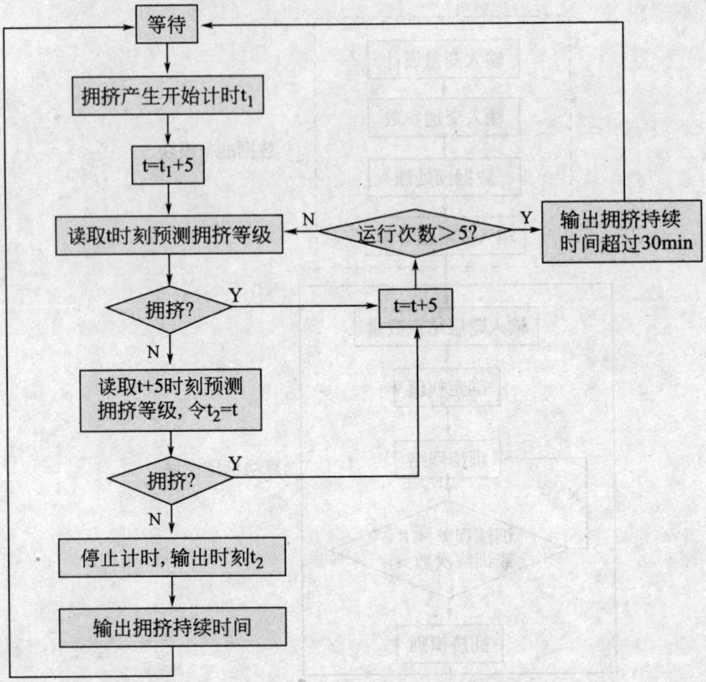

图 2.16　程序流程图

4. 路段有无交通事件判别算法

当用其他算法检测到存在交通拥挤之后(不论是常发性拥挤或偶发性拥挤)，检验 SND，若 SND 超过阈值，则认为发生了交通事件。

正态偏差(SND)法：

$$\mathrm{SND}(t)=\frac{x(t)-\hat{x}(t)}{S}\geqslant K \tag{2.34}$$

其中：$\hat{x}(t)=\frac{1}{n}\sum_{i=1}^{n}x(t-i)$　　$S=\left[\frac{1}{n}\sum_{i=1}^{n}(x(t-i)-\hat{x}(t))^2\right]^{\frac{1}{2}}$

式中　$\hat{x}(t)$——当前预测交通参数值；

S——前 n 个采样交通参数的标准差；

K——决策阈值；SND 表示正态偏差。

该模型的难点是决策阈值的确定。根据历史数据进行决策阈值的确定，算法如下：

$$T=a+n.Step$$
$$n=1,2,\cdots,N \tag{2.35}$$

式中　T——经过 n 次调整后的阈值；

a——阈值的起始值；

N——循环次数，与阈值的最大值有关；

$Step$——调整步长。

算法描述：利用等步长确定算法的决策阈值时，对于每个阈值，都会得出一组 IR、FIR 和 MTTI 的值，通过将这些评价值相互比较，或将其与 ACI 应用的实际需求进行比较，将拥挤判别效果最佳的阈值作为最优的决策阈值。

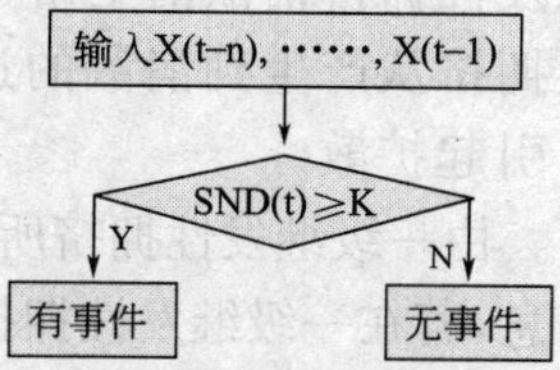

图 2.17　正态偏差法的事件检测流程图

图 2.17 给出了标准偏差法进行交通拥挤判别的流程。所输入的交通参数可以是交通流量、占有率和速度等。在这种算法中，计算移动平均值的时间宽度 n 对拥挤判别的效果具有很大影响。

2.2.4.4　交通拥挤空间扩散范围估计

1. 路口间拥挤空间扩散范围估计

(1) 交通拥挤扩散规律

交通拥挤的产生最初多是只在一个路段上，而并非整个交叉口各方向都产生拥堵，车辆在该路段上排队，排队向上游延续，影响上游交叉口流入该路段的方向产生继发性拥挤。原发性拥挤持续时间较长，或随着交通需求的增长，原发拥挤所在路口及继发拥挤所在路口的平衡被打破，有可能导致路口其他方向也产生拥挤。最后会在局部路网形成饱和循环，这是尤其需要避免的一种交通恶化现象。对交通拥挤扩散的研究目的就是要找到拥挤产生的源头。

依据交通拥挤的扩散规律，在本书中规定：交通拥挤的传播方向为向交通流上游。

本书中几个需要明确的概念说明：

①拥挤的空间扩散范围都是根据预测数据估算得到的，因此估算的扩散范围并不一定跟事后由真实历史数据得到的扩散范围完全相符

②扩散范围的定义：

在原发性拥挤持续的时间内，即 $t1$ 到 $t2$ 内，可以估算到的拥挤扩散到的范围；原发性拥挤一定最先开始最后结束。

③可以输出当前路口拥挤的扩散范围(不用)，也可以仅输出原发拥挤所在路口引起的扩散范围。

④扩散范围的存储方式，由上述 3 点决定。格式应当为原发性拥挤编号(路口＋时间)，起止时间；继发性拥挤编号，几级继发，起止时间。

(2) 各进口道流量交通拥挤扩散范围的估计方法

对每个路口的交通状态实时判别，当某一路口最早产生拥挤时，将其定义为原发

性拥挤，同时判断拥挤产生的路段。

由拥挤产生的路段追溯到上游路口，连续调用上游路口交通状态信息，若在原发性拥挤消散前上游口中产生拥挤，则将其定义为一级继发性拥挤；若在原发性拥挤从产生到消散的过程中其上游各路段都没有发生拥挤则认为此次拥挤没有引起扩散。

由一级继发性拥挤所在的路段继续向上游追溯，连续调用其上游路口交通状态信息，若在一级继发性拥挤消散前上游路段中产生拥挤，则将其定义为二级继发性拥挤；反之亦然。

直到原发性拥挤消散前，某继发性拥挤所在路口各上游路口都没有产生下一级继发性拥挤，则这样的路口与原发性拥挤所在路口之间的范围为最大拥挤扩散范围。

在文中分析时段长度是 5 min，短时多步预测 30 min 内可以完成 6 步预测，超过 6 步的预测结果精度不是很高。因此 30 min 内的预测数据较可靠，因此在进行拥挤扩散范围估计时估计到 30 min 内的扩散范围。

(3) 排除与继发性拥挤相似拥挤模式的方法

发生较晚的拥挤并不一定是由相邻较早发生的拥挤引起的，二者不一定是因果关系，有可能是由各自独立的交通负荷增大引起的。

为排除这种干扰，可以对各上游路段的驶入流量时序图进行监控。若其值并没有增大到会导致拥挤的临界值，而该路段上产生了拥挤，则可以判断是下游拥挤扩散导致。但若其值接近或已超过临界值则拥挤产生的原因是否与原发性拥挤有关难以判断。但此种情况既已产生拥挤也可以认为属于拥挤扩散范围，只是原发、继发关系难以准确确定。

(4) 程序流程(图 2.18)

其中最大拥挤扩散范围联合判断模块流程如图 2.19 所示。

2. 路段内拥挤空间扩散范围估计

一般而言，路段上拥挤的空间扩散过程可以分成以下几个阶段：首先车辆在交叉口或某瓶颈前发生拥挤，排队向后延续，并且影响到上游的若干交叉口，随着交通需求的增大，会引起交通堵塞，是尤其需要避免的一种交通恶化现象。路段拥挤空间扩散范围判别的步骤如下：

(1) 读取时刻 n 的实时数据。从"固定检测器 5 min 数据信息表"和"路段微观指标 5 min 数据信息表"表中读取数据，如：速度、流量、占有率、路段上的车辆数和路段交通饱和度。

(2) 交通状态判别。根据读取的实时数据，进行交通拥挤程度判别。

(3) 读取短时多步预测数据。从"固定检测器 5 min M 步预测信息表"表中读取第 $i+1(i=0)$ 步速度、流量和占有率数据。

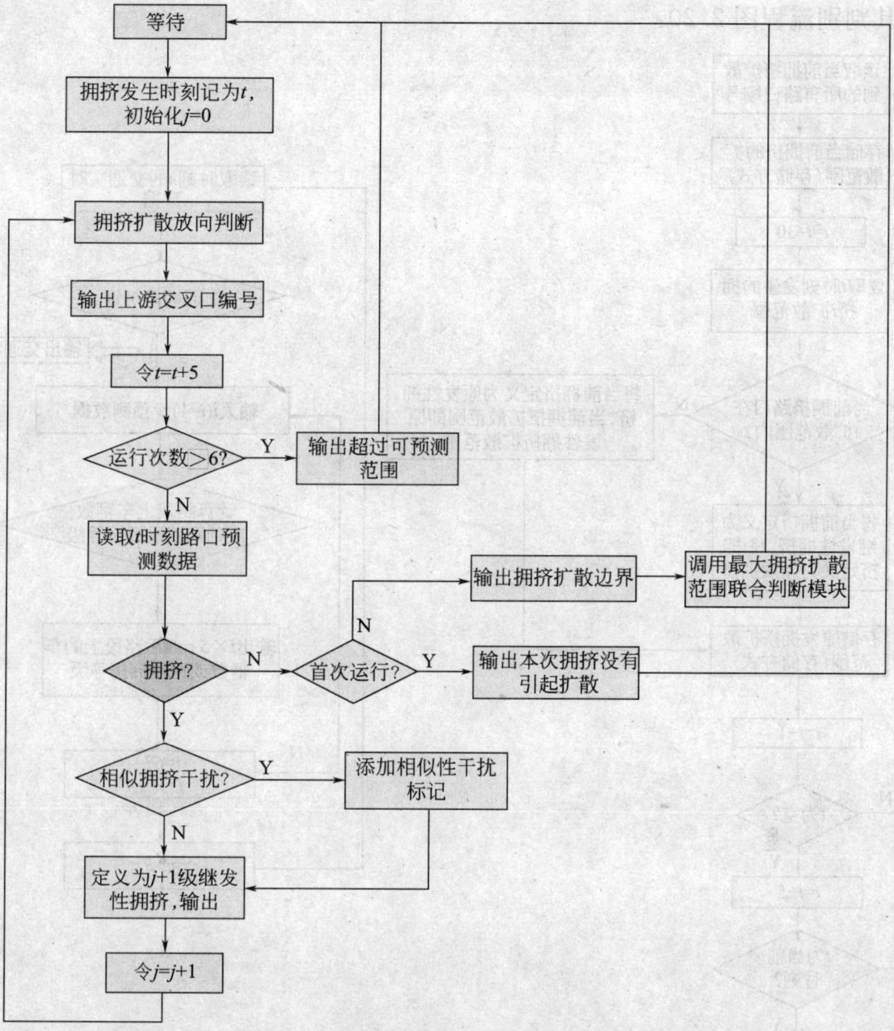

图 2.18　程序流程图

(4) 计算路段上车辆数或判别路段拥挤程度等级。根据短时多步预测数据，计算路段上的车辆数或进行交通状态预测。将预测的结果进行输出，输出形式为：$i\times5$ min后路段上的车辆数或路段拥挤等级。

(5) 短时多步预测数据读取步数判别。若短时多步预测数据步数 $i>6$，则回到步骤(3)；若 $i=6$，则输入下一时刻 $n=n+5$ 数据。回到步骤(1)。

在文中，分析时段长度是 5 min，超过 6 步的预测数据精度不是很高，即30 min内的预测较可靠，超过 30 min 的预测数据精度难以满足要求。因此 30 min 后的路段拥挤空间扩散范围不予考虑。

其判别流程图 2.20：

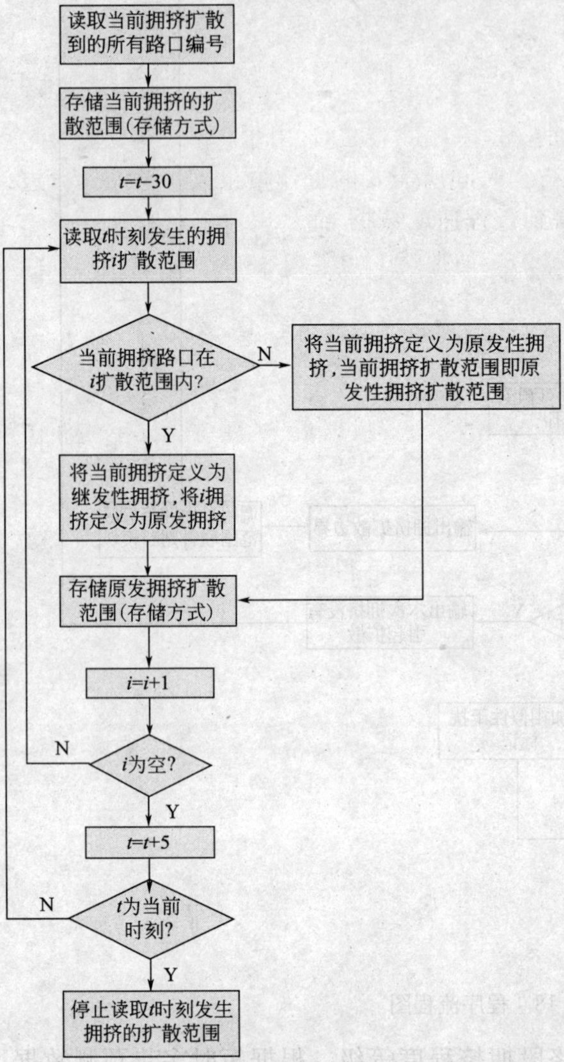

图 2.19　最大拥挤扩散范围联合判断模块流程

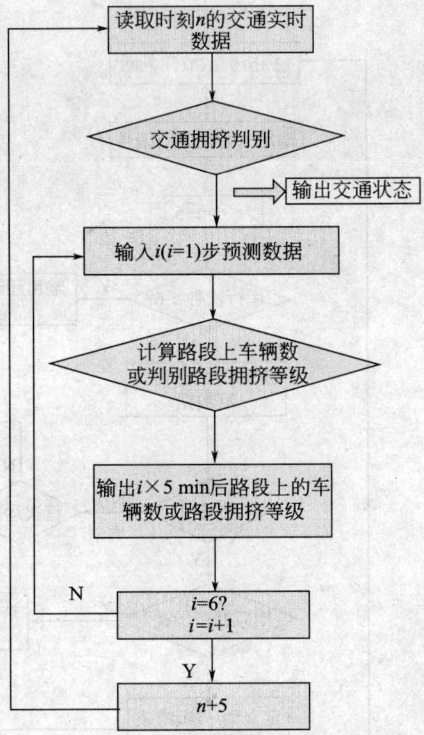

图 2.20　程序流程图

2.2.4.5　基于移动检测器的交通状态判别算法

移动交通检测器是未来动态交通流信息采集的主要技术，不但可以获得更为直观有用的行程时间和行程速度等路段交通流参数，而且还具有良好的扩展性和经济性。特别是基于 GPS 和 GIS 组合的移动型交通信息采集技术特别有利于获得全路网所有路段的动态交通数据。由于行程时间和行程速度是最能够直观体现道路交通状态的宏观交通流参数，因此，基于这种数据开发的算法具有更好的交通拥挤判别效果。

路段的行程时间是表征交通拥挤状态的一个最直观、有效的交通流参数。由于交通拥挤的本质是车辆的实际行程时间超过了人们期望的行程时间，因此，在能够可靠地获得交通流平均行程时间数据的情况下，通过将其与预定的期望行程时间进行比较，可以实现对道路交通状态的判别。但采用此方法时，由于所涉及的路段数量可能会很多，因此确定所有路段的期望行程时间所需要的工作量很大。考虑到通过计算路段行程时间与路段长度的比值得到行程速度数据，而各路段的行程速度是一个可比的参数，不需要为每个路段单独确定交通拥挤的判别阈值，同一区域相同等级的道路只需要一个统一的判别阈值 V_0 即可。

因此，在确定了顺畅、拥堵交通状态时的期望行程速度的情况下，可以根据当前的行程速度数据判断出目标路段所处的交通状态，而且通过分析同一路段相邻时段的行程速度数据和不同路段在相同时段的行程速度数据，还可以对所发生的拥挤类型进行判别。基于路段行程速度的交通控制相关状态自动判别算法工作过程如图 2.21 所示。

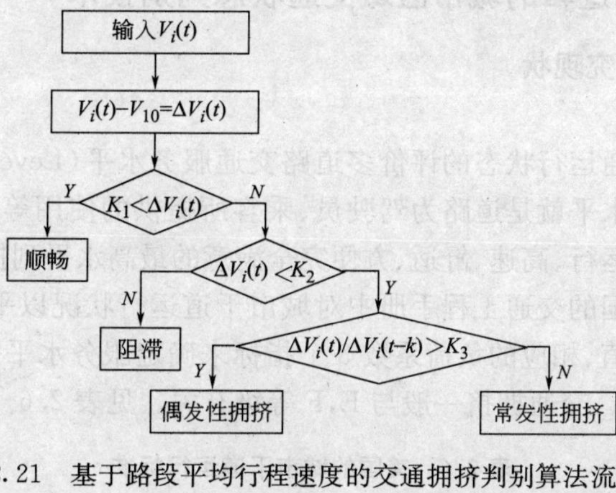

图 2.21　基于路段平均行程速度的交通拥挤判别算法流程图

(1) 数据准备。对所获得的平均行程时间数据预处理，去除随机成分，并将行程时间数据转化为路段行程速度，形成第 i 路段行程速度序列 $V_i(t)$；

(2) 根据路段所处的道路等级，确定期望行程速度 V_{i0}；

(3) 计算该路段的行程速度的延误 $\Delta V_i(t)$，如公式(2.36)所示。

$$\Delta V_i(t)-V_i(t)-V_{i0} \tag{2.36}$$

(4) 确定顺畅和阻滞、阻滞和拥挤状态下该路段所处的道路等级的行程速度延误的阈值 K_1、K_2；

(5) 交通状态判别。如果 $\Delta V_i(t)$大于既定的阈值 K_1，可认为该路段顺畅；反之，进一步判断 $\Delta V_i(t)$是否小于阈值 K_2。如果 $\Delta V_i(t)$小于阈值 K_2，则可认为第 i 路段有拥挤发生，进一步由公式(2.37)对拥挤性质进行判别；反之，则认为此时该路段上交通流处于阻滞状态。如果公式(2.37)成立

$$\left|\frac{\Delta V_i(t)}{\Delta V_i(t-k)}\right| \geqslant K_3 \tag{2.37}$$

则可认为路段 i 发生了偶发性拥挤，否则认为发生了常发性交通拥挤。其中 k 为分析时间窗口的宽度，可通过实际数据的分析来确定。

对于实际的路段而言，在移动检测器占交通流组成的比例符合算法要求的情况下，前述两种方法是适合的，并且具有比基于固定检测器的算法优越的特点，如算法指标少、需标定的参数少以及算法指标能够更直接清晰地反映交通状态的变化情况等。但是，当路段长度比较长时，所得的行程速度数据是整个路段上的数据，在子路段上发生的拥挤如果扩散范围不大，这时这种方法就无法准确地定位交通拥挤发生的位置及其影响范围。因此，在用此算法进行交通状态判别时，合适的路段长度的划分是关键。

2.2.5 基于模糊逻辑的城市区域交通状态判别技术

2.2.5.1 国内外研究现状

1. 美　　国

美国对道路交通运行状态的评价多道路交通服务水平(Level Of Service，LOS)来衡量。道路服务水平就是道路为驾驶员、乘客所提供的使用等级标准。其服务质量范围可以从自由运行、高速、舒适、方便完全满意的最高水平到拥挤、受阻的难以忍受的最低水平。美国的交通工程手册中对城市干道运行状况以平均行程速度、车流量与通行能力的比值、相应的负荷系数3个指标来确定服务水平等级。美国的LOS分为A-F六个等级。交通拥挤一般与E，F等级有关。见表2.6。

表2.6　美国的城市干道运行标准

服务水平	运行情况	平均行程速度		车流量/通行能力 V/C	相应的负荷系数
		m/h	km/h		
A	自由流	≥30	≥48	≤0.60	0.0
B	稳定流	≥25	≥40	≤0.70	≤0.1
C	稳定流	≥20	≥32	≤0.80	≤0.3
D	接近不稳定流	≥15	≥24	≤0.90	≤0.7
E	不稳定流	≈15	≥24	≤1.00	≤1.0
F	束缚的或阻塞的交通流	<15	<24	—	—

2. 日　本

日本对交通状况的评价也是基于服务水平来衡量。规定以车流量与通行能力的

比值(V/C)来划分道路服务水平，即规划等级标准。从 V/C 值看，日本规划等级的1,2,3 级相当于美国服务水平的 C,D,E 级。见表 2.7。

表 2.7　日本道路服务水平规定

服务水平（规划等级）	车流量/通行能力(V/C)		相当于美国服务水平
	郊区	城镇地区	
1	0.75	0.80	C
2	0.85	0.90	D
3	1.00	1.00	E

3. 国　　内

《中华人民共和国公共安全行业标准—道路交通阻塞度及评价方法》(GA 115—1995)中规定：

(1) 城市道路信号控制交叉口阻塞度评定指标为：车辆行至信号灯控制交叉口，3 次绿灯显示未通过路口的为阻塞，5 次绿灯显示未通过路口的为严重阻塞。

(2) 城市道路路段阻塞度评定指标为：车辆在车行道上受阻排队长度超过1 000 m的为阻塞；排队长度超过 1 500 m 的为严重阻塞。

参照美、日的服务水平标准，结合我国情况，我国也建立了城市道路运行评价标准。见表 2.8。

表 2.8　我国城市道路运行评价标准

评价等级	路　段			信号化交叉路口	
	区间速度(km/h)		V/C	延误时间(s)	
	城市干路	快速路		正常运行	高峰时
1	≥20	≥40	≤0.8	<30	<30
2	>15	≥30	≤0.9	30～180	30～360
3	≥10	≥20	≤1.0	>180	>360
4	<10	<20	>1.0		

2.2.5.2　模糊集理论与方法概述

模糊集的概念是 1965 年由 L. A. Zadeh 首先提出的。它的基本思想是把普通集合中的绝对隶属关系灵活化，使元素对集合的隶属度从原来只能取{0,1}中的值扩充到可以取[0,1]区间中的任一数值，因此很适合于用来对传感器信息的不确定性进行描述和处理。在应用于多传感器信息融合时，模糊集理论用隶属函数表示各传感器信息的不确定性，然后利用模糊变换进行综合处理。模糊数学在近 20 多年得到迅速的发展，已形成模糊综合评判、模式识别、模糊聚类分析、模糊优化、模糊控制等许多模糊方法。

对于许多需要采集、处理和集成多源信息的系统来说，要想达到自主和有效就需要通过某种方法，将一种传感器提供的不完备、不一致或不准确数据与其他传感器提供的数据进行融合，以得到更有用的信息。传感器融合为这类问题的解决提供了途径。传感器融合问题的实质是一种推理机制，通过它可以将通常以概率密度函数或模糊关系函数形式给出的两个（或多个）不同知识源或传感器的评价指标变换为单值评价指标，该指标不仅能反映每一种传感器所提供的信息，而且能反映仅从单个传感器无法得到的知识。

模糊集合是带有隶属度的元素集合。在论域 U 上的一个模糊集 A 可以用在单位区间[0,1]上取值的隶属度函数 μ_A 表示，即

$$\mu_A : U \mid [0,1] \rightarrow$$

对于任意 $u \in U$，$\mu_A(u)$称为 u 对于 A 的隶属度。

显然，当 μ_A 的值取 0 或 1 时，μ_A 便退化为一个普通集合的特征函数，A 便退化为一个普通集合。

隶属函数 μ_A 可根据具体情况选取，如正态函数、三角函数、梯形函数、S 形函数等。

模糊集合最基本的运算是并、交、补 3 种。设 A、B 为论域上的模糊集合

$$A = \{a_1, a_2, \cdots, a_m\}$$

$$B = \{b_1, b_2, \cdots, b_n\}$$

记 A 和 B 的并集为 $A \cup B$、交集为 $A \cap B$，A 的补集为 A°，它们分别定义如下：

$$\mu_{(A \cup B)}(x) = \max(\mu_A(x), \mu_B(x)) \qquad \text{任意 } x \in U$$

$$\mu_{(A \cap B)}(x) = \min(\mu_A(x), \mu_B(x)) \qquad \text{任意 } x \in U$$

$$\mu_{A^{\circ}} = 1 - \mu_A(x) \qquad \text{任意 } x \in U$$

最大、最小值也可用∨、∧表示，即

$$\mu_{A \cup B}(x) = \vee(\mu_A(x), \mu_B(x)) = \mu_A(x) \vee \mu_B(x)$$

$$\mu_{A \cap B}(x) = \wedge(\mu_A(x), \mu_B(x)) = \mu_A(x) \vee \mu_B(x)$$

A 与 B 上的模糊关系定义为笛卡儿积 $A \times B$ 的一个模糊子集。若用隶属函数来表示模糊子集，模糊关系可用矩阵

$$\boldsymbol{R}_{A \times B} = \begin{bmatrix} \mu_{11} & \cdots & \mu_{1n} \\ \vdots & & \vdots \\ \mu_{m1} & \cdots & \mu_{mn} \end{bmatrix}$$

表示，其中 μ_{ij} 表示了二元组(a_i, b_j)隶属于该模糊关系的隶属度，满足 $0 \leqslant \mu_{ij} \leqslant 1$。

以两个模糊关系函数的融合为例进行讨论。考虑两个模糊关系函数 $\mu(x,y)$和$\eta(x,y)$，融合结果将是两个输入的函数，即：

$$f(\mu(x,y), \eta(x,y)) = \Phi(x,y) \tag{2.38}$$

由于 $0\leqslant\mu,\eta\leqslant 1$，将 f 用泰勒级数表示并忽略高阶项得到：

$$\Phi=c_{00}+c_{10}\mu+c_{01}\eta \tag{2.39}$$

由于希望输出只与两个输入有关，故忽略常数，并归一化输出得到：

$$\Phi=\alpha\mu+\beta\eta \qquad \alpha+\beta=1 \tag{2.40}$$

当从一个传感器（知识源）获得了某个目标的一些信息，可能还希望得到该目标的其他附加知识，该附加知识使用该传感器可能无法测到，而另一种传感器能够提供该信息，也就是说，这两种传感器中的哪一种都能提供彼此所不能提供的必要信息，在这种情况下，不是除去那些只被一种传感器未证实的信息，而是增加信息，这称为知识源证实原理。

为应用知识源证实原理，应使 (x,y) 尽可能接近其最大值，这可通过使 $1-\Phi$ 最小来实现：

$$\min\left[\iint_{\Theta}(1-\Phi)^2\mathrm{d}x\mathrm{d}y\right] \tag{2.41}$$

假设两个传感器为 S1 和 S2，如果 S2 的意见与 S1 的信任函数一致，则可以说 S2 的意见使 S1 的信任增强，反之，如果 S2 的意见与 S1 的信任产生矛盾，则 S2 的意见将使 S1 撤消它的信任。在两种情况之间是一连续过程，需要做出选择究竟如何处理的意见，该规则称为信任增强/撤消原理。用公式表示为：

$$\min\left[\iint_{\Theta}\left\|\nabla(\alpha\mu-\beta\eta)\right\|^2\mathrm{d}x\mathrm{d}y\right] \tag{2.42}$$

式中　$\nabla-(\partial_1\partial_x,\partial_1\partial_y)$

由以上三个约束条件可得到：

$$\nabla^2\alpha+A_1\alpha_x+A_2\alpha_y+A_3\alpha=C \tag{2.43}$$

式中

$$A_1=2\frac{\mu_x+\eta_x}{\mu+\eta}\qquad A_2=2\frac{\mu_y+\eta_y}{\mu+\eta}$$

$$A_3=\frac{\nabla\mu+\nabla^2\eta}{\mu+\eta}-\frac{(\mu-\eta)^2}{\lambda^2(\mu+\eta)^2}$$

由公式(2.40)可解出 α，则最终融合函数为：

$$C=\frac{(\eta-1)(\mu-\eta)}{\lambda^2(\mu+\eta)^2}+\frac{\nabla^2\eta}{\mu+\eta}$$

$$\Phi(x,y)=\alpha(x,y)\mu(x,y)+(1-\alpha(x,y))\eta(x,y) \tag{2.44}$$

2.2.5.3　模糊综合评判指标分析及计算方法

1. 指标分析

一个区域的交通控制状态的精确与否影响着整个区域交通控制策略及方案的实施。不同的交通控制状态对应于不同的交通控制策略。交通控制策略包括交通信号控制策略和交通诱导策略。已有的交通状态识别方法很多，基本上都采用检测器能够直接检测到的交通参数，包括流量、速度和占有率。

交通控制状态的识别不同于交通状态的识别。同一交通状态可能需要采用不同的交通控制策略，不同的交通状态可能需要采用同一交通控制状态。仅仅采用传统的流量、速度、密度和占有率这些基本的交通参数，不能直接评价交通控制状态。需要对这些基本参数进行进一步处理，才能用于交通控制状态的判别。本节选择区域饱和度和区域平均速度作为交通控制状态的评价指标。

(1) 区域饱和度

饱和度是反映道路交通状况的一个重要指标，也是评判道路服务水平的一个重要基准。

①城市交通信号控制系统中的意义

在城市交通信号控制系统中，交叉口饱和度和延误状况是考察系统控制策略优劣的主要指标。

②城市交通诱导系统中的意义

在交通诱导系统中，饱和度也是交通诱导策略的评价标准。旅行时间行程时间由路段行程时间部分和交叉口延误部分组成。路段行程时间部分随交叉口饱和度增加的变化是不敏感的，而交叉口延误时间部分随饱和度增加变化幅度越来越大。在饱和度接近于 1.0 时，其变化增量甚至是路段行程时间增量的 24 倍。同时在城市主干道及次干道的交叉口，高峰小时中信号周期远远大于90 s，信号相位大于两相位，绿信比降低。这些因素都会使交叉口延误时间大幅度增加。即饱和度越大，延误时间随饱和度变化产生的增量越大，其数值达到数十倍于路段行程时间的程度。

由此可见，城市路网出行的旅行时间中，路段行程时间随交通量变化而产生的边际费用是很小的。与相应的交叉口延误时间随交通拥挤程度变化而产生的边际费用相比，路段行程时间的变化可忽略不计。因此，可以得出，旅行时间变化幅度的大小取决于对路径中信号交叉口饱和度大小的控制。

③城市交通信号控制系统与诱导系统协同中的意义

根据以上两节的分析，饱和度既是交通信号控制系统中信号控制策略制定的评价标准又是交通诱导系统的诱导策略制定的评价标准，那么饱和度就成为城市信号控制系统与诱导系统的策略制定共同的评价标准。利用饱和度作为依据，易于实现导行系统与控制系统的集成，使导行策略与控制策略协调一致，实现互利互补的总体效果。

(2) 区域平均速度

根据城市道路拥挤度评价指标，车速对城市交通拥挤影响很大。

2. 计算方法

(1) 区域路口饱和度

首先将区域内所有路口分为五类：分别为主—主路口、主—次路口、主—支路口、次—次路口和次—支路口。计算每类路口的平均饱和度：

$$X_i = \frac{\sum_{j=1}^{A_i} x_{ij}}{A_i} \tag{2.45}$$

式中　X_i——区域内第 i 类路口的饱和度均值；

A_i——5 分钟区域内第 i 类路口的总数；

x_{ij}——5 分钟区域内类型为 i 的第 j 个路口的交通饱和度；

i——取值范围为 1 到 5，分别代表主—主路口、主—次路口、主—支路口、次—次路口和次—支路口，

在此基础上计算区域路口饱和度：

$$X = \frac{\sum_{i=1}^{5} X_i \theta_i}{\sum_{i=1}^{5} \theta_i} \tag{2.46}$$

式中　X——区域路口饱和度；

θ_i——与路口类型相对应的权重系数，根据专家经验，与五种路口类型相对应的权重系数分别为 0.4、0.2、0.15、0.15、0.1。

（2）区域平均车速

在道路交通组织中，存在不同类型的速度模型。为了能够更加详细地描述区域的交通状态，本节选用检测器获得的路段车速来描述整个路网的交通状态。具体的路段检测器布置图如图 2.22。

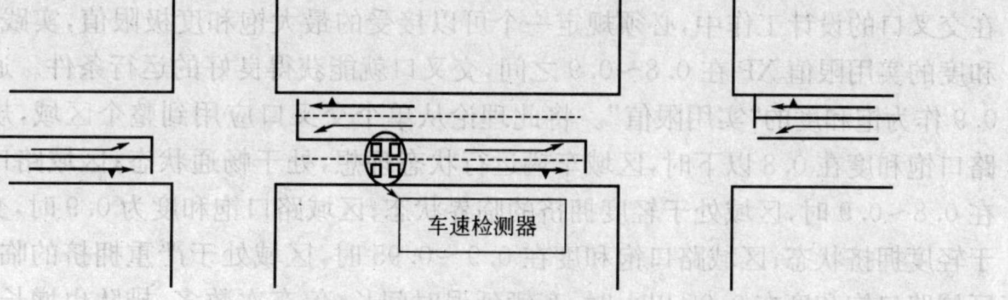

图 2.22　路段监测器布置图

整个区域的平均车速是通过每个路段的车速来反映的，并与路段长度直接相关。其中每个路段的车速是通过布设在路段的检测器获得的。具体的公式如下：

$$V = \frac{\sum l_i \times v_i}{\sum l_i} \tag{2.47}$$

式中 i——区域内路段编号；

l_i——路段 i 长度；

v_i——路段 i 的 5 min 平均行程速度预测值；

V——区域的平均车速。

2.2.5.4 判别步骤

模糊综合评判步骤如下：

(1)建立评判对象因素集 U,$U=\{X,V\}$,其中 X 代表区域路口饱和度,V 代表区域平均车速。

(2)建立评判集 F,$F=\{f_1,f_2,f_3\}$,其中 f_1 代表区域处于畅通状态,f_2 代表轻度拥挤状态,f_3 代表严重拥挤状态。

(3)建立单因素评判,即建立一个从 U 到 F 的一个模糊映射,这样因素集中的每个元素 u 就与 X,V 的笛卡尔乘积 $X\times V=\{(x,v)|x\in X,v\in V\}$ 中的元素 (x,v) 一一对应,由此可以诱导出单因素评判矩阵 R,$R=[R_1,R_2]^{\mathrm{T}}$,其中向量 R_1,R_2 分别为 $R_1=(r_{11},r_{12}r_{13})$,$R_2=(r_{21},r_{22}r_{23})$,$R_1$ 代表饱和度相对于畅通、轻度拥挤与严重拥挤的隶属度,R_2 代表速度相对于畅通、轻度拥挤与严重拥挤的隶属度。

(4)综合评判,选择合适的模糊数学综合函数进行综合,用因素集 U 上的一个模糊集 $A=[a_1,a_2]$ 表示各个因素的权重分配,求出综合评判集 B,$B=[b_1,b_2,b_3]$。通过比较 b_1,b_2,b_3 的值最终确认区域的交通状态。

2.2.5.5 隶属函数的确定

1. 区域路口饱和度隶属函数

从理论上说,对于单个交叉口来说,饱和度只要小于 1 就应该能满足各方向车流的要求,实际上,当交叉口饱和度接近于 1 时,交叉口的运行条件就迅速恶化。因此,在交叉口的设计工作中,必须规定一个可以接受的最大饱和度极限值,实践证明,饱和度的实用限值 XP 在 0.8～0.9 之间,交叉口就能获得良好的运行条件。通常采用 0.9 作为饱和度的"实用限值"。将此理论从单个交叉口应用到整个区域,规定区域路口饱和度在 0.8 以下时,区域车辆运行状态理想,处于畅通状态;区域路口饱和度在 0.8～0.9 时,区域处于轻度拥挤的临界状态;区域路口饱和度为 0.9 时,交叉口处于轻度拥挤状态;区域路口饱和度在 0.9～0.95 时,区域处于严重拥挤的临界状态;区域路口饱和度在 0.95 以上时,车辆延误时间长,停车次数多,排队也增长,车辆运行状态不稳定,区域处于严重拥挤状态。区域路口饱和度的隶属函数如下式所示。

$$u_{A(X)}=\begin{cases}1 & 0\leqslant X<0.8\\ -10X+9 & 0.8\leqslant X<0.9\\ 0 & 0.9<X\end{cases}$$

$$u_{B(X)}=\begin{cases}10X-8 & 0.8<X<0.9\\ 1 & X=0.9\\ -20X+19 & 0.9<X<0.95\\ 0 & X\leqslant 0.8 \text{ 或 } X\geqslant 0.95\end{cases} \tag{2.48}$$

$$u_{C(X)}=\begin{cases}0 & X\leqslant 0.9\\ 20X-18 & 0.9<X<0.95\\ 1 & 0.95\leqslant X\end{cases}$$

因此对因素 X 的单因素评价结果为 $R_1=[\mu_A(X)\quad \mu_B(X)\quad \mu_C(X)]$。

2. 区域平均车速隶属函数

本节中对平均车速的选取是参照了《城市道路交通管理评价》，但是在同等级城市中平均车速的差异比较大，这就需要我们根据该城市实际的交通状况，调查得出更为准确的平均车速。同样，定义区域平均车速大于28 km/h为畅通状态，28～25 km/h为轻度拥挤临界状态；当车速等于25 km/h为轻度拥挤状态。车速在19～25 km/h内为严重拥挤临界状态；当车速小于19 km/h为严重拥挤交通状态。区域平均车速的隶属函数如下式所示。

$$u_{A(V)}=\begin{cases}1 & 28\leqslant V\\ \dfrac{1}{3}V-\dfrac{25}{3} & 25<V<28\\ 0 & V\leqslant 25\end{cases}$$

$$u_{B(V)}=\begin{cases}-\dfrac{1}{3}V+\dfrac{28}{3} & 25<V<28\\ 1 & V=25\\ \dfrac{1}{6}V-\dfrac{19}{6} & 19<V<25\\ 0 & V\leqslant 19 \text{ 或 } V\geqslant 28\end{cases} \tag{2.49}$$

$$u_{C(V)}=\begin{cases}0 & V\leqslant 25\\ -\dfrac{1}{6}V+\dfrac{25}{6} & 19<V<25\\ 1 & 0\leqslant V\leqslant 19\end{cases}$$

因此对因素 V 的单因素评价结果为 $R_2=[\mu_A(V)\quad \mu_B(V)\quad \mu_C(V)]$。

2.2.5.6 模糊综合评判

通过隶属度函数的确定，可以确定单因素评价矩阵：

$$\boldsymbol{R}=\begin{bmatrix}R_1\\ R_2\end{bmatrix}=\begin{bmatrix}r_{11} & r_{12} & r_{13}\\ r_{21} & r_{22} & r_{23}\end{bmatrix}=\begin{bmatrix}u_{A(X)} & u_{B(X)} & u_{C(X)}\\ u_{A(V)} & u_{B(V)} & u_{C(V)}\end{bmatrix} \tag{2.50}$$

常见的模糊综合函数有：加权平均型、几何平均型、单因素决定型和主因素突出型。本文选择加权平均型取 $A=(a_1,a_2)$。a_1 代表饱和度所占的比重；a_2 代表车速所占的比重。a_1,a_2 还需要满足归一化的要求，即 $a_1+a_2=1$。

A 也被称为权重集，在对各个权重的取值中常用到的方法有：灰色理论、专家经验法等等，在本文中采用专家经验法，结合数十位专家的经验，确定饱和度的权重为 0.7，平均车速的权重为 0.3，即 $A=(a_1,a_2)=(0.7,0.3)$。

确定区域路口饱和度和区域平均车速相应于三种交通状态的隶属函数及权重 A 以后，就可以进行模糊综合评判，并得到评判指标 B。

$$B=A\cdot R=(a_1\quad a_2)\begin{bmatrix}r_{11} & r_{12} & r_{13}\\ r_{21} & r_{22} & r_{23}\end{bmatrix}=(b_1\quad b_2\quad b_3) \tag{2.51}$$

模糊综合评判的指标 B 中的 b_1 代表对应于畅通交通状态的重要程度，b_2 代表对应于轻度拥挤的重要程度，b_3 代表对应于严重拥挤状态的重要程度，取三者中最大值所代表的交通状态，作为对区域交通状态模糊综合评判的最终结果。

2.3 大范围协调控制通信技术及应用协议

2.3.1 大范围交通信息通信技术设计

在整个系统当中，信息是连接宏观交通管理机构和微观车辆、出行者的纽带。有了交通信息，宏观管理结构可以更容易的掌握交通的运行状况，车辆、出行者可以根据需要的相关信息，规划决策出通往目的地的最佳路径和出行方式。交通诱导系统中，数据通信系统是其基础模块之一，是数据下传和上传的通道。本项目也就是为了使驾驶员能够更快，更安全，更舒适地到达目的地，而开发了车载信息装置及信息终端。车载信息装置通过交通信息中心获得有效的动态交通状况信息，然后通过一定的路阻函数转化为动态路阻提供给出行路线规划模块计算出当前通向目的地最佳的出行路线。那么交通信息怎么才能快速地到达车载设备，车载设备又怎么才能快速、准确地将信息反馈给相关的交通管理部门呢？建立专用的通信网络来完成相应的任务是昂贵的，因此，作者提出了使用现有的通信网络来完成交通信息通信的功能。

2.3.1.1 大范围交通通信需求分析

大范围交通控制中心是大范围诱导的主控中心，它集所有交通流信息的收集处理和发布于一体，其主要功能有：数据库的建立和更新、与区域交通控制中心的通信、与诱导车辆的通信、交通信息的数据分析与处理。

城市大范围交通控制中心集成了各种的信息，这些信息种类繁多，呈现了多源异构性。多源异构性是指从数据集成的角度，描述数据的物理存储位置和其结构特性表现形式的多样化。

1. 多源性

系统来源不同:来源于不同的ITS子系统:城市大范围交通控制系统、城市大范围诱导系统、区域交通控制系统、区域诱导系统等;

数据源所依赖的数据库管理系统乃至操作系统的不同;

信息采集来源不同:分为环形线圈检测器、微波检测器、视频检测器、超声波检测器、公交IC卡采集设备、GPS设备等;

2. 异构性

信息的表现形式不同:既有数值的、也有图像的;

信息模式结构不同:不同的存储模式,模式结构存在着差异;即便是同一类存储模式,它们的模式结构可能也存在着差异。例如Oracle所采用的数据类型与SQL Server所采用的数据类型并不是完全一致的;

信息的精确度不同:由于检测方式的差别导致了同一地点的交通流检测数据精确度也会不同。

(1) 大范围控制中心与区域控制中心的通信

控制区域间只有通过信息交换才能进行协调优化。如何快速、准确、实时地进行控制子区域间的信息交换和共享是实现大范围战略控制的基础。同时,在依托现代网络通信技术基础上,将大范围战略控制系统内所有控制设备连接起来,形成宽带通畅的信息渠道。

交通中心根据被监控车辆回传的车辆定位信息、举报电话等不同的信息渠道获得了关于区域和整个道路网的交通状况信息,综合考虑救援、交通最优分配、巡逻等情况,将会给被监控车辆发布调度指令,发挥距离事件近等优势,大大减少了汽油等资源的使用情况。调度指令的发布不具有周期性。

(2) 大范围控制中心与车载诱导系统之间的通信

在大范围战略交通控制系统中,车载机是交通控制系统和交通诱导系统协同能够顺利实施的一个重要环节。车载信息装置及终端可以实时的接收动态的交通信息、并进行处理和计算,提供给驾驶员一条从出发地到目的地的时间最优路径,同时随着路网交通信息的变化,载信息装置软件系统会向驾驶员提供新的优化路径。同时随着路网交通信息的变化,软件系统会向驾驶员提供新的优化路径。车载信息装置及终端的应用势必会节省使用者的出行时间、缓解城市的交通压力、减少烟油消耗、减少环境污染。

车载信息终端是以车载信息装置为依托,集成了先进的GPRS(General Packet Radio Server)行业数据传输终端而成的。车载诱导设备主要由计算机、通信设备和定位系统组成。定位系统为GPS接收机或信标接收机及其他定位设备。车载计算机的功能是储存和处理交通信息、为驾驶员提供良好的人机界面，方便驾驶员输入信息和获得诱导指令。诱导指令一般分为三种方式：文本方式、声音方式和图形方式。它除了能够实现车载信息装置所具有的功能外，还能够GPRS数据终端，建立与监控中心的透明数据传输通道，从而实现将实时定位信息传送回监控中心以及上网浏览、下载的功能。控制中心和车载诱导系统之间的数据通信是指控制中心计算机发出信息到数据转换器，由数据转换器通过移动通信网发送到移动车辆，以及移动车辆通过通信网发回信息到控制中心的双向传递过程。

控制中心与车载诱导系统之间的通信一般工作于广播状态，二者亦可以实现交互方式传输各自需要的交通数据；

控制中心定时向车载诱导系统传送差分修正数据和实时交通数据。

控制中心与车载导航系统之间的信息交互，停车诱导系统为了进一步改善能、增加功能，就必须使用双向通信技术，从而可以向用户提供更多高质量的服务，如：驾驶员和车载路径。诱导系统可以接收到最新的交通信息，依此进行导航；中心能够从车载导航系统获得实时路段行程时间、用于交通管理的反映交通状况的报告、以及车辆遇险时的报警信息等，中心甚至可以为用户定位和导航大范围控制中心和车载诱导系统的通信。以下几种通信方式：①短波信标；②FM调频广播，发送有关道路交通信息，如交通阻塞信息、突发事故信息等；③以红外线为媒体，进行双向通讯。车辆可以向交通控制中心发送信息：行程时间、排队时间、OD信息等；车辆内装有车内导航装置、红外接发射器、车辆定位装置和显示器等。除获取实时信息外，还可计算最佳路径。最佳路径的计算是基于GPS和动态的交通信息于车载导航系统完成的，路径诱导则采用声音实现；④有效地利用蜂窝网无线电话，实现行驶车辆与交通控制管理中心的通信；⑤VHF/UHF FM(或称为RF射频)数据通信。其中前两种属于单向通信，后三种属于交互的双向数据通信。由于短波信标和红外信标在我国目前没有使用，而且使用时需要大量前期投资，所以不予采用。对于控制中心和车载诱导系统之间的通信方式选择，我们在对我国现存的无线数据通信进行比较的基础上提出适用的通信方式。

常用的无线通信方式有FM调频广播、卫星通信、集群通信、CDPD、GSM，其中卫星通信的好处是覆盖面广，基本没有通信盲区，但是设备复杂成本昂贵。

数字集群通信是在一个区域内设立一系列专用无线电台站，能与在此区间的车辆进行通信，这种方式的实时性好，但是投资大。

(3) 控制中心能对路边可变信息显示板VMS之间的通信

大范围战略交通控制系统在协调各个区域的交通控制策略，均衡交通负荷的时候，一项重要的手段就是通过可变信息板向驾驶员提供路网上的行程时间、交通阻塞、交通事故信息、替代路线、路网上工程施工与管理情况等。控制中心能实现对路边可变信息显示板显示信息内容的控制，并监控其工作状态。

控制中心与可变信息板之间的通信：

RS232 总线：传输距离较短，几十米；

RS485 总线：传输距离较长，几千米。

2.3.1.2　大范围通信系统设计原则

动态交通信息的通信系统应该遵循如下的原则：

(1) 可用性。系统的建立应立足当前需要，并着眼于系统的长远发展。

(2) 可扩展性。系统的主要产品应易于扩充，主要功能应可逐步完善扩展。即充分考虑系统的升级能力，以适应未来发展需要。

(3) 安全可靠性。系统硬件电路的设计应充分考虑兼容性、可扩充性及抗干扰能力，在其制作上精心求稳，元器件严格筛选，对强度、温度的适应性及抗震等方面都应严格考机实验；软件设计应保证实时性，还应考虑其容错性，以确保系统安全、可靠、稳定的运行。同时还应保证系统易于管理的维护。

(4) 实用性。系统应采用先进成熟的技术，所选软、硬件要具有先进性、实用性，以便于系统的实际推广应用。

(5) 投资合理性。系统设计要在适度考虑经济性的前提下，突出先进性，即寻求最佳的性能价格比，使用户的投资具有合理性和经济性。

2.3.1.3　大范围控制中心与区域控制中心的通信方式设计

由于大范围控制中心与实时传送流量数据和路网路况信息的区域交通控制中心之间相距较远，而需要传输的数据量又很大。远距离分布式计算机网络连接是大范围交通通信系统的关键。交通数据通信系统能否畅通、准确、实时、可靠是实现远距离交通通信的关键。

根据前面列举的光纤通信的优点，所以作者提出一种符合大范围交通系统的特点的保证良好的通信质量和实时性要求的数字光纤通信。光纤中传输的光波要比无线通信使用的频率高得多，所以其通信容量也就比无线通信大得多。目前的实用水平为每对光纤传送 30 000 多话路(2.4 Gbit/s)。如果像电缆那样把几十根或几百根光纤组成一根光缆(即空分复用)，其外径比电缆小得多，传输容量却成百倍地增长，如果再使用波分复用技术，其传输容量就会大得惊人了。这样，就可以满足任何条件下信息传输的需要，对各种宽频带信息的传输具有十分重要的意义，从而使得长距离电缆传输中的光纤通信系统建设和运营的投资大幅度下降，系统的可靠性大幅度提升。

大范围交通系统与交通区域子系统间互联通信。范围交通控制中心对区域交通控制的接入设备，使用了用于综合宽带接入系统(IBA S)的 GF155-03BC、SAU S1-

02 等设备。AN 03S-C(R)41 型设备是基于 STM-1 OX-3(或 STM-4)传输速率的光纤用户接入设备,是 IBAS(Integrated B rladband A ccess System)中的一种设备,具有窄带和宽带综合业务的接入能力。局端设备(AN 03S-C41)和远端设备(AN 03S-R41)一起构成不同的网络拓扑形式,不仅能适应本的分配网络,亦能适用于广域网和公共电信网,可以实现电话、数据、图像等业务的综合接入。通过光纤接入设备,组成了大范围交通稳定通信网,通过全网光纤系统,将达到全区域实现调度自动化、营运自动化和办公自动化的目标,保证了通信的可靠和稳定,使得数据能够实时准确地传送。如图 2.23 所示。

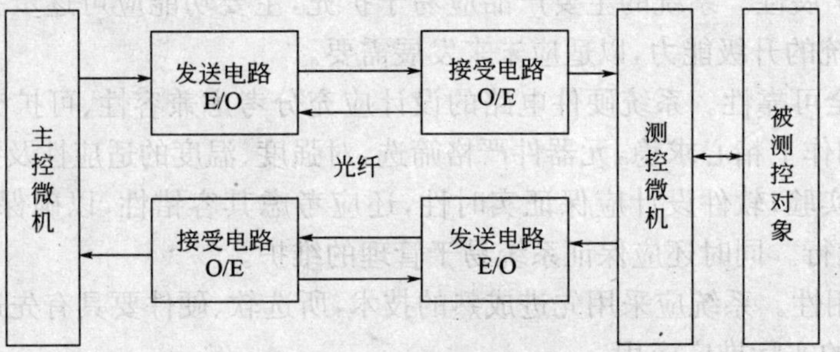

图 2.23　数字光纤通信接口结构图

系统内部的接口从数据流向上可分为四种接口。一是采集前置机与应用服务器的接口,前置机和服务器由以太网连接,通过通知服务和事件服务传送数据。二是应用服务器与数据库服务器的接口,由应用服务器上的数据库服务程序实现数据存取操作。三是应用服务器与用户界面的接口,一种方法是服务器端通过通知服务,把实时数据发给用户;另一种方法是由用户端发出请求,服务器端把查询数据发给用户。四是软件公开标准(CORBA 与 J2EE,即面向对象分布或公开标准)接口,通过该接口,首先能够使服务器端的程序通过 HTTP 协议,发布到广域网或局域网中,供交通管理人员或互联网上的 Web 用户使用;其次能够使互联网上的 Web 用户通过 HTTP 协议向服务器发出请求,访问和查询交通信息;再次能够使服务器端的程序通过封装,传递给用户端,供管理人员及技术人员使用。

2.3.2　信息传输工程连接及其高层应用协议

2.3.2.1　交通信息中心动态诱导信息发布

1. FLEX 方式动态交通信息的发布

各个交通流数据采集设备获得交通流量等交通参数之后,通过数据链路传输给交通信息中心,在交通信息中心的服务软件上,通过数据预处理后,利用已知的交通流数据预测出各个路段的行程时间数据。将这些交通流数据形成字符串后,使用信源编码模块，完成交通流数据的编码后，通过光纤数据传输方式将这些数据传输到高速寻呼系统的数据接入设备中。然后通过鉴权管理、数据的分批处理、编码处理、信号调制后发送到寻呼发射塔，发送给网络内的车载寻呼接收设备。具体如图2.24所示。

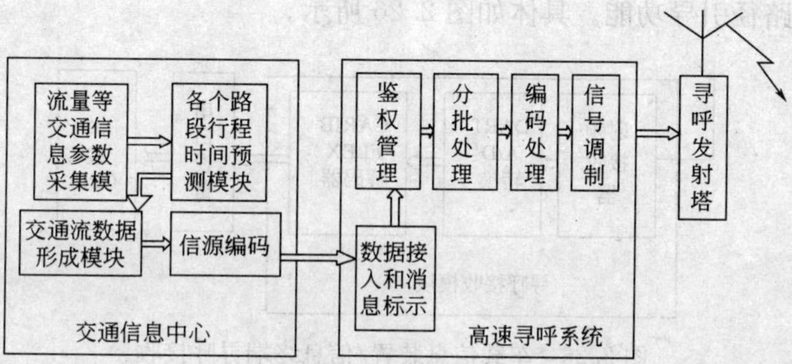

图2.24　FLEX方式交通信息中心动态交通信息发布

2. 调频多工广播方式动态交通信息的发布

与FLEX数据传输相同，各个采集设备将交通流数据采集到之后，通过数据链路传输到交通信息中心，信息中心对数据预处理后，使用已知交通流数据预测模型预测出各个路段的行程时间。将这些行程时间形成数据串后，经过信源编码模块将数据编码后通过光纤数据传输的方式将数据传输给广播电台的数据接入设备。然后使用DARC系统的将数据编码处理、与立体声信号调制成复合信号，经过调频放大后，发送给广播发射塔发送出去。车载信息设备通过接收调频数据广播，接收到各个路段的交通流数据。具体如图2.25所示。

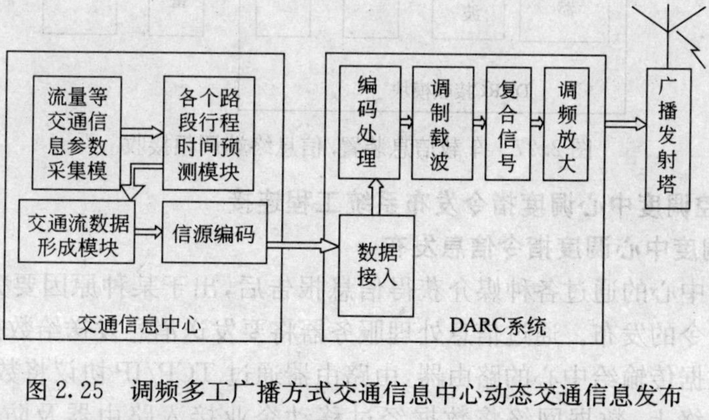

图2.25　调频多工广播方式交通信息中心动态交通信息发布

2.3.2.2　车载信息装置/信息终端动态诱导信息接收

1. FLEX方式动态信息的接收

车载信息装置/信息终端通过内部寻呼接收模块的射频接收器接收到寻呼信号，寻呼信号经过解调后变成数字信号，然后通过 FLEX 解码器解码转换成为信息中心发送的交通流信息数据后，发送给车载信息装置/信息终端的串口设备。车载信息装置内的软件系统使用作者开发的协议获得所需要的路段行程时间等数据后，实现路阻赋值，完成路径引导功能。具体如图 2.26 所示。

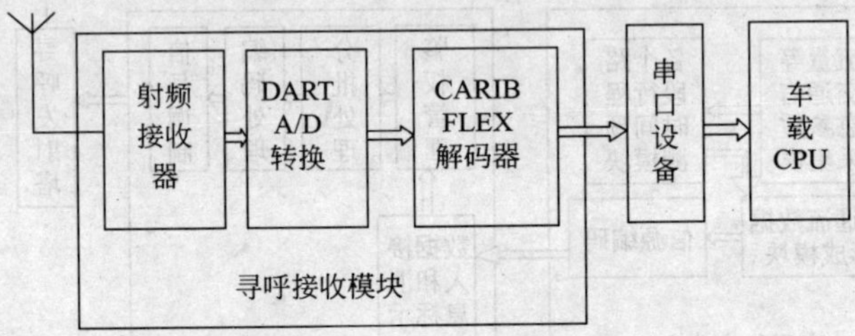

图 2.26 车载信息装置/信息终端寻呼接收

2. 调频多工广播方式动态信息的接收

车载信息装置/信息终端中 DARC 数据广播接收机中的射频接收器接收到数据广播后，通过鉴频滤波、解调成数字信号后传输给 DARC 解码芯片，解码成为交通流数据传输给车载信息装置/信息终端的串口设备后，车载信息装置/信息终端的软件系统通过传输协议获得交通流数据完成路阻赋值，然后依次实现路径引导功能。具体如图 2.27 所示。

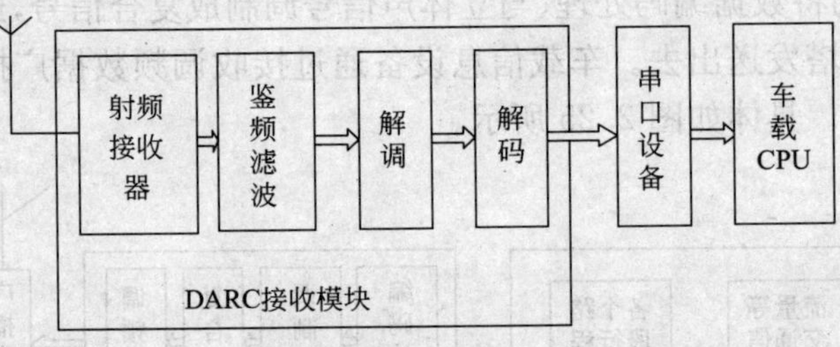

图 2.27 车载信息装置/信息终端调频接收

2.3.2.3 监控调度中心调度指令发布系统工程连接

1. 监控调度中心调度指令信息发布

监控调度中心的通过各种媒介获得信息报告后，出于某种原因要完成对个别或群车的调度指令的发布。通过信息处理服务器将要发送消息发送给数据服务器。数据服务器将数据传输给中心的路由器，由路由器通过 TCP/IP 协议将数据传送到 Internet 数据网络上，数据网络将数据经过移动企业接入路由器及防火墙，传输给 GPRS 的网关支持节点（GPRS 的路由器）后，传输给 GPRS 基站发送出去。如图 2.28 所示。

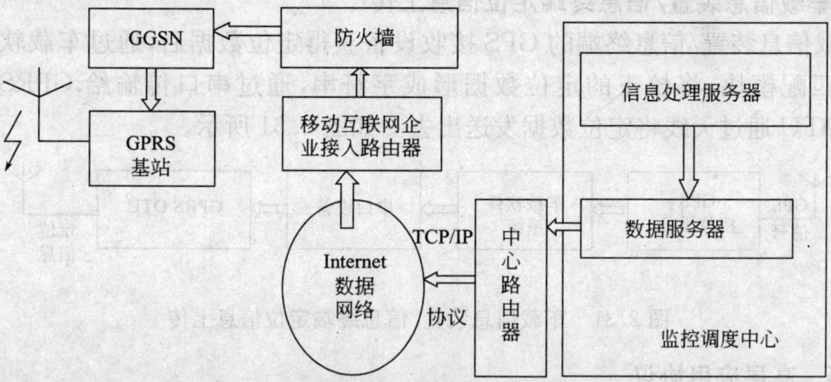

图 2.28　监控调度中心调度制指令发布

2. 车载信息装置/信息终端调度信息接收

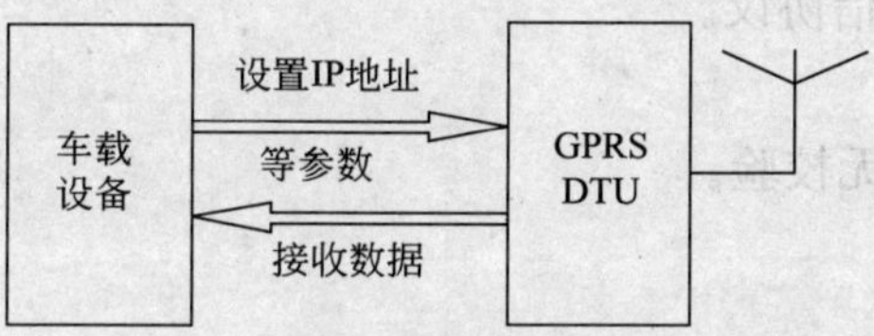

图 2.29　车载信息装置/信息终端调度指令的接收

车载信息装置/信息终端的软件系统首先通过串口设备对 GPRS DTU 设置监控调度中心的固定 IP 地址。然后通过 GPRS 的天线在 GPRS 覆盖的网络中接收信号。接收到信号后通过 DTU 内部的解包、解码等过程完成调度数据发送给车载的串口设备，车载软件通过读取串口获得调度指令显示在车载信息装置/信息终端的显示屏上。具体如图 2.29 所示。

2.3.2.4　车载信息装置/信息终端信息上传工程连接

1. 调度中心的定位信息接收

利用 2.3.4.1 的相同通道监控调度中心从车载信息装置/信息终端的 GPRS DTU 获得定位数据。具体如图 2.30 所示。

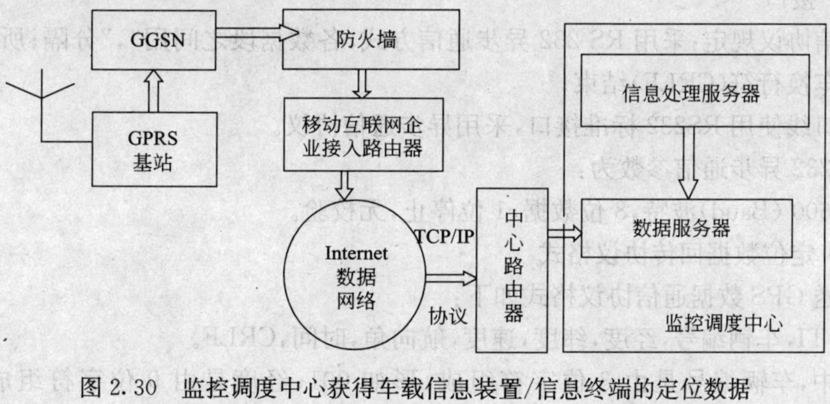

图 2.30　监控调度中心获得车载信息装置/信息终端的定位数据

2. 车载信息装置/信息终端定位信息上传

车载信息装置/信息终端的GPS接收设备获得定位数据后，通过车载软件系统的地图匹配模块，将校正的定位数据形成字符串，通过串口传输给GPRS DTU，GPRS DTU通过天线将定位数据发送出去。如图2.31所示。

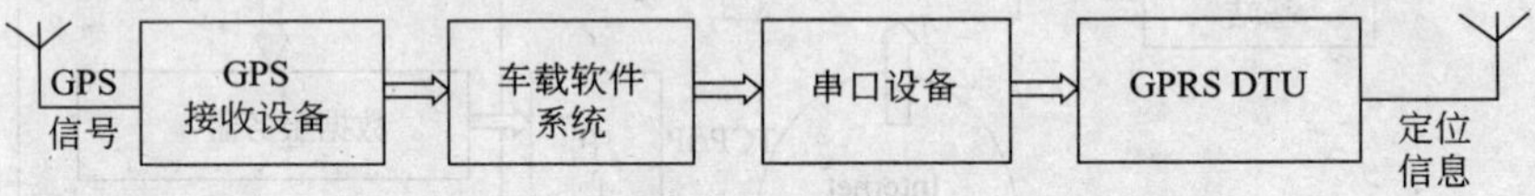

图2.31 车载信息装置/信息终端定位信息上传

2.3.2.5 高层应用协议

1. 交通信息中心动态诱导信息发布的高层应用协议

(1) 接口

接口采用RS232标准接口，采用异步通信协议。

RS232异步通信参数为：

9 600 Baud(波特)，8位数据，1位停止，无校验。

(2) 协议格式

发送行程时间数据，格式如下：

＃JT，路段编号，正向路阻，逆向路阻，CRLF。

其中路段编号是由0000～9999 4位数字组成，形如0000。其中具体的编号代表的路段名称如下表所示。正向路阻和逆向路阻是4位数字组成。

＃JT	0011	23	45	CRLF

编号为11的路段，其正向路阻为23，逆向路阻为45。

2. 车载信息终端回传定位信息高层应用协议

(1) 接口

通信协议规定：采用RS-232异步通信方式，各数据段之间用“，”分隔；所有协议均以回车换行符(CRLF)结束；

接口线使用RS232标准接口，采用异步通信协议。

RS232异步通信参数为：

57 600 (Baud)波特，8位数据，1位停止，无校验。

(2) 定位数据回传协议格式

发送GPS数据通信协议格式如下：

＃JTI，车辆编号，经度，纬度，速度，航向角，时间，CRLF。

其中，车辆编号是由3位字符组成，形如001；经度是由9位字符组成，形如

125131416;纬度是由 8 位字符组成,形如 43123456;速度是由 4 位字符组成,形如 0456;航向角是由 4 位字符组成,形如 1234;时间是由 6 位字符组成,形如 123056。

JTI	001	125131416	43123456	0456	1234	123056	CRLF
Field	1	2	3	4	5	6	7

具体的每一个域的描述如表 2.9 所示:

表 2.9　通信域描述

说　明		范　围	字　节
域号,作用	描　述		
1,编号	001	000～999	[3]
2,经度	125:度(整数部分)	000～180	[3]
	131416:度(小数部分)	000000～999999	[6]
3,纬度	43:度(整数部分)	00～90	[2]
	123456:度(小数部分)	000000～999999	[6]
4,速度	045:km/h(整数部分)	000～999	[3]
	6:km/h(小数部分)	0～9	[1]
5,航向角	123:度(整数部分)	000～999	[3]
	4:度(小数部分)	0～9	[1]
6,时间	12:h	00～23	[2]
	30:min	00～59	[2]
	56:s	00～59	[2]
7,结束字符	回车字符		

3. 监控调度中心调度指令下发高层应用协议

(1) 监控调度中心调度指令下发高层应用协议

通信协议规定:采用 RS-232 异步通信方式,各数据段之间用“,”分隔;所有协议均以回车换行符(CRLF)结束;

接口线使用 RS232 标准接口,采用异步通信协议。

RS232 异步通信参数为:

57 600 波特,8 位数据,1 位停止,无校验。

(2) 调度指令下发协议格式

调度指令的下发格式如下:

＃JTT，车辆编号，调度指令内容，CRLF。

车辆编号是由 000～999 的三位字符表示；调度指令内容是由汉字、字符和数字组成。例如，

＃JTT，002，火车站附近出现客流高峰，CRLF。对于调度编号为 002 号的车，去火车站附近。

2.4 大范围战略交通控制策略、模型和算法

2.4.1 简介

2.4.1.1 研究背景

随着汽车保有量的增加，每个路段上的交通流量也在不断的增加。在这种情况下，交通信号控制系统和交通诱导系统作为解决交通拥挤等交通问题的有效途径也逐渐得到更为广泛的推广应用。世界各国的专家、学者以及工程技术人员也逐渐重视了该方面的研究，经过几十年的研究，也取得许多可喜的开发成果，并将其应用于各国的大中小城市中。

交通信号控制在很多城市的交通管理中起着很重要的作用。尽管已经研究了很多年，但是各国的专家学者始终认为交通控制的效益还没有完全实现（GAO，1994）。即使城市中有先进的交通管理中心（TMCs），仍然需要人工调整信号配时方案，尤其是在高峰小时（Lo et al.，1993）。这也就证明了交通控制始终还是需用进一步改善的，交通信号控制的研究还没有完全。随着 ITS 系统的不断推广应用，交通信号控制系统仍然是各国资助研究开发的重点（Santiago，1993）。

目前，应用最广的就是分层交通控制方式。该方式将受控路网分为若干个区域，根据区域的具体情况分别对该区域实行有效的控制。不同的区域由不同的控制计算单元来负责，如典型的 TRANSYT ，SCATS ，SCOOT ，ROHDES，OPAC。

在这些控制系统中，区域控制之间没有协调，区域控制是相对孤立的。控制手段主要依靠于交通信号控制，对于交通诱导方式应用不足。同时，控制策略是根据子区的交通状态确定的，没有从整个区域的交通状态考虑，所制定策略能够有效解决局部的交通问题，缺乏整体协调性。但是，随着区域交通流量的不断增加，区域边界协调问题、区域战略交通控制问题逐渐突现出来，直接影响着区域的整体控制能力和效益，造成了车辆总体延误、行程时间和排队长度的迅速增加以及能源消耗和环境污染的进一步恶化。

近年来，随着人工智能、统计分析等理论研究的进一步深入，以及计算机技术、通信技术、电子技术、自动化控制技术的快速发展，以上的问题的解决已经不再是无本之木、无源之水。

在这种背景下，作者通过国家863计划的支持，展开了对大范围战略交通控制策略、模型和算法的研究，从理论层面和技术层面解决以上所提出的问题。首次，将交通信号控制和交通诱导控制方式协同应用于解决大范围战略交通控制问题；从宏观角度，在战略层面分析并解决了大范围战略交通控制问题。

2.4.1.2 研究内容

基于新一代智能化交通控制系统的特点，本文的主要研究内容如下：作者针对我国城市的混合交通流特点及交通管理、控制中存在的交通问题，从中国的交通实际出发，综合运用协同学、系统工程、人工智能、自动控制等理论和方法，结合现代网络技术、计算机技术等先进的科学技术，开发出大范围战略交通控制策略、模型和算法。具体内容如下：

(1) 大范围战略交通控制系统策略及影响因素分析

概括了大范围战略交通控制系统策略的实质，再分别从交通控制策略和交通诱导策略两个方面进行详细阐述，并提出了一种大范围区域战略交通控制策略；在分析区域边界的3种交通状态的基础上，构建了区域边界交通控制策略。最后对影响大范围战略交通控制策略的因素进行分析。

(2) 区域战略交通控制策略及模型研究

确定区域状态判别的评价指标及区域交通控制状态判断方法。由此得到不同的区域交通状态，对应每种区域交通状态，控制中心要下发相应的控制策略。本文构建了一种基于模糊神经网络和支持向量机的区域交通控制策略的生成模型，并应用仿真路网进行了策略和模型的有效性验证。

(3) 区域边界交通控制策略、模型及算法研究

分析了区域边界交通控制策略，对区域边界交通控制状态识别进行研究，对于交通拥挤，交通事件，高负荷交通量以及区域边界控制不协调的判断分别给出模型和协调模型及算法，并应用仿真路网进行策略、模型及算法的有效性验证。

2.4.1.3 技术路线

具体内容见图2.32所示。

2.4.2 大范围战略交通控制系统策略及影响因素分析

2.4.2.1 大范围战略交通控制系统策略分析

大范围战略交通控制系统策略就是大范围交通控制中心站在战略的高度，根据系统内部的控制协调模型和算法，对实时采集的数据进行分析计算，以大范围全局最优和区域局部最优为协调目标，实现大范围内交通控制区域在不同层次和不同级别的交通流无缝优化控制而向区域控制中心和区域边界下发的控制指令，以解决区域和区域之间以及区域边界的不协调，是大范围交通控制系统的核心，属于决策级。大

范围战略交通控制系统策略包括区域战略交通控制策略和区域边界交通控制策略。区域战略交通控制策略就是控制协调区域之间的不协调，区域边界交通控制策略则是协调控制区域的边界。

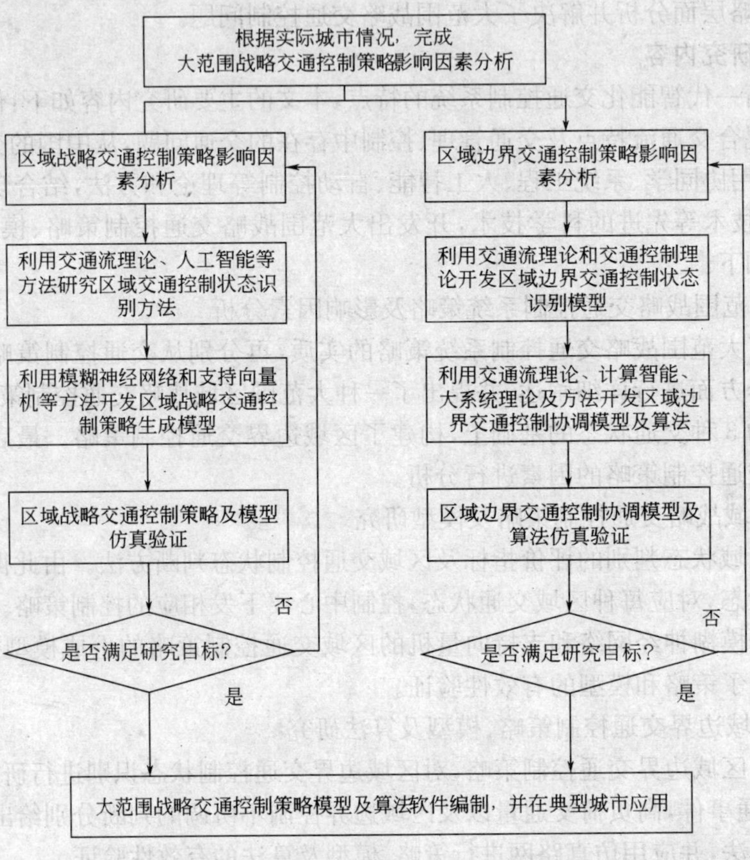

图 2.32　大范围战略交通控制策略、模型及算法研究的技术路线

2.4.2.2　区域战略交通控制策略分析

1. 交通信号控制策略

交通信号控制方式从空间上划分为单路口控制（点控）、干线控制（也称为线控）、网络控制（也称为面控）。从控制原理上划分为定时控制、感应控制和优化控制（自适应控制），是大范围战略交通区域控制策略的基础。

（1）交通信号控制方式

①单点控制

交叉口的信号控制只根据本路口的实际情况独立运行，而不考虑邻近交叉口的影响。在单点控制中，每个路口都有最适合于自己交通状况的信号配时参数，路口的实际交通状态，控制方式可以采用定时控制、感应控制或者优化控制。

单点控制适用于相邻交叉口相距较远（一般两交叉口距离在 800 m 以外）、线控无多大效果的交叉口，是交叉路口最基本的交通信号控制形式。目前，我国城市中的大多数路口采用的控制都属于这种类型。文中将对单点控制的 3 种方式进行深入研究，以交叉口延误，停车次数和排队长度最小为控制目标，以交叉口饱和度为参数，建立数学模型，通过仿真验证得到三种控制范围使用的条件，即分别计算出饱和度的两个阈值。

②干线控制

城市道路网中，交叉口相距很近，两个相邻的交叉口之间的距离通常不足以使一小队车流完全疏散。各交叉口分别设置单点信号控制时，车辆经常遇到红灯，时停时开，行车不畅，环境污染严重。为了减少车辆在各个交叉口的停车次数，特别是当干线上的车辆比较畅通时，人们研究了一种干线相邻交叉口协调控制策略。最初协调信号配时的方法是基于绿波的概念，相邻交叉口执行相同的信号控制周期，主干道相位的绿灯开启时间（相位差）错开一定的时间，交叉口的次干道在一定程度上服从主干道上的交通。当一列车队在具有许多交叉口的一条主干道上行驶时，协调控制使得车辆在通过干线交叉口时总是在绿灯开始时到达，因而无须停车地通过交叉口，如图 2.33 所示，这样提高车辆行车速度和道路通行能力，确保道路畅通，减少车辆在行驶过程中的延误时间。

然而，在交通密度较大的情形下，绿波会导致拥挤以及交叉口的阻塞，如图 2.34 所示。当一列车队恰好在清车时间后到达交叉口时，在此情形下，绿波控制导致了负面效果。因此，需要采用一种能够对高密度交通流状态有效处理的干线交通信号控制方法。

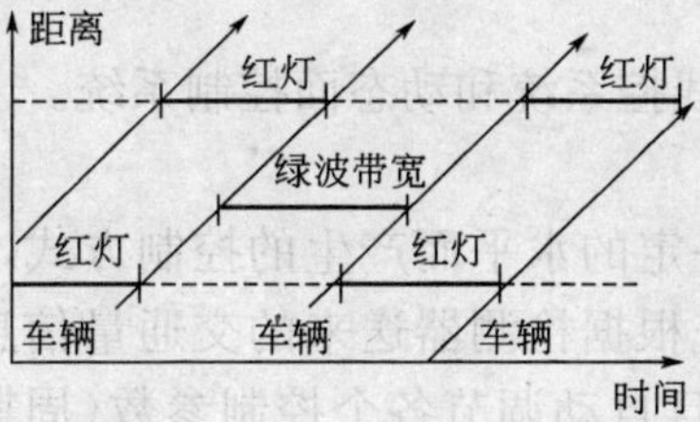

图 2.33　绿波干线协调控制

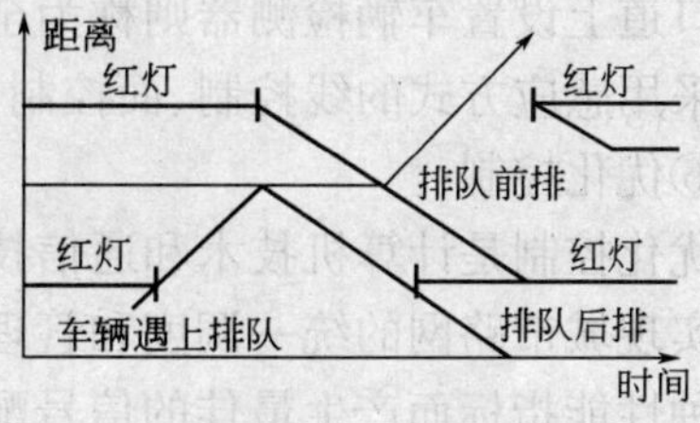

图 2.34　具有阻塞的干线绿波协调控制

③网络控制

网络信号控制的对象是城市或某个区域中所有交叉口的交通信号。随着计算机、计算方法、自动控制、车辆检测技术的发展，人们研究把一个城市区域内所有交叉口的交通信号连起来综合加以协调控制，以使得区域内的各个车辆在通过某些交叉口时所产生的总损失（包括延误、停车次数、油耗等）最小或使得区域内交通网路的通行能力最大。在这种控制方式下，交通信号机将交通量数据实时地通过通信网络传至上位机。上位机根据网络上交通量的实时变化情况，按一定时间步距不断调整正在执行的配时方案。通过这种控制方式，容易实现交叉路网的统一调度和管理，上位计算机同时控制一个城市区域内的数十个交叉口。实现区域内交叉口之间的统一协调管理，提高路网运行效率。

④定时控制

定时控制是实际交通中可以实现的最基本的一种控制方法。在定时控制中，所有控制参数(周期、相位差和绿信比)均是根据交叉口历史交通量数据预先确定。信号控制中，一天只能执行一种配时方案的称为单时段定时控制；一天按不同时段的交通量执行不同配时方案的称为多时段定时控制。这种控制方式的主要特点是它不是需求响应式的，也就是信号操作不考虑交通需求的波动。

最基本的控制方式是单交叉口的定时控制。线控和面控也可采用定时控制，称为静态线控系统和静态面控系统。

⑤感应控制

根据交通路口的交通量的变动进行实时控制的一种信号控制方式，没有固定的周期和绿信比。该控制方式是交叉口的进口道上设置车辆检测器，信号配时方案可随检测器检测到的车辆信息而动态改变。进行感应控制时，在一个给定的最小绿灯时间 g_{min} 内，绿灯无条件开放，该时间结束后，若位于停车线处的车辆检测器检测到有车辆到达，则追加一小段绿灯时间 Δg。若一直有车辆到来，则继续延长绿灯时间直至最大绿灯时间 g_{max}。若在追加的绿灯时间终了未检测到有车辆到来，则结束绿灯。

若只在交叉口部分进口到上设置车辆检测器则称为半感应控制，若在交叉口所有进口道上设置车辆检测器则称为全感应控制。

采用感应方式的线控制、面控制也称为动态线控系统和动态面控制系统。

⑥优化控制

优化控制是计算机技术和通信技术发展到一定的水平而产生的控制方式，主要用于实现城市路网的统一调度和管理。控制系统根据检测器送来的交通量信息，针对某种性能指标而产生最佳的信号配时方案，并且自动调节各个控制参数(周期、绿信比、相位差等)。进行这样控制方式的交通信号机将检测到交通数据实时地通过通信网传至上位机，上位机根据路网上交通量的变化情况，不断调整配时方案从而达到最优控制。通过这种控制方式，上位机同时控制城市中某个区域内多个路口的信号机，实现区域内交叉口交通信号之间的统一协调管理，提高路网的运行效率。

(2) 交通信号配时方案的生成方式

根据交通信号配时方案的计算的方式，可以分为离线方式和在线方式。根据交通信号配时方案优化的方式，可以分为配时方案实时选择方式和配时方案实时生成方式。

①离线方式

根据统计的历史交通流量等数据脱机进行交通信号配时参数（包括周期、绿信比、相位差）的优化。这种方式的配时方案都是根据历史性交通资料。然而，路网上交通状况——车流量的分布、流量大小及流向，总是不可能长期维持某一个固定模式。车辆的增长、土地使用状况的变迁、路网布局的变化、新的交通设施出现以及交通管理对策和方式的改变等，都必然会影响路网上交通状况的明显改变。这种改变可能是以突变的方式出现，也可能是一种持续的渐变过程。无论是突变还是渐变，都意味着原定配时方案所适应的特定交通状况不复存在，那么这套配时方案优越性自然也就随之消失。根据英国运输与道路研究所的调查分析，这种离线的配时方案在3～5年之后，由于配时方案老化，将完全丧失其全部效益，这就要求交通工程师们比较频繁地更新配时方案。为此，需要花费大量人力和物力。因此，离线方式只适用于交通状况变化不十分急剧的区域。

②在线方式

根据实时检测到的交通状况自动选择配时参数，自动调整控制对策的控制方式。控制对策灵活性强，有实时交通信息反馈，能够响应任何交通状况，在一定程度上弥补了离线方式的缺点。

③配时方案实时选择方式

在系统投入运行之前，定一条配时参数与交通量等级的对照关系，即针对不同等级的交通量，选择相应最佳的配时参数组合。将这套实现定的配时参数与交通量对应组合关系储存在中央控制计算机中。中央控制计算机则通过设在各个交叉口的车辆检测器反馈的车流通过量数据，自动选择合适的配时参数，并根据所选定的配时参数组合实行对路网交通信号的实时控制。

④配时方案实时生成方式

中央控制计算机，既担负实时交通数据处理分析，又执行对路网交通信号的控制。该方式不需要事先存储任何既定配时方案，也不需要事先制定一套配时参数与交通量的对应选择关系。该方式依靠存储于中央计算机的某种交通数学模型，对反馈回来的实时交通数据进行分析，并对配时参数作优化调整。配时参数的优化是以综合目标函数（延误时间、停车次数、拥挤程度及油耗等）的预测值为依据。因此，它可以保证整个路网在任何时段都在最佳配时方案控制下运行。为了提高交通量图式预测的准确性，避免控制方案的不正常波动，各项配时参数的优化调整均频繁和小步距地进行。

(3) 交通信号配时优化的综合目标函数

对信号网的各种协调配时方案进行优选，以确定一个控制效益最佳的配时方案。信号网的控制效益，实际上表现为车流在某种配时方案控制下运动的状况，只要能够对车流的实际运行状况作出可靠评价，就可以反映出信号网控制的实际效益。

一般用平均延误、平均排队长度、平均停车率和燃油消耗量作为参数。所有这些参数都是以信号配时（周期长度、绿信比和起步时距）为自变量的函数。我们就用这些函数关系调整配时参数，以使车辆在路网上运行受阻滞程度最小。如果用一个数学关系式表达上述关系，则有：

$$T=f(d,h,c,\cdots) \tag{2.52}$$

式中 T——某项配时参数（周期时间、绿信比或起步时距）；

d——表示延误时间；

h——为停车率；

c——表示燃油消耗量。

在一个大系统中，任何一种可被接受的控制对策（主要体现在系统配时参数选择上），都不会是只考虑一个或几个交叉口上车流运动的实际效益，而是着眼于整个系统的效益。也不会仅仅只考虑单一的一个目标（如延误时间），而是多种目标的综合效果。同时，可能不是要求所有运行指标同时取最小，而是对应于不同的交通状况选择不同的评价指标。

丹尼斯．罗伯逊在建立著名的 TRANSYT 方法时，首次成功地使用了综合目标函数，即包括延误、停车次数在内的运行指标。后来，他与一些学者先后通过试验方法，发现延误时间、停车次数和燃油消耗量之间的相关性规律。这样就在最先开发的 TRANSYT(8) 中将燃油消耗量引入为一个运行指标。其形式为：

$$PI=\sum_{i=1}^{N}\left(W\cdot w_i d_i+\frac{K}{100}k_i s_i\right) \tag{2.53}$$

式中 PI——综合目标函数，以英镑计；

W——每辆车延误一小时所相当的经济损失值；

w_i——第 i 条连线上车辆延误时间的加权系数；

d_i——第 i 条连线上车辆的总延误时间；

K——第 100 次停车所相当的经济损失值；

k_i——第 i 条连线上车辆停车次数的加权系数；

s_i——第 i 条连线上的全部车辆完全停车次数总和；

N——连线的总数目。

和 TRANSYT-8 相似，SCOOT 也采用了多元目标函数来作为路网信号配时方案实时优选的依据。这一目标函数可以表示为：

$$PI = \sum_{i=1}^{n}(K_i d_i U + L_i s_i V + M_i c_i + N_i a_i X + \cdots) \tag{2.54}$$

式中 PI——路网综合运行指标；

K_i, d_i——第 i 条连线上的车辆延误时间加权系数及平均延误时间(veh/h)；

U——单位延误时间的经济损失当量(以货币单位计)

L_i, s_i——第 i 条连线上车辆停车次数的加权系数及平均停车次数(以折算的完全停车次数计)；

V——一次完全停车的经济损失当量(以货币单位计)；

M_i, c_i——第 i 条连线上交通拥挤度的加权系数及连线的拥挤系数；

N_i, a_i——第 i 条连线上饱和度的加权系数和连线的饱和度。

X——饱和度的经济损失当量(以货币单位计)；

n——在优选单元内所包含的连线条数。

日本 Kyosan 系统所采用的综合目标函数为：

$$PI = \sum_{i=1}^{n}(K_i a_i + L_i q_i + M_i t_i)$$

式中 K_i, a_i——第 i 条连线上的车辆饱和度加权系数及饱和度；

L_i, q_i——第 i 条连线上交叉口排队长度的加权系数及交叉口排队长度；

M_i, t_i——第 i 条连线上旅行时间的加权系数及连线的旅行时间。

(4) 交通信号控制方案刷新周期

交通信号控制方案刷新周期直接影响着交通流的通畅性。当刷新周期较长时，不适应实际交通流的变化，使得交通信号控制方案老化。当刷新周期较短时，交通信号控制方案之间波动太大，驾驶员无法接受这种变化，容易影响交通安全。因此，合适的交通信号控制方案刷新周期是保证交通信号控制系统控制效益的关键因素之一。

根据资料显示，第一代 UTCS 系统采用了 15 min 的刷新周期；第二代 UTCS 采用了 5～10 min 的刷新周期；第三代 UTCS 将刷新周期缩短到 3～5 min。

2. 交通诱导策略

(1) 交通诱导方式

根据发布交通信息的媒体的不同，接受信息用户范围的不同，可以将交通诱导划分为群体诱导和个体诱导，根据最佳行驶路径的生成方式的不同，可以将这种个体诱导划分为中心式诱导和分布式诱导。

①群体诱导

通过可变信息板、广播等媒界向一定范围内的驾驶员发布动态交通信息，诱导驾驶员选择最佳的行驶路径。这种方式发布的信息由于可以为较大范围内驾驶员所采用，所以是目前比较流行也比较容易实现的诱导方式。

②个体诱导

顾名思义，这种方式是通过车载信息装置为单个驾驶员发布诱导信息，这些信息包括路网交通状态信息和当前最佳行驶路径等。这种方式只能为单个驾驶员所利用，而且需要安装车载装置，成本较高，目前普及率还不是很高。

根据最佳行驶路径的生成方式的不同，可以将这种个体诱导划分为中心式诱导和分布式诱导。

③中心式诱导

所谓中心式诱导就是基于红外信标等双向数据通信，在中心控制主机基于实时交通信息进行最优路径的规划，为每一个可能的OD对计算最优或准最优路径，然后中心计算机根据实时的交通状态，计算出的从起点到终点的最优路径，并通过无线通信网络提供给驾驶员的车载信息装置。中心式诱导可以分为两类：一类是广播类的中心式诱导，另外一类是交互式的中心式诱导。

④分布式诱导

这样诱导方式对中心的计算能力、无线通信带宽要求比较高，对于车载信息装置的要求不高。对于驾驶员来说，个人成本不高，所提供的路径也有可能并不是用户最优的路径。由于是中心计算最优路径，所以能够避免“Braess 悖论”(所谓 Braess 悖论就是指如果被诱导车辆都接收到相同的交通信息，它们会被派遣到相同的、以前不拥挤的道路。这条道路就可能很快变得拥挤，交通状态更糟)，普及率越高诱导效果越好。

(2) 交通诱导形式

实时动态交通分配理论是交通诱导的核心问题，它通过实时的、动态进行路网流量的分配，以便于得到更为精确的交通状况预测信息和最优行驶路径。根据优化目标不同，动态交通分配可以分为系统最优动态交通分配(System Optimum Dynamic Traffic Assignment，SODTA)和用户均衡动态交通分配(User Equilibrium Dynamic Traffic Assignment，UEDTA)。

①SODTA

它是路径诱导系统的基础理论，是对路网分析的有效工具。它能够显示在路径诱导系统下，网络的最佳运行状态，从系统、总体的角度合理配置路网交通流，它是在牺牲个别用户利益的条件下追求整个系统的最优的。

②UEDTA

它也是路径诱导系统的基础理论之一。它能够从用户的角度配置路网交通流。在自由流交通状态下，它的效果与 SODTA 是一致的；但是当交通流状态接近饱和或过饱和时，它的效果不能等同于 SODTA，可能与 SODTA 相矛盾。

3. 区域战略交通控制策略分析

新一代智能交通控制中的区域交通战略控制就是协调区域之间的不协调，根据区域的交通状态，从大范围整体最优的目标出发，分层递接协调控制交通流。为了便于交通控制策略的实施以及交通控制的整体最优，把整个路网划分成几个区域，控制中心则收集处理区域上传的交通数据，首先控制中心向区域下发控制参数指标，区域级则根据指标自行优化各个控制参数，控制中心根据整体最优对区域的优化结果进行小范围的调整再下发到区域级，实现交通信息的反馈处理。另外，考虑出行者的路径选择对交通状况的影响，控制中心把交通控制和交通诱导协同起来，向区域下发大范围交通诱导策略，以达到在时间上和空间上改变路网交通流的分布。控制中心发布的交通控制策略和交通诱导策略，采用智能式的生成方式，具有一定的灵活性。

2.4.2.3　区域边界交通控制策略分析

由于区域内的交通控制策略、控制方案随着交通状态和时间的不断变更，所以区域边界的交通控制状态也在随之变化。区域边界是连接区域之间的重要地段，区域边界的交通控制状态的好坏也就直接影响着区域进出口交通流控制的好坏。

区域边界可以是单个交叉口，也可以是两个或两个以上的交叉口组成的干线，另外从区域边界的交通状态来看有以下几种情况：一是边界交叉口连线上发生交通拥挤或交通事故导致上游交叉口的车辆不能顺利通过交叉口，致使停车次数过多，延误增大，二是某区域交通负荷过大。

对于第 1 种，区域边界连线上或者连线下游有交通拥挤、交通事件发生的情况，则对上游交叉口进行截流，同时进行交通控制和交通诱导的协同，诱导车辆避开该连线或连线下游区域。一旦，交通拥挤和交通事件消散后，则继续进行已有的交通控制方案。

对于第 2 种，当某区域交通负荷过大，一旦进入更多的车辆，就会使得交通需求远远大于交通供给，导致严重的交通拥挤或交通事故。所以对于这种情况，则要求能进入该区域的上游区域交叉口进行截流，并采用交通诱导与交通控制协同的方法，将过剩的交通量诱导出该区域，保证区域内部的交通畅通。

2.4.2.4　大范围战略交通控制系统策略影响因素分析

1. 区域战略交通控制策略的影响因素

交通流量是描述交通流特性的最重要的参数之一，交通量又称流量，是指单位时间内，通过道路制定地点或断面的车辆数，是反映交通需求的变量。交叉口的通行能力是指在现行的交通状况，车行道和信号设计的条件下，某制定进口道所能通过交叉口的最大流率。交叉口的通行能力决定城市道路的通行能力。

路网上交通流量与道路通行能力共同影响了路网上的交通状态，当实际到达的车辆数大于道路的通行能力时，道路出现拥挤或阻塞，当实际到达的车辆数小于道路的通行能力时，道路出现轻微拥挤或是畅通状态。而路网的饱和度则恰好综合了交通流量和道路的通行能力这两个指标，并且反映交叉口运行状况的一些特性参数，如车辆平均延误时间，平均停车次数以及排队长度等均与实际允许饱和度的大小有关，此外路网的饱和度也是交通诱导策略评价的标准。因此，文中选择路网饱和度作为策略生成的一个参数。

对于交通事件来讲，本质上也是某路段在某一时段的交通流量过大，这是偶发性的，在交通事件前后交通流参数是突变性的。对于这样的交通状态，则有特殊的策略。正因为路网的饱和度在时间上的变化以及不同控制策略的适用的流量范围不同，交通控制系统的策略设计时就需要根据不同的饱和度设计不同的交通控制策略。同时控制策略的执行也影响着饱和度的变化。

速度是描述交通状态的又一参数，它是指车辆在单位时间内通过的距离。由于我国城市交通组成复杂，路上的车型各异，有小汽车，轻型货车，自行车，摩托车，农用车，公交车，并且大车与小车，国产车与进口车之间本身车辆性能的差异，使得我国道路上的车辆之间的运行速度差很大。高速行驶的车辆对低速行驶的车辆造成威胁，低速车辆成为高速行驶车辆的障碍，不同性能的车辆混行在一条道路上，既影响交通流的畅通，降低车辆整体运营效率，又增加了交通事故发生的几率。

在交通流中，每个车辆的速度都不尽相同，因此，交通流本身不可能用一个精确的速度值来表示，对离散型的车辆速度分布，可采用统计学的处理方法，即使用平均的或有代表性的数值来近似的代替特定的交通流整体。本文采用路网车流的平均速度作为生成策略的又一参数。

现代城市经济的快速发展，必然导致城市结构布局发生很大变化。车辆的增长，路网布局的变化，新的交通设施的出现，必然会影响路网上的交通状况，一个系统的制定，要有一定的扩容性，要能适合城市未来几年的发展需求，而不至于因为城市的发展而使已有的策略在短时间内老化。因此，策略的制定要和城市发展规划同步。除此之外，道路结构，路网属性，交通需求，交通构成，天气，现有的信号配时以及系统的稳定性、实时性，用户的可接受程度等都是交通控制策略制定时需要综合考虑的因素。

2. 区域边界交通控制协调策略的影响因素

区域边界是区域之间的路段或几个交叉口组成的子区，区域边界连接了两个区域的重要地段，区域边界协调的好坏直接影响到区域进出口的控制状态。区域边界交通控制策略的制定，要考虑区域边界的类型，区域与区域之间的相互影响等因素。

区域控制着路网的主要部分，区域策略占主要地位，区域边界是路网的一小部分，因此区域边界协调要保证不对区域别的子区产生较大的影响从而引起的整个路网波动，要保证系统具有良好的稳定性。在边界策略和区域策略不协调时应以区域策略为主。

和区域策略的影响因素一样，交通量的大小也影响着边界策略的制定，对于单个交叉口，较小的流量可考虑采用感应控制，较大的流量采用固定配时，对于2个以上的交叉口，则应根据交叉口之间的差异进行合并或协调。若在边界发生交通事故，则采用系统事先设定的解决方案。

区域边界可能是山脉，河流或大型停车场等特殊地段，这些地段有的是交通的产生源或终止点，有的是路段两侧有十分频繁的人流活动，或者是绝大部分时间处于交通阻塞或拥挤得状态，再就是周围交通流量很小，所以对这样的边界也要作特殊处理。

- 区域战略交通控制策略及模型研究
- 区域交通控制状态识别方法研究
- 区域交通控制状态评价指标的确定

一个区域的交通控制状态的精确与否影响着整个区域交通控制策略及方案的实施。不同的交通控制状态对应于不同的交通控制策略。交通控制策略包括交通信号控制策略和交通诱导策略。已有的交通状态识别方法很多，基本上都采用检测器能够直接检测到的交通参数，包括流量、速度和占有率。

交通控制状态的识别不同于交通状态的识别。同一交通状态可能需要采用不同的交通控制策略，不同的交通状态可能需要采用同一交通控制状态。仅仅采用传统的流量、速度、密度和占有率这些基本的交通参数，不能直接评价交通控制状态。需要对这些基本参数进行进一步处理，才能用于交通控制状态的判别。作者选择区域饱和度和区域平均速度作为交通控制状态的评价指标。

(1) 区域饱和度

饱和度是反映道路交通状况的一个重要指标，也是评判道路服务水平的一个重要基准。

①城市交通信号控制系统中的意义

在城市交通信号控制系统中，交叉口饱和度和延误状况是考察系统控制策略优劣的主要指标。

②城市交通诱导系统中的意义

在交通诱导系统中，饱和度也是交通诱导策略的评价标准。旅行时间行程时间由路段行程时间部分和交叉口延误部分组成。根据文献[3]所进行的饱和度敏感分析的结论，路段行程时间部分随交叉口饱和度增加的变化是不敏感的，而交叉口延误时间部分随饱和度增加变化幅度越来越大。在饱和度接近于1.0时，其变化增量甚至是路段行程时间增量的24倍。同时在城市主干道及次干道的交叉口，高峰小时中信号周期远远大于90 s，信号相位大于两相位，绿信比降低。这些因素都会使交叉口延误时间大幅度增加。即饱和度越大，延误时间随饱和度变化产生的增量越大，其数值达到数十倍于路段行程时间的程度。

由此可见，城市路网出行的旅行时间中，路段行程时间随交通量变化而产生的边际费用是很小的。与相应的交叉口延误时间随交通拥挤程度变化而产生的边际费用相比，路段行程时间的变化可忽略不计。因此，可以得出，旅行时间变化幅度的大小取决于对路径中信号交叉口饱和度大小的控制。

③城市交通信号控制系统与诱导系统协同中的意义

根据以上两节的分析，饱和度既是交通信号控制系统中信号控制策略制定的评价标准又是交通诱导系统的诱导策略制定的评价标准，那么饱和度就成为城市信号控制系统与诱导系统的策略制定共同的评价标准。利用饱和度作为依据，易于实现导行系统与控制系统的集成，使导行策略与控制策略协调一致，实现互利互补的总体效果。

④路网饱和度与路网交通状态的关系

路网饱和度的大小在很大程度上反应了路网交通状态。文中将路网的交通状态划分为通畅、轻度拥挤、拥挤和严重拥挤。

图 2.35 所示同一个交通流量也对应多个饱和度值，饱和度值大表明道路处于拥挤状态，饱和度值小则表明道路畅通；当饱和度达到 100 时，交通运行状态为饱和状态；当饱和度大于 100 时，交通运行状态为超饱和状态。容易想象，交通流量对饱和度的曲线图上肯定也有个极大值点。在这一点的左边，饱和度随着流量的增大而增大。而该点的右边，由于车密度增大，道路通行能力迅速下降，交通流量也随之下降直到 0 为止，此时饱和度达到最大值，交通呈现堵塞状态。因此，饱和度的大小可以在很大程度上表征交通拥挤程度。

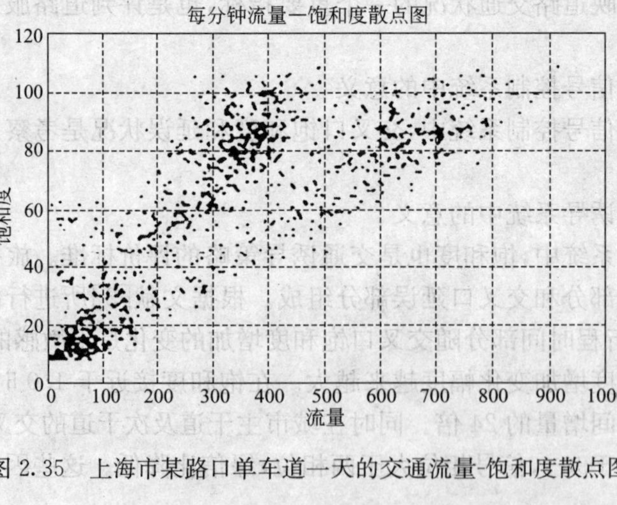

图 2.35 上海市某路口单车道一天的交通流量-饱和度散点图

通过大量的数值分析，文中得出结论："饱和度的大小可以在很大程度上反映交通拥挤的程度。"同时也给出了定量的结论：通畅时，饱和度大约为 0～45；轻度拥挤时，饱和度大约为 45～70；对于拥挤状态时，由于样本集中饱和度最大值为 110，故饱和度大约为 70～110，对于严重拥挤时，饱和度定义为大于等于 110。

通过以上的研究，可以看出，区域饱和度是城市交通控制系统策略生成的重要评价指标。

(2) 区域平均速度

根据城市道路拥挤度评价指标，车速对城市交通拥挤影响很大。

3. 区域战略交通控制策略生成模型研究

根据第二节对区域交通控制策略影响因素分析以及交通控制状态识别方法，可以看出不同时间、不同地点的交通流是不同的。不同的交通控制策略适用于不同的交通状态。所以作者根据区域饱和度和区域平均车速设计不同的交通控制策略。同时，这些策略执行后也直接影响着区域饱和度和区域平均车速的变化，二者是相互影响，相辅相成的。

根据各种交通控制策略适用情况、模实验以及实际工程中的经验总结，区域战略交通控制策略方法如下：

在小饱和度，速度高时，采用单点感应控制，以减少车辆的延误和行程时间为目标，在线生成交通信号控制方案。采用个体诱导的方式，利用用户均衡动态交通分配策略指导驾驶员最优路径的选择。

在中等饱和度时，速度较高，采用自适应协调控制，以延误和停车次数最小作为目标，在线生成交通信号控制方案。采用个体诱导的方式，利用用户均衡动态交通分配策略指导驾驶员最优路径的选择。

在高饱和度时，车速较低，车流密度大，采用定时协调控制，以通行能力最大和饱和度最大为目标，离线生成交通信号控制方案。采用群体诱导和个体诱导联合的方式，利用系统最优动态交通分配策略指导驾驶员最优路径的选择。

在交通事件或交通拥挤情况下，车速几乎接近于 0，采用系统内设定的备选交通控制策略，无须在线生成信号控制方案。采用群体诱导和个体诱导联合的方式，利用系统最优动态交通分配策略指导驾驶员最优路径的选择。

区域战略交通控制策略的制定与区域饱和度、区域平均速度、前一时刻交通控制策略有关。则某区域的交通控制策略如下式所示：

$$Sy_i(k)=f(sa_i(k),sp_i(k),Sy_i(k-1)) \tag{2.55}$$

式中　$Sy_i(k)$——k 时段，第 i 个区域的交通控制策略；

$sa_i(k)$——k 时段，第 i 个区域的平均饱和度；

$sp_i(k)$——k 时段，第 i 个区域的平均速度；

$Sy_i(k-1)$——$k-1$时段的区域i的交通控制策略。

$f(\cdot)$表示交通控制策略与交通流状态参数等的函数关系，显然这是一个非线性函数。

非线性函数$f(\cdot)$可以通过多层神经网络来表示，其中网络的权值可以根据输入和输出样本数据通过训练获得。为了解决问题，文中提出基于模糊神经网络技术和支持向量机的区域战略交通控制策略生成模型，采用智能化技术来提高交通控制策略提出的精度和速度。

4. 基于模糊神经网络的区域战略交通控制策略生成模型

1）模糊神经网络

（1）概　述

模糊神经网络(fuzzy neural network，FNN)就是模糊理论同神经网络相结合的产物，它汇集了神经网络与模糊理论的优点，集学习、联想、识别、自适应及模糊信息处理于一体。模糊神经网络技术是指人类的经验和知识进行数字化的模糊化处理，把规则和推理转换成神经网络的映射处理和直接从数据库样本中提取经验规则，然后把这两种转换结合起来进行智能信息处理和智能控制的技术。模糊集理论与神经网络技术的结合有其一定的数学基础，神经网络系统可以作为一般的函数估计器、而模糊系统可作为一种结构型数字估计器，因而它们都具有一般自适应模型无偏估计器的作用，具有相同的正规数学特性，且享有同一状态空间。这样，神经网络能实现模糊逻辑推理，同时利用相应的模糊系统来初始化神经网络结构，从而神经网络的学习速度得到了大大的提高。

模糊神经网络作为具有一定的处理定性与定量知识的技术与方法，可充分利用模糊逻辑所具有的较强的结构性知识表达能力和神经网络强大的自学习与定量数据的直接处理能力。从模糊信息处理角度上来说，自从模糊集合理论提出至今，有关模糊信息处理的理论应用研究已取得了重大的进展。但是，作为模糊信息处理的核心"模糊规则的自动提取"及"模糊变量基本状态隶属函数的自动生成"问题，却一直是困扰模糊信息处理技术进一步推广的两大难题。同时，虽然以非线性大规模并行处理为主要特征的神经网络技术近年来取得了进展，但是在传统的神经网络模型中，其神经元大多数是两态的，而在一些可取连续值的神经元中，其整合函数则多数是线性的。当模糊神经网络作为函数逼近器使用时，其逼近误差与隐含层的节点数成反比。并且它的函数逼近精确度与输入变量数无关。这样就有效地避免了单个方面的不足。

将模糊技术与神经网络技术进行有机结合，可有效发挥各自的优势并弥补不足。模糊技术的特长在于逻辑推理能力，容易进行高阶的信息处理。将模糊技术引入神经网络，可大大地拓宽神经网络处理信息的范围和能力，使其不仅能处理精确信息，也能处理模糊信息或其他不精确性信息，不仅能实现精确性联想及映射，还可实现不精确性联想及映射，特别是模糊联想及模糊映射。神经网络在学习和自动模式识别方面有极强的优势，采取神经网络技术来进行模糊信息处理，则使得模糊规则的自动提取及模糊隶属函数的自动生成有可能得以解决，使模糊系统能够成为一种自适应模糊系统。

(2) 模糊神经网络类型

前向型模糊神经网络是可实现模糊映射关系的模糊神经网络。这类网络由模糊化网层、模糊关系映射网层和去模糊化网层构成。

反馈型模糊神经网络主要是可实现模糊联想存储与映射的网络。有时，也称其为模糊联想存储器。与一般反馈型神经网络所不同的是，反馈型模糊神经网络中的信息处理单元不是普通的域值神经元，而是模糊神经元，它所实现的模糊联想与存储，比一般的联想与映射具有更大的吸引域和容错能力。

(3) 模糊神经元

模糊神经网络的重要组成部分是模糊神经元，可通过特殊权值把它们连接起来，构成模糊神经网络的模型结构。因而有必要对模糊神经元进行很好的描述和构建，再进一步研究其模型形式，以达到更有效地发挥它们的各自长处。

①模糊化神经元，是一类可将观测值或输入值定量化或标准化的神经元。它接受离散或连续的、确定或模糊的单元输入。而输出是由系统模糊定量基本状态隶属函数所确定的标准化的值。当系统模糊变量基本状态隶属函数比较复杂时，模糊神经网络中模糊变量基本状态的模糊化常采用模糊化网层来实现。

②去模糊化神经元，这种类型的神经元是以“分布值”表示的输出结果以“确定值”的形式输出的信息处理单元，整合功能包括“映射”与“逼近”。有时，具有特定整合功能的去模糊化函数不易给出，可选用取最大值方法和取质心方法。A. Kandel 和 M. Friedman 根据最典型值(MTV)的概念，提出了反模糊的新方法。

③模糊逻辑神经元，是多输入单输出类型的神经元，其输入输出关系为

$$\begin{gathered} u_i = I_i(x_1, x_2, \cdots, x_m, w_{i1}, w_{i2}, \cdots, w_{im}) \\ y_i = f(u_i - \theta_i) \end{gathered} \tag{2.56}$$

式中 I_i 为模糊逻辑函数或模糊集合函数，其具体形式可以根据实际情况和需要确定，可以是加权求和、S 运算中的任何一种(如先取大后取小的合成，先求积后取大的合成，先取小后求和的合成等)。

模糊神经网络是全部或部分采用各类模糊神经元构成的一类可处理模糊信息的神经网络系统。模糊神经元应具有一般神经元的功能，同时能反映神经元的模糊性质，具有模糊信息处理能力。

(4) 模糊神经网络的学习方法

一个模糊神经元可以通过权的修正来进行学习改进其性能，在模糊神经元中还

可以利用所谓"躯体"修正,即对神经元体的结构进行修改,可改变规则,改变分配给模糊子集的隶属度函数,改变表示规则的方式(各种累积、蕴含算子)等。利用以上几种模糊神经元可以在一定程度上将模糊逻辑和神经网络的优势结合起来,实现一个更为有效的信息处理工具。

模糊神经网络的训练算法可以充分借鉴神经网络的各种学习算法,包括 Hebb 学习、误差修正型学习及竞争型学习等方法。有些学者给出了具有正态模糊网络参数的前馈式模糊神经网络及其改进学习算法,提出了一种效率更好的 FBP 学习算法。在此算法中,采用近似模糊推理技术来确定网络的学习率、动量因子、加速系数三个学习参数,使得这些学习参数在网络的学习过程中根据学习时间的长短、误差大小及误差变化情况,进行动态调整,从而提高学习效率。Wang 提出了包括模糊逻辑系统的反向传播学习算法、正交最小二乘学习算法、表格查询学习算法、最近邻类学习算法,较好地解决了从输入输出数据中归纳模糊规则的问题。模糊逻辑系统的反向传播学习算法与神经网络 BP 算法基本相同,向前计算,向后调整,而且均采用迭代下降算法使实际输出和期望输出之间的均方误差最小。但 Wang 的算法中的参数有明确的物理意义,因此可以充分利用专家的领域知识提出非常有效的初始参数选择方法,有利于在试验和误差反馈过程中进行判断。

2) 基于模糊神经网络的区域交通控制策略生成模型

本文采用包含一个隐含层的三层模糊神经网络如图 2.36 所示,上下层之间实现完全互连。网络中神经元为具有如下特点的模糊神经元:

(1) 多输入,单输出。输入信号可为任何模糊语言或实数,输出为精确信号。输入层为 2 个支持模糊语言输入的模糊神经元,其主要功能就是将语言输入信息数字化和求出确切数字输入信息对于分类的隶属度。输出层包含一个神经元,输出值为该输入特征对应经济损失的归一化值。

(2) 隐含层包含 4 个神经元,内部状态是模糊输入、权值和阈值的函数,表示为

$$s_j = \sum_{i=1}^{m} w_{ji} x_i - \theta_j \tag{2.57}$$

(3) 隐含层和输出层的兴奋函数采用 singmoid 函数的扩展形式

$$f(x) = \frac{1}{1+\mathrm{e}^{-x}} \tag{2.58}$$

(4) 总误差函数为

$$E = \frac{1}{2}\sum_{k=1}^{n}(f^k - z^k)^2 \tag{2.59}$$

式中 f^k——策略的真实值;

z^k——策略的网络估计值。

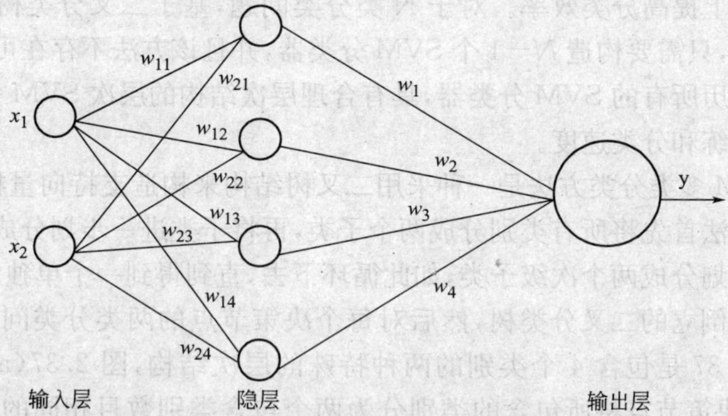

图 2.36　模糊神经网络模型结构图

5. 基于支持向量机的区域战略交通控制策略生成模型

支持向量机(SVM)从 20 世纪 90 年代以来受到很大的重视,它们能对有限样本情况下的模式识别中的一些根本性问题进行了系统的理论研究,并且再此基础上建立了一种较好的通用学习算法,以往困扰很多机器方法的问题比如模型选择与学习问题,局部极小点问题等再这里都得到了很大程度上的解决。

SVM 算法实质上是求解一个凸规划问题,或者是求其对偶问题——一个二次规划问题。SVM 算法可以分为线性可分 SNM,线性不可分 SVM,非线性 SVM。在线性可分 SVM 中,二分类器已经发展的相当丰富和完善,著名的有 Vapnik 的 Chunking 方法、Osuna 的分解算法、Joachims 的 SVMlight 方法、Platt 的 SMO 算法、Hush 的 GDA 算法等。目前,SVM 算法在很多领域都有应用。例如,在模式识别方面,对于手写数字识别、语音识别、人脸图像识别、文章分类等问题,SVM 算法在精度上已经超过传统的学习算法或与之不相上下。SVM 主要有如下几个研究热点:模式识别,回归估计,概率密度估计。

然而在实际应用中,比如语音识别,人脸识别,字体识别等,必须要解决多分类问题。尤其是在区域交通状态判别中,需要把区域交通状态分成畅通,轻度拥挤,中度拥挤,严重拥挤,堵塞等几类,对应每种交通状态,控制中心下发相应的交通控制策略。对于多分类问题,必须将 SVM 进行改进和推广 1-a-r(One-against-rest)和 1-a-1 (One-against-one)方法是当前最为常用的两种 SVM 多类分类方法,对于 N 个和 $N(N-1)/2$ 个分类器,当类别数目较多时,这两种方法的速度都较低,而且还存在不可识别域。Platt 提出的 DAG 方法虽然具有较高的分类速度,但当类别数目较多时,其训练速度仍很低。在理论上,ECC(Error Correcting Codes)算法需要构造的 SVM 数目较少,但选择合适码本是相当困难的。

分类树是一种广泛用于模式分类的多分类方法,尤其对于大类别分类问题,它能够在较大程度上提高分类效率。对于 N 类分类问题，基于二叉分类树的层次 SVM 多类分类方法，只需要构造 $N-1$ 个 SVM 分类器，并且该方法不存在可识别域，分类时也不需要遍历所有的 SVM 分类器，具有合理层次结构的层次 SVM 多类分类器可以显著提高训练和分类速度。

层次 SVM 多类分类方法是一种采用二叉树结构来构造支持向量机多类分类器的方法。该方法首先将所有类别分成两个子类，再将子类进一步划分成两个子类，再将子类进一步划分成两个次级子类，如此循环下去，直到得到一个单独的类为止。这样就得到一个倒立的二叉分类树，然后对每个决策节点的两类分类问题用 SVM 进行分类。图 2.37 是包含 4 个类别的两种特殊的层次结构，图 2.37(a)是完全二叉树，它在每个决策节点将所包含的类别分为两个包含类别数目相同的子类；图 2.37(b)是偏二叉树，它在每个决策节点将一类与其他所有类别分开。

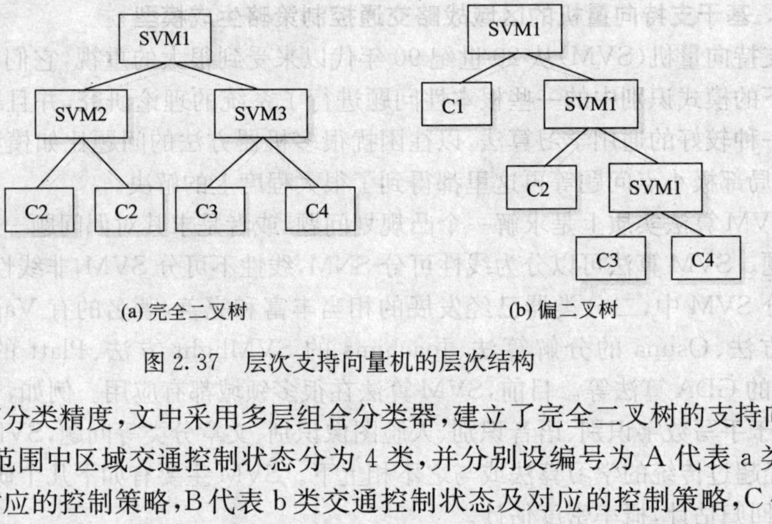

(a) 完全二叉树　　(b) 偏二叉树

图 2.37　层次支持向量机的层次结构

为了提高分类精度，文中采用多层组合分类器，建立了完全二叉树的支持向量机层结构，把大范围中区域交通控制状态分为 4 类，并分别设编号为 A 代表 a 类交通控制状态及对应的控制策略，B 代表 b 类交通控制状态及对应的控制策略，C 代表 c 类交通控制状态及对应的控制策略，D 代表 d 类交通控制状态及对应的策略。如图 2.38 所示。

对于四分类问题，学习样本如下

$(x_1, y_1), (x_2, y_2)\cdots(x_l, y_l)\cdots, x_l \in R^n, y_j \in \{1,2,3,4\}, j=1,2,3,\cdots,l,$

其中，$x_l = \lambda_1 sa_i(k) + \lambda_2 sp_i(k) + \lambda_3 y_i(k-1)$

这里：$sa_i(k)$——k 时段，第 i 个区域的平均饱和度；

$sp_i(k)$——k 时段，第 i 个区域的平均速度；

$y_i(k-1)$——$k-1$ 时段，第 i 个区域的交通控制策略；

$\lambda_1, \lambda_2, \lambda_3$——3 个影响区域策略的因素所占的权重；

$\lambda_1 + \lambda_2 + \lambda_3 = 1$。

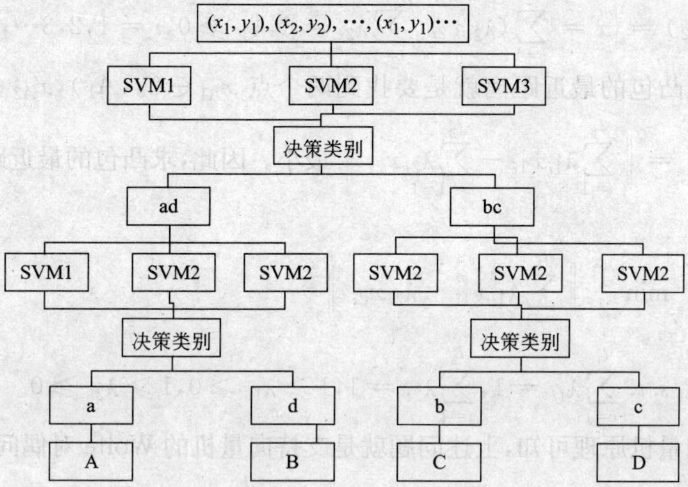

图 2.38　树型结构的 SV 多类组合分类器示意图

训练过程：在根节点，把属于 ad 的训练样本标志为 1，其余标志为－1，这样就转化为一个两类问题，然后分别用 3 种不同的和函数的 SVM 对已经重新标志的训练样本进行分类，得到 3 个不同的超平面。对于 ad 类别，重复上述工作，即把属于 a 类的标为＋1，属于 d 类的标为-1，这样又是一个两类问题，同样选用 3 种不同的和函数进行分类，这样就得到了 a 和 d 两个类。这样一个 k 类别的样本就需要进行 $\sum_{i=0}^{\frac{k}{2}-1}(3\times(i+1))$ 次训练。

3 种核函数如下：

SVM1：采用线性核函数 $K(u,v)=u'*v$

SVM2：多项式核函数 $K(u,v)=(g*u'*v+r)^d$

SVM3：RBF 核函数 $K(u,v)=exp(-g*|u-v|^2)$

类间相似性的计算：ad 与 bc 类之间的分类采用一种基于线性 SVM 度量类间相似程度的方法，用训练集凸包来表征类域，进而可以通过判别类别训练集凸包是否相交来判别类别的类域是否相互交叠。对于不相交的类别，可以通过训练集凸包的最近距离来度量类间的相似性；而对于存在交叠的类别，可以通过训练集凸包交叠区域所包含的训练样本数占总训练样本数的比例来度量类间的相似性。

设训练集 A_1 和 A_2 的凸包分别为

$$C(A_1)=\left\{x=\sum_{i=1}^{l_1}(\lambda_{1i}x_{1i}\Big/\sum_{i=1}^{l_1}\lambda_{1i}=1,\lambda_{1i}\geqslant 0,i=1,2,3,\cdots,l_1\right\}$$

$$C(A_2)=\left\{x=\sum_{i=1}^{l_2}(\lambda_{2i}x_{2i}\middle/\sum_{i=1}^{l_2}\lambda_{2i}=1,\lambda_{2i}\geqslant 0,i=1,2,3\cdots,l_2\right\} \tag{2.60}$$

求训练集凸包的最近距离就是要找到两个点 $x_{A1}\in C_0(A_1)$，$x_{A2}\in C_0(A_2)$，使 $\|x_{A1}-x_{A2}\|=\left\|\sum_{i=1}^{l_1}\lambda_{1i}x_{1i}-\sum_{i=1}^{l_2}\lambda_{2i}x_{2i}\right\|$ 最小。因此，求凸包的最近距离相当于求解优化问题：

$$\begin{aligned}&\min\frac{1}{2}\left\|\sum_{i=1}^{l_1}\lambda_{1i}x_{1i}-\lambda_{2i}x_{2i}\right\|^2\\&s.t.\sum_{i=1}^{l_1}\lambda_{1i}=1,\sum_{i=1}^{l_2}\lambda_{2i}=1,1\geqslant\lambda_{1i}\geqslant 0,1\geqslant\lambda_{2i}\geqslant 0\end{aligned} \tag{2.61}$$

由支持向量机原理可知，上述问题就是支持向量机的 Wolfe 对偶问题，上式的解为 $\lambda^*=\frac{1}{M}\alpha^*$，凸包的最近距离为 $\left\|\sum_{i=1}^{l_1}\frac{\alpha_{1i}^*}{M}x_{1i}-\sum_{i=1}^{l_2}\frac{\alpha_{2j}^*}{M}x_{2j}\right\|$。

类别决策采用了最简单的加权投票法，最主要的就是确定分类器的权重。我们把单个分类性能最好的分类器的权重设为 3，次之为 2，剩下的为 1。

这样由支持向量机就把整个大范围的区域交通状态分为 4 类，即上面图 2.38 中的 a，b，c，d 4 个类别，然后对应每个类别，由 VISSIM 仿真软件可确定出 4 个交通控制状态对应的控制策略分别为 A，B，C，D。

2.4.2.5 区域战略交通控制策略及模型仿真验证

1. 仿真试验的总体描述

文中利用 VC 编程实现了上述基于模糊神经网络的交通控制策略模型，同时结合 Vissim4.2 对整个策略及模型进行了仿真验证。

为了保证识别方法和策略验证的一致性，文中采用了一个由 20 个交叉口组成的模拟路网。整个模拟验证过程将给出不同饱和度的交通流，根据不同交通流状态确定最为合适的区域战略交通控制策略及模型。

整个模拟过程分为两个部分，第一个部分是模糊神经网络学习过程中所使用到的样本(输入值和输出值)的获取。这部分是在 Vissim4.2 模拟平台上实现的。第二部分是利用样本对所建立的模糊神经网络进行训练，这部分是在 VC 编程的软件平台上实现的。第三部分是对已经训练完毕的基于模糊神经网络的交通控制策略及模型的验证，验证所生成的策略是否适合相应的交通流状态。这部分的前半部分是在 VC 编程的软件平台上实现的，后半部分是在 Vissim4.2 模拟平台上实现的。为了保证验证效果的可行性，本文分别对第二和第三部分采用不同的输入样本。

第一部分：样本对的获取流程如下：

Step1：根据不同时段，要求已建成的模路网呈现出不同的饱和度和速度情况；

Step2：在不同的饱和度和速度情况下，分别采用不同的交通控制策略；

Step3：在不同的交通控制策略下，利用评价指标（延误、停车次数、排队长度、行程时间）对该策略进行评价；

Step4：选择出不同交通流状态下的最佳交通控制策略；

Step5：将不同的饱和度及速度值作为输入，相对应的最佳交通控制策略编码后，作为输出，形成不同的样本对，准备训练。

第二部分：模糊神经网络的训练过程

Step1：将第一部分模出的样本对输入到模糊神经网络的软件中；

Step2：训练完毕后，记录该模糊神经网络的各权重值。

第三部分：基于模糊神经网络的交通控制策略及模型的验证

Step1：采用与第一部分不同的区域饱和度及平均速度值作为输入，输入到第二部分建成的模糊神经网络中；

Step2：在 Vissim4.2 中，将输出的交通控制策略应用于相对应的交通流状态，并利用不同的评价指标（延误、停车次数、排队长度、行程时间）对该策略进行评价；

Step3：将该输出控制策略与其他控制策略相比较，确定出该控制策略是否优于其他控制策略。

2. 模路网的构建

为了验证交通控制状态识别方法，文中构建了如下的路网进行仿真验证。该路网包括交叉口 20 个（其中十字型交叉口 16 个，T 型交叉口 4 个），路段 45 条。主干道 4 条，分别是 32-29-3-6-18-11-21、27-1-4-7-9-12-22 以及 34-30-15-16-17-14-24。次干道 5 条，分别是 31-29-1-2-30、28-3-4-5-15、19-6-7-8-16、18-9-10-17 以及 20-11-12-13-14。如图 2.39～图 2.41 所示。

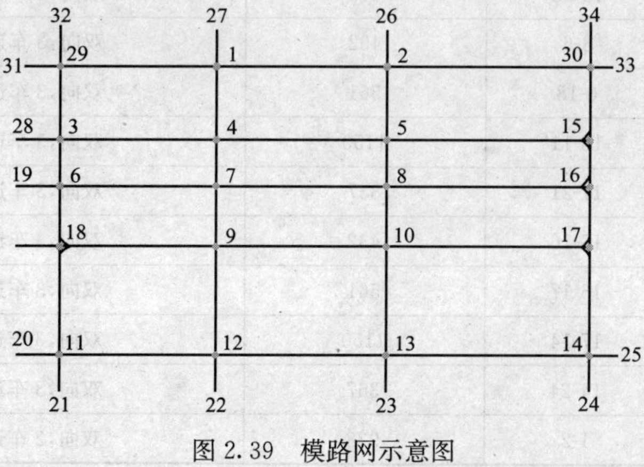

图 2.39　模路网示意图

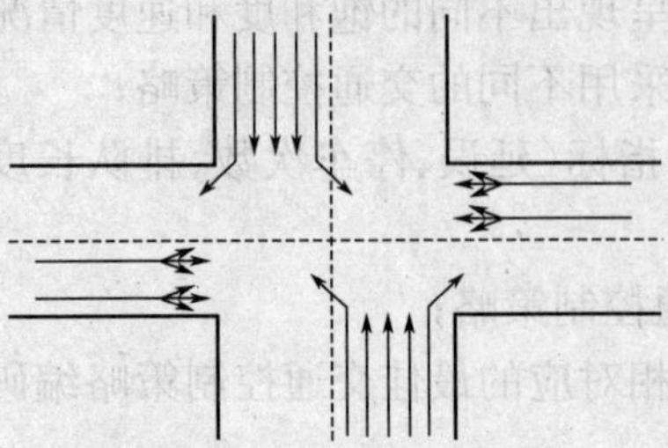

图 2.40 十字型交叉口车道布置图

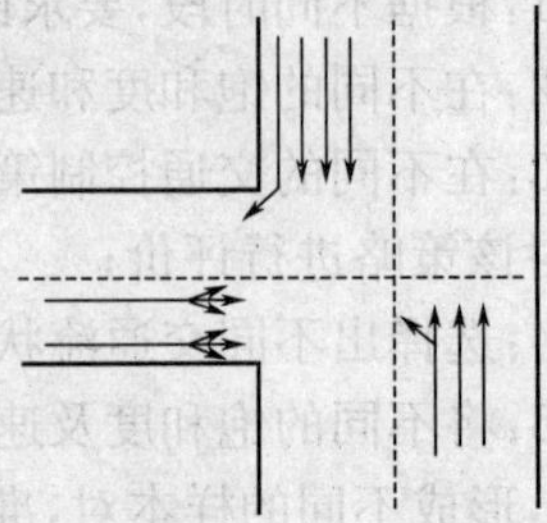

图 2.41 T 型交叉口车道布置图

文中采用 VISSIM4.2 作为模软件,模过程中的一些参数设置见表 2.10～表 2.15。

表 2.10 路网的基本构成表

序号	路段标号	路段长度(m)	路段车道布置
1	1-4	717	双向,3 车道/方向
2	4-7	432	双向,3 车道/方向
3	7-9	561	双向,3 车道/方向
4	9-12	1150	双向,3 车道/方向
5	12-22	413	双向,3 车道/方向
6	2-5	717	双向,3 车道/方向
7	5-8	432	双向,3 车道/方向
8	8-10	561	双向,3 车道/方向
9	10-13	1150	双向,3 车道/方向
10	13-23	443	双向,3 车道/方向
11	3-6	432	双向,3 车道/方向
12	6-18	561	双向,3 车道/方向
13	18-11	1150	双向,3 车道/方向
14	11-21	337	双向,3 车道/方向
15	15-16	432	双向,3 车道/方向
16	16-17	561	双向,3 车道/方向
17	17-14	1150	双向,3 车道/方向
18	14-24	367	双向,3 车道/方向
19	1-2	928	双向,2 车道/方向

续上表

序号	路段标号	路段长度(m)	路段车道布置
20	3-4	921	双向,2 车道/方向
21	4-5	928	双向,2 车道/方向
22	5-15	970	双向,2 车道/方向
23	6-7	921	双向,2 车道/方向
24	7-8	928	双向,2 车道/方向
25	8-16	970	双向,2 车道/方向
26	18-9	921	双向,2 车道/方向
27	9-10	928	双向,2 车道/方向
28	10-17	970	双向,2 车道/方向
29	11-12	921	双向,2 车道/方向
30	12-13	928	双向,2 车道/方向
31	13-14	970	双向,2 车道/方向
32	14-25	755	双向,2 车道/方向
33	28-3	310	双向,2 车道/方向
34	19-6	232	双向,2 车道/方向
35	20-11	630	双向,2 车道/方向
36	27-1	411	双向,3 车道/方向
37	26-2	396	双向,3 车道/方向
38	1-29	921	双向,2 车道/方向
39	29-3	717	双向,3 车道/方向
40	2-30	970	双向,2 车道/方向
41	30-15	717	双向,3 车道/方向
42	31-29	454	双向,2 车道/方向
43	32-29	410	双向,3 车道/方向
44	34-30	491	双向,3 车道/方向
45	33-30	461	双向,2 车道/方向

左转、右转以及直行的比例为 15 ∶ 15 ∶ 70；

交通组成由小汽车和公交车组成，分别是 80％和 20％。

最大加速度为 3.5。数据采集点设置在交叉口各进口车道上游出口 30～40 m 处。

假设直行车道的饱和流量为 1 800 veh/h,通行能力为 1 300 veh/h;左转专用车道饱和流量为 1 500 veh/h,通行能力为 1 000 veh/h;右转专用车道的饱和流量为 1 500 veh/h,通行能力为 1 000 veh/h。左直右混行车道的饱和流量为 1 700 veh/h,通行能力为 1 200 veh/h。

黄灯时间是 3 s;绿灯间隔时间为 7 s;绿灯前后损失时间为 2 s。

其中交叉口 29、1、2、30、3、4、5、15、6、7、8、9、10、11、12、13、14 是三相位,交叉口 15、16、17、18 是两相位。

三相位的相位、相序安排如图 2.42 所示。

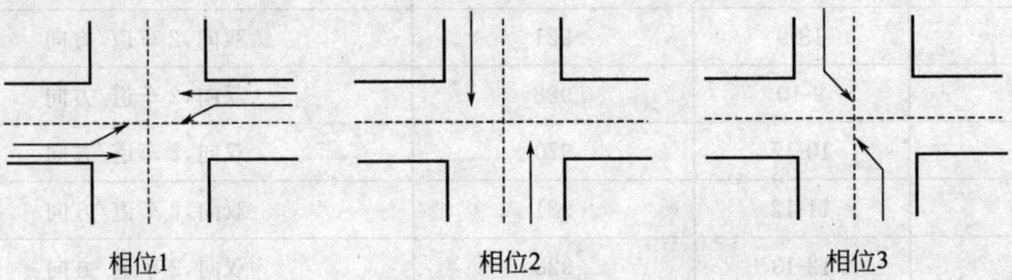

图 2.42　十字型交叉口相位设置图

交叉口 15、16、17 的两相位的相位、相序安排如图 2.43 所示。

图 2.43　T 型交叉口相位设置图 a

交叉口 18 的两相位的相位、相序安排如图 2.44 所示:

图 2.44　T 型交叉口相位设置图 b

表 2.11　模拟路网的速度表

路段	1 800～2 400	2 400～3 000	3 000～3 600	3 600～4 200	4 200～4 800	4 800～5 400	5 400～6 000	6 000～6 600
29～1	36.85	35.90	34.30	34.47	34.39	33.44	33.93	34.91
1～29	34.95	35.99	34.69	34.22	34.56	31.22	33.60	31.61
1～2	38.29	36.30	34.86	34.20	35.18	33.45	34.82	35.22
2～1	35.02	35.34	35.22	32.96	32.00	33.35	32.00	30.01
2～30	37.92	37.14	34.75	34.19	35.04	33.45	33.29	33.72
30～2	33.46	34.47	33.79	34.61	33.13	33.07	32.20	32.29
3～4	35.42	36.14	34.91	34.20	33.94	33.34	30.46	32.10
4～3	39.00	40.17	40.11	40.05	39.00	36.15	39.34	37.68
4～5	36.30	36.44	35.08	35.03	34.83	33.25	33.29	33.36
5～4	39.14	40.03	40.09	39.40	38.49	38.05	39.04	38.01
5～15	37.14	37.42	36.26	35.70	35.33	29.71	26.43	22.04
15～5	39.86	40.82	40.87	39.19	37.60	39.60	39.81	38.60
6～7	35.92	35.06	33.68	35.92	34.01	36.34	33.57	34.39
7～6	39.03	39.03	37.10	39.89	37.10	36.88	38.69	37.88
7～8	36.08	36.60	35.92	35.38	34.32	33.76	34.44	34.09
8～7	39.49	39.90	39.44	39.64	37.94	38.41	39.19	38.89
8～16	36.18	36.74	32.89	34.15	31.66	28.19	24.87	26.70
16～8	39.60	40.63	40.28	39.84	39.09	39.28	39.00	38.68
18～9	39.76	39.76	40.03	39.38	38.54	40.31	39.81	38.70
9～18	39.56	39.56	38.92	37.35	38.10	33.18	37.94	35.60
9～10	39.54	38.55	39.79	38.46	39.19	39.59	39.39	38.22
10～9	40.31	39.79	39.09	38.27	37.94	38.74	38.22	37.57
10～17	40.30	38.79	38.07	38.55	38.31	38.98	38.36	35.03
17～10	40.40	39.63	38.07	38.88	39.13	39.13	38.84	38.74
11～12	34.98	34.09	36.84	35.27	34.01	34.86	33.23	34.28
12～11	36.11	34.63	37.10	35.98	34.92	35.13	34.71	34.23
12～13	35.77	34.90	36.45	36.69	33.62	34.32	33.08	34.90
13～12	35.41	34.89	36.59	35.26	33.95	34.45	34.56	34.81
13～14	35.34	36.28	36.89	37.20	35.20	34.18	34.08	34.11
14～13	33.98	35.80	34.37	35.73	34.34	34.88	34.47	34.14
32～29	41.34	40.48	41.22	40.23	26.02	23.32	21.74	19.68

续上表

路段	1 800～2 400	2 400～3 000	3 000～3 600	3 600～4 200	4 200～4 800	4 800～5 400	5 400～6 000	6 000～6 600
29～32	40.34	40.22	40.71	40.71	40.34	40.10	39.74	39.86
1～27	41.64	41.90	41.64	41.26	41.77	41.26	41.01	40.64
27～1	39.37	39.48	40.55	39.72	39.72	39.95	39.60	39.95
2～26	41.49	41.49	41.21	40.13	41.35	41.63	40.40	40.94
26～2	38.98	39.11	40.00	39.48	39.11	39.23	40.00	39.61
30～34	41.49	40.86	41.23	39.65	38.52	39.54	19.29	14.19
34～30	39.14	38.19	38.92	38.29	38.39	38.60	37.88	38.29
33～30	35.23	34.66	34.74	34.82	34.58	35.15	34.26	34.11
30～33	39.18	37.09	35.47	35.90	36.26	35.55	34.79	35.38
28～3	35.83	36.36	35.32	35.19	34.94	33.87	34.58	34.34
3～28	38.80	39.62	39.95	39.45	39.12	36.84	38.80	38.96
19～6	33.82	34.76	35.59	36.10	33.51	34.76	34.44	31.14
6～19	39.99	39.15	39.77	39.56	38.74	37.75	39.15	39.77
20～11	35.48	34.38	34.49	34.44	34.49	34.49	33.88	34.61
11～20	38.02	36.17	36.75	36.49	37.01	35.74	34.61	36.30
11～21	38.90	38.90	39.47	39.18	38.76	38.07	38.76	38.34
21～11	41.94	41.78	41.78	41.94	41.32	41.32	41.32	41.47
22～12	41.90	42.04	41.63	41.63	41.76	41.09	42.04	41.09
12～22	39.08	39.32	40.06	38.84	38.38	39.20	38.84	39.08
23～13	42.14	42.00	41.87	41.33	40.81	41.07	40.55	40.94
13～23	39.56	40.04	39.68	39.56	39.44	40.17	39.08	39.08
14～24	39.02	39.02	39.28	39.42	38.51	39.55	39.15	38.89
24～14	41.80	41.95	41.33	41.33	41.33	41.49	40.88	41.03
14～25	36.28	37.22	36.48	37.33	36.85	34.16	36.23	34.58
25～14	34.89	35.66	35.42	34.42	34.06	34.98	35.51	33.44
29～3	40.36	39.79	38.85	39.71	38.55	37.25	39.08	38.03
3～29	40.67	32.14	41.40	36.58	33.66	38.32	33.12	33.54
4～1	40.16	36.63	35.66	40.77	39.99	40.34	39.99	40.25
1～4	38.74	39.25	40.41	40.59	40.32	40.14	40.14	38.40
5～2	36.57	40.89	36.96	40.65	40.26	37.70	40.65	40.57
2～5	41.17	40.13	40.22	39.72	39.97	40.90	40.30	40.39

续上表

路段	1 800～2 400	2 400～3 000	3 000～3 600	3 600～4 200	4 200～4 800	4 800～5 400	5 400～6 000	6 000～6 600
15～30	38.78	38.17	38.30	38.23	37.83	37.57	37.24	37.90
30～15	40.45	41.03	40.87	40.62	39.58	39.50	39.74	40.05
6～3	32.79	29.00	34.62	39.91	32.43	31.82	39.64	20.26
3～6	40.09	40.26	38.77	39.42	39.42	38.93	38.62	38.93
7～4	40.21	25.50	30.99	40.71	32.13	31.43	39.96	40.33
4～7	36.82	37.93	37.55	35.34	37.68	36.13	36.71	36.24
8～5	36.79	41.14	37.54	40.88	40.88	37.00	37.33	29.07
5～8	40.26	40.26	40.12	39.84	39.58	35.07	39.84	37.31
16～15	39.19	39.08	37.39	38.27	37.10	37.77	37.48	34.89
15～16	39.38	39.73	38.81	38.92	37.94	38.59	38.37	34.71
18～6	34.76	40.28	38.05	32.38	36.21	33.91	38.67	31.51
6～18	39.07	39.46	38.59	39.46	39.17	39.27	38.88	38.69
9～7	41.39	40.82	37.57	40.36	40.27	38.13	34.40	35.91
7～9	39.37	40.19	39.67	38.50	39.57	38.88	38.98	38.98
10～8	38.60	41.22	40.74	40.84	32.12	37.61	38.68	35.48
8～10	40.04	40.38	40.27	39.59	39.26	39.70	39.37	39.26
17～16	40.14	40.49	40.76	39.80	39.72	40.41	39.89	38.64
16～17	39.24	38.62	36.17	38.10	35.64	37.19	36.71	35.71
11～18	40.82	40.45	40.96	40.82	40.23	40.59	40.68	40.50
18～11	38.96	39.62	39.43	39.33	38.82	38.33	39.19	38.55
12～9	41.20	38.69	39.08	40.96	40.77	38.22	40.96	40.96
9～12	39.86	39.57	40.35	38.68	39.14	39.33	39.62	39.33
13～10	40.85	41.06	40.49	40.34	40.90	40.34	40.04	39.70
10～13	39.76	40.33	40.21	39.53	39.87	39.59	39.70	40.10
14～17	40.79	41.26	40.69	40.23	40.28	40.38	40.69	39.39
17～14	38.88	39.09	36.71	33.31	37.50	35.56	36.94	31.91
31～29	35.54	35.12	34.14	34.70	34.38	34.54	34.30	34.54
29～31	37.43	37.73	35.76	37.24	35.76	34.89	35.15	33.66

续上表

路段	6 600～7 200	7 200～7 800	7 800～8 400	8 400～9 000	9 000～9 600	9 600～10 200	10 200～10 800	10 800～11 400	11 400～12 000
29～1	32.24	33.20	33.28	33.24	32.65	31.33	32.73	31.65	32.27
1～29	31.83	29.07	30.21	33.28	29.35	24.82	20.38	21.60	21.75
1～2	34.27	32.19	34.39	29.30	28.33	31.33	29.16	32.81	31.24
2～1	30.85	31.81	32.89	31.13	30.70	31.84	32.10	25.73	26.62
2～30	32.81	31.68	25.76	31.74	32.50	26.26	21.39	20.24	28.22
30～2	32.05	32.26	33.10	28.68	31.31	31.69	27.75	30.97	29.00
3～4	31.65	31.50	11.23	7.97	7.01	6.53	4.74	6.24	8.48
4～3	38.38	36.34	38.27	38.43	38.43	37.26	38.66	37.20	35.10
4～5	33.11	16.26	9.29	9.05	9.65	7.46	7.60	9.32	10.01
5～4	37.34	38.49	38.44	38.64	38.15	38.79	39.71	35.79	38.59
5～15	13.21	11.28	10.74	11.33	11.32	9.00	11.60	12.52	11.90
15～5	39.50	39.34	39.60	39.50	38.74	40.07	40.17	38.31	38.94
6～7	33.03	33.79	30.82	32.58	23.96	8.66	5.96	6.72	9.16
7～6	35.44	37.74	37.33	35.81	34.37	30.65	10.93	13.91	31.46
7～8	35.34	31.65	31.91	20.94	10.53	8.95	7.59	9.52	9.59
8～7	35.71	38.70	37.17	37.76	38.70	39.09	36.90	5.64	3.44
8～16	15.64	14.49	13.22	11.05	10.72	11.01	10.56	12.79	10.97
16～8	37.88	38.68	38.14	39.09	38.28	39.70	39.04	38.72	6.46
18～9	39.54	38.80	39.49	38.64	39.92	38.85	39.87	39.38	39.33
9～18	35.64	32.88	34.29	32.25	36.73	30.13	27.72	5.94	5.61
9～10	39.69	37.43	38.55	37.94	38.70	38.41	37.08	38.50	25.77
10～9	37.48	38.12	36.33	36.85	36.94	36.04	37.12	25.99	6.37
10～17	36.64	32.91	31.83	38.93	36.46	28.66	8.34	10.03	7.48
17～10	39.38	38.79	38.64	38.45	37.93	37.84	39.68	38.03	34.83
11～12	33.30	33.60	33.52	31.35	31.81	31.74	31.39	32.01	30.69
12～11	33.73	33.80	32.47	30.72	30.38	30.75	29.21	24.56	24.93
12～13	34.18	32.85	33.28	33.15	32.56	32.59	27.66	32.62	32.08
13～12	35.45	33.10	32.32	31.39	33.91	33.95	31.18	32.47	30.83
13～14	34.45	35.27	31.45	27.99	32.34	28.37	29.46	29.48	31.33
14～13	34.41	33.21	34.27	32.09	32.45	34.27	31.89	33.12	30.94
32～29	29.11	22.13	28.74	20.64	21.60	19.20	5.04	4.26	8.00

续上表

路段	6 600～7 200	7 200～7 800	7 800～8 400	8 400～9 000	9 000～9 600	9 600～10 200	10 200～10 800	10 800～11 400	11 400～12 000
29～32	39.16	40.46	39.86	38.82	39.62	39.39	41.08	39.98	39.86
1～27	41.01	40.16	40.16	39.11	36.67	37.79	25.95	16.82	15.84
27～1	39.60	39.83	39.60	40.07	38.91	39.83	39.72	39.83	40.19
2～26	39.61	38.37	39.36	30.91	36.54	16.34	12.01	13.52	13.09
26～2	39.11	39.48	39.36	39.48	39.36	38.86	39.48	39.74	39.48
30～34	17.37	15.14	15.95	16.89	16.55	16.16	16.51	17.23	15.00
34～30	37.98	37.78	37.88	36.60	37.67	37.98	37.78	37.67	37.67
33～30	33.65	33.35	34.03	32.76	32.62	31.52	33.35	32.62	31.79
30～33	35.38	35.29	34.71	35.04	35.55	36.08	34.54	34.54	34.06
28～3	28.75	33.52	26.44	6.19	4.53	4.72	3.11	3.69	5.59
3～28	37.87	38.33	37.87	37.57	39.12	36.70	37.87	39.12	36.84
19～6	33.66	31.94	34.44	31.40	31.94	20.76	4.41	4.32	7.12
6～19	38.74	37.75	37.95	38.34	37.95	39.77	40.64	39.56	38.74
20～11	33.77	34.49	33.88	34.16	33.29	32.62	33.40	33.66	31.07
11～20	35.32	34.67	35.02	34.67	35.20	33.94	35.08	34.67	34.39
11～21	38.62	38.07	38.48	38.76	38.20	38.34	38.76	38.62	38.34
21～11	40.87	40.57	41.32	37.19	40.72	38.21	31.08	20.03	20.89
22～12	41.36	40.06	38.73	40.19	39.20	29.72	15.78	17.51	15.55
12～22	38.15	38.61	39.44	39.44	38.96	39.20	38.38	39.20	39.44
23～13	41.20	40.81	39.92	39.56	33.58	33.15	22.54	13.81	13.96
13～23	38.96	38.73	38.73	38.85	39.32	39.44	39.44	39.20	38.62
14～24	39.02	38.89	38.76	38.25	39.55	38.76	38.76	38.89	39.15
24～14	41.33	40.88	39.43	38.89	40.14	28.11	15.10	13.04	12.92
14～25	36.28	34.86	35.38	34.25	34.44	33.54	33.37	34.03	32.69
25～14	34.98	34.06	34.51	33.44	33.61	34.19	32.72	32.76	32.84
29～3	28.55	34.22	30.72	17.72	11.34	9.70	4.29	5.85	7.25
3～29	38.96	35.06	39.97	39.21	33.18	37.09	41.59	34.60	39.46
4～1	37.36	40.60	36.63	36.85	35.06	40.42	31.16	40.60	40.42
1～4	39.69	37.67	39.87	38.82	38.99	23.21	10.87	10.18	9.29
5～2	37.83	40.81	38.25	34.90	39.87	37.09	40.41	39.95	40.49
2～5	39.56	39.56	39.80	37.25	38.22	38.68	39.39	38.22	38.99

续上表

路段	6 600～7 200	7 200～7 800	7 800～8 400	8 400～9 000	9 000～9 600	9 600～10 200	10 200～10 800	10 800～11 400	11 400～12 000
15～30	36.06	38.10	37.90	36.99	36.80	37.90	37.37	37.31	33.64
30～15	39.97	36.89	17.78	13.12	15.49	12.88	10.41	11.02	11.25
6～3	29.43	33.25	39.24	33.07	17.92	5.64	3.77	6.52	8.19
3～6	38.93	38.30	39.09	38.15	38.62	34.40	39.92	38.00	38.30
7～4	34.68	26.53	34.05	39.84	36.31	40.33	33.52	40.46	31.89
4～7	36.94	35.56	36.47	34.28	35.56	35.02	36.71	21.83	8.15
8～5	31.80	40.62	32.93	33.36	39.14	29.67	38.90	39.14	35.87
5～8	39.71	40.12	39.98	39.84	30.67	36.38	39.05	40.26	24.61
16～15	19.06	38.07	37.48	36.82	37.10	32.07	37.97	16.45	11.23
15～16	28.59	26.46	37.94	31.69	15.27	12.13	24.49	33.92	26.15
18～6	35.67	35.06	33.56	33.43	31.16	33.50	8.75	7.22	10.16
6～18	38.59	38.31	38.22	38.13	39.27	36.96	39.37	38.59	38.50
9～7	33.94	40.00	38.54	40.09	35.07	40.18	36.20	37.89	28.90
7～9	38.59	38.59	39.47	38.88	39.47	38.69	39.37	39.67	39.57
10～8	35.27	40.18	40.09	34.65	39.55	38.01	37.53	36.67	35.06
8～10	39.15	38.72	38.61	39.26	39.15	39.15	40.04	39.48	39.81
17～16	39.46	39.97	39.97	39.30	39.80	38.80	39.46	39.05	39.55
16～17	35.35	26.73	28.04	28.28	26.98	35.94	33.48	34.35	29.75
11～18	40.05	39.92	40.36	39.05	39.83	40.09	32.81	15.27	12.42
18～11	38.42	38.10	38.46	38.60	38.33	38.10	39.24	39.10	39.43
12～9	40.53	38.82	39.52	39.79	40.11	39.34	37.85	36.16	37.32
9～12	38.77	38.73	39.38	39.43	39.62	39.43	39.47	39.67	40.25
13～10	40.09	39.50	40.04	40.34	39.70	39.70	38.61	38.15	39.45
10～13	39.87	39.26	38.83	39.59	40.04	39.37	39.98	39.70	39.65
14～17	40.53	40.23	40.28	39.93	39.93	39.88	40.03	39.29	39.58
17～14	26.38	22.35	18.31	12.46	11.88	9.87	12.64	11.96	11.74
31～29	33.98	33.67	33.29	34.06	31.71	32.48	30.09	19.80	20.38
29～31	35.23	33.51	34.72	35.85	34.31	35.15	34.23	33.43	33.90

表 2.12 模路网的流量及饱和度表

路段	通行能力	0～600		600～1 200		1 200～1 800		1 800～2 400		2 400～3 000		3 000～3 600	
		饱和度	流量	饱和度	流量	饱和度	流量	饱和度	流量	饱和度	流量	饱和度	流量
13～10	4 000	0.087	348	0.240	960	0.239	954	0.258	1 032	0.278	1 110	0.368	1 470
17～10	1 600	0.064	102	0.169	270	0.218	348	0.233	372	0.266	426	0.308	492
8～10	4 000	0.069	276	0.150	600	0.177	708	0.209	834	0.228	912	0.266	1 062
9～10	1 600	0.090	144	0.244	390	0.229	366	0.341	546	0.289	462	0.364	582
10～9	1 600	0.056	90	0.184	294	0.240	384	0.278	444	0.293	468	0.323	516
12～9	4 000	0.143	570	0.233	930	0.263	1050	0.278	1110	0.300	1200	0.312	1 248
18～9	1 600	0.083	132	0.180	288	0.203	324	0.330	528	0.293	468	0.368	588
7～9	4 000	0.084	336	0.156	624	0.204	816	0.245	978	0.263	1 050	0.285	1 140
10～8	4 000	0.066	264	0.201	804	0.230	918	0.231	924	0.279	1 116	0.306	1 224
16～8	1 600	0.064	102	0.188	300	0.214	342	0.248	396	0.270	432	0.319	510
5～8	4 000	0.087	348	0.141	564	0.171	684	0.233	930	0.233	930	0.288	1 152
7～8	1 600	0.116	186	0.259	414	0.349	558	0.323	516	0.379	606	0.405	648
4～7	4 000	0.104	414	0.159	636	0.203	810	0.245	978	0.257	1 026	0.308	1 230
6～7	1 600	0.180	288	0.266	426	0.323	516	0.390	624	0.356	570	0.428	684
8～7	1 600	0.071	114	0.169	270	0.255	408	0.304	486	0.289	462	0.435	696
9～7	4 000	0.084	336	0.197	786	0.243	972	0.276	1104	0.287	1 146	0.293	1 170
18～6	4 000	0.072	288	0.153	612	0.195	780	0.233	930	0.302	1 206	0.324	1 296
19～6	1 600	0.251	402	0.319	510	0.364	582	0.379	606	0.394	630	0.409	654
3～6	4 000	0.107	426	0.182	726	0.185	738	0.273	1092	0.248	990	0.269	1 074
7～6	1 600	0.056	90	0.173	276	0.270	432	0.330	528	0.334	534	0.454	726
15～5	1 600	0.056	90	0.221	354	0.236	378	0.206	330	0.233	372	0.300	480
2～5	4 000	0.104	414	0.149	594	0.167	666	0.236	942	0.234	936	0.318	1272
4～5	1 600	0.135	216	0.259	414	0.311	498	0.379	606	0.368	588	0.443	708
8～5	4 000	0.056	222	0.177	708	0.218	870	0.206	822	0.266	1 062	0.294	1 176
1～4	4 000	0.122	486	0.165	660	0.225	900	0.252	1 008	0.278	1 110	0.317	1 266
3～4	1 600	0.229	366	0.308	492	0.278	444	0.379	606	0.401	642	0.465	744
5～4	1 600	0.064	102	0.203	324	0.248	396	0.255	408	0.278	444	0.353	564
7～4	4 000	0.068	270	0.186	744	0.243	972	0.258	1032	0.267	1 068	0.270	1 080
28～3	1 600	0.203	324	0.386	618	0.503	804	0.574	918	0.773	1 236	0.818	1 308
29～3	4 000	0.131	522	0.180	720	0.177	708	0.284	1 134	0.288	1 152	0.293	1 170

续上表

路段	通行能力	0～600		600～1 200		1 200～1 800		1 800～2 400		2 400～3 000		3 000～3 600	
		饱和度	流量	饱和度	流量	饱和度	流量	饱和度	流量	饱和度	流量	饱和度	流量
4～3	1 600	0.049	78	0.281	450	0.255	408	0.308	492	0.293	468	0.390	624
6～3	4 000	0.062	246	0.149	594	0.218	870	0.221	882	0.287	1 146	0.300	1 200
1～2	1 600	0.124	198	0.225	360	0.353	564	0.364	582	0.338	540	0.495	792
26～2	4 000	0.123	492	0.138	552	0.191	762	0.257	1 026	0.258	1 032	0.330	1 320
30～2	1 600	0.188	300	0.244	390	0.263	420	0.323	516	0.345	552	0.439	702
5～2	4 000	0.039	156	0.164	654	0.201	804	0.191	762	0.260	1 038	0.242	966
2～1	1 600	0.116	186	0.259	414	0.274	438	0.304	486	0.353	564	0.521	834
27～1	4 000	0.161	642	0.189	756	0.225	900	0.261	1 044	0.296	1 182	0.342	1 368
29～1	1 600	0.139	222	0.240	384	0.311	498	0.345	552	0.326	522	0.465	744
4～1	4 000	0.059	234	0.176	702	0.216	864	0.266	1 062	0.236	942	0.269	1 074
12～11	1 600	0.090	144	0.195	312	0.334	534	0.368	588	0.420	672	0.458	732
18～11	4 000	0.033	132	0.153	612	0.203	810	0.210	840	0.263	1 050	0.212	846
20～11	1 600	0.311	498	0.360	576	0.341	546	0.296	474	0.379	606	0.405	648
21～11	4 000	0.122	486	0.144	576	0.216	864	0.239	954	0.297	1 188	0.332	1 326
11～12	1 600	0.240	384	0.281	450	0.405	648	0.319	510	0.394	630	0.398	636
13～12	1 600	0.113	180	0.240	384	0.356	570	0.364	582	0.409	654	0.409	654
22～12	4 000	0.188	750	0.221	882	0.272	1086	0.288	1 152	0.326	1 302	0.360	1 440
9～12	4 000	0.053	210	0.134	534	0.170	678	0.242	966	0.233	930	0.278	1 110
10～13	4 000	0.047	186	0.141	564	0.164	654	0.200	798	0.227	906	0.243	972
12～13	1 600	0.176	282	0.270	432	0.356	570	0.375	600	0.341	546	0.443	708
14～13	1 600	0.143	228	0.278	444	0.308	492	0.349	558	0.409	654	0.435	696
23～13	4 000	0.141	564	0.255	1 020	0.260	1038	0.266	1 062	0.291	1 164	0.387	1 548
13～14	1 600	0.128	204	0.248	396	0.311	498	0.311	498	0.413	660	0.401	642
17～14	4 000	0.042	168	0.204	816	0.239	954	0.243	972	0.359	1 434	0.309	1 236
24～14	4 000	0.134	534	0.159	636	0.192	768	0.239	954	0.302	1 206	0.339	1 356
25～14	1 600	0.233	372	0.233	372	0.326	522	0.296	474	0.293	468	0.394	630
16～15	4 000	0.071	282	0.192	768	0.192	768	0.258	1 032	0.272	1 086	0.341	1 362
30～15	4 000	0.132	528	0.212	846	0.201	804	0.231	924	0.269	1 074	0.315	1 260
5～15	1 600	0.049	78	0.251	402	0.315	504	0.390	624	0.383	612	0.461	738
15～16	4 000	0.096	384	0.218	870	0.218	870	0.251	1 002	0.320	1 278	0.332	1 326

续上表

路段	通行能力	0～600		600～1 200		1 200～1 800		1 800～2 400		2 400～3 000		3 000～3 600	
		饱和度	流量	饱和度	流量	饱和度	流量	饱和度	流量	饱和度	流量	饱和度	流量
17～16	4 000	0.081	324	0.176	702	0.188	750	0.239	954	0.248	990	0.339	1 356
8～16	1 600	0.056	90	0.270	432	0.300	480	0.319	510	0.364	582	0.375	600
10～17	1 600	0.041	66	0.274	438	0.229	366	0.345	552	0.278	444	0.454	726
14～17	4 000	0.113	450	0.165	660	0.185	738	0.204	816	0.270	1 080	0.315	1 260
16～17	4 000	0.069	276	0.222	888	0.218	870	0.242	966	0.350	1 398	0.326	1 302
11～18	4 000	0.093	372	0.131	522	0.192	768	0.213	852	0.281	1 122	0.327	1 308
6～18	4 000	0.078	312	0.167	666	0.198	792	0.237	948	0.243	972	0.278	1110
9～18	1 600	0.064	102	0.221	354	0.278	444	0.323	516	0.353	564	0.345	552
1～29	1 600	0.101	162	0.285	456	0.259	414	0.289	462	0.368	588	0.589	942
3～29	4 000	0.056	222	0.147	588	0.216	864	0.228	912	0.260	1 038	0.294	1 176
31～29	1 600	0.169	270	0.206	330	0.199	318	0.218	348	0.270	432	0.379	606
32～29	4 000	0.177	708	0.195	780	0.209	834	0.317	1 266	0.338	1 350	0.326	1 302
15～30	4 000	0.048	192	0.183	732	0.233	930	0.261	1 044	0.308	1 230	0.357	1 428
2～30	1 600	0.068	108	0.229	366	0.319	510	0.371	594	0.341	546	0.443	708
33～30	1 600	0.116	186	0.266	426	0.416	666	0.435	696	0.435	696	0.480	768
34～30	4 000	0.195	780	0.219	876	0.240	960	0.263	1 050	0.312	1 248	0.315	1 260

路段	3 600～4 200		4 200～4 800		4 800～5 400		5 400～6 000		6 000～6 600		6 600～7 200	
	饱和度	流量	饱和度	流量	饱和度	流量	饱和度	流量	饱和度	流量	饱和度	流量
13～10	0.381	1 524	0.390	1560	0.416	1662	0.494	1 974	0.512	2 046	0.534	2136
17～10	0.364	582	0.345	552	0.454	726	0.484	774	0.473	756	0.499	798
8～10	0.284	1 134	0.291	1 164	0.305	1 218	0.326	1 302	0.404	1 614	0.477	1 908
9～10	0.454	726	0.491	786	0.435	696	0.529	846	0.578	924	0.600	960
10～9	0.428	684	0.349	558	0.529	846	0.596	954	0.503	804	0.626	1 002
12～9	0.374	1 494	0.419	1 674	0.434	1 734	0.485	1 938	0.498	1 992	0.501	2 004
18～9	0.435	696	0.420	672	0.443	708	0.529	846	0.551	882	0.574	918
7～9	0.296	1 182	0.339	1 356	0.369	1 476	0.381	1 524	0.413	1 650	0.479	1 914
10～8	0.336	1 344	0.345	1 380	0.414	1 656	0.447	1 788	0.495	1 980	0.468	1 872
16～8	0.323	516	0.304	486	0.398	636	0.458	732	0.439	702	0.499	798
5～8	0.297	1 188	0.320	1 278	0.327	1 308	0.380	1 518	0.419	1 674	0.501	2 004
7～8	0.518	828	0.536	858	0.574	918	0.563	900	0.701	1122	0.660	1 056

续上表

路段	通行能力	0～600		600～1 200		1 200～1 800		1 800～2 400		2 400～3 000		3 000～3 600	
		饱和度	流量	饱和度	流量	饱和度	流量	饱和度	流量	饱和度	流量	饱和度	流量
4～7	0.315	1 260	0.378	1 512	0.384	1 536	0.399	1 596	0.456	1 824	0.464	1 854	
6～7	0.476	762	0.544	870	0.521	834	0.540	864	0.611	978	0.578	924	
8～7	0.416	666	0.383	612	0.495	792	0.473	756	0.488	780	0.626	1 002	
9～7	0.360	1 440	0.357	1 428	0.435	1 740	0.437	1 746	0.494	1 974	0.483	1 932	
18～6	0.360	1 440	0.393	1 572	0.375	1 500	0.482	1 926	0.494	1 974	0.510	2 040	
19～6	0.439	702	0.544	870	0.480	768	0.428	684	0.540	864	0.533	852	
3～6	0.303	1 212	0.362	1 446	0.375	1 500	0.438	1 752	0.408	1 632	0.468	1 872	
7～6	0.450	720	0.454	726	0.608	972	0.521	834	0.548	876	0.623	996	
15～5	0.356	570	0.349	558	0.371	594	0.484	774	0.473	756	0.495	792	
2～5	0.315	1 260	0.347	1 386	0.359	1 434	0.422	1 686	0.437	1 746	0.516	2 064	
4～5	0.521	834	0.529	846	0.506	810	0.510	816	0.698	1 116	0.705	1 128	
8～5	0.297	1 188	0.327	1 308	0.368	1 470	0.431	1 722	0.471	1 884	0.458	1 830	
1～4	0.330	1 320	0.390	1 560	0.396	1 584	0.423	1 692	0.501	2 004	0.503	2 010	
3～4	0.518	828	0.484	774	0.533	852	0.536	858	0.608	972	0.735	1 176	
5～4	0.428	684	0.390	624	0.480	768	0.499	798	0.596	954	0.529	846	
7～4	0.350	1 398	0.351	1 404	0.389	1 554	0.399	1 596	0.488	1 950	0.456	1 824	
28～3	0.874	1 398	1.001	1 602	0.971	1 554	1.211	1 938	1.211	1 938	1.298	2 076	
29～3	0.351	1 404	0.408	1 632	0.387	1 548	0.453	1 812	0.461	1 842	0.489	1 956	
4～3	0.454	726	0.461	738	0.563	900	0.593	948	0.596	954	0.656	1 050	
6～3	0.326	1 302	0.381	1 524	0.378	1 512	0.417	1 668	0.465	1 860	0.483	1 932	
1～2	0.495	792	0.439	702	0.578	924	0.615	984	0.634	1 014	0.675	1 080	
26～2	0.338	1 350	0.351	1 404	0.389	1 554	0.438	1 752	0.495	1 980	0.542	2 166	
30～2	0.375	600	0.465	744	0.495	792	0.473	756	0.540	864	0.626	1 002	
5～2	0.311	1 242	0.312	1 248	0.326	1302	0.375	1 500	0.422	1 686	0.459	1 836	
2～1	0.398	636	0.484	774	0.555	888	0.525	840	0.593	948	0.716	1 146	
27～1	0.372	1 488	0.414	1 656	0.437	1 746	0.489	1 956	0.537	2 148	0.545	2 178	
29～1	0.469	750	0.428	684	0.548	876	0.615	984	0.578	924	0.649	1 038	
4～1	0.324	1 296	0.330	1 320	0.362	1 446	0.393	1 572	0.462	1 848	0.423	1 692	
12～11	0.548	876	0.495	792	0.533	852	0.589	942	0.615	984	0.698	1 116	
18～11	0.312	1 248	0.329	1 314	0.318	1 272	0.384	1 536	0.383	1 530	0.419	1 674	

续上表

路段	通行能力	0～600		600～1 200		1 200～1 800		1 800～2 400		2 400～3 000		3 000～3 600	
		饱和度	流量	饱和度	流量	饱和度	流量	饱和度	流量	饱和度	流量	饱和度	流量
20～11	0.428	684	0.480	768	0.435	696	0.514	822	0.548	876	0.548	876	
21～11	0.365	1 458	0.392	1 566	0.419	1 674	0.452	1 806	0.485	1 938	0.536	2 142	
11～12	0.480	768	0.484	774	0.540	864	0.551	882	0.608	972	0.540	864	
13～12	0.544	870	0.506	810	0.488	780	0.585	936	0.596	954	0.664	1 062	
22～12	0.416	1 662	0.426	1 704	0.473	1 890	0.498	1 992	0.540	2 160	0.584	2 334	
9～12	0.297	1 188	0.311	1 242	0.365	1 458	0.378	1 512	0.350	1 398	0.437	1 746	
10～13	0.281	1 122	0.296	1 182	0.263	1 050	0.311	1 242	0.339	1 356	0.456	1 824	
12～13	0.450	720	0.574	918	0.536	858	0.555	888	0.694	1 110	0.698	1 116	
14～13	0.518	828	0.428	684	0.518	828	0.555	888	0.619	990	0.630	1 008	
23～13	0.407	1 626	0.426	1704	0.429	1 716	0.552	2 208	0.546	2 184	0.575	2 298	
13～14	0.443	708	0.525	840	0.585	936	0.555	888	0.653	1 044	0.743	1 188	
17～14	0.422	1 686	0.438	1 752	0.453	1 812	0.471	1 884	0.501	2 004	0.512	2 046	
24～14	0.330	1 320	0.368	1 470	0.396	1 584	0.488	1 950	0.495	1 980	0.527	2 106	
25～14	0.413	660	0.416	666	0.424	678	0.465	744	0.491	786	0.525	840	
16～15	0.359	1 434	0.411	1 644	0.422	1 686	0.492	1 968	0.527	2 106	0.578	2 310	
30～15	0.300	1 200	0.348	1 392	0.339	1 356	0.408	1 632	0.395	1 578	0.419	1 674	
5～15	0.499	798	0.551	882	0.563	900	0.563	900	0.769	1 230	0.728	1 164	
15～16	0.338	1 350	0.402	1 608	0.384	1 536	0.426	1 704	0.446	1 782	0.498	1 992	
17～16	0.335	1 338	0.366	1 464	0.374	1 494	0.443	1 770	0.495	1 980	0.533	2 130	
8～16	0.495	792	0.559	894	0.604	966	0.683	1 092	0.615	984	0.724	1 158	
10～17	0.469	750	0.544	870	0.529	846	0.521	834	0.596	954	0.671	1 074	
14～17	0.294	1 176	0.345	1 380	0.342	1 368	0.468	1 872	0.446	1 782	0.477	1 908	
16～17	0.381	1 524	0.444	1 776	0.455	1 818	0.437	1 746	0.489	1 956	0.545	2 178	
11～18	0.342	1 368	0.365	1 458	0.384	1 536	0.438	1 752	0.438	1 752	0.501	2 004	
6～18	0.288	1 152	0.360	1 440	0.330	1 320	0.410	1 638	0.380	1 518	0.431	1 722	
9～18	0.458	732	0.431	690	0.503	804	0.694	1 110	0.578	924	0.709	1 134	
1～29	0.495	792	0.506	810	0.619	990	0.593	948	0.716	1 146	0.671	1 074	
3～29	0.282	1 128	0.348	1 392	0.374	1494	0.408	1 632	0.423	1 692	0.423	1 692	
31～29	0.360	576	0.341	546	0.435	696	0.401	642	0.428	684	0.465	744	
32～29	0.389	1 554	0.440	1 758	0.441	1 764	0.497	1 986	0.533	2 130	0.572	2 286	
15～30	0.357	1 428	0.420	1 680	0.468	1 872	0.464	1 854	0.572	2 286	0.623	2 490	
2～30	0.536	858	0.461	738	0.499	798	0.619	990	0.735	1 176	0.641	1 026	
33～30	0.611	978	0.529	846	0.533	852	0.660	1 056	0.829	1 326	0.739	1 182	
34～30	0.368	1 470	0.345	1 380	0.363	1452	0.437	1 746	0.425	1 698	0.450	1 800	

续上表

路段	7 200～7 800		7 800～8 400		8 400～9 000		9 000～9 600		9 600～10 200		10 200～10 800		10 800～11 400		11 400～12 000	
	饱和度	流量	饱和度	流量	饱和度	流量	饱和度	流量	饱和度	流量	饱和度	流量	饱和度	流量	饱和度	流量
13～10	0.582	2 328	0.603	2 412	0.614	2 454	0.702	2 808	0.693	2 772	0.749	2 994	0.717	2 868	0.683	2 730
17～10	0.435	696	0.623	996	0.578	924	0.589	942	0.686	1 098	0.694	1 110	0.724	1 158	0.675	1 080
8～10	0.453	1 812	0.494	1974	0.542	2 166	0.581	2 322	0.600	2 400	0.582	2 328	0.611	2442	0.633	2 532
9～10	0.686	1 098	0.728	1164	0.818	1 308	0.836	1 338	0.821	1314	0.855	1 368	0.881	1 410	0.908	1 452
10～9	0.555	888	0.649	1038	0.754	1 206	0.623	996	0.923	1 476	0.788	1 260	0.776	1 242	0.825	1 320
12～9	0.567	2 268	0.567	2 268	0.663	2 652	0.662	2 646	0.699	2 796	0.663	2 652	0.726	2 904	0.693	2 772
18～9	0.645	1 032	0.683	1 092	0.728	1 164	0.795	1 272	0.724	1 158	0.776	1 242	0.874	1398	0.829	1 326
7～9	0.495	1 980	0.543	2 172	0.522	2 088	0.623	2 490	0.567	2 268	0.632	2 526	0.671	2 682	0.642	2 568
10～8	0.525	2 100	0.572	2 286	0.572	2 286	0.677	2 706	0.659	2 634	0.719	2 874	0.632	2 526	0.681	2 724
16～8	0.551	882	0.634	1 014	0.619	990	0.641	1 026	0.746	1 194	0.664	1 062	0.761	1 218	0.769	1 230
5～8	0.501	2 004	0.542	2 166	0.585	2 340	0.609	2 436	0.654	2 616	0.609	2 436	0.636	2 544	0.678	2 712
7～8	0.758	1 212	0.780	1 248	0.833	1 332	0.919	1 470	0.885	1 416	0.941	1 506	0.818	1 308	0.971	1 554
4～7	0.548	2 190	0.558	2 232	0.558	2 232	0.660	2 640	0.591	2 364	0.683	2 730	0.693	2 772	0.684	2 736
6～7	0.649	1 038	0.698	1 116	0.761	1 218	0.806	1 290	0.829	1 326	0.788	1 260	0.761	1 218	0.945	1 512
8～7	0.619	990	0.791	1 266	0.754	1 206	0.758	1 212	0.750	1 200	0.750	1 200	0.934	1 494	0.818	1 308
9～7	0.537	2 148	0.528	2 112	0.611	2 442	0.602	2 406	0.647	2 586	0.648	2 592	0.645	2 580	0.635	2 538
18～6	0.554	2 214	0.603	2 412	0.635	2 538	0.686	2 742	0.665	2 658	0.741	2 964	0.753	3 012	0.783	3 132
19～6	0.585	936	0.623	996	0.608	972	0.668	1 068	0.653	1 044	0.713	1 140	0.724	1 158	0.690	1 104
3～6	0.495	1 980	0.521	2 082	0.540	2 160	0.659	2 634	0.644	2 574	0.608	2 430	0.675	2 700	0.741	2 964
7～6	0.664	1 062	0.791	1 266	0.821	1 314	0.758	1 212	0.773	1 236	0.863	1 380	0.990	1 584	0.911	1 458
15～5	0.548	876	0.574	918	0.559	894	0.656	1 050	0.653	1 044	0.581	930	0.668	1 068	0.701	1 122
2～5	0.548	2 190	0.560	2 238	0.630	2 520	0.630	2 520	0.701	2 802	0.662	2 646	0.672	2 688	0.761	3 042
4～5	0.653	1 044	0.675	1 080	0.855	1 368	0.806	1 290	0.900	1 440	0.885	1 416	0.956	1 530	0.904	1 446
8～5	0.498	1 992	0.527	2 106	0.528	2 112	0.642	2 568	0.626	2 502	0.644	2 574	0.629	2 514	0.674	2 694
1～4	0.563	2 250	0.593	2 370	0.618	2 472	0.686	2 742	0.722	2 886	0.711	2 844	0.753	3 012	0.740	2 958
3～4	0.604	966	0.698	1 116	0.743	1 188	0.821	1 314	0.776	1 242	0.855	1 368	0.840	1 344	0.949	1 518
5～4	0.626	1 002	0.656	1 050	0.634	1 014	0.818	1 308	0.773	1 236	0.746	1 194	0.765	1 224	0.885	1 416
7～4	0.486	1 944	0.525	2 100	0.566	2 262	0.584	2 334	0.647	2 586	0.588	2 352	0.603	2 412	0.639	2 556
28～3	1.384	2 214	1.530	2 448	1.594	2 550	1.699	2 718	1.688	2 700	1.838	2 940	1.969	3 150	1.976	3 162
29～3	0.542	2 166	0.570	2 280	0.585	2 340	0.669	2 676	0.689	2 754	0.684	2 736	0.707	2 826	0.797	3 186

续上表

路段	7 200～7 800		7 800～8 400		8 400～9 000		9 000～9 600		9 600～10 200		10 200～10 800		10 800～11 400		11 400～12 000	
	饱和度	流量	饱和度	流量	饱和度	流量	饱和度	流量	饱和度	流量	饱和度	流量	饱和度	流量	饱和度	流量
4～3	0. 679	1 086	0. 724	1 158	0. 784	1 254	0. 885	1 416	0. 994	1 590	0. 893	1 428	0. 836	1 338	0. 881	1 410
6～3	0. 530	2 118	0. 576	2 304	0. 590	2 358	0. 612	2 448	0. 635	2 538	0. 672	2 688	0. 705	2 820	0. 702	2 808
1～2	0. 743	1 188	0. 795	1 272	0. 829	1 326	0. 791	1 266	0. 859	1 374	0. 840	1 344	1. 005	1 608	1. 080	1 728
26～2	0. 572	2 286	0. 597	2 388	0. 647	2 586	0. 681	2 724	0. 720	2 880	0. 740	2 958	0. 722	2 886	0. 779	3 114
30～2	0. 626	1 002	0. 630	1 008	0. 679	1 086	0. 701	1 122	0. 784	1 254	0. 814	1 302	0. 795	1 272	0. 881	1 410
5～2	0. 456	1 824	0. 471	1 884	0. 515	2 058	0. 591	2 364	0. 611	2 442	0. 569	2 274	0. 635	2 538	0. 626	2 502
2～1	0. 653	1 044	0. 675	1 080	0. 784	1 254	0. 829	1 326	0. 728	1 164	0. 956	1 530	0. 870	1 392	0. 833	1 332
27～1	0. 617	2 466	0. 627	2 508	0. 672	2 688	0. 705	2 820	0. 746	2 982	0. 788	3 150	0. 827	3 306	0. 851	3 402
29～1	0. 690	1 104	0. 664	1 062	0. 690	1 104	0. 810	1 296	0. 773	1 236	0. 870	1 392	0. 836	1 338	0. 923	1 476
4～1	0. 470	1 878	0. 506	2 022	0. 500	1 998	0. 581	2 322	0. 534	2 136	0. 629	2 514	0. 581	2 322	0. 651	2 604
12～11	0. 694	1110	0. 769	1230	0. 859	1374	0. 964	1542	0. 870	1 392	0. 998	1 596	1. 028	1 644	0. 986	1 578
18～11	0. 468	1 872	0. 467	1 866	0. 477	1 908	0. 585	2 340	0. 585	2 340	0. 563	2 250	0. 587	2 346	0. 707	2 826
20～11	0. 578	924	0. 641	1 026	0. 611	978	0. 664	1 062	0. 686	1 098	0. 709	1 134	0. 709	1 134	0. 769	1 230
21～11	0. 569	2 274	0. 597	2 388	0. 648	2 592	0. 684	2 736	0. 716	2 862	0. 759	3 036	0. 791	3 162	0. 833	3 330
11～12	0. 731	1 170	0. 694	1 110	0. 720	1 152	0. 769	1 230	0. 810	1 296	0. 761	1 218	0. 851	1 362	0. 848	1 356
13～12	0. 716	1 146	0. 675	1 080	0. 844	1 350	0. 915	1 464	0. 773	1 236	0. 904	1 446	0. 941	1 506	0. 949	1 518
22～12	0. 605	2 418	0. 659	2 634	0. 689	2 754	0. 731	2 922	0. 765	3 060	0. 720	2 880	0. 828	3 312	0. 725	2 898
9～12	0. 444	1 776	0. 509	2 034	0. 471	1 884	0. 593	2 370	0. 588	2 352	0. 611	2 442	0. 608	2 430	0. 624	2 496
10～13	0. 432	1 728	0. 485	1 938	0. 489	1 956	0. 509	2 034	0. 558	2 232	0. 540	2 160	0. 602	2 406	0. 536	2 142
12～13	0. 720	1 152	0. 795	1 272	0. 746	1 194	0. 814	1 302	0. 968	1 548	0. 844	1 350	0. 990	1 584	0. 840	1 344
14～13	0. 664	1 062	0. 705	1 128	0. 754	1 206	0. 896	1 434	0. 713	1 140	0. 881	1 410	0. 866	1 386	0. 900	1 440
23～13	0. 627	2 508	0. 663	2 652	0. 683	2 730	0. 723	2 892	0. 785	3 138	0. 806	3 222	0. 744	2 976	0. 789	3 156
13～14	0. 761	1 218	0. 848	1 356	0. 870	1 392	0. 893	1 428	0. 934	1 494	0. 990	1 584	1. 016	1 626	0. 956	1 530
17～14	0. 611	2 442	0. 599	2 394	0. 651	2 604	0. 680	2 718	0. 648	2 592	0. 773	3 090	0. 719	2 874	0. 740	2 958
24～14	0. 576	2 304	0. 627	2 508	0. 647	2 586	0. 701	2 802	0. 725	2 898	0. 783	3 132	0. 764	3 054	0. 827	3 306
25～14	0. 529	846	0. 593	948	0. 593	948	0. 626	1 002	0. 623	996	0. 679	1 086	0. 694	1 110	0. 686	1 098
16～15	0. 590	2 358	0. 650	2 598	0. 729	2 916	0. 695	2 778	0. 750	3 000	0. 713	2 850	0. 705	2 820	0. 665	2 658
30～15	0. 467	1 866	0. 492	1 968	0. 537	2 148	0. 552	2 208	0. 567	2 268	0. 644	2 574	0. 696	2 784	0. 729	2 916
5～15	0. 705	1 128	0. 791	1 266	0. 919	1 470	0. 821	1 314	0. 956	1 530	0. 870	1 392	1. 020	1 632	0. 964	1 542
15～16	0. 540	2 160	0. 551	2 202	0. 594	2 376	0. 594	2 376	0. 645	2 580	0. 702	2 808	0. 752	3 006	0. 762	3 048

续上表

路段	7 200～7 800		7 800～8 400		8 400～9 000		9 000～9 600		9 600～10 200		10 200～10 800		10 800～11 400		11 400～12 000	
	饱和度	流量	饱和度	流量	饱和度	流量	饱和度	流量	饱和度	流量	饱和度	流量	饱和度	流量	饱和度	流量
17～16	0.578	2 310	0.639	2 556	0.668	2 670	0.642	2 568	0.695	2 778	0.756	3 024	0.705	2 820	0.665	2 658
8～16	0.765	1 224	0.799	1 278	0.825	1 320	0.990	1 584	0.994	1 590	0.934	1 494	0.848	1 356	0.795	1 272
10～17	0.758	1 212	0.803	1 284	0.848	1 356	0.836	1 338	0.941	1 506	0.911	1 458	0.945	1 512	0.821	1 314
14～17	0.528	2 112	0.594	2 376	0.599	2 394	0.624	2 496	0.674	2 694	0.708	2 832	0.714	2 856	0.717	2 868
16～17	0.551	2 202	0.560	2 238	0.608	2 430	0.701	2 802	0.657	2 628	0.752	3 006	0.743	2 970	0.789	3 156
11～18	0.525	2 100	0.552	2 208	0.596	2 382	0.644	2 574	0.668	2 670	0.672	2 688	0.755	3 018	0.768	3 072
6～18	0.450	1 800	0.509	2 034	0.522	2 088	0.590	2 358	0.597	2 388	0.599	2 394	0.590	2 358	0.689	2 754
9～18	0.664	1 062	0.754	1 206	0.893	1 428	0.776	1 242	0.818	1 308	0.896	1 434	0.889	1 422	0.938	1 500
1～29	0.799	1 278	0.776	1 242	0.716	1 146	0.803	1 284	0.851	1 362	1.013	1 620	0.983	1 572	1.020	1 632
3～29	0.537	2 148	0.540	2 160	0.525	2 100	0.588	2 352	0.626	2 502	0.659	2 634	0.644	2 574	0.647	2 586
31～29	0.495	792	0.506	810	0.536	858	0.563	900	0.596	954	0.596	954	0.645	1 032	0.656	1 050
32～29	0.605	2 418	0.644	2 574	0.678	2 712	0.723	2 892	0.753	3 012	0.800	3 198	0.837	3 348	0.870	3 480
15～30	0.560	2 238	0.675	2 700	0.743	2 970	0.738	2 952	0.753	3 012	0.728	2 910	0.740	2 958	0.782	3 126
2～30	0.799	1 278	0.818	1 308	0.795	1 272	0.859	1 374	0.938	1 500	0.945	1512	1.016	1 626	1.050	1 680
33～30	0.829	1 326	0.731	1 170	0.878	1 404	0.941	1 506	0.975	1 560	1.114	1 782	1.046	1 674	1.151	1 842
34～30	0.473	1 890	0.512	2 046	0.546	2 184	0.566	2 262	0.621	2 484	0.707	2 826	0.725	2 898	0.779	3 114

表 2.13　模拟路网的区域交通状态表

	0～600	600～1 200	1 200～1 800	1 800～2 400	2 400～3 000	3 000～3 600	3 600～4 200	3 600～4 200	4 200～4 800	4 800～5 400
路网平均饱和度	0.108	0.21	0.252	0.286	0.313	0.364	0.4	0.4	0.421	0.451
路网平均速度	41.31	39.96	38.70	38.51	38.31	38.10	38.12	38.12	37.30	36.92
	5 400～6 000	6 000～6 600	6 600～7 200	7 200～7 800	7 800～8 400	8 400～9 000	9 000～9 600	9 600～10 200	10 200～10 800	10 800～11 400
路网平均饱和度	0.495	0.534	0.568	0.603	0.644	0.679	0.724	0.744	0.769	0.791
路网平均速度	36.91	36.00	35.47	35.12	34.67	33.37	32.72	31.20	29.14	27.67
	11 400～12 000									
路网平均饱和度	0.808									
路网平均速度	26.41									

表 2.14 各交叉口的固定配时方案

时间间隔	相位名称	交叉口 1				交叉口 2				交叉口 3				交叉口 4				交叉口 5			
		周期时长	绿灯时间	黄灯时间	红灯时间	周期时长	绿灯时间	黄灯时间	红灯时间	周期时长	绿灯时间	黄灯时间	红灯时间	周期时长	绿灯时间	黄灯时间	红灯时间	周期时长	绿灯时间	黄灯时间	红灯时间
0～3 000	相位 1	30	11	3	16	30	12	3	15	30	12	3	15	30	10	3	17	30	10	3	17
	相位 2	30	9	3	18	30	8	3	19	30	8	3	19	30	9	3	18	30	9	3	18
	相位 3	30	6	3	21	30	5	3	22	30	5	3	22	30	6	3	21	30	6	3	21
3 000～6 000	相位 1	50	20	3	27	40	15	3	22	70	39	3	28	40	15	3	22	40	15	3	22
	相位 2	50	16	3	31	40	12	3	25	70	17	3	50	40	14	3	23	40	14	3	23
	相位 3	50	9	3	38	40	8	3	29	70	9	3	58	40	6	3	31	40	6	3	31
6 000～9 000	相位 1	70	27	3	40	70	29	3	38	120	21	3	96	60	26	3	31	60	25	3	32
	相位 2	70	25	3	42	70	24	3	43	120	50	3	67	60	20	3	37	60	20	3	37
	相位 3	70	13	3	54	70	12	3	55	120	44	3	73	60	9	3	48	60	10	3	47
9 000～12 000	相位 1	120	50	3	67	120	44	3	73	120	21	3	96	120	50	3	67	120	53	3	64
	相位 2	120	44	3	73	120	21	3	96	120	50	3	67	120	44	3	73	120	41	3	76
	相位 3	120	21	3	96	120	50	3	67	120	44	3	73	120	21	3	96	120	21	3	96

时间间隔	相位名称	交叉口 6				交叉口 7				交叉口 8				交叉口 9				交叉口 10			
		周期时长	绿灯时间	黄灯时间	红灯时间	周期时长	绿灯时间	黄灯时间	红灯时间	周期时长	绿灯时间	黄灯时间	红灯时间	周期时长	绿灯时间	黄灯时间	红灯时间	周期时长	绿灯时间	黄灯时间	红灯时间
0～3 000	相位 1	30	12	3	15	30	10	3	17	30	10	3	17	30	8	3	19	30	10	3	17
	相位 2	30	8	3	19	30	9	3	18	30	9	3	18	30	10	3	17	30	9	3	18
	相位 3	30	5	3	22	30	6	3	21	30	6	3	21	30	7	3	20	30	6	3	21
3 000～6 000	相位 1	40	16	3	21	40	14	3	23	40	15	3	22	40	14	3	23	40	14	3	23
	相位 2	40	12	3	25	40	14	3	23	40	14	3	23	40	15	3	22	40	13	3	24
	相位 3	40	7	3	30	40	7	3	30	40	6	3	31	40	6	3	31	40	8	3	29
6 000～9 000	相位 1	60	24	3	33	60	23	3	34	65	28	3	34	60	23	3	34	65	26	3	36
	相位 2	60	20	3	37	60	21	3	36	65	21	3	41	60	21	3	36	65	23	3	39
	相位 3	60	11	3	46	60	11	3	46	65	11	3	51	60	11	3	46	65	11	3	51
9 000～12 000	相位 1	120	50	3	67	105	42	3	60	120	50	3	67	120	55	3	62	120	48	3	69
	相位 2	120	44	3	73	105	38	3	64	120	44	3	73	120	36	3	81	120	45	3	72
	相位 3	120	21	3	96	105	20	3	82	120	21	3	96	120	29	3	88	120	22	3	95

续上表

时间段	相位名称	交叉口 11				交叉口 12				交叉口 13				交叉口 14				交叉口 29			
		周期时长	绿灯时间	黄灯时间	红灯时间	周期时长	绿灯时间	黄灯时间	红灯时间	周期时长	绿灯时间	黄灯时间	红灯时间	周期时长	绿灯时间	黄灯时间	红灯时间	周期时长	绿灯时间	黄灯时间	红灯时间
0～3 000	相位 1	30	12	3	15	30	12	3	15	30	10	3	17	30	10	3	17	30	9	3	18
	相位 2	30	8	3	19	30	8	3	19	30	9	3	18	30	9	3	18	30	10	3	17
	相位 3	30	5	3	22	30	5	3	22	30	6	3	21	30	6	3	21	30	6	3	21
3 000～6 000	相位 1	40	16	3	21	40	15	3	22	45	18	3	24	40	14	3	23	40	17	3	20
	相位 2	40	12	3	25	40	13	3	24	45	14	3	28	40	14	3	23	40	11	3	26
	相位 3	40	7	3	30	40	7	3	30	45	8	3	34	40	7	3	30	40	7	3	30
6 000～9 000	相位 1	65	26	3	36	75	30	3	42	75	30	3	42	80	33	3	44	85	36	3	46
	相位 2	65	22	3	40	75	27	3	45	75	27	3	45	80	28	3	49	85	29	3	53
	相位 3	65	12	3	50	75	13	3	59	75	13	3	59	80	14	3	63	85	15	3	67
9 000～12 000	相位 1	120	50	3	67	120	51	3	66	120	50	3	67	120	50	3	67	120	53	3	64
	相位 2	120	44	3	73	120	42	3	75	120	44	3	73	120	44	3	73	120	41	3	76
	相位 3	120	21	3	96	120	22	3	95	120	21	3	96	120	21	3	96	120	21	3	9

时间段	相位名称	交叉口 30			
		周期时长	绿灯时间	黄灯时间	红灯时间
0～3 000	相位 1	30	12	3	15
	相位 2	30	8	3	19
	相位 3	30	5	3	22
3 000～6 000	相位 1	40	15	3	22
	相位 2	40	13	3	24
	相位 3	40	7	3	30
6 000～9 000	相位 1	80	36	3	41
	相位 2	80	25	3	52
	相位 3	80	14	3	63
9 000～12 000	相位 1	120	53	3	64
	相位 2	120	41	3	76
	相位 3	120	21	3	96

续上表

时间段	相位名称	交叉口 15				交叉口 16				交叉口 17				交叉口 18			
		周期时长	绿灯时间	黄灯时间	红灯时间	周期时长	绿灯时间	黄灯时间	红灯时间	周期时长	绿灯时间	黄灯时间	红灯时间	周期时长	绿灯时间	黄灯时间	红灯时间
0～3 000	相位 1	30	12	3	15	30	12	3	15	30	13	3	14	30	11	3	16
	相位 2	30	13	3	14	30	13	3	14	30	12	3	15	30	14	3	13
3 000～6 000	相位 1	45	18	3	24	45	18	3	24	70	35	3	32	35	14	3	18
	相位 2	45	22	3	20	45	22	3	20	70	30	3	37	35	16	3	16
6 000～9 000	相位 1	80	33	3	44	85	35	3	47	120	47	3	70	65	27	3	35
	相位 2	80	42	3	35	85	45	3	37	120	68	3	49	65	33	3	29
9 000～12 000	相位 1	120	47	3	70	120	47	3	70	120	47	3	70	120	47	3	70
	相位 2	120	68	3	49	120	68	3	49	120	68	3	49	120	68	3	49

感应控制采用全感应控制。最小绿灯时间为 8 s；最大绿灯时间根据交叉口的不同而不同，是根据固定配时方法算出的相位最佳绿灯时间。绿灯延长时间为 1 s。

表 2.15 各交叉口的自适应控制配时方案

时间间隔	相位名称	交叉口 1				交叉口 2				交叉口 3				交叉口 4				交叉口 5			
		周期时长	绿灯时间	黄灯时间	红灯时间	周期时长	绿灯时间	黄灯时间	红灯时间	周期时长	绿灯时间	黄灯时间	红灯时间	周期时长	绿灯时间	黄灯时间	红灯时间	周期时长	绿灯时间	黄灯时间	红灯时间
0～600	相位 1	25	7	2	16	25	9	2	14	25	9	2	14	25	9	2	14	25	8	2	15
	相位 2	25	8	2	15	25	7	2	16	25	6	2	17	25	6	2	17	25	7	2	16
	相位 3	25	5	2	18	25	5	2	18	25	5	2	18	25	5	2	18	25	5	2	18
600～1 200	相位 1	25	7	2	16	30	12	3	15	30	12	3	15	30	10	3	17	25	8	2	15
	相位 2	25	8	2	15	30	8	3	19	30	8	3	19	30	9	3	18	25	7	2	16
	相位 3	25	5	2	18	30	5	3	22	30	5	3	22	30	6	3	21	25	5	2	18
1 200～1 800	相位 1	30	11	3	16	30	12	3	15	30	12	3	15	30	10	3	17	30	10	3	17
	相位 2	30	9	3	18	30	8	3	19	30	8	3	19	30	9	3	18	30	9	3	18
	相位 3	30	6	3	21	30	5	3	22	30	5	3	22	30	6	3	21	30	6	3	21
1 800～2 400	相位 1	30	11	3	16	30	12	3	15	35	14	3	18	30	10	3	17	30	10	3	17
	相位 2	30	9	3	18	30	8	3	19	35	10	3	22	30	9	3	18	30	9	3	18
	相位 3	30	6	3	21	30	5	3	22	35	6	3	26	30	6	3	21	30	6	3	21
2 400～3 000	相位 1	30	11	3	16	30	12	3	15	45	22	3	20	30	10	3	17	30	10	3	17
	相位 2	30	9	3	18	30	8	3	19	45	12	3	30	30	9	3	18	30	9	3	18
	相位 3	30	6	3	21	30	5	3	22	45	6	3	36	30	6	3	21	30	6	3	21

续上表

时间间隔	相位名称	交叉口1				交叉口2				交叉口3				交叉口4				交叉口5			
		周期时长	绿灯时间	黄灯时间	红灯时间	周期时长	绿灯时间	黄灯时间	红灯时间	周期时长	绿灯时间	黄灯时间	红灯时间	周期时长	绿灯时间	黄灯时间	红灯时间	周期时长	绿灯时间	黄灯时间	红灯时间
3 000～3 600	相位1	40	16	3	21	35	14	3	18	45	22	3	20	35	14	3	18	35	13	3	19
	相位2	40	12	3	25	35	10	3	22	45	12	3	30	35	10	3	22	35	11	3	21
	相位3	40	7	3	30	35	6	3	26	45	6	3	36	35	6	3	26	35	6	3	26
3 600～4 200	相位1	40	16	3	21	35	14	3	18	55	28	3	24	40	15	3	22	35	13	3	19
	相位2	40	12	3	25	35	10	3	22	55	15	3	37	40	14	3	23	35	11	3	21
	相位3	40	7	3	30	35	6	3	26	55	7	3	45	40	6	3	31	35	6	3	26
4 200～4 800	相位1	40	16	3	21	35	14	3	18	70	39	3	28	40	15	3	22	40	15	3	22
	相位2	40	12	3	25	35	10	3	22	70	17	3	50	40	14	3	23	40	14	3	23
	相位3	40	7	3	30	35	6	3	26	70	9	3	58	40	6	3	31	40	6	3	31
4 800～5 400	相位1	45	18	3	24	40	15	3	22	65	36	3	26	40	15	3	22	40	15	3	22
	相位2	45	14	3	28	40	12	3	25	65	16	3	46	40	14	3	23	40	14	3	23
	相位3	45	8	3	34	40	8	3	29	65	8	3	54	40	6	3	31	40	6	3	31
5 400～6 000	相位1	50	20	3	27	45	18	3	24	120	50	3	67	40	15	3	22	40	15	3	22
	相位2	50	16	3	31	45	14	3	28	120	44	3	73	40	14	3	23	40	14	3	23
	相位3	50	9	3	38	45	8	3	34	120	21	3	96	40	6	3	31	40	6	3	31
6 000～6 600	相位1	50	20	3	27	50	20	3	27	120	50	3	67	50	20	3	27	55	23	3	29
	相位2	50	16	3	31	50	16	3	31	120	44	3	73	50	16	3	31	55	18	3	34
	相位3	50	9	3	38	50	9	3	38	120	21	3	96	50	9	3	38	55	9	3	43
6 600～7 200	相位1	60	25	3	32	60	24	3	33	120	50	3	67	60	26	3	31	60	25	3	32
	相位2	60	20	3	37	60	20	3	37	120	44	3	73	60	20	3	37	60	20	3	37
	相位3	60	10	3	47	60	11	3	46	120	21	3	96	60	9	3	48	60	10	3	47
7 200～7 800	相位1	70	27	3	40	70	29	3	38	120	50	3	67	60	26	3	31	60	25	3	32
	相位2	70	25	3	42	70	24	3	43	120	44	3	73	60	20	3	37	60	20	3	37
	相位3	70	13	3	54	70	12	3	55	120	21	3	96	60	9	3	48	60	10	3	47
7 800～8 400	相位1	70	27	3	40	80	35	3	42	120	50	3	67	70	27	3	40	65	24	3	38
	相位2	70	25	3	42	80	26	3	51	120	44	3	73	70	25	3	42	65	20	3	42
	相位3	70	13	3	54	80	14	3	63	120	21	3	96	70	13	3	54	65	11	3	51
8 400～9 000	相位1	100	41	3	56	100	43	3	54	120	50	3	67	75	30	3	42	100	44	3	53
	相位2	100	36	3	61	100	34	3	63	120	44	3	73	75	26	3	46	100	34	3	63
	相位3	100	18	3	79	100	18	3	79	120	21	3	96	75	14	3	58	100	17	3	80

续上表

时间间隔	相位名称	交叉口 1				交叉口 2				交叉口 3				交叉口 4				交叉口 5			
		周期时长	绿灯时间	黄灯时间	红灯时间	周期时长	绿灯时间	黄灯时间	红灯时间	周期时长	绿灯时间	黄灯时间	红灯时间	周期时长	绿灯时间	黄灯时间	红灯时间	周期时长	绿灯时间	黄灯时间	红灯时间
9 000～9 600	相位 1	120	50	3	67	100	43	3	54	120	50	3	67	110	46	3	61	95	40	3	52
	相位 2	120	44	3	73	100	34	3	63	120	44	3	73	110	39	3	68	95	33	3	59
	相位 3	120	21	3	96	100	18	3	79	120	21	3	96	110	20	3	87	95	17	3	75
9 600～10 200	相位 1	120	50	3	67	120	50	3	67	120	50	3	67	115	45	3	67	120	53	3	64
	相位 2	120	44	3	73	120	44	3	73	120	44	3	73	115	43	3	69	120	41	3	76
	相位 3	120	21	3	96	120	21	3	96	120	21	3	96	115	22	3	90	120	21	3	96
10 200～10 800	相位 1	120	50	3	67	120	50	3	67	120	50	3	67	120	50	3	67	120	53	3	64
	相位 2	120	44	3	73	120	44	3	73	120	44	3	73	120	44	3	73	120	41	3	76
	相位 3	120	21	3	96	120	21	3	96	120	21	3	96	120	21	3	96	120	21	3	96
10 800～11 400	相位 1	120	50	3	67	120	50	3	67	120	50	3	67	120	50	3	67	120	53	3	64
	相位 2	120	44	3	73	120	44	3	73	120	44	3	73	120	44	3	73	120	41	3	76
	相位 3	120	21	3	96	120	21	3	96	120	21	3	96	120	21	3	96	120	21	3	96
11 400～12 000	相位 1	120	50	3	67	120	50	3	67	120	50	3	67	120	50	3	67	120	53	3	64
	相位 2	120	44	3	73	120	44	3	73	120	44	3	73	120	44	3	73	120	41	3	76
	相位 3	120	21	3	96	120	21	3	96	120	21	3	96	120	21	3	96	120	21	3	96

时间段	相位名称	交叉口 6				交叉口 7				交叉口 8				交叉口 9				交叉口 10			
		周期时长	绿灯时间	黄灯时间	红灯时间	周期时长	绿灯时间	黄灯时间	红灯时间	周期时长	绿灯时间	黄灯时间	红灯时间	周期时长	绿灯时间	黄灯时间	红灯时间	周期时长	绿灯时间	黄灯时间	红灯时间
0～600	相位 1	25	10	2	13	25	9	2	14	25	7	2	16	25	6	2	17	25	8	2	15
	相位 2	25	5	2	18	25	7	2	16	25	8	2	15	25	9	2	14	25	7	2	16
	相位 3	25	5	2	18	25	5	2	18	25	5	2	18	25	5	2	18	25	5	2	18
600～1 200	相位 1	25	10	2	13	25	9	2	14	30	10	3	17	25	6	3	16	30	10	3	17
	相位 2	25	5	2	18	25	7	2	16	30	9	3	18	25	9	3	13	30	9	3	18
	相位 3	25	5	2	18	25	5	2	18	30	6	3	21	25	5	3	17	30	6	3	21
1 200～1 800	相位 1	30	12	3	15	30	10	3	17	30	10	3	17	30	8	3	19	30	10	3	17
	相位 2	30	8	3	19	30	9	3	18	30	9	3	18	30	10	3	17	30	9	3	18
	相位 3	30	5	3	22	30	6	3	21	30	6	3	21	30	7	3	20	30	6	3	21

续上表

时间段	相位名称	交叉口 6				交叉口 7				交叉口 8				交叉口 9				交叉口 10			
		周期时长	绿灯时间	黄灯时间	红灯时间	周期时长	绿灯时间	黄灯时间	红灯时间	周期时长	绿灯时间	黄灯时间	红灯时间	周期时长	绿灯时间	黄灯时间	红灯时间	周期时长	绿灯时间	黄灯时间	红灯时间
1 800～2 400	相位 1	30	12	3	15	30	10	3	17	30	10	3	17	30	8	3	19	30	10	3	17
	相位 2	30	8	3	19	30	9	3	18	30	9	3	18	30	10	3	17	30	9	3	18
	相位 3	30	5	3	22	30	6	3	21	30	6	3	21	30	7	3	20	30	6	3	21
2 400～3 000	相位 1	30	12	3	15	30	10	3	17	30	10	3	17	30	8	3	19	30	10	3	17
	相位 2	30	8	3	19	30	9	3	18	30	9	3	18	30	10	3	17	30	9	3	18
	相位 3	30	5	3	22	30	6	3	21	30	6	3	21	30	7	3	20	30	6	3	21
3 000～3 600	相位 1	35	13	3	19	35	14	3	18	35	13	3	19	35	13	3	19	35	12	3	20
	相位 2	35	11	3	21	35	10	3	22	35	10	3	22	35	11	3	21	35	12	3	20
	相位 3	35	6	3	26	35	6	3	26	35	7	3	25	35	6	3	26	35	6	3	26
3 600～4 200	相位 1	35	13	3	19	40	14	3	23	40	15	3	22	35	13	3	19	40	14	3	23
	相位 2	35	11	3	21	40	14	3	23	40	14	3	23	35	11	3	21	40	13	3	24
	相位 3	35	6	3	26	40	7	3	30	40	6	3	31	35	6	3	26	40	8	3	29
4 200～4 800	相位 1	40	16	3	21	40	14	3	23	40	15	3	22	40	14	3	23	40	14	3	23
	相位 2	40	12	3	25	40	14	3	23	40	14	3	23	40	15	3	22	40	13	3	24
	相位 3	40	7	3	30	40	7	3	30	40	6	3	31	40	6	3	31	40	8	3	29
4 800～5 400	相位 1	40	16	3	21	45	15	3	27	45	17	3	25	45	16	3	26	40	14	3	23
	相位 2	40	12	3	25	45	13	3	29	45	15	3	27	45	16	3	26	40	13	3	24
	相位 3	40	7	3	30	45	7	3	35	45	8	3	34	45	8	3	34	40	8	3	29
5 400～6 000	相位 1	45	16	3	26	45	15	3	27	45	17	3	25	50	19	3	28	45	16	3	26
	相位 2	45	16	3	26	45	13	3	29	45	15	3	27	50	17	3	30	45	15	3	27
	相位 3	45	8	3	34	45	7	3	35	45	8	3	34	50	9	3	38	45	9	3	33
6 000～6 600	相位 1	45	16	3	26	50	20	3	27	55	27	3	25	50	19	3	28	50	18	3	29
	相位 2	45	16	3	26	50	16	3	31	55	14	3	38	50	17	3	30	50	17	3	30
	相位 3	45	8	3	34	50	9	3	38	55	9	3	43	50	9	3	38	50	10	3	37
6 600～7 200	相位 1	50	19	3	28	50	20	3	27	55	27	3	25	55	21	3	31	55	20	3	32
	相位 2	50	17	3	30	50	16	3	31	55	14	3	38	55	18	3	34	55	20	3	32
	相位 3	50	9	3	38	50	9	3	38	55	9	3	43	55	11	3	41	55	10	3	42
7 200～7 800	相位 1	60	24	3	33	60	23	3	34	65	28	3	34	60	23	3	34	65	26	3	36
	相位 2	60	20	3	37	60	21	3	36	65	21	3	41	60	21	3	36	65	23	3	39
	相位 3	60	11	3	46	60	11	3	46	65	11	3	51	60	11	3	46	65	11	3	51

续上表

时间段	相位名称	交叉口6				交叉口7				交叉口8				交叉口9				交叉口10			
		周期时长	绿灯时间	黄灯时间	红灯时间	周期时长	绿灯时间	黄灯时间	红灯时间	周期时长	绿灯时间	黄灯时间	红灯时间	周期时长	绿灯时间	黄灯时间	红灯时间	周期时长	绿灯时间	黄灯时间	红灯时间
7 800～8 400	相位1	80	34	3	43	75	32	3	40	75	32	3	40	65	25	3	37	75	30	3	42
	相位2	80	27	3	50	75	25	3	47	75	25	3	47	65	23	3	39	75	27	3	45
	相位3	80	14	3	63	75	13	3	59	75	13	3	59	65	12	3	50	75	13	3	59
8 400～9 000	相位1	95	41	3	51	80	33	3	44	85	37	3	45	90	36	3	51	90	39	3	48
	相位2	95	32	3	60	80	28	3	49	85	28	3	54	90	32	3	55	90	30	3	57
	相位3	95	17	3	75	80	14	3	63	85	15	3	67	90	17	3	70	90	16	3	71
9 000～9 600	相位1	95	50	3	42	100	43	3	54	120	50	3	67	100	40	3	57	120	53	3	64
	相位2	95	44	3	48	100	34	3	63	120	44	3	73	100	36	3	61	120	45	3	72
	相位3	95	21	3	71	100	18	3	79	120	21	3	96	100	19	3	78	120	22	3	95
9 600～10 200	相位1	95	50	3	42	100	43	3	54	120	50	3	67	120	55	3	62	115	48	3	64
	相位2	95	44	3	48	100	34	3	63	120	44	3	73	120	36	3	81	115	41	3	71
	相位3	95	21	3	71	100	18	3	79	120	21	3	96	120	29	3	88	115	21	3	91
10 200～10 800	相位1	120	50	3	67	105	42	3	60	120	50	3	67	120	55	3	62	120	48	3	69
	相位2	120	44	3	73	105	38	3	64	120	44	3	73	120	36	3	81	120	45	3	72
	相位3	120	21	3	96	105	20	3	82	120	21	3	96	120	29	3	88	120	22	3	95
10 800～11 400	相位1	120	50	3	67	120	50	3	67	120	50	3	67	120	55	3	62	120	48	3	69
	相位2	120	44	3	73	120	44	3	73	120	44	3	73	120	36	3	81	120	45	3	72
	相位3	120	21	3	96	120	21	3	96	120	21	3	96	120	29	3	88	120	22	3	95
11 400～12 000	相位1	120	50	3	67	120	50	3	67	120	50	3	67	120	55	3	62	120	48	3	69
	相位2	120	44	3	73	120	44	3	73	120	44	3	73	120	36	3	81	120	45	3	72
	相位3	120	21	3	96	120	21	3	96	120	21	3	96	120	29	3	88	120	22	3	95

时间段	相位名称	交叉口11				交叉口12				交叉口13				交叉口14				交叉口29				交叉口30			
		周期时长	绿灯时间	黄灯时间	红灯时间	周期时长	绿灯时间	黄灯时间	红灯时间	周期时长	绿灯时间	黄灯时间	红灯时间	周期时长	绿灯时间	黄灯时间	红灯时间	周期时长	绿灯时间	黄灯时间	红灯时间	周期时长	绿灯时间	黄灯时间	红灯时间
0～600	相位1	25	9	2	14	25	9	2	14	25	8	2	15	25	9	2	14	25	7	2	16	25	7	2	16
	相位2	25	6	2	17	25	7	2	16	25	7	2	16	25	6	2	17	25	8	2	15	25	8	2	15
	相位3	25	5	2	18	25	5	2	18	25	5	2	18	25	5	2	18	25	5	2	18	25	5	2	18

续上表

时间段	相位名称	交叉口 11				交叉口 12				交叉口 13				交叉口 14				交叉口 29				交叉口 30			
		周期时长	绿灯时间	黄灯时间	红灯时间	周期时长	绿灯时间	黄灯时间	红灯时间	周期时长	绿灯时间	黄灯时间	红灯时间	周期时长	绿灯时间	黄灯时间	红灯时间	周期时长	绿灯时间	黄灯时间	红灯时间	周期时长	绿灯时间	黄灯时间	红灯时间
600～1 200	相位 1	30	12	3	15	30	12	3	15	30	10	3	17	25	9	2	14	25	7	2	16	25	7	2	16
	相位 2	30	8	3	19	30	8	3	19	30	9	3	18	25	6	2	17	25	8	2	15	25	8	2	15
	相位 3	30	5	3	22	30	5	3	22	30	6	3	21	25	5	2	18	25	5	2	18	25	5	2	18
1 200～1 800	相位 1	30	12	3	15	30	12	3	15	30	10	3	17	30	10	3	17	25	7	2	16	30	12	3	15
	相位 2	30	8	3	19	30	8	3	19	30	9	3	18	30	9	3	18	25	8	2	15	30	8	3	19
	相位 3	30	5	3	22	30	5	3	22	30	6	3	21	30	6	3	21	25	5	2	18	30	5	3	22
1 800～2 400	相位 1	30	12	3	15	30	12	3	15	30	10	3	17	30	10	3	17	30	9	3	18	30	12	3	15
	相位 2	30	8	3	19	30	8	3	19	30	9	3	18	30	9	3	18	30	10	3	17	30	8	3	19
	相位 3	30	5	3	22	30	5	3	22	30	6	3	21	30	6	3	21	30	6	3	21	30	5	3	22
2 400～3 000	相位 1	35	13	3	19	35	12	3	20	35	13	3	19	35	12	3	20	35	12	3	20	35	13	3	19
	相位 2	35	11	3	21	35	12	3	20	35	10	3	22	35	12	3	20	35	11	3	21	35	11	3	21
	相位 3	35	6	3	26	35	6	3	26	35	7	3	25	35	6	3	26	35	7	3	25	35	6	3	26
3 000～3 600	相位 1	35	13	3	19	35	12	3	20	35	13	3	19	35	12	3	20	40	17	3	20	35	13	3	19
	相位 2	35	11	3	21	35	12	3	20	35	10	3	22	35	12	3	20	40	11	3	26	35	11	3	21
	相位 3	35	6	3	26	35	6	3	26	35	7	3	25	35	6	3	26	40	7	3	30	35	6	3	26
3 600～4 200	相位 1	40	16	3	21	40	15	3	22	40	16	3	21	40	14	3	23	40	17	3	20	40	15	3	22
	相位 2	40	12	3	25	40	13	3	24	40	12	3	25	40	14	3	23	40	11	3	26	40	13	3	24
	相位 3	40	7	3	30	40	7	3	30	40	7	3	30	40	7	3	30	40	7	3	30	40	7	3	30
4 200～4 800	相位 1	40	16	3	21	40	15	3	22	45	18	3	24	40	14	3	23	40	17	3	20	40	15	3	22
	相位 2	40	12	3	25	40	13	3	24	45	14	3	28	40	14	3	23	40	11	3	26	40	13	3	24
	相位 3	40	7	3	30	40	7	3	30	45	8	3	34	40	7	3	30	40	7	3	30	40	7	3	30
4 800～5 400	相位 1	45	18	3	24	45	17	3	25	45	18	3	24	45	18	3	24	45	18	3	24	45	17	3	25
	相位 2	45	14	3	28	45	15	3	27	45	14	3	28	45	14	3	28	45	14	3	28	45	15	3	27
	相位 3	45	8	3	34	45	8	3	34	45	8	3	34	45	8	3	34	45	8	3	34	45	8	3	34
5 400～6 000	相位 1	45	18	3	24	50	19	3	28	50	18	3	29	45	18	3	24	50	19	3	28	50	21	3	26
	相位 2	45	14	3	28	50	17	3	30	50	17	3	30	45	14	3	28	50	16	3	31	50	15	3	32
	相位 3	45	8	3	34	50	9	3	38	50	10	3	37	45	8	3	34	50	9	3	38	50	9	3	38

续上表

时间段	相位名称	交叉口 11				交叉口 12				交叉口 13				交叉口 14				交叉口 29				交叉口 30			
		周期时长	绿灯时间	黄灯时间	红灯时间	周期时长	绿灯时间	黄灯时间	红灯时间	周期时长	绿灯时间	黄灯时间	红灯时间	周期时长	绿灯时间	黄灯时间	红灯时间	周期时长	绿灯时间	黄灯时间	红灯时间	周期时长	绿灯时间	黄灯时间	红灯时间
6 000～6 600	相位 1	50	20	3	27	55	21	3	31	60	24	3	33	55	22	3	30	60	24	3	33	80	36	3	41
	相位 2	50	16	3	31	55	19	3	33	60	20	3	37	55	18	3	34	60	21	3	36	80	25	3	52
	相位 3	50	9	3	38	55	10	3	42	60	11	3	46	55	10	3	42	60	10	3	47	80	14	3	63
6 600～7 200	相位 1	60	25	3	32	65	25	3	37	65	26	3	36	60	26	3	31	60	24	3	33	80	36	3	41
	相位 2	60	20	3	37	65	23	3	39	65	22	3	40	60	19	3	38	60	21	3	36	80	25	3	52
	相位 3	60	10	3	47	65	12	3	50	65	12	3	50	60	11	3	46	60	10	3	47	80	14	3	63
7 200～7 800	相位 1	65	26	3	36	75	30	3	42	75	30	3	42	80	33	3	44	85	36	3	46	75	34	3	38
	相位 2	65	22	3	40	75	27	3	45	75	27	3	45	80	28	3	49	85	29	3	53	75	14	3	58
	相位 3	65	12	3	50	75	13	3	59	75	13	3	59	80	14	3	63	85	15	3	67	75	12	3	60
7 800～8 400	相位 1	75	32	3	40	80	30	3	47	100	40	3	57	95	39	3	53	90	39	3	48	105	45	3	57
	相位 2	75	25	3	47	80	30	3	47	100	37	3	60	95	34	3	58	90	30	3	57	105	37	3	65
	相位 3	75	13	3	59	80	15	3	62	100	18	3	79	95	17	3	75	90	16	3	71	105	18	3	84
8 400～9 000	相位 1	105	47	3	55	120	51	3	66	95	38	3	54	110	49	3	58	85	31	3	51	120	53	3	64
	相位 2	105	36	3	66	120	42	3	75	95	34	3	58	110	37	3	70	85	32	3	50	120	41	3	76
	相位 3	105	17	3	85	120	22	3	95	95	18	3	74	110	19	3	88	85	17	3	65	120	21	3	96
9 000～9 600	相位 1	120	50	3	67	120	51	3	66	120	50	3	67	120	50	3	67	120	53	3	64	120	53	3	64
	相位 2	120	44	3	73	120	42	3	75	120	44	3	73	120	44	3	73	120	41	3	76	120	41	3	76
	相位 3	120	21	3	96	120	22	3	95	120	21	3	96	120	21	3	96	120	21	3	96	120	21	3	96
9 600～10 200	相位 1	120	50	3	67	120	51	3	66	120	50	3	67	120	50	3	67	120	53	3	64	120	53	3	64
	相位 2	120	44	3	73	120	42	3	75	120	44	3	73	120	44	3	73	120	41	3	76	120	41	3	76
	相位 3	120	21	3	96	120	22	3	95	120	21	3	96	120	21	3	96	120	21	3	96	120	21	3	96
10 200～10 800	相位 1	120	50	3	67	120	51	3	66	120	50	3	67	120	50	3	67	120	53	3	64	120	53	3	64
	相位 2	120	44	3	73	120	42	3	75	120	44	3	73	120	44	3	73	120	41	3	76	120	41	3	76
	相位 3	120	21	3	96	120	22	3	95	120	21	3	96	120	21	3	96	120	21	3	96	120	21	3	96
10 800～11 400	相位 1	120	50	3	67	120	51	3	66	120	50	3	67	120	50	3	67	120	53	3	64	120	53	3	64
	相位 2	120	44	3	73	120	42	3	75	120	44	3	73	120	44	3	73	120	41	3	76	120	41	3	76
	相位 3	120	21	3	96	120	22	3	95	120	21	3	96	120	21	3	96	120	21	3	96	120	21	3	96
11 400～12 000	相位 1	120	50	3	67	120	51	3	66	120	50	3	67	120	50	3	67	120	53	3	64	120	53	3	64
	相位 2	120	44	3	73	120	42	3	75	120	44	3	73	120	44	3	73	120	41	3	76	120	41	3	76
	相位 3	120	21	3	96	120	22	3	95	120	21	3	96	120	21	3	96	120	21	3	96	120	21	3	96

续上表

时间段	相位名称	交叉口15				交叉口16				交叉口17				交叉口18			
		周期时长	绿灯时间	黄灯时间	红灯时间	周期时长	绿灯时间	黄灯时间	红灯时间	周期时长	绿灯时间	黄灯时间	红灯时间	周期时长	绿灯时间	黄灯时间	红灯时间
0～600	相位1	25	8	2	15	20	5	2	13	25	12	2	11	20	5	2	13
	相位2	25	12	2	11	20	15	2	3	25	8	2	15	20	10	2	8
600～1 200	相位1	25	8	2	15	30	12	3	15	30	13	3	14	25	9	2	14
	相位2	25	12	2	11	30	13	3	14	30	12	3	15	25	11	2	12
1 200～1 800	相位1	30	12	3	15	30	12	3	15	30	13	3	14	25	9	3	13
	相位2	30	13	3	14	30	13	3	14	30	12	3	15	25	11	3	11
1 800～2 400	相位1	30	12	3	15	30	12	3	15	35	16	3	16	30	11	3	16
	相位2	30	13	3	14	30	13	3	14	35	14	3	18	30	14	3	13
2 400～3 000	相位1	30	12	3	15	30	12	3	15	45	22	3	20	30	11	3	16
	相位2	30	13	3	14	30	13	3	14	45	18	3	24	30	14	3	13
3 000～3 600	相位1	35	14	3	18	35	14	3	18	50	25	3	22	35	14	3	18
	相位2	35	16	3	16	35	16	3	16	50	20	3	27	35	16	3	16
3 600～4 200	相位1	40	16	3	21	40	16	3	21	50	25	3	22	35	14	3	18
	相位2	40	19	3	18	40	19	3	18	50	20	3	27	35	16	3	16
4 200～4 800	相位1	45	18	3	24	45	18	3	24	70	35	3	32	35	14	3	18
	相位2	45	22	3	20	45	22	3	20	70	30	3	37	35	16	3	16
4 800～5 400	相位1	45	18	3	24	45	18	3	24	70	35	3	32	40	15	3	22
	相位2	45	22	3	20	45	22	3	20	70	30	3	37	40	20	3	17
5 400～6 000	相位1	50	19	3	28	55	22	3	30	120	47	3	70	55	24	3	28
	相位2	50	26	3	21	55	28	3	24	120	68	3	49	55	26	3	26
6 000～6 600	相位1	75	33	3	39	55	22	3	30	120	47	3	70	50	19	3	28
	相位2	75	37	3	35	55	28	3	24	120	68	3	49	50	26	3	21
6 600～7 200	相位1	80	33	3	44	70	30	3	37	120	47	3	70	65	27	3	35
	相位2	80	42	3	35	70	35	3	32	120	68	3	49	65	33	3	29
7 200～7 800	相位1	80	33	3	44	85	35	3	47	120	47	3	70	65	27	3	35
	相位2	80	42	3	35	85	45	3	37	120	68	3	49	65	33	3	29
7 800～8 400	相位1	115	48	3	64	115	47	3	65	120	47	3	70	80	34	3	43
	相位2	115	62	3	50	115	63	3	49	120	68	3	49	80	41	3	36
8 400～9 000	相位1	120	47	3	70	120	47	3	70	120	47	3	70	120	47	3	70
	相位2	120	68	3	49	120	68	3	49	120	68	3	49	120	68	3	49

续上表

时间段	相位名称	交叉口 15				交叉口 16				交叉口 17				交叉口 18			
		周期时长	绿灯时间	黄灯时间	红灯时间	周期时长	绿灯时间	黄灯时间	红灯时间	周期时长	绿灯时间	黄灯时间	红灯时间	周期时长	绿灯时间	黄灯时间	红灯时间
9 000～9 600	相位 1	120	47	3	70	120	47	3	70	120	47	3	70	120	47	3	70
	相位 2	120	68	3	49	120	68	3	49	120	68	3	49	120	68	3	49
9 600～10 200	相位 1	120	47	3	70	120	47	3	70	120	47	3	70	120	47	3	70
	相位 2	120	68	3	49	120	68	3	49	120	68	3	49	120	68	3	49
10 200～10 800	相位 1	120	47	3	70	120	47	3	70	120	47	3	70	120	47	3	70
	相位 2	120	68	3	49	120	68	3	49	120	68	3	49	120	68	3	49
10 800～11 400	相位 1	120	47	3	70	120	47	3	70	120	47	3	70	120	47	3	70
	相位 2	120	68	3	49	120	68	3	49	120	68	3	49	120	68	3	49
11 400～12 000	相位 1	120	47	3	70	120	47	3	70	120	47	3	70	120	47	3	70
	相位 2	120	68	3	49	120	68	3	49	120	68	3	49	120	68	3	49

3. 仿真结果分析

表 2.16　不同控制策略下评价指标的对比表

控制方式	感应控制	自适应控制	固定配时控制	感应控制	自适应控制	固定配时控制	感应控制	自适应控制	固定配时控制	感应控制	自适应控制	固定配时控制
评价指标	平均延误	平均延误	平均延误	平均停车次数	平均停车次数	平均停车次数	平均排队长度	平均排队长度	平均排队长度	平均行程时间	平均行程时间	平均行程时间
0～600	2.4	3.1	4.5	0.13	0.17	0.2	1.0	1.7	1.75	56.8	57.5	57.9
600～1 200	2.8	3	4.8	0.12	0.14	0.16	2.5	2.9	2.9	58.4	58.8	59.1
1 200～1 800	3.5	3.5	5.6	0.14	0.14	0.17	3.8	3.8	4	58.8	59.0	59.6
1 800～2 400	3.5	3.7	5.9	0.13	0.14	0.17	4.1	4.6	5.1	58.7	58.8	60.1
2 400～3 000	4.2	4.2	6.4	0.14	0.15	0.18	5.6	5.8	6.3	59.6	59.5	60.5
3 000～3 600	4.6	5.1	7.4	0.14	0.17	0.19	6.3	7.8	7.9	59.6	60.3	61.5
3 600～4 200	5.1	6	8.2	0.15	0.18	0.19	7.8	10.5	11.3	60.5	61.6	62.3
4 200～4 800	6.5	7.3	8.9	0.19	0.22	0.25	10.9	13.5	14.5	61.9	62.9	63.4
4 800～5 400	9.3	8.6	9.5	0.27	0.25	0.3	15.1	16.5	17.6	63.9	64.9	65.1
5 400～6 000	11.3	10.9	11.8	0.33	0.31	0.34	21.8	23.2	24.1	66.8	67.9	67.9
6 000～6 600	16.5	16.1	17	0.47	0.45	0.5	33.4	35.2	35.2	72.4	73.3	74.8
6 600～7 200	25.4	22	25.5	0.72	0.58	0.72	52.4	51.4	53.3	82.2	81.2	82.9
7 200～7 800	32.5	28.7	33	0.87	0.74	0.9	68.2	73.1	73.1	88.6	87.1	88.1
7 800～8 400	37	51.7	36	0.95	1.04	0.9	81.7	108.4	108.5	94.0	105.6	105.6
8 400～9 000	46.5	69.9	40.3	1.15	1.44	1.03	103.4	130.1	129.7	106.0	124.9	124.3
9 000～9 600	50.2	66.8	42.9	1.23	1.6	1.11	110.3	145.4	145.5	113.0	129.4	128.8

续上表

控制方式	感应控制	自适应控制	固定配时控制	感应控制	自适应控制	固定配时控制	感应控制	自适应控制	固定配时控制	感应控制	自适应控制	固定配时控制
评价指标	平均延误	平均延误	平均延误	平均停车次数	平均停车次数	平均停车次数	平均排队长度	平均排队长度	平均排队长度	平均行程时间	平均行程时间	平均行程时间
9 600～10 200	60.1	76.2	56.7	1.45	1.87	1.31	123.8	158.0	157.9	126.3	144.3	145.3
10 200～10 800	71.4	87.2	65.2	1.83	2.21	1.74	142.3	175.0	176.1	143.8	162.4	161.9
10 800～11 400	87	97.7	84.1	2.23	2.5	2.13	157.7	184.3	184.1	161.4	179.9	176.5
11 400～12 000	95.3	109.7	90.5	2.55	2.93	2.32	168.1	188.3	187.9	175.8	200.7	198.7

通过对表 2.16 以及图 2.45～图 2.48 的分析，可以得到表 2.18 和表 2.19 的不同交通控制状态下对应的最佳控制策略表。

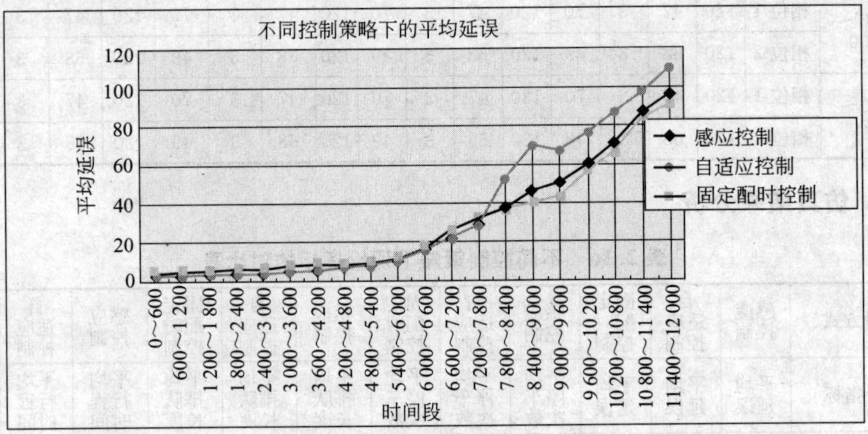

图 2.45 不同控制策略下的延误图

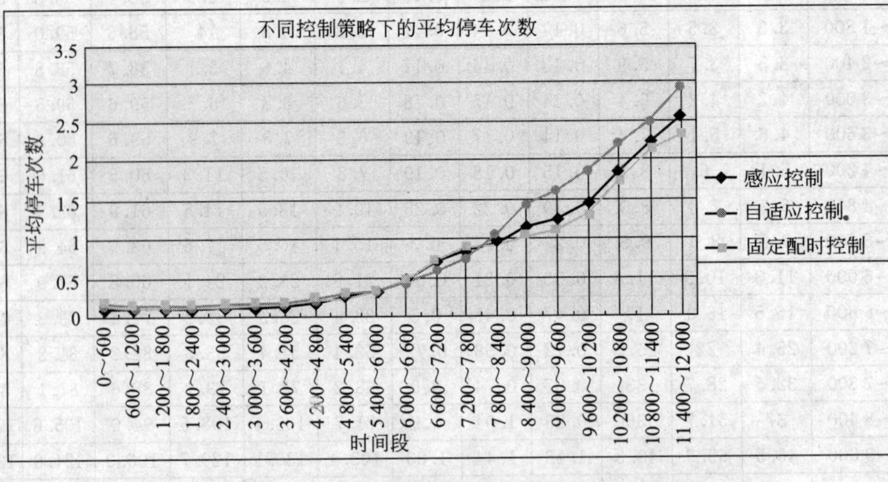

图 2.46 不同控制策略下的平均停车次数图

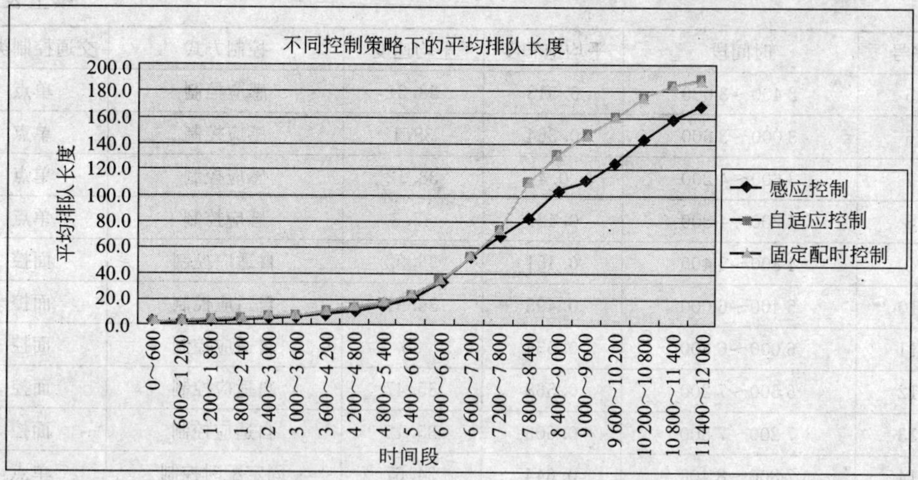

图 2.47　不同控制策略下的平均排队长度图

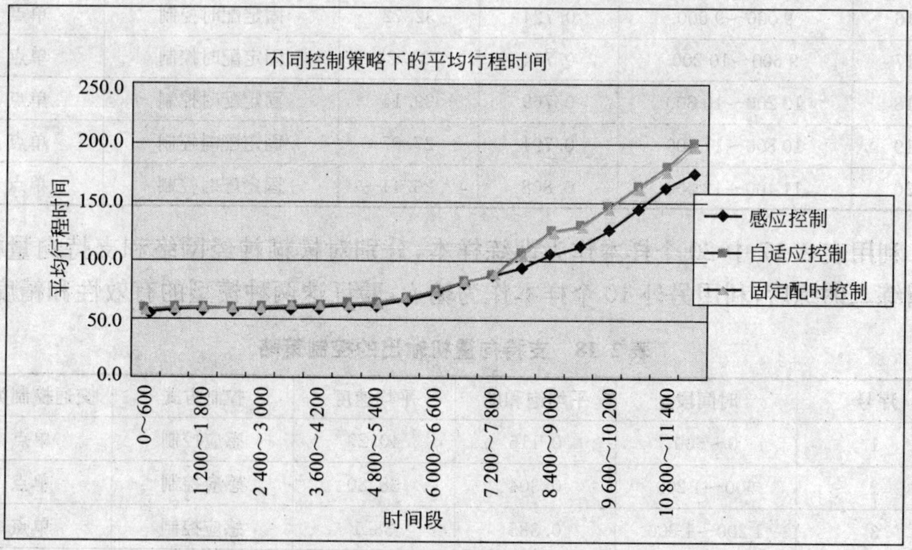

图 2.48　不同控制策略下的平均行程时间图

表 2.17　不同交通控制状态下的控制策略

序号	时间段	平均饱和度	平均速度	控制方式	交通控制类型
1	0～600	0.108	41.31	感应控制	单点
2	600～1 200	0.21	39.96	感应控制	单点
3	1 200～1 800	0.252	38.7	感应控制	单点
4	1 800～2 400	0.286	38.51	感应控制	单点

续上表

序号	时间段	平均饱和度	平均速度	控制方式	交通控制类型
5	2 400～3 000	0.313	38.31	感应控制	单点
6	3 000～3 600	0.364	38.1	感应控制	单点
7	3 600～4 200	0.4	38.12	感应控制	单点
8	4 200～4 800	0.421	37.3	感应控制	单点
9	4 800～5 400	0.451	36.92	自适应控制	面控
10	5 400～6 000	0.495	36.91	自适应控制	面控
11	6 000～6 600	0.534	36	自适应控制	面控
12	6 600～7 200	0.568	35.47	自适应控制	面控
13	7 200～7 800	0.603	35.12	自适应控制	面控
14	7 800～8 400	0.644	34.67	固定配时控制	单点
15	8 400～9 000	0.679	33.37	固定配时控制	单点
16	9 000～9 600	0.724	32.72	固定配时控制	单点
17	9 600～10 200	0.744	31.2	固定配时控制	单点
18	10 200～10 800	0.769	29.14	固定配时控制	单点
19	10 800～11 400	0.791	27.67	固定配时控制	单点
20	11 400～12 000	0.808	26.41	固定配时控制	单点

利用表 2.17 中 20 个样本作为训练样本，分别对模糊神经网络和支持向量机进行训练。训练后，利用另外 10 个样本作为输入，验证这两种模型的有效性和精度。

表 2.18 支持向量机输出的控制策略

序号	时间段	平均饱和度	平均速度	控制方式	交通控制类型
1	0～600	0.116	40.29	感应控制	单点
2	600～1 200	0.304	38.30	感应控制	单点
3	1 200～1 800	0.385	38.1	感应控制	单点
4	1 800～2 400	0.478	36.52	自适应控制	面控
5	2 400～3 000	0.528	36.65	自适应控制	面控
6	3 000～3 600	0.615	35.08	自适应控制	面控
7	3 600～4 200	0.685	33.40	固定配时控制	单点
8	4 200～4 800	0.754	31.18	固定配时控制	单点
9	4 800～5 400	0.801	27.40	固定配时控制	单点
10	5 400～6 000	0.902	25.03	固定配时控制	单点

表 2.19　模糊神经网络输出的控制策略

序号	时间段	平均饱和度	平均速度	控制方式	交通控制类型
1	0～600	0.116	40.29	感应控制	单点
2	600～1 200	0.304	38.30	感应控制	单点
3	1 200～1 800	0.385	38.1	感应控制	单点
4	1 800～2 400	0.478	36.52	感应控制	单点
5	2 400～3 000	0.528	36.65	自适应控制	面控
6	3 000～3 600	0.615	35.08	自适应控制	面控
7	3 600～4 200	0.685	33.40	固定配时控制	单点
8	4 200～4 800	0.754	31.18	自适应控制	面控
9	4 800～5 400	0.801	27.40	固定配时控制	单点
10	5 400～6 000	0.902	25.03	固定配时控制	单点

表 2.20　不同控制策略对应的评价指标值

控制方式	感应控制	自适应控制	固定配时控制	感应控制	自适应控制	固定配时控制	感应控制	自适应控制	固定配时控制	感应控制	自适应控制	固定配时控制
评价指标	平均延误	平均延误	平均延误	平均停车次数	平均停车次数	平均停车次数	平均排队长度	平均排队长度	平均排队长度	平均行程时间	平均行程时间	平均行程时间
0～600	2.5	3.3	4.7	0.13	0.17	0.19	1.5	1.6	1.75	57.8	58.6	59.5
600～1 200	3.6	3.8	6.0	0.14	0.15	0.17	4.2	4.7	5.2	59.1	59.8	60.2
1 200～1 800	4.7	5.3	7.6	0.15	0.18	0.20	6.5	7.9	8.1	59.8	60.5	61.7
1 800～2 400	9.5	8.8	9.7	0.29	0.26	0.31	15.5	16.7	17.8	64.9	65.9	65.3
2 400～3 000	17.5	17.1	18	0.49	0.46	0.53	33.6	35.4	35.3	73.4	73.8	74.9
3 000～3 600	24.9	23	26.5	0.78	0.61	0.79	52.9	51.5	54.0	82.5	81.2	82.9
3 600～4 200	47.5	69.8	41.3	1.19	1.47	1.10	103.4	131.1	130.7	110.0	125.9	124.8
4 200～4 800	63.1	77.2	58.7	1.55	1.85	1.33	124.5	159.1	158.8	127.3	145.3	145.2
4 800～5 400	89	98.6	85.5	2.24	2.6	2.17	158.5	188.3	185.1	164.3	180.2	177.8
5 400～6 000	100.3	119.7	99.8	2.85	3.13	2.72	188.1	198.3	187.9	189.8	204.7	199.7

从表 2.20 可以获得对应于该 10 个样本的最佳控制策略。我们对比支持向量机模型和模糊神经网络模型所输出的结果。结果表明，支持向量机模型所提供策略的准确性比模糊神经网络的更高。由于时间的局限性等原因，文中给出了 10 个样本，样本量相对比较少，然而支持向量机是基于小样本统计学习提出的方法，所以对于小样本量训练与学习的问题，支持向量机有很好的适应性，所以其精确性比模糊神经网络的更高些。

2.4.3 区域边界交通控制协调策略、模型及算法研究

2.4.3.1 区域边界交通控制状态识别方法研究

由于区域内的交通控制策略、控制方案随交通状态和时间不断变更，所以区域边界的交通控制状态也在随之变化。区域边界是连接区域之间的重要地段，区域边界的交通控制状态的好坏直接影响着区域进出口交通流控制的好坏。

在传统的交通控制系统中，仅仅将各个区域作为孤立的交通控制单元，并不进行交通控制策略上的协调。随着交通信号控制技术的不断进步，边界交通流量的不断增加，这就迫切需要将区域边界交通协调问题提到日程。

1. 区域边界交通控制状态分析

从交通控制的实际出发，区域边界交通控制状态会有以下几种情况：

(1) 区域边界连线上以及连线下游有交通事件发生，使得车辆不能够顺利通过区域边界，致使停车次数增大，延误增大；

(2) 区域边界连线上以及连线下游有交通拥挤发生，车辆能够顺利通过区域边界交叉口；

(3) 某区域交通负荷过大，致使另一区域的交通流无法顺利通过该区域。

(4) 由于主干道在区域划分时被划分在不同的区域，且区域是独立进行信号配时的，所以在两个区域的边界信号配时相互不协调，需要经过若干个信号周期才能通过边界路段，造成主干道上车辆的延误急剧增加。

其中，区域边界连线的概念如图 2.49 所示，连接区域 1 与区域 2 之间的边界路段，称之为连线。例如图 2.49 中的粗线 45 即为区域 1 与区域 2 之间的边界连线。

在这里有必要对交通拥挤和交通事件进行定义。

交通拥挤是道路交通运行故障的最直接表现。交通拥挤是指交通需求超过道路通行能力时，超过通行能力的那部分车辆滞留在道路上形成排队的交通现象。

常见的交通瓶颈包括车道减少、交织路段短、道路横截面窄、视线不良、收费站、不符合标准的互通式立交桥以及交叉口等等，这些交通瓶颈的特点是空间位置比较固定，因此这种瓶颈成为固定交通瓶颈，由此引发的交通拥挤成为常发性拥挤。

通过对交通瓶颈的含义进行深入分析，可以得到另一种交通瓶颈——随机交通瓶颈。这种交通瓶颈处的正常通行能力不一定很低，但是由于交通事件的发生，导致其通行能力低于上游的交通流量时，也会不可避免地发生交通拥挤。由于这种临时性的交通瓶颈引发的交通拥挤在时间和空间上都具有很强的随机性，因此称为偶发性交通拥挤。

能够引起偶发性拥挤的突发事件一般包括交通事故、车辆抛锚、恶劣天气(雨、雪、冰、雾)、桥梁或道路坍塌、货物散落等。由于不能预测突发事件发生的时间和地

点，因而只能通过各有关部门的协调、合作，采取一定的补救措施降低其影响程度。

此外，能够引起道路通行能力下降或交通需求异常增加的某些有计划的活动也会引起交通拥挤，如道路养护、道路修筑、大型活动(体育比赛、游行、音乐会等)等。这类拥挤一般被认为是偶发性的。

在文中的阐述中，由于强调的重点不同，在不致引起混淆的情况下，常发性拥挤称为交通拥挤，偶发性拥挤称为交通事件。如图 2.49 所示。

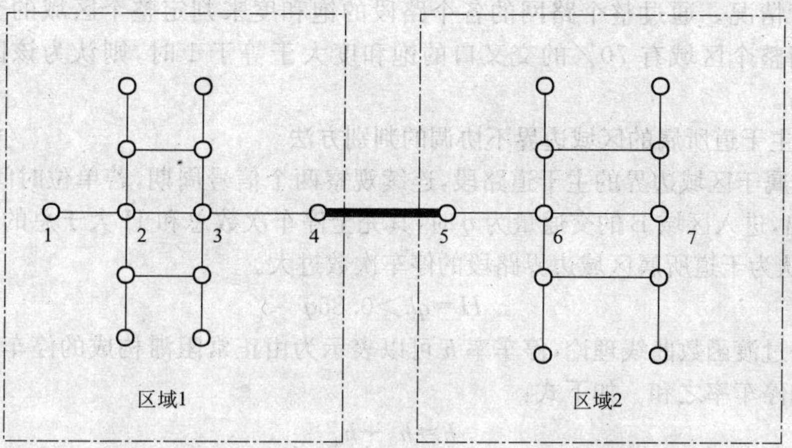

图 2.49　区域边界连线的示意图

2. 区域边界交通控制状态识别方法

根据上一节对区域边界交通控制状态的分析，可以看出区域边界交通控制状态的识别主要体现在以下 4 个方面：

(1) 区域边界连线上或者连线下游是否有交通事件发生；

(2) 区域边界连线上或者连线下游是否有交通拥挤发生；

(3) 某区域是否交通负荷过大。

(4) 主干道所属的区域边界路段的停车次数和延误过大。

解决了这 4 个方面的主要问题，也就完成了区域边界的主要交通控制协调问题。为此，文中将针对以上 4 种情况，给出相应的识别方法。

(1) 区域边界的交通事件判断方法

针对第一种情况，主要是识别边界连线上或连线下游是否发生交通事件。将区域边界的各个路段作为研究对象，遍历搜索路段或路口的交通事件数据库，判断是否有边界路段匹配该研究对象。关于路段或者路口的交通事件识别方法可参见 2.2.4 节。

(2) 区域边界的交通拥挤判断方法

针对第二种情况,主要是识别边界连线上或连线下游是否发生交通拥挤。将区域边界的各个路段作为研究对象,遍历搜索路段或路口的交通拥挤数据库,判断是否有边界路段匹配该研究对象。对于路段或者路口的交通拥挤识别方法参见2.2.4节。

(3) 某区域高负荷判断方法

针对第三种情况,主要是通过区域路网的交通控制状态来判别每个区域的交通负荷情况。通过整个路网的各个路段的饱和度来判定整个区域的交通负荷情况。当整个区域有70%的交叉口的饱和度大于等于1时,则认为该区域交通负荷过高。

(4) 主干道所属的区域边界不协调的判别方法

针对属于区域边界的主干道路段,连续观察两个信号周期,若单位时间内,由区域A流出,进入区域B的交通量为q时,其完全停车次数总和H大于总的交通量的85%,则认为干道所属区域边界路段的停车次数过大。

$$H=qh>0.85q \tag{2.62}$$

根据过渡函数曲线理论,停车率h可以表示为由正常阻滞构成的停车率和随机与过饱和停车率之和。如下式:

$$h=h_0+h_u \tag{2.63}$$

其中,随机与过饱和停车率表示为:

$$h_0=\begin{cases}\dfrac{QT}{4Sg}\left(Z+\sqrt{Z^2+\dfrac{12(X-X_0)}{qT}}\right) & X>X_0\text{ 时}\\ 0 & X\leqslant X_0\end{cases} \tag{2.64}$$

正常阻滞构成的停车率表示为:

$$h_u=\begin{cases}\dfrac{1-u}{1-y} & X<1\text{ 时}\\ 1.0 & X\geqslant 1\text{ 时}\end{cases}$$

$$Z=X-1 \tag{2.65}$$

$$X=\frac{q}{Q}$$

$$X_0=0.67+\frac{S\cdot g}{3600}$$

$$y=\frac{q}{S}$$

$$u=\frac{g}{C}$$

式中 QT——在时间段 T 内可以被放行通过交叉口的极限车辆数，Q 以 veh/h 计，T 以小时计；

q——车辆平均到达率，在时间段 T 内不变，当 $X<1$ 时，Z 取负值；

S——表示饱和流量；

g——有效绿灯时间。

2.4.3.2 区域边界交通控制协调策略生成

1. 区域边界连线上或下游发生交通事件的交通控制协调策略

如图 2.50 所示，区域 1 和区域 2 之间的一条连线是路段 45。当连线 45 上发生交通事件时的交通控制策略则根据所发生交通事件的类型不同而不同。

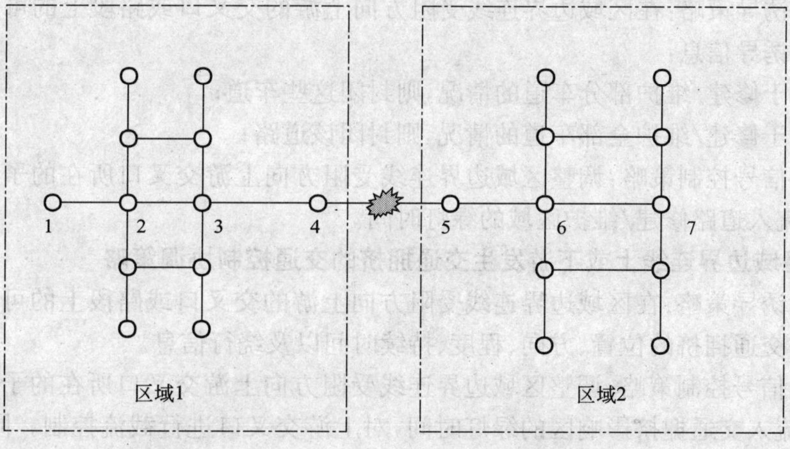

图 2.50 区域边界连线发生交通事件的示意图

(1) 交通事故情况下

交通诱导策略：在区域边界连线受阻方向上游的交叉口或路段上的可变信息标志上发布交通事故的位置、方向、持续时间以及绕行信息。通过诱导的方法，建议驾驶员改变行驶路线，将可能导致交通拥挤程度加重的那部分车辆诱导到其他路段上，保证事故影响区车辆的安全性。

交通信号控制策略：调整区域边界连线受阻方向上游交叉口所在子区的绿信比，减少流入事故影响区的绿灯时间。通过信号控制的方法，强迫驾驶员改变行驶路线，将可能导致交通拥挤程度加重的那部分车辆疏散在其他的路段上，保证事故影响区的车辆的安全性。

(2) 大型活动情况下

交通诱导策略：在区域边界连线受阻方向上游的交叉口或路段上的可变信息标志上发布大型活动的位置、方向、持续时间以及绕行信息。

交通信号控制策略：调整区域边界连线受阻方向上游交叉口所在的子区的绿信比，减少流入大型活动影响区的绿灯时间。

(3) 特勤情况下

交通诱导策略：在区域边界连线受阻方向上游的交叉口或路段上的可变信息标志上发布特勤线路的位置、方向、持续时间以及绕行信息。

交通信号控制策略：调整区域边界连线受阻方向上游交叉口所在的子区的绿信比，减少流入特勤影响区的绿灯时间(将与特勤路线相邻交叉口的流入特勤线路的绿灯时间设置为0)。

(4) 道路维护/修建情况下

交通诱导策略：在区域边界连线受阻方向上游的交叉口或路段上的可变信息标志上发布诱导信息：

①对于修建/维护部分车道的情况，则封闭这些车道；

②对于修建/维护全部车道的情况，则封闭该道路；

交通信号控制策略：调整区域边界连线受阻方向上游交叉口所在的子区的绿信比，减少流入道路修建/维护区域的绿灯时间。

2. 区域边界连线上或下游发生交通拥挤的交通控制协调策略

交通诱导策略：在区域边界连线受阻方向上游的交叉口或路段上的可变信息标志上发布交通拥挤的位置、方向、程度、持续时间以及绕行信息。

交通信号控制策略：调整区域边界连线受阻方向上游交叉口所在的子区的绿信比，减少流入交通拥挤影响区的绿灯时间，对上游交叉口进行截流控制。同时，调整区域边界连线受阻方向下游交叉口所在子区的绿信比，增大流出交通拥挤影响区的绿灯时间，对下游交叉口进行卸流控制。

通过主动方法和被动方法联合的手段，减小交通拥挤的影响范围，避免交通拥挤的进一步恶化，从而提高了区域交通控制系统对实施交通流变化的响应速度，提高了整个控制系统的控制效益。

依次类推，当连线的下游某路段发生交通事件或交通拥挤时，如图2.51所示，交通控制策略与上述连线上发生交通事件或交通拥挤的策略相同。只是，交通事件或交通拥挤点在某区域内部而已。

3. 某区域高负荷下的交通控制协调策略

根据图2.52所示的两个区域的路网饱和度示意图可以看出，区域B内大多数交叉口的饱和度已经大于1。在这种情况下，如果区域A的交通流量还继续不断地进入区域B的话，则会造成区域B的局部交通拥挤。因此，为了减少区域B内交通拥挤发生的可能性，需要控制从区域A进入区域B的交通流量。具体的交通控制策略如下：

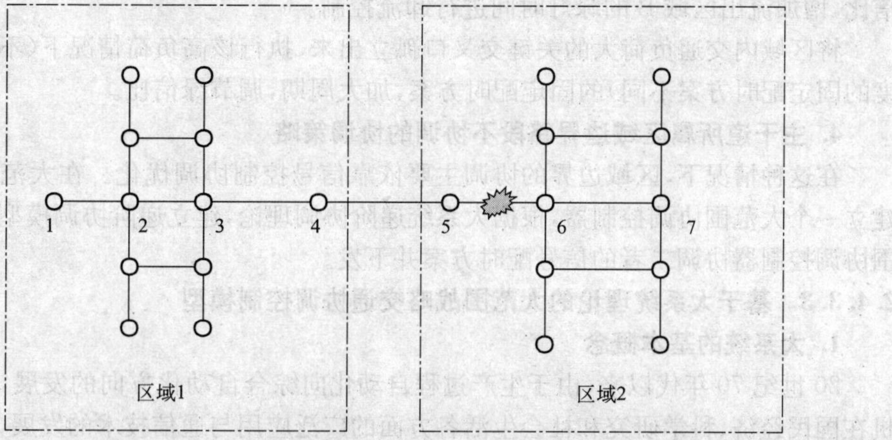

图 2.51　区域边界连线下游发生交通拥挤/交通事件的示意图

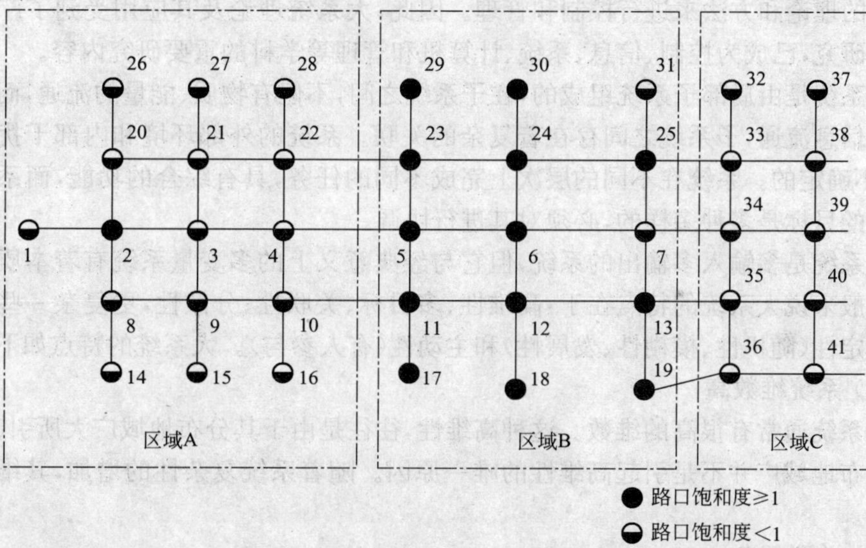

图 2.52　某区域高交通负荷的示意图

交通诱导策略：在区域边界连线上以及连线上游（区域 A 的各路段上）的可变信息板上显示区域 B 交通负荷较高的信息。具体的显示方式采用不同颜色表示下游路段的交通状况（不同的颜色主要是根据平均速度来区分）。可变信息板上不仅显示下游路段的交通状况，还给出与下游临近的路段的交通状态，便于驾驶员选择绕行路线。

交通信号控制策略：调整相邻区域进入区域 B 的边界交叉口的绿信比，减少流入区域 B 的绿灯时间，进行截流控制；调整相邻区域离开区域 B 的边界交叉口的绿信比，增加流出区域B的绿灯时间进行卸流控制。

将区域内交通负荷大的关键交叉口孤立出来，执行该高负荷情况下(不同负荷程度的固定配时方案不同)的固定配时方案，加大周期，调节绿信比。

4. 主干道所属区域边界路段不协调的协调策略

在这种情况下，区域边界的协调主要依靠信号控制协调优化。在大范围控制级建立一个大范围协调控制器，根据大系统递阶协调理论，建立递阶协调模型并由大范围协调控制器协调二者的信号配时方案并下发。

2.4.3.3 基于大系统理论的大范围战略交通协调控制模型

1. 大系统的基本概念

20世纪70年代以来，由于生产过程自动化向综合自动化方向的发展，以及计算机在国民经济、科学研究和社会生活各方面的广泛应用与通信技术的发展，现代社会中出现了许多大系统，如交通网，计算机网，电力网等等。对于这些系统，已不可能沿用经典的理论和方法来进行控制和管理。因此，大系统理论及其应用受到了广泛的重视和研究，已成为控制、信息、系统、计算机和管理等学科的重要研究内容。

大系统是由局部子系统组成的，在子系统之间，不但有物质、能量的流通，而且有大量的信息流通，子系统之间存在着复杂的关联。系统的外部环境和内部干扰是多变的，不确定的。系统在不同的层次上完成不同的任务，具有综合的功能，而系统所要达到的目标是多种多样的，必须对其进行协调。

大系统是多输入多输出的系统，但它与经典意义上的多变量系统有着本质的差别。一般来说大系统的特点在于：高维性、多目标、关联性、分散性，更复杂一些的则有不确定性(随机性、模糊性、发展性)和主动性(有人参与)。大系统的特点如下：

(1) 系统维数高

大系统通常有很高的维数。这种高维性，往往是由于其分布地域广大所引起的，但是分布地域广并不是引起高维性的唯一原因。随着系统复杂性的增加，其维数也会增加。

(2) 关联复杂

组成大系统的各个子系统或局部单元之间存在复杂的关联。这种关联的复杂性不仅表现在内容上，而且表现在结构上，即关联的形式是多种多样的，甚至是有约束的。

(3) 不确定性

在大系统中，由于涉及到众多的单元和环节，很难对系统本身及其周围环境做出精确的描述。这种不确定性，在涉及到物理对象时，表现为对象参数随时间不确定地变化以及干扰的不可知。在涉及到信息时，表现为信息的不可靠性及信息传输中干扰引起的不确定性。由于不确定性的普遍存在及多样性，大系统的控制与管理要比一般对象的控制和管理复杂得多。

（4）目标的多样性

在经典的控制中，往往只涉及到单一的目标。例如时间最优控制是要使对象到达期望状态的时间最短；二次型指标最优控制是要使给出的二次型指标为最小等等。虽然在时间控制中有时也要在不同的控制指标之间求得折衷，但往往没有明确的提出多目标的高度。在大系统中，系统的多目标性是十分鲜明的。因此，对于大系统的控制与管理，已不可能用经典的单目标设计实现了。

（5）主动性

在大系统中，所控对象往往是由人参与控制的，人的思维主观能动性很强的，所以所控制的对象的控制难度又增加了很多。

城市道路交通系统是一个复杂的大系统。每个城市都需要一个交通控制中心来管理和控制整个城市路网的交通。由于城市地域广泛，路网布局错落有致，每个城市的路网又是由成千上万个路段及交叉口组成，每个路段上还有成百上千辆车辆行驶于其上。每个路口都有自己交通控制系统，设有交通信号灯、交通信号控制器及电缆等，个别路口还设有可变信息板。由于交通流是连续的，上游路口和下游路口之间还存在着耦合和复杂的关联关系。同时，由于交通流的随机性变化，在不同的交通流状态下，整个系统需要达到目标是不同的，具有目标的多样性。由于地域的差别，不同的交叉口的交通流状态也存在差异，所以每个交叉口所要达到的目标也是不同的，也具有目标的多样性。对于这种具有成千上万个控制对象，每个控制对象具有多个控制变量的复杂系统，如果还是用传统方法就将在数字计算上遇到很大的困难，甚至是一种灾难。这种对一个复杂系统，不看成一个高维的整体进行设计，而是分成多级（多层）耦合的子系统，上级需对下级子系统间的关联进行协调，或者要分散地为每个子系统设计一个考虑了一个与其他子系统关联的局部控制器。

2. 动态大系统的递阶控制

大系统是由若干单元或子系统组成的高维系统，这些单元或子系统之间存在着复杂的关联。虽然传统的控制理论和方法原则上也适用于大系统，但当系统维数很高时，用这种集中的方法寻找全局的最优控制规律，所涉及的计算量及内存往往是现代计算机所不能胜任的，这就是所谓“维数灾”。因此，在大系统的控制中通常要用“分解-协调”的方法来代替一揽子求解的集中计算方法。

所谓分解，这里是指把复杂的整体问题分解为简单的子问题分别求解。但由于子问题之间存在着复杂关联，对各子问题分别求得的解，一般并不是整体问题的解，它们甚至还是冲突的。所谓协调，则是按大系统的整体目标和关联约束协调这些结果，以求得整体问题的解。

在大系统的构成上，应用分解和协调的概念，使系统呈现主次、多层次的多级结构，通常称为递阶结构（hierarchical structure）。

大系统有三类递阶结构，分别是多重递阶结构（multistrata hierarchical structure）、多层递阶结构（multilayer hierarchical structure）和多级递阶结构（multilevel structrure）。

在多级递阶结构中，整体问题被表示为一系列易于处理的低阶子问题，它们可以由处在较低级的局部控制器来解决，较高级则在考虑关联和约束的基础上进行协调，以达到全局优化的目的。

递阶结构的特点有：

较高的单元涉及到系统较整体的部分和较长远的过程，因而比下级单元更具有战略意义；

较高的单元决策周期较长，这是因为它涉及到系统中变化较慢的部分，它与环境的信息交换也具有较低的频率；

较高单元任务的描述和问题的结构性较差，具有较大的不确定性，一般比下级单元更为复杂。

3. 模糊控制原理及其在交通控制中应用

(1) 模糊控制的发展历程

"模糊"概念是1965年由美国的自动控制专家L. A. Zadeh提出来的。他提出用模糊集描述与人的主观认识有关的一些概念。随之，在模糊集的基础上仿照传统数学的方法引申定义了模糊集的运算、模糊关系、模糊逻辑……等一系列数学概念，形成了一个庞大的数学分支一模糊数学。

1974年，英国工程师Mamdani，首次把模糊数学应用于锅炉和蒸汽机的控制获得了圆满成功，Mamdani成为应用模糊控制的先驱。进入20世纪80年代以来，世界各国涌现了越来越多模糊控制的成功应用范例，如工业过程、机器人和家用电器控制及模糊计算机等方面。

(2) 模糊控制的基本原理

模糊控制（Fuzzy Control）的基本思想是把人类专家对特定的被控对象或过程的控制策略总结成一系列以IF（条件）THEN（作用）形式表示的控制规则，通过模糊推理得到控制作用集，作用于被控对象或过程。控制作用集为一组条件语句、状态条件和控制作用均为一组被量化了的模糊语言集，如"正大"、"负大"、"高"、"低"、"正常"等。它们共同构成控制过程的模糊算法：

定义模糊子集，建立模糊控制规则；

由基本论域转变为模糊集合论域；

模糊关系矩阵运算；

模糊推理合成，求出控制输出模糊子集；

进行逆模糊运算，判决，得到精确控制量。

（3）模糊控制的优缺点

模糊控制实质上是一种非线性控制，属于智能控制的范畴。近 20 年来模糊控制无论是在理论上还是在技术上都有了长足的进步。模糊控制在实际应用上已经硕果累累，这主要是由模糊控制的特点决定的：

模糊控制系统不依赖于精确的数学模型，特别适宜于复杂系统（或过程）与模糊对象等采用，因为它们的精确数学模型很难获得或者无法找到。

模糊控制中的知识表述、模糊规则和合成推理是基于专家知识或者熟练操作者的成熟经验，并通过学习可不断更新，因此它具有智能性和自学习性。

糊控制系统的核心是模糊控制器。而模糊控制器均以计算机（微机、单片机等）为主体，因此它兼有计算机控制系统的特点，如具有数字控制的精确性与软件编程的柔软性等。

模糊控制系统的鲁棒性强，干扰和参数变化对控制效果的影响被大大减弱，尤其适合非线性、时变及纯滞后系统的控制。

是一种反映人类智慧思维的智能控制。模糊控制采用人类思维中的模糊量，如“高”、“中”、“低”、“大”、“小”，控制量由模糊推理导出。这些模糊量和模糊推理是人类通常智能活动的体现。

模糊控制具有词语计算和处理不确定性和模糊信息的能力。模糊控制本质上是一种基于语言规则的仿人工智能控制。由于控制对象仅能提供一些模糊信息，计算机参与这类控制时必须模仿人类能够接受和处理模糊信息，进行模糊控制的本领。模糊控制的主要缺陷是：

信息简单的模糊处理将导致系统的控制精度降低和动态品质变差。若要提高精度则必然增加量化级数，从而导致规则搜索范围扩大，降低决策速度，甚至不能实时控制。

模糊控制的设计尚缺乏系统性，无法定义控制目标。控制规则的选择、论域的选择、模糊集的定义、量化因子的选取等多采用试凑法，这对复杂系统的控制是难以奏效的。

（4）模糊控制系统基本结构

模糊控制系统结构是由给定输入、模糊控制器、对象、反馈信号与给定输入的相加环节等组成。从图 2.52 可以看出，其系统结构和一般的模调节系统或数字控制系统没有多大差别。模糊控制系统只是用模糊控制器取代模控制系统中的模调节器，或者用模糊控制器取代数字控制系统中的数字控制器。

当然，模调节器是一种连续型的控制器，数字控制器是一种离散型的控制器。从理论上讲模糊控制器应该是连续型的控制器，但在工程上实现模糊控制是采用数字计算机的，故在实际应用时模糊控制器又是一种离散型控制器。很明显，模糊控制器是模糊控制系统中和其他控制系统中区别最大的环节。

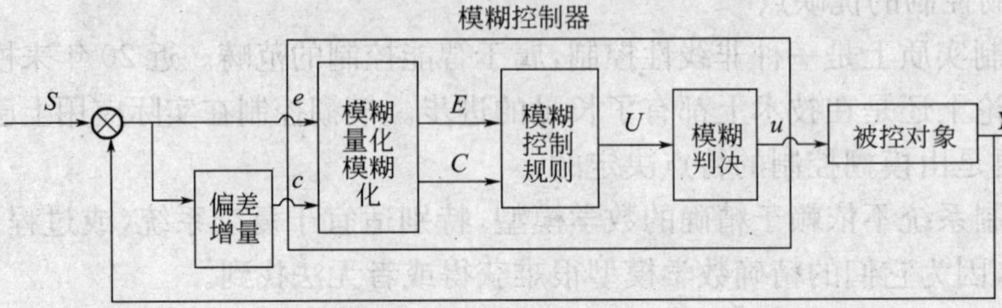

图 2.53 模糊控制系统结构框图

注：S—系统的设定值，是精确量；e、c—系统偏差与偏差变化率，均是精确量；E、C—经模糊量化处理后，偏差与偏差变化率的模糊量；U—模糊量的偏差与偏差变化率经模糊控制规则近似推理处理后，得到模糊量的控制作用；u—对模糊量的控制作用U，经模糊判决，得到模糊控制器输出的精确量的控制作用u，去控制被控对象。

在设计模糊控制器时必须解决以下3个问题：

- 输入量、输出量的模糊量化。
- 建立模糊控制规则或模糊控制表（模糊算法器）。
- 输出信息的模糊判决。

模糊控制器（FLC）主要由4个部分组成：模糊化处理，模糊规则库，模糊推理机和逆模糊化处理。

①模糊化处理

模糊化处理部分即精确输入量的模糊化，它实现了从确定量的输入空间 $\psi \subset R^n$ 到定义在 ψ 上的模糊集的映射。这些模糊集都是由某一隶属函数 $\mu_\psi:\psi \to [0,1]$ 来表征，并由语言性语句如"小"，"中"，"很大"来标记。

常用的模糊化方法是单元素集合模糊化（Singleton Fuzzifier）。它把 $x \in \psi$ 映射到 ψ 模糊集 A_x，其隶属函数为：

$$\mu_{A_x}(x)=1$$
$$\mu_{A_x}(x')=0, \forall x' \in \psi, x' \neq x \tag{2.66}$$

由于实际中输入值通常是连续变化的，所以必须将输入量变化范围由相关专家评定来分成若干等级，以便使输入量对应有限个模糊集。定义模糊集隶属函数通常采用三角形模糊数与梯形模糊数。假设输入量的变化范围设定为区间[-6,6]，离散化将其变成含13个整数的集合：

{-6,-5,-4,-3,-2,-1,0,1,2,3,4,5,6}

当然也可以将问题简化而成为7个整数之集：{-3,-2,-1,0,1,2,3}。并根据需要将其分成若干个等级，每个等级对应一个模糊集。例如7级：正大（PB）、正中（PM）、正小（PS）、零（ZO）、负小（NS）、负中（NM）、负大（NB）。

②模糊规则库

控制规则是模糊控制器的核心，模糊规则库包含形如“if-then”的语言规则，则对 M 条规则：R_j：If x_1 is A_1^j and x_2 is A_2^j and … and x_n is A_n^j Then U is B^j。其中，$j=1,2,3,\cdots,M$；x_i 是模糊控制系统的输入变量：A_i^j 和 B^j 是模糊隶属函数 $\mu_{A_i^j(x_i)}$ 和 $\mu_B(\mu)$ 分别表征语言性语句。每一条 R_j 都可以看作一个模糊蕴含，

$$A_1^j \times A_2^j \times A_3^j \times \cdots \times A_n^j \to B^j$$

③模糊推理机

仿照人脑的模糊推理过程，在模糊自动控制中也有一个推理法则，以便在实时输入时做出模糊决策。常用的模糊推理方法有广义前向推理和广义逆向推理两种方法。模糊控制规则采用“If-Then-”形式，If 部分是规则的前提，Then 部分是规则的结论。如果已知规则的前提，求结论，称为广义前向推理；若已知规则的结论求前提，则称为广义逆向推理。模糊推理一般采用广义前向推理方法。

模糊推理利用模糊规则确定了输入空间 ψ 上的模糊集到输出空间 R 上的模糊集之间的映射。设 A_x 是 ψ 上任意一个模糊集，则每一条 R_j 确定了一个 R 上的模糊集 $A_x \cdot A_j$，即

$$\begin{aligned}\mu_{A_x} \cdot R_j &= \sup_{x' \in \psi}\{\mu_{A_x}(x') * \mu_{A_1^j \times A_2^j \times A_3^j \times \cdots \times A_n^j \to B^j}(x_1^j, x_2^j, \cdots x_n^j, z)\} = \\ &\sup_{x' \in \psi}\{\mu_{A_x}(x') \cdot \mu_{A_x}(x'_1) \cdots \mu_{A_x}(x'_n) \cdot \mu_{B'}(\mu)\}\end{aligned} \tag{2.67}$$

其中算子“$*$”可取 min，sup 取 max。

④逆模糊化处理

逆模糊化处理就是实现模糊量到确定量的转化，因为受控过程只能接受一个确定的控制量，逆模糊化处理部分把 R 上的模糊集 $A_x \cdot R(j=1,2,\cdots,m)$ 映射到确定点(crisp points)。常用的逆模糊化有以下几种方法：

① 最大隶属度法

设控制输出为 $\widetilde{B}$，取 $y_0 \in Y$ 使

$$\widetilde{B}(y_0) = \bigvee_{y \in Y}\{\widetilde{B}(y)\} \tag{2.68}$$

这里 y_0 作为判决结果。该方法的缺陷是只顾及主要信息而忽略了其他信息。

ⅱ 加权平均法

这种方法也称重心法。重心法(Centriod Deffuzzifier)，它实现了从 R 上的模糊集 $A_x \cdot R$ 到精确量 $\mu \in R$ 的映射：

$$U = \frac{\sum_{j=1}^{M} U^j \cdot \mu_{A_x R_j}(U^j)}{\sum_{j=1}^{M} \mu_{A_x R_j}(U^j)} \tag{2.69}$$

其中U^j是R中的$\mu_{B^j}(u)$达到最大值的那个点(一般假定$\mu_{B^j}(U^j)=1$)。

(5)模糊控制在交通控制上的应用

城市交通控制即是确定交叉口红绿灯信号配时,使通过交叉口的车辆延误尽可能小。传统的城市交通控制一般都采用最优控制,即通过建立城市交通系统的数学模型,再求解数学模型,从而得到红绿灯信号配时方案。但是,由于城市交通系统具有较大的随机性和一定的复杂性,所以要想建立出一个较好地反映实际城市交通系统的数学模型相当不易。国外许多学者做了不少尝试,如J. S. Baras和W. Levine等人运用随机点过程理论进行了深入、细致的研究,建立了城市交通数学模型,由于该系统模型考虑因素全面(系统变量较多),所以其准确度较高。但是好不容易建立出来的模型,在求解时困难重重——计算量太大,维数多。因而只能采用简化算法,得到次最优的结果。按照这样的结果来实施控制,效果不尽人意,可见传统的城市控制方法的应用效果并不好。

模糊逻辑用于城市交通系统的控制,给城市交通控制的研究带来了生气。由于模糊控制不需要建立被控对象的精确数学模型,适用于非线性、时变及滞后系统的控制。它能提供许多非智能控制方法无法替代的控制效果。在许多自动控制领域,如精密机床控制、粮食烘干系统、造纸等,模糊控制的应用非常成功。城市交通系统由于具有复杂性和随机性的特点,难以用精确的数学模型来描述,特别适合利用模糊控制对复杂、随机的城市交通进行控制。

近年来用模糊控制方法实现交通系统的控制得到国内外学者的关注。大多数学者在该领域的研究尚属初步探索,至今真正应用到城市交通控制还未见报道。早在1976年,Pappis和amdani就将模糊控制用于单交叉口的交通控制,仿真结果表明比用传统的控制方法平均减少车辆延误7%左右。我国学者徐冬玲等人,把模糊控制用于单路口信号灯控制,并用神经网络实现模糊控制。仿真表明控制结果合理、迅速。事实上,无论是Pappis等人或是徐冬玲等人的研究,都仅依据单交叉口的两相位的关键车流(假定两个相位的饱和流量相同,一个相位两个方向中流量最大的车流称为该相位的关键车流)来决定交通信号配时,而忽略了两相位的非关键车流对信号配时的影响。根据F. 韦伯斯特-B·柯布理论,信号配时的优选是建立在车辆通过交叉口时,延误时间尽量小的基础上,忽略了非关键车流的车辆到达信息,就不能保证通过交叉口车辆的总延误尽可能小。本论文根据城市交通实际状况,在同时考虑每个相位的关键车流和非关键车流的车辆到达交叉口的信息的基础上,提出了更为有效的交通实时模糊控制方法。

基于模糊逻辑的区域交通控制最初的研究对象是单交叉口,模糊规则和隶属度函数一般采用试探的方式确定,试图以较简单的模糊控制模型来解决复杂的区域交通控制问题。其研究思路基本上可以概括为如下的表达式:

$$E=f(S,C,P) \tag{2.70}$$

其中，f 为模糊系统的映射关系，E 系统输出矢量，可以是绿灯延长时间，相位差，信号周期长等控制信号。S、C 均为系统输入矢量，S 为交通状态判断参数，如排队、交叉口总的车流量，平均车速等等，C 则为系统设计中的其他控制参数，例如多控制器中与其他控制器的接口参数。P 为模糊系统的结构参数，例如模糊规则和模糊隶属度函数等。

Pappis 的研究对象是一个孤立、单向、无拐弯车流的交叉口模型，控制系统设计为基于绿灯调整次数的模糊决策系统。模糊控制系统的输入是交叉口假定的绿灯延长时间 E(Extention)，绿灯延长时间 E 内的通行车辆数 A(Arrivals)和排队等待通行的车辆数 Q(Queue)，输出是交叉口绿灯延长时间 E 的信任度。模糊决策系统比较这些绿灯延长时间的"信任度"，并且采用那个最大"信任度"的绿灯　、

延长时间；但是如果没有一个延时的"信任度"大于 0.5，则马上结束现在的绿信。这个过程一直反复，直到最后的允许最大绿灯时间。整个模糊决策过程可用下式描述：

$$\max_{E} f(E,A,Q,N) \tag{2.71}$$

其中，f 表示模糊决策系统的映射关系，E=1 s，2 s，…，10 s；N=7 s，17 s，27 s，37 s，47 s。

在 Pappis 之后，很多研究者在其工作基础上做了进一步拓展，并且在与定时控制或感应式控制进行系统性能比较时，在平均等待时间性能指标上都得出了更为优越的乐观结果。他们对 Pappis 提出的模糊控制系统的改进主要在以下方面：增加研究对象的复杂度，扩展到多个交叉路口构成的交叉口组等；改进系统的输入输出参数，采用不同的方式描述系统的交通状况和不同的控制策略。

Nakatsuyama 对两个相邻的单向交叉路口组进行模糊逻辑控制，对下游的交叉路口的控制考虑了上游路口的交通状况，从而取得一个使整体通行延误时间降低的控制方案。Chiu 将模糊控制应用于一般的无转向运动的双向多交叉口的交通网络。系统采用高度分布式的结构，每个交叉路口利用本地采集来的交通数据自行调节其模糊控制器周期长，绿信比和相位差。每个交叉口采用相同的模糊规则来进行对周期长，绿信比和相位差进行调整，其中相位差参数的调节要和上游交叉路口的交通状况配合起来最小化主交通流方向上的停车次数。徐东玲等采用神经网络实现单交叉路口的模糊控制，这种控制方法利用了神经网络响应快的特点，适合对实时要求高，系统状态变化快的场合应用。但它仅仅采用了排队等待车辆数作为输入，对实际交叉路口的状态描述还不完善。陈洪等提出，对于一个两相位的孤立交叉口，模糊控制系统不仅仅考虑关键车流的交通参数，还考虑非关键车流的交通参数，并将非关键车流建立单独的模糊控制器，产生一个绿灯延长时间输出作为对关键车流模糊控制器

输出的一个补充。温慧英构造的模糊控制系统的输入为某一相位的红灯时间长和红信相位方向上的等待车辆数。

徐建闽采用红信相位上等待的车辆数和绿灯相位方向的路段车辆数作为输入。刘智勇将模糊控制应用到多相位系统，以当前相位的排队车辆数和下一相位的排队车辆数作为系统输入，输出为当前绿灯方向绿延时。Qinghui Lin 利用模糊系统去近似模拟一个孤立交叉口的最优配时方案，这样可以克服传统优化配时方案时耗过大的缺点，又可以让模糊控制系统达到近似优化的效果。

对区域交通控制系统采用模糊逻辑控制的研究已经展开了多年，从已有的成果来看，试图以简单的模糊控制系统来实现极为复杂的区域交通控制的想法不太现实。例如以前所作的工作偏重于理论研究，对实际交通状况做了过强的假设，和真实的交通系统相差太远；对于所有参数确定的模糊控制系统，在多变的交通环境中，控制器的效果就必然会受到影响。

李艳等人提出了一种基于模糊逻辑控制的交叉路口群信号控制器，通过收集由交叉路口检测器获得的车流量信息(绿灯相位车辆数、红灯相位等待车辆数、红灯相位等待时间)制定模糊控制规则，给出交叉路口绿灯相位和相位转换次序，以控制路口信号，并与相邻路口的信号进行协调。

赵建玉等人以城市主干道交叉口为研究对象，提出了一种实用的交通流模糊控制算法。在现有的模糊控制算法的基础上，增加了绿灯延时终止算法，该算法通过对绿灯延时的细微调整，防止了不必要的绿灯延时。

陈琳等人提出了一种新的通用多相位信号控制策略，根据实际交通状况交互建立单交叉口的通用模型，根据当前路口各车流向的车流量实时分布信息，及时调整相位数和各相位的车流向组合．实时传递路口交通情况，采用模糊控制策略，以车辆延误时间最小为优化目标，对单交叉口的信号相位和相位绿灯时间分别进行优化。设置一个等待时间变量和一个等待时间最大限制变量，当等待时间大于该限制时，即开始该相位。采用模糊专家控制的混合模糊控制策略对绿灯时间进行优化。采用交通流量作为输入、绿灯优化时间作为输出，进行模糊控制。

许伦辉等人将模糊控制器的输入量为当前相位绿灯方向的排队车辆数和相邻下一相位排队车辆数。输出为当前相位绿灯时间。采用遗传算法优化绿灯调整时间，将当前相位的绿灯时间与调整时间之和作为最终的当前相位绿灯时间。

赵建玉等人以偏差、偏差变化率作为输入，控制量作为输出，设计了模糊控制器、闭环模糊控制算法和开关控制。

4. 基于模糊控制的区域边界截流与卸流协调模型

从模糊控制算法在交通控制领域的应用可以知道，模糊控制基本上都是应用在单路口交通控制上。对于复杂的区域边界交通协调控制，目前还没有相关的研究。

(1) 基于区域边界模糊协调控制算法的提出

区域边界控制和单个路口控制最大的区别就是需要进行相邻区域及路口车流量的相关性分析。对于城市交通网络中任何区域，其到达车流量并不是随机产生的，而是相邻的上游区域释放车辆经过相互连接的路段到达的，因而相邻的区域信号配时和车流量对于指定区域状态有很大影响。

在路段上行驶的车流具有连续性和流动性，在车流到达路口时，由于下游区域交通负荷过高或者下游路段发生交通拥挤，车辆运行受到冲击，即车流速度减慢或停止运动，这种冲击波会影响到后面的车流，甚至影响到上游区域车辆的释放。同时，如果上游释放的大量车流进入高负荷的区域或者拥挤路段后，会加重该区域的交通负荷，导致更为严重的交通事故等问题。所以在区域边界交通信号控制器设计时必须考虑相邻的区域边界路段车流量的影响，即在计算区域边界车流量的大小时，应考虑从上游区域驶来的车流量和向下游路段驶去的车流量。

由于毗邻区域交叉口之间存在一定的相关性，所以实施孤立区域的信号控制难以有效提高整个交通路网的通行能力。为解决传统控制方法的不足，同时考虑毗邻区域交叉口流量之间的相关性，控制器必须充分利用区域内各交叉口的交通信息以及它们之间的关系。按照分散控制原则，我们在区域边界交叉口建立一个模糊控制器，对每个边界交叉口进行优化控制，为了补充由于各控制器相互独立而丢失的各交叉口相互耦合信息，我们采取如下措施：第一，一致性即控制器的输出要保证相邻的边界交叉口的交通信号在时间上一致，从而减少车辆延误；第二，当下游区域交通负荷过高或者下游路段发生交通拥挤时，要控制上游区域的边界交叉口的车辆驶出，从而避免下游路段以及下游区域出现严重堵塞。

鉴于文中考虑两种情况（分别是边界路段发生交通拥挤和下游区域出现高负荷）下的区域边界交叉口的交通控制方案，所以文中分别对应于这两种情况设计了两种模糊控制器。

(2) 交通拥挤情况下的模糊控制器设计

在自适应交通信号控制方案下，路口的绿信比的设定只是根据上游检测到的交通流量调整绿信比。当区域边界上交通拥挤发生时，如果只考虑上游检测到的交通流量而不考虑下游不同拥挤程度所导致的通行能力的降低，会导致下游交通拥挤程度的增加，更甚至导致严重的交通事故等恶性问题。

控制器的设计包括上游路口的模糊控制器设计和下游拥挤路口的模糊控制器设计。

①上游路口截流的模糊控制器设计

在该模块中，输入为上游的车辆到达交叉口的饱和度、下游的拥挤程度；输出为该信号交叉口绿信比的调整量。

上游的车辆到达交叉口的饱和度是上游检测器检测到的到达下游的交通流量与通行能力之比，其语言值为：VS(很小)、S(小)、M(中)、L(大)、VL(很大)；

上游的车辆到达交叉口的饱和度的论域为[0,1.25]，其隶属函数见表 2.21：

表 2.21　上游的车辆到达交叉口饱和度隶属函数

论域 \ 模糊集	A_1(VS)	A_2(S)	A_3(M)	A_4(L)	A_5(VL)
(0.0,0.25]	0.7	0.3	0	0	0
(0.25,0.45]	0.3	0.7	0	0	0
(0.45,0.65]	0	0.3	0.7	0	0
(0.65,0.85]	0	0	0.7	0.3	0
(0.85,1.05]	0	0	0	0.7	0.3
(1.05,1.25]	0	0	0	0.3	0.7

下游路段的拥挤程度是指根据下游路段的基础交通参数(流量、占有率、速度、行程时间等)进行交通状态判别而获得的拥挤程度，其语言值为：LC(轻微拥挤)、MC(较严重拥挤)、SC(严重拥挤)和 J(堵塞)。

下游路段的拥挤程度的论域为 1,2,3,4，其隶属函数见表 2.22：

表 2.22　下游路段的拥挤程度隶属函数

论域 \ 模糊集	B_1(LC)	B_2(MC)	B_3(SC)	B_4(J)
1	1	0	0	0
2	0	1	0	0
3	0	0	1	0
4	0	0	0	1

上游信号交叉口绿信比的调整量是指在该周期内对绿信比的调整量，其语言值为：NVS(负很小)、NS(负小)、NM(负中)、NL(负大)、NVL(负很大)。

绿信比的调整量的论域为[0,1.0]，其隶属函数见表 2.23：

表 2.23　绿信比的调节量的隶属函数

论域 \ 模糊集	C_1(NVS)	C_2(NS)	C_3(NM)	C_4(NL)	C_5(NVL)
(0.0,0.10]	1	0	0	0	0
(0.10,0.25]	0.3	0.7	0	0	0
(0.25,0.45]	0	0.3	0.7	0	0
(0.45,0.65]	0	0	0.7	0.3	0
(0.65,0.85]	0	0	0	0.7	0.3
(0.85,1.0]	0	0	0	0.3	0.7

模糊判断规则如表 2.24 所示：

表 2.24　模糊判断规则表

	A_1(VS)	A_2(S)	A_3(M)	A_4(L)	A_5(VL)
B_1(LC)	C_1(NVS)	C_1(NVS)	C_1(NVS)	C_1(NVS)	C_2(NS)
B_2(MC)	C_1(NVS)	C_2(NS)	C_2(NS)	C_3(NM)	C_3(NM)
B_3(SC)	C_2(NS)	C_3(NM)	C_3(NM)	C_4(NL)	C_4(NL)
B_4(J)	C_3(NM)	C_4(NL)	C_5(NVL)	C_5(NVL)	C_5(NVL)

即：

若 A_1 且 B_1 则 C_1；
若 A_1 且 B_2 则 C_1；
若 A_1 且 B_3 则 C_2；
若 A_1 且 B_4 则 C_3；
若 A_2 且 B_1 则 C_1；
若 A_2 且 B_2 则 C_2；
若 A_2 且 B_3 则 C_3；
若 A_2 且 B_4 则 C_4；
若 A_3 且 B_1 则 C_1；
若 A_3 且 B_2 则 C_2；
若 A_3 且 B_3 则 C_3；
若 A_3 且 B_4 则 C_5；
若 A_4 且 B_1 则 C_1；
若 A_4 且 B_2 则 C_3；
若 A_4 且 B_3 则 C_4；
若 A_4 且 B_4 则 C_5；
若 A_5 且 B_1 则 C_2；
若 A_5 且 B_2 则 C_3；
若 A_5 且 B_3 则 C_4；
若 A_5 且 B_4 则 C_5。

模糊关系 $R_i=\overline{(A_i^{\mathrm{T}}\cdot B_j)_i^{\mathrm{T}}}\cdot C_k$

$$R=\bigcup_{i=1}^{20} R_i$$

$A_1=[0.7\ 0.3\ 0\ 0\ 0\ 0\ 0]$；$A_2=[0.3\ 0.7\ 0.3\ 0\ 0\ 0]$；$A_3=[0\ 0\ 0.7\ 0.7\ 0\ 0]$；$A_4=[0\ 0\ 0\ 0.3\ 0.7\ 0.3]$；$A_5=[0\ 0\ 0\ 0\ 0.3\ 0.7]$

$B_1=[1\ 0\ 0\ 0]$；$B_2=[0\ 1\ 0\ 0]$；$B_3=[0\ 0\ 1\ 0]$；$B_4=[0\ 0\ 0\ 1]$

$C_1=[1\ 0.3\ 0\ 0\ 0\ 0]$；$C_2=[0\ 0.7\ 0.3\ 0\ 0\ 0]$；$C_3=[0\ 0\ 0.7\ 0.7\ 0\ 0]$；$C_4=[0\ 0\ 0\ 0.3\ 0.7\ 0.3]$；$C_5=[0\ 0\ 0\ 0\ 0.3\ 0.7]$

$$R_1=\overrightarrow{(A_1^{\mathrm{T}}\cdot B_1)_1^{\mathrm{T}}}\cdot C_1=\begin{bmatrix}0.7&0.3&0&0&0&0\\0&0&0&0&0&0\\0&0&0&0&0&0\\0&0&0&0&0&0\\0.3&0.3&0&0&0&0\\0&0&0&0&0&0\\\vdots&\vdots&\vdots&\vdots&\vdots&\vdots\\0&0&0&0&0&0\end{bmatrix}_{24\times 6}$$

$$R_2=\overrightarrow{(A_1^{\mathrm{T}}\cdot B_2)_2^{\mathrm{T}}}\cdot C_1=\begin{bmatrix}0&0&0&0&0&0\\0.7&0.3&0&0&0&0\\0&0&0&0&0&0\\0&0&0&0&0&0\\0&0&0&0&0&0\\0.3&0.3&0&0&0&0\\0&0&0&0&0&0\\\vdots&\vdots&\vdots&\vdots&\vdots&\vdots\\0&0&0&0&0&0\end{bmatrix}_{24\times 6}$$

系统模糊变换器矩阵 $\boldsymbol{R}$ 如表 2.25 所示。

表 2.25　模糊变换器矩阵

1	0.7	0.3	0	0	0	0
2	0.7	0.3	0.3	0	0	0
3	0	0.7	0.3	0.3	0	0
4	0	0	0.7	0.7	0.3	0.3
5	0.7	0.3	0	0	0	0
6	0.3	0.7	0.3	0	0	0
7	0	0.3	0.7	0.7	0	0
8	0	0	0.3	0.3	0.7	0.3
9	0.7	0.3	0	0	0	0
10	0	0.7	0.3	0	0	0

续上表

11	0	0	0.7	0.7	0	0
12	0	0	0	0.3	0.3	0.7
13	0.7	0.3	0	0	0	0
14	0	0.7	0.3	0.3	0	0
15	0	0	0.7	0.7	0.3	0.3
16	0	0	0	0	0.3	0.7
17	0.7	0.3	0.3	0	0	0
18	0	0	0.7	0.7	0	0
19	0	0	0	0.3	0.7	0.3
20	0	0	0	0	0.3	0.7
21	0.3	0.7	0.3	0	0	0
22	0	0	0.7	0.7	0	0
23	0	0	0	0.3	0.7	0.3
24	0	0	0	0	0.3	0.7

模糊控制器确定之后，由于 R 是输入交通状态和输出控制量之间的模糊关系，当给定系统输入交通状态为 D_0 时，按照模糊推理原则，D_0 经过模糊变换器的输出为

$$C_0 = D_0 \cdot R$$

$$D_0 = \overrightarrow{(A_0^{\mathrm{T}} \cdot B_0)}_i \tag{2.72}$$

当 $A_0 = A_4, B_0 = B_3$ 时，$A_0^{\mathrm{T}} \cdot B_0 = \begin{bmatrix} 0 & 0 & 0 & 0 \\ 0 & 0 & 0 & 0 \\ 0 & 0 & 0 & 0 \\ 0 & 0 & 0.3 & 0 \\ 0 & 0 & 0.7 & 0 \\ 0 & 0 & 0.3 & 0 \end{bmatrix}$

$C_0 = [0 \quad 0 \quad 0.3 \quad 0.3 \quad 0.7 \quad 0.3]$

模糊判决方法采用最大隶属度原则，在模糊控制的输出集合 C_0 中选取隶属度最大的元素作为输出控制量。

在本章中选取 0.7 所对应的调整量[0.65 0.85]作为最终的控制量。即减少当前相位的绿信比时间 65%～85%，并将这部分绿信比时间给予与拥堵方向相交叉的方向。计算完毕后，判断当前相位的状态，如果是红灯，则将该调整量运用于下一个绿灯时间；如果是绿灯，则判断当前绿灯相位已经执行的时间，若已经执行了相位的

35%～15%，则截止当前的绿灯相位转换为黄灯时间，并从下一个周期起执行该调整后的绿灯时间。

②下游路口卸流的模糊控制器设计

与上游路口的模糊控制器设计类似，下游路口的模糊控制设计也包含有绿信比调整模块。在该模块中，输入为上游交叉口的车辆到达交叉口的饱和度、下游的拥挤程度；输出为下游交叉口的绿灯延长时间。

上游交叉口的车辆到达交叉口的饱和度的语言值与上游路口的模糊控制器设计的语言值及隶属度函数相同。下游的拥挤程度的语言值与上游路口的模糊控制器设计的语言值及隶属度函数相同。下游交叉口的绿信比调整量的语言值为PVS(正很小)、PS(正小)、PM(正中)、PL(正大)、PVL(正很大)。

绿灯延长时间的隶属函数见表2.26和表2.27：

表 2.26 绿灯延长时间隶属函数表

论域 \ 模糊集	E_1(PVS)	E_2(PS)	E_3(PM)	E_4(PL)	E_5(PVL)
0～10	1	0.5	0	0	0
10～20	0.5	1	0	0	0
20～35	0	0	0.7	0.3	0
35～55	0	0	0.8	0.5	0
55～70	0	0	0	1	0.5
70～	0	0	0	0.5	1

表 2.27 下游路口卸流模糊规则表

	A_1(VS)	A_2(S)	A_3(M)	A_4(L)	A_5(VL)
B_1(LC)	E_1(PVS)	E_1(PVS)	E_1(PVS)	E_1(PVS)	E_2(PS)
B_2(MC)	E_1(PVS)	E_2(PS)	E_2(PS)	E_3(PM)	E_3(PM)
B_3(SC)	E_2(PS)	E_3(PM)	E_3(PM)	E_4(PL)	E_4(PL)
B_4(J)	E_3(PM)	E_4(PL)	E_5(PVL)	E_5(PVL)	E_5(PVL)

模糊关系 $RR_i = \overrightarrow{(A_i^{\mathrm{T}} \cdot B_j)_i^{\mathrm{T}}} \cdot E_k$

$$RR = \bigcup_{i=1}^{20} RR_i$$

$A_1 = [0.7\ 0.3\ 0\ 0\ 0]$；$A_2 = [0.3\ 0.7\ 0.3\ 0\ 0]$；$A_3 = [0\ 0\ 0.7\ 0.7\ 0]$；$A_4 = [0\ 0\ 0\ 0.3\ 0.7\ 0.3]$；$A_5 = [0\ 0\ 0\ 0\ 0.3\ 0.7]$

$B_1 = [1\ 0\ 0\ 0]$；$B_2 = [0\ 1\ 0\ 0]$；$B_3 = [0\ 0\ 1\ 0]$；$B_4 = [0\ 0\ 0\ 1]$

$E_1=[1\ 0.5\ 0\ 0\ 0\ 0]$；$E_2=[0.5\ 1\ 0\ 0\ 0\ 0]$；$E_3=[0\ 0\ 0.7\ 0.8\ 0\ 0]$；$E_4=[0\ 0\ 0.3\ 0.5\ 1\ 0.5]$；$E_5=[0\ 0\ 0\ 0\ 0.5\ 1]$

模糊关系矩阵如表 2.28 所示：

表 2.28　下游路口卸流模糊关系矩阵表

0.7	0.5	0	0	0	0
0.7	0.5	0	0	0	0
0.5	0.7	0.3	0.3	0	0
0	0	0.7	0.7	0.3	0.3
0.7	0.5	0	0	0	0
0.5	0.7	0	0	0	0
0.3	0.3	0.7	0.7	0	0
0	0	0.3	0.5	0.7	0.5
0.7	0.5	0	0	0	0
0.5	0.7	0	0	0	0
0	0	0.7	0.7	0	0
0	0	0.3	0.3	0.5	0.7
0.7	0.5	0	0	0	0
0.5	0.7	0.3	0.3	0	0
0	0	0.7	0.7	0.3	0.3
0	0	0	0	0.5	0.7
0.7	0.5	0	0	0	0
0	0	0.7	0.7	0	0
0	0	0.3	0.5	0.7	0.5
0	0	0	0	0.5	0.7
0.5	0.7	0	0	0	0
0	0	0.7	0.7	0	0
0	0	0.3	0.5	0.7	0.5
0	0	0	0	0.5	0.7

模糊控制器确定之后，由于 RR 是输入交通状态和输出控制量之间的模糊关系，当给定系统输入交通状态为 F_0 时，按照模糊推理原则，F_0 经过模糊变换器的输出为

$$E_0=F_0\cdot RR$$

$$F_0=\overrightarrow{(A_0^{\mathrm{T}}\cdot B_0)_i} \tag{2.73}$$

当 $A_0=A_1, B_0=B_1$ 时，$A_0^{\mathrm{T}} \cdot B_0=\begin{bmatrix} 0.7 & 0 & 0 & 0 \\ 0.3 & 0 & 0 & 0 \\ 0 & 0 & 0 & 0 \\ 0 & 0 & 0 & 0 \\ 0 & 0 & 0 & 0 \\ 0 & 0 & 0 & 0 \end{bmatrix}$

$E_0=[0.7 \quad 0.5 \quad 0 \quad 0 \quad 0 \quad 0]$

模糊判决方法采用最大隶属度原则，在模糊控制的输出集合 E_0 中选取隶属度最大的元素作为输出控制量。

在本章中选取 0.7 所对应的调整量 0～10 s 作为最终的绿灯延长时间。

(3) 区域高负荷情况下的模糊控制器设计

在自适应交通信号控制方案下，路口的绿信比的设定只是根据上游检测到的交通流量调整绿信比。当某区域的平均饱和度过高时，如果只考虑上游检测到的交通流量而不考虑下游区域的平均饱和度过高所导致的通行能力的降低，会导致整个下游区域的负荷的增加，可能导致严重的交通事故等恶性问题。

模糊控制器的设计包括区域上游交叉口的模糊控制器设计和区域下游交叉口的模糊控制器设计。

① 区域上游边界交叉口截流的模糊控制器设计

该模糊控制器的输入为到达上游区域边界交叉口的饱和度，下游区域的平均负荷度，输出为上游边界交叉口的绿灯调节量。

到达上游区域边界交叉口的饱和度的语言值为 VS(很小)、S(小)、M(中)、L(大)、VL(很大)。上游的车辆到达交叉口的饱和度的论域为[0,1.25]，其隶属函数见表 2.33：

表 2.29 上游区域边界交叉口的饱和度的隶属函数

论域 \ 模糊集	AA_1(VS)	AA_2(S)	AA_3(M)	AA_4(L)	AA_5(VL)
(0.0,0.25]	0.7	0.3	0	0	0
(0.25,0.45]	0.3	0.7	0	0	0
(0.45,0.65]	0	0.3	0.7	0	0
(0.65,0.85]	0	0	0.7	0.3	0
(0.85,1.05]	0	0	0	0.7	0.3
(1.05,1.25]	0	0	0	0.3	0.7

下游区域的平均负荷度的语言值为 SH(稍高)、MH(较高)、H(高)、VH(很高)。

其论域为[0.7,1.2]，隶属度函数见表 2.30：

表 2.30　下游区域的平均负荷度隶属函数

论域 \ 模糊集	BB_1(SH)	BB_2(MH)	BB_3(H)	BB_4(VH)
(0.7,0.8]	1	0.3	0	0
(0.8,0.9]	0.3	1	0.3	0
(0.9,1.0]	0	0.7	0.8	0
(1.0,1.1]	0	0	1	0.5
(1.1,1.2]			0.5	1

绿灯时间的调节量的语言值为 NVS(负很小)、NS(负小)、NM(负中)、NL(负大)、NVL(负很大)。其隶属度函数见表 2.31。

表 2.31　绿灯时间的调节量隶属函数

论域 \ 模糊集	CC_1(NVS)	CC_2(NS)	CC_3(NM)	CC_4(NL)	CC_5(NVL)
(0,5]	1	0.5	0	0	0
(5,15]	0.5	1	0	0	0
(15,25]	0	0.3	1	0.5	0
(25,35]	0	0	0.8	0.7	0
(35,45]	0	0	0	1	0.5
>45	0	0	0	0.5	1

模糊规则如表 2.32 所示：

表 2.32　上游区域边界交叉口模糊规则表

	AA_1(VS)	AA_2(S)	AA_3(M)	AA_4(L)	AA_5(VL)
BB_1(SH)	CC_1(NVS)	CC_1(NVS)	CC_1(NVS)	CC_1(NVS)	CC_2(NS)
BB_2(MH)	CC_1(NVS)	CC_2(NS)	CC_2(NS)	CC_3(NM)	CC_3(NM)
BB_3(H)	CC_2(NS)	CC_3(NM)	CC_3(NM)	CC_4(NL)	CC_4(NL)
BB_4(VH)	CC_3(NM)	CC_4(NL)	CC_5(NVL)	CC_5(NVL)	CC_5(NVL)

模糊关系 $HR_i=\overrightarrow{(AA_{\rm i}^{\rm T}BB_j)_{\rm i}^{\rm T}}\cdot CC_k$

$$HR=\bigcup_{i=1}^{20}HR_i$$

$AA_1=[0.7\ 0.3\ 0\ 0\ 0\ 0]$；$AA_2=[0.3\ 0.7\ 0.3\ 0\ 0\ 0]$；$AA_3=[0\ 0\ 0.7\ 0.7\ 0\ 0]$；$AA_4=[0\ 0\ 0\ 0.3\ 0.7\ 0.3]$；$AA_5=[0\ 0\ 0\ 0\ 0.3\ 0.7]$

$BB_1=[1\ 0.3\ 0\ 0\ 0]$；$BB_2=[0.3\ 1\ 0.7\ 0\ 0]$；$BB_3=[0\ 0.3\ 0.8\ 1\ 0.5]$；$BB_4=[0\ 0\ 0\ 0.5\ 1]$

$CC_1=[1\ 0.5\ 0\ 0\ 0\ 0]$；$CC_2=[0.5\ 1\ 0.3\ 0\ 0\ 0]$；$CC_3=[0\ 0\ 1\ 0.8\ 0\ 0]$；$CC_4=[0\ 0\ 0.5\ 0.7\ 1\ 0.5]$；$CC_5=[0\ 0\ 0\ 0\ 0.5\ 1]$

模糊关系 HR 的矩阵如表 2.33 所示：

表 2.33　模糊关系 HR 的矩阵表

0.7	0.5	0.3	0	0	0
0.7	0.5	0.3	0.3	0	0
0.7	0.7	0.3	0.3	0	0
0.5	0.7	0.5	0.5	0.3	0.3
0.5	0.5	0.7	0.7	0.3	0.3
0.7	0.5	0.3	0	0	0
0.5	0.7	0.3	0.3	0	0
0.5	0.7	0.7	0.7	0	0
0.3	0.3	0.7	0.7	0.5	0.5
0.3	0.3	0.5	0.7	0.7	0.5
0.7	0.5	0.3	0	0	0
0.5	0.7	0.3	0.3	0	0
0.5	0.7	0.7	0.7	0	0
0	0	0.7	0.7	0.5	0.5
0	0	0.5	0.5	0.5	0.7
0.7	0.5	0.3	0.3	0	0
0.5	0.7	0.3	0.3	0.3	0.3
0.5	0.7	0.7	0.7	0.3	0.3
0	0	0.7	0.7	0.5	0.5
0	0	0.5	0.5	0.5	0.7
0.7	0.5	0.3	0.3	0	0
0.3	0.3	0.7	0.7	0.3	0.3
0	0	0.7	0.7	0.7	0.5
0	0	0.5	0.7	0.7	0.5
0	0	0.5	0.5	0.5	0.7
0.5	0.7	0.3	0.3	0	0
0.3	0.3	0.7	0.7	0.3	0.3
0	0	0.7	0.7	0.7	0.5
0	0	0.5	0.5	0.7	0.5
0	0	0.5	0.5	0.5	0.7

模糊控制器确定之后，由于 HR 是输入交通状态和输出控制量之间的模糊关系，当给定系统输入交通状态为 DD_0 时，按照模糊推理原则，DD_0 经过模糊变换器的输出为

$$CC_0 = DD_0 \cdot HR$$

$$DD_0 = \overrightarrow{(AA_0^{\mathrm{T}} BB_0)}_i \tag{2.74}$$

当 $AA_0 = AA_4$，$BB_0 = BB_3$ 时，$AA_0^{\mathrm{T}} \cdot BB_0 = \begin{bmatrix} 0 & 0 & 0 & 0 & 0 \\ 0 & 0 & 0 & 0 & 0 \\ 0 & 0 & 0 & 0 & 0 \\ 0 & 0.3 & 0.3 & 0.3 & 0.3 \\ 0 & 0.3 & 0.7 & 0.7 & 0.5 \\ 0 & 0.3 & 0.3 & 0.3 & 0.3 \end{bmatrix}$

$CC_0 = [0.3\ \ 0.3\ \ 0.7\ \ 0.7\ \ 0.7\ \ 0.5]$

模糊判决方法采用最大隶属度原则，在模糊控制的输出集合 CC_0 中选取隶属度最大的元素 0.7 作为输出控制量。即当上游交叉口的到达车辆饱和度大，下游区域的交通负荷高时，上游交叉口的绿灯时间减少 15～45 s。

②区域下游边界交叉口卸流的模糊控制器设计

该模糊控制器的输入为到达下游边界交叉口的饱和度和该区域的平均负荷度，输出为下游边界交叉口的绿灯调节量。该模糊控制器的输入与上游边界交叉口的模糊控制器的输入相同，输出的绿灯调节量语言值为 PVS(正很小)、PS(正小)、PM(正中)、PL(正大)、PVL(正很大)。

绿灯延长时间的隶属函数见表 2.34：

表 2.34　绿灯延长时间的隶属函数表

论域 \ 模糊集	EE_1(PVS)	EE_2(PS)	EE_3(PM)	EE_4(PL)	EE_5(PVL)
0～10	1	0.5	0	0	0
10～20	0.5	1	0	0	0
20～35	0	0	0.7	0.3	0
35～55	0	0	0.8	0.5	0
55～70	0	0	0	1	0.5
70～	0	0	0	0.5	1

模糊规则见表 2.35：

表 2.35 区域下游交叉口卸流模糊规则表

	AA_1(VS)	AA_2(S)	AA_3(M)	AA_4(L)	AA_5(VL)
BB_1(SH)	EE_1(PVS)	EE_1(PVS)	EE_1(PVS)	EE_1(PVS)	EE_2(PS)
BB_2(MH)	EE_1(PVS)	EE_2(PS)	EE_2(PS)	EE_3(PM)	EE_3(PM)
BB_3(H)	EE_2(PS)	EE_3(PM)	EE_3(PM)	EE_4(PL)	EE_4(PL)
BB_4(VH)	EE_3(PM)	EE_4(PL)	EE_5(PVL)	EE_5(PVL)	EE_5(PVL)

模糊关系 $HRR_i=\overrightarrow{(AA_i^{\mathrm{T}}\cdot BB_j)_1^{\mathrm{T}}EE_k}$

$$HRR=\bigcup_{i=1}^{20}HRR_i$$

$AA_1=[0.7\ 0.3\ 0\ 0\ 0\ 0]$；$AA_2=[0.3\ 0.7\ 0.3\ 0\ 0\ 0]$；$AA_3=[0\ 0\ 0.7\ 0.7\ 0\ 0]$；$AA_4=[0\ 0\ 0\ 0.3\ 0.7\ 0.3]$；$AA_5=[0\ 0\ 0\ 0\ 0.3\ 0.7]$

$BB_1=[1\ 0.3\ 0\ 0\ 0]$；$BB_2=[0.3\ 1\ 0.7\ 0\ 0]$；$BB_3=[0\ 0.3\ 0.8\ 1\ 0.5]$；$BB_4=[0\ 0\ 0\ 0.5\ 1]$

$EE_1=[1\ 0.5\ 0\ 0\ 0\ 0]$；$EE_2=[0.5\ 1\ 0\ 0\ 0\ 0]$；$EE_3=[0\ 0\ 0.7\ 0.8\ 0\ 0]$；$EE_4=[0\ 0\ 0.3\ 0.5\ 1\ 0.5]$；$EE_5=[0\ 0\ 0\ 0\ 0.5\ 1]$

模糊关系 HRR 的矩阵如表 2.36 所示：

表 2.36 模糊关系 ***HRR*** 的矩阵表

0.7	0.5	0	0	0	0
0.7	0.5	0.3	0.3	0	0
0.7	0.7	0.3	0.3	0	0
0.5	0.7	0.5	0.5	0.3	0.3
0.5	0.5	0.7	0.7	0.3	0.3
0.7	0.5	0	0	0	0
0.5	0.7	0.3	0.3	0	0
0.5	0.7	0.7	0.7	0	0
0.3	0.3	0.7	0.7	0.5	0.5
0.3	0.3	0.5	0.5	0.7	0.5
0.7	0.5	0	0	0	0
0.5	0.7	0.3	0.3	0	0
0.5	0.7	0.7	0.7	0	0
0	0	0.7	0.7	0.5	0.5
0	0	0.5	0.5	0.5	0.7

续上表

0.7	0.5	0.3	0.3	0	0
0.5	0.7	0.3	0.3	0.3	0.3
0.5	0.7	0.7	0.7	0.3	0.3
0	0	0.7	0.7	0.5	0.5
0	0	0.5	0.5	0.5	0.7
0.7	0.5	0.3	0.3	0	0
0.3	0.3	0.7	0.7	0.3	0.3
0	0	0.7	0.7	0.7	0.5
0	0	0.3	0.5	0.7	0.5
0	0	0.3	0.5	0.5	0.7
0.5	0.7	0.3	0.3	0	0
0.3	0.3	0.7	0.7	0.3	0.3
0	0	0.7	0.7	0.7	0.5
0	0	0.3	0.5	0.7	0.5
0	0	0.3	0.5	0.5	0.7

模糊控制器确定之后，由于 HRR 是输入交通状态和输出控制量之间的模糊关系，当给定系统输入交通状态为 FF_0 时，按照模糊推理原则，FF_0 经过模糊变换器的输出为

$$EE_0 = FF_0 \cdot HRR$$

$$FF_0 = (\overrightarrow{AA_0^{\mathrm{T}} \cdot BB_0})\text{；} \tag{2.75}$$

当 $AA_0 = AA_1, BB_0 = BB_1$ 时，$AA_0^{\mathrm{T}} \cdot BB_0 = \begin{bmatrix} 0.7 & 0.3 & 0 & 0 \\ 0.3 & 0.3 & 0 & 0 \\ 0 & 0 & 0 & 0 \\ 0 & 0 & 0 & 0 \\ 0 & 0 & 0 & 0 \\ 0 & 0 & 0 & 0 \end{bmatrix}$

$EE_0 = [0.7\quad 0.5\quad 0.3\quad 0.3\quad 0\quad 0]$

模糊判决方法采用最大隶属度原则，在模糊控制的输出集合 E_0 中选取隶属度最大的元素作为输出控制量。

在本章中选取 0.7 所对应的调整量 0～10 s 作为最终的绿灯延长时间。

5. 基于双层规划的递阶协调优化控制模型

从图 2.54 中可以看出，区域 1 和区域 2 相邻，子区 1 和子区 2 是相邻子区。车辆从经过子区 1 进入子区 2 时，由于边界的信号配时方案矛盾，所以车辆必须在边界

停车等待多次才能通过子区 2。子区 1 和子区 2 的信号周期时长不同，很难用相位差进行这两个子区间的协调。在这种情况下，需要用基于递阶优化的双层协调模型来实现子区 1 和子区 2 之间的协调，保证车辆在区域间的通行顺畅(在连线或连线下游并没有发生交通事件、交通拥挤或某区域交通负荷不大的情况下)。

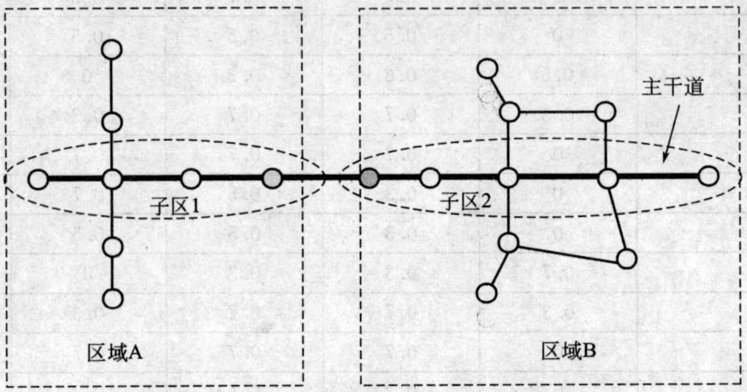

图 2.54　主干道所属不同区域的区域边界协调图示

该模型适用的条件为：相邻区域的交通流量尚未达到通行能力，饱和度不高；同时两个区域及区域边界并没有交通事件或交通拥挤发生；需要协调的交通流方向是主干道方向，与之相交叉的方向交通流量不大的次干道或支路。

其中，两个子区内分别有各自的控制性能函数(Performance Index)，为了使得子区间通行顺畅，则在协调层为两个子区设置一个公用的控制性能函数。该控制性能函数是从两个子区的总体来考虑而设置的。其目标是使得延误和停车次数最小，保证顺畅。

在上述条件下，子区 1 和子区 2 的递阶协调优化模型如图 2.55：

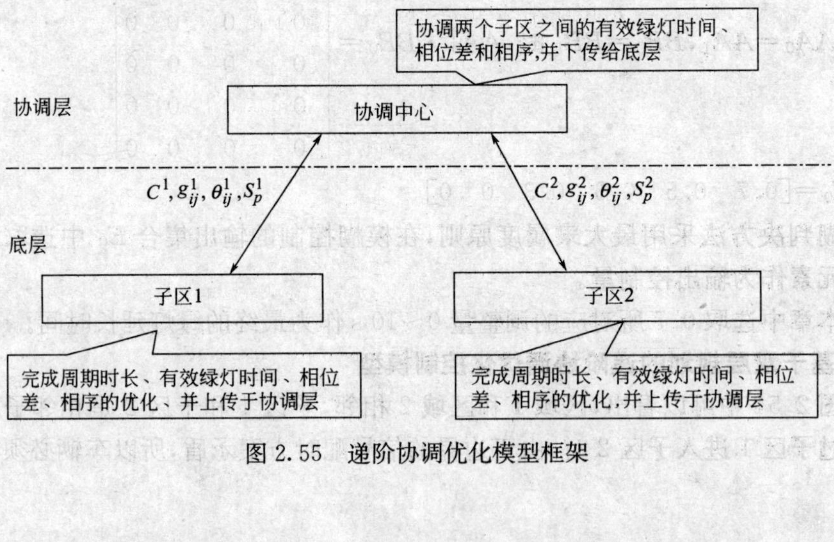

图 2.55　递阶协调优化模型框架

（1）协调层函数（上层）

协调目标函数如下式所示：

目标函数：

$$\min f(C^1,C^2,\theta_i^1,\theta_i^2,g_{ij}^2,g_{ij}^1) \tag{2.76}$$

$$f(\cdot)=\sum_{i=1}^{N+M} w_1 d_i + w_2 h_i \tag{2.77}$$

约束条件：

$$w_1+w_2=1 \tag{2.78}$$

$$0\leqslant\theta_i^1<C^1-1,\qquad i=1,\cdots,N \tag{2.79}$$

$$0\leqslant\theta_i^2<C^2-1,\qquad i=N+1,\cdots,M+N \tag{2.80}$$

$$C_{\min}^1\leqslant C^1\leqslant C_{\max}^1 \tag{2.81}$$

$$C_{\min}^2\leqslant C^2\leqslant C_{\max}^2 \tag{2.82}$$

$$g_{ij\min}\leqslant g_{ij}\leqslant g_{ij\max}\qquad i=1,\cdots,N+M \tag{2.83}$$

$$\sum_{j=1}^{p_i} g_{ij} = C^1 - L_i, i = 1,\cdots,N \tag{2.84}$$

$$\sum_{j=1}^{p_i} g_{ij} = C^2 - L_i, i = N+1,\cdots,N+M \tag{2.85}$$

$$g_{ij},C^1,\theta_i^1\geqslant 0\qquad i=1,\cdots,N \tag{2.86}$$

$$g_{ij},C^2,\theta_i^2\geqslant 0\qquad i=N,\cdots,N+M \tag{2.87}$$

$$C_{\min}^1=\max\left\{\left(\sum_{j=1}^{p_i} g_{ij\min}+\sum_{j=1}^{p_i} I_{ij}\right)\right\}\qquad i=1,\cdots,N \tag{2.88}$$

$$C_{\min}^2=\max\left\{\left(\sum_{j=1}^{p_i} g_{ij\min}+\sum_{j=1}^{p_i} I_{ij}\right)\right\}\qquad i=N+1,\cdots,N+M \tag{2.89}$$

$$C_{\max}^1=180 \tag{2.90}$$

$$C_{\max}^2=180 \tag{2.91}$$

$$g_{ij\min}=7\mathrm{s}\qquad i=1,\cdots,N+M \tag{2.92}$$

$$g_{ij\max}=\begin{cases} C^1-\sum_{j=1}^{p_i} I_{ij}-\sum_{j=1}^{p_i} g_{ij\min} & i=1,\cdots,N \\ C^2-\sum_{j=1}^{p_i} I_{ij}-\sum_{j=1}^{p_i} g_{ij\min} & i=N+1,\cdots,N+M \end{cases} \tag{2.93}$$

$$L_i = \sum_{j=1}^{p_i} Ls + I_{ij} + A_{ij}\qquad i = 1,\cdots,N+M \tag{2.94}$$

$$y_{ij}=\frac{q_{ij}}{S_{ij}} \tag{2.95}$$

$$x_{ij}=\frac{q_{ij}}{Cap_{ij}} \tag{2.96}$$

$$h_i=\begin{cases}\sum_{j=1}^{p_i}0.9\frac{(C^1-g_{ij})}{1-y_{ij}} & i=1,\cdots,N\\ \sum_{j=1}^{p_i}0.9\frac{(C^2-g_{ij})}{1-y_{ij}} & i=N+1,\cdots,N+M\end{cases} \tag{2.97}$$

$$d_i=\begin{cases}\sum_{j=1}^{p_i}\frac{C^1(1-g_{ij}/C^1)^2}{2(1-y_{ij})}+\sum_{j=1}^{p_i}\frac{(x_{ij})^2}{2q_{ij}(1-x_{ij})} & i=1,\cdots,N\\ \sum_{j=1}^{p_i}\frac{C^2(1-g_{ij}/C^2)^2}{2(1-y_{ij})}+\sum_{j=1}^{p_i}\frac{(x_{ij})^2}{2q_{ij}(1-x_{ij})} & i=N+1,\cdots,N+M\end{cases} \tag{2.98}$$

式中 $f(\cdot)$——两个子区的 PI 函数；

w_1,w_2——PI 函数中延误和停车次数的权重；

N,M——A 和 B 两个子区的交叉口个数；

d_i——第 i 个交叉口的总延误；

h_i——第 i 个交叉口的总停车次数；

g_{ij}——第 i 个交叉口第 j 个相位的绿灯时间；

p_i——第 i 个交叉口的相位个数；

q_{ij}——第 i 个交叉口第 j 个相位的到达流量；

S_{ij}——第 i 个交叉口第 j 个相位的饱和流量；

Cap_{ij}——第 i 个交叉口第 j 个相位的通行能力；

y_{ij}——第 i 个交叉口第 j 个相位的流量比；

x_{ij}——第 i 个交叉口第 j 个相位的饱和度；

θ_i^1,θ_i^2——子区 A 和子区 B 的第 i 个交叉口的相位差；

C^1,C^2——子区 A 和子区 B 的周期长度；

$C_{\min}^1,C_{\max}^2$——子区 A 的最小周期长度和最大周期长度；

$C_{\min}^2,C_{\max}^2$——子区 B 的最小周期长度和最大周期长度；

$g_{ij\min},g_{ij\max}$——第 i 个交叉口第 j 个相位的最小绿灯时间和最大绿灯时间；

L_i——第 i 个交叉口的总损失时间；

I_{ij}——第 i 个交叉口第 j 个相位的间隔时间；

Ls——启动损失时间，通常取 3 s；

A_{ij}——第 i 个交叉口第 j 个相位的黄灯时间，一般取 3 s。

(2) 子区函数(下层)

对于子区 A：

目标函数：

$$\min f(C^1, \theta_i^1, g_{ij}^1, Sp^1) \tag{2.99}$$

$$f(\cdot) = \sum_{i=1}^{N} w_1^1 d_i + w_2^1 h_i + w_3^1 \mu_i \tag{2.100}$$

约束条件：

$$w_1^1 + w_2^1 + w_3^1 = 1 \tag{2.101}$$

约束条件与公式(2.78)～公式(2.94)相同。

$$L_i = \sum_{j=1}^{p_i} Ls + I_{ij} + A_{ij} \quad i = 1, \cdots, N \tag{2.102}$$

$$d_i = \sum_{j=1}^{p_i} \frac{C^1 (1 - g_{ij}/C^1)^2}{2(1 - y_{ij})} + \sum_{j=1}^{p_i} \frac{(x_{ij})^2}{2q_{ij}(1 - x_{ij})} \quad i = 1, \cdots, N \tag{2.103}$$

$$h_i = \sum_{j=1}^{p_i} 0.9 \frac{(C^1 - g_{ij})}{1 - y_{ij}} \quad i = 1, \cdots, N \tag{2.104}$$

$$\mu_i = \frac{ge_i}{C^1} \quad i = 1, \cdots, N \tag{2.105}$$

$$ge_i = C^1 - L_i + \sum_{j=1}^{p_i} A_{ij} \quad i = 1, \cdots, N \tag{2.106}$$

式中　w_1^1, w_2^1, w_3^1——子区 A 的延误、停车次数以及绿灯时间饱和度的权重；

μ_i——第 i 个交叉口的绿灯时间饱和度；

ge_i——第 i 个交叉口的有效绿灯时间。

对于子区 B：

目标函数：

$$\min f(C^2, \theta_i^2, g_{ij}^2, Sp^2) \tag{2.107}$$

$$f(\cdot) = \sum_{i=N+1}^{M} w_1^2 d_i + w_2^2 h_i + w_3^2 \mu_i + w_4^2 J_i \tag{2.108}$$

约束条件：

$$w_1^2 + w_2^2 + w_3^2 + w_4^2 = 1 \tag{2.109}$$

约束条件与公式(2.78)～公式(2.94)相同。

$$g_{ij\max} = C^2 - \sum_{j=1}^{p_i} I_{ij} - \sum_{j=1}^{p_i} g_{ij\min} \quad i = N+1, \cdots, N+M \tag{2.110}$$

$$L_i = \sum_{j=1}^{p_i} Ls + I_{ij} + A_{ij} \qquad i = N+1,\cdots,N+M \tag{2.111}$$

$$d_i = \sum_{j=1}^{p_i} \frac{C^2(1-g_{ij}/C^2)^2}{2(1-y_{ij})} + \sum_{j=1}^{p_i} \frac{(x_{ij})^2}{2q_{ij}(1-x_{ij})} \qquad i = N+1,\cdots,N+M \tag{2.112}$$

$$h_i = \sum_{j=1}^{p_i} 0.9 \frac{(C^2 - g_{ij})}{1-y_{ij}} \qquad i = N+1,\cdots,N+M \tag{2.113}$$

$$\mu_i = \frac{ge_i}{C^1} \qquad i = N+1,\cdots,N+M \tag{2.114}$$

$$ge_i = C^2 - L_i + \sum_{j=1}^{p_i} A_{ij} \qquad i = N+1,\cdots,N+M \tag{2.115}$$

$$J_i = \frac{T_i}{TJ_i} \qquad i = N+1,\cdots,N+M \tag{2.116}$$

式中 $w_1^2, w_2^2, w_3^2, w_4^2$——子区 B 的延误、停车次数、绿灯时间饱和度以及拥挤系数的权重；

J_i——第 i 个交叉口的拥挤系数；

T_i——第 i 个路段的行程时间；

TJ_i——第 i 个路段的拥挤状态下的行程时间。

3.4.3.4 基于遗传算法的双层递阶协调模型的求解

1. 遗传算法的基本原理

Holland 创建的遗传算法(Genetic Algorithm，GA)是一种基于自然选择原理和群体遗传学机制的参数全局搜索(寻优)方法。在优化算法中，传统的方法是从一个点开始搜索，易于陷入局部最优解。而遗传算法在搜索中同时考虑了问题解空间的许多点(一个点群)搜索。像一张网罩在地形上，从而大大减少陷入局部的最优解的可能性。此外，在传统的算法中，需要提供一些辅助信息，而遗传算法仅利用问题本身所具有的目标函数的信息。它不受搜索空间的限制，不必要求诸如连续性、导数存在和单峰等假设。更重要的一点是和传统算法比较起来，遗传算法具有顽强的鲁棒性。正因为如此，遗传算法在优化、机器学习和并行处理等领域得到了越来越广泛的应用。

遗传算法是一种概率搜索算法，它是利用某种编码技术作用于称为染色体(基因组合)的二进制数串(十进制数串或其他码串)，其基本思想是模拟由这些串(也称为个体)组成的群体的进化过程。遗传算法中用到的唯一信息是实际出现在群体中的个体适应值，适应值一般定义为问题的目标函数值，它可以是利润、效用、得分或其他一些值。遗传算法通过有组织地然而又是随机地信息交换来重新组合那些适应性好的串。在每一代，利用上一代串结构中适应性好的串通过一些遗传算子来生成一个新的串群体。遗传算法中最基本的算子是复制、交叉和变异。

(1) 复制算子

复制算子把当前群体中的个体按与适应值成比例的概率复制到新的群体中。复制算子把上一代的个体信息传递到下一代是有选择的，每一代中每一个个体，按照其适应值函数值的大小决定它能够复制到下一代的概率。复制选择法可采用一种最常用的技术——赌盘选择来实现，其基本步骤为：

- 将群体中所有串适应值相加求总和；
- 产生一个介于 0 和总和之间的随机数 m；
- 从群体中编号为 1 的串开始，将其适应值与后继串的适应值相加。一旦累加和等于或大于所产生的随机数 m，就停止求和，其中最后加进去的串就是所要选择的串。

赌盘选择的结果是适应值较小的个体由于复制概率小而逐渐被淘汰，而适应值较大的个体由于复制概率大，不仅可以复制，而且可以拥有不只一个后代。通过复制，使得群体中优秀的个体的数目不断增加，整个进化过程朝着目标更优的方向进行。

(2) 交叉算子

复制算子只能在现有群体内寻优，它不能产生与父代不同的个体，不能扩大搜索空间，为此引入了交叉算子。交叉算子是从父代中随机的选取两个个体，两个个体之间按照一定的概率交换其部分基因，产生两个新的基因组合。每个子代串都包含了两个父代串的遗传物质。这正是模拟了自然生态系统中双亲繁殖，子代从父代中获得遗传信息的过程。因而交叉算子有可能从父代获得各自有利的遗传特性，从而产生适应力更强的个体。交叉算子有多种，其中最简单的、也是应用最广的是单点交叉方式。如图 2.56 所示，为两个父代个体在第四位后进行交叉产生两个新的个体的过程。

$$X=a_1a_2a_3a_4a_5a_6a_7a_8 \quad [00000000]$$
$$Y=b_1b_2b_3b_4b_5b_6b_7b_8 \quad [11111111]$$
$$\Downarrow$$
$$X=a_1a_2a_3a_4a_5a_6a_7a_8 \quad [000001111]$$
$$Y=b_1b_2b_3b_4b_5b_6b_7b_8 \quad [11110000]$$

图 2.56　基因交叉算子示意图

(3) 变异算子

复制算子的作用效果是提高了群体的平均适应值，但损失了群体的多样性。为了弥补由于复制过程而带来的多样性不足，引入变异算子。变异算子的作用是以一个很小的概率随机地改变染色体的某些位。对于二进制串，就是将相应的位从 0 变成 1 或者从 1 变成 0。变异算子改变了群体的多样性，扩大了问题的搜索空间。

三种遗传算子有机的结合使用，可以利用已有的信息来搜寻那些有希望改善问题的求解串。从而使问题得到最优解。遗传算法为复杂非线性问题的求解提供了一条良好的途径。

(4) 染色体的编码设计

遗传算法是一种具有广泛适应性的优化搜索方法和思想。GA 在不同的领域的应用其体现形式有所不同,但任何一种 GA 的成功应用都必须解决如下几个问题。

①染色体编码方法

如何将现实世界的实际问题抽象为染色体编码串,即解决问题的染色体表示方法。

②评价函数

根据优化目标构造一个适应函数或评价函数 F,代表对环境角色的评价。

③遗传操作算子

设计在遗传繁殖过程中,控制后代组合的遗传操作算法。

④遗传算法

包括初始群体产生、遗传操作、结果评价的循环过程。

由上可以看出,利用遗传算法处理和解决不同问题时,首先必须解决染色体的编码问题,即将问题的变量以一定形式转换成适合遗传操作的染色体编码串,用每一个编码串表示问题的一个可行解。

遗传算法的染色体编码有十进制码串法、二进制编码串以及实数编码法等。其中,二进制编码最简单,它是用一系列 0 和 1 表示问题的一组候选解,组成一个染色体串,因而应用最广。

2. 遗传算法的运算过程

由遗传算法的原理知道,遗传算法是一个迭代过程,它模仿了生物在自然环境中的遗传和进化机理,反复将复制算子、交叉算子、变异算子作用于群体,最终可得到问题的最优解或近似最优解。图 2.57 所示为遗传算法的运算过程示意图。

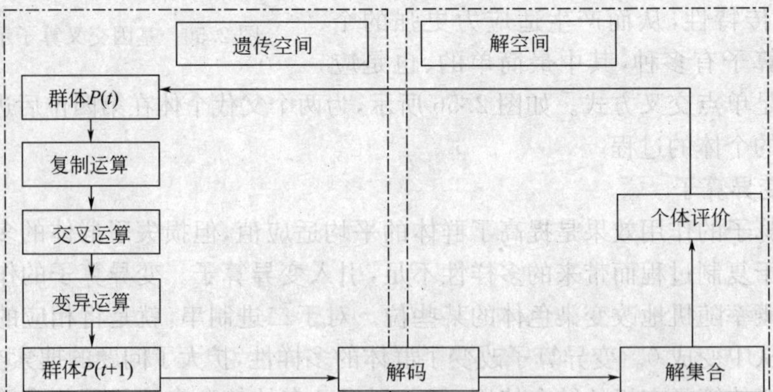

图 2.57　遗传算法的运算过程

其主要运算过程如下：

Step1：初始化。设置进化代数计数器 $t=0$；设置最大进化代数 T；随机生成 M 个个体作为初始群体 $P(0)$。

Step2：个体评价。计算群体 $P(t)$ 中各个个体的适应度。

Step3：复制运算。将复制算子作用于群体。

Step4：交叉运算。将交叉算子作用于群体。

Step5：变异运算。将变异算子作用于群体；群体 $P(t)$ 经过复制、交叉、变异运算之后得到下一代群体 $P(t+1)$。

Step6：终止条件判断。若 $t\leqslant T$，则 $t=t+1$，转到 Step2；若 $t>T$，则以进化过程中所得到的具有最大适应度的个体作为最优解输出，终止计算。

3. 遗传算法的特点

为了解决各种优化计算，人们提出了各种各样的优化计算方法，如单纯形法、梯度法、动态规划法、分枝界定法等。这些优化计算方法各有各的长处，各有各的使用范围，也各有各的限制。遗传算法是一类可用于复杂系统优化计算的鲁棒搜索算法，与其他一些优化算法相比，它有以下特点：

(1) 遗传算法以决策变量的编码作为运算对象

这种对决策变量的编码处理方式，使得我们在优化过程中可以借鉴生物学中染色体和基因等概念，可以模仿自然界中生物的遗传和进化等机制，也使得我们可以方便地应用遗传操作算子。特别是对一些无数值概念或很难有数值概念，而只有代码的概念的优化问题，编码处理方式更显示出了独特的优越性；而传统的优化算法往往直接利用决策变量的实际值本身来进行优化计算。

(2) 遗传算法直接以目标函数值作为搜索信息

传统的优化算法不仅需要利用目标函数值，而且往往需要目标函数的导数值等其他一些辅助信息才能确定搜索方向。而遗传算法仅使用由目标函数值变换来的适应度函数值，就可以确定进一步的搜索方向和搜索范围，无需目标函数的导数值等其他一些辅助信息。对很多目标函数是无法或很难求导数的函数，或导数不存在的函数的优化问题，以及组合优化问题等，应用遗传算法就显得比较方便，因为它避开了求导这个障碍。再者，直接利用目标函数值或者个体适应度，也可使得我们可以把搜索范围集中到适应度较高的部分搜索空间中，从而提高搜索效率。

(3) 遗传算法同时使用了多个搜索点的搜索信息

传统的优化算法往往是从解空间中的一个初始点开始最优解的迭代搜索过程。单个搜索点所提供的搜索信息毕竟不多，所以搜索效率不高，有时甚至使得搜索陷于局部最优解而停滞不前。遗传算法从由很多个体所组成的一个初始群体开始最优解的搜索过程，而不是从单一个体开始搜索。对这个群体所进行的复制、交叉、变异等运算，产生出的乃是新一代的群体，在这之中包括了很多群体信息。这些信息可以避免搜索一些不必要搜索的点，所以实际上相当于搜索了更多的点，这是遗传算法所特有的一种隐含并行性。

(4) 遗传算法使用概率搜索技术

很多传统的优化算法往往使用确定性搜索方法，一个搜索点到另外一个搜索的转移有确定的转移方法和转移关系，这种确定性往往很有可能使得搜索永远达不到最优点，因而也限制了算法的应用范围。而遗传算法属于一种自适应概率搜索技术，其复制、交叉、变异等运算都是以一种概率的方式进行的，从而增加了其搜索过程的灵活性。虽然这种概率特性也会使得群体中产生一些适应度不高的个体，但随着进化过程的进行，新的群体中总会更多地产生优良个体，实践和理论都已证明了在一定条件下遗传算法总是以概率1收敛于问题的最优解。当然，交叉概率和变异概率等参数也会影响算法的搜索效果和搜索效率，所以如何选择遗传算法的参数在其应用中是一个比较重要的问题。而另一方面，与其他的一些算法相比，遗传算法的鲁棒性又会使得参数对其搜索效果的影响尽可能的低。

2.5 大范围交通信号控制和交通诱导协调控制技术

2.5.1 大范围交通诱导与交通控制协同的研究背景、意义和目标

2.5.1.1 交通诱导与交通控制协同的研究背景

近几十年来，无论是发达国家还是发展中国家，都不同程度地受到交通问题的困扰。尤其我国正处于经济的高速增长时期，随着我国国民经济的持续稳定发展，交通需求发生了前所未有的快速增长，城市化进程的加快及车辆的急剧增加给我国的城市交通带来了巨大的压力，尽管城市交通基础设施在逐年建设发展，但其增长速度仍难以满足日益增长的交通需求，在我国，百万人以上的大城市每年由于交通拥挤造成的直接和间接经济损失估计达1 600亿元人民币，相当于我国国内生产总值的3.2%。对于我国大多数城市而言，车多路少的供需矛盾已经显现，并且不断激化，饱和交通已经成为不争的事实。加之我国人口稠密，交通设施原本落后，我国特有的行人、非机动车和机动车的三元混合交通流构成与相对落后的交通流组织、管理和控制之间的矛盾也愈发突出。解决城市交通拥挤与堵塞问题已经迫在眉睫。

目前，解决城市交通拥挤问题主要从供和求两方面同时入手，其根本途径有两条：一是加快交通基础设施建设，通过新建道路、立交或对现有的道路网络进行改造，以提高整个路网的交通容量。二是加强交通管理，通过对交通流进行科学合理的组

织与管控，充分发挥现有交通设施的潜力。交通拥堵问题可以通过修建更多、更宽的道路和其他交通设施来解决。但是这种选择是有限的，首先这需要大量的资金投入，回报周期长，部分地区或城市难以承受。而且在交通问题严重的市区，由于建筑格局已经比较固定，土地开发强度已经相当高，城市受到经济、地理和环境的约束，不可能无限制地增加交通网络中的道路，有限的空间和其他经济、环境问题阻止了现存交通基础设施的进一步扩展。例如，在美国，当交通部门制定新计划时，空气清洁法案（The Clean AirAct）和地面允许运输及效率法案（Intermodal Surface Transportation and Efficiency Act）对空气的品质和土地的使用作了严格的限制。这是因为，人口稠密区域仅有有限的空间可以提供给交通基础设施的建设，交通基础设施的扩充必然会增加环境的污染。同时，交通量持续增加，交通设施的修建又诱发了大量新的交通需求，所以尽管修建交通设施在当时对改善城市交通状况确实发挥了很大的作用，但随着时间的推移，交通问题又将日益严重起来。因而不能仅靠一味扩充道路基础设施来解决城市交通拥挤问题。

交通供需矛盾的长期性和城市空间的有限性决定了我们不但要规划建设好交通基础设施，而且还要使现有设施发挥出最大的效益。因此，在道路建设的基础上，通过加强交通管理，提高道路通行能力是减缓我国城市交通拥挤的一个重要环节，而这正是当前我国城市交通系统中的薄弱点。我国政府已经意识到这一点，2006 年 2 月我国政府颁布的《国家中长期发展规划纲要》中，将智能交通管理系统列为优先发展主题。

更为重要的是，城市交通流具有时空特性，道路网络并不是在全部时间和空间上都是满负荷运转的，并不是所有的道路同时处于拥挤状态，有相当一部分道路，交通仍然畅通，还有一定的通行能力，即一些道路处于过饱和状态；另一些道路处于未饱和状态。例如，从我国一些大城市道路交通情况看，虽有 20%～30%道路交通饱和度超过 1，但是仍有近 40%～50%饱和度不超过 0.7（即比较畅通）的道路。交通拥挤产生的主要原因之一是出行者缺乏城市交通流的状态信息。在出行者选择出行时间和出行路线时只能根据其经验进行决策，因而形成路网拥挤和通行能力剩余共存的局面。由于交通流分配不均衡，几个路口或十几个路口的交通发生堵塞，影响其他路口的交通，甚至影响整个区域的交通。若能够及时获得路网上的动态交通信息，准确地掌握路网的交通状态，并依此进行交通管理决策和出行计划决策，充分利用交通系统的时空资源，则可在不增加道路的情况下，通过提高道路的使用效率和安全性来满足不断增加的交通需求，能使车辆均衡地分配在道路网络上，交通拥挤和堵塞现象会得到改善。

国内外多年的实践经验也证明，解决城市交通问题单纯依靠修建道路基础设施是不能奏效的，除了要有相应的宏观交通政策予以支持，更要从管理和技术上寻求突破。现代化的交通管理是十分重要的一环，交通管理者应利用信息技术有效地对道路基础设施的资源进行整合，充分发挥其潜力，提高交通系统运行效率。智能交通系统(Intelligent Transportation Systems，ITS)应运而生。ITS是将先进的信息技术、数据通信技术、电子技术、控制技术及计算机网络技术等协同运用于整个交通管理系统而建立的一种在大范围内、全方位发挥作用的、实时、准确、高效的综合交通运输管理系统。ITS利用现有的交通基础设施，使得交通流在时空上更有效地分配。采用ITS是解决交通堵塞、减少交通事故、防止交通污染、提高交通管理水平的最有效的方法和手段。据初步估计，ITS技术的应用可减少10%的废气排量，20%的交通延时，30%的停车次数。ITS将从根本上改变人们出行和交通管理的状况，带来巨大的经济和社会效益。目前，ITS技术普及情况良好，2005年12月在我国上海召开的第一届ITS年会上，日本代表介绍日本到2005年9月，已经安装1 189万台VICS(Vehicle Information & Communication Systems)系统，安装862万台ETC(Electronic Toll Collection)。

ITS是个复杂的多智能体系统，不同子系统具有各自的功能、目标、工作流程和实现方式，彼此之间需要相互合作。先进的交通管理系统(Advanced Traffic Management Systems，ATMS)和先进的出行者信息系统(Advanced Traveler Information Systems，ATIS)是ITS的两个重要子系统。ATMS根据路网交通流状态进行动态的交通管理；ATIS向用户提供实时的或预测的交通信息以方便出行者，提高用户的出行质量。城市交通控制系统(Urban Traffic Control System，UTCS)是利用计算机、电子、控制、通信等技术通过对路网上的交通信号灯的配时方案进行优化控制，使路网上的车辆有序流动，减少交通阻塞的发生，缩短旅行时间，它通常被包括在ATMS中。城市交通流诱导系统(Urbantraffic Flow Guidance System，UTFGS)能够帮助管理者实现路网交通流优化和为出行者提供诱导信息，通过调整驾驶员的行驶路线实现路网交通流的均衡分配，它通常被包括在ATIS中。

随着经济的发展和社会的进化，人们对出行、运输等交通服务的需求不断提高，城市车辆保有量增长迅速，城市土地资源的有限性和出行大幅度增加，路网上的交通流量增加，使交通事故增多、交通拥挤加剧、交通环境恶化，同时城市交通流系统的复杂性也随之增加，从而导致城市交通情况日趋复杂，ITS各子系统的相互依赖性不断增强。城市交通流的复杂性和ITS子系统的关联性决定了孤立的UTCS和UTFGS将很难有所作为，独立的UTCS和UTFGS对交通流进行管理更为困难。

在国内外长期的实践中，人们逐渐认识到任何单一层次、几种方法的简单组合难以解决交通拥堵问题，必须采用系统工程的思想和方法，对这些交通管理手段进行整合。研究人员开始以系统的角度与方法看待、研究整个交通系统，其中包括UTCS和UTFGS的合作、协同问题。所谓"交通控制与诱导系统协同"是指城市交通控制系统与诱导系统在对城市交通流进行管理过程中的合作、协调、同步，其目标就是联合使用交通控制和诱导两种管理手段产生的交通管理效果优于单一管理手段的效果之和。

2.5.1.2 交通诱导与交通控制协同的意义

城市路网交通状况具有复杂性、时变性等特征，在城市道路网络中引入交通流诱导系统，其提供的实时交通诱导信息，必然会导致驾驶员的出行行为的变化。这种变化的结果引起交通流量的重新分配，同时更新了交通控制参数，相应的交叉口信号灯的控制策略随之改变。因此，在研究 ITS 的交通流诱导系统的实施问题时，必须研究 UTFGS 的应用可能对驾驶员出行行为的影响和对交通控制策略的影响，也就是要研究 UTCS 与 UTFGS 的相互影响和相互作用，寻找使网络效率最高的途径，即进行 UTCS 和 UTFGS 的协同，二者协同的意义体现在：

第一，实现共同的交通管理目标。UTCS 和 UTGS 的协同可以使交通管理目标更加优化，使诱导信息更加准确，进而大大提高道路运输的效率，真正实现路网畅通、有效的运行目标。

第二，实现交通管理系统的资源整合。控制系统和诱导系统可以建立在共同的子系统之上。交通流检测系统、道路信息采集系统、交通信息的发布系统，数据通讯系统交通流实时信息处理系统，被控网络的地理信息系统以及有关网络环境的其他一切数据和信息都可以被控制系统和诱导系统共同拥有和利用。

第三，实现交通管理手段的时空互补。交通控制是强制性的被动管理，路网上的车辆必须遵守，诱导则是灵活性的主动管理，出行者可以选择服从，也可以选择不服从。诱导可以对控制无能为力的路段堵塞、拥挤现象、突发的交通事件通过合理的导航，减少流经该路段的交通流量，从而减轻交通堵塞；控制除了对诱导形成的流量进行优化控制，保证服从诱导的车辆顺畅通过路口，减少其停车次数，这样不仅能改善路网性能，而且可以提高司机对诱导系统的服从率，从而使路网运行处于良性循环中。

2.5.1.3 大范围交通诱导与交通控制协同的目标

城市交通控制系统与城市交通流诱导系统既相互联系，又相互独立、功能互补、各有侧重，对于大范围交通诱导与交通控制协同来说，其协同的对象是区域，协同要实现的目标如下：

(1) 通过大范围交通控制与诱导协同的实施，真正实现各种交通信息的共享和数据资源的综合利用、实现交通管理系统的资源整合。

(2) 通过大范围交通控制系统和诱导系统的协同的实施，用调整信号配时进行区域边界处的流量调控，用交通流诱导进行区域间的流量调控，合理管理和引导交通参与者的交通行为，从时空两方面对路网内各节点的交通压力进行调控，使城市交通流得到合理的分配与优化。

(3) 通过 UTCS 与 UTFGS 相互协同运作,使交通管理目标更加优化,使诱导信息更加准确,使交通过程符合城市交通流系统自组织特性和规律,有助于交通流系统发展的连续性和稳定性,交通参与者个体之间协同以形成有序结构。进而大大提高道路运输的效率,使整个路网始终保持高效运行,从而在一定程度上解决交通拥挤与堵塞问题,提高交通效率和安全性。

2.5.2 交通诱导与交通控制协同研究的历史与现状

2.5.2.1 国内外 UTCS 和 UTFGS 协同的模式策略研究

最初可变信息板诱导是作为交通信号控制系统的一个功能,它们是集成的、共享的,但是,随着单车最佳路径交通诱导方式的出现,尤其是车载诱导系统的开发,诱导已经不作为交通控制系统的子系统,而是从规模上完全可以与交通信号控制系统抗衡。尤其对于大范围交通诱导与交通控制的协同来说,车载诱导系统更是必不可少的组成部分。因此,采用何种模式将 UTCS 和 UTFGS 协同起来发展成为国内外专家首先探讨的热点。

Bell et al(1991 年)提出了交通流最佳路径诱导和交通控制协同的两种途径:一是低水平协同,即两系统的数据共享;二是高层次协同,即两系统相互影响和相互作用。这种协同思路比较容易操作,交通控制系统和交通流诱导系统都需要全面实时的采集到路网交通信息,而现在的各种检测设备基本上都是为交通控制服务的,因此第一层次应该考虑如何实现交通规划数据、基础设施数据、交通控制、交通监控、接处警等交通信息的共享。

H. Shimizu,Kobayashi(1995)等人提出一个以交通控制为主的两系统协同概念框架,信号控制系统通过检测到的交通信息进行信号基本参数优化,以综合 PI 指标值最小放行交叉口的到达车辆,动态路径诱导则根据路段行程时间和交叉口的车辆延误计算 OD 的最佳路径。这个系统中路径诱导对疏导交通流的主动作用比较小,主要是交通信号控制根据流量调节交叉口的通过能力,避免交叉口的拥堵。

NathanH. Gartner 和 Chronis Stamatiadis(1996)提出了一种实时交通信号控制与动态交通流诱导协同的框架。该理念首先依据不同的交通状态将交通信号控制分为六个层次的自适应控制策略,在动态交通分配模型预测路网交通状态的基础上,与信号控制策略进行匹配,这样在选定的交通控制策略下进行路径规划,这里交通控制策略能使车辆在交叉口的延误最小。所以,它是一种以诱导为主的协同模式。

国外相关交通流诱导与交通控制的协同或者称为组合、一体化,基本上以上面 3

种为典型，目前仍侧重于发展模式探讨、理论模型深入研究，应用于实践的还比较少。我国从90年代后期也开始了该方面的研究，尤其以吉林大学、天津大学、同济大学、河北工业大学等院校的研究成果较多，它们都是依托国家自然基金等项目等对交通流诱导和交通控制协同作出了系列研究。

吉林大学杨兆升教授、徐立群博士针对我国城市目前的交通管理系统，提出一种依托目前的道路交通控制中心的交通流诱导与控制的协同机制，将交通信息共享作为实现两系统协同的基础，根据实时采集的路网交通信息，交叉口信号配时优化和动态路径最优选择同步进行，并将诱导信息发布出去，构成一个循环，其框架见图2.58。

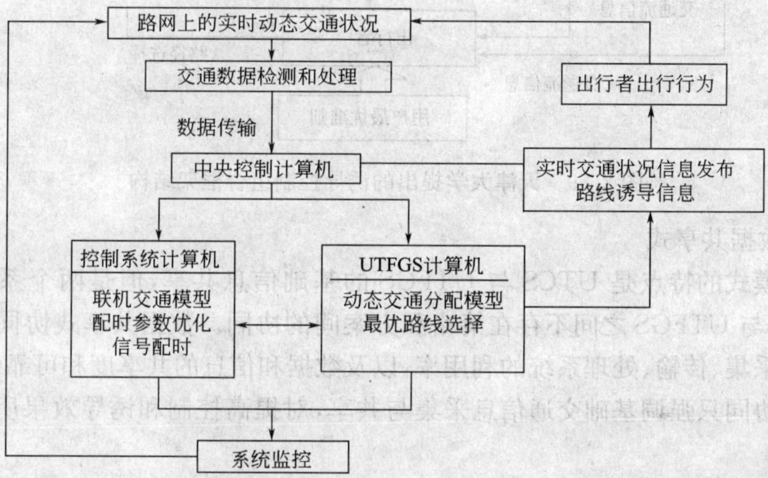

图2.58　以交通信息共享为基础的UTCS和UTFGS协同框架

天津大学马寿峰博士、徐岩宇博士、王亮硕士等在对国内外交通控制与交通诱导的各种组合模式进行阐述之后，剖析了他们各自的不足，并提出了一种改进的两系统组合框架结构(见图2.59)。该协同模式将控制与诱导置于同等重要的地位，充分考虑两系统的耦合关系，可以用两种方法实现，一是另辟一个新的交通管理系统，以路网总体指标为最优目标，建立统一的优化模型进行求解得到控制、诱导策略；另一种解决方法则借鉴系统递阶控制的思想，在低层次上对诱导、控制分别求解，在高层次上进行交互协调优化。

另外，清华大学的李瑞敏博士提出一种基于多智能体的交通控制与交通诱导的集成体系，河北工业大学魏连雨教授、韩志新硕士提出了一种基于自组织理论和协同学原理的交通协调策略等。

总结以往国内外关于UTCS与UTFGS协同模式的研究，主要归结为以下4种：

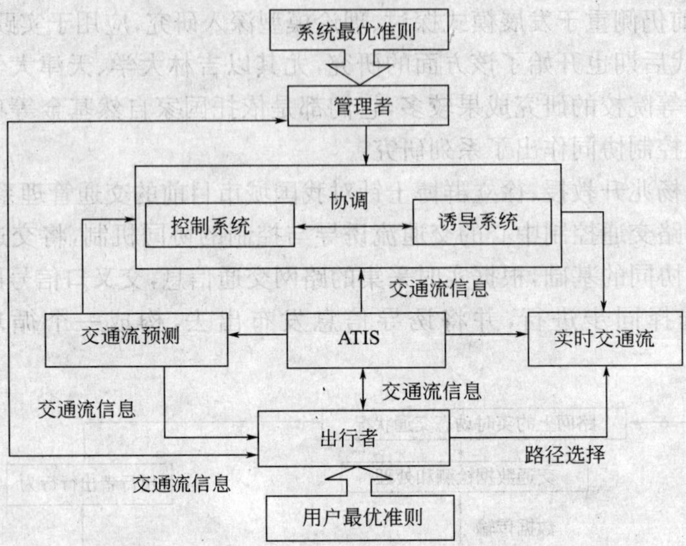

图 2.59　天津大学提出的诱导控制组合框架结构

(1) 数据共享式

这种模式的特点是 UTCS 与 UTFGS 的基础信息共享，但是两个系统独立运作，UTCS 与 UTFGS 之间不存在策略和方案间的协同。数据共享式协同能够提高各种数据采集、传输、处理系统的利用率，以及数据和信息的共享度和可靠性，但是这种低层次协同只强调基础交通信息采集与共享，对提高控制和诱导效果所起的作用有限。

(2) 主从式

这种方式是以其中一种管理方法—交通控制或诱导为主，而将另一种交通管理手段作为外生变量或约束条件，独立运行的交通控制系统和交通流诱导系统是非对称的，两者存在着主从关系，其中一个作为主导系统，它在生成策略时将从属系统的实时策略作为本系统优化模型的外生变量或约束条件加以应用，这就要求从属系统将每个决策周期生成的新的策略和方案及时地报告给主导系统，使主导系统全面了解从属系统的行为。这种协同模式实质是一种改进的交通控制或诱导方法，目前，国内外许多协同模式的研究属于这一类。

(3) 递阶协同式

这种方式首先在较低的层次上，分别对交通控制与诱导的优化问题进行求解，在较高的层次上对二者的优化结果进行协同，并将协同的结果等信息返回到低层上，作为新的初始条件重新对控制、诱导进行优化，通过反复迭代，直至得到满足整体目标的协同方案。

(4) 一体化方式

在这种协同模式下，建立控制与诱导一体化模型，其主要思想是将控制方案与诱导方案作为系统的控制分量，综合控制与诱导的所有状态方程和约束作为系统的状态方程和约束，以路网的总体指标为最优目标，并通过各种优化方法进行求解，获得控制、诱导的最优策略。系统实现时，将交通控制系统与交通流诱导系统合二为一，在ITS中以一个崭新的子系统替代现行的控制系统、诱导系统，由其完成原来的交通控制系统与交通流诱导系统的所有功能。

2.5.2.2 国内外UTCS和UTFGS协同的模型算法研究

当交通流诱导与交通控制系统的协同发展模式确定以后，最重要最关键也是最难解决的问题就是如何通过模型算法优化出两系统协同发展的策略。交通控制主要针对交叉口，从控制方案生成上看包括固定信号配时、方案选择式、自适应信号配时三种，从控制区域来看则有单点控制、线控、面控三种。而交通流诱导除了实时动态交通信息的群体广播、可变信息板诱导外，更值得一提的是最近几年发展很快的车载诱导方式。因此，两系统的协同建模需要在各种不同的控制诱导方式基础上，研究驾驶员行为、信号控制参数的确定、动态交通分配模型、路阻计算、优化目标函数等等一系列问题。国内外针对不同的协同运作模式做了很多深入的模型算法学术研究、实验室模拟以及小范围的实例验证评估。其建立的模型主要概括为以下几种：

(1) 在既定的交通控制下研究动态交通分配模型

Allosp(1974)首次提出交通控制与诱导协同，他发现按照Wardrop第一原理的交通分配与信号控制有很大关系，他提出用迭代的方法在交通流分配模型中考虑信号控制的影响。

Char lesworth(1975)使用TRANSYT模型，将路段的总运行延误时间作为路段流量的函数，研究了在一个固定信号配时控制的路网上如何通过交通流估计运行时间。这个模型主要是以信号控制参数不变为基础，通过路段流量大小估计行程时间。吉林大学孙喜梅博士(2000)也沿承这种思想，研究了一种基于排队论的路段行程时间预测，其核心就是用排队论预测交叉口的等待时间、通过时间。

Meneguzzer(1990)试验和评价了一个与交叉口运行时间相协调的平衡路线选择模型。模型结果表明交通工程学中的交叉口通行能力和延误分析的方法适合用于协调路线选择模型。

(2) 在确定性交通流诱导策略下进行交叉口信号控制实时优化

这种策略下两系统独立运作，但是基础信息共享，信号控制配时的更改基于实时变化的交通流。它一般基于群体诱导(Internet、广播、可变信息板)等交通流诱导方式，给出实时动态的路网交通信息，关键在于控制中心根据交叉口实时检测的交通信息进行信号控制方案优化调整。

自适应交叉口交通信号配时研究已经比较成熟，以 SCOOT 为代表的交通控制系统就是这样，它的检测器埋设在上游交叉口出口处，通过描述车辆离散特性，在当前下游交叉口预测车辆的到达图式，实时更新交通信号配时方案，以适应交通流的变化。

(3) 交通控制与动态交通分配迭代优化

Gartner(1976 和 1977)强调有必要把路网交通均衡分析结合到区域交通控制设计中，他提出把路径选择结合到交通信号最优过程设计，把交通流量作为交通信号配时问题的目标函数的决策变量，二者迭代优化。

Allsop 和 Charlesworth(1977)进行了多次模拟试验，用 TRANSYT 在 6 个交叉口上模拟交通流的迭代控制和实时分配。试验表明，对控制—诱导协同问题，多个彼此一致的点可能存在，即流量是处于用户平衡状态，而信号配时对交通流是最优的。尽管这些解有不同的流量和绿灯时间模式，但总计出行时间实际上是相等的。他们还发现迭代过程的最终解依赖于初始信号设置。

Cantarella 等人(1991)提出组合交通控制和交通诱导求解的一种迭代方法。该方法中交通控制问题以二阶段方法解决(即第一阶段确定绿信比，第二阶段基于总计延误最小来确定信号调整量)，但是在小规模网络上试验后还发现它并没有令人满意的收敛性。

Al-Malik 和 Gartner(1995、1996 和 1997)研究了 Webster 控制下的 Wardrop 交通均衡。他们将绿灯时间看作决策变量，修改了 Beckmann 交通均衡公式。绿灯时间受约束于 Webster 等饱和公式。

Sou-Wenchiou(1999)提出类似于 Yang H. 等的二层规划方法，着手解决区域交通控制和网络流的最优化问题。论文提出一个混合搜索的启发式方法并将该方法用于 Allsop 和 Charlesworth(1977)的所示网络，测试结果显示混合搜索方法在解决平衡网络流的区域交通控制最优问题方面取得比较好的结果。

综上我们看出，交通流控制和诱导迭代研究强调控制诱导策略的一致性，二者被表示为两个同一层次的相互关联的问题，这两个问题被迭代直至这两个解之间的一致性被满足。但是诸多研究表明，很多情况下不能保证迭代方法产生一个收敛解，即使这个方法收敛，很可能是局部最优解，而不是整体最优解。

(4) 全局优化模型

为了克服迭代方法非收敛和局部最优的缺陷，一些研究者已经使用了不同的全局最优方法，其目的在于从整体上去考虑出行者路径调整的控制策略。

麻省理工学院一批研究人员(Gershwin 等，1978；Tan 等，1979 和 Gartner 等，1980)最早用数学方法描述交通控制和诱导协同问题。他们将网络交通控制问题与单个出行者路径选择行为结合起来表示为一个混合最优化规划(Hierarchicanl Optimiziong Planning,HOP)。该方法认为交通管理者和驾驶员的目标是不同的,HOP公式类似于二层规划问题。低层规划利用满足单个驾驶员路径选择行为的平衡交通流来描述。当交通管理者能够把两个控制参数和交通流作为决策变量来优化大系统费用时,综合系统最优问题也被得到。在 HOP 规划中推导了两个扩展的平衡分配原理,类似于用户平衡的相同出行时间和系统最优的相同边际费用。

近年,Yang H. 和 Yagar(1994,1995)把组合控制和诱导问题也表示为二层规划,上层是最优化交通控制问题,下层是静态用户平衡分配问题。为了提供信号控制影响,Yang H. 和 Yagar 修改了排队网络的交通诱导模型。每当路段交通流大于路段离开能力时,流量超过通行能力的部分进入排队。

Gartner 和 Stamatiadis(1996)提出了一个能说明具有实时控制的动态交通分配的框架。Chen 和 Hsueh(1997)提出将基于 Webster 延误函数的动态交通响应式信号控制方案与确定性用户的最优路径选择行为结合起来表示为一个数学规划。

天津大学的王亮、马寿峰等借鉴大系统递阶优化的思想,利用动态交通分配模型和交通最优控制模型,提出了一种二级结构控制与诱导递阶协调的系统结构,建立协调优化模型,并用迭代的协调算法进行求解,采用仿真路网进行模协调验证。

吉林工业大学杨兆升教授(1999)在研究交通流诱导控制协同建模求解时,引入一反映二者协同程度的指标,并将其放入交通控制系统的配时优选函数中。即交通控制系统在制定控制策略时,不单纯考虑车流在路网上的平均延误时间,停车次数,拥挤度等,而且考虑交通控制系统与交通诱导系统的协同问题,即通过在一个信号周期内,用于交通流诱导的绿灯延长(或缩短)时间占绿灯相位时间的比重来反映二者的配合问题。交通控制系统的交通控制方案主要是随着道路交通条件的变化而进行的实时交通控制。

上海海运学院周八益等(2003)提出了动态交通控制-交通分配组合模型的求解算法,通过研究路网交通流特性,建立了一个将信号周期、绿灯时间、路网流量组合一起的目标函数,并以一个简单的路网进行求解验证。

陆化普、殷亚峰(1996)提出用户拥有路径诱导系统并接受诱导的动态系统最优分配模型;杨佩昆、杨超、葛颖恩(1999)建立均衡网络下的交通控制策略的数学模型及交通分配与信号控制的若干组合问题;徐建闽、许伦辉、撤元功(2000)建立了多起点、多讫点交叉口设置有交通信号控制时的动态配流模型。

2.5.3 大范围交通诱导与交通控制协同的基础信息分析

交通数据、交通信息是表征交通流特性的参数,是大范围交通诱导与交通控制协同的基础,只有依据实时、高精度的基础交通参数信息和路网交通流状态信息,才能制定出相应的交通控制与诱导策略。对于大范围交通控制系统来说,要想实现大范围交通诱导与交通控制协同,必须从交通信息入手,才能制定出相应的控制策略、诱导策略及协同策略,进而合理有效地管理交通流至最佳运行状态。

大范围交通诱导与交通控制协同是对同一道路网络上的同一时间段内的交通流进行控制和诱导,两个系统的信息之间存在着密切的关联关系,但是UTCS与UTFGS所需的某些信息有一定的差别,即使是相同的信息,获取的方式和利用的侧重点也有所不同。

2.5.3.1 UTCS信息需求分析

城市道路交通的特点是道路分布广,车辆行驶速度较慢,在交叉口处有信号灯。城市交通控制系统主要通过检测器获取交叉口的点信息,如流量、占有率、速度、排队长度等基础交通信息。交通控制要实现与交通流诱导协同运作,还需要路线及路网上的线信息、面信息以及诱导策略信息等。但是,交通控制系统需求的信息侧重于交通流流动过程的性能参数,如交叉口和路段的车流到达率、车辆通过交叉口的延误时间、交叉口各方向上的排队长度、路段的占有率和饱和度。

2.5.3.2 UTFGS信息需求分析

UTFGS所需信息侧重于路网实时状态以及车流流向的描述性参数,如车辆的旅行时间、路段的饱和度,路网的均衡度、车流的OD分布等,其中最常用、最直接的信息是行程时间信息、事件信息。静态信息主要有城市的路网分布情况,各个路段的交通管理状况(限速信息,限制转向信息、单行线信息)。被诱导的车辆是信息服务的主体,同时也是信息的提供源。车辆作为流动的信息源能检测到交通实时动态信息,该信息更能反映路网的交通流特性,如平均速度、行程时间等。UTFGS需要大量的固定检测设备提供的信息,结合被诱导车辆提供的实时动态交通信息,加工出更为有用的信息。除了流量等基本信息之外,控制策略信息也是诱导系统的信息需求之一。

2.5.3.3 UTCS与UTFGS信息关联分析

UTCS与UTFGS具有密切的信息关联:

交通控制的效果会影响道路的堵塞程度,从而影响道路的实际通行能力和司机对行驶路线的选择,从而影响动态路径诱导。因此,在制定交通诱导策略时,必须考虑交通控制的影响。

交通控制实施优化控制是以各个交叉口车流的到达率为前提,而到达率在很大程度上依赖于诱导策略下驾驶员的路线选择;当交通流量超过一定限度,道路上出现交通堵塞时,需要诱导配合交通控制才能达到疏导交通的目的。

UTCS与UTFGS某类信息的获取需要对方系统的支持,如车辆的旅行时间与交叉口的延误时间密切相关,只有依赖交通控制系统提供的延误信息,诱导系统得到的旅行时间才能更接近于客观实际;同样,交叉口车辆的到达率与车流的OD分布存在着密切的联系。

通过上述 UTCS 与 TUFGS 信息关联性分析可知，城市交通控制系统与城市交通流诱导系统之间具有密切的信息关联，两系统之间的信息既有共享性，又有互补性，两个子系统信息关联性如图 2.60 所示。通过 UTCS 与 UTFGS 之间信息的交互，可以使这些信息得以相互验证，相互补充，以提高信息的准确性和可靠性。

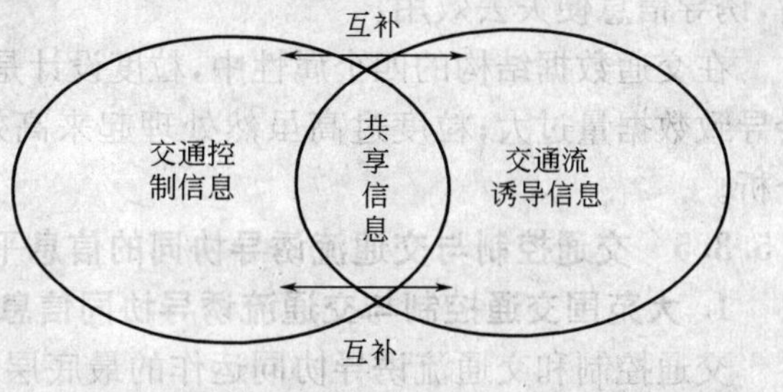

图 2.60　交通控制和诱导两系统信息关联示意图

目前，UTCS 与 UTFGS 在信息方面存在以下问题：

(1) UTCS 与 UTFGS 分别由不同的部门建设实施和运作管理，在设计和实现过程中都是考虑在相对独立的工作模式下进行的，信息资源分散，缺少统一管理，没有建立起数据管理制度或系统；

(2) UTCS 与 UTFGS 之间互不兼容，数据很难甚至无法共享，系统之间缺乏统一的技术标准和规范，形成了许多“信息孤岛”；

(3) 各个系统积累了丰富的数据，但是缺少融合和深层次的挖掘。

2.5.3.4　交通信息特性分析

城市交通控制系统与城市交通流诱导系统协同需要的信息主要包括：基本静态交通信息（道路几何参数等）；基本动态交通信息（车流量、速度、占有率、排队长度、行程时间、事件、拥堵信息等）；基本控制参数（相位和周期等）；控制信息和诱导策略信息等。

城市交通控制系统与城市交通流诱导系统协同需要的信息呈现出多源异构性：

(1) 多源性是指：信息来源于不同的 ITS 子系统；数据源存储模式不同；数据源所依赖的数据库管理系统与操作系统不同；信息采集来源不同。

(2) 异构性是指：信息的表现形式不同（数值表现、图像表现等）；信息的模式结构不同；信息的精确度不同。

数据结构反映数据的内部构成，为了能有效描述动态交通信息的传输和存储要求，方便数据库的设计和使用，本文采用粒度、传送频度、更新频度和实效性 4 项属性描述交通数据：

(1) 粒度：指数据的详细程度，分为空间粒度和时间粒度。空间粒度是指对数据在空间上详细程度的描述；时间粒度是指数据取样的频率或者是数据的需求时间间隔。根据信息需求特性，采用不同的空间粒度和时间粒度对数据进行描述。

(2) 传送频度：指从不同的数据源提取数据的时间上的要求，分为实时传送或定时传送。对于不同的信息，采取不同的传输策略。

(3) 更新频度：是指数据库刷新一次的时间间隔。

(4) 时效性：是指信息只在一定的时间范围内有效，超过特定时间后，这些信息便失去了实时意义；例如针对交通事件的诱导信息，当事件所造成的交通拥堵消散以后，诱导信息便失去效用。

在交通数据结构的四个属性中，粒度设计是数据描述中最重要的问题，粒度过低会导致数据量过大；粒度过高虽然处理起来高效，但不能进行许多需要细节的数据分析。

2.5.3.5 交通控制与交通流诱导协同的信息平台建设

1. 大范围交通控制与交通流诱导协同信息平台的功能需求分析

交通控制和交通流诱导协同运作的最底层是交通信息的协同，因为诱导采集的是路段、路线上的行程时间，交通控制采集的是交叉口的运行数据，一个是线、面信息，一个是点信息，需要综合考虑交叉口和路段断面的交通情况，得到交通状态评估和短时交通预测值，分别提供给交叉口进行信号配时和车载机进行车辆最佳路径引导。

目前广州、上海、北京、深圳都在建设交通信息采集及共用信息平台，诱导控制的信息协同平台也可以挂在共用信息平台上，但是从分层实施的角度看，协同平台只考虑两个系统之间的关系，更易实施，不妨可以先建设，在成功之后与其他系统逐步接口。文中建立的协同信息平台具体功能需求包括：

(1) 信息收集、存储

通过各种交通信息采集方法(线圈检测器、视频检测、电话等)获得全面的交通信息，将交通控制与交通流诱导系统所获得的交通信息(行程时间、交叉口流量、占有率、饱和度、路段事件、拥挤等)进行数据存储。

(2) 信息协同处理

无论是交叉口信号配时，还是交通流诱导，都需要短时预测的信息，信息的协同处理主要是基于交通流理论，运用各种先进的信息处理技术、数据融合、人工智能、决策支持、专家系统等将采集到的交通信息进行抽取、融合得到全面、精确的决策信息，包括直接可以用来控制和诱导的交叉口车辆到达率、饱和度，路段行程时间。

(3) 信息传输

信息传输包括采集的数据传送到处理中心，在处理中心经过加工处理的信息再传输到用户手里。平台的信息传输既有不同层次之间的信息纵向传输，也有同一层次但不同系统之间的信息横向传输。

(4) 信息发布

将协同处理好的信息发布给交通控制中心、车载诱导装置，为了保证信息的及时、快速、准确，需要选择合理的输出格式、输出方式。

2. 大范围交通控制与诱导协同信息平台的框架结构设计

结合各城市建立的交通信息采集及共用信息平台，考虑了大范围交通诱导与交通控制的信息需求，设计了大范围交通流诱导与交通控制的协同信息平台结构框架，如图 2.61 所示。

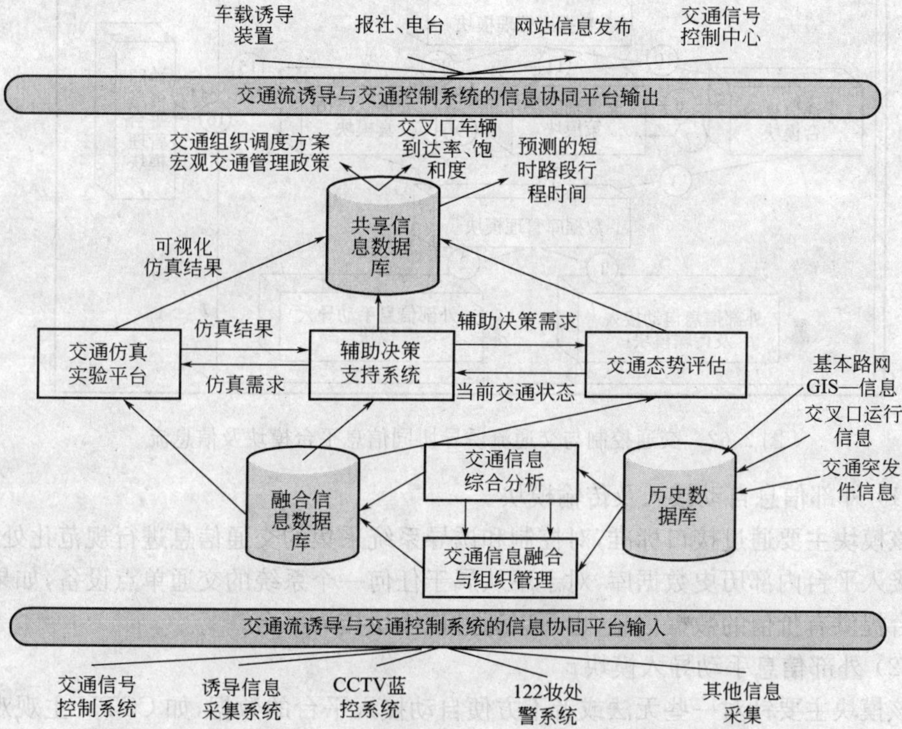

图 2.61　交通流诱导和交通控制的信息协同平台框架结构设计

交通控制与诱导的协同信息平台，通过路面交通信息采集系统(主要是道路状况基础数据流量、占有率、速度、车辆类型等)以及各 ITS 信息系统(包括区域控制系统、122 接处警系统、违章处理系统等)，将相关交通数据以规定的格式和标准传到平台内部，在中心对数据进行分类、抽取、挖掘和融合等处理，在数据存储的同时，根据交通控制和交通流诱导不同的信息需求情况制定发布机制，将相应的信息通过消息中间件发布给相应用户，或者提供多种静态和动态交通信息查询接口，满足用户的交通信息需求。

3. 大范围交通控制与诱导协同信息平台的功能模块设计

为了实现诱导与交通控制信息协同平台的总体功能，设计了平台功能模块组成(见图 2.62)，主要包括 9 个模块：

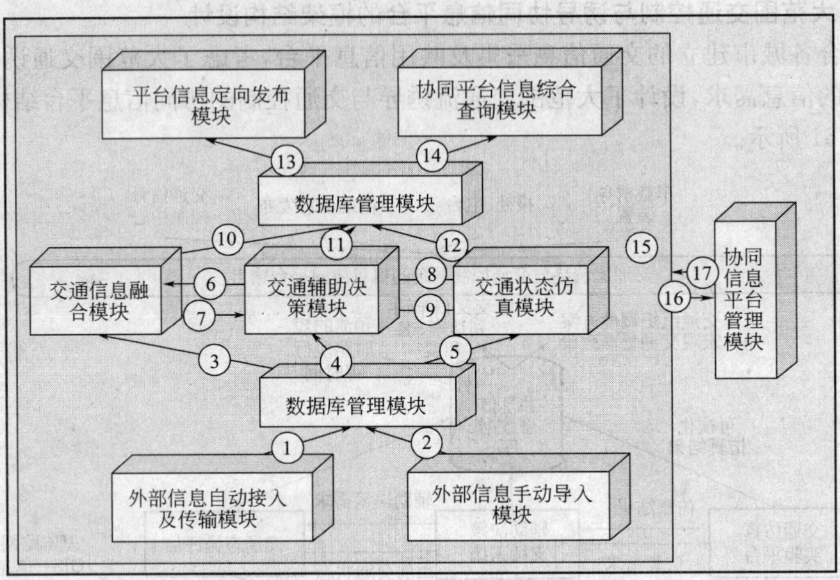

图 2.62　交通控制与交通流诱导协同信息平台模块及信息流

(1) 外部信息自动接入及传输模块

该模块主要通过接口标准，对控制和诱导系统采集的交通信息进行规范化处理，汇集接入平台内部历史数据库，对于不从属于任何一个系统的交通单点设备，如果能向平台提供有价值的数据信息，也可以通过该模块接入平台。

(2) 外部信息手动导入模块

该模块主要针对一些无法或者不方便自动接入平台的数据，如 CCTV 主观观测的交通事件数据、还有一些偶尔会出现的交通状况表征量等。整个平台主要以自动接入信息为主，该模块是对建立完整统一的外部信息的必要补充。

(3) 数据库管理模块

该模块主要对交通信息存储的历史数据库、实时数据库、融合信息数据库、发布数据库进行数据组织、存储、检索、更新和维护等管理。

(4) 信息协同平台管理模块

该模块是整个平台的控制核心，由运行控制模块和一系列管理子模块构成，负责监控平台内部各重要硬件设备、软件进程、系统资源的运行使用状况和相关的环境状态，收集管理平台各种设备、进程的故障信息，并对平台的整体运行状况作以评估分析。

(5) 交通信息融合模块

该模块是平台信息处理的主要功能模块之一，它主要是对平台接入并在历史数据库中存储的交通原始数据进行融合分析，由于平台的输入信息来源各异，大多是从某一个角度、某一个小区域来反映交通状况，因此需要进行数据融合，在一定准则下按照融合算法自动分析、得到能够合理反映整个交通的全局交通参数，提供给交通状态评估、仿真、并作辅助决策使用。

(6) 交通辅助决策模块

该模块主要在融合交通数据基础上，采用行程时间预测算法、事件检测算法等，为动态路径导航提供基础数据，也可以直接送到发布数据库中，提供到可变信息板上。同时，对交叉口采集的参数进行排队图式、到达率预测提供给信号控制配时优选用。该模块也包含基本的交通信息在线或脱机式分析、趋势走向分析、报表统计、图表分析、宏观交通建模和策略生成等，向不同部门的交通管理者（交通管理、交通运输、国土规划）等提供交通基础设施的规划、决策、建设、管理维护以及交通系统的统一调度等宏观辅助决策信息。

(7) 交通状态仿真模块

该模块采用交通仿真软件，根据融合交通信息和辅助决策信息，建立分布式并行仿真的数据结构，对交通现象和交通特征进行仿真，推断与实际交通相关的运行特征，通过分析车辆、驾驶员和行人、道路以及交通流的交通特征，对整个交通运行状态进行评估，测试并评价新的交通控制、交通流诱导、交通组织等策略。

(8) 协同平台信息综合查询模块

该模块面向桌面用户提供共用信息综合查询，支持C/S模式和B/S模式的多用户访问，提供VIP用户权限和普通用户权限，可在线定制用户权限，为交通管理的部门用户和个体出行者提供全面的信息查询服务。

(9) 平台信息定向发布模块

该模块主要将发布数据库中的共用交通信息，建立简单、可调控、鲁棒性好的共用信息发布通道，针对不同的用户和发布对象的个性化需求，通过标准的通信接口和一定的协议，在Internet网上、广播电视、可变信息板或车载设备上显示等。

2.5.4 大范围交通诱导与交通控制协同周期的确定

交通流诱导是从空间上合理分配交通流，其作用范围是一个大面积的区域，它主要考虑上、下游路段之间的流量关系以及居民的出行分布等，而交通协调控制主要是考虑交叉口之间的到达、驶出关系。因此确定大范围交通流诱导与控制协同的周期需要综合考虑两个系统的特点。

2.5.4.1 交通控制系统的周期

在交叉口，交通信号灯的灯色呈现周期性变化，控制着各个不同方向的车流行止。我们在交叉口可以观察到，对于不同方向的车流，在某一瞬间所获得的灯色是不同的。一股或几股车流，它们在一个信号周期内，不管任何瞬间都获得完全相同的信号灯色显示，那么就把它们获得不同灯色的连续时序称作一个信号相位。路口所有相位的一次循环为一个信号周期，即控制周期。下面简单介绍一下确定控制周期的目标、原则和方法。

1. 控制周期的目标和原则

信号周期的长短，直接影响交叉口的通过能力和车辆的延误时间。合理的信号周期要求保证交叉口有较大的车辆通过能力，同时还要保证各个方向的路口等待时间比较短。在线控制系统和面控制系统中，合理的信号周期还要考虑到多个路口的整体通行情况。

孤立交叉口信号控制周期时长常用的优化目标有：交叉口车辆平均延误、车辆排队长度、燃油消耗量、运营费用等，近年来，模糊控制、灰色系统分析、人工智能等也逐渐开始应用于周期时长的优化研究中。

由于饱和度是衡量路口交通负荷的性能指标，而优化周期长度也正是调节饱和度的有效手段，因此，协调控制时通常利用关键交叉口的饱和程度来调整周期变化。在三大交通控制系统中，SCAT 系统和 SCOOT 系统都是以饱和度限值作为周期时长优化目标的。而 TRANSYT(8)没有直接把信号周期的优化包括在它的程序中，但可以根据延误与停车次数，比较各种不同的周期方案。

交通信号控制的目的在于最大限度地提高交叉口的使用效率。具体说来，一方面对道路使用者(即道路用户)来讲，要使延误、停车、排队尽可能小；另一方面对道路管理效率来讲，要使交叉口的通行能力尽可能大。在道路条件确定的前提下，信号周期长度越长，通行能力越大，但车辆延误及停车队列也随之增长。由延长周期时长所提高的通行能力远大于交通需求时，即饱和度很小时，对通车状况并无多大好处，却会无谓地增加车辆延误。同样，当信号周期长度越短，一些相位的排队长度会越短，更能适应动态交通流量分配的要求，但由此带来的是交通需求较大的相位的排队长度的增加。因此，适宜的信号周期长度对保持交叉路口高效运行，提高交通控制效率有着十分重要的意义。

2. 划分控制周期的方法和技术

周期时长优化方法在国际上主要有英国的 TRRL 法、澳大利亚的 ARRB 法以及美国的 HCM 法，在我国则有冲突点法。这些方法各有优缺点：TRRL 法、ARRB 法不适合高密度、低流量交通状态及准饱和交通状态；HCM 法就是最短周期公式，显然不是最佳信号周期时长，同时该模型也不适合实时自适应控制系统；冲突点法不适合四相位等设置了必要绿灯间隔时间的交叉口，且所用的公式比较冗繁，公式中许多交通参数(如：冲突点位置、空档数等)难于获得。

TRRL 法自 20 世纪 50 年代以来一直为许多国家的交通工程师所采用。但是，这个方法并非十分完善，各国学者都在试图寻求一种更为完善的配时方法。从目前的各种方法来看，大部分都是在英国 TRRL 方法的基础上改进和修正而形成的。本文简要介绍常用的 TRRL 方法中最短周期、最佳周期以及周期限制的计算方法。

TRRL 法也称为韦伯斯特法或 F-B 法。该配时方法和计算公式是由韦伯斯特(F. V. Webster)和柯布(B. M. Cobbe)在 20 世纪 50 年代提出来的。其基本出发点是：车辆通过交叉口时，以其受阻延误时间作为唯一的衡量指标，然后对信号配时方案进行优化计算。该周期时长优化理论包括：最短信号周期、最佳信号周期和实用信号周期。

(1) 最短信号周期

信号周期的长短，直接影响交叉口的通行能力和车辆的延误时间。就通行能力而言，信号周期的选择有一个最起码的低限，即信号周期无论如何不能低于这个限值，否则将不能满足通行能力的要求。我们把上述最低限值称作“最短信号周期”(以 C_m 表示)。采用最短信号周期 C_m 时，在一个周期内，到达交叉口的车辆恰好在一个周期内被放行完，既无滞留车辆，也无富余的信号周期时间。因此，C_m 应当恰好等于一个周期内关键相位绿灯损失时间(Lost Time)总和加上全部到达车辆以饱和流量通过交叉口所需时间，即：

$$C_m = L + \frac{q_1}{S_1 C_m} + \frac{q_2}{S_2 C_m} + \cdots + \frac{q_n}{S_m C_m} \tag{2.117}$$

式中 $\frac{q_n}{S_n}$——第 n 个相位最大流量比率；

L——一个周期内绿灯损失时间总和。

(2) 最佳信号周期

如果真的采用“最小信号周期”作为交叉口实际的信号周期，那么车辆总延误将是无穷大。道理很简单，因为 C_m 所对应的交叉口饱和度 x 值恰好等于 1。实际上，虽然车辆延误时间最终不会达到无穷大，但这种情况下车辆延误时间将迅速地增长，在很短时间段内将会到达很高的数值。因而，作为一个成功的配时方案，不宜采用最短信号周期。然而，并不说周期越长越好，信号周期的长度有一个理想值，即常说的“最佳信号周期”(用 C_0 表示)。

Webster 根据周期时长对车辆总延误时间的影响分析得出，周期时长略大于最佳周期时长时，延误时间的增加并不明显，即延误对周期时长不敏感；但若小于最佳周期时长，则相当明显。为此韦伯斯特得到交叉口的总延误与周期长度的关系式，并对周期时长 C 求导，并令一阶导数为 0，即 $\frac{\mathrm{d}}{\mathrm{d}C}(D)=0$，就得到使交叉口总延误取得最小值的最佳周期时长表达式。

在实际应用上，没有必要精细地计算信号周期时长。实践证明，信号周期长度在 $\frac{3}{4}C_0 \sim 1\frac{1}{2}C_0$ 范围内，所对应的车辆延误时间变化幅度不会超过 15%～20%。因此，经过多次近似替换计算，韦伯斯特得出了如下最佳周期时长的计算公式：

$$C_0 = \frac{1.5L+5}{1-Y} \tag{2.118}$$

式中 C_0——最佳周期时长(s)；

L——信号周期的总损失时间(s)；

Y——所有关键相位关键车道的流量比之和。

(3) 周期时长限值

当交叉口上的实际交通量很小时，求得的周期时长值将很小，根据实践经验，信号周期若设置过短，会造成安全隐患。因此，通常要规定一个最短信号周期 C_{min} 的限制，主要考虑的因素包括车辆安全通过交叉口以及行人过街所需的最短时间。最短信号周期设置没有固定值，目前也无数学表达式加以描述，具体可由交通工程师根据交通状况灵活设计。在英国以及其他一些西方国家，信号周期的最低限取 25 s，我国由于混合交通等原因，一般可取 30～40 s。

此外，考虑到信号周期加长超过某一限额之后，通行能力的增长便趋于停滞，而车辆延误时间却增长较快，而且过长的周期值容易引起司机对信号运行是否正常的怀疑。因此，国外通常将 120 s 视作最大信号周期值 C_{max}。在我国，一般建议不大于 150 s。当然，在信号相位较多(4～5 个以上相位)的交叉口，或者有时为了特别照顾某一方向的车流而需要加长信号周期时，可视各地具体交通特点(如过街行人数量及其延误)而定，不必受这一上限值的约束。

2.5.4.2 交通流诱导的周期

交通流诱导系统在采集路网上交通流基础数据并进行处理的基础上，生成诱导方案，接着将诱导信息通过诱导系统发布出去。出行者在接受后采取一定的出行策略，路网上的车流会达到一个平衡。诱导系统再重新采集路网交通流信息，然后形成新的诱导和控制方案，再将诱导信息发布出去，如此周而复始。这样的每一次循环为一个诱导周期。

交通流诱导和交通控制虽然相互影响，紧密关联，可是运行过程是相互独立的。控制方案通过信号控制设备进行实施，如交通信号灯的变化，周期、相位以及绿信比的调整。而诱导信息的发布则是通过 ATMS、ATIS 系统发布。从传递的信息内容到发布方式，诱导系统和控制系统都不相同。不同的信息内容对周期的要求也不同，控制过程的信息更新在周期上比较短，而诱导信息的更新周期则较长。另一方面，控制信息面对的是一个或几个路口，而诱导信息则面对一个更大的区域，更多的路口。

从信息发布方式上讲，诱导系统应选取覆盖较大区域范围的发布系统。因此诱导系统有必要采用与控制系统不同的周期划分和子区划分，从而做到整体性与局部性相结合，灵活性与稳定性并举。

交通流诱导的主要目的是为了引导交通流的再分配，从而达到路网的整体均衡，最大程度的减少排队队长和路口延误时间，提高交通管理系统的运行效率和路网资源的使用效率。与信号控制不同的是，诱导的着眼点更多的是考虑受控区域的整体优化。在此意义上讲，路网的稳定性是确定诱导周期的一个重要考虑因素。因此，诱导信息的发布应在满足动态调整的基础上同时保证相对稳定性。当诱导信息发布周期时间较短时，出行者在原有诱导信息基础上做出的路径选择尚在执行中，很可能会出行新的诱导信息与其出行路线选择的不一致性，但是出行者由于正处于既定路径的路段中而无法进行路线的调整。还有一种情况是，假设出行者能够按新的诱导信息进行路线选择的动态调整，但由于诱导信息发布的过于频繁，可能最终导致整个出行路线的非最优性。保持线路诱导信息发布的相对稳定性不仅可以使得路网上流量变化趋于平稳，而且可以给出行者带来稳定方便的信息指导，从而保证出行者在相对稳定中达到出行路线的优化。

为了合理的分配流量，达到路网车流的整体均衡，提高交通管理系统的效率，诱导周期的划分需要考虑两个原则：

(1) 动态性原则

路网流量时时刻刻发生着变化，这要求诱导系统采用动态交通分配，实时采集路网数据，按照一定的分配方式进行流量分配。通常情况下，诱导系统中动态分配是按照系统最优的原则进行分配，分配后的路网将达到一种整体均衡。然而，这种均衡将是一种暂时的，随着交通需求的改变以及出行行为的发生，均衡将被打破。因此，保持路网的重新均衡的办法是，重新采集数据进行新的交通分配，并将新的诱导方案通过交通管理系统发布。在确定诱导周期时，可通过路网的变化情况确定发布诱导信息的周期。

(2) 稳定性原则

尽管路网流量对时间不停的变化，但是通常情况下，在一段较短时间内路网上车流量会保持相对稳定。因此，诱导信息在这段时间内应保持不变。而另一方面，出行者在接受诱导信息后会选择一定的出行路径，当诱导信息的改变过于频繁时，出行者会"无所适从"。充分考虑出行者的路径选择在一定时间内的稳定性要求是诱导信息发布时所必须考虑的。诱导周期的确定应该建立在对路网交通流稳定性和出行行为的稳定性要求的基础上。

2.5.4.3 大范围交通诱导与交通控制协同周期的确定

从上文对控制和诱导各自的周期分析来看，由于两个子系统在数据采集、管理策略上各有具体需求和侧重点，因此，在研究两系统的协同方面，无论是制定协同模式、建立协同模型都需要基于周期的确定之上。

交通控制周期一般以秒为单位，最长一般不超过两分钟。对于交通流诱导来说，这个时间长度显然有些太短，出行路线的选择在数秒钟之内很可能尚未实施，或者刚刚处于执行状态，这时不宜再发布新的诱导信息，否则会产生路网车流的不稳定性和停车时间的延长。相对于交通控制周期，线路诱导周期的长度应该稍长，一个诱导周期跨越几个控制周期比较理想，几分钟比较合适。另一方面，交通流诱导通常采用预测的交通信息，间隔太短的预测信息发布出去还没有执行，失去了预测的初衷，间隔太长的预测信息必然导致准确度降低。因此，从交通流诱导和交通控制协同的角度出发，诱导周期的划分最好为控制周期的几倍，在一次诱导信息发布周期内控制方案会有几次调整，即 $T_g=nT_C$，根据国内外在对交通信息预测粒度方面的研究，可以看出预测 3～4 min 间隔的信息精确度较高，发布利用率也高，因此，根据 T_c 的大小，n 可以适当选择，使得 T_g 在 180～240 s 间。

诱导和控制协同周期的处理，一方面满足了诱导策略在时间上的稳定性，给出行者一个可接受的改变频率，这样出行者接受诱导信息时才不至于无所适从，进而保证路网上交通状况的相对稳定；另一方面满足了控制策略调整的实时性和动态性，交通管理者可以根据路网的实时状况进行控制策略的调整，这样不仅使得单个路口通行的状况得以改善，而且保证了诱导策略疏导交通时系统工作状态的配合调整。

2.5.5 协同时机判断

2.5.5.1 判定协同时机的几个参数及其优缺点

1. 拥挤情况下几种交通参数的变化

协同时机的判断实际上就是道路交通状态的判断，在拥挤发生前的某个时刻就进行两系统的协同，可以有效的避免严重拥挤状态的发生。这个时刻就是协同的恰当时机。本文所讲的协同时机，是控制与诱导两系统开始协同的时刻，并不是协同的全部时刻，也就是说一旦确认协同时机则启动协同预案。

所谓交通拥挤，是指交通需求(一定时间内想要通过道路的车辆数)超过某道路的交通容量时，超过部分的交通滞留在道路上的交通现象。交通需求很少时，出行者可以很快到达目的地。随着交通需求的增加，道路交通的畅通的自由流状态开始变得混乱，到达目的地的时间逐渐变长。随着交通需求的进一步增加，当交通需求超过了行走道路上的交通容量最小地点(瓶颈)的交通容量时，道路的交通状态就会发生变化。来自上游的交通需求中超过容量的那部分，将无法通过瓶颈，在瓶颈处形成等待行列，这种现象称为交通拥挤。

交通拥挤的具体定义各国尚无统一标准，日本道路公团对城市高速公路的交通拥挤定义为：在高速公路上以时速 40 km/h 以下低速行走或反复停车、起动的车列连续 1 km 以上并持续 15 min 以上的状态为交通拥挤。美国芝加哥将交通拥挤定义为 30%或更大的 5 min 车道占有率。也有根据著名的心理学 Bloch's 定理进行拥挤定义，它用旅行速度和其持续时间来描述，具体定义见图 2.63 和公式(2.119)。

$$T_c=\frac{240}{60-v_c} \tag{2.119}$$

式中 v_c——所作所为拥挤速度(km/h)；

T_c——持续时间(min)。

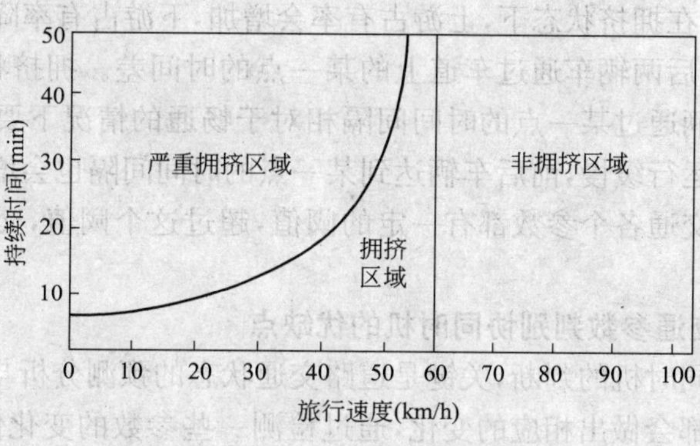

图 2.63 基于心理学的拥挤的定义

从文中可以看出，对不同道路拥挤定义也不尽相同，本文试图通过分析确定在拥挤状态发生相变的过程中变化最敏感的交通参数，利用根据不同道路设定的阈值和敏感参数的预测值，来判断拥堵发生前启动协同的最佳时间。

交通拥挤状态下，交通量、交通密度、占有率、速度、行程时间、车头时距等与畅通状态下相比都会发生变化。

交通量又称流量，是指单位时间内通过道路或某一条车道指定地点或断面的车辆数。拥挤即将发生之前，流量会逐渐增大，当流量达到最大值 Q_m 时，道路被阻滞，这时候道路上的车辆无法移动或者移动的速度很小，于是交通量又开始逐渐减小。

延误是指行驶在路段上的车辆由于受到道路环境、交通管理与控制及其他车辆的干扰等因素的影响而损失的时间。拥挤条件下，道路上的车辆增多，车辆之间的干扰会很明显，因而延误时间增加。

行程时间是车辆驶过道路某一路段所需的总时间，包括行驶时间和延误时间。在拥挤的状态下，延误时间会增加，相应的行程时间当然也会增加。

路段平均速度是指路段的长度与通过该路段所有车辆的平均行程时间之比。

即：$\bar{v}=\dfrac{l}{\frac{1}{n}\sum_{i=1}^{n}t_i}$。路段的长度 l 是一个定置，大小不会变化，在拥挤条件下，每辆车的行程时间都会增加，平均的行程时间会增加，由上式可知路段的平均速度会减小。

交通流密度是某一瞬间，道路单位长度上存在的车辆数。拥挤或即将拥挤状态下，整个路网的车辆数会有很大的增加，单位长度上的车辆数也会增加，即车流密度会增加。

占有率分为空间占有率和时间占有率，空间占有率在道路任一定路段上，车辆总长度与路段总长度的比值。时间占有率是道路任一路段上车辆通过时间的累计值与观测总时间之比。在拥挤状态下，上游占有率会增加，下游占有率降低。

车头时距是前后两辆车通过车道上的某一点的时间差。拥挤状态下，道路上的车辆增多，前后车辆通过某一点的时间间隔相对于畅通的情况下要小。但是当道路接近阻滞时，车辆运行缓慢，前后车辆达到某一点的时间间隔也会增加。

拥挤发生时，交通各个参数都有一定的阈值，超过这个阈值，交通状态就会发生变化。

2. 利用各种交通参数判别协同时机的优缺点

前文提到，协同时机的判断，关键是道路交通状态的预测分析与判断。交通拥挤时，许多交通参数都会做出相应的变化，通过检测一些参数的变化值，我们可以判断路段的交通状态，利用各种交通参数判断交通状态的优缺点如下：

(1) 交通量。当交通量超过了某一水平，例如，超过 1800 辆/h 的车道就认为发生拥挤。然而，这种判断确实存在着很大的缺点，它没有指出交通拥挤和交通瓶颈地段的位置。另外，由于小于 1 800 辆/h 的车道的交通量既可能意味着交通流是非拥挤流，也可能是道路发生了交通拥挤。因此，这种方法经常与其他服务水平度量相结合，而不是单独使用。

(2) 通行能力。通行能力定义为在通常条件下道路所能承担的最大交通量，而不是在交通拥挤这种特殊的状态下，所以在对交通拥挤的研究中，一般不用通行能力作为判断交通状态的参数。

(3) 交通需求。对所研究的整个道路网进行交通需求与容量的比较便能鉴别出交通问题。应注意的是，交通拥挤存在的时间要比交通需求超过容量的时间要长。因此，这里所述重要的性能度量参数包括：出现交通需求超过容量的位置、出现时间的长短以及交通拥挤时间的长度。

(4) 交通密度。交通密度超过某一门限值时，将出现拥挤的交通情况（停停走走）。但是单一的交通密度值可能对应两种交通状态，因此一般不单独使用。

(5) 占有率。经验表明，环形线圈检测器占有率范围为 20％～30％时，交通状态是趋近拥挤的。在常用的自动事件检测算法中，如经典的加利福尼亚算法等经常用到占有率，一般考虑上下游占有率的比较值和同一地点前后时刻的占有率比值。

(6) 速度。还有一个重要参数就是速度，或者是它的倒数等价值——行程时间。通过在系统内道路上的速度抽样即能给出什么地方出现了问题的度量。例如，可在城市道路上许多点进行速度测量，其性能度量可能是指在时间和空间上都低于某一速度级(假定 30 km/h)的速度范围(注意，应该是在平均速度降到 50 km/h 以下的地段，而不是在单个速度降到 30 km/h 以下的地段)。

由于交通量、车流速度和道路占有率可以直接测量，因而，拥挤检测系统主要用此三参数进行判断。图 2.64 是交通拥挤前后交通量、车流速度和道路占有率的变化趋势图。从图 2.64 中可以看出，速度的变化最明显。同时，我们用 VISSIM 软件对拥挤发生前后的测量数据进行分析，见图 2.65 所示，可以看出还是车速对交通状态的变化最为敏感。因此，文中选用车流速度对交通状态进行判断。

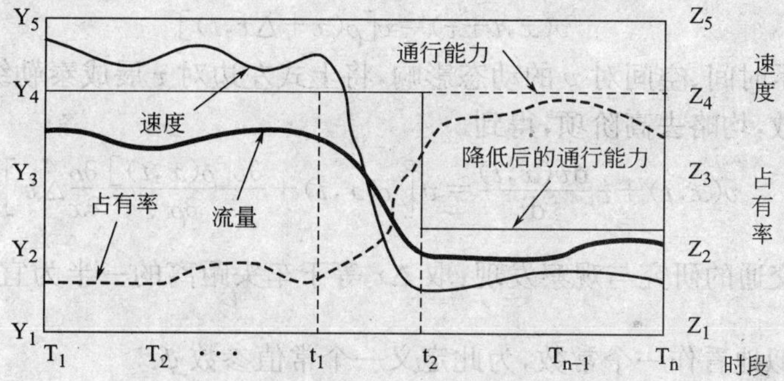

图 2.64　拥挤发生时交通参数的变化

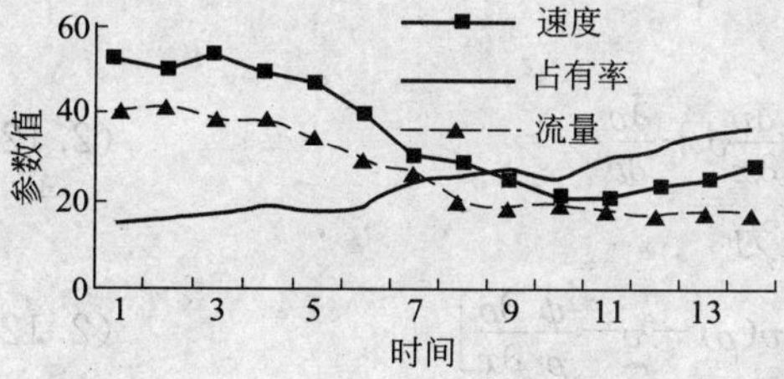

图 2.65　通过模事件发生采集的参数变化

对交通参与者来说，道路交通拥挤表现在行车速度下降和到达目的地的行车时间的增加，而行车速度与交通需求直接相关。当交通需求超过了交通容量，就会导致行车速度的大幅度下降，这是道路上拥挤交通流所具有的特性。选用车流速度对交通状态进行判断具有以下优点：

①速度可以直接测量，这就减少了间接推算过程中产生的随机误差。

②通拥挤发生时，速度的变化最明显。如图 2.64 所示，由时间——速度的关系我们可以很容易的判断出拥挤发生的时刻是 t_1-t_2。

③交通参与者对速度的感觉比较形象具体。用速度描述交通状态容易让人接受

和理解。

④利用速度可以检测到交通拥挤的瓶颈路段。由于检测到的速度是某一路段的平均速度，所以拥挤肯定发生在被检测的路段上。

2.5.5.2 利用速度动态模型判别最佳协同时机

1. 模型描述

道路上车辆行驶速度是由驾驶员根据车辆、道路、交通以及环境(如气象)等实际情况加以调整的。一辆车某时刻在某位置的行驶速度与该车在过去时刻的速度有关，与当时该位置处交通状况有关，还与前方交通状况有关。速度的动态变化规律是比较复杂的。要揭示这个规律必须了解驾驶人员的行为特征及车辆的动力学特征。简单点说，驾驶员调整车速主要根据与前方车辆的间距，即主要考虑前方的交通密度；而且驾驶员对前方交通状况变化做出反应需要有一个延迟时间，车辆发动机、传动装置的适应也存在一个调整时间。所以，车速的变化总比前方 Δx 处交通密度的变化滞后一个时间 τ，即

$$v(x,t+\tau)=v[\rho(x+\Delta x,t)] \tag{2.120}$$

为了揭示时间、空间对 v 的动态影响，将上式左边对 τ 展成泰勒级数，右边对 Δx 展成泰勒级数，均略去高阶项，得到

$$v(x,t)+\tau\frac{\mathrm{d}v(x,t)}{\mathrm{d}t}=v\left[\rho(x,t)+\frac{\partial v[\rho(x,t)]}{\partial\rho}\frac{\partial\rho}{\partial x}\Delta x\right] \tag{2.121}$$

对微观交通的研究与观察发现：取 Δx 等于车头距离的一半为宜，即 $\Delta x=\frac{1}{2\rho}$；同时$\frac{\partial v}{\partial\rho}$可以近似地看作一个常数，为此定义一个常值参数 ψ：

$$\psi=-0.5\frac{\partial v}{\partial\rho} \tag{2.122}$$

最后，把全导数

$$\frac{\mathrm{d}v(x,t)}{\mathrm{d}t}=\frac{\partial v}{\partial x}v+\frac{\partial v}{\partial t} \tag{2.123}$$

代入，则得到连续时间的动态速度方程为

$$\frac{\partial v}{\partial t}=-v\frac{\partial v}{\partial x}+\frac{1}{\tau}\left[v(\rho)-v-\frac{\psi}{\rho}\frac{\partial\rho}{\partial x}\right] \tag{2.124}$$

为了化为离散形式的动态方程，对上式进行空间离散化处理(差分处理)，即把道路分成若干个路段，每个路段的长度为 Δ_i，在动态情况下，Δ_i 应尽量短一些，以保证 Δ_i 路段内部交通均匀。并假设第 i 路段内交通情况保持一致，其交通参数为 $v_i(k)$、$\rho_i(k)$，则有

$$v=\frac{1}{\tau}[v(\rho_i)-v_i]+\frac{v_i}{\Delta_i}(v_{i-1}-v_i)-\frac{\psi}{\tau\Delta_i}\frac{\rho_{i+1}-\rho_i}{\rho_i+\lambda} \tag{2.125}$$

将下列关系式代入式(2.124)

$$\frac{\partial v}{\partial t}=\frac{1}{T}[v_i(k+1)-v_i(k)]$$

$$\frac{\partial v}{\partial x}=\frac{1}{\Delta_i}[v_i(k)-v_{i-1}(k)] \tag{2.126}$$

$$\frac{\partial \rho}{\partial x}=\frac{1}{\Delta_i}[\rho_{i+1}(k)-\rho_i(k)]$$

即得

$$v_i(k+1)=v_i(k)+\frac{T}{\tau}[v(\rho_i(k))-v_i(k)]+\frac{T\varepsilon}{\Delta_i}v_i(k)[v_{i-1}(k)-v_i(k)] -\frac{\psi T}{\tau\Delta_i}\frac{\rho_{i+1}(k)-\rho_i(k)}{\rho_i(k)+\lambda} \tag{2.127}$$

其中引入修正系数 ε、λ。ε 可以调整该项的权重，使整个模型式(2.127)更符合实际交通。引入 λ 可避免 ρ_i 值很小的情况下该项呈现太大的值(这是不切实际的)。至于公式(2.127)右边第 2、第 4 两项的权重，可通过对参数 τ、ψ 适当地估值加以调整。公式(2.127)表明在动态过程中某路段的空间平均速度 $v_i(k+1)$ 由 4 个方面的因素决定：

(1) 前一时刻该路段平均速度 $v_i(k)$。

(2) 前一时刻该路段交通密度 $\rho_i(k)$ 及该路段的 $\rho-v$ 特性。$v_i(k+1)$ 要按照 $\rho-v$ 特性朝着与 $\rho_i(k)$ 相适应的方向变化。$\rho-v$ 特性是路段交通流基本特性，描述 v 随着 ρ 增加而降低的规律，一般用下列表达式来描述。

$$v(\rho)=v_f\left[1-\left(\frac{\rho}{\rho_j}\right)^l\right]^m \tag{2.128}$$

或

$$v(\rho)=v_f\exp\left[-\frac{1}{a}\left(\frac{\rho}{\rho_c}\right)^a\right]$$

式中 v_f——自由行驶速度；ρ_j——交通堵塞($v=0$)时的最低密度；ρ_c——流量最大时的密度(临界值)。模型参数 l,m,a 应根据实测交通数据加以估计。

(3) $v_i(k+1)$要与上游相邻路段在前一时刻的平均速度 $v_{i-1}(k)$相适应。

(4) $v_i(k+1)$与下游相邻路段的交通密度 $\rho_{i+1}(k)$有关，即行车前方密度较高时，车速将降低。

由此可知，道路某个位置在某个时刻的交通状态与该位置该时刻之前的交通状态以及该位置下游相邻处的交通状态有关，即交通流过程是交通状态随着时间、空间演变的动态过程。

研究表明，速度动态模型对于车道数目单一，进出流量冲击不太大的道路，能够以满意的精度描述各种不同的交通状况以及相互间转变的过程，例如顺畅及拥挤交通情况，顺畅过渡到拥挤的过程，从拥挤恢复到顺畅的过程，能描述常发性和偶发性交通拥挤现象的出现与消除过程。

2. 拥挤状态下速度临界值的确定

因为交通拥挤的定义没有统一的标准，所以当道路平均速度降到什么值就表明拥挤发生，这个问题也没有统一的标准。在城市道路上，有的人感觉车速低于 40 km/h 就无法忍受，有的人车速低于 25 km/h 也无所谓。有的人等 5 min 就会非常不耐烦，有的人等 20 min 也会很有耐心。所以拥挤状态临界速度的确定是一个非常复杂的问题，在确定拥挤状态速度临界值的时候要考虑以下几点：

(1) 道路的几何特性，包括道路的坡度、弯度、车道数、平原、山区等。当道路的弯度或坡度很大的时候，临界速度会降低。

(2) 道路的类型，比如城市道路、高速路、快速路等等。城市道路上多为短途车，车辆杂而多，所以临界速度低。而高速公路、快速路等没有交叉口，车辆行驶速度高，因而临界速度也高。

(3) 道路的服务水平。服务水平高的道路，它的临界速度也高。服务水平低的道路其临界速度也低。

(4) 道路所在的国家、城市。因为不同地方的出行习惯不一样，人口密度不一样，道路基础设施不一样，导致出行者在道路上的速度也不一样。因而临界速度也会不一样。

(5) 季节气候、天气等的影响。雨天路滑，临界速度低。而冬天雨雪多，人们出行的速度低，因此临界速度也会低。

标定拥挤状态的临界速度最重要的一点是拥挤状态的判定，拥挤状态的定义主要根据经验观测和历史记录，通过对道路连续长时间的观察，总结出拥挤经常发生的时段，然后分析这些时段的速度数据，利用专家经验综合评判的方法，得出拥挤状态速度的临界值。

根据以往的经验和公式(2.119)可知，当城市道路的路段平均速度降至 25 km/h 时，车辆的停车时间达到 8 min，可以认为拥挤状态发生。在实际中，25 km/h 的路段平均速度可能还不算是十分拥挤，但是在进行交通诱导系统与交通控制系统协同的时候，应该在拥挤发生之前就进行两者的协同，以避免更拥挤的状况发生，所以本文把路段的平均速度 25 km/h 作为协同的时机。

3. 基于速度动态模型的协同时机判断

基于速度判断协同时机的原理就是当预测型路段平均速度低于拥挤状态下速度的临界值的时候，就进行诱导与控制两系统的协同。

文中利用速度动态模型，由公式(2.127)可知，当前路段当前时刻的速度在时间上与前一时刻的速度和密度有关，在空间上与上游路段速度和下游路段的密度有关。

因此，根据当前时刻的相关路段的速度和密度值，就可以推算下一路段的平均行程速度。用速度动态模型推算出的速度不仅反映了驾驶员的行为特征，而且反映了路段前一时刻的交通状态和前后路段的交通状态，反映了交通状态的转变过程。

利用速度动态模型判定协同时机的难点在于模型参数的标定，如何寻找诸参数的最佳取值，使模型计算出来的交通流数据同实测数据相比，偏差最小，这是问题的关键。

参数的标定可采用复合形法，它随机地确定多组初始参数值并计算相应的性能指标，找出性能最差的一组参数予以淘汰，并用反射的方法找到一组新的参数补充进去。依此逐步淘汰较差的参数值，朝着最优参数值逼近。如此得到的模型参数还需进行有效性检验，即检验该模型对其他时间采集到的实测数据是否依然吻合良好。如果效果不良，则需对参数作进一步调整优化。

利用速度动态模型判定协同时机的步骤如下(见图 2.66)：

(1) 把道路分成若干个区间

选择合适的长度将路网分成若干区间，其中每个区间必须含有一定数量的检测器，保证能够实时检测道路的运行参数。交通数据必须全面，准确，能反映交通流沿着空间、时间的分布情况。

(2) 确定拥挤临界速度 $V_{临界}$

标定拥挤状态的临界速度最重要的一点是拥挤状态的判定，关于交通状态判定国内外已经开展了很多研究，有模糊评判方法、灰色聚类等，文中主要根据经验观测和历史记录，通过对道路连续长时间的观察，总结出拥挤经常发生的时段，然后分析这些时段的速度数据，利用专家经验综合评判的方法，得出拥挤状态速度的临界值。

(3) 确定每个区间的速度-密度关系

公式(2.125)中用到 $v(\rho_i(k))$，因此我们必须通过已有的历史交通数据来估计 $v—\rho$函数。根据检测器的速度和密度数据我们可以利用相关性分析得出两者的线性相关曲线和常值参数 ψ：

$$\begin{aligned} v_i(k) &= v(\rho_i(k)) \\ \psi &= -0.5\,\frac{\partial v}{\partial \rho} \end{aligned} \tag{2.129}$$

4. 标定模型参数

(1) 因为式(2.127)中涉及到的速度全是区间平均速度，而固定检测器检测到的速度是时间平均速度，所以第一步工作是将时间平均速度转化为区间平均速度，转换的公式如下：

$$\bar{v}_s = \bar{u}_t - \frac{\sigma_t^2}{\bar{u}_t} \tag{2.130}$$

式中 $\bar{v}_s$——区间平均速度；

$\bar{u}_t$——时间平均速度。

密度可由流量和速度转化而来，即

$$\rho_i(k)=\frac{q_i(k)}{v_i(k)} \tag{2.131}$$

(2) 将两组实测的数据代入式(2.127)中，组成一个方程组，根据方程组初步确定几组调节系数(如 ε、λ、τ)的值。

$$\begin{cases} v_i(k+1)=v_i(k)+\dfrac{T}{\tau}[v(\rho_i(k))-v_i(k)]+\dfrac{T\varepsilon}{\Delta_i}v_i(k)[v_{i-1}(k)-v_i(k)]- \\ \qquad \dfrac{\psi T}{\tau\Delta_i}\dfrac{\rho_{i+1}(k)-\rho_i(k)}{\rho_i(k)+\lambda} \\ v_i'(k+1)=v_i'(k)+\dfrac{T}{\tau}[v'(\rho'(k))-v_i'(k)]+\dfrac{T\varepsilon}{\Delta_i}v_i'(k)[v_{i-1}'(k)-v_i'(k)]- \\ \qquad \dfrac{\psi T}{\tau\Delta_i}\dfrac{\rho_{i+1}'(k)-\rho_i'(k)}{\rho_i'(k)+\lambda} \end{cases}$$

其中，Δ_i 为路段 i 的长度，T 为采样周期，τ 是车速变化的滞后时间，ψ 为常值参数，ε 可以调整该项的权重，使整个模型式(2.127)更符合实际交通，λ 可避免 ρ_i 值很小的情况下该项呈现太大的值。

(3) 将每组性能指标代入速度性能指标，选择使性能指标取最小的一组作为计算依据，性能指标如下

$$J_v=\left\{\frac{1}{NK}\sum_{k=1}^{K}\sum_{i=1}^{N}[\hat{v}_i(k)-v_i(k)]^2\right\}^{\frac{1}{2}} \tag{2.132}$$

(4) 对模型参数需进行有效性检验，即检验该模型对其他时间采集到的实测数据是否依然吻合良好。如果效果不良，则需对参数作进一步调整优化。

推算下一时刻的速度 $v_{i+1}(k)$，最后，利用本时刻的数据预测下一时刻该路断的平均速度值，即将本时刻的数据 $v_i(k)$、$\rho_i(k)$、$v_{i-1}(k)$、$\rho_{i+1}(k)$代入

$$\begin{aligned} v_i(k+1)=v_i(k)+\frac{T}{\tau}[v(\rho_i(k))-v_i(k)]+ \\ \frac{T\varepsilon}{\Delta_i}v_i(k)[v_{i-1}(k)-v_i(k)]- \\ \frac{\psi T}{\tau\Delta_i}\frac{\rho_{i+1}(k)-\rho_i(k)}{\rho_i(k)+\lambda} \end{aligned} \tag{2.133}$$

上式中，右边所有的参数都是已知的。

(5) 判　断

如果推算出的速度 $v_i(k+1)>v_{临界}$，即没小于步骤(2)确定的临界速度值，说明

此时刻不需要协同。返回步骤 3。反之，说明此时需要进行诱导与控制的协同。

If $v_i(k+1) > v_{临界}$ then 不需要协同；

else 需要协同。

启动两系统的协同预案。

整个步骤的流程图如图 2.66 所示：

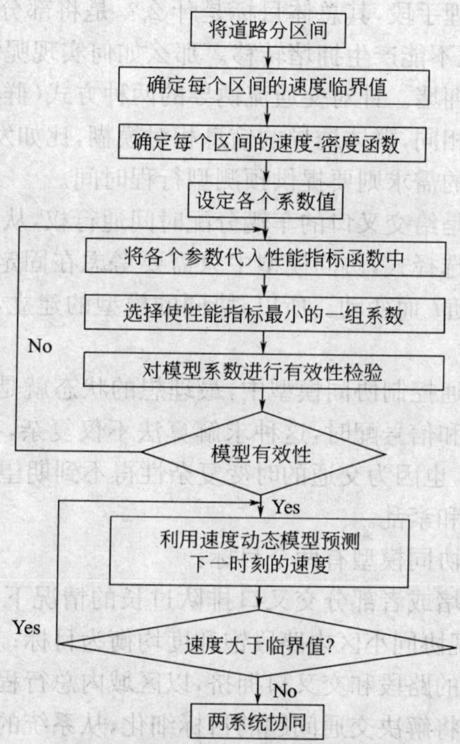

图 2.66　基于速度动态模型的协同时机判断流程图

2.5.6　大范围交通诱导与交通控制协同的双目标准均衡分配模型算法

2.5.6.1　大范围交通控制与诱导协同模型建立的基本思路

动态交通分配模型为交通流诱导提供最佳的流量分配，在路段阻抗计算中往往不考虑交叉口延误，即便考虑到也是作为定值计算，而交通控制在优化最佳信号配时时也没有考虑动态交通流诱导的影响。所以，常见到的是这两个模型独立运算，没有考虑相互影响。本次研究试图研究建立一个通用的模型能同时求解得到最佳路径计算用参数（行程时间或者诱导交通量）和交通控制配时参数（周期、绿信比），也就是说通过一个模型求解两个系统的重要参数。

在已有的控制诱导结合模型中，求解算法主要包括两种：(1)迭代优化，(2)全局优化，它们都存在约束条件苛刻，OD难以实时得到，不一定能得到最优解，而且即便得到最优解也不能很快作用于交通流等系列问题。因此，模型建立并不难，难在如何求解，难在能贴近交通实际并产生良好的应用效果。

从用户看，车载最佳路径的指引无疑会给出行者带来极大的方便，从系统来看，交通流诱导作为一种管理手段，其总体目标是什么？是将部分拥挤路段的车流诱导到畅通的路段，但是保证不能产生拥堵转移。那么如何实现呢？可以通过判断拥堵，诱导交通出行从而消散拥堵。针对交通流诱导的两种方式(群体诱导、单车诱导)，所发布的诱导信息也不尽相同，群体诱导的信息相对模糊，比如发布畅通、拥堵等，单车诱导由于计算最佳路径的需求则要提供预测型行程时间。

交通控制系统主要是给交叉口的车辆分配时间通行权，从控制系统的方式来看，如果是定时式或者方案选择式，协同模型中只需要考虑在固定配时下交叉口车辆的平均延误，因为 C,g 不随 t 而变动。所以，协同的模型的建立，主要是针对自适应交通控制系统。

在交通流诱导与交通控制协同模型中，最理想的状态就是一步得到(t,C,g)，同时提供给计算最佳路径和信号配时，这种求解算法不仅复杂，甚至无解，而且即便是最优解作用于交通实际，也因为交通的时变复杂性得不到期望的满意效果，抑或可能给交通带来极大的波动和紊乱。

文中建立诱导控制协同模型有两个目标：

在部分路段出现拥堵或者部分交叉口排队过长的情况下，通过诱导控制协同消除拥挤，求解算法以实现协同小区内路段饱和度均衡为目标；

当小区内没有严重的路段和交叉口拥挤，以区域内总行程时间最小为目标。

文中在模型建立上将解决交通问题的目标细化，从系统的角度，以消散拥挤为第一目标，以区域总行程时间尽可能小为第二目标建立双目标优化模型，力图在求解手段上予以突破，不考虑OD等严格的约束条件，不追求严格的目标函数，只考虑路段实时采集到的流量、占有率、速度乃至行程时间动态数据，引入试算优化和小步距调整的方法，并对部分数据进行合理的历史趋势预测，通过滚动式计算，不断调整流量分配和优化交叉口配时参数，期望在一定时间内逐步平稳的达到网络均衡。

2.5.6.2 双目标协同模型建立

交通流诱导，从用户角度看，是给驾驶员提供到达目的地的最佳路径，最近的研究常用行程时间作为路阻。本文从系统管理的角度理解，诱导是为了均衡路网流量分配，再具体点讲，就是控制进入拥挤或有潜在拥挤的路段的车流量，并及时疏散该路段的车流。要达到这种目的，其一是诱导其他车辆绕行，其二通过信号控制参数的调整对该路段流量快速卸载。因此，从系统角度看，尤其是某些路段出现高饱和度时，首先要保证的是不堵，其次才是系统总运行费用（如行程时间）尽可能小。

$$
\begin{cases}
rc_a(t+1)=r\bar{c}(t) & S>\sigma \quad \& \quad rc(\bar{t})>\phi \\
J_1=\min\sum_{a\in A}\int_0^{x_a(t)} c_a(x_a(t))\mathrm{d}x & 0<S<\sigma
\end{cases}
$$

$$
\text{s.t.}\quad \sum_a x_a(t)=\sum_a x_a(t+1), \qquad S=\sum_a \frac{1}{n}(rc_a(t)-r\bar{c}(t))^2 \tag{2.134}
$$

式中 $A(i)$——所有以节点 i 为终点的弧段集合；

$x_a(t)$——时刻 t 弧段 a 上的车辆数；

$c_a(x,t)$——时刻 t 车辆在弧段 a 上的行程时间，它是流量 $x_a(t)$ 的函数；

$rc_a(t)$——时刻 t 弧段 a 上饱和度；

$r\bar{c}(t)$——协同小区内平均饱和度。

上述模型的的含义：假设相邻两个规划间隔内协同小区内交通需求不变，如果各路段拥挤程度不均衡即方差大于一个给定的阈值 σ 时，判断需要以消散拥堵为第一优化目标，否则，则优化 T 时间段内（细分为若干个 t 协同间隔）总路线行程时间最小。

2.5.6.3 饱和度及路段阻抗表达

本文定义弧段 a 为上游交叉口的出口处到下游交叉口的出口停车线（如图 2.67 所示），总的出行时间 $T_a=T_a(r)+T_a(q)$，$T_a(r)$ 为两交叉口之间的行驶时间，$T_a(q)$ 为交叉口的延误时间。

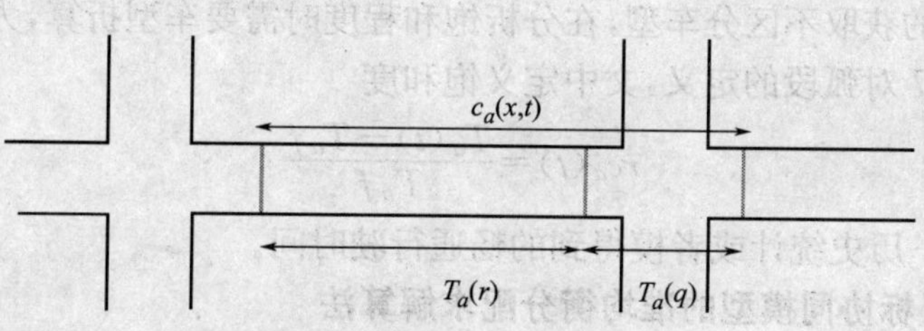

图 2.67 包含交叉口的弧段定义图示

$T_a(r)$ 是与路段交通流量的函数关系，根据预测型系统最优，$T_a(r)$ 应该是预测值，即根据流量、占有率或者行程时间所作的短时预测。国内外已经做了大量的研究，作者就通过对多种情况下的交通流进行分析，建立了 10 余种不同的预测算法可以选用，并且预测精度在 93%以上，有模糊回归、卡尔曼滤波、神经网络等，这些都是需要系列模型合、训练等。文中取 $T_a(r)=L/v$，L-上游交叉口出 20 m 至当前交叉口停车线前 100 m 的距离，其中 v 是预测性的平均速度值。

$T_a(q)$为交叉口的延误时间，根据 Webster 稳态理论，一个周期内平均每辆车的延误包括均衡相位和随机延误，

$$T_a^-(q)=\frac{C(1-u)^2}{2(1-y)}+\frac{x^2}{2q(1-x)}-0.65\left(\frac{C}{q^2}\right)^{\frac{1}{3}}x^{2+5u} \tag{2.135}$$

式中 c——信号周期时长(s)；

u——绿信比；

y——流量比。

在饱和度低的情况下，主要是第一项，随着饱和度的增加，二、三项比重也逐步加大。文中为研究简单说明问题，仅仅取均衡相位的延误，即$T_a^-(q)=\frac{C(1-u)^2}{2(1-y)}$。

综上，路段 a 的阻抗可以表示为

$$T_a=T_a(r)+T_a(q)=\frac{L}{v}+\frac{C(1-u)^2}{2(1-y)} \tag{2.136}$$

综上，考虑交通控制的系统最优动态交通分配目标函数为：$J_1=\min\sum_{a\in A}\int_0^{x_a(t)}\left(\frac{L}{v}+\frac{C(1-u)^2}{2(1-y)}\right)\mathrm{d}x$，这里 v,C,u,y 都是跟 t 时刻路段流量相关的函数。

在交通控制中，对于饱和度的定义也不统一，常见的是将实际到达流量 q 与进口道通行能力 C 之比称为该相位的饱和度 x，即 $x=q/C$，在 SCATS 系统中，由于其检测器设置在停车线前 1 m 处，为了其控制参数优化和效果评估，其采用饱和度的定义为有效利用的绿灯时间与绿灯时间之比，即 $DS=g'/g, g'=g-(T-t\cdot h)$。

由于流量的获取不区分车型，在分析饱和程度时需要车型折算，为了避开这个问题，根据图 2.67 对弧段的定义，文中定义饱和度

$$rc_a(t)=\frac{T_a(t)-T_af}{T_af}$$

式中 T_af——历史统计或者模得到的畅通行驶时间。

2.5.6.4 双目标协同模型的准均衡分配求解算法

关于网络均衡流分配模型的求解，国内外算法主要有线性规划、计算机模、最优控制、变分法、递阶优化方法等，这些方法所需的已知条件比较多，包括路段流量、流入率、流出率等，尤其是很难采集得到的动态 OD 量，并且采用的算法求解非常复杂，会出现不收敛、得不到最优解等情况。

文中考虑到交通流诱导与交通控制的动态协同，立足从系统的角度消散与缓解拥挤，不苛求能在一个间隔内使混乱交通流趋于平稳，而是在既定交通需求下，尽可能均衡路段拥挤度，通过提供给出行者交通状态和行程时间信息，加载或卸载路段交通量，并对拥堵路段的上下游交叉口小步距减少和增加绿灯时间，起到截流和放流的

作用，滚动式判断与优化，使交通流在不断反馈与不断调整过程中达到最优。而在协同各区域不拥堵时，则通过优化总出行时间使交通运行更加有效。所以，它不是一个严格的最优，而是我们所谓的"准最优"。

总体上讲，算法基本思想为：判断协同各区域是否存在路段或者交叉口拥堵，是则通过调整饱和度来消散拥堵，通过诱导和控制均衡流量分配，这时自适应控制系统优先执行协同信号配时方案，否则以区域内总行程时间尽可能小为目标进行流量分配优化，控制系统是自适应式，能够根据诱导后的路段流量进行自适应配时。

具体的算法步骤如下，流程图见图 2.68。

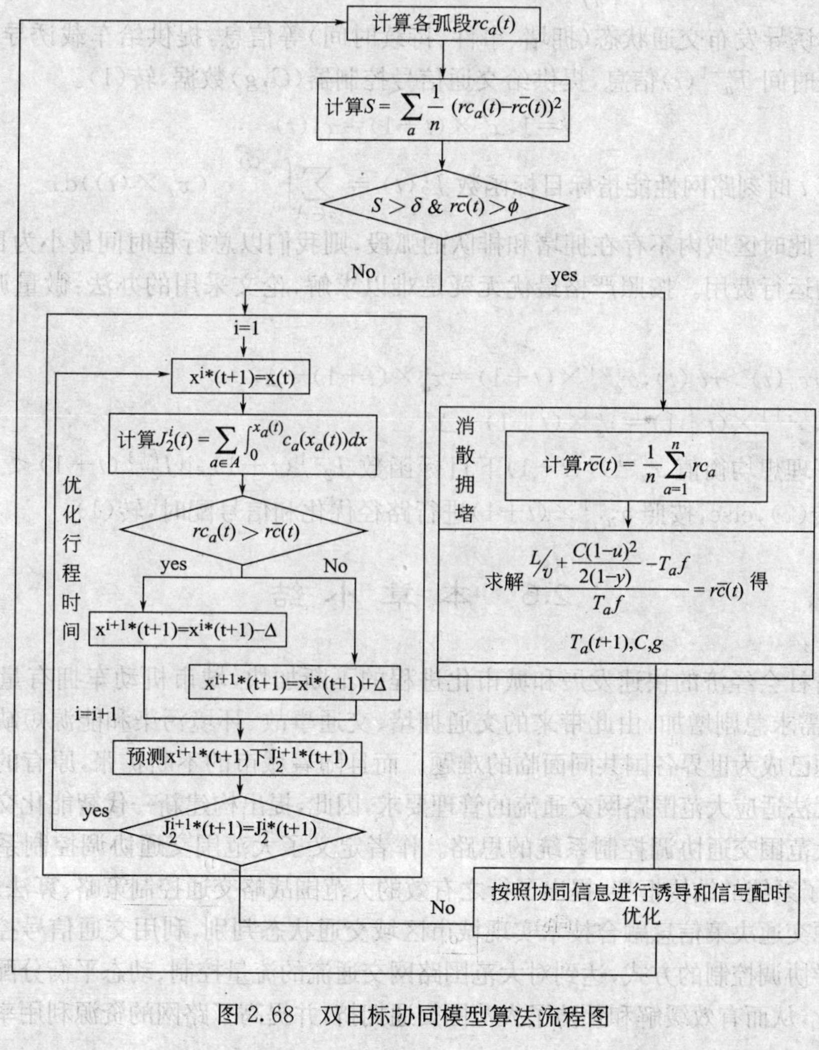

图 2.68　双目标协同模型算法流程图

计算 t 时刻小区内各路段的

$$rc_a(t)=\frac{T_a(t)-T_af}{T_af}=\frac{\frac{L}{v}+\frac{C(1-u)^2}{2(1-y)}-T_af}{T_af} \tag{2.137}$$

计算 t 时刻路网的均衡拥挤度 $r\bar{c}(t)=\frac{1}{n}\sum_{a=1}^{n}rc_a$。

计算 $S=\sum_a\frac{1}{n}(rc_a(t)-r\bar{c}(t))^2$ if $S>\sigma\ \&\ r\bar{c}(t)>\phi$，转(4)，否则转(6)。

通过方程式 $\frac{\frac{L}{v}+\frac{C(1-u)^2}{2(1-y)}-T_af}{T_af}=r\bar{c}(t)$ 求解 $t+1$ 时刻理想的 $T_a^{t+1}(r)$，C，g。

群体诱导发布交通状态(拥堵、事件、持续时间)等信息，提供给车载诱导装置预测型行程时间 $T_a^{t+1}(t)$ 信息，提供给交通信号控制器(C,g)数据，转(1)。

$$i=1,x_a^i\times(t+1)=x_a(t)$$

计算 t 时刻路网性能指标目标函数 $J_2^i(t)\doteq\sum_{a\in A}\int_0^{x_a(t)}c_a(x_a^i\times(t))\mathrm{d}x$。

由于此时区域内不存在拥堵和排队的弧段，则我们以总行程时间最小为目标，降低系统的运行费用。按照严格最优无疑是难以求解，论文采用的办法：微量调整、试算优化。

If $rc_a(t)>r\bar{c}(t)$，$x_a^{i+1}\times(t+1)=x_a^i\times(t+1)-\Delta$，

else，$x_a^{i+1}\times(t+1)=x_a^i\times(t+1)+\Delta$

计算理想均衡值 $x_a^{i+1}\times(t+1)$ 下目标函数 $J_2^{i+1}(t+1)$，if $J_2^{i+1}(t+1)<J_2(t)$，$i=i+1$ 转(7)，else，按照 $x_a^{i+1}\times(t+1)$ 进行路径优化和信号配时，转(1)。

2.6 本章小结

随着社会经济的快速发展和城市化进程的不断加快，城市机动车拥有量不断增长，交通需求急剧增加，由此带来的交通拥堵、交通事故、环境污染和能源短缺等交通相关问题已成为世界各国共同面临的难题。而且随着城市的不断扩张，原有的交通控制系统无法适应大范围路网交通流的管理要求，因此，提出构建新一代智能化交通控制系统一大范围交通协调控制系统的思路。作者定义了大范围交通协调控制系统的功能，构建了系统的结构框架，提出了行之有效的大范围战略交通控制策略、算法及模型。采用多源交通决策信息融合技术实现城市区域交通状态判别，利用交通信号控制和交通流诱导协调控制的方式，达到对大范围路网交通流的流量控制、动态平衡分配和路网流量优化，从而有效缓解和预防了大范围交通拥挤，并提高了路网的资源利用率。

第3章 区域混合交通控制策略和算法

3.1 交通信号控制参数

信号配时参数优化，首先必须准确把握和理解交通控制中的一些基本概念，下面对信号配时设计中部分参数作一介绍：

(1) 周期时长(Cycle Length)：信号灯各种灯色轮流显示一周所需的时间，即各种灯色显示时间之和，或是从某相位的绿灯启亮开始到下次该绿灯再次启亮之间的一段时间。用 C 表示，单位符号为 s。

(2) 信号相位(Signal Phase)：一股或几股车流在一个信号周期内，不管何时都获得相同的信号灯色显示，那么它们获得灯色的连续时序称作一个信号相位。信号相位是按车流获得信号显示时序来划分的，有多少种不同的时序排列，就有多少个信号相位。如图 2.1 所示。

(3) 绿信比(Split)：指在一个周期内某一相位有效绿灯时间 g 与信号周期长度 C 之比，用 λ 表示。

(4) 相位差(Offset)：又叫时差，通常用 O 表示，单位为 s。相位差有绝对相位差和相对相位差之分。绝对相位差(Absolute Offset)是指各个信号的绿灯(红灯)的起点或中点相对于某一个交叉口(一般为关键交叉口)信号绿灯(红灯)的起点或中点的时间之差。相对相位差(Relative Offset)是指相邻交叉口同一相位的绿灯(红灯)的起点或中点的时间之差。相对相位差等于两个信号绝对相位差之差。

在交通信号控制系统中，配时设计是在相位相序设计的基础上，根据进口道配置和交通流量分布求解出最优的配时方案。相位相序设计是实际交通流与交通信号控制系统之间的桥梁，它是在时间上实现对交通流进行优化控制，为不同需求的交通流分配通行权，在时间上确定优先次序。因此信号配时之前对控制区域交叉口进行合理的相位相序设计是进行信号优化与协调的前提，这将直接影响到交叉口的通行能力和系统的运行效益。如果没有合理相位设计和相位优化，所得到的最优配时方案只能是伪最优解。无法实现系统的最优控制。

此外，合理的交通控制信号都是根据实际交通流量综合得出的。对于混合交通下的交通流量计算，由于车型与车型间的差别，非机动车与机动车的差别，需要引入各种机动车、非机动车与当量小客车之间的换算系数，并且设计混合交通条件下的综合流量计算模型。

3.2 战略检测器和战术检测器的优化配置

3.2.1 概　　述

混合交通自适应信号控制系统（Mixed Adaptive Traffic Signal Control System，MATCS）是一个集机动车信号控制、非机动车信号控制、公交优先信号控制于一体的城市区域交通信号控制系统。该系统采用实时运行模式，即：根据区域实时交通流量的变化，优化、调整信号配时参数，使系统处于最佳的运行状态。

MATCS 在区域信号配时参数协调控制上采用两层控制的控制策略，即对影响交叉口信号协调的三个重要参数：周期（Cycle）、绿信比（Split）、相位差（Offset）实施两层控制形式，以适应交通流的需求。MATCS 的这两层控制策略称为战略控制和战术控制。

战略控制是决定区域信号协调的高层控制，由 MATCS 区域计算机控制。战略控制利用检测器采集实时交通信息（流量、速度、占有率等信息）。以 MATCS 战略控制算法为基础，预测区域交通流状况，计算控制区域的周期、绿信比和相位差参数，并决定是否进行区域信号配时方案的转换，以适应关键交通流的变化。

战术控制是在 MATCS 战略控制指导下，即在不影响区域信号协调控制的前提条件下，为适应交叉口各进口方向交通需求的变化，每个信号周期都对控制交叉口的绿信比进行小步距调整，即对交叉口各个相位的绿灯时间进行微调。

战略控制决定控制区域交叉口之间的信号协调以及配时方案的转换。战术控制处理交叉口各信号周期相位绿灯时间与各进口方向交通需求的适应性调整。二者结合，既在整体上适应交通流的变化，又在局部上适应各方向交通流的通行需求，从而使道路交通得到有效的控制。

控制策略有效实施的前提是获取真实反映区域交通流状况的实时交通信息。而交通参数数据与交通流状况之间是一种映射关系。为保证配时优化算法的可靠性和实用性，MATCS 从参数的可靠性、敏感性、便利性、直观性、经济性对交通参数进行选择，并从交通检测器数据能够快速、准确、真实地反映交通流状况的变化，对交通检测器的整体配置进行优化组合。根据检测器检测数据在控制策略中的应用，MATCS 将路段上的检测器组分为战略检测器和战术检测器。

战略检测器安装在上游交叉口出口处15～30 m 处，检测进入下游交叉口的流量、平均速度、时间占有率。为确定关键交叉口、区域信号协调参数提供基础数据。在正常的道路交通条件下，战术检测器同样安装在上游交叉口出口处 15～30 m 处，检测通过检测器的流量、平均速度、时间占有率。

在 MATCS 中，战略检测器更多关注的是路段交通流的运行情况，获取进入交叉口交通流的正常运行状态，不过多考虑交叉口特定的几何形状和车道功能划分等信息，其主要目的是为系统提供路段“宏观”的交通流信息，为 MATCS 系统的整体优化、决策服务；而战术检测器更多关注独立交叉口的“微观”交通流信息，其设置不仅体现考虑交叉口的特定地理信息，同时关注交叉口交通流的流向信息，其主要目的是为满足交叉口各向交通需求，最大限度提高绿灯时间的利用率。为保证各个交叉口绿信比优化效率，在 MATCS 中，同时从检测检测器和战术检测器中获取交叉口的检测数据。以充分挖掘交叉口交通流信息，在这个意义上，战略检测器同时充当了战术检测器。

因此，在 MATCS 中，设置在上游交叉口出口 15～30 m 处的检测器既可以是战略检测器，又可以是战术检测器。但由于交通渠化和路段交通影响等因素的存在，在专用流向（专用左转进口道、专用右转进口道）以及大型停车场出入口等需要设置战术检测器，并以能真实反映实际交通状况为原则进行具体设置。战术检测器的设置为确定控制交叉口的流量到达图式，预测下游交叉口的排队长度、估算车流到达交叉口的绿灯放行效率，为各相位绿信比的适应性调整提供依据。

3.2.2 检测器设置依据及布设方案

检测器设置的目的是采集地点交通流参数数据，并运用一定的技术方法提取该地点交通流的运行状态信息。因此采集的交通数据是否能够正确反映当时的交通流运行状态，不仅与交通参数的选择有关，与检测器的空间位置有密切的关系。

在 MATCS 系统中，检测器设置的功能目标：

➢ 获取基本交通参数数据（流量、速度、占有率）；

➢ 监视交叉口车辆排队状况；

➢ 保证系统的可扩展性，即检测器检测的信息能够为城市交通管理的其他系统（交通诱导、交通事件检测等）提供基础数据。

结合检测器的功能目标，并从保证 MATCS 配时优化算法的可靠性和实用性出发，MATCS 检测器的空间设置依据如下：

(1) 通过检测器的车流行驶速度

为正确反映路网上车流运行的实时情况，要求检测器的设置在通常无阻滞的地段，即通过检测器的车流速度大致接近车辆的平均速度，偏差不超过±20%。实际经验表明，车辆检测器的设置位置应接近上游交叉口，自行车检测器的设置位置应在路段中间靠上游交叉口的无阻滞地段。

(2) 阻滞排队长度

混合交通自适应控制系统必须能够控制路网上交通拥挤和交通阻塞的发生，尤其是要防止受阻滞车队回溯到上游交叉口乃至堵塞上游交叉口的情况发生。因此，检测器要尽可能设置在上游交叉口，且在预计最大排队长度之外。

(3) 数据周期

从车辆触发检测器到检测数据通过传输网络到信号控制器乃至控制中心，都存在不同程度的延误。同时，计算机对检测数据进行分析、处理、存储管理需要一定的运算时间。为保证系统的稳定性，必须为这一过程留有足够的时间。另外，MATCS需要提前获取车辆进入交叉口的信息，预测下游停车线断面的流量到达图式，通过模、优化，并提前将配时方案下发给信号控制器执行。

在 MATCS 中，数据周期就是从检测到车辆，经过计算机处理，配时方案下发给信号控制器执行的一个时间过程。这就要求车流在无阻滞情况下，车流从检测器位置到下游交叉口停车线之间的正常行驶时间不少于 8～10 s。

(4) 可扩展性原则

MATCS 功能的不断升级和系统集成技术的不断发展，要求 MATCS 检测器的设置能够为其他子系统提供基础交通数据。将检测器设置在交叉口上游，其信息可以与交通状态自动判别、交通诱导共享。

根据检测器在系统中所要实现的功能目标以及在空间布设上考虑的具体因素。MATCS 对机动车检测器、自行车检测器以及公交优先检测系统的设置提出具体的要求。

3.2.2.1 机动车检测器布设

MATCS 配时优化过程是一个实时交通状况的模拟过程。交通状况的模拟要求获得每一周期车流到达下游交叉口停车线断面的流量图式，并根据流量到达图式优化交叉口的信号配时方案。这就要求在下信号周期之前一定时间，预测、模拟交叉口的运行状况，并提前把配时方案传送到信号控制器。因此这就要求车辆从检测器所在位置到达下游停车线的行驶时间要满足一定的提前量。如果将检测器设置在交叉口停车线处，将使配时方案的实施滞后一个信号周期，无法实现对交通流的实时控制。同时将出现车辆在检测器上排队的情况，无法真实反映交通流的运行状况。

结合 MATCS 控制算法，确保检测器数据能够快速、准确、真实反映路面车流情况，并监视交叉口车辆的排队。在 MATCS 系统中，检测器应设置在距上游交叉口出口处 15～30 m 处，处于预计最大排队长度之外，且机动车能够以平均速度通过检测器。如果上游交叉口出口存在信号控制行人过街横道的情况，检测器应设置在离开过街人行横道 25～30 m 处。如图 3.1 所示：

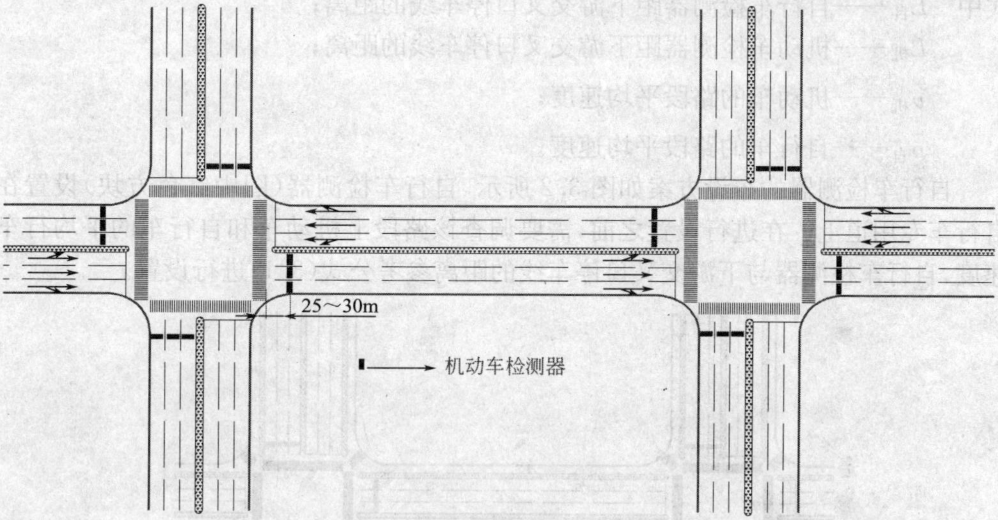

图 3.1　机动车检测器的布设方案

3.2.2.2　自行车检测器布设

MATCS的另一控制对象是非机动车。我国非机动车的大部分组成为自行车，因此本系统中非机动车检测器实质上是自行车检测器。在MATCS中，对自行车的配时优化过程与机动车的配时优化过程同步进行，也就是MATCS对到达交叉口的自行车流量预测和到达图式的处理与机动车的流量预测和到达图式的处理同步进行。这就要求自行车从自行车检测器位置到达下游停车线的行驶时间相等或接近机动车从机动车检测器位置到达下游停车线的行驶时间。

同时，自行车在离开信号控制交叉口时的加速特性和自行车流的集结特性，如果将自行车检测器设置在交叉口上游出口处，不能正确反映自行车流的实际交通情况。自行车在驶近交叉口时，由于自行车的灵活性和穿插特性，如果将自行车检测器设置在停车线附近，也无法获取自行车流的实时情况，而且难以对自行车流进行综合流量转化。因此，自行车检测器应设置在路段无阻滞和横向干扰小的地点。

另外，自行车行驶速度低于机动车的行驶速度，在相同的路段长度，机动车的行驶时间必然低于自行车的行驶时间。因此，自行车检测器的位置应比机动车检测器更接近下游交叉口停车线。

综合以上说明，自行车检测器的设置位置将参考机动车检测器的设置位置进行设置。采用如下参考公式：

$$L_{自}=\frac{L_{机}}{\bar{v}_{机}}\cdot\bar{v}_{自} \tag{3.1}$$

式中 $L_{自}$——自行车检测器距下游交叉口停车线的距离；

$L_{机}$——机动车检测器距下游交叉口停车线的距离；

$\bar{v}_{机}$——机动车的路段平均速度；

$\bar{v}_{自}$——自行车的路段平均速度。

自行车检测器的布设方案如图 3.2 所示，自行车检测器（图中红色方块）设置在自行车专用道上。在进行设置之前，需要调查该路段上机动车和自行车的平均行车速度，自行车检测器与下游交叉口停车线的距离参考公式（3.1）进行设置。

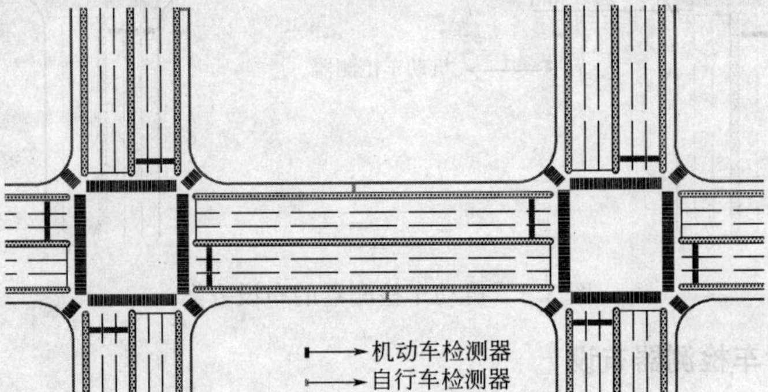

图 3.2 自行车检测器布设方案

3.2.2.3 公交车辆检测系统

公交车辆检测系统是依托公交信号优先策略而存在的一个相对独立检测系统。公交信号优先算法的实施需要获取更全面的交通信息，包括公交车辆的运行状态。公交车辆检测系统的检测信息是针对公交车辆运行状况对交叉口交通状况进行补充。

MATCS 为公交车辆提供 3 种不同的信号优先形式：无条件公交优先、有条件公交优先、自适应公交优先。

（1）无条件公交优先：不考虑交叉口之间的信号协调以及实施的信号优先对整个交叉口产生的影响，当公交车辆到达交叉口时，即刻为公交车辆提供优先信号，使公交车辆无阻滞通过交叉口。

（2）有条件公交优先：在公交车辆到达交叉口停车线之前，确定公交车辆当前的运行状态（包括公交车辆是否提前、准时、晚点），预测实施优先信号后对整个交叉口产生的影响，从而决定是否为公交车辆提供优先信号、何时提供优先信号。

（3）自适应公交优先：通过从机动车、自行车检测器以及公交车辆检测系统获取当前路网的交通信息，综合考虑交叉口或路网的车辆运行状况，确定整体控制目标，协调公交优先信号与其他社会车辆的通行信号的竞争，同时确定公交车辆在信号优化中的权重，以最为合理的方式为路网内所有车辆提供通行信号。

在优先控制策略中，只有在输入公交车辆信息的情况下，才能触发公交信号优先算法。在 MATCS 中，公交检测系统的布设主要考虑以下几个方面：

- 无论采用哪种优先形式，公交检测系统必须能够提供最基本公交车辆到达信息。从而为 MATCS 公交信号优先算法的执行提供基础决策依据。为能够提前对交叉口的交通信号进行优化调整，公交检测系统必须能够提前将公交车辆的到达信息提供给优先控制算法。
- 从交叉口交通控制的安全性以及信号控制的效率考虑，必须对交叉口的相位绿灯时间进行最小和最大绿灯时间约束。根据交叉口的具体情况，公交车辆允许的最大绿灯延长时间一般不能超过 15 s。
- 由于公交检测系统采用的检测技术的差异性、检测系统提供信息的覆盖程度、信息传输的延迟、对接收信息的校验以及判断是否为公交车辆进行优先请求等因素。都要求在公交车辆到达交叉口停车线前提供给优先控制算法。

综上，确定公交车辆到达信息的位置采用如下参考公式：

$$L_{公}=T_G\cdot\bar{v}_{公} \tag{3.2}$$

式中 $L_{公}$——公交车到达信息确认位置离下游交叉口停车线的距离；

T_G——交叉口允许的最大绿灯延长时间；

$\bar{v}_{公}$——公交车辆的平均行车速度。

但是由于系统采用技术的不同，公交车辆信息的确认位置将随着公交检测系统技术的差异，以公式(3.2)为参考，并根据检测技术进行修改。

MATCS 中公交信号优先算法是一个相对独立的控制模块。在信号控制器存在公交优先控制模块的条件下，MATCS 的公交信号优先控制模块可以移植至信号控制器的公交优先控制模块，实现场地控制，但只能实现对单个交叉口的独立控制。否则 MATCS 中的公交信号优先控制模块与 MATCS 一起在区域计算机实现对公交车辆进行优先控制，称为中心控制。用户可以根据区域公交优先发展政策，选择对公交车辆采用场地控制还是中心控制，并可以自定义的公交信号优先控制策略。

根据信息的覆盖范围以及所采用的技术，将公交检测系统分为以下 5 类。

1. 基于感应线圈的公交检测系统

该系统由三部分组成：异频雷达发射装置、感应线圈（分为检入检测器和检出检测器）、接收装置。系统组成如图 3.3 所示：

异频雷达发射装置一般安装在公交车或应急车辆的车身底部，当它通过安装在路面的环形线圈时，环形线圈感应到由异频雷达发射装置发射出的磁场，并将检测到的公交信息通过通信网络传送到公交信息接收装置，该接收装置一般安装在路口的信号控制器里面。根据公交信号优先的实施是基于中心控制的还是场地控制的，接收装置接收的公交信息通过控制器传送到控制中心，由控制中心决定是否对该车辆实施公交优先以及何时提供公交优先信号，或者直接送到信号控制器里的逻辑控制单元，由该单元进行逻辑判断，并进行公交信号优先决策。

感应线圈根据其安装的位置可分为“检入”检测器和“检出”检测器。“检入”检测器的作用是告知控制器，公交车辆到达，为信号控制逻辑进行交叉口的信号优化、调整提供时间。“检出”检测器的作用是告知控制器公交车辆已离开交叉口，信号控制器可以切断对公交车辆的优先信号，恢复到正常的信号配时方案。

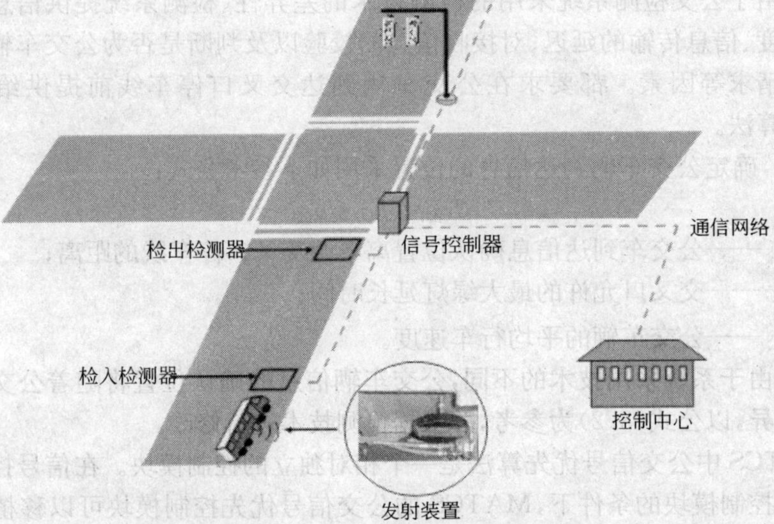

图 3.3 基于感应线圈的优先检测系统

2. 基于光学的公交检测系统

该系统由三部分组成：红外发射装置、红外接收装置、相位选择器。系统组成如图 3.4 所示：

红外发射装置安装在公交车辆上，一般安装在公交车辆顶部，该装置可由公交车辆驾驶员激发，或由其他的自动装置激发，一旦激发，该装置向检测器（即红外接收装置）发射红外信号。而红外接收装置安装在交叉口处，一般安装在信号灯悬架上，当接收到具有唯一标识的公交信息时，红外接收装置将该信息传送到相位选择器。相位选择器作为一个功能模块安装在信号控制器中，它负责确认公交优先请求信息，校验通过后将该信息进一步提交给信号控制器。当相位选择器接收不到由红外接收装置传送的信息，则确定公交车辆已驶离交叉口，并向控制器发送一个“检出”信号，提醒信号控制器切断对公交车辆的优先信号。

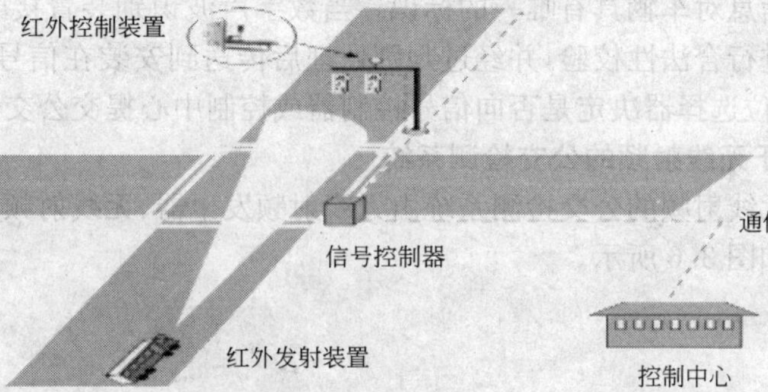

图 3.4　基于光学的公交检测系统

3. 基于声波的公交检测系统

系统由三部分组成：数字声波发生装置、数字声波识别装置、相位选择器。系统组成如图 3.5 所示：

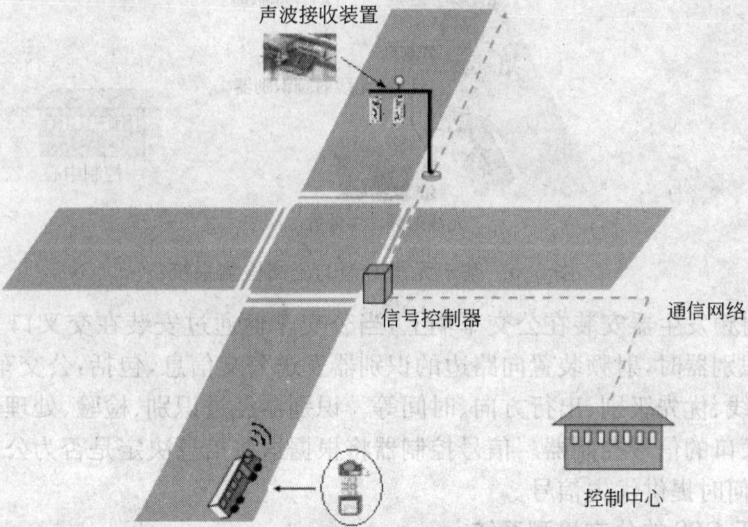

图 3.5　基于声波的公交检测系统

数字声波发生装置安装在公交车辆上，当公交车辆接近交叉口某一指定位置(或者当公交车辆驶进数字声波识别装置接收范围)时，数字声波发生装置自动向交叉口方向发射公交信息，数字发生装置发射的声波频率必须通过相关部门的允许，并为交通通信系统所特有的，以防止其他的声波源错误地激发公交优先信号。且该数字声波携带的信息对车辆具有唯一的标识。当数字声波识别装置接收到公交信息后，对公交信息进行合法性校验，并经过判别处理后传送到安装在信号控制器里的相位选择器，由相位选择器决定是否向信号控制器或控制中心提交公交信号优先请求。

4. 基于无线射频的公交检测系统

基于无线射频的公交检测系统由无线射频发生器、无线射频识别器两部分组成，系统组成如图 3.6 所示。

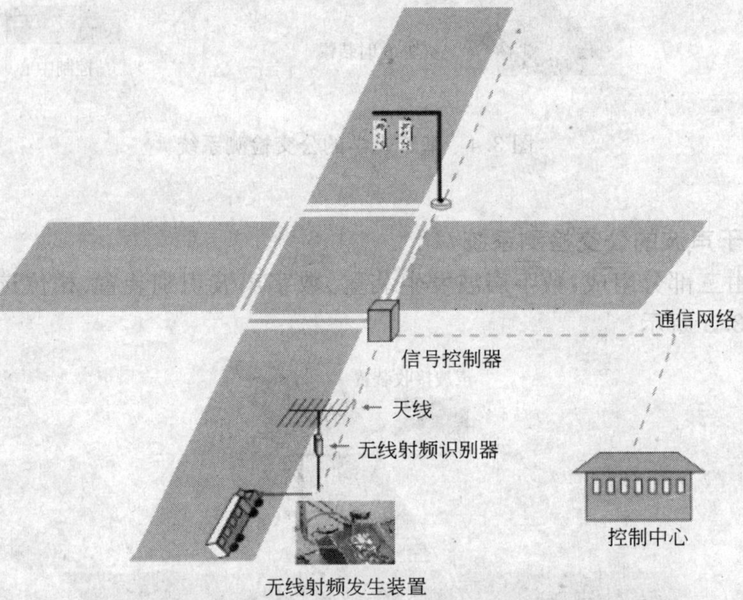

图 3.6　基于无线射频的公交检测系统

无线射频发生器安装在公交车辆上，当公交车辆通过安装在交叉口上游路边的无线射频识别器时，射频装置向路边的识别器发送公交信息，包括：公交车辆的 ID 编号、出行路线、优先级别、出行方向、时间等。识别器经过识别、检验、处理后将该信息传送给交叉口的信号控制器。信号控制器将根据这些信息决定是否为公交车辆提供优先信号，何时提供优先信号。

5. 基于 GPS 的公交检测系统

基于 GPS 的检测系统是目前公交信号优先系统中应用得最广泛的一类公交车辆信息检测系统。目前，市场上开发的基于 GPS 的检测系统比较多，在公交信号优先系统中,该系统主要由两部分组成:车内单元和车外单元,并通过其他辅助措施提高公交车辆的定位精度,以提供更全面、更精确的公交车辆信息。该系统的组成如图3.7所示:

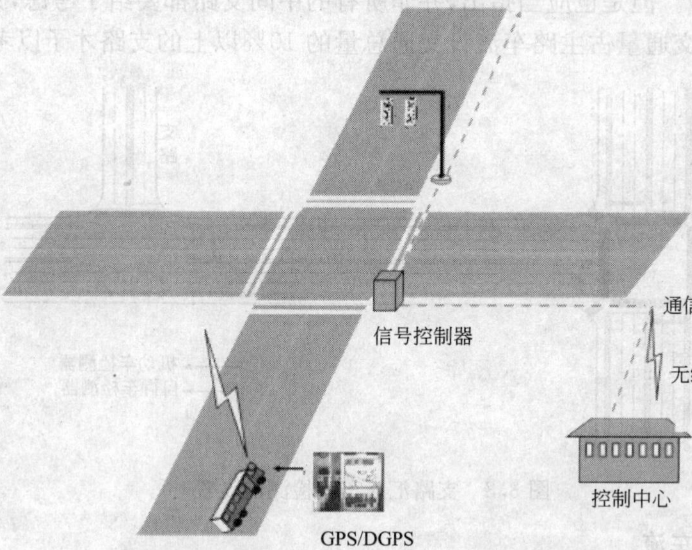

图3.7　基于GPS的公交检测系统

车内单元主要由定向天线、中央处理器和射频发射器三部分组成。它安装于公交车辆的适当位置,它定时地发射含有公交车辆信息的数据包。该数据包包含的数据有:帧同步、服务类型、车辆类型、车辆编号、线路号、发车时间、校验码等。数据包提供的车辆信息可视为该车辆的唯一标识。为提高数据的抗干扰能力,在数据发送前对其进行信道编码、数字交织等处理,最后通过射频电路进行周期性发射。

车外单元由天线、射频接收器和中央处理器三部分组成。车外单元可以安装在信号控制器里,也可以安装在控制中心。车外单元接收到公交车辆发出的数据,并进行数据处理。在正确还原车辆发送的数据包后,中央处理器对原有数据包按事前定义好的数据格式发送给信号控制器或控制中心,由它根据公交信息进行公交信号优先决策。

3.2.3　检测器设置的影响因素

在工程应用中进行检测器设置时,应根据城市交通以及交叉口地理位置的具体情况进行具体分析,尽可能使检测器数据快速、准确、真实反映实际的交通状况。由于道路交通情况的复杂性和多样性以及城市路网地理条件的差异性,难以对实际情况进行一一分析,以下针对检测器设置中的典型影响因素进行具体分析。

3.2.3.1 支路汇入车流

有些路段中途碰上无信号控制交叉口，一些从支路上来的车辆随机地汇入该路段，这种情况在安排检测器位置时也应给予考虑，即把检测器设在支路汇入点的下游（如图 3.8 所示）。但是也应当指出，并非所有的中间支路都要给予考虑，只有车流流量比较大，其日交通量占主路车流日交通总量的 10%以上的支路才予以考虑。

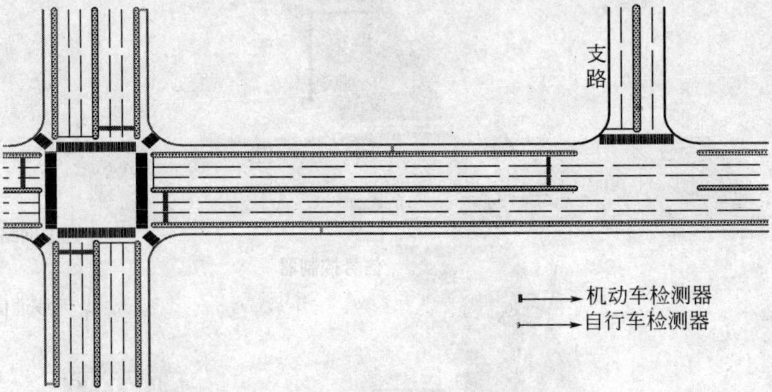

图 3.8 支路汇入车流检测器设置

3.2.3.2 对向车流

设置检测器时，要注意尽量避免对向车流通过检测器的可能性。以避免造成数据的不准确。这种情况多数发生在公共汽车停靠站附近或对向车道上有停放的车辆，迫使对向车流驶入另一侧车道。遇到这种情况时，应尽可能把传感器位置向上游或下游移动，避开有可能发生对向车流误驶的地段。实在避不开的，考虑选用定向检测器。

3.2.3.3 短时干扰

某些地段经常会有车辆滞留，因而造成对路上交通的短时干扰，甚至导致局部混乱。在设置检测器时，应尽量避开这样的复杂路段，例如：建筑施工料场的出入口，经常有送货车辆出入的房屋门口等等。

3.2.3.4 公交站点

在公共汽车停靠站附近安排检测器时，应注意公共汽车可能的停车范围，尽可能不在这一范围内设置检测器。可以把检测器设在公共汽车站下游方向一定距离之外。这样，若站上有车停靠时，其他车辆绕过公共汽车后，仍能通过检测器。安装位置如图 3.9 所示：

3.2.3.5 左转车流

对于左转车流的检测有两种情况：一种是在远离停车线上游方向提前设置左转车道标识，左转车流在上游就和直行车分道行驶，检测器仍设在上游断面（如图

3.1)。另一种情况，左转车流只在停车线的渠化段才和直行车分流。称之为左转不完全车道，对于左转不完全车道在不完全车道入口设置检测器(如图 3.10)，并通过结合上游直左车道(直行车辆和左转车辆通行的车道)检测器获取左转车流的到达图式。

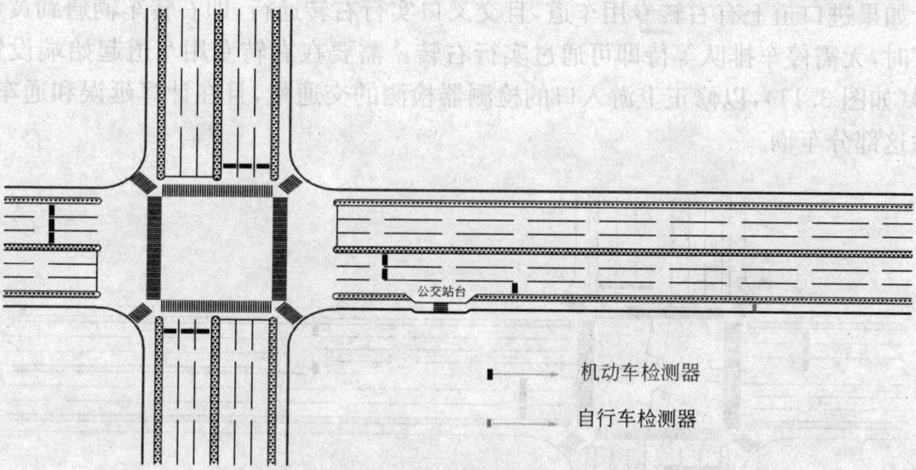

图 3.9 公交站点附近检测器设置

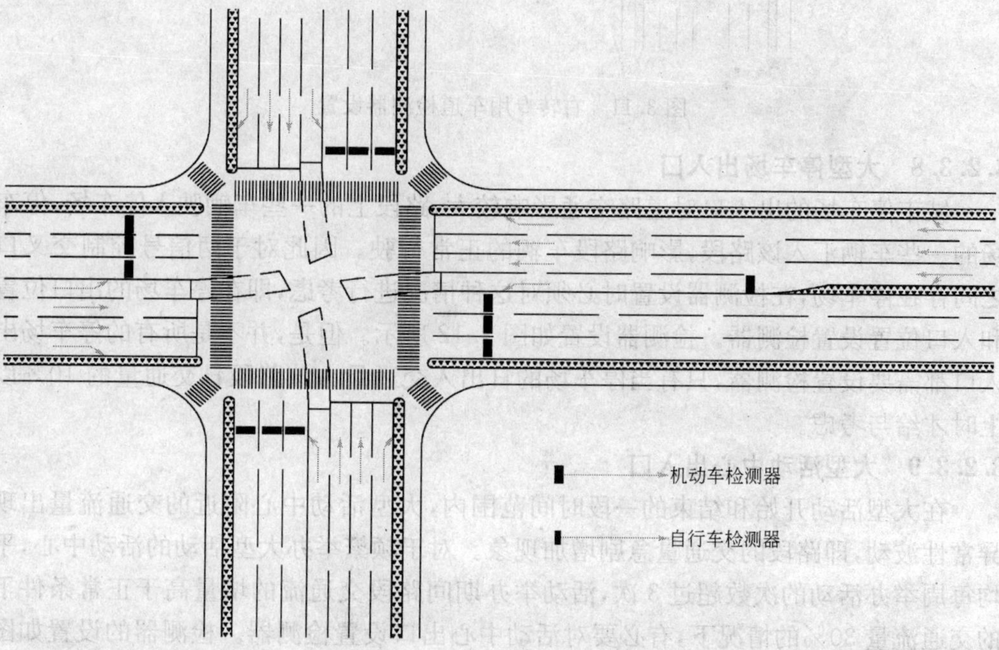

图 3.10 不完全车道检测器设置

3.2.3.6 检测器的横向设置

一般一条车道设置一组检测器，也可以采用具有多车道覆盖能力的检测器，同时对多车道进行交通参数的检测。

3.2.3.7 右转专用车道

如果进口道上有右转专用车道，且交叉口实行右转通行，即右转车辆遇到黄灯和红灯时，无需停车排队等待即可通过实行右转。需要在右转专用车道起始端设置检测器(如图 3.11)，以修正上游入口的检测器检测的交通量，且在计算延误和通车时，排除这部分车辆。

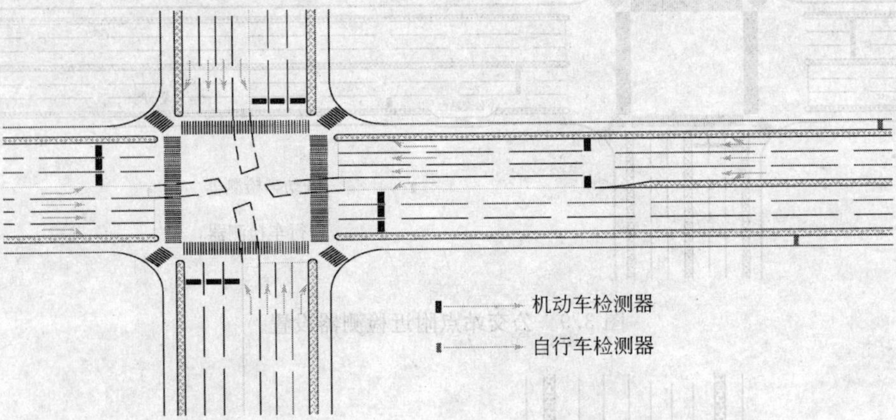

图 3.11 右转专用车道检测器设置

3.2.3.8 大型停车场出入口

城市停车场的出入口对道路交通影响较大，路段上的一些车辆驶入停车场，停车场的一些车辆汇入该路段，影响路段车辆的正常行驶。因此对于两信号控制交叉口之间存在停车场，在检测器设置时必须对这种情况进行考虑，即在停车场的出口位置和入口位置设置检测器。检测器设置如图 3.12 所示。但是，并不是所有的停车场出入口都需要设置检测器，只有当停车场的日出入交通量占该路段日交通量的 10%以上时才给与考虑。

3.2.3.9 大型活动中心出入口

在大型活动开始和结束的一段时间范围内，大型活动中心附近的交通流量出现异常性波动，即路段的交通量急剧增加现象。对于频繁举办大型活动的活动中心，平均每周举办活动的次数超过 3 次，活动举办期间路段交通流的增量高于正常条件下的交通流量 30%的情况下，有必要对活动中心出口设置检测器。检测器的设置如图 3.13 所示。

图 3.12　大型停车场出入口检测器设置

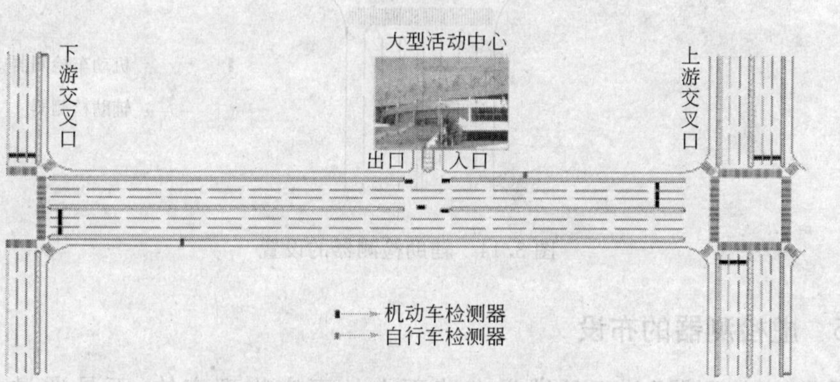

图 3.13　大型活动中心出入口检测器设置

3.2.4　辅助检测器的设置

在城市道路中，车辆的运行速度不仅受道路条件的影响，同时受到路段交通量的影响。车辆当量车转化系数的确定不仅与车辆类型、动力性能有关，同时还与车辆的运行速度有关，因此，在信号控制系统中，在进行交通流量计算时，不能采用一成不变的转换数值。而设置辅助检测器的目的正是为了确定非当量车与当量车的转化系数，并进一步提高车辆运行速度的计算精度。从而提高综合交通流量的计算精度。

但是，并不是所有的交叉口、所有的车道都需要设置辅助检测器，辅助检测器主要设置在关键交叉口，且大型车辆混行比例超过 30%的车道。由于在城市进行静态交通管理时，基本上已经为大型车辆确定行车道。因此，一般只需在一个出口方向设置一个辅助检测器。辅助检测器设置在机动车检测器的下方，辅助检测器与机动车检测器的距离为能够准确测量车辆的运行速度，一般为3～5 m。设置形式如图 3.14 所示。

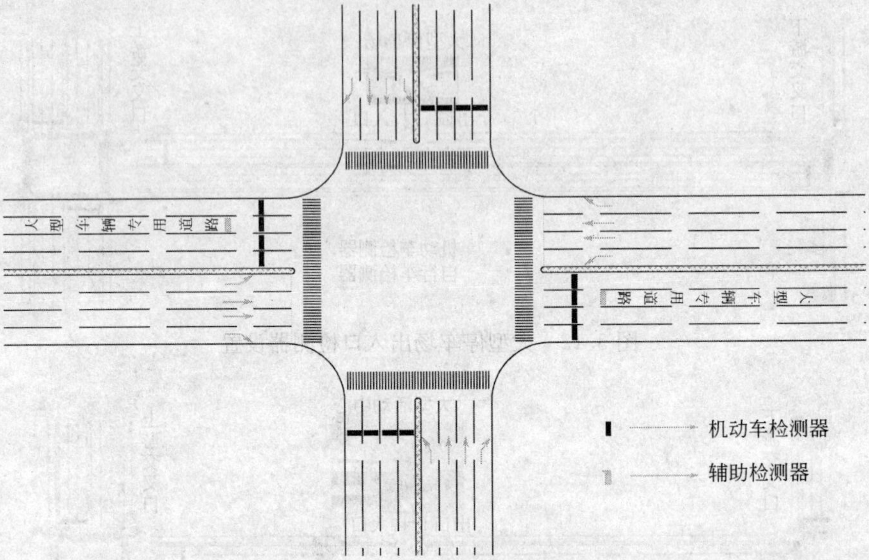

图 3.14　辅助检测器的设置

3.2.5　虚检测器的布设

所谓“虚检测器”并不是铺设在路面上的真实物理实体，而是通过 MATCS 的交通参数检测模块，实现对路面道路交通状态的补充检测功能，并实现对交通参数的综合测试和多功能运用，从而为道路交通状态的判断和控制策略的决策提供更为详实的依据。它是根据与节点（即交叉口）相连接的连线（各进口方向道路）的所有检测器检测到的交通状态数据，通过存储在软件模块的模型算法进一步确定下游交叉口停车线处交通流量驶离图式、饱和度以及绿灯时间的有效利用率等。实现在减少用户对检测器投资的同时，获得更全面、更精确的交通状态数据。虚检测器的设置也正是 MATCS 的一个独特创新特性。虚检测器的布设形式如图 3.15 所示。

3.2.6　检测器的数据采集

正如前面所述，为保证 MATCS 控制策略及控制算法具有良好的可靠性和具有广泛的适用性。要求 MATCS 在交通参数的选择上能够快速、准确、真实反映交通状况，同时在优化算法上要求交通参数具有较强的可操作性和易辨性。因此，MATCS 在交通参数的选择上遵循以下原则：

（1）可靠性原则。所采用的交通参数的采集技术具有良好的可靠性，能够忍受

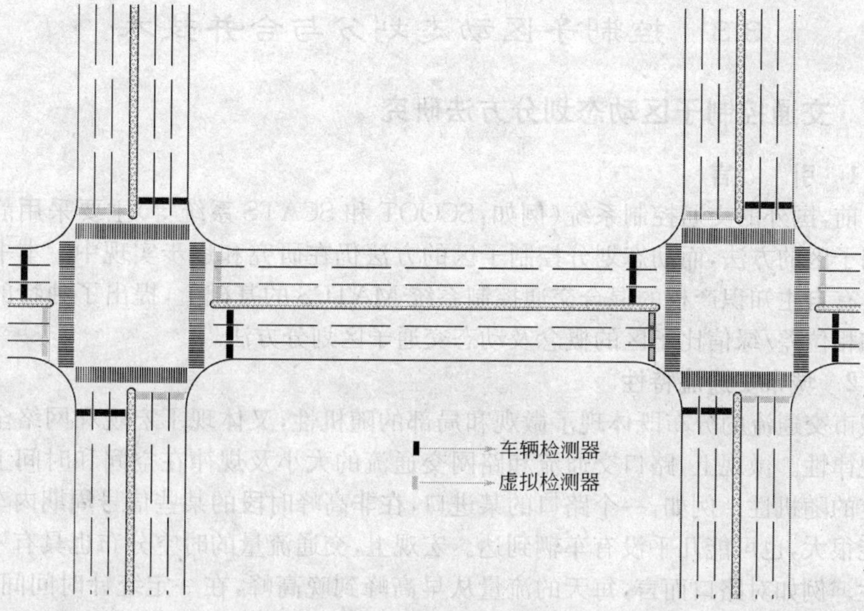

图 3.15　虚检测器的设置

恶劣天气的考验。

(2) 敏感性原则。所采用的交通参数在交通发生变化时具有明显的变化。

(3) 便利性原则。所采用的交通参数是常规交通信息采集技术都能够提供。

(4) 直观性原则。所采用的交通参数易于理解。

(5) 经济性原则。所采用的交通参数在获取时具有良好的经济性。

MATCS 直接从检测器采集的交通参数主要有交通量(机动车、自行车)、车辆平均速度和时间占有率(机动车、自行车)。

在交通流量采集方面:从 MATCS 要求的周期流量—时间图式以及进行配时优化的角度,MATCS 要求检测器每 4 s 上传一次流量数据。

在车辆平均速度采集方面:从区域信号协调优化的跟踪、预测的实际需要,要求每个信号周期提供车流平均行车速度。由于信号周期的可变性以及实际操作的复杂性,MATCS 要求检测器每 1 min 将上传一次车辆平均速度数据。

在时间占有率采集方面:从监控交叉口的排队长度以及交叉口的饱和度,预测相位绿灯时间的利用率等实际需要,要求每个信号周期提供车流的时间占有率。同样,由于信号周期的可变性以及实际操作的复杂性,MATCS 要求检测器每 1 min 将上传一次时间占有率数据。

3.3 控制子区动态划分与合并技术

3.3.1 交通控制子区动态划分方法研究

3.3.1.1 引　　言

目前,国外的交通控制系统(例如:SCOOT 和 SCATS 系统等)主要采用静态划分控制子区的方法,而动态划分控制子区的方法仍在研究和逐步实现中。本书在开发了具有自主知识产权的混合交通控制系统 MATCS 的基础上,提出了独特的周期子区和相位差/绿信比子区的概念及动态交通子区划分方法。

3.3.1.2 城市交通流特性

城市交通流的分布既体现了微观和局部的随机性,又体现了宏观和网络全局分布的规律性。微观上,路口交通流和路网交通流的大小及规律在空间和时间上都具有一定的随机性。例如,一个路口的某进口,在非高峰时段的某些信号周期内车辆流量可能很大,也可能几乎没有车辆到达。宏观上,交通流量的时空分布也具有一定的规律性。例如对路口而言,每天的流量从早高峰到晚高峰,在一定统计时间间隔(例如 5 min、15 min 等)内,流量曲线一般能吻合得比较好。对路网而言,某个时段的空间流量分布也呈现出比较强的规律性。

研究表明,路网交通流的特性总是以区域为单位的,即几个相邻交叉口的交通流特性会在一段时间内具有相似性。对大范围城市交叉口进行区域协调控制时,为了有效地分担系统负荷,较好地解决系统故障源过分集中的问题,需要采用分布式网络结构。因此,一般采用三层控制结构,如图 3.16 所示。城市交通控制系统将若干控制器组成一个控制周期子区,若干个子区组成一个相对独立的系统,由区域控制中心控制。系统内部各个子区之间存在着一定的协调关系,随着交通情况的变化,子区之间既可以合并,又可以重新分开。

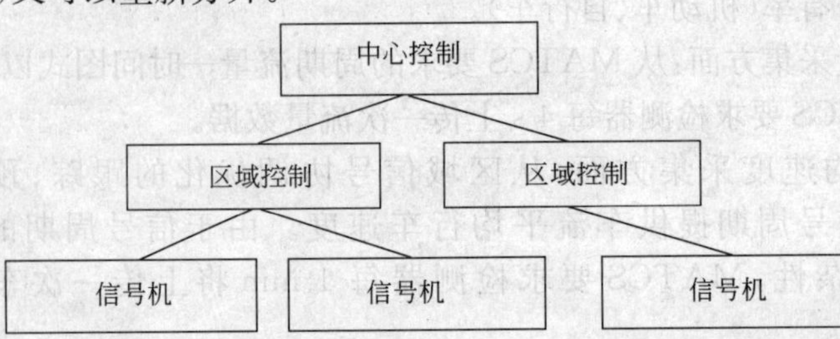

图 3.16　三层控制结构示意图

3.3.1.3 控制子区

1. 控制子区概念

控制子区是有必要用同一种方案控制,或者用同一方案控制也不会出现不良情况的控制区域的最小单位。在周期、绿信比、相位差3个优选配时参数中，周期和绿信比以路口为单位有最佳值，所以最好进行一个子区一个路口的小分割。但考虑到相位差的系统控制必须以两个路口以上的系统单位为控制对象，需要一定数量的路口单元才能体现协调控制的效果，因此，将路口划分成子区，指定其中的一个路口为子区的关键路口，其他路口为非关键路口。一个子区内的路口必须相互邻接。关键路口一般是子区中交通负荷最大的路口，同时也是非关键路口协调相位差的基准路口，系统主要对子区内的路口进行协调控制。

2. 控制子区规划原则

距离适当原则：划分在一个子区的路口之间的距离不要太远，一般在200～1 000 m为最佳。因为路口相距太远，车队的离散程度比较随机，车队到达下一个路口后不能保持车辆的连续性，协调的效果会有所减弱。

流量相关原则：划分在一个子区的路口的流量应具有较大的相关性，这样协调效果明显。

周期相近原则：由于参与协调控制的所有路口必须共用一个信号周期或半周期，所以一个子区内路口单点控制时的最佳周期长度应相近，否则协调控制时可能引起路口的局部拥堵。

3. 控制子区分类

在一个控制子区内，所有交叉口共用同一个信号周期长度，所以子区的划分也主要由信号周期长度决定。当某一组相邻交叉口所需的周期长度与另一组相邻交叉口所需周期长度相差悬殊时，就不能将它们划分在同一个子区内。反之，两组相邻的交叉口，所需信号周期长度相近，则可以组合成一个子区，这个过程叫做子区间调整。一个控制子区内部，所有路口执行相同的周期时间，称为周期子区。

城市交通流在一定时间内呈现出网络的规律性和局部的随机性。周期子区内虽然交叉口所需信号周期相近，但各交叉口的交通流特性并不完全相似，甚至会出现截然相反的特性。网络的规律性只体现在周期子区内部分相邻交叉口间，在对子区进行划分调整时，必须考虑到这种交通状况。因此，对同一周期子区内的几个相位差/绿信比协调控制单元分别进行协调控制，称为相位差/绿信比子区；根据实时交通参数和车流主要流向动态，将周期子区内不同相位差/绿信比子区间邻接交叉口划分到两相邻的相位差/绿信比子区中的过程称作子区内调整。为了实时选择相位差、绿信比参数，在每个相位差/绿信比子区内分别选取一个关键交叉口，周期关键交叉口同时也是相位差/绿信比关键路口。

4. 控制子区调整

(1) 子区间调整

子区间的调整方式一般是根据其控制方式决定的。当采用固定配时控制方式时，则根据既定时间表调整；当采用自适应控制方式时，则根据交叉口所需信号周期长度来调整。

下面用“合并指数”这个概念表示。在每一个信号周期内都要进行一次合并计算，当相邻两子系统各自所需求的信号周期长度差不超过 5 s 时，则“合并指数”为＋1，反之为－1；若合并指数积累到 4 时，则认为这 2 个子区已经达到合并的标准；当“合并指数”为 0 时，则可以重新分为原先的 2 个子区。子区间调整流程见图 3.17 所示。

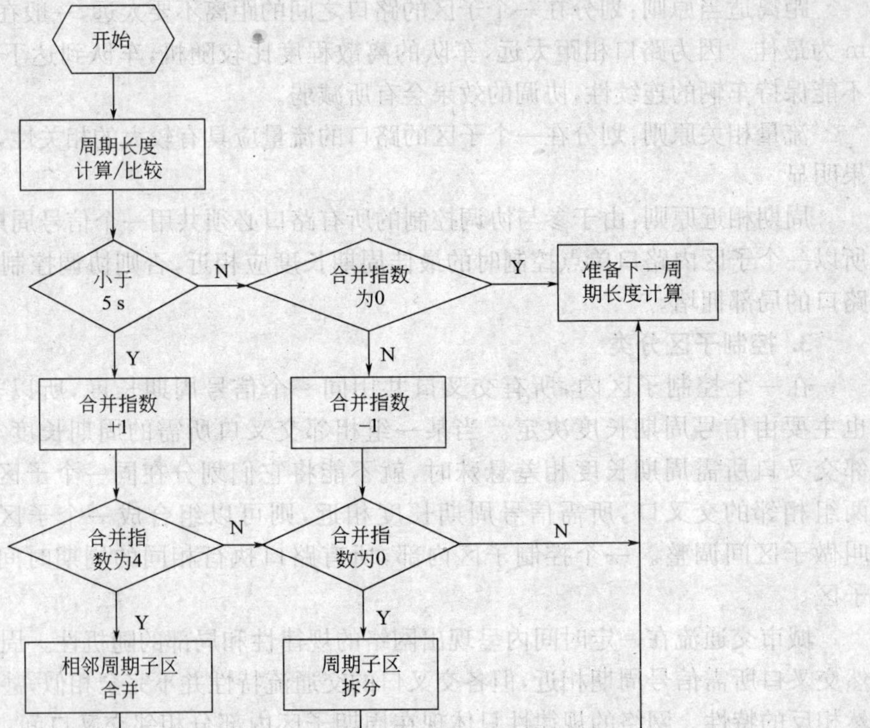

图 3.17　周期子区调整示意图

(2) 子区内调整

周期子区内相位差/绿信比子区间邻接交叉口存在着动态调整的过程。图 3.18，交叉口①和②为相位差/绿信比子区邻接交叉口，根据实时道路状况，交叉口①可能动态划分到相位差/绿信比子区 2 中；反之，交叉口②也有可能划分到子区 1 中。

具体划分原则如下：

车流流向原则：如果邻接交叉口连续 3 个周期内车流主要流向与所在相位差/绿

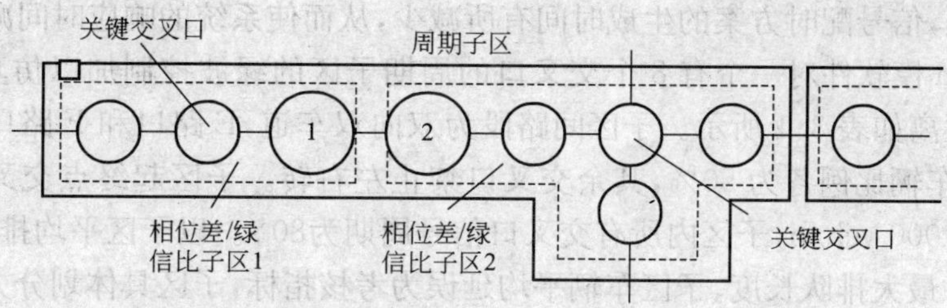

图3.18　控制子区划分示意图

信比子区绿波控制方向相反，而与相邻子区相同时，邻接交叉口划归相邻子区。

相位差调整量最小原则：若周期子区内各个相位差/绿信比子区内双向车流差不多时，依据公式

$$F=\sum_{i=1}^{n}\left|OT(i)-OE(i)\right| \tag{3.3}$$

使得周期子区内相位差调整总量最小，判断邻接交叉口的归属。相位差具体计算公式及调整方法具体参阅交通管理与控制相关文献或书籍。式中：F 为周期子区内各交叉口相位差调整总量；$OT(i)$为交叉口的绝对相位差目标值；$OE(i)$为交叉口 i 的绝对相位差执行值；i 为交叉口编号；n 为相位差/绿信比子区内的交叉口总数。

3.3.1.4　方法分析与仿真比较

大范围的多路口面协调控制(面控)是以多路口的线协调控制(线控)为基础的，将二维平面上的路口进行子区分割最终进行协调控制，归根结底是实现线控，即线绿波控制。所谓“绿波”就是指车流在沿某条主要路线行进过程中，连续得到绿灯放行信号，畅通无阻地通过沿途所有交叉口。绿波控制最主要是协调各交叉口绿灯起步时距，即确定交叉口间相位差。

提出的子区划分方法有如下优点：

(1) 传统的子区划分方法中，同一子区的所有交叉口参加同一个绿波控制。从有关绿波带的计算方法可以看出，参加协调控制的交叉口越多，协调控制越难实现，车辆可连续通行的绿波带越窄，连续绿波通行时间越短。本论文根据实时交通流特性对同一周期子区内部交叉口进一步细分，把一个周期子区划分为不同的几个相位差/绿信比子区分别进行绿波控制。使参加协调控制的交叉口数有所减少，绿波带宽度增加，连续绿波通行时间增长。

(2) 传统的子区划分方法中，同一子区中所有交叉口全部参加双向或单向绿波控制。由于交通流的波动性，子区中交叉口间交通流特性会有所差别。本论文考虑了该因素，细分的相位差/绿信比子区依据重交通流方向采取不同的控制方案。

(3) 周期子区加相位差/绿信比子区的划分方法能够使得子区间的合并与拆分

灵活性增强，信号配时方案的生成时间有所减少，从而使系统的响应时间减少。本文利用 Vissim 模软件对一个有 8 个交叉口的周期子区的绿波控制加以仿真。8 个交叉口间的距离如表 3.1 所示。子区间路段为双向双车道，E 路口和 F 路口可以左右转，左右转车辆比例各为 50%，其余交叉口禁止左右转。子区起终点交叉口的交通生成量为 1 000 veh/h，子区内所有交叉口信号周期为80 s。以子区平均排队长度、子区内交叉口最大排队长度、子区车辆平均延误为考核指标，子区具体划分方案及仿真结果见表 3.2 所示。

表 3.1 路段长度

路段	AB	BC	CD	DE	EF	FG	GH
路段长度	350	400	160	540	28	28	27

表 3.2 仿真数据

子区方案	效　益		
	平均排队长度(m)	最大排队长度(m)	车辆平均延误(s)
周期子区双向协调	9.8	199	80.5
相位差/绿信比子区双向协调	9.7	195	77.2

3.3.1.5 结论

周期子区加相位差/绿信比子区的控制子区划分方法，在理论上具备可行性及其优势。通过利用 VISSIM 软件进行了仿真实验，仿真数据表明，该方法能够进一步提高子区内交叉口车辆通行效率，具有很好的的实用价值。

3.3.2 基于 K 聚类分析的动态子区合并与划分技术研究

3.3.2.1 引　言

在分析交通信号控制子区划分与合并影响因素的基础上，通过对交叉口的交通状态进行数学描述，可以确定交叉口的状态变量。计算交叉口状态变量与理想方案和负理想方案的距离，计算交叉口可进行动态子区划分与合并的可执行度(贴近度)，以及相邻交叉口状态变量的相似性，并分别对贴近度和相似性进行动态聚类分析，可以对交叉口的在控制子区的拆分和合并决策。

3.3.2.2 交叉口子区划分合并影响因素

交通信号控制系统是由彼此关联的信号控制交叉口组成的系统，每个信号控制交叉口都有自己的状态变量和控制变量，而整个系统的状态变量和控制变量就是各个信号控制交叉口状态变量和控制变量的组合，同时这些变量之间彼此联系、相互影响。同时，由于相邻交叉口之间的交通流之间具有相似性、耦合性、关联性等潜在关系。因此研究人员提出了将交通信号控制区域根据交通流及路网特性的相似性划分成不同的交通子区，然后以每个子区为单位进行研究，以提高网络模型和算法的实用性、可靠性和实时性。随着时间的推移和空间的过渡，相邻交叉口之间的关联关系会不断发生变化，路网功能布局也有可能发生改变，因此需要根据交叉口交通流的变化对控制子区进行动态划分和合并，使每个子区能够采用适合本子区路网交通流整体特性的控制目标和控制策略。交通网络是复杂的系统，所关联的参数具有多样性。本书抽取一些典型的因素来分析交通控制子区划分与合并的影响，包括反映交叉口节点信息的静态因素和动态因素以及反映交叉口连线信息的静态因素和动态因素。如图 3.19 所示。

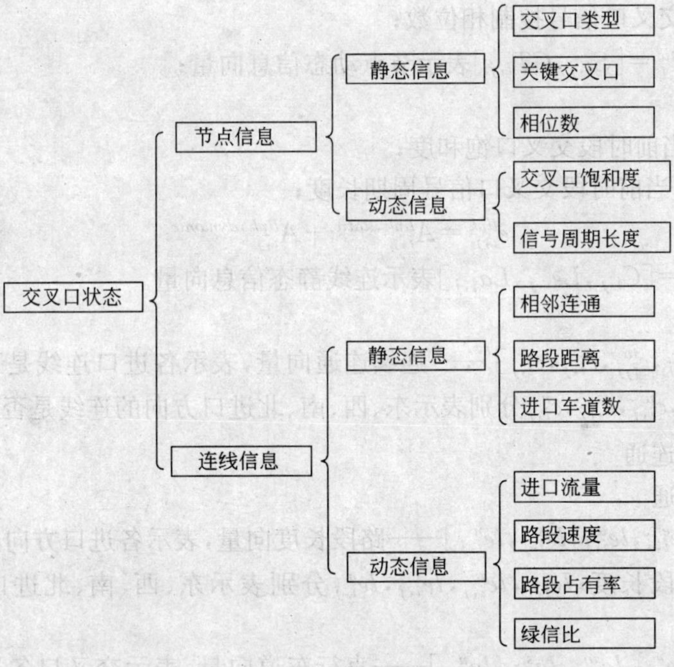

图 3.19　交叉口动态子区划分影响因素

3.3.2.3　交叉口状态变量

根据交叉口的特点，将交叉口状态分为节点信息和连续信息进行描述，同时根据信息的属性，将节点信息和连续信息又分为静态信息和动态信息。用 X 表示交叉口状态变量：

$$X_j^i = e_{i,j}^{node} + e_{i,j}^{link} \tag{3.4}$$

式中　X_j^i——i 子区第 j 个交叉口；

$e_{i,j}^{node}$——节点向量；

$e_{i,j}^{link}$——连线变量向量；

$$e_{i,j}^{node}=[A_{i,j}^{node,static},A_{i,j}^{node,dynamic}] \tag{3.5}$$

$A_{i,j}^{node,static}=[T_{i,j}K_{i,j},P_{i,j}]$表示节点静态信息向量；

其中：

$T_{i,j}$——交叉口类型，$T_{i,j}=\begin{cases}0 & \text{十字型路口}\\1 & \text{T 型路口}\\-1 & \text{其他型状}\end{cases}$；

$K_{i,j}$——是否为关键交叉口，$K_{i,j}=\begin{cases}0 & \text{非关键交叉口}\\1 & \text{关键交叉口}\end{cases}$；

$P_{i,j}$——交叉口信号控制相位数；

$A_{i,j}^{node,dynamic}=[S_{i,j},CT_{i,j}]$表示节点动态信息向量；

其中：

$S_{i,j}$——当前时段交叉口饱和度；

$CT_{\mathrm{i,j}}$——当前时段交叉口信号周期长度；

$$e_{i,j}^{link}=A_{i,j}^{link,static}+A_{i,j}^{link,dynamic} \tag{3.6}$$

$A_{i,j}^{link,static}=[C_{i,j},Le_{i,j},La_{i,j}]$表示连线静态信息向量。

其中：

$C_{i,j}=[c_{i,j}^{e},c_{i,j}^{w},c_{i,j}^{s},c_{i,j}^{n}]'$——连续连通向量，表示各进口连线是否有连通的相邻交叉口；$c_{i,j}^{e},c_{i,j}^{w},c_{i,j}^{s},c_{i,j}^{n}$分别表示东、西、南、北进口方向的连线是否有相邻的交叉口，$c=\begin{cases}0 & \text{不连通}\\1 & \text{连通}\end{cases}$；

$Le_{i,j}=[le_{i,j}^{e},le_{i,j}^{w},le_{i,j}^{s},le_{i,j}^{n}]$——路段长度向量，表示各进口方向连线与相邻交叉口之间的路段长度；$le_{i,j}^{e},le_{i,j}^{w},le_{i,j}^{s},le_{i,j}^{n}$分别表示东、西、南、北进口方向的连线长度；

$La_{i,j}=[la_{i,j}^{e},la_{i,j}^{w},la_{i,j}^{s},la_{i,j}^{n}]$——直行车道向量，表示交叉口各进口方向直行车道数；$la_{i,j}^{e},la_{i,j}^{w},la_{i,j}^{s},la_{i,j}^{n}$分别表示东、西、南、北进口方向的直行车道数；

$A_{i,j}^{link,dynamic}=[Q_{i,j},V_{i,j},\lambda_{i,j}]$表示连线动态信息向量。

其中：

$Q_{i,j}=[q_{i,j}^{e},q_{i,j}^{w},q_{i,j}^{s},q_{i,j}^{n}]'$——流量向量，表示交叉口各进口方向的小时流量；$q_{i,j}^{e},q_{i,j}^{w},q_{i,j}^{s},q_{i,j}^{n}$分别表示表示东、西、南、北进口方向的小时流量；

$V_{i,j}=[v_{i,j}^{e},v_{i,j}^{w},v_{i,j}^{s},v_{i,j}^{n}]'$——速度向量，表示交叉口各进口方向的路段平均速度；$v_{i,j}^{e}$；$v_{i,j}^{w},v_{i,j}^{s},v_{i,j}^{n}$分别表示东、西、南、北进口方向连线的路段平均车速；

$Q_{i,j}=[o_{i,j}^{e},o_{i,j}^{w},o_{i,j}^{s},o_{i,j}^{n}]'$——占有率向量，表示交叉口各进口方向的路段时间

占有率；$o_{i,j}^{e}, o_{i,j}^{w}, o_{i,j}^{s}, o_{i,j}^{n}$分别表示东、西、南、北进口方向连线的路段时间占有率；

$\lambda_{i,j}=[\lambda_{i,j}^{1},\lambda_{i,j}^{2},\lambda_{i,j}^{3},\lambda_{i,j}^{4}]'$——绿信比向量，表示交叉口各相位的绿信比；$\lambda_{i,j}^{1}$，$\lambda_{i,j}^{2}$，$\lambda_{i,j}^{3}$，$\lambda_{i,j}^{4}$分别表示不同相位的绿信比（或绿灯时间），上标表示相序。

3.3.2.4 相关性分析

1. 加权标准状态矩阵

假设X_j^i，X_{j+1}^i，为相邻的两个交叉口，X_j^i在东向与X_{j+1}^i相邻，则X_j^i在子区动态划分的状态变量表述为：

$$X_j^i=[A_{i,j}^{node,static},A_{i,j}^{node,dynamic},IA_{i,j}^{link,static},IA_{i,j}^{link,dynamic}] \tag{3.7}$$

其中：I为单位向量，上式中$I=[1,0,0,0]$，根据公式(3.4)～公式(3.6)，上式可以改写成：

$$X_j^i=[T_{i,j},K_{i,j},P_{i,j},S_{i,j},\mathrm{CT}_{i,j},c_{i,j},le_{i,j},la_{i,j},q_{i,j},v_{i,j}o_{i,j},\lambda_{i,j}] \tag{3.8}$$

则，整个控制区域的进行子区动态划分交叉口状态变量矩阵为：

$$\boldsymbol{R}=\begin{bmatrix} T_{1,1},K_{1,1},P_{1,1},S_{1,1},\mathrm{CT}_{1,1},c_{1,1},le_{1,1},la_{1,1},q_{1,1},v_{1,1},o_{1,1},\lambda_{1,1} \\ \vdots \qquad\qquad \cdots \\ T_{1,n},K_{1,n},P_{1,n},S_{1,1},\mathrm{CT}_{1,n},c_{1,n},le_{1,n},la_{1,n},q_{1,n},v_{1,n},o_{1,n},\lambda_{1,n} \\ \vdots \qquad\qquad \cdots \\ T_{n,n},K_{n,n},P_{n,n},S_{1,1},\mathrm{CT}_{\mathrm{n},n},c_{n,n},le_{n,n},la_{n,n},q_{n,n},v_{n,n},o_{n,n},\lambda_{n,n} \end{bmatrix} \tag{3.9}$$

对于矩阵$\boldsymbol{R}$中$a\notin[0,1]$，$a\in R$进行标准化处理，

$$r_{\mathrm{k}3}=\frac{P_{i,j}-P_{i,j}^{\min}}{P_{\mathrm{i,j}}^{\max}-P_{i,j}^{\min}} \quad (i=1,2,\cdots,n;j=1,2,\cdots,n) \tag{3.10}$$

$$r_{k4}=\frac{S_{\mathrm{i,j}}^{\max}-S_{i,j}}{S_{\mathrm{i,j}}^{\max}-S_{i,j}^{\min}} \quad (i=1,2,\cdots,n;j=1,2,\cdots,n) \tag{3.11}$$

$$r_{k5}=\frac{CT_{i,j}^{\max}-CT_{i,j}}{CT_{i,j}^{\max}-CT_{i,j}^{\min}} \quad (i=1,2,\cdots,n;j=1,2,\cdots,n) \tag{3.12}$$

$$r_{k7}=\frac{le_{\mathrm{i,j}}^{\max}-le_{\mathrm{i,j}}}{le_{i,j}^{\max}-le_{i,j}^{\min}} \quad (i=1,2,\cdots,n;j=1,2,\cdots,n) \tag{3.13}$$

$$r_{k8}=\frac{la_{i,j}-la_{i,j}^{\max}}{la_{i,j}^{\max}-la_{i,j}^{\min}} \quad (i=1,2,\cdots,n;j=1,2,\cdots,n) \tag{3.14}$$

$$r_{k9}=\frac{q_{i,j}^{\max}-q_{i,j}}{q_{i,j}^{\max}-q_{i,j}^{\min}} \quad (i=1,2,\cdots,n;j=1,2,\cdots,n) \tag{3.15}$$

$$r_{k9}=\frac{v_{i,j}^{\max}-v_{i,j}}{v_{i,j}^{\max}-v_{i,j}^{\min}} \quad (i=1,2,\cdots,n;j=1,2,\cdots,n) \tag{3.16}$$

$$r_{k9}=\frac{o_{i,j}^{\max}-o_{i,j}}{o_{i,j}^{\max}-o_{i,j}^{\min}} \quad (i=1,2,\cdots,n;j=1,2,\cdots,n) \tag{3.17}$$

由于各指标在决策中所起的作用不同，所以用权重表示各指标的重要性程度。为了确定各指标的权重，并减少决策中的主观因素，采用层次分析法与标准差法相结合确定权重向量。

$$W=(w_1,w_2,\cdots,w_{12}) \tag{3.18}$$

于是得到加权标准化的交叉口状态矩阵：

$$\mathbf{Z}=\begin{bmatrix} w_1 r_{11} & \cdots & w_{12} r_{112} \\ \vdots & & \vdots \\ w_1 r_{n1} & \cdots & w_{12} r_{n12} \end{bmatrix}=(z_{ij})_{n\times 12} \tag{3.19}$$

子区交叉口动态划分的理想状态和负理想状态。

定义控制子区信号控制交叉口能够进行动态子区划分与合并的理想状态和负理想状态：

理想状态： $$A^+=\{A_1^+,A_2^+,A_3^+,\cdots,A_{12}^+\} \tag{3.20}$$

负理想状态： $$A^-=\{A_1^-,A_2^-,A_3^-,\cdots,A_{12}^-\} \tag{3.21}$$

2. 距离与相对贴近度

则信号控制交叉口 X_j^i 到理想方案的距离为 μ_i^+：

$$\mu_i^+=\sqrt{\sum_{j=1}^{12}(r_{ij}-A_i^+)^2} \tag{3.22}$$

信号控制交叉口到负理想方案的距离为 μ_i^-：

$$\mu_i^-=\sqrt{\sum_{j=1}^{12}(r_{ij}-A_i^-)^2} \tag{3.23}$$

定义交叉口 X_j^i 可从控制子区中动态划分或动态合并进入控制子区的方案可执行性的贴近度为：

$$\omega_i=\frac{\mu_i^-}{\mu_i^+ + \mu_i^-} \tag{3.24}$$

则 $0<\omega_i<1$，

当 ω_i 接近 0 时，μ_i^- 愈接近 0，交叉口 X_j^i 进行动态合并划分的可执行性越低，当 ω_i 接近 1 时，μ_i^+ 愈接近 0，交叉口 X_j^i 进行动态合并划分的可执行性越高。

3. 毗邻信号交叉口相似性系数

在代数里面，通常采用两向量夹角的余弦表示向量之间的相似性，本文通过计算相邻信号交叉口状态向量之间夹角的余弦表示两个信号交叉口特征的相似性。

$$\cos\theta=\frac{x,y}{|x|,|y|} \tag{3.25}$$

通过对控制区域内各相邻信控交叉口之间取夹角余弦，得到表征控制区域内各交叉口交通流运行特征的相似矩阵：

$$coef=[\cos\theta]_{ij} \tag{3.26}$$

3.3.2.5 子区动态合并划分的聚类分析

分别对控制区域内信号交叉口动态合并划分方案可执行性的贴近度以及相邻交叉口两两之间相似性的相似矩阵进行动态聚类分析，具体步骤如下：

Step1：分别确定贴近度和相似性的大致分类个数 m 及初始类中心；

(1) 计算每个对象与相邻对象之间的距离；

(2) 将距离从小到大排序；

(3) 将距离相近的元素归为一类，初始化 m 个聚类，并计算每个聚类中所有对象对应坐标的平均值，作为初始聚类中心。

Step2：依据聚类半径和步长，分别对贴近度 ω 和相似系数 $\cos\theta$ 的所有对象归类；

Step3：当 ω 和 $\cos\theta$ 对应的交叉口分别归在一类中，将对应的交叉口合并。以将交叉口进行归类。

Step4：归类结束，计算所有类之间的距离，并将取从小到大排序，计算依据如下：

(1) 计算路段饱和度

$$\psi_a(t)=\frac{u_a(t)}{S_a} \tag{3.27}$$

式中 $\psi_a(t)$——路段饱和度；

$u_a(t)$——路段 a 上 t 时刻的流入率；

S_a——路段 a 饱和流率。

(2) 假设控制子区有 n 条路段，边界交叉口包含的路段个数 $m(m\leqslant n)$，则控制子区在进行合并划分聚类分析时刻的边界饱和度为：

$$K_1(t)=\sqrt{\frac{\psi_1^2(t)+\psi_2^2(t)+\cdots+\psi_m^2(t)}{m}} \tag{3.28}$$

其余路段的饱和度：

$$K_2(t)=\sqrt{\frac{\psi_1^2(t)+\psi_2^2(t)+\cdots+\psi_{n-m}^2(t)}{n-m}} \tag{3.29}$$

(3) 控制子区饱和度为：

$$K(t)=\rho K_1(t)+(1-\rho)K_2(t) \tag{3.30}$$

Step5：依据类间距离，确定门限值 ξ；

Step6：合并类间距离小于 ξ 的类，并输出合并后的聚类结果；

Step7：询问聚类结果是否合理，若合理则算法结束，显示最终的聚类结果，等待下一时刻的聚类分析；若不合理，则重新返回 Step2，进入下一轮的归类。

3.3.2.6 仿真验证

由于实际实验条件的限制，文中以长春市某一信号控制区域作为仿真路网，如图 3.20。在 VISSIM 中，在每个路段中间设置数据采集检测点，用于检测通过采集点断面的流量、速度、占有率等信息，利用 Travel Time 控件采集各个路段的行程时间，在评价中选择延误、排队长度、行程时间用于评价本文模型算法进行动态子区划分与合并的效果。在区域各个进口输入不同的流量，以获取不同交通流运行状态下交叉口的状态，然后将不同交通流状态下的交叉口分别输入 MATLAB 的 *.M 文件中进行聚类分析。最后将不同交通流条件下的聚类结果应用于 VISSIM 中，并在相对应的交通流量输入下重新模拟，评价路网的运行效果，并进行前后比较。仿真实验数据及实施效果如下图 3.21，图 3.22，表 3.23。

图 3.20 仿真路网示意图

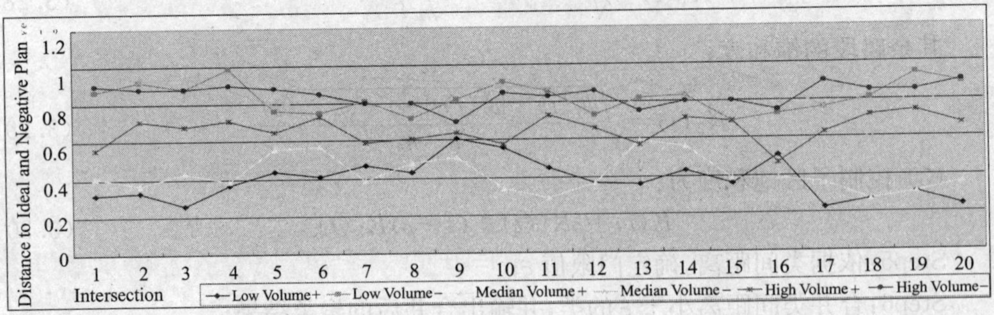

图 3.21 不同交通条件下的 μ_i^+ andμ_i^-

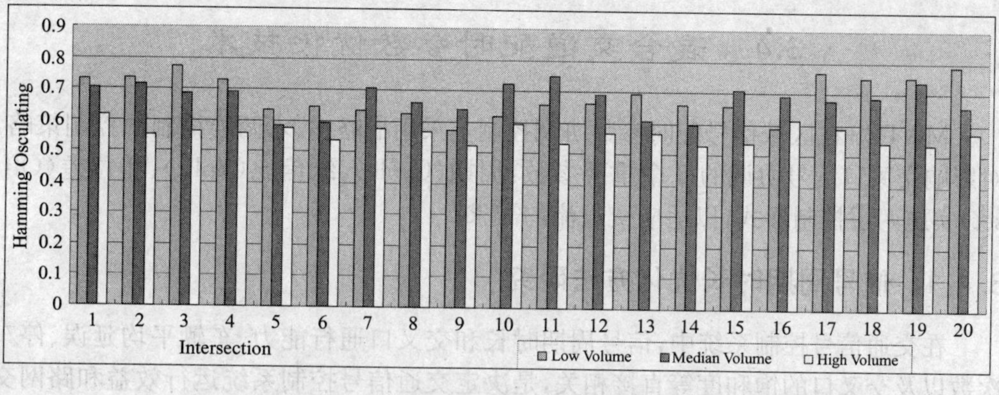

图 3.22　不同交通条件下的海明距离

表 3.3　聚类分析结果及相应控制模式

	Knumber	*Clusterresult*	*Controlmode*
Low Volume	5	1,2,3,4	*Arterial Coordinated Control*
		5,6,7,8,9,10	*Area Coordinated Control*
		11,12,13,14,15	*Arterial Coordinated Control*
		16	*Isolated Signal Control*
Median Volume	5	1,2,3,4	*Arterial Coordinated Control*
		5,6,9,10,13,14	*Area Coordinated Control*
		7,11,15,19	*Arterial Coordinated Control*
		8,12,16,20	*Arterial Coordinated Control*
		17,18	*Adjacent Coordinated Control*
High Volume		1～20	*Area Coordinated Control*

3.3.2.7　结　论

从仿真实验效果看，算法在交通信号控制系统中实施控制子区动态划分与合并技术能够减少路网内交叉口延误，减少车辆的路段行程时间，减少交叉口停车次数。同时，以控制子区为单位进行信号控制，由于子区内交叉口交通流具有相似性，子区内交叉口信号控制更易于协调，采用的控制目标更具有子区全局代表性。但是，由于实验条件的限制，文中模拟的实验路网范围还不够大，理想路网涵盖的交叉口数最好超过 60 个。而且验证模型算法的有效性分三步进行，先通过 VISSIM 获取交叉口状态，然后在 MATLAB 中进行聚类分析，最后根据聚类结果在 VISSIM 中对信号进行协调设置，仿真过程不连续。下一步刻意采用 DELPHI＋VISSIMCOM 来验证文中算法的有效性，以取得更好，更直接的实验效果。

3.4 混合交通配时参数优化技术

MATCS在区域信号配时参数协调控制上采用战略、战术两层控制的控制策略，对影响交叉口信号协调的3个重要参数：周期(Cycle)、绿信比(Split)、相位差(Offset)实施两层控制形式，以适应交通流的需求。

3.4.1 信号周期时长优化方法研究

在交通信号控制系统中，信号周期时长和交叉口通行能力、车辆平均延误、停车次数以及交叉口的饱和度等直接相关，是决定交通信号控制系统运行效益和路网交通流的行进水平的主要控制参数。同时绿信比和相位差随着信号周期时长的优化而不断发生改变。

3.4.1.1 周期时长优化方法发展研究现状

饱和度是衡量交叉口交通负荷的性能指标，优化周期时长的优化是调节饱和度的有效手段。因此，在交通信号控制系统中，通常根据关键交叉口的饱和度来对信号协调区域的周期时长进行优化、调整。在SCOOT和SCATS中都以饱和度作为周期时长优化目标。

信号周期时长的优化是以交通信号控制系统的某一性能指标函数为目标进行优化求解计算，除饱和度外，其他的性能指标包括交叉口车辆平均延误、交叉口人均延误、车辆排队长度、交叉口车辆平均停车次数、燃油消耗量、运营费用等。模糊控制、灰色系统分析、人工智能等技术开始逐渐被引进到信号周期时长优化当中。

3.4.1.2 传统的信号周期时长优化方法

1. TRRL法

TRRL法是由韦伯斯特(F. V. Webster)和柯布(B. M. Cobbe)在20世纪50年代提出来的，该也称作韦伯斯特法或F－B法。其基本思想是：车辆通过交叉口时，以其受阻延误时间作为唯一的衡量指标，然后对信号配时方案进行优化计算，同时以最短信号周期、最佳信号周期、实用信号周期最为周期时长优化的依据。

(1) 最短信号周期

信号周期的长短，直接影响交叉口的通行能力和车辆的延误时间。就通行能力而言，信号周期的选择必须能够满足交叉口通行能力的要求；就交通安全而言，信号周期的选择必须能够确保车辆或行人安全通过交叉口。我们把上述的最低限制称作“最短信号周期”，用 C_m 表示。采用最短信号周期 C_m 时，在一个周期内，到达交叉口的车辆恰好在一个周期内被完全放行，既无车辆滞留在交叉口，也无富余的信号周期时间。因此 C_m 恰好等于一个周期内各关键相位绿灯损失时间(Lost Time)加上到达车辆以饱和流率(Saturation Flow Rate)通过交叉口所需时间的累计总和，即：

$$C_m=L+\frac{q_1}{S_1}C_m+\cdots+\frac{q_i}{S_i}C_m+\cdots+\frac{q_n}{S_n}C_m \tag{3.31}$$

式中　C_m——最短信号周期，s；

L——信号周期的总损失时间，即各关键相位的起始迟滞与终止迟滞之差的和(见图 3.23)，s；

$\frac{q_i}{S_i}$——第 i 关键相位关键车道的流量比，即该相位的最大流量比；

q_i——第 i 相位关键车道的实际到达率，pcu/h；

S_i——第 i 相位关键车道的饱和流率，pcu/h。

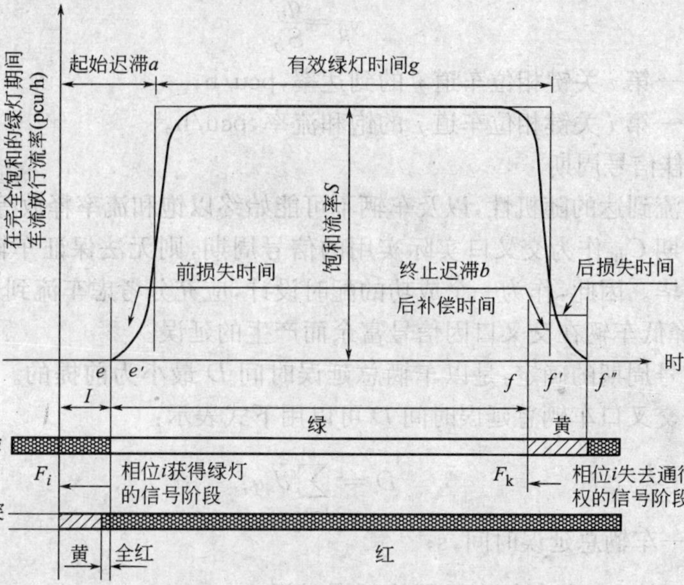

图 3.23　信号交叉口车流运动特性

$$L=\sum_{i=1}^{n}(l+I-A) \tag{3.32}$$

式中　l——起动损失时间，等于前损失时间和后损失时间之后，s；

I——绿灯间隔时间或交叉口清零时间，s；

A——黄灯时间，s；

$$I=\frac{z}{u_a}+t_s \tag{3.33}$$

式中　z——停车线到冲突点的距离，m；

u_a——车辆在进口道上的行驶车速，m/s；

t_s——车辆制动时间，s。

对公式(3.31)整理得：

$$C_m = \frac{L}{1-\sum_{i=1}^{n} y_i} = \frac{L}{1-Y} \tag{3.34}$$

式中 y_i——第 i 关键相位关键车道的流量比；

Y——所有关键相位关键车道的流量比之后。

$$Y = \sum_{i=1}^{n} y_i = \sum_{i=1}^{n} \max[y_{i1}, y_{i2}, \cdots, y_{ij}, \cdots] \tag{3.35}$$

$$y_{ij} = \frac{q_{ij}}{S_{ij}} \tag{3.36}$$

式中 q_{ij}——第 i 关键相位车道 j 的到达率，pcu/h；

S_{ij}——第 i 关键相位车道 j 的饱和流率，pcu/h。

(2) 最佳信号周期

由于车流到达的随机性，以及车辆不可能始终以饱和流率释放等因素，如果采用最短信号周期 C_m 作为交叉口实际实用的信号周期，则无法保证车辆在一个周期内正好释放完毕。因此，作为一个成功的配时设计，应充分考虑车流到达的离散性和随机性，同时降低车辆在交叉口因信号富余而产生的延误。

最佳信号周期的确定，是以车辆总延误时间 D 最小为前提的。根据稳态理论，多信号相位交叉口车辆总延误时间 D 可以用下式表示：

$$D = \sum_{i=1}^{n} \bar{d}_i q_i \tag{3.37}$$

式中 D——车辆总延误时间，s；

$\bar{d}$——第 i 相位每辆车的平均延误时间，s/pcu；

q_i——第 i 相位的平均车辆到达量，pcu。

$$\bar{d} = \frac{C(1-\lambda)^2}{2(1-y)} + \frac{x^2}{2q(1-x)} - 0.65\left(\frac{C}{q^2}\right)^{\frac{1}{3}} x^{(2+5\lambda)} \tag{3.38}$$

式中 $\bar{d}$——交叉口某相位车辆平均延误，s/pcu；

C——信号周期长度，s；

λ——相位绿信比；

y——相位流量比；

x——相位的饱和度；

q——车辆到达率，pcu/h。

将韦伯斯特延误时间计算公式(3.38)的最后一项去掉，并代入公式(3.37)，得到交叉口总延误与信号周期时长之间的关系式，对该式进行一阶求导，即可得到使交叉口总延误取得最小值的最佳周期时长表达式。

实践证明，信号周期长度在$\frac{3}{4}C_0 \sim 1\frac{1}{2}C_0$范围内，所对应的车辆延误时间变化幅度不会超过15%～20%。经过多次近似替换计算，韦伯斯特得出了如下最佳信号周期时长的计算公式：

$$C_0=\frac{1.5L+5}{1-Y} \tag{3.39}$$

式中 C_0——最佳周期时长，s；

L——信号周期的总延误损失时间，s；

Y——所有关键相位关键车道的流量比之和。

(3) 实用信号周期时长

能保证所有各相位饱和度均低于饱和度实用限值x_ρ的信号周期时间，称作"实用信号周期"，用C_ρ表示，即：

$$C_\rho=L+\frac{q_1}{S_1x_\rho}C_\rho+\cdots+\frac{q_i}{S_ix_\rho}C_\rho+\cdots+\frac{q_n}{S_nx_\rho}C_\rho \tag{3.40}$$

$$C_\rho=\frac{L}{1-\lambda_\rho} \tag{3.41}$$

式中 C_ρ——实用周期时长，s；

L——信号周期的总损失时间，s；

q_i——第i相位关键车道的实际到达率，pcu/h；

S_i——第i相位关键车道的饱和流率，pcu/h。

λ_ρ——交叉口总的绿信比，即全部关键相位绿信比之和，

$$\lambda_\rho=\sum_{i=1}^{n}\lambda_i=\sum_{i=1}^{n}\frac{q_i}{S_ix_\rho} \tag{3.42}$$

式中 λ_i——关键相位i的绿信比；

n——关键相位数；

x_ρ——饱和度实用限值。

饱和度实用限值越高，计算所得到的信号周期时长越小，当饱和度达到1时，公式变为最短信号周期时长公式。

(4) 周期时长限值

当交叉口上的实际交通量很小时，求得的周期时长值将很小，根据实践经验，信号周期设置过短，会造成安全隐患。从车辆安全通过交叉口以及自行车、行人过街所需的最短时间考虑，需要为信号周期限定一个最短信号周期。由于车辆及行人安全

过街的最短绿灯时长，不仅与交叉口的几何因素有关，还与交叉口的设施设计、渠化条件以及当地的人文习惯等因素有关，难以用数学表达式加以准确描述。在英国以及其他一些西方国家，信号周期的最低限取 25 s，我国由于混合交通等原因，一般可取 30～40 s。

随着信号周期加长超过某一限额之后，通行能力的增长便趋于停滞，而车辆延误时间却增长较快，同时考虑到驾驶员的驾驶行为及心理因素。要求信号周期时长不超过某一阈值。国外通常将 120 s 作为最大信号周期时长 C_{max}。在我国，一般建议不大于 150 s。

2. ARRB 法

TRRL 法自 20 世纪 50 年代以来一直为许多国家的交通工程师所采用。但是，这个方法并非十分完善，各国学者都在试图寻找一种更为完善的配时方法。从目前的各种方法来看，大部分都是在英国 TRRL 方法的基础上改进和修正而形成的。如前所述，韦伯斯特-柯布配时方法的基本出发点是：使交叉口通行车辆总延误时间为最少。显然，更完善的配时设计还应当力图降低运营费用及汽车尾气污染，降低司机和乘客的不舒适程度，同时确保交叉口的行车安全等。为此，车辆受阻而被迫停车的次数也应列入交叉口配时设计所考虑的因素中去。

20 世纪 80 年代，澳大利亚学者阿克塞立科通过引入“停车补偿系数”，将停车次数与车辆延误时间合在一起，建立了评价信号配时方案优化程度的综合指标，称作性能指标（Performance Index，PI）。

$$PI=D+KH \tag{3.43}$$

式中 D——全部车辆总延误时间，s；

K——停车补偿系数；

H——全部车辆停车率。

经理论推导，使 PI 值最小的信号周期，近似与最佳周期值 C_0，即：

$$C_0=\frac{(1.4+K)L+6}{1-Y} \tag{3.44}$$

式中 C_0——最佳信号周期，s；

K——停车补偿系数(%)，$K=0.4$ 时，燃油消耗量最少；$K=0.2$ 时，运营费用最少(包括延误时间)；$K=0$ 时，车辆延误时间最少；$K=-0.3$时，各关键相位车辆平均排队长度最短；

L——信号周期的总损失时间，s；

Y——所有关键相位关键车道的流量比之和。

3. HCM 法

根据美国《道路通行能力手册》(Highway Capacity Manual2000)，最佳信号周期时长计算公式为：

$$C_0=\frac{L}{1-Y} \tag{3.45}$$

式中 C_0——最佳周期时长(s)；

L——信号总损失时间(s)；

Y——所有关键相位的各个最大流量比之和，

$$Y=\sum_{i=1}^{n}y_i=\sum_{i=1}^{n}\max[y_{i1},y_{i2},\cdots,y_{ij},\cdots]=\sum_{i=1}^{n}\max\left[\left(\frac{q_d}{S_d}\right)_i,\left(\frac{q_d}{S_d}\right)'_i,\cdots\right] \tag{3.46}$$

（计算 Y 值大于 0.9 时，须改进进口道设计、信号相位方案，重新设计）

式中 q_d——设计交通量，pcu/h；

S_d——设计饱和流率，pcu/h。

$$q_d=4\times Q_{15} \tag{3.47}$$

式中 Q_{15}——配时时段中高峰小时中最高 15 min 的流率，pcu/15 min；

在无最高 15 min 流率的实测数据时，可用下式估算：

$$q_d=\frac{Q}{PHF} \tag{3.48}$$

式中 Q——配时时段中高峰小时交通量，pcu/h；

PHF——高峰小时系数，主要进口道可取 0.75，次要进口道可取 0.8。

设计饱和流率 S_d 须根据实测平均饱和流率乘以各影响因素校正系数的方法分车道估算。

4. 冲突点法

TRRL、ARRB、HCM 的信号配时优化方法都是以停车线作为信号周期时长优化计算的入手点，称之为“停车线法”。在两相位信号控制的情况下，车辆通过交叉口的实际运行状态是：本向直行车和对向左转车，在同一绿灯时间内交错通过这两向车流的冲突点。在这种车辆运行状态下，冲突点是车辆通过信号控制交叉口的关键位置。而“停车线法”是以停车线位置作为信号配时研究的出发点，在两相位信号控制条件下，这种方法无法切实体现车流的实际运行状态。另一方面，设计流量—信号配时的主要依据，“停车线法”是以到达同一进口道直行及左、右转的小时交通量；但实际上，绿灯时间长度的需求，是以通过上述冲突点的本向直行车同对向左转车的周期到达量为依据的。“停车线法”所用信号配时的另一重要参数—饱和流率，也是车辆驶出停车线时的饱和流率，即通过停车线平均饱和车头时距的倒数；因此，在两相位信号控制交叉口，以“停车线法”所获得的周期时长不能切实反映实际的交通需求。

同济大学的杨佩昆教授通过冲突点对信号交叉口的信号配时展开研究，提出了

"冲突点法"(Conflict Point Method)。

(1) 基本原理:整个相位的实际交通运行情况如图 3.24 所示。本向直行车、对向左转车通过冲突点以及信号换相所需各类时间的总和见公式(3.49)和(3.50)。

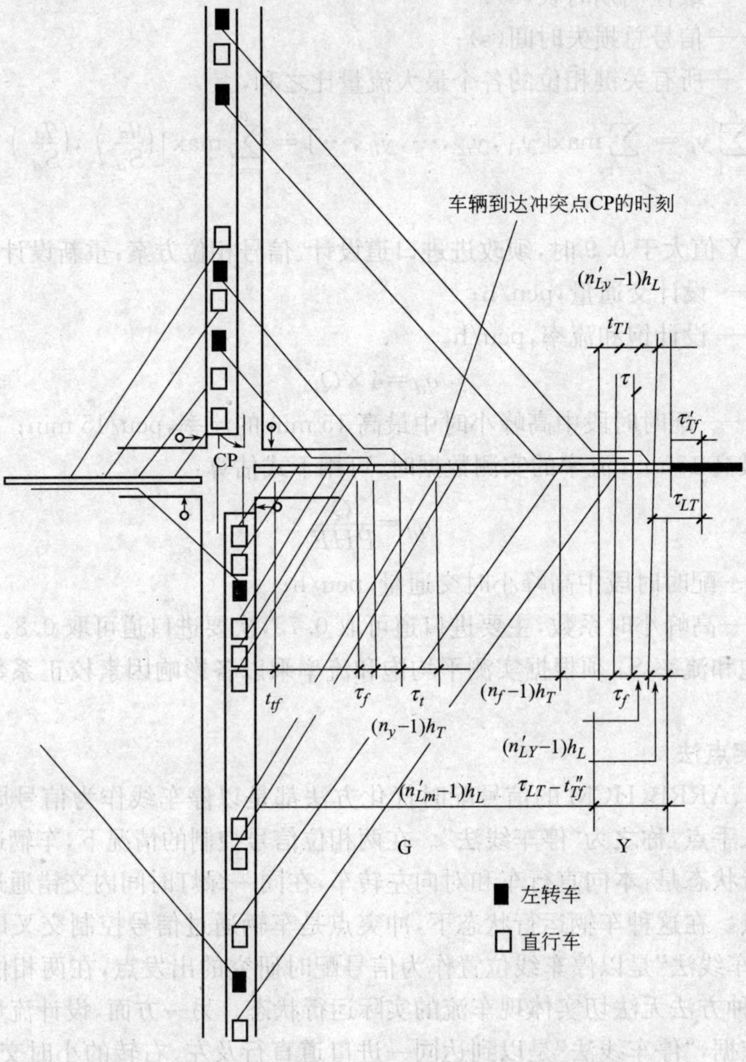

图 3.24 两相位交叉口各车流通过冲突点所需各类时间

对向进口道无左转专用车道的情况:

$$t_{Tf}+\sum^{\mu+1}(n_s-1)h_r+\sum^{\mu}(n'_{Lm}-1)h_L+\mu\tau+$$
$$\tau_f+(n'_{Lb}+n'_{Ly}-1)h_L+\tau_{LT}-t''_{Tf}\leqslant G+Y_{LT} \tag{3.49}$$

对向进口道有专用左转车道的情况：

$$t'_{Tf}+\sum^{\mu+1}(n_s-1)h_T+\sum^{\mu}(n'_{Lm}-1)h_L+\mu\tau+$$
$$\tau_f+(n'_{Lb}+n'_{Ly}-1)h_L+\tau_{LL}-t''_{Tf}\leqslant G+Y_{LL} \tag{3.50}$$

其中

$$\begin{cases}Y_{LT}=t_{T1}+\tau_f+(n'_{Ly}-1)h_L+\tau_{LT}-t''_{Tf}\\ Y_{LL}=t_{T1}+\tau_f+(n'_{Ly}-1)h_L+\tau_{LL}-t''_{Tf}\end{cases} \tag{3.51}$$

公式(3.49)、公式(3.50)可简化为：

$$\begin{bmatrix}G\geqslant h\sum n+\mu(\tau-2h)+(t_{Tf}-t_{T1})-h\\ G'\geqslant h\sum n+\mu(\tau-2h)+(t'_{Tf}-t_{T1})-h\end{bmatrix} \tag{3.52}$$

式中　G、G'——绿灯时长，s；

Y_{LT}、Y_{LL}——黄灯时长或绿灯间隔时长，s；

t_{Tf}——本向(绿初)直行头车从停车线驶到冲突点所需时间(包括司机反应时间)，s；

t_{T1}——本向(绿尾)直行尾车从停车线驶到冲突点所需时间，s；

t'_{Tf}——对向(绿初)左转头车从停车线驶到冲突点所需时间(包括司机反应时间)，s；

τ_{LT}——对向左转尾车同相交道路左转头车冲突点 CP_{LL} 上的安全交叉时间，s；

τ_{LL}——对向左转尾车同相交道路直行头车冲突点 CP_{LT} 上的安全交叉时间，s；

t''_{Tf}——相交道路左转头车从停车线到冲突点 CP_{LL} 上的所需时间，s；

t''_{TF}——相交道路左转头车从停车线到冲突点 CP_{LT} 上的所需时间，s；

$\sum n$——本向直行车道或合用车道的周期流量，辆/周期；

n'_{Lb}——绿初通过交叉口的对向左转车周期流量，辆/周期；

$\sum n'_{Lm}$——绿中通过交叉口的对向左转车周期流量，辆/周期；

n'_{Ly}——绿尾及黄灯时间通过交叉口的对向左转车周期流量，辆/周期，通常可取 $n'_{Ly}=\rho$；

ρ——一次绿灯期间，在交叉口中一侧可以停放左转车的车数，辆；

h——一条车流通过冲突点的平均临界车头时距(s)绿灯，(h_L 为左转车流车头时距，h_T 为直行车流车头时距)；

μ——绿灯不饱和期间，本向直行车流中出现的可穿越空档数，个；

$\tau=\tau_f+\tau_r$——可穿越空档，s；

τ_f——可穿越空档的前半部分，s；

τ_r——可穿越空档的后半部分，s；

$\sum n$——设计周期流量，辆/周期。

(2) 设计周期流量

从上式推演过程中，可见设计周期流量为：

$$\sum n=\sum n_s+n'_{Lb}+\sum n'_{Lm}=\sum n_s+l'q'-p \tag{3.53}$$

式中 l'——对向进口道上左转车所占的百分数，%；

q'——对向进口道上的周期流量，辆/周期。

对于多时段定时信号，周期流量$\sum n_s$、q'可从各设计时段中的高峰小时流量换算得出：

$$\sum n_s=\frac{C}{T}\lambda N \tag{3.54}$$

$$q'=\frac{C}{T}\lambda Q' \tag{3.55}$$

式中 C——周期时长，s；

T——3 600 s；

λ——根据限定的"两次停车"概率以控制最小延误及停车率，相当于某一置信水平下的设计流量系数；

N——本向直行车道或合用车道，信号各设计时段中高峰小时总流量，决定于本向进口道的条件，辆/h；

Q'——对向进口道信号各设计时段中高峰小时总流量，辆/h。

(3) 绿灯时长

考虑有多条直行车流的情况，公式(3.52)可归纳并简化成一个统一的表达式：

$$G\geqslant h_m\sum n+\alpha_m+\beta-mh_m=h_m\sum n+g \tag{3.56}$$

α_m——绿灯期间因对向左转车穿越空档所需的附加时间，s；

m——直行车流条数，条；

$$\begin{cases}\alpha_{\mathrm{m}}=\alpha_1=\mu(\tau-2h_1) & m=1\\ \alpha_{\mathrm{m}}=\alpha_2=\mu(\tau-3h_1) & m=2\end{cases} \tag{3.57}$$

β——绿灯期间，决定于对向左转头车是否能在本向直行头车之前到达冲突点的附加时间，

$$\begin{cases}\beta=t_{Tf}-t_{T1} & \text{对向无专用车道时}\\ \beta=t'_{Tf}-t_{T1} & \text{对向有专用车道时}\end{cases} \tag{3.58}$$

g——绿灯期间综合附加时间，s；

$$g=\alpha_{\mathrm{m}}+\beta-mh_m \tag{3.59}$$

某一相位所需绿灯时长可取：

$$G_i=\max[G_{LL},G_{LT}] \tag{3.60}$$

(4) 黄灯时间

公式(3.51)也可归纳简化成一个统一的表达式：

$$Y=ph_L+\varepsilon+\delta=ph_L+y \tag{3.61}$$

ε——黄灯(或绿灯间隔)期间，因改变交通运行所需的附加时间，s；

$$\varepsilon=\tau_f-h_L \tag{3.62}$$

δ——黄灯期间，因换相所需的附加时间，s；

$$\begin{cases}\delta=t_{T1}+\tau_{LL}-t''_{Lf} & \text{侧向无专用车道时}\\ \delta=t_{T1}+\tau_{LL}-t''_{Lf} & \text{侧向有专用车道时}\end{cases} \tag{3.63}$$

y——黄灯期间的综合附加时间，s；

$$y=\varepsilon+\delta \tag{3.64}$$

某一相位所需黄灯(或绿灯间隔)时长可取：

$$Y_i=\max[Y_{LL},Y_{LT}] \tag{3.65}$$

(5) 信号配时

①设计周期时长

全部相位所需绿灯时长和黄灯时长的总和就是设计周期时长：

$$C=\sum(G_i+Y_i) \tag{3.66}$$

由公式(3.54)～公式(3.66)可得：

$$C=\frac{3600\sum(g_i+y_i)}{3600-\lambda\sum[h(N+l'Q')]_i} \tag{3.67}$$

②设计绿灯时长

求得周期时长，即可根据高峰小时流量及本向、对向进口道的布置方式，用公式(3.53)算得设计周期流量$\sum n$以及公式(3.60)算得设计绿灯时长G_i。

③设计黄灯时长(或绿灯间隔时长)

从公式(3.65)算得的Y_i，除考虑相位末左转车的要求外，尚需考虑使司机见到黄灯能安全制动缩写的时间，为此，通常取$Y_{\min}=3\text{s}$，于是设计黄灯时长Y_d应取：

$$Y_d=\max[Y_i,3] \tag{3.68}$$

根据所取设计黄灯时间，相应调整设计周期时长。

5. 传统方法的优缺点评价

传统的方法计算得到的信号周期时长最佳值都是近似值，同真正的最佳值比较，会有一定的误差。但是，从信号周期与运行指标的关系曲线来看，在理论最佳值附近变化非常平缓。因此，信号周期值围绕理论最佳值略有变化，并不会引起延误和停车次数等评价指标值的明显改变。

(1) TRRL 法

由于 TRRL 法形式简单,模型参数少,精度较高,推出时间早,得到许多学者和交通工程师的广泛应用。但存在 3 个问题:①只考虑交通流三参数中的流量参数,当出现高密度、低交通量交通流时,计算得到的周期明显偏少;②以最小延误最为优化目标,不适合高峰时段使用。在高峰时段,信号控制的目标是最大限度提高交叉口的通行能力,而降低交叉口的延误已不是信号优化计算的主要目标;③各进口道流量比之和接近 1 时,周期时长趋近于无穷大,即公式在"准饱和"状态失去意义。

(2) ARRB 法

与 TRRL 法相比,ARRB 法由于引进停车补偿系数,因此具有多重适应能力,即它能适应多种信号控制涉及目标的需要。只要选用不同的 K 值,就可以满足不同的控制目标的要求。在交通负荷较小的时段,信号配时设计应以节省燃油为主要目标,可以通过加大停车补偿系数 K 的值来达到这种要求;而在交通高峰时间,应把缩减排队长度作为配时设计的主要目标,特别是在进口车道能容纳滞留车辆的空间受到严重局限的交叉口,尤其应当如此,该方法被认为是对韦伯斯特一柯布方法的一个成功的修正和补充。但是同 TRRL 法相似,它也不适合高密度、低流量交通状态及准饱和交通状态。

(3) HCM 法

HCM 法对于最高 15 min 流率的时段或交通流均匀规律到达,实际上这个公式就是最短周期公式,显然不是最佳信号周期时长,同时该模型也不适合实时自适应交通信号控制系统。

(4) 冲突点法

与以上方法以停车线作为考察断面不同,冲突点法对于直行车和左转车流这一主要冲突车流给予充分注意,更加符合实际交通流状况,尤其适用于两相位等具有该类冲突的情况,而四相位等交叉口由于通过设置必要绿灯间隔时间,解决了车流冲突问题,故不适用冲突点法;其所用的公式比较冗繁,而且没有反映出直行车与直行车、直行车与右转车间的关系;公式中许多交通参数(如:冲突点位置、空档数等)难以获得,不具有实用性。

3.4.1.3 孤立交叉口周期时长优化方法研究

1. 交通强度模型构造

(1) 相位交通强度模型

交叉口相位交通强度是反映交叉口关键相位车道交通负荷状态的参数,由流量和时间占有率决定。某一关键相位 i 关键车道的相位交通强度 I_i 计算公式如下:

$$I_i=\alpha\frac{q_i}{S_i}+(1-\alpha)\frac{O_i}{Q_{si}} \tag{3.69}$$

式中 α——模型参数，建议取0.5；

q_i——关键相位 i 对应关键车道感应检测器检测的到达率，pcu/h；

S_i——关键相位 i 对应关键车道的饱和流率，pcu/h；

Q_i——关键相位 i 对应关键车道的时间占有率；

O_{si}——关键相位 i 对应关键车道的饱和流率对应的时间占有率。

由于感应检测器不能准确检测 O_i，而通常情况下交通流量的大小和时间占有率呈正相关，因此可根据战略检测器检测时间占有率进行近似推算。

$$O_i=\frac{q_i}{q_j'}O_j' \tag{3.70}$$

式中 q'——关键相位 i 对应关键车道所在进口的战略检测器检测的到达率，pcu/h；

O_j'——关键相位 i 对应关键车道所在进口的战略检测器检测的时间占有率。

式(3.69)可进行如下转换：

$$I_i=\alpha\frac{q_i}{S_i}+(1-\alpha)\frac{O_j'}{O_{si}}\frac{q_i}{q_j'} \tag{3.71}$$

(2) 交叉口交通强度

信号交叉口交通强度 I 为所有关键相位的相位交通强度总和，作为周期时长的优化依据。

$$I=\sum_i I_i \tag{3.72}$$

2. 交通强度与流量关系研究

根据时间占有率的定义可知：

$$O_i=\frac{\sum_m t_m}{T}=\frac{\sum_m\frac{L+l_m}{u_m}}{T}=\frac{q_iT\frac{L+\bar{l}_1}{\bar{u}_i}}{T}=q_i\frac{L+\bar{l}_1}{\bar{u}_i} \tag{3.73}$$

式中 t_{m}——第 m 辆车占据战略检测器的时间，s；

T——观测时段长，s；

L——检测器长度，m；

l_m——第 m 辆车的车身长度，m；

u_m——第 m 辆车通过战略检测器的速度，km/h；

q_i——关键相位关键车道检测器的检测到达率，pcu/h；

$\bar{l}_1$——通过战略检测器的车辆的平均车身长度，m；

$\bar{u}$——关键相位 i 对应的战略检测器检测的平均速度，km/h。

$$O_{si}=\frac{\sum_{n} t_n}{T}=\frac{\sum_{n}\frac{L+l_n}{u_n}}{T}=\frac{S_i T\frac{L+\bar{l}_2}{\bar{u}_{si}}}{T}=S_i\frac{L+\bar{l}_2}{\bar{u}_{si}} \tag{3.74}$$

式中 t_n——交叉口饱和流率释放时第 n 辆车占据检测器的时间，s；

T——观测时段长，s；

L——检测器长度，m；

l_n——第 n 辆车的车身长度，m；

u_n——交叉口饱和流率释放时第 n 辆车通过检测器的速度，km/h；

S_i——关键相位 i 关键车道的饱和流率，pcu/h；

$\bar{l}_2$——以饱和流率释放通过停车线的车辆平均车身长度，m；

$\bar{u}_{si}$——关键相位 i 对应关键车道以饱和流率释放时车辆的平均速度，由交叉口具体情况确定，km/h。

假定 $\bar{l}_1=\bar{l}_2$，于是可得：

$$I_i=\frac{q_i}{S_i}\left[\alpha+(1-\alpha)\frac{\bar{u}_{si}}{u_i}\right] \tag{3.75}$$

根据交通流理论，流量 q—速度 u 的关系可以采用伊迪(Edie)模型确定，该模型是安德伍德(Underwood)模型和格林伯(Greenberg)模型的结合。

安德伍德(Underwood)模型适用于交通密度较小、速度较大的情况，模型如下：

$$q=uk_m\ln\left(\frac{u_f}{u}\right) \tag{3.76}$$

式中 k_m——最佳密度，即最大流量对应的密度，pcu/km；

u_f——自由流速度，km/h；

格林伯模型适用于交通密度大、速度小的情况，模型如下：

$$q=uk_j\exp\left(-\frac{u}{u_m}\right) \tag{3.77}$$

式中 k_j——阻塞密度，pcu/km；

u_m——最佳车速，即最大流量对应的车速，km/h。

由于受交叉口信号控制的影响，城市道路的实际通行能力取决于交叉口的车流释放规律，其最大值为交叉口的饱和流率。取城市道路上的 u_f 为 80 km/h，阻塞密度 k_j 为 170 pcu/km，最佳密度 q_m 为饱和流率 1 840 pcu/h，则最佳车速为：

$$u_m=\frac{u_f}{\mathrm{e}}=30\ \text{km/h} \tag{3.78}$$

因此，速度大于 30 km/h 时，应采用安德伍德模型确定流量；速度小于 30 km/h

时，采用格林伯模型确定流量。

3. 基于交通强度的周期时长优化模型

交叉口交通强度与关键相位个数相关。交叉口关键相位数一般为2～5个，需要分别建立交通强度——周期时长关系模型。周期时长可取30～200 s，相位损失时间取3 s。若两关键相位交叉口最小周期 $C_{2\min}=30$ s，对应的交叉口各关键相位流量比之和 $Y=0.53$。对应于该交通负荷状态，可近似得出 $C_{3\min}=40$ s，$C_{4\min}=50$ s，$C_{5\min}=60$ s。根据饱和度实用限值 $\chi_p=0.9$，对应的交通强度值 $I=0.68$。当时 $0.46<I<0.68$，根据韦伯斯特最佳周期时长公式(TRRL法)，利用周期时长与流量比关系以及交通强度与流量比的关系，确定基于交叉口交通强度的周期时长线性优化模型，并根据趋势外推将其应用于 $I>0.68$ 的交通状态，实现通行能力最大的优化目标。假设五关键相位的最大周期时长 $C_{5\max}=200$ s，对应的交通强调 $I=0.82$。对应于该交通强度，$C_{2\max}=110$ s，$C_{3\max}=140$ s，$C_{4\max}=180$ s。

当 $0.46<I<0.68$ 时，可用下列公式计算周期时长。当 I 不在该范围内时，可采用对应的周期时长最大值或最小值。

(1) 2关键相位交叉口：$C=\text{int}(-74.86+227.18I)$，$R^2=0.9701$

(2) 3关键相位交叉口：$C=\text{int}(-86.86+227.87I)$，$R^2=0.9766$

(3) 4关键相位交叉口：$C=\text{int}(-107.98+345.45I)$，$R^2=0.9768$

(4) 5关键相位交叉口：$C=\text{int}(-113.40+383.61I)$，$R^2=0.9701$

3.4.1.4 基于双层规划的周期时长优化方法研究

1. 引　　言

在交通信号控制系统中，信号周期时长的优化是进行交通信号配时方案设计的关键。特别在干线协调控制系统和区域协调控制系统中，信号周期时长的优化是进行绿信比优化和绿灯起步时距优化的前提，直接关系到整个区域的控制效益。传统的信号周期时长优化方法主要有英国的TRRL法、澳大利亚的ARRB法、美国的HCM法以及同济大学杨佩昆教授提出的冲突点法。虽然TRRL法与ARRB法有形式简单，模型参数少，精度高等优点，比较适用于中等负荷的交通流情况，在高峰及低流量条件下，优化结果偏差。HCM法适用于交通流均匀规律到达的情况，不适合自适应交通信号控制系统。冲突点法以交叉口点冲突点作为信号配时优化的入手点，同时考虑机、非混行，更加适合交通流的实际运行情况，但该方法公式冗繁，参数标定困难。本文针对目前混合交通自适应信号控制系统中，信号周期时长优化存在的问题，结合混合交通自适应信号协调控制的需求，提出了基于双层规划的信号周期时长优化方法。

2. 模型思想

在混合交通自适应信号控制系统中，信号周期时长的决策不仅要考虑与控制区域各交叉口的联动协调，同时要满足本交叉口各进口方向不同交通方式的交通需求，并根据当前控制区域的交通流运行状态（畅通、轻微拥挤、拥挤、饱和、过饱和等），以某一总体控制目标对交叉口的信号周期时长进行优化控制。而多层规划问题的一个重要特点就是可以应用在多层次决策问题中，各个层次的决策者都有其各自的目标函数，决策变量的控制权分别属于各层的决策者。适用于实现混合交通自适应信号控制系统中周期时长优化的战略控制和战术控制。

3. 模型构建

(1) 上层问题

从整个区域交通信号控制的角度，干线协调控制或区域协调控制的目的是使整个控制区域内交通流处于最佳的运行状态，保证区域信号控制系统最优。也就是根据不同的交通状态，使得控制区域内车辆的总延误、行程时间、停车次数、交叉口饱和度最小或者它们的组合目标最小。从而建立上层规划模型：

上层模型：

$$\min F_{\mathrm{u}}=\frac{1}{m}[w_d\cdot D(c)+w_t\cdot T(c)+w_s\cdot S(c)+w_x\cdot x(c)] \tag{3.79}$$

$$s.t.\begin{cases} D=\sum\limits_{i=1}\sum\limits_{j}\bar{d}_{ij}q_{ij} \\ T=\sum\limits_{\tau}\dfrac{L_\tau}{\overline{\overline{V}}_\tau} \\ S=\sum\limits_{i}\sum\limits_{j}h_{ij}q_{ij} \\ 0\leqslant O_i\leqslant t_L \bmod c \\ x(c)=\max[x_1,x_2,\cdots,x_n] \\ 0.6<x(c)\leqslant 0.9 \\ 30\leqslant c\leqslant 120 \\ x_i>0,\lambda_i\geqslant 0,q_{ij}>0 \end{cases} \tag{3.80}$$

(2) 下层问题

在双层规划中，上层决策者通过设置 x 的值影响下层决策者，因此限值了下层决策者的可行约束集，上层决策者通过下层决策者的目标函数与下层决策者相互作用。同时上次决策变量 x 是上层决策变量 y 的函数，即 $y=y(x)$，称为反应函数。从交叉口本地控制的角度出发，需要满足各个通行方向的交通需求，提高交叉口通行能力，降低交叉口各通行方向的排队长度，为各通行方向的交通流提供足够的绿灯时间。从而建立如下下层模型。

下层模型：

$$\max F_L = Q(c) - q(c) \tag{3.81}$$

$$s.t.\begin{cases} Q(c) = 1333 - \dfrac{13330P}{c} \\ q(c) = \sum[q_0(c) + q_R(c)] \\ x = \sum\limits_j \max\left[\dfrac{q_j}{S}, \dfrac{q'_j}{S}\right] \\ c_0 = \sum\left(5 + \dfrac{b}{\upsilon}\right) \\ c_{\max} = 1.5 \cdot \dfrac{(1.4+k)\varphi + 6}{1-Y} \\ c_0 < c < c_{\max}, \\ x > 0, \lambda \geqslant 0, q_j > 0 \end{cases} \tag{3.82}$$

其中：w_d, w_t, w_s, w_x 为各指标的权重系数，m 路口节点数；D, T, S 分别为路网总延误、总行程时间、总停车次数，c 周期时长；x 最佳饱和度；q_{ij}, q_j, q'_j 车辆到达率；L 路段长度；Q_i 相位差；t 路段行程时间；λ_i 绿信比；$Q(c)$ 路口通行能力，$q(c)$ 路口总排队长度；p 路口相位数；$q_0(c)$ 红灯开始前车辆排队长度；$q_R(c)$ 红灯期间车辆排队长度；S 饱和流率；b 交叉口宽度；υ 行人平均步速；$c_0, c_{\max}$ 最大周期时长；k 补偿系数；φ 总损失时间；Y 总流量比。

4. 求解算法

一般来说，双层规划问题的求解都是非常复杂的，原因之一就是由于双层规划问题是一个 NP-hard 问题。到目前为止，对于双层规划的求解大约有十几种求解算法，归纳起来，可分为四大类，即极点搜索法（Extreme Point Search Method）、库恩-塔克法（Kuhn-Trucker Method）、下降法（Descent Method）和直接搜索法（Direct Search Method）。粒子群优化算法（Particle Swarm Optimization，PSO）是一类基于群体（Population-based）的智能随机优化算法。算法中优化问题的每一个解都是搜索空间中的一个“粒子”，每个粒子都有一个由优化函数所决定的适应度，以评价该粒子当前位置的优劣。本文通过引入动量项改进 PSO 算法，以提高算法的收敛速度。并尝试采用该算法来求解所建立的双层规划模型。具体步骤如下：

Step1：初始化，随机初始化粒子群中粒子的位置 X_i 与速度 V_i，$i \in [1, m]$，m 为群体规模，将第 i 个粒子的 P_i 设置为该粒子的当前位置，P_g 设置为初始群体中最佳粒子的位置，同时随机产生下层模型的初始解。

Step2：对于粒子群中的所有粒子，执行如下操作：

(1) 按如下公式更新速度和位置

更新速度： $$V_i^{k+1} = \omega V_i^k + c_1 r_1 (P_i^k - X_i^k) + c_2 r_2 (P_g^k - X_i^k) \tag{3.83}$$

更新位置：
$$X_i^{k+1}=X_i^k+V_i^{k+1} \tag{3.84}$$

式中 P_i——第 i 个粒子自身所找到的当前最佳位置；

P_g——整个粒子群目前找到的最优解；

r_1,r_2——[0,1]之间的随机数；

c_1,c_2——学习因子，通常 $c_1=c_2=2$；

ω——加权系数，一般取值在 0.1～0.9 之间。

$$\omega=\omega_{\max}-n_{iter}\times\frac{\omega_{\max}-\omega_{\min}}{n_{\max\_iter}} \tag{3.85}$$

式中 $\omega_{\max}$——最大加权系数；

$\omega_{\min}$——最小加权系数；

n_{iter}——当前迭代次数；

$n_{\max\_iter}$——算法总的迭代次数。

(2) 将粒子 i 的位置 X_i（上层模型的解）代入下层模型，利用传统统计学计算方法求解下层模型，获得下层模型的最优解 y_i^*；

(3) 将 X_i、y_i^* 代入上层规划的目标函数，计算粒子 i 的适应度[9]：

$$F(X_i,y_i^*)=0.5-\frac{\sin^2\sqrt{X_i^2+(y_i^*)^2}-0.5}{[1+0.001(X_i^2+(y_i^*)^2]^2},i\in[1,m] \tag{3.86}$$

(4) 如果粒子 i 的适应度优于 P_i 的适应度，P_i 更新为粒子的当前位置 X_i；对应于 P_i 的下层模型的最优解 yP_i 被相应更新为 y_i^*；

(5) 如果粒子 i 的适应度优于 P_g 的适应度，P_g 更新为该粒子的当前位置 X_i；对应于 P_g 的下层模型的最优解 yP_g 被相应更新为 y_i^*。

Step3：判断算法收敛准则是否满足，如果满足，执行 Step5；否则执行 Step4。

Step4：为避免陷入局部最优，同时提高全局搜索能力，引进动量项对 P_g 进行随机扰动，根据下式更新 P_g，利用传统优化方法求出对应于 P_g 的层模型的最优解 yP_g，转 Step2。

$$P_g=P_g-\eta(1-\mu)\frac{\partial X_i}{\partial V_i}+\mu\Delta V_{i-1} \tag{3.87}$$

η 服从标准正态分布 $\eta\sim N(0,1)$，μ 为动量系数。

Step5：输出双层规划模型的最优解 P_g 和 yP_g，并相应求出上、下层规划的目标函数值，算法运行结束。

3.4.1.5 模型及算法验证

为了验证模型及算法的有效性，以长春某一信号控制区域作为试验路网，如图 3.25 所示。路网属性在 *.inp 文件中体现。其中路口编号 1,11,14 为关键交叉口。以 VISSIM 为平台，分别模路网饱和度为 0.6～0.9 的交通流运行状态，以获取周期时长优化参数。将 PSO 算法的参数设置如下：$c_1=c_2=2$，ω_{max}，ω_{min} 分别为 0.9 和 0.1，群体规模 $m=50$，最大迭代次数 $n_{max\_iter}=80$，算法用 MATLAB7.0 实现，在 P43.06 GHz/1.00 GB 计算机上运行。

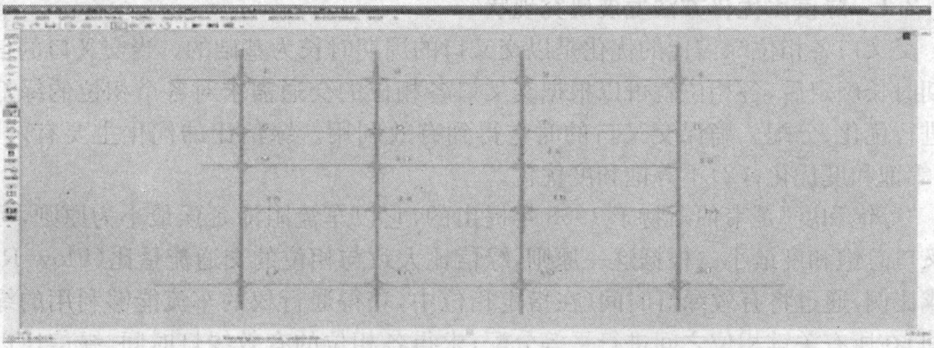

图 3.25 长春市某一实验路网 VISSIM 示意图

为了比较算法的有效性，将改进的 PSO 算法与基于遗传算法、传统求解方法进行比较，如表 3.4 所示，3 种算法在表格中分别表示为Ⅰ、Ⅱ、Ⅲ。

表 3.4 三种求解算法数值结果比较

饱和度	上层目标最优值			下层目标最优值			最优解		
	Ⅰ	Ⅱ	Ⅲ	Ⅰ	Ⅱ	Ⅲ	Ⅰ	Ⅱ	Ⅲ
0.6	1062.4	1070.2	1120.7	41.3	40.4	35.1	(67, 30, 27, 20, 37,29,28)	(68, 30, 28, 21, 37,29,29)	(70, 32, 28, 22, 38,31,29)
0.7	1321.6	1330.7	1350.6	32.5	33.6	28.5	(82, 39, 33, 30, 42,36,36)	(80, 38, 31, 30, 40,36,34)	(84, 41, 33, 31, 43,38,36)
0.8	1453.9	1456.2	1497.1	19.7	21.1	13.7	(94, 50, 34, 30, 54,40,44)	(94, 49, 35, 32, 52,41,43)	(96, 52, 34, 30, 56,43,43)
0.9	1651.3	1650.1	1709.5	7.2	6.6	10.3	(112, 60, 42, 68, 34,50,52)	(118, 64, 44, 70, 38,55,53)	(120, 66, 44, 71, 39,56,56)

遗传算法求解双层规划模型，能够取得较好的计算效果。而 PSO 算法与遗传算法有诸多类似之处，都是基于种群的进化算法，都具有全局收敛性且本质上都是随机搜索算法。在求解算法中，两者的求解结果相差无几。而粒子群优化算法结构更为简单，控制参数更少。

改进粒子群优化算法，以避免陷入早熟收敛现象，并提高算法的收敛速度。结合传统的规划求解方法对信号周期优化的双层规划求解方法进行尝试求解，结果表明该算法能获得与基于遗传算法的双层规划求解方法相近的较好计算效果。而该算法结构更为简单，控制参数更少。但是，为保证该算法能够应用于混合交通自适应信号控制系统中进行信号周期时长的战略控制和战术控制，还需进一步提高算法的收敛速度，以保证信号周期时长优化的实时性。

3.4.2 绿信比优化方法研究

3.4.2.1 绿信比优化方法发展研究现状

交叉口各相位绿信比的优化是以交叉口的周期时长为基础的。当交叉口的信号周期时长确定后，各相位就可以根据交叉口各相位的交通需求对各个相位的绿灯时长进行优化、分配。确保交叉口的时空得到有效利用。绿信比的优化主要有两种：(1)等饱和度优化；(2)不等饱和度优化。

"等饱和度"是韦伯斯特于1958年提出的，它以车流阻滞延误最小为原则，可使交叉口总饱和度最小。根据这一原则，绿信比大致与相位的交通流量比(Flow Ratio)成比例，通过将有效绿灯时间(在指定相位中，获得通行权的车流能够利用的绿灯时间)在所有关键相位之间进行平等分配，求得各相位的有效绿灯时间、绿信比以及绿灯实际显示时间，最后分析关键相位的绿信比。这是一种比较简便的方法，多用于单点信号控制交叉口以及干线信号协调控制交叉口。

澳大利亚的阿克塞立科对此作了补充，形成了饱和度不等情况下的绿信比计算方法。相位绿灯时间的计算步骤如下：首先计算给定饱和度关键相位的绿灯时间，然后计算其余关键相位的绿灯时间，最后确定非关键相位的绿灯时间。各相位不等饱和度的配时设计适用于各相位饱和度要求不相同的情况，如绿波线控系统中非关键交叉口主路和支路采用不同的饱和度。

在三大交通控制系统中，对绿信比都尽量采取了灵活的控制方式。SCATS绿信比优化引入了"类饱和度"(车流有效利用的绿灯时间与绿灯显示时间之比)的概念，并考虑对某些特殊相位的通行要求进行余缺调剂，最终维持饱和度大致相等；而TRANSYT系统和SCOOT系统则是在等饱和度的基础上，综合考虑受阻排队长度、拥挤程度和延误、停车次数而加以确定。

在SCOOT系统中，每周期各信号阶段开始前都判断绿信比调整的效益，频繁进行"试探性"的小步距调整，不仅具有一定的盲目性，也难于适应交通流的随机波动或骤增骤减。因此，可以简单地采用"等饱和度"对孤立交叉口和面控系统交叉口进行绿信比优化；根据事先确定的非协调相位较高的饱和度，利用不等饱和度进行绿波协调控制各交叉口绿信比优化。交叉口关键相位的判定是进行交叉口各相位进行绿灯时长分配的前提，因此本文首先对关键相位的判定方法进行分析。

3.4.2.2 交叉口关键相位判断方法

关键相位(Critical Phase)是指那些能够对整个交叉口的通行能力和信号配时设计起决定作用的相位。只要给予关键相位(对于同一相位的车道，选取流量比最大的车道作为该相位的关键车道，来决定该相位的通行需求)足够的绿灯通行时间，满足其在通行能力上的要求，那么其他所有各相位的通行要求都自然得到满足。

关键相位主要是根据各相位所需的必要相位时间(有效绿灯时间与损失时间之和)的对比结果来判定。如果在全部信号相位中，没有跨信号阶段通行的相位(搭接相位，Overlapping Phase)，问题自然就简单了。每一信号阶段只有一个"关键相位"，亦即按照实际交通量所要求的相位时间最长的那个相位。但是在一些复杂的交叉口或交通状态下，往往不得不采用搭接相位，以求最有效地充分利用信号周期时间。此时，关键相位的判定要复杂得多。

关键相位的确定通常有两种方法，其一是考虑各相位损失时间的差别，利用韦伯斯特周期时长公式计算，得到最大周期时长值的路径为"关键路径"，相应的相位即位关键相位。其二是一种简化办法，即只考虑流量比的大小。绿灯起止点相同的相位(同时起始于某一信号阶段、又同时终止于另一信号阶段)，流量比之和大的为关键相位。交叉口关键相位的确定，在实际工作中要求不严时，通常采用后者，其基本步骤如下：

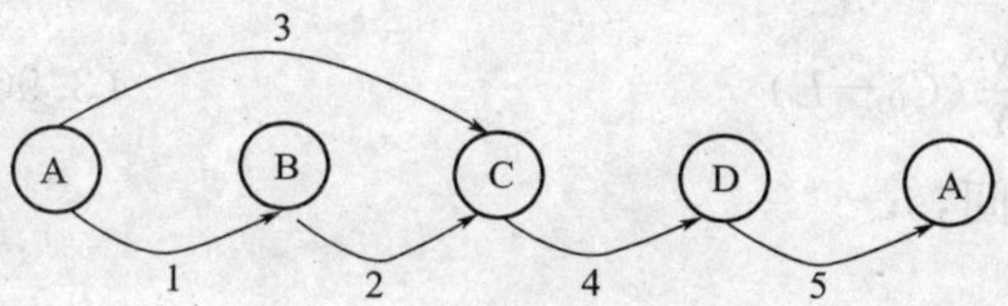

图 3.26　关键相位判定图

(1) 绘制"关键相位判定图"

根据交叉口具体的相位方案以及相位之间的逻辑顺序，绘制"关键相位判定图"，图 3.26 所示，以小圆圈按顺序标出所有信号阶段，用连线表示一个相位(连线长度代表相位时间)。这是一个闭合的"关键路径"图。只需找到一条从某点开始，再返回该点的最长路径，此时相位时间总和最大，即为"关键路径"。"关键路径"包含的相位就是该相位交叉口的关键相位。

(2) 简化"关键相位判定图"

对于非搭接相位，确定其中哪些是有代表性的相位，以便将一些明显是关键相位的相位确定下来，如图 3.26 中的相位 4、5。

(3) 定关键相位

若有搭接相位，如图 3.26 种所示，则将搭接相位 3 的关键车道的流量比与非搭接相位 1、2 的关键车道的流量比之和作出比较，若 $y_1+y_2>y_3$，则 1 相位和 2 相位为关键相位，否则 3 为关键相位。

3.4.2.3　绿信比优化方法研究

1. 等饱和度绿信比优化方法研究

若没有提前截至、滞后放行或搭接相位，则全部相位都是关键相位，直接按照等饱和度分配绿灯时间即可；否则，需要首先计算关键相位的绿信比，然后计算非关键相位的绿信比。

(1) 关键相位绿信比优化

信号周期是由关键相位决定的，因此应当首先在关键相位之间分配有效绿灯时间(Effective Green)。根据等饱和度原则，各相位有效绿灯时间比值近似等于流量比之比。对于两相位交叉口，即：

$$\frac{g_1}{g_2} \approx \frac{y_1}{y_2} \tag{3.88}$$

式中 g_1, g_2——第一和第二相位的有效绿灯时间，s；

y_1, y_2——第一和第二相位的流量比。

上式可以进一步引申为多相位控制的交叉口：

$$\frac{g_1}{\sum_1^n g_i} = \frac{y_i}{\sum_1^n y_i} \tag{3.89}$$

由式 3.89 可求出每一相位的有效绿灯时间：

$$g_i = \frac{y_i}{Y}(C_0 - L) \tag{3.90}$$

g_i——第 i 关键相位的有效绿灯时间，s；

y_i——第 i 关键相位的流量比；

Y——各关键相位的流量比之和；

C_0——信号交叉口周期时长，s；

L——关键相位损失时间的总和，s；

$C_0 - L$——总有效绿灯时间，即：实际绿灯时间和黄灯时间中，去掉损失时间后的实际上用于通车的时间，s。

求出有效绿灯时间后，则最佳绿信比(Optimal Split)为：

$$\lambda_i = \frac{g_i}{C_0} \tag{3.91}$$

式中 λ_i——第 i 关键相位的最佳绿信比；

g_i——第 i 关键相位的有效绿灯时间，s；

C_0——最佳信号周期时长，s。

按上述办法求得各相位的有效绿灯时间之后，便不难求出这些相位应有的实际绿灯显示时间。各相位实际绿灯显示时间(Green Time)：

$$G_i = g_i + l_i - I \tag{3.92}$$

式中 G_i——第 i 关键相位实际绿灯显示时间，s；

g_i——第 i 关键相位有效绿灯时长，s；

l_i——第 i 关键相位起动损失时间，s；

I——绿灯间隔时间，s。

(2) 非关键相位绿信比优化

在有提前截止、滞后放行或搭接相位的情况下，需要计算非关键相位的绿信比(此时非关键相位饱和度一般不等于关键相位饱和度)，主要包括以下四种情况：

①当各个信号阶段没有搭接相位时，因为关键相位和非关键相位共用同一信号阶段，所以他们的有效绿灯时间与相位损失时间之和应该相等，即：

$$g=(g_c+l_c)-l \tag{3.93}$$

式中　g——某信号阶段的非关键相位有效绿灯时间，s；

g_c——某信号阶段的关键相位有效绿灯时间，s；

l_c——某信号阶段的关键相位损失时间，s；

l——某信号阶段的非关键相位损失时间，s。

②只有一个搭接相位，且非关键相位是搭接相位，此时非关键相位有效绿灯时间等于搭接的关键相位有效绿灯时间与损失时间之和减去非关键相位损失时间：

$$g=(\sum g_c+\sum l_c)-l \tag{3.94}$$

如图 3.27 中的 1 相位：

$$g_1=(g_2+l_2)+(g_3+l_3)-l_1 \tag{3.95}$$

式中　g_1——相位 i 的有效绿灯时间，s；

l_i——相位 i 的损失时间，s。

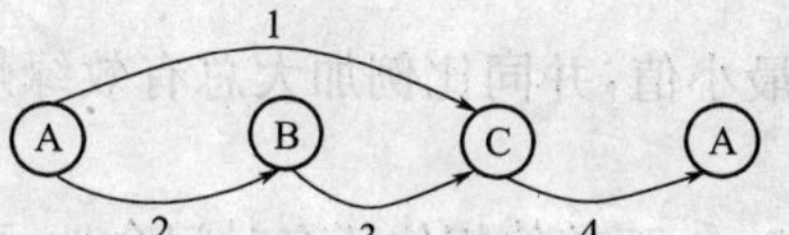

图 3.27　只有一个搭接相位的示例

③只有一个搭接相位，且非关键相位不是搭接相位(搭接相位为关键相位)，可把关键相位的相位时间看作“次周期时长”，用 C^* 表示($C^*=g_c+l_c$)。此时与搭接相位共用相同信号阶段的所有非关键相位占用的绿灯时间总和为 C^*-L^*。所以非关键相位的绿灯时间为：

$$g_i^*=\frac{y_i^*}{\sum y_i^*}\times(C^*-L^*) \tag{3.96}$$

式中　g_i^*——非关键相位的有效绿灯时间，s；

y_i^*——搭接相位中第 i 非关键相位的流量比；

L^*——非关键相位损失时间之后，s。

如图 3.27 中的 2、3 相位为非关键相位，则：

$$g_2=\frac{y_2}{y_2+y_3}[(g_1+l_1)-(l_2+l_3)] \tag{3.97}$$

式中　g_i——相位 i 的有效绿灯时间，s；

y_i——相位 i 的流量比；

l_i——相位 i 的损失时间，s。

$$g_3=\frac{y_3}{y_2+y_3}[(g_1+l_1)-(l_2+l_3)] \tag{3.98}$$

④有多个搭接相位的情况和上面的类似，可以利用“次周期时长”来计算。

如图 3.28 所示，若第 1、3 相位为关键相位，那么 g_2、g_4 为：

$$g_2=\frac{y_2}{y_2+y_4}\{[(g_1+l_1)+(g_3+l_3)-(l_2+l_4)]\} \tag{3.99}$$

$$g_4=\frac{y_4}{y_2+y_4}\{[(g_1+l_1)+(g_3+l_3)-(l_2+l_4)]\} \tag{3.100}$$

(3) 绿信比进一步研究

为了保证安全，各相位要规定一个最小绿灯时间值。通常，对于主要道路直行交通流为 15 s，次要道路直行交通流取 8 s，左转专用相位取 5 s。当然，还要考虑行人过街等交通状况。若某次计算的显示绿灯时间小于相应的最短绿灯时间时，一般有以下几种处理方法：

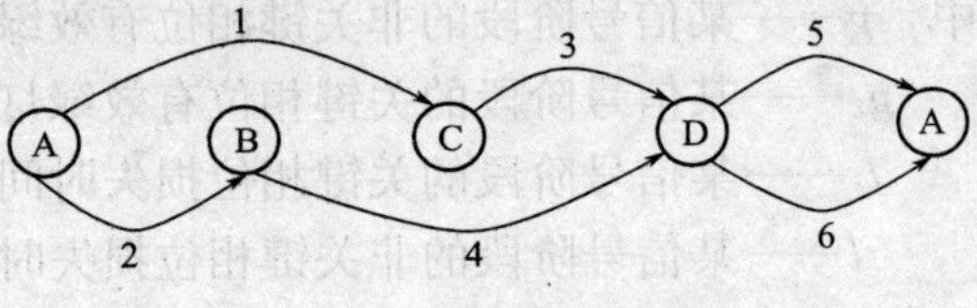

图 3.28　包含多个搭接相位的示例

①令时间不能满足最小绿灯时间的相位取其最小值，并同比例加大总有效绿灯时间，这种方法求出来的周期可能过大。

②若计算值比最小绿灯时间少的不多(如 1～3 s)，而其他相位还有时间余地，可从这些相位取出必要的时间加到不足的相位上，从而保持周期时长不变。或者把不足相位延长到最小绿灯时间，同时周期时长也增加相同的值，而其他相位不变。

2. 不等饱和度绿信比优化方法研究

绿波协调控制下，绿信比一般来说也是各个交叉口分别优化的，不考虑交叉口之间的关联性。但是优化过程中为了提高协同效果，可以对非关键交叉口非协调相位设定较高的饱和度实用限值 χ_ρ(关键交叉口绿信比应以等饱和度分配为宜)。

(1) 非关键交叉口非协调相位

根据 $x=\frac{qc}{Sg}$，$y=\frac{q}{S}$，则非关键交叉口非协调相位有效绿灯时间 g：

$$g=\frac{C_0 y}{x_\rho} \tag{3.101}$$

g——非关键交叉口非协调相位有效绿灯时间，s；

C_0——共用周期时长，s；

x_ρ——非关键交叉口非协调相位饱和度值。

进而可以确定非关键交叉口非协调相位绿信比及实际绿灯显示时间。

(2) 非关键交叉口协调相位

非协调相位的绿灯显示时间确定以后，富余时间全给主路协调相位，以形成最大绿波带。

3.4.3 相位差优化方法研究

3.4.3.1 相位差优化方法研究发展现状

相位差是城市交通系统协调控制(线控或面控)特有的信号控制参数,对保证交通的顺畅起到很到的作用。协调控制一直是交通信号控制研究的热点,传统的相位优化方法采用的设计思路主要分为以下两种:

(1) 最大绿波带法

最大绿波带法(MGWB)是以车辆连续通过带宽度作为评价指标,来研究系统协调的效果。也就是说通过追求绿波通行时间,即带宽 B(Band Width)与周期的比值的最大化来设定相位差。连续通过带宽度越宽,越能处理更多的交通流,控制效果越好。这种方法常用于城市干道的协调控制。通过使绿灯开始时刻错开一定的时间,车辆在第一个交叉口遇到绿灯通过后,若按一定的车速行驶,则在以后的交叉口均能连续遇到绿灯,这种交通控制通常也称为绿波控制,它是早期系统协调优化的基本思路。根据最大绿波带思想开发的相关模型软件主要有:美国的立脱尔(J. D. C. Litter)等人 1981 年开发的 MAXBAND(Maximal Bandwidth Traffic Signal Setting Optimization Program,最大绿波带交通信号设计优化程序),以及得克萨斯交通协会美赛尔(C. J. Messer)1993 年基于勃洛克斯(W. D。Brooks)和立脱尔的研究开发的 PASSERII(Progression Analysis and Signal System Evaluation Routine,绿波分析与信号系统评价程序)。

(2) 最小延误(停车次数)法

而最小延误(停车次数)法(MINDS)则是基于车队行驶中延误时间(停车次数)的计算,从实际网络出发,确定出延误(停车次数)与各路口信号相位差之间的函数关系,然后根据交通数据进行优化计算,寻找相位差组合,使目标最优。当目标函数是使系统延误与停车次数最小化时,它是一个多目标决策问题。通常采用的一个简单而满意的解决方法是通过选择适当的加权系数,取两者的"加权和"作为算法优化的目标。英国道路研究室的希利埃(J. A. Hilier)于 20 世纪 60 年代初最早研究了相位差与延误的关系,后来希尔在此基础上形成了结合法。而同时考虑延误、停车次数等多项参数的综合目标函数主要有:英国罗伯逊等人 1967 年开发的 TRANSYT 模型,以及美国利柏曼(E. B. Liberman)、武(J. L. Woo)等人 1974 年建立的 SIGOPII(Traffic Signal Optimization Program,交通信号最优化程序)。

在三大交通控制系统中,SCATS 系统相位差采用追踪周期时长变化的方法利用相位差与信号周期的关系,并根据实时检测到的"综合流量"进行相位差方案的选择或修正,其目标函数可看作是追求绿波带宽度最大;而 TRANSYT 和 SCOOT 系统则是根据周期流量图式,使车辆延误时间和停车次数加权值最小为优化目标,并考虑各条连线(尤其是短连线)的拥挤程度。

3.4.3.2 相位差协调控制方法

1. 单向协调控制

起步时距的单向协调常用于单向交通、变向交通或双向交通量相差悬殊的街道,因其只考虑单方向的信号协调,因而很容易实现相位差与车辆在其间的行程时间的匹配。相邻各交叉口间得相位差可按下式确定:

$$O=\mathrm{mod}\left(\frac{s}{vC}\right) \tag{3.102}$$

式中 O——相邻交叉口的相位差,s;

s——相邻交叉口停车线间的距离,m;

v——线控系统车辆可连续通行的车速,m/s;

C——信号交叉口周期时长,s。

2. 同步式协调控制

在同步式协调控制中,连接在一个系统中的全部信号,在同一时刻对干道协调相位车流显示相同的灯色。当车辆在相邻交叉口间的行驶时间等于信号周期时长整数倍时,即相邻交叉口的间距符合下式时,这些交叉口正好可以组成同步式协调控制,车辆可连续通过相邻交叉口。

$$s=nvC \tag{3.103}$$

式中 s——相邻交叉口停车线间的距离,m;

n——正整数;

v——线控系统车辆可连续通行的车速,m/s;

C——信号交叉口周期时长,s。

当交叉口间距相当短,而且沿干道方向的交通量远大于相交道路的交通量时,可把相邻的交叉口看成一个交叉口,绿灯启亮时刻也相同,组成一个同步式协调控制系统,改善干道车辆的通行,或者当交通量特别大,高峰小时交通量接近通行能力,下游交叉口红灯车辆排队有可能越过上游交叉口时,将这些交叉口组成同步式协调系统,可避免多米诺现象的发生。显然,这种系统本身在使用条件下有很大的局限性,而且由于前方信号显示均为绿灯而有使驾驶加速赶绿灯,造成安全隐患的缺点。

3. 交互式协调控制

该系统与上述系统恰好相反,即在交互式协调控制系统中,连接在一个系统中的相邻交叉口的信号在同一时刻显示相反的灯色。当车辆在相邻交叉口间的行驶时间等于信号周期时长一半的奇数倍时,一般采用交互式协调:

$$s=\frac{mvC}{2} \tag{3.104}$$

式中 s——相邻交叉口停车线间的距离，m；

m——奇数；

v——线控系统车辆可连续通行的车速，m/s；

C——信号交叉口周期时长，s。

这种情况的缺点与同步式类似，需要在特殊情况下才会使用。

3.4.3.3 传统的相位差优化方法研究

1. 图解法

图解法是确定线控系统相位差的一种传统方法，其基本思路是：通过几何作图的方法，利用反映车流运动的时间—距离图（简称"时—空"图），初步建立交互式或同步式协调系统。然后再对通过带速度和周期时长进行反复调整，从而确定相位差，以最终获得一条理想的绿波宽度（绿波带所夹沿纵坐标方向的绿信比时长）。

下面以一个示例来说明图解法设计相位差的具体步骤。如图3.29所示，相邻交叉口（A、B、C、D、E）纳入一个线控系统，假设系统通过带速度宜在36 km/h上下，相应的系统时长暂定为60 s。图中横坐标反映各个信号交叉口间的距离，纵坐标反映车流前进的时间过程。各竖线上的粗线断表示红灯时段，如A交叉口竖线AA′上的1～2、2～3、5～6段；细线表示绿灯时段。选定第一个交叉口A的信号作为基准信号，其绿灯时间起始位置为0。在设计前首先要准备的资料包括：干线街道各交叉口及其道路的几何线形、交叉口的间距、交通流运行规定、交通流量及其变化规律以及平均车速等。

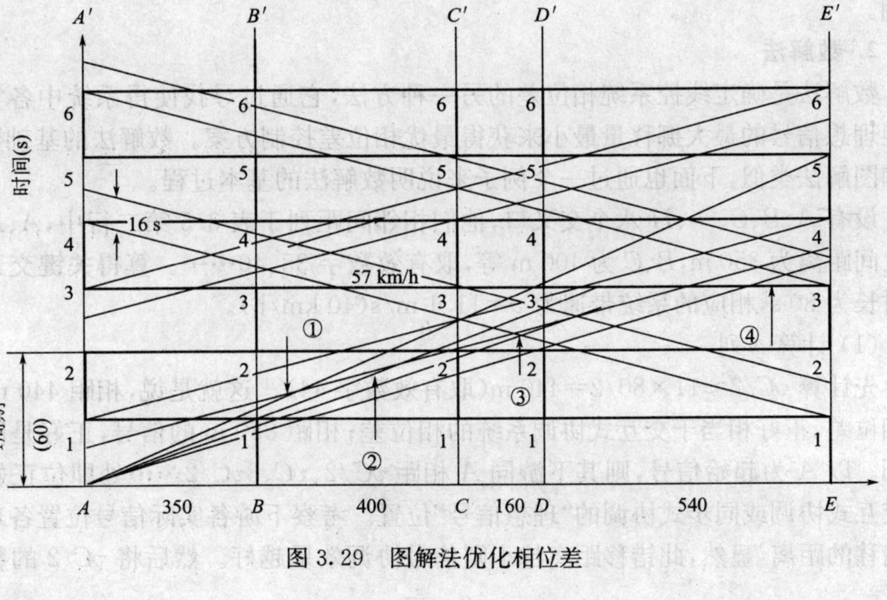

图3.29 图解法优化相位差

(1) 从 A 引一条斜线①，代表通过带速度推进线，其斜率等于车辆平均行驶车速(36 km/h)的倒数。此斜线与 BB' 线的交点，同时从 AA' 上 1 点所引水平线同 BB' 线的交点(BB' 线上的 1 点)很接近。BB' 上的 1 点可取为 B 交叉口同 A 交叉口配成交互式协调的绿时差；在 BB' 线上相对应于 AA' 线画出 2～3、4～5 粗线段，为 B 交叉口的红灯时段。

(2) 连接 A 点上 BB' 上的 1 点成斜线②，线②同 CC' 的交点，同从 AA' 上 2 点所引水平线与 CC' 的交点(CC' 上的 2 点)很接近，CC' 上的 2 点也可取为 C 交叉口对 B 交叉口组成的交互式协调相位差，所以在 CC' 上 2 点也可以画 1～2，3～4，5～6 各粗线段，为 C 交叉口的红灯时段。

(3) 连接 A 点上 CC' 上的 1 点成斜线③，线③同 DD' 的交点，同从 AA' 上 2 点所引水平线与 CC' 的交点(CC' 上的 2 点)很接近，所以 C 交叉口对 D 交叉口是同步协调，在 DD' 上画与 CC' 相同的 1～2，3～4，5～6 各粗线段。

(4) 以下用同样的方法在 EE' 线上作出的红灯粗线段，这样就配成各交叉口由交互式与同步式组合成的双向线控制系统。

(5) 在图上做出最后的通行带，算出带速约为 57 km/h，带宽 16 s，为周期时长的 27%。这样的带速和实际车速相比过高，为了降低带速，有必要相应加长周期时长，为使带速控制在 40 km/h 左右，延长周期时长 85～90 s。

(6) 调整绿信比。实际上，各交叉口的绿信比都不相同，可用以下方法调整；不移动上述方法求得的各交叉口的红灯(或绿灯)的中心位置，只将红灯(或绿灯)的时间按实际绿信比延长或缩短即可。经这样调整后，通行带宽增加不少，仍低于 50% 周期。

2. 数解法

数解法是确定线控系统相位差的另一种方法，它通过寻找使得系统中各实际信号距理想信号的最大挪移量最小来获得最优相位差控制方案。数解法的基础数据资料和图解法类似，下面也通过一个例子来说明数解法的基本过程。

设有 A、B、C、…、H 八个交叉口，他们相邻间距列于表 3.5 第二行中，A、B 交叉口之间距离为 350 m，B、C 为 400 m 等，取有效数字 35、40……。算得关键交叉口周期时长为 80 s，相应的系统带速为 $v=11.1$ m/s(40 km/h)。

(1) 计算 a 列

先计算 $vC/2\approx 11\times 80/2=440$ m(取有效数字 44)。这就是说，相距 440 m 信号的相位差，正好相当于交互式协调系统的相位差；相距 880 m 的信号，正好是同步式协调。以 A 为起始信号，则其下游同 A 相距 $vC/2$、vC、$3vC/2$……处即位正好能组成交互式协调或同步式协调的“理想信号”位置。考察下游各实际信号位置各理想信号错移的距离，显然，此错移距离越小则信号协调效果越好。然后将 $vC/2$ 的数值在实用允许的范围内变动，逐一计算寻求协调效果最好的各理想信号的位置，以求得实际信号间协调效果最好的双向相位差。以 44±10 作为最适当的 $vC/2$ 的变动范围，即 34～54，将此范围填入表 3.5 的 a 列内，a 列内各行数字即为理想信号的间距。

表 3.5　数解法确定信号相位差

交叉口 / a 间距	A	B	C	D	E	F	G	H
	35	40	16	54	28	28	27	b
34	1	7	23	9	3	31	24	14
35	0	5	21	5	33	26	18	13
36	35	3	19	1	29	21	12	9
37	35	1	17	34	25	16	6	10
38	35	37	15	31	21	11	0	11
39	35	36	13	28	17	6	33	11
40	35	35	11	25	13	1	28	12
41	35	34	9	22	9	37	23	13
42	35	33	7	19	5	33	18	14
43	35	32	5	16	1	29	13	13
44	35	31	3	13	41	25	8	12
45	35	30	1	10	38	21	3	11
46	35	29	45	7	35	17	44	12
47	35	28	44	4	32	13	40	15
48	35	27	43	1	29	9	36	18
49	35	26	42	47	26	5	32	21
50	35	25	41	45	23	1	28	22
51	35	24	40	43	20	48	24	20
52	35	23	39	41	17	45	20	17
53	35	22	38	39	14	42	16	14
54	35	21	37	37	11	39	12	15

（2）计算 a 列内各行

以 $a=34$ 行为列，A、B 交叉口实际间距为 35，同理想信号间距 34 的差值为 1，将 1 填入 AB 间的一列内。意即 B 同理想信号点的错移距离为 1，即 B 前移 10 m 就可同 A 正好组成交互式协调。

B、C 间距为 40，则 $1+40-34=7$，即 C 同其理想信号的错移距离为 7，将 7 填入 B、C 间的一列内。

C、D 原间距为 16，则 $7+16-34=-11$，意即 D 点要后移 11，才同其理想信号点相合，可同 A、B、C 各信号组成交互式协调；如不后移，则将同 C 点组成同步式协调，此时 D 距 C 的理想信号点为 $7+16=23$ 记入 C、D 间的一列内。

以此类推，计算至 G、H 间的一列。$a=34$ 这一行的计算结束。

以下再计算 a 列内 $a=35$～54 各行，同样把计算结果记入相应的位置内。

(3) 计算 b 列

仍以 $a=34$ 一行为例，将实际信号位置与理想信号的挪移量，按顺序列（从小到大），并计算各相邻挪移量之差，将此差值最大者计入 b 列。$a=34$ 一行的 b 值为 14，计算方法如下：

A	B	C	D	E	D	H	G	A
0	1	3	7	9	23	24	31	34

以此类推，计算 $a=35\sim54$ 各行之 b 值。

(4) 确定最合适的理想信号位置

由表可知，当 $a=50$ 时，$b=22$ 时，$A\sim H$ 各信号到理想信号的相对挪移量最小，即当 $vC/2=500$ m 时可以得到最好的系统协调效率。如图 3.30 所示，图 $G\sim F$ 同理想信号间的挪移量之差最大，则理想信号同 G 间的挪移量为 $\frac{a-b}{2}=\frac{50-22}{2}=14$，即各实际信号距理想信号的挪移量最大为 14。

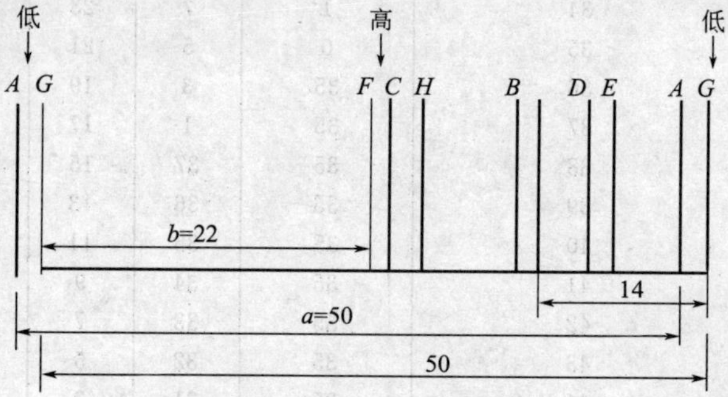

图 3.30 理想信号位置

理想信号距 G 为 140 m，则距 A 为 130 m，即自 A 前移 130 m 即为第一理想信号，然后按次每 500 m 间距将各理想信号列在各实际信号间，如图 3.31 所示。

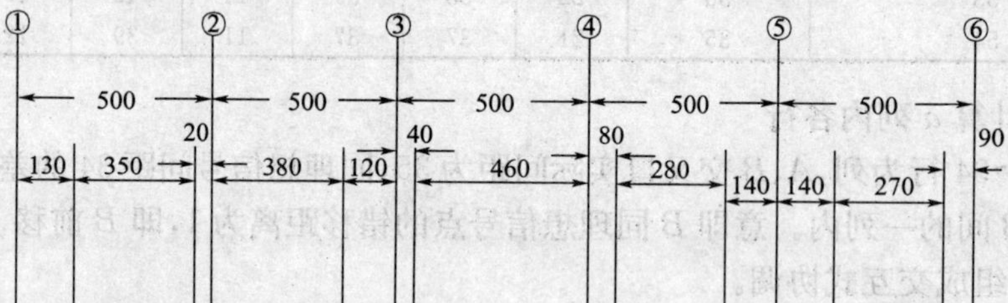

图 3.31 理想信号与实际信号的相对位置

(5) 作连续行驶通过带

在图中理想信号按次列在最靠近的实际信号下面，再把各信号（$A\sim H$）在理想信号点左右位置填入表 3.6 第 3 行。把各交叉口信号配时计算所得的主干道绿信比（以周期的%计）列入表 3.6 第 4 行。因实际信号与理想信号位置不一致所造成的绿时损失(%)以其位置挪移量除以理想信号间距(即 $a=500$)表示,如 A 交叉口的绿灯损失为 130/500=26%,列入表 3.6 第 5 行。

从各交叉口的计算绿信比减去绿时损失即为各交叉口的有效绿信比,列入表 3.6 第 6 行,则连续通过带的带宽为左、右两端有效绿信比最小值的平均值。从表 3.6 中可知,连续通过带带宽为 A 交叉口的有效绿信比 29% 与 H 交叉口的有效绿信比 32% 的平均值 30.5%。

(6) 求相位差

从图 3.31 及表 3.5 可见,合用一个理想信号点的左右相邻实际信号间,该用同步式协调;其他各实际信号间都用交互式协调,因此,每隔一个理想信号的实际信号间又是同步式协调。此例中,凡奇数理想信号相应的实际信号为同步协调;而偶数理想信号相应的实际信号间为交互协调。因此,相应于奇数理想信号的实际信号的相位差为 $(1-0.5\lambda)C$;相应于偶数理想信号的实际信号的相位差为 $(0.5-0.5\lambda)C$。表 3.6 第 7 行为求得的相位差值。

表 3.6　相位差计算

交叉路口	A	B	C	D	E	F	G	H
理想信号编号	①	②	③	③	④	⑤	⑤	⑥
各信号位置	右	左	左	右	右	左	右	左
绿信比 λ(%)	55	60	65	65	60	65	70	50
损失(%)	26	4	24	8	16	28	28	18
有效绿信比(%)29	56	41	57	44	37	42	32	29
相位差(%)	72.5	20	67.5	67.5	20	67.5	65	25

如保持原定周期时长,则系统带速需调整为:

$$\nu=\frac{2s}{C}=\frac{2\times 500}{80}=12.5\ \text{m/s}=45\ \text{km/h} \tag{3.105}$$

以上计算结果,用时间—距离图示于图 3.32。

3. 结合法

"结合法"(Combination Method)是使交通信号网中延误最小的一种比较简单的相位差优化方法。顾名思义,"结合法"就是把构成一个复杂网络的一条条"连线"(Link),逐一地两两结合,合二为一,最后把这个路网简化成两个交叉口之间的一条连线。通过这种"两两结合"的方式,一对一地协调相邻交叉口的相位差,从而达到整个路网上所有交叉口之间的协调。

(1)"结合法"的基本假定

在处理路网信号配时协调问题时,"结合法"采用了以下 4 个基本假定:

①在控制区域内,所有交叉口执行一个相同的信号周期(共有信号周期),或者有部分交叉口采用共有周期长度的一半,甚至 1/3 或 1/4 等等。

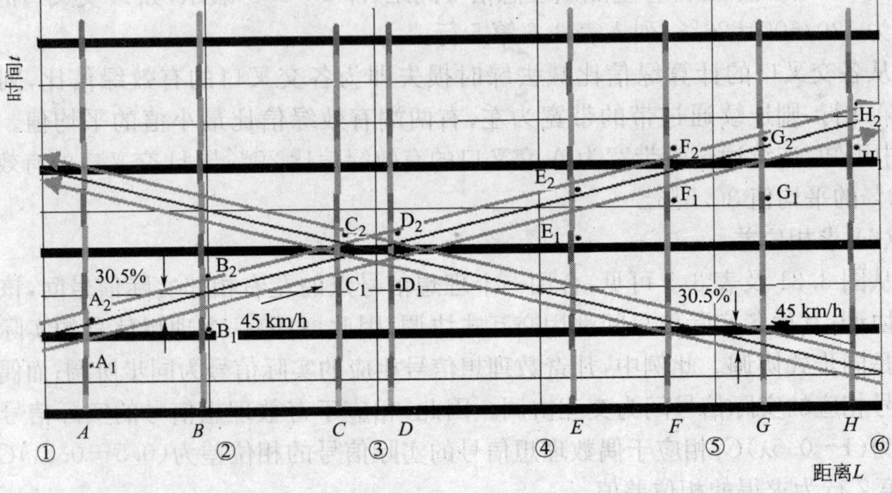

图 3.32 数解法相位差时—空图

②将信号周期划分成若干个时间区段(比如 40 或 60 个区段),所有交叉口之间的相对配时关系(相位差)均以信号周期的时间区段数表示。

③每个交叉口各相位的绿信比是已知的,通常按照等饱和度原则确定。

④两个交叉口之间,某一行驶方向的车流所受阻滞延误仅仅取决于这个交叉口的相位差,与其他相邻的交叉口无关。

需要说明的是,最后一条假定是只有在交叉口饱和度较高的情况下才接近实际情况。

(2)"结合法"的计算步骤

利用"结合法"进行相位差优化,可按下述步骤进行:

①路网资料准备

对整个控制区域范围内的路网结构要有较详细的调查数据,包括交叉口数目、交叉口之间的距离(通常计算上下游两条停车线之间的距离)、车道划分及每条车道的宽度、路口渠化情况以及每条进口车道的饱和流率等。此外,还要绘制一张路网平面草图。

②路网上的交通状况

有关交通状况的资料应当尽量详尽,包括各交叉口的每个进口方向车辆到达率、转弯车流的流量及流向、行人过街交通量;在交叉口之间的路段上,每股车流的平均速度、交通量波动情况等等。所有各项反映交通状况的基本数据,都要一一在路网结构图上标出,以便计算分析。

③交叉口的相位划分和信号阶段安排

根据交通状况资料，对每个交叉口的车流放行次序，以及每次放行哪几股车流，都应当作出审慎的安排。

④计算每个交叉口的信号周期与绿信比。

⑤根据每个交叉口所需的信号周期长度和路网结构特点，划分控制子区。

⑥确定相位差与延误的关系。

根据每一对交叉口之间车流的主要运动方向和流量大小，以及该行驶方向实际允许通行能力，上下游交叉口的相位差，可选择一组不同的数值。然后，对应每一种相位差，计算出相应的车辆延误时间总和，从而建立起这两个交叉口之间上行或下行方向相位差与车辆延误之间的相关关系，如图 3.33。为了方便比较，可将不同的相位差所对应的车辆延误时间，一一对应地列在对照表中。

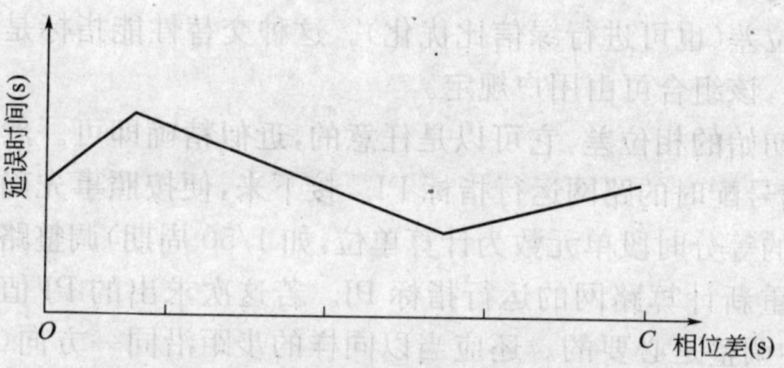

图 3.33　相邻交叉口延误时间-相位差关系图

在不要求精确计算，仅把延误作为相对比较指标时，也可简化处理，即不考虑上游交叉口驶出车流量的实际变化图式，以及沿途发生离散的情况，假定在上游交叉口的整个绿灯期间，车流以恒定的流率通过该交叉口，并以常速向下游交叉口运动，直到下游交叉口的停车线。当下游交叉口为红灯时，到达停车线的车流受阻滞停顿下来，形成等候车队。下游交叉口绿灯开始，等候车队便以饱和流率通过停车线。

⑦计算相位差

每一条“连线”的“相位差——延误”相关关系确立之后，则可以对整个路网作递推分析。如图所示，利用“串行”结合（两条连线有一个衔接点；而这个衔接点上除了连接这两条连线之外，没有第三条连线上与之相连）或“并行”结合（两条连线的起讫点相同），两连线可结合成一条虚连线。在该虚连线上，车辆延误时间等于原两条延误时间之和（叠加求和时，应注意相位差的对应关系）。每一次合并“连线”，也即根据两条连线各自的“相位差——延误”对应关系，综合出一个对他们均合适的“对应关系”。用一条新的连线取代上述两条连线。接下来，再用这条虚连线与另一条连线作如上所述的“结合”，又得到一条新的虚连线。以此类推。每“结合”一次，便去掉一条连线，直到最后，整个路网简化为连接两个交叉口的一条连线，并求出该连线两端点的最佳相位差，然后再一步步反推回去，找出路网上所有各个节点（交叉口）的最佳相位差。如图 3.34 所示。

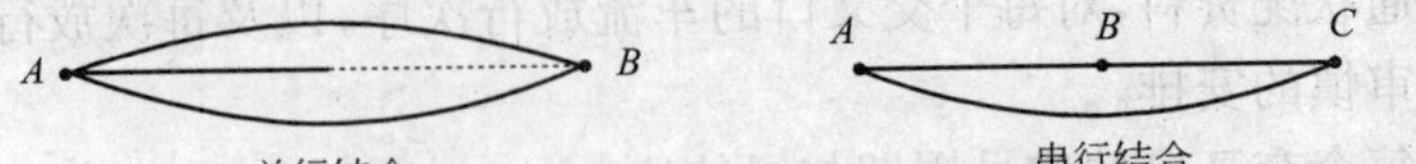

图 3.34　两条连线的并行结合和串行结合

4. 爬山法

“爬山法”(Hill-climbing Mthod)也称作“瞎子爬山法”或“下下法”，它是 TRANSYT 程序使用的一种脱机优化方法。通过建立交通模型，使交通性能指标减至最小，来确定交通信号网最佳相位差(也可进行绿信比优化)。这种交替性能指标是延误和停车次数的一种线形组合，该组合可由用户规定。

优化前，首先要确定一个初始的相位差，它可以是任意的，近似精确即可。然后利用交通模型便可求出相应信号配时的路网运行指标 PI。接下来，便按照事先确定的调整步距(以一个信号周期的等分时段单元数为计算单位，如 1/50 周期)调整路网上某一个交叉口的相位差，再重新计算路网的运行指标 PI。若这次求出的 PI 值小于初始方案的 PI 值，说明这种调整是必要的。还应当以同样的步距沿同一方向(指正或负而言)对该交叉口的相位差作连续调整，直至获得最小的 PI 值为止。反之，假若第一次调整后的 PI 值反比初始方案所对应的 PI 值大，则应朝相反方向调整相位差，直至取得最小的 PI 值为止。

按上述步骤，完成了一个交叉口的相位差调整之后，则依次对所有其他交叉口作同样的调整，交叉口的先后调整次序事先已规定。对所有交叉口的相位差依次调整一遍之后，还要再回头来，从第一个交叉口开始依次对所有交叉口作第二遍调整……，如此反复多遍，直至求得最后的理想方案(PI 值最小)。

由于“爬山法”有一个缺点，即按某一种固定的步距对相位差进行连续调整时，难免错过最佳位置——PI 的真正最小值，把 PI 值得“局部最优解”当作真正最优解。为了减少这一错误发生的机率，TRANSYT 中交替使用大步距和小步距对相位差进行调整。如图 3.35 所示。

利用“爬山法”对路网上各个交叉口的相位差进行反复连续调整，其过程可以用一张概略的流程图来表示，如图 3.36 所示：

3.4.3.4　传统方法的优缺点评价

1. 图解法和数解法

“图解法”和“数解法”是两种比较实用的线控相位差优化算法。这两种方法原理简单、效果直观、易于理解和掌握，故应用非常普遍。但是，由于考虑的影响因素过于简单，使得这两种方法在实际运用中也遇到一些问题。

(1) 车辆平均行驶速度。在线控制设计中，车速是关键的因素，它将决定控制效果的好坏。在实际中，由于城市道路几何以及道路周围的环境多种多样，导致车速在

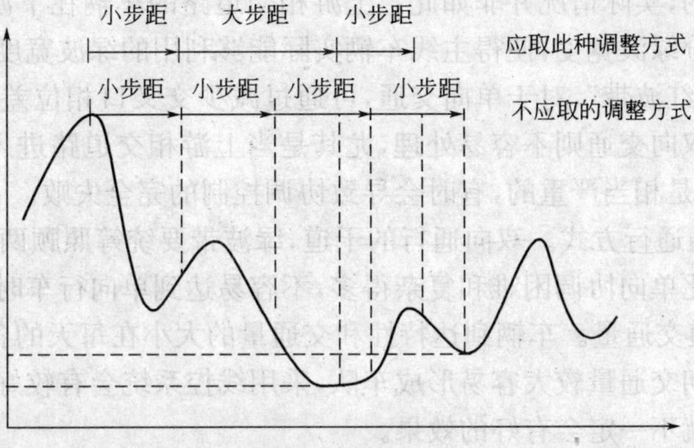

图 3.35　“爬山法”调整相位差时步距沿某一方向的变化

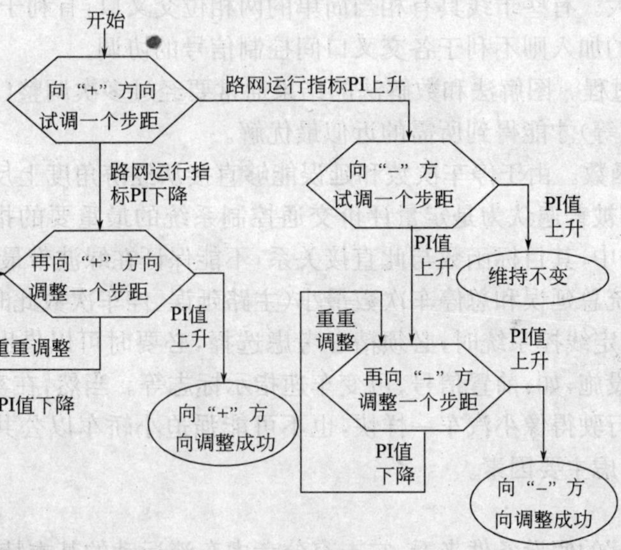

图 3.36　“爬山法”调整相位差流程图

各个路段、上下行方向也有所不同，从而对干道的协调控制产生影响。而这两种方法通常是解决各路段、各方向车速均相同的协调控制。

(2) 交通流离散。车流离散性主要反映在车流运动过程中，由于车流中车辆运行速度的不均匀性，车流的头部和尾部之间的距离逐渐加大，以致整个车流通过下游停车线所需的时间会加长。而这两种方法都没有考虑车流在运行过程中普遍存在的离散情况。一般来说，车辆组成越复杂，交叉口间距越大(超过 600 m)，这种车队离散情况就越明显，绿波控制效果就越差。

(3) 支路车辆。在传统方法的绿波图中，绿波带内的时间是被认为完全用于主线车辆通行的，实际情况并非如此。上游相交道路的车辆在下游主线交叉口的排队会占用一部分绿波宽度，使得主线车辆实际能够利用的绿波宽度相应降低，形成一定程度的主路“红波带”，对于单向交通，可通过减少交叉口相位差，提前亮绿灯来得到缓解。但是双向交通则不容易处理，尤其是当上游相交道路进入主线的交通量较大时，这种影响是相当严重的，有时会导致协调控制的完全失败。

(4) 交通通行方式。双向通行的干道，绿波带要统筹照顾两个方向的车流，配时设计通常要比单向协调困难和复杂得多，不容易达到单向行车时那样好。

(5) 干道交通量。车辆到达特性和交通量的大小在每天的各个时段内有很大的变化。高峰期交通量较大容易形成车队，采用线控系统会有较好的效果，但在非高峰期线控系统就不一定会有好的效果。

(6) 信号相位。信号配时方案和信号相位有关，信号相位越多，对线控系统的通过带宽影响越大。有些干线具有相当简单的两相位交叉口，有利于选用线控系统，而多个左转相位的加入则不利于各交叉口间控制信号的协调。

(7) 优化过程。图解法和数解法的结果通常要经过多次调整(如周期时长、绿信比、绿波带速度等)才能得到所需的近似最优解。

(8) 目标函数。由于停车次数和延误能够直接从经济角度上反映一个系统的控制效果，因此它被普遍认为是定量评价交通控制系统的最重要的指标。然而，在“最大绿波带”算法中，其目标函数与此直接关系，不能保证在绿波带最宽时，协调控制交叉口组成的系统总延误和总停车次数最小(主路延误、停车次数此时最低)。

因此，在确定线控系统时，必须精心考虑选择，必要时可以借助一些提高线控系统效益的辅助设施，如：前置信号、可变车速指示标志等。当然，在实际中我们决不可要求公共汽车行驶得像小汽车一样快，也不可能强迫小轿车以公共汽车那样慢的速度行驶，只能考虑主要因素。

2. 结合法

从“结合法”的假设条件来看，它未充分考虑车流运动的基本特点，从理论上讲不够严密、合理，也不太切合实际。其评价指标只选择延误一个指标，因而相位差不会是真正的最优解。虽然英国学者沃索普(R. E. Allsop)提出了一种对路网进行“压缩”简化的方法，从理论上证明了“结合法”可以应用于任何一种复杂路网形式。但实际工作中，限于计算机的能力，并非任何一种路网均能利用“结合法”进行相位差的有效优化。这些构成了“结合法”的缺点。但是，20 世纪 60 年代在英国格拉斯哥等城市的试验表明，“结合法”效果比起其他一些协调配时方法来，还是略胜一筹的。

3. 爬山法

从基本假定和计算模型来看，TRANSYT 使用“爬山法”抛弃了“结合法”的“第四条”假定，从整个路网的总体上，考虑了每一个交叉口的配时选择。个别交叉口配时有变动，对车流运动状况的影响可能会波及到路网上相当大的范围，产生连锁反应。此外，TRANSYT系统的"爬山法"不像"结合法"那样只使用"延误时间"作为唯一的优选目标函数，而使用包含多项参数的综合目标函数——"运行指标"作为配时优化的依据，可靠程度自然比"结合法"高。在确定最优配时方案过程中，由于采用两种步距，它所需计算时间(CPU时间)相对来说并不长，计算过程有较好的收敛。各国使用TRANSYT的实践统计资料也表明，其经济效益十分显著，代表了交通控制理论的较高水平。当然，由于影响车辆通过控制区段时的延迟时间、停车次数的因素太多，要建立一个有高精度的相位差优化方法也绝非易事。

3.5 混合交通智能控制策略及实施技术

3.5.1 基于模糊神经网络的全局优化协调控制

3.5.1.1 神经网络技术与模糊逻辑系统

1. 神经网络技术

神经网络技术又称人工神经网络技术，是模拟人脑神经网络技术的一门技术，它是仿照人脑中的"线路"连接而成的一种特殊的计算机线路。

神经网络具有两个明显的优点：一是其图形识别能力强，二是它对变化的条件具有实时适应性。神经网络与传统的处理系统具有互补性，已成为计算技术的一个重要分支。人工神经网络是一门新兴的交叉学科，它处理信息的方式完全不同于以往的符号逻辑系统，具有一些独特的性质：如信息的分布式存储和并行处理、信息存储与处理的合一、具有自组织、自学习能力，它已经被广泛应用于模式识别、信号处理、知识工程、专家系统、优化组合、智能控制等各个方面，同时也渗透到国民经济的各个领域。

人工神经网络技术具有非线性描述、大规模并行分布处理及高度鲁棒性和学习与联想等特点，适用于非线性时变大系统的模拟与在线控制。但其最大的特点是具有保持"学习"状态的数据存储功能和非线性功能，从而具备神奇的学习能力，擅长处理那些已经具有大量样本集的应用中。而我们所面临的城市交通系统控制信号优化调度问题恰恰就是这种情况，通过对交通流量的样本集进行充分学习就可以解决问题。

2. 模糊逻辑系统

模糊逻辑系统实质上是一个从输入信号论域U到输出信号论域V的非线性映射，只要适当选择隶属函数、模糊化与反模糊化算法以及模糊推理算法，模糊逻辑系统可以在任意精度上逼近给定的非线性函数；不仅能处理精确信息，也能处理模糊信息或其他模棱两可的数据，能实现精确性联想及映射，可用于描述高层的逻辑框架；

具有较强的结构化知识表达能力，对处理结构化信息更有效。

模糊方法的最大特点是其模糊规则库可以直接利用专家知识构造，因而能充分利用、有效处理专家的语言知识和经验。在城市交通系统中，信号灯的控制方案非常适合用模糊规则来描述。由于模糊逻辑系统对模糊信息的强大处理能力，使得它成为智能交通系统的一种有力工具。

3. 神经网络和模糊系统的优缺点

(1) 在模拟方面，神经网络侧重于人脑结构上的模拟，而模糊系统侧重于人脑模糊思维功能上的模拟；

(2) 在映射方面，神经网络是一一对应的关系，而模糊系统是区域与区域之间的关系；

(3) 在知识存储的方式上，神经网络是将知识分布地存储在神经元之间的连接权值中，而模糊系统则以规则的方式来存储；

(4) 在知识的解释方面，神经网络存储的连接权值的物理意义不明确，不易理解，而模糊系统存储的规则与专家的经验相对应，易于理解。

神经网络与模糊系统在概念与内涵上明显不同，在应用中也表现出各自的优缺点：神经网络具有自学习功能、联想记忆功能、分布式并行信息处理功能等方面的优点，但有知识解释难、初始权值设置随机性的缺点；而模糊系统具有处理不确定信息、知识解释容易的优点，但有学习能力差、难以找出规则与规则间的关系，容易出现"规则爆炸"的缺点。

神经网络与模糊系统的优缺点具有很强的互补性、关联性，可将两者融合起来构成模糊神经网络，使其同时具有各自优点，主要体现在既能表示定性知识，又具有强大的自学习能力和数据处理能力。随着神经网络与模糊理论研究的进一步深入，由两者融合而成的模糊神经网络得到人们的高度重视，成为人工智能研究与应用的热点之一。

3.5.1.2 神经网络与模糊系统的协同机制

神经网络与模糊系统的协同过程如图 3.37 所示，包括连接与预学习、应用、反馈与调整、解释 4 个阶段，体现了模糊系统与神经网络之间深度协作、一体化特点。该协同机制既具有神经网络的低层次学习、计算和知识存储能力，又有模糊逻辑系统的模糊信息处理、高层次模糊推理的能力，充分发挥了两者的优点。

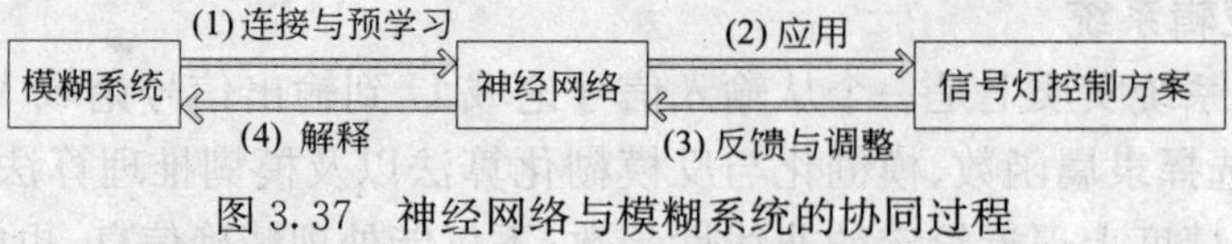

图 3.37 神经网络与模糊系统的协同过程

(1) 连接与预学习。该阶段的作用是确定神经网络的特性，并将以模糊规则表示的专家知识存储到神经网络中。模糊系统按"IFTHEN"型组织模糊规则，并根据隶属函数对输入精确值进行模糊化，作为神经网络的输入。模糊系统的这种特征决定了神经网络的结构和连接方式，从而构造出相应的神经网络，然后对专家知识进行学习，并以连接权值和其他参数的形式存储于网络中。

(2) 应用。将神经网络应用于目标系统—城市交通信号灯控制方案中，则城市各交叉口以实际运行的数据验证网络结构的合理性和专家知识、预学习所得到知识的准确性。

(3) 反馈与调整。该阶段的作用是神经网络利用城市交通信号灯控制方案应用反馈的信息，经过再学习，调整神经网络的权值和其他参数，修正原始的神经网络与模糊系统协同模型，提高准确性。

(4) 解释。神经网络连接权值和其他参数的变化解释为模糊系统中有关隶属函数和模糊规则的变化，使分布在神经网络的知识得到全面、清晰的解释。经过上面的"连接与预学习—应用—反馈与调整—解释"过程后，使开始可能比较粗糙的神经网络与模糊系统协同模型，逐步得到完善。

3.5.1.3 模糊神经网络的拓扑结构

根据神经网络与模糊系统的协同机制，基于神经网络与模糊系统协同工作形态的具体网络拓扑结构可按前馈式、反馈式或者互联式等方式建立。文中建立了前馈式结构，如图 3.38。

从网络拓扑结构来看，它是一个 4 层结构，每层都包含一定数量的神经元，其中第 1 层为网络的输入层，其神经元为普通神经元；第 2 层为模糊层，其神经元为模糊化神经元；第 3 层为规则层，由模糊逻辑神经元组成；最后一层为输出层，也是由模糊逻辑神经元组成的。

从图 3.38 中也可以看出，该种结构的前后相邻两层的节点之间采用单向连接，其中输入层与模糊层是单线连接，而模糊层与规则层是全连接，规则层与输出层也是全连接，同层内的神经元之间无连接关系。依靠这种连接方式，信息从输入层开始逐层向前依次传递，每个神经元可以从前一层接受一个或多个输入，并产生一个输出传递给下一层对应的神经元。

另外，在这种典型的结构中，输入层无计算能力，仅接收并传递精确的输入值。模糊层的每个节点对应一个模糊集合，其功能由所定义的隶属函数决定，该层的作用是接受输入层的精确值，进行模糊化处理，计算出对应的隶属度，输出 0～1 的模糊值，作为规则层的输入。在理论上，规则层可以选用绝大多数的模糊算子，文中选用公式(3.105)所示功能较强的广义概率积模糊算子，其物理意义相当于"n 个事件同时发生"；该层的作用是存储模糊规则。同理，输出层也可以选用绝大多数的模糊算子，文中采用公式(3.106)所示功能较强的广义概率和模糊算子，其物理意义相当于

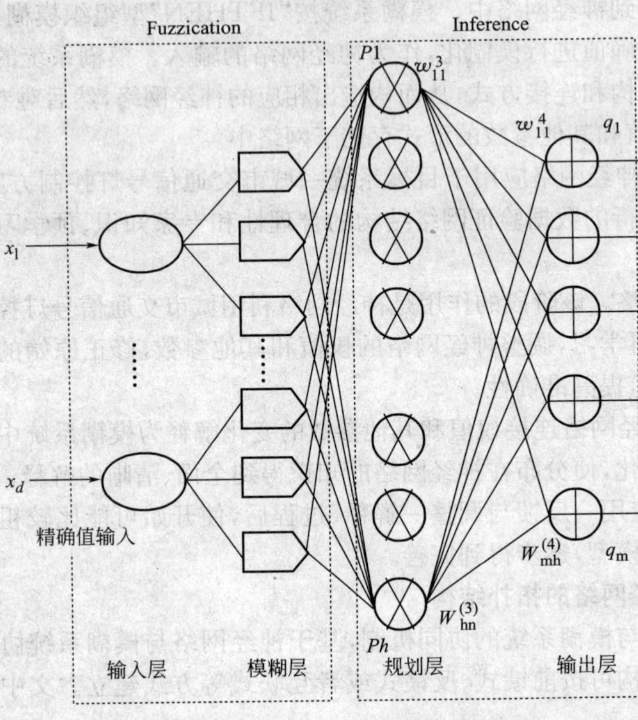

图 3.38 4 层前馈式拓扑结构

"n 个事件中至少有一个发生";该层的作用是输出 0～1 模糊值表示的结果。

$$y_i=\left[\prod_{j=1}^{n}(x_j)^{w_{ij}}\right]^{p_i} \tag{3.106}$$

$$y_i=1-\left[\prod_{j=1}^{n}(1-x_j)^{w_{ij}}\right]^{q_i} \tag{3.107}$$

公式中,连接权值 $w_{ij}\geqslant 0$;$q_i\in[01]$和 $p_i\in[01]$为模糊逻辑神经元模型的补偿参数。

若有 $x_1,\cdots,x_d$ 共 d 个精确值输入,有 $y_1,\cdots,y_m$ 共 m 个模糊值输出,且输入 x_i,经过第 2 层的模糊化处理时被分为 s_i 个模糊集合,则图 3.28 所示结构各层的节点个数可按以下确定:

(1) 输入层节点个数为 d;

(2) 模糊层节点个数为 $n=\sum_{i=1}^{d}S_i$;

(3) 输出层节点个数为 m;

(4) 规则层节点个数为 $\sqrt{n+d}+l$,n 为模糊层节点个数,l 为 1～10 之间的整数。

3.5.1.4 模糊神经网络 FN-BP 学习算法

不同结构的模糊神经网络，由于网络结构、参数和模糊算子的不同，可能采用不同的学习算法。因此，同一般神经网络相比，模糊神经网络的学习具有更大的灵活性，它可采用有教师的学习方法，也可采用无教师的学习方法。BP 算法是迄今为止使用最广泛的有教师学习方法，它同样也可应用于模糊神经网络中。但 BP 算法是基于梯度的方法，这种方法收敛速度慢，且常受局部极小点的困扰。本文在 SBP 基础上，提出了一种基于神经网络和模糊系统协同工作（Fuzzy-Neuron Cooperation System）形态的 4 层前馈模糊神经网络的学习算法（FN-BP）。

设图 3.38 的拓扑结构中输出层、规则层、模糊层和输入层的节点数分别为 m,h，n 和 d；$O_j^{(4)}(j=1,\cdots,m)$ 表示输出层第 j 个节点的输出值，$O_k^{(3)}(k=1,\cdots,h)$ 表示规则层第 k 个节点的输出，$O_i^{(2)}(i=1,\cdots,n)$ 表示模糊层第 i 个节点的输出，$O_l^{(1)}(l=1,\cdots,d)$ 表示输入层第 1 个节点的输出，则各层的特点与节点的功能函数如下：

输入层：一个神经元只是将一个输入分量多路传送到模糊层的模糊化神经元中。

模糊层：第 i 个神经元对应一个模糊集 F_i，对应一个隶属函数 μ_{F_i}，故第 2 层节点的功能函数为

$$f_i^{(2)}=\mu_{F_i}(o_l^{(1)}) \tag{3.108}$$

规则层：采用公式（3.105）广义概率积的模糊算子[41]，故第 3 层节点的功能函数为

$$f_k^{(3)}=\left[\prod_{j=1}^{n}(o_i^{(2)})^{w_{ki}}\right]^{p_k} \tag{3.109}$$

输出层：采用公式（3.106）广义概率和的模糊算子[41]，故第 4 层节点的功能函数为

$$f_j^{(4)}=1-\prod_{k=1}^{h}\left[(1-o_k^{(3)})^{w_{jk}}\right]^{q_j} \tag{3.110}$$

设给定训练输入向量 $X=(x_1,x_2,\cdots,x_d)$ 和期望输出向量 $T=(T_1,T_2,\cdots,T_m)$，则网络通过寻找 $\{w_{jk},q_j,w_{ki},p_k\}$ 的最优组合，使得

$$\min_{w_{jk},q_j,w_{ki},p_k} E=\frac{1}{2}\sum_{j=1}^{m}(T_j-o_j^{(4)})^2 \tag{3.111}$$

公式（3.111）对 $O_j^{(4)}$ 求导，可得

$$\frac{\partial E}{\partial o_j^{(4)}}=o_j^{(4)}-T_j \tag{3.112}$$

下面推导连接权值和补偿参数的学习迭代公式：

（1）输出层补偿参数 q_j 的学习

根据梯度法，有公式：

$$\Delta q_j=-\eta_q\frac{\partial E}{\partial q_j} \tag{4.113}$$

公式中学习系数 $0<\eta_q<1$。由于公式(3.107)可化为：

$$\sum_{k=1}^{h}\left[(1-o_k^{(3)})^{w_{jk}}\right]^{q_j}=1-o_j^{(4)} \tag{3.114}$$

上式两边取对数，可得

$$\sum_{k=1}^{h}\ln(1-o_k^{(3)})^{w_{jk}}=\frac{ln(1-o_j^{(4)})}{q_j} \tag{3.115}$$

公式(3.115)两边对 q_j 求导，可得

$$\frac{\partial o_j^{(4)}}{\partial q_j}=-(1-o_j^{(4)})\sum_{k=1}^{h}\ln(1-o_j^{(3)})^{w_{jk}}=-(1-o_j^{(4)})\frac{\ln(1-o_j^{(4)})}{q_j} \tag{3.116}$$

又因为

$$\frac{\partial E}{\partial q_j}=\frac{\partial E}{\partial o_j^{(4)}}\frac{\partial o_j^{(4)}}{\partial q_j} \tag{3.117}$$

将公式(3.113)、公式(3.116)代入公式(3.117)，可得

$$\frac{\partial E}{\partial q_j}=\frac{1}{q_j}(T_j-o_j^{(4)})(1-o_j^{(4)})\ln(1-o_j^{(4)}) \tag{3.118}$$

故由公式(3.114)、公式(3.118)，可得

$$\Delta q_j=-\eta_q\frac{1}{q_j}(T_j-o_j^{(4)})(1-o_j^{(4)})\ln(1-o_j^{(4)}) \tag{3.119}$$

(2) 输出层到规则层连接权值 w_{jk} 的学习

根据梯度法，有公式

$$\Delta w_{jk}=-\eta_{wo}\frac{\partial E}{\partial w_{jk}} \tag{3.120}$$

公式(3.120)中学习系数 $0<\eta_{wo}<1$。由公式(3.115)对 w_{jk} 求导，可得

$$\frac{\partial o_j^{(4)}}{\partial w_{jk}}=-(1-o_j^{(4)})q_j\ln(1-o_k^{(3)}) \tag{3.121}$$

又因为

$$\frac{\partial E}{\partial w_{jk}}=\frac{\partial E}{\partial o_j^{(4)}}\frac{\partial o_j^{(4)}}{\partial w_{jk}} \tag{3.122}$$

将公式(3.123)、公式(3.121)代入公式(3.122)，可得

$$\frac{\partial E}{\partial w_{jk}}=(T_j-o_j^{(4)})(1-o_j^{(4)})q_j\ln(1-o_k^{(3)}) \tag{3.123}$$

故由公式(3.120)、公式(3.123)，可得

$$\Delta w_{jk}=-\eta_{wo}(T_j-o_j^{(4)})(1-o_j^{(4)})q_j\ln(1-o_k^{(3)}) \tag{3.124}$$

(3) 规则层到模糊层连接权值 w_{ki} 的学习

根据梯度法，有公式

$$\Delta w_{ki} = -\eta_{wh} \frac{\partial E}{\partial w_{ki}} \tag{3.125}$$

公式(3.125)中学习系数 $0<\eta_{wh}<1$。将公式(3.106)两边取对数,可得

$$\ln o_k^{(3)} = p_k \sum_{i=1}^{n} [\ln(o_i^{(2)})^{w_{ki}}] \tag{3.126}$$

公式(3.126)对 w_{ki} 求导,可得

$$\frac{\partial o_k^3}{\partial w_{ki}} = p_k o_k^{(3)} \ln o_i^{(2)} \tag{3.127}$$

又因为

$$\frac{\partial E}{\partial o_k^3} = \sum_{j=1}^{m} \left(\frac{\partial E}{\partial o_j^4} \frac{\partial o_j^4}{\partial o_k^3}\right) \tag{3.128}$$

由公式(3.115)对 $O_k^{(3)}$ 求导,可得

$$\frac{\partial o_j^{(4)}}{\partial o_k^{(3)}} = \frac{(1-o_j^{(4)}) q_j w_{jk}}{1-o_k^{(3)}} \tag{3.129}$$

将公式(3.112)、公式(3.129)代入公式(3.128),可得

$$\frac{\partial E}{\partial o_k^{(3)}} = \sum_{j=1}^{m} (o_j^{(4)} - T_j) \frac{(1-o_j^{(4)}) q_j w_{jk}}{1-o_k^{(3)}} \tag{3.130}$$

又因为

$$\frac{\partial E}{\partial w_{ki}} = \frac{\partial E}{\partial o_k^{(3)}} \frac{\partial o_k^{(3)}}{\partial w_{ki}} \tag{3.131}$$

将公式(3.127)、公式(3.130)代入公式(3.131),可得

$$\frac{\partial E}{\partial w_{ki}} = \sum_{j=1}^{m} [(o_j^{(4)} - T_j)(1-o_j^{(4)}) q_j w_{jk}] \frac{p_k o_i^{(2)}}{1-o_k^{(3)}} \tag{3.132}$$

故由公式(3.125)、公式(3.132),可得

$$\Delta w_{ki} = -\eta_{wh} \sum_{j=1}^{m} [(o_j^{(4)} - T_j)(1-o_j^{(4)}) q_j w_{jk}] \frac{p_k o_i^{(2)}}{1-o_k^{(3)}} \tag{3.133}$$

(4) 规则层补偿参数 p_k 的学习

根据梯度法,有公式

$$\Delta p_k = -\eta_p \frac{\partial E}{\partial p_k} \tag{3.134}$$

公式(3.107)中学习系数 $0<\eta_p<1$,由公式(3.126)可化为

$$\sum_{i=1}^{n} \ln[(o_i^{(2)})^{w_{ki}}] = \frac{\ln o_k^{(3)}}{p_k} \tag{3.135}$$

公式(3.126)对 p_k 求导,可得

$$\frac{\partial o_k^{(3)}}{\partial p_k}=o_k^{(3)}\sum_{i=1}^{n}\ln[(o_i^{(2)})^{w_{ki}}] \tag{3.136}$$

将公式(3.135)代入公式(3.136),可得

$$\frac{\partial o_k^{(3)}}{\partial p_k}=\frac{o_k^{(3)}\ln o_k^{(3)}}{p_k} \tag{3.137}$$

又因为

$$\frac{\partial E}{\partial p_k}=\frac{\partial E}{\partial o_k^{(3)}}\frac{\partial o_k^{(3)}}{\partial p_k} \tag{3.138}$$

将公式(3.112)、公式(3.128)、公式(3.129)、公式(3.127)代入公式(3.138),可得

$$\frac{\partial E}{\partial p_k}=\sum_{j=1}^{m}[(o_j^{(4)}-T_j)(1-o_j^{(4)})q_j w_{jk}]\frac{o_k^{(3)}\ln o_k^{(3)}}{(1-o_k^{(3)})p_k} \tag{3.139}$$

故由公式(3.134)和公式(3.139),可得

$$\Delta p_k=-\eta_p\sum_{j=1}^{m}[(o_j^{(4)}-T_j)(1-o_j^{(4)})q_j w_{jk}]\frac{o_k^{(3)}\ln o_k^{(3)}}{(1-o_k^{(3)})p_k} \tag{3.140}$$

3.5.1.5 基于 FN-BP 的区域动态协调优化控制

单个交叉口的控制要服从全局的调度,局部的最优要服从全局的最优。实现交通全局优化调度主要有两方面的工作:一是要取得路网中当前的和过去若干时段内的交通信息,二是逐步推测未来若干时段内路网各交叉口和各路段的交通流状态。整个调度过程不断滚动循环进行。目前,动态交通信息的获得可采用适当的接口技术,通过自适应式的交通面控系统实现。在交通全局优化调度中,尚未解决的是全局优化调度的依据问题,即如何调度才能起到避免拥挤和堵塞、提高路网使用效率的目的。文中采用模糊神经网络控制规则把神经网络控制与模糊控制这两种智能控制技术的优点结合起来,既可以利用专家的经验知识,又具有学习功能,可适应实时多变的交通状况。该技术实际上很好的实现了人类大脑结构和功能的综合模拟—大脑神经网络"硬件"拓扑结构+信息模糊处理"软件"的思维功能。

在城市交通控制系统中,通过适当的接口技术可以获得动态的交通信息,获得的交通信息是大量的即时数据,我们称为交通需求,但往往常用一些模糊概念来描述。如交通需求通常用两种方法描述,一是用交叉口停止线前的排队长度即停止线前相隔一定距离(通常为 80 m~100 m)的两检测器之间的车辆数来表示交通需求;另一种方法是:当占有率不低于某一基准占有率时,用占有率表示交通需求;用队长来表示交通需求可用下述方法建立模糊控制规则。将测得的队长 l 可看作模糊变量 $\bar{l}$,其论域为:$L=\{1,3,5,7,9,11,13,15,17,19,21\}$,取 7 个语言值:$l_1$(很长),$l_2$(长),$l_3$(较长),$l_4$(中等),$l_5$(较短),$l_6$(短),$l_7$,(很短)。各个交叉口绿灯追加时间 ΔG 同样

看作模糊变量 $\bar{g}$，其论域为：$\Gamma=\{3,7,11,15,19,23,27,31,35\}$，取 7 个语言值：$g_1$（很多），$g_2$（多），$g_3$（较多），$g_4$（适中），$g_5$（较少），$g_6$（少），$g_7$（很少）。根据人的控制经验一般可总结出下列 7 条控制规则：若 $l=l_i$；，则 $\bar{g}=g_i$；$(i=1,\cdots,7)$。根据模糊理论知道，由 7 条语言控制策略可组成单输入单输出语言控制策略，当然我们也可以用较复杂的 7×7 的模糊关系矩阵来表示每条控制策略。而整个路面的交通情况往往用 0～1 的交通拥挤度来衡量。

根据 SBP 算法原理和模糊神经网络 FN-BP 学习算法的算法思想，用图 3.38 同样的网络结构，我们采用 Matlab 工具分别编写了两种算法的程序，并应用于实际的城市交通控制信号的优化调度应用中，在最后得出比较结果。

我们建立了层次分类交通流模型，并使用了多重结构模糊神经网络的智能调度方法。整个城市交通由多个子网络组成，每个子网都采用图 3.38 的拓扑结构。我们选择了其中一个 3×3 正方形的交通网络，它具有"4-28-49-9"结构的子网来比较这两种算法的性能。比较过程中，两种算法在模糊层的"很长"，"长""较长"，"中等"，"较短"，"短"，"很短"7 种模糊节点都采用了正态分布、升半正态分布和降半正态分布这 3 种隶属函数，但 SBP 算法在规则层和输出层采用 Sigmoid 函数。为了使两种算法的比较具有普遍性，每种算法采用相同的交通流样本分别进行 20 次的训练，最后用 20 次的平均结果加以比较。图 3.39 示出了两种算法在训练过程中交通拥塞率与迭代次数的关系；表 3.7 是两种算法性能的综合比较。

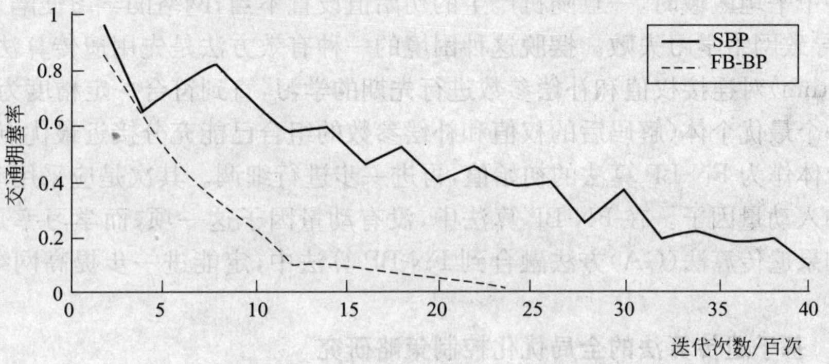

图 3.39　交通拥挤度与迭代次数关系图

表 3.7　两种算法的性能比较

比较项目	指　　标	SBP 算法	FN-BP 算法
运行时间	精度 ε<0.05	1′04″	32″
（P4 微机）	精度 ε<0.005	2′13″	54″
陷入局部	精度 ε<0.05	20%	0
极小点概率	精度 ε<0.005	50%	10%

从图 3.39 可以看到，SBP 算法的训练曲线成锯齿状，且收敛速度缓慢；而 FN-BP 算法的训练曲线较平滑，且收敛速度较快。从表 3.7 可以看出，在相同误差精度下，FN-BP 算法训练所需的时间和陷入局部极小点的可能性都比 SBP 算法少得多。

经过以上的综合比较，FN-BP 算法的性能优于 SBP 算法，究其原因在于 SBP 算法在训练过程中只将误差反向传播给连接权值，通过逐步改变连接权值来达到最优的效果；而 FN-BP 算法在误差反向传播时，不仅将误差传播给连接权值，而且也传遍给模糊逻辑神经元模型的补偿参数。这样 FN-BP 算法不仅调整了网络的连接权值，也调整了补偿参数，即补偿参数不是凭经验静态设置的，而是向目标最优点方向动态变化的。由于补偿参数是连接权值调整函数的变量之一，补偿参数向最优点目标靠近，必能加快连接权值向最优点靠近，也可能会冲过局部极小点，这就是 FN-BP 收敛速度快和不易陷入局部极小点的根本原因。所以我们可以得出这样的结论：在其他相同条件的情况下，包含可调参数较多的模糊算子的网络具有较强的映射能力和学习收敛效果。

但是，我们还是认为 FN-BP 算法的性能还可以进一步提高。首先，它同传统 BP 算法一样，也未能解决初始值选取的问题，也是用随机器产生的。从直观上看，这些初始值选在交通拥塞率表面的位置将决定着搜索的路径和距离；因此，初始值的选取十分重要，可能导致训练时间的延长。从数学角度来看，FN-BP 算法中网络权值和补偿参数的调整本质上也是依赖于目标函数的一阶导数的，因此，当交通拥塞率曲面上存在多个平坦区域时，一旦随机产生的初始值设置不当，网络的学习便陷入局部收敛，最终导致网络学习失败。摆脱这种困境的一种有效方法是先用遗传算法（Genetic Algorithm）对连接权值和补偿参数进行先期的学习，直到符合一定精度为止，此时将得到一个最优个体（解码后的权值和补偿参数的组合已能充分接近最优点）。然后将最优个体作为 FN-BP 算法的初始值，再进一步进行细调。其次是应采用动态的学习率和加入动量因子。在 FN-BP 算法中，没有动量因子这一项，而学习率是静态设置的。如果遗传算法（GA）方法融合到 FN-BP 算法中，定能进一步提高网络的学习性能。

3.5.1.6 基于遗传算法的全局优化控制策略研究

1. 遗传算法

遗传算法（GA）作为一种优化算法特别适合于对象模型难于建立、搜索空间非常庞大的复杂问题的优化求解。它和模糊控制技术一样，虽然在理论上还没有完善，但是在实践中已经得到了广泛的应用。遗传算法（GA）的基本思想是：模仿生物系统“适者生存”的原理，通过选择、复制、交叉、变异等简单操作的多次重复来达到去劣存优的目的，从而获得问题的优化结果。遗传算法（GA）的实现由两个部分组成，一是编码与解码，二是遗传操作。其中遗传操作又分为选择、复制、交叉、变异几种。

所谓编码是将所要优化的参数按照一定的规则从参数空间映射为编码空间的一个"基因"。比如对某个参数 $x(0\leqslant x\leqslant 32, x$ 为整数),用二进制编码则其基因可以表示为5位二进制数"XXXXX",比如基因10011即表示 $x=19$。所有参数对应的基因拼接在一起便构成一个"染色体"。遗传操作的对象即为"染色体"。通过遗传操作获得最优的"染色体",将其复原成为原参数空间的值,这就是解码操作。解码与编码是互逆操作。

遗传操作是按照给定的某一个适应度函数来评价每个个体的生存能力,然后仿造自然界"优胜劣汰"的进化原理,给出每个个体不同的存活概率,并通过交叉、变异操作产生新的染色体,多次遗传操作后可以得到最优个体。仅用目标函数即适应度函数为依据便可以进行优化搜索,而不受目标函数的连续性、可微性的限制且定义域可以为任意集合,这也是遗传算法优于其他优化算法的显著特点。

2. 遗传算法全局优化

模糊神经网络FN-BP学习算法是一种建立和调整模糊推理控制系统的良好方法,但这种方法本质上是一种只考虑局部区域的梯度法,缺乏全局性,有可能仅优化到局部极值部分,其调整的收敛性依赖于初始状态的选择。而遗传算法(GA)是一种基于生物进化过程的随机搜索的全局优化方法,它通过交叉和变异大大减少了初始状态的影响,使搜索得到最优结果而不停留在局部最小处。遗传算法不仅可以优化模糊神经推理系统的参数,而且可以优化模糊神经推理系统的结构。使用遗传算法可以修正冗余的隶属度函数和网络的节点数,以优化模糊推理规则。为了发挥GA算法和FN-BP学习算法的长处,我们用GA算法优化具有全局性的参数和网络结构,用FN-BP学习算法调节和优化具有局部性的参数。这样GA算法作为一种离线训练模糊神经网络的方法(粗略学习),用FN-BP学习算法作为一种在线调节神经网络的局部性参数(细调节)。这两种方法综合使用,可以大大提高模糊神经推理控制系统的自学习性能和鲁棒性。

模糊神经网络FN-BP学习算法中的连接权值 w_{jk}、w_{ki} 和补偿参数 q_i、p_k 进行先期的学习,进行全局优化,采用遗传算法离线训练给定参数的步骤如下:

(1) 编码机制:本文将采用二进制编码,二进制编码最易于实现遗传操作。连接权值 w_{jk}、w_{ki} 和补偿参数 q_i、p_k 均为实数,它们用二进制编码的基因与实际的参数值有公式(3.141)表示的对应关系:

$$x=a+(b-a)/(2^n-1)\times val \tag{3.141}$$

其中:a、b 分别为参数 w_{jk}(或者 w_{ki}、q_j 以及 p_k)的上下限,即 $a\leqslant w_{jk}$(或者 w_{ki}、q_j 以及 p_k)$\leqslant b$;n 为参数所对应的基因的长度;val 为二进制基因所对应的十进制数值。将各个参数编码后拼接成染色体:

w_{jk} 的基因	w_{ki} 的基因	q_j 的基因	p_k 的基因

根据以上规则随机产生 n 个染色体，每个染色体表示整个网络的一组参数。

(2) 控制参数：遗传算法中的控制参数有群体大小、交叉率、变异率和遗传代数。其中交叉率 P_c、变异率 P_m 大小对遗传算法的性能有很大的影响，一般选取范围 P_c 为 0.5～1.0，P_m 为 0.0050～1，针对不同的优化问题，需要反复实验来确定。这里我们采用一种自适应 P_c 和 P_m 的方法，用适合度函数来衡量算法的收敛状况，其表达式为公式(3.142)、公式(3.143)所示：

$$P_c=\frac{K_1}{f_{\text{amx}}-\overline{f}} \tag{3.142}$$

$$P_c=\frac{K_2}{f_{\text{amx}}-\overline{f}} \tag{3.143}$$

其中 $f_{\max}$、$\overline{f}$ 分别是群体中的最大适合度和平均适合度，$f_{\max}-\overline{f}$ 体现了群体的收敛程度。K_1、$K_2\leqslant 1.0$，为常数。

(3) 遗传算子：包括选择算子、复制算子、交叉算子和变异算子。

①选择和复制操作：本文将用适应度比例选择方法，也叫赌轮法或者蒙特卡罗(Monte Carlo)选择，并结合最佳个体保存方法(即最佳个体不进行交叉配对直接复制到下一代)，当种群比较大，这样处理既可以防止未成熟收敛又可以加快收敛速度。

②交叉和变异操作：通过交叉操作进行基因重组以获得新的更优良的染色体；变异的目的在于维持种群的多样性，防止未成熟收敛，并使遗传操作具有局部逼近的能力。

(4) 适应度函数：遗传算法的目标函数是搜索适应度函数的最优值。根据(1)步中的定义将各二进制基因译码成网络相应的各参数值，然后根据公式定义适合度函数为公式(3.134)所示：

$$f_i=\frac{1}{E} \tag{3.144}$$

计算各参数的适合度值 $f_i(i=1,2,\cdots,n)$。

(5) 按下列步骤产生新的群体，直到新群体中染色体总数达到 n。

①以概率 $f_i\sum\limits_{i=1}^{n}f_i$、$f_i/\sum\limits_{i=1}^{n}f_i$ 从群体中选出两个染色体 S'_i、S'_j；

②以概率 P_c 对 S_i、S_j 进行交换、得到新染色体 S'_i、S'_j；

③以概率 P_m 使 S'_i、S'_j 中的各位产生突变；

④ 返回①步，直到产生((n－1)个新一代的个体；

⑤所产生的(n－1)个新一代的个体连同上一代中性能最好的那个个体，共同组成新的群体。

(6) 返回(2)步直到群体中的个体性能满足要求为止。

(7) 群体中适合度最好的字符串所表示的参数就是所要的网络参数。

经过以上 GA 算法训练好模糊神经网络后，再接入应用到我们的城市交通系统中，结构如图 3.40 所示。这里采用模糊神经网络 FN-BP 学习算法进行在线学习方式。

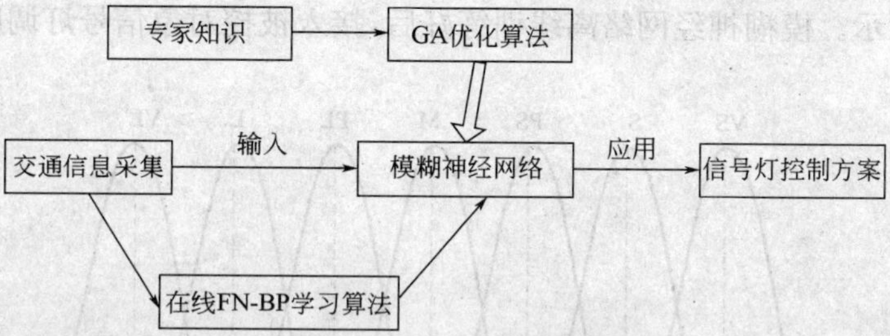

图 3.40　CA 接入应用的控制系统

3. 基于遗传算法的应用仿真

在仿真中，我们首先对模糊神经网络的各参数和权值取初值，使用 49 条模糊控制规则，如表 3.8 中输入变量 q_p、q_s 分别表示交叉口的直行队长及左行队长，其论域为{1,3,5,7,9,11,13,15,17,19,21}。在论域 Q 上定义 7 个模糊子集{很短，短，较短，中，较长，长，很长}，简记为{VS,S,PS,M,PL,L,VL}。ΔG 为各个交叉口绿灯追加时间，同样看作模糊变量，其论域为{5,10,15,20,25,30,35}，对应 7 个语言值(很少、少、较少、较多、多、很多)。可以用三角形或高斯型隶属度函数表示，这里我们用高斯函数表示为 $\exp\left[-\left(\frac{x_i-C_{ij}}{b_j}\right)^2\right]$，其中 x_i 表示输入量，C_{ij} 表示隶属度函数的中心，b_j 表示隶属函数的宽度。

表 3.8　模糊控制规则表

q_s \ ΔG	q_p						
	VS	S	PS	M	PL	L	VL
VS	5	5	10	10	15	15	15
S	5	10	15	15	15	20	20
PS	10	15	15	15	20	25	25
M	10	15	15	20	25	30	30
PL	10	15	20	25	30	30	35
L	25	30	30	30	30	35	35
VL	30	30	30	35	35	35	35

所示的 49 组控制操作数据对{q_p,q_s,ΔG}作为网络的学习样本，取 7 个语言变量值的模糊子集当中，具有最大隶属度“1”，用高斯型函数中心的初值为{5,10,15,20,25,30,35}，宽度初值定为[5,35]之间，网络结构为 2-14-49-1。用

前述的 GA 算法来离线调整模糊神经网络。其中参数选取为：群体大小$n=100$，自适应交叉和变异概率参数 $K_1=K_2=0.58$。

每采样一组数据$\{q_p,q_s,\Delta G\}$，遗传进化 4 代，GA 算法经过 1900 代调整模糊神经网络的相关参数，可得到 $\min E$ 意义下的模糊隶属函数的中心和宽度值，如图 3.41、3.42 所示。模糊神经网络离线训练好后，接入被控对象信号灯调度仿真。

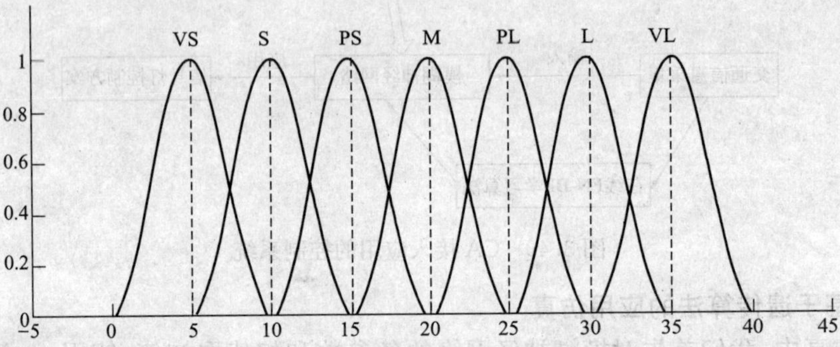

图 3.41　学习前

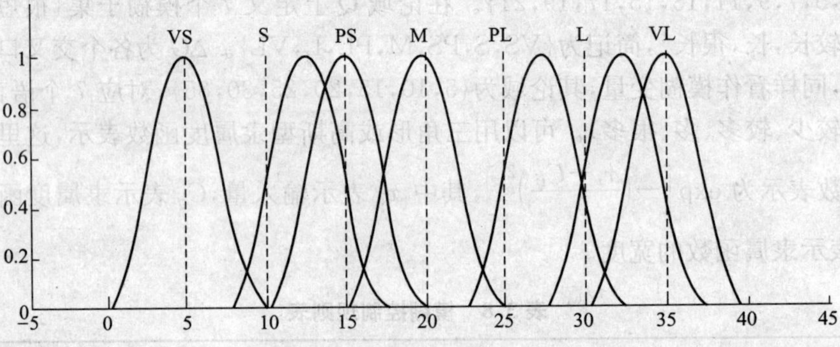

图 3.42　学习后

实验中我们仍选用一个 3×3 正方形的交通网络，它具有“4-28-49-9”结构的子网，采用以下两种方式进行对比研究：

（1）简单的 FN-BP 学习方式；

（2）运用 GA 算法离线训练的 FN-BP 学习方式。

文中对这两种方式在交通流量“一般”和“拥挤”的情况下分别对三组样本进行仿真，图 3.41 和图 3.42 给出了这两种情况下的变化过程，其中的纵轴表示在 40 min 内网络中所有 9 个交叉口的交通流量总和，横轴表示遗传算法的代数。

通过图 3.41 和图 3.42 显示通过遗传算法的全局优化，使 FN-BP 学习方式能增加平均交通流量。另外，FN-BP 学习方式在搜索开始时（从第 3 代到第 6 代）适合度值变化较大,而在第 8 代之后所有的群体基本上都收敛到相同的高适合度值。说明应用运用 GA 算法离线训练的 FN-BP 学习方式可以在动态变化的交通环境下找到鲁棒性较好的控制参数,在交通流量拥塞的状况下能得到更好的控制效果,真正的实现全局优化的面控。

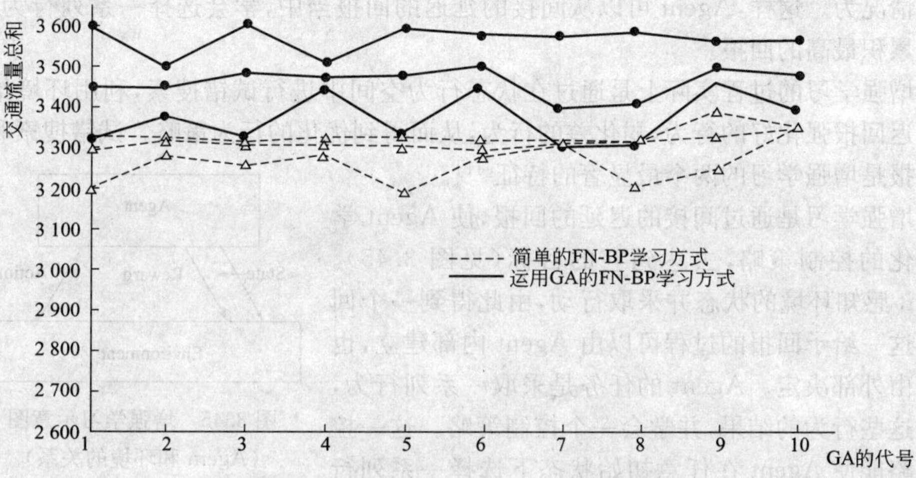

图 3.43　交通流量一般情况下的仿真结果

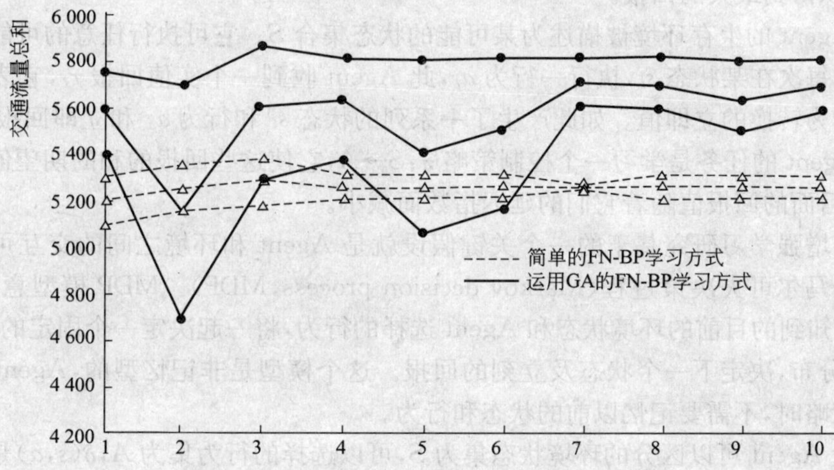

图 3.44　交通拥挤条件下的仿真实验结果

3.5.2　基于增强学习和神经网络的交通控制协调控制策略模型研究

3.5.2.1　增强学习与 Q 学习

1. 增强学习简介

增强学习研究的是如何使 Agent 在一个环境中感知和行动,并选择优化的行为序列来达到它的目标。许多实际问题的学习均可以采用这种模式训练，如机器人自我控制的训练，工厂作业优化的训练，训练 Agent 在相互对抗的游戏（如机器人足球赛）中获胜等。Agent 在环境中的每一个行为，都将得到训练者的奖励或惩罚。例如，在训练 Agent 玩游戏中，Agent 获胜训练者给它正的回报，失败则给予负的回报，其他情况为。这样，Agent 可以从间接的延迟的回报当中，学会选择一系列行为，以获得累积最高的回报。

增强学习的过程实际上是通过在状态行为空间中进行试错搜索，利用环境给予的延迟回报强化好的行为，弱化差的行为，从而得到优化的行为策略。试错搜索和延迟回报是增强学习的两个最显著的特征[11]。

增强学习是通过间接的迟延的回报，使 Agent 学会优化的控制策略，去达到它的目标（见图 3.45）。Agent 感知环境的状态并采取行动，由此得到一个回报。这一给予回报的过程可以由 Agent 内部建立，也可以由外部决定。Agent 的任务是采取一系列行为，观察这些行为的结果，并学会一个控制策略。这一控制策略能使 Agent 在任意初始状态下选择一系列行为，并累积得到最大的回报。

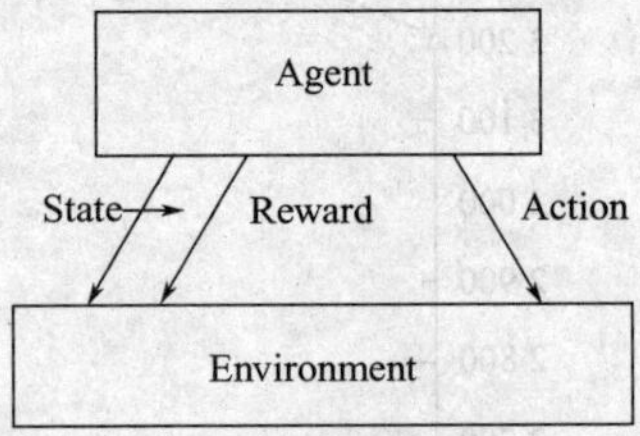

图 3.45　增强学习示意图（Agent 和环境的关系）

此 Agent 的生存环境被描述为某可能的状态集合 S。它可执行任意的可能行为集合 A。每次在某状态 s_t，执行一行为 a_t，此 Agent 收到一个实值回报 r_t，它表示此状态一行为转换的立即值。如此产生了一系列的状态 s_i 和行为 a_i 和立即回报 r_i 的集合。Agent 的任务是学习一个控制策略 $\pi: S \rightarrow A$，它使这些回报的和的期望值最大化，其中后面的回报值随着它们的延迟指数而减小。

许多增强学习研究基于的一个关键假设就是 Agent 和环境之间的交互可以被看作一个马尔可夫决策过程（Markov decision process，MDP）。MDP 模型意味着，Agent 感知到的目前的环境状态和 Agent 选择的行为，将一起决定一个固定的（未知的）概率分布，决定下一个状态及立刻的回报。这个模型是非记忆型的，Agent 在决定优化策略时，不需要记忆以前的状态和行为。

假设 Agent 可以区分的环境状态集为 S，可以选择的行为集为 A，$\delta(s,a)$ 是状态转移函数，表示在状态 $s \in S$ 下执行行为 $a \in A$ 后转换到的状态，

$r(s,a)$ 表示在状态 $s \in S$ 下执行行为 $a \in A$ 将得到的立即回报。Agent 的任务是学习得到一个控制策略 $\pi: S \rightarrow A$，基于观察到的当前状态 s_t，选择执行行为 a_t，$\pi(s_t)=a_t$。希望 Agent 学会的策略能获得总和为最大的回报。

$V^{\pi}(s_t)$ 为 Agent 从任意状态开始在任意策略 n 下所获得的回报的总和，用下式表示：

$$V^{\pi}(s_t)=r_t+\gamma r_{t+1}+\gamma^2 r_{t+2}+\cdots=\sum_{i=0}^{\infty}\lambda^i r_{t+2} \qquad (3.145)$$

上式中，回报序列 r_{t+1} 从初始状态 s_t 不断应用策略 π 选择行为而得到。折扣系数是一个常量，$0<\lambda<1$ 决定着延迟回报和立即回报之间的关系，尤其将来经过 i 步后得到的回报会以 γ 为因子而相应减少。如果 $\gamma=0$，则只考虑立即回报，$\gamma>0$，才考虑将来回报。称 $V^{\pi}(s)$ 为从状态 s 开始在策略 π 下的折算累积回报。这样计算的原因，是多数情况下希望获得回报越快越好。因此，先得到的回报在总的学习过程中起重要的作用。

下面更精确的陈述 Agent 的学习任务。我们要求 Agent 学习到一个策略 π，使得对于所有状态 s，$V^{\pi}(s)$ 为最大。此策略被称为优化策略，并用 π^* 表示：

$$\pi^*=\mathrm{argm}_{\pi}\mathrm{ax}V^{\pi}(s) \qquad (3.146)$$

为了简便起见，把优化策略 π^* 得到的回报总和 $V^{\pi^*}(S)$ 计为 $V^*(s)$。$V^*(s)$ 给出了当 Agent 从状态 s 开始时可获得的最大折算累积回报，即从状态开始遵循优化策略时获得的折算累积回报。

2. 单 Agent 的 Q 学习算法

Agent 的任务就是学习到策略 π^*。但是在增强学习中，训练例子并非形如 $\langle s, a\rangle$，而是 Agent 选择行为所得到的回报，故直接学到优化策略 $\pi: S\rightarrow A$ 是比较困难的。对此，一般可以通过学习一个定义在状态和行为上的评价函数来解决。通过这个评价函数 Agent 学到优化策略。一个明显较好的评价函数就是 $V^*(s)$。当 $V^*(S_1)>V^*(S_2)$ 时，Agent 一定会希望进入 s_1，因为这样会得到较大的回报。当然，Agent 只能在行为之间而不是状态之间选择。不过，借助一些设置应用 V^* 可以使 Agent 在行为之间选择。当 Agent 处在状态 s 时，优化策略应使该行为所得到的立即回报与乘以 γ 的该行为的后继状态的 V^* 这二项之和最大，即等式：

$$\pi^*=\mathrm{argm}_a ax[r(s,a)+\gamma V^*(\delta(s,a))] \qquad (3.147)$$

上式中，状态转移函数 $\delta(a,s)$ 表示完成行为 a 后进入的状态。这样，Agent 在知道最大回报总和 V^*、回报函数 $r(s,a)$ 和状态转移函数 $\delta(s,a)$ 后，就可以学到优化策略。

不过，通过 V^* 来得到优化策略只有在 Agent 知道了回报函数 r 和状态转移函数的完备知识后，才可以实现。这要求 Agent 在每一可能的状态一行为上都应该准确预知此行为的立即回报及后继状态。但是，在许多实际应用，如机器人的控制上，让 Agent 预知任意状态下任意行为的结果是不可能的。而在 Agent 不知道回报函数 r 和状态转移函数 b 的情况下，也就不能应用上式得到优化策略。

下面给出评价函数 Q，可以在一般条件下得到优化策略。$Q(s,a)$ 定义为：它的值是从状态 s 开始并使用 a 作为第一个行为时的最大折算累积回报。换言之，Q 的值

为从状态 s 执行行为 a 的立即回报加上以后遵循优化策略的值(用 r 折算)。如公式(3.148):

$$Q(s,a)=r(s,a)+\gamma V^*(\delta(s,a)) \tag{3.148}$$

因此公式(3.147)可以重写为公式(3.149):

$$\pi^*(s)=\arg\max_a Q(s,a) \tag{3.149}$$

这样重写之后,通过学习 Q 函数而非 V^*。 Agent 就可以得到优化策略。好处是即使 Agent 不知道回报函数 r 和状态转移函数 δ,也可以得到优化策略。在每一状态下,Agent 只需选择使 $Q(s,a)$ 值最大的行为就可以了。通过不断地应用局部的 Q 值,Agent 就可以得到在全局是优化的一系列行为。这意味着 Agent 可以不用预先搜索做出行为后的结果。

学习 Q 函数的关键在于如何通过一系列的回报来估计它的值。这可以通过不断的近似来得到。注意如下 Q 和 V^* 的关系:

$$V^*(s)=\max_{a'} Q(s,a') \tag{3.150}$$

这样,公式(3.148)可以改写为公式(3.151):

$$Q(s,a)=r(s,a)+\gamma \max_{a'} Q(\delta(s,a)a) \tag{3.151}$$

这一递归定义的 Q 函数,提供了用不断近似求解 Q 的算法。为了方便描述该算法,可以定义 Q'为学习过程中真正 Q 的假设值。对于这个算法,学习者需要一个大表。该表为每对状态——行为提供一个入口,存放学习者未知的 $Q(s,a)$的当前假设 $Q'(s,a)$。可以用任意随机值将表初始化,此值通常为 0。Agent 在学习过程中,不断观察当前状态 s,选择一个行为 a 并执行,接着观察这个行为得到的回报 $r=r(s,a)$及新的状态 $s'=(s,a)$然后根据规则 1:

$$Q'(s,a)\leftarrow r+\gamma \max_{a'} Q'(s',a') \tag{3.152}$$

去修改 $Q'(s,a)$的入口。

注意:规则 1 是用 Agent 当前状态 Q'值(因为 Agent 从状态 s 转移到状态 s'去改进前一个状态对 Q'值的估计。规则 1 直接从等式(3.151)变化而来,只是把等式(3.151)中 Q 的真实值变成估计值 Q'。在公式(3.151)中虽然出现 r 和 δ,但并不意味着 Agent 需要有关它们的知识,因为 Agent 是在当前状态对前一状态的 Q'改进。这时,它已经观察到前一状态所做行为的结果了。下面给出确定的马尔可夫过程的 Q 学习算法:

对于每对 $\langle s,a\rangle$,初始化 Q'表中对应的的 $Q'(s,a)$入口为 0;

观察当前状态 s;

一直重复做:

选择一个行为 a 并执行它;

得到立即回报 r；

转移到新的状态 s'；

对 $Q'(s,a)$按照下式更新表项：

$$Q(s,a) \leftarrow r + \gamma \max_{a'} Q(s,a) \tag{3.153}$$

$$s \leftarrow s' \tag{3.154}$$

以上讨论的是确定的马尔可夫过程中 Q 学习的问题。在非确定的情况下，回报函数 $r(s,a)$和状态转移函数 $\delta(s,a)$可能为概率输出。例如，机器人的感应器常受到噪声的干扰，这样它的行为转移和回报便需要用非确定的马尔可夫过程来模拟。在这种条件下，函数 $\delta(s,a)$和 $r(s,a)$可以先看作基于 s 和 a 产生的一个输出分布，然后根据这个分布去输出。当这个概率分布仅仅依赖当前的 s 和 a（和以前的 s 和 a 无关）时，便称这样的系统为非确定的马尔可夫过程。非确定的马尔可夫过程下，需要重新定义 Agent 的目标，因为回报和行为转移并不确定。这必须把公式(3.40)一般化为应用策略得到的折算累积回报的期望，即

$$V^{\pi}(s_t) = E\left[\sum_{i=0}^{\infty} \gamma^i r_{t+i}\right] \tag{3.155}$$

此时需要重新定义 Q 的递归形式，把公式(3.151)一般化，如等式 3.156：

$$Q(s,a) = E[r(s,a) + \gamma \sum_{s} p(s'|\mathrm{s,a}) \max Q(s',a')] \tag{3.156}$$

这里 $P(s'|s,a)$是状态转换概率，表示在状态 $s \in S$ 执行行为 $a \in A$，转换到状态 $s' \in S$ 的概率。前述规则 1 是从公式(3.151)得到的，但在非确定的条件下，规则 1 并不能保证算法收敛。例如，在初始化 Q'表时即便使用 Q 的真正值，但由于每次遇到该状态—行为时所产生的回报并不相同，该项还将一直被替换。因此，需要新的训练规则。可以通过给新估计的 Q'一个随重复次数而衰减的加权来实现，从而保证 Q'收敛于 Q，如规则 2：

$$Q'_n(s,a) \leftarrow (1-\alpha_n) Q'_{n-1} + \alpha_n [r + \gamma \max_a Q'_{n-1}(s',a')] \tag{3.157}$$

这里 α_n 为学习因子（取 0 到 1 之间的值）。可见当 $\alpha_n = 1$ 时，就是确定的马尔可夫过程的情形。

3. Q 学习算法收敛性

(1) 确定的马尔可夫过程

在实际应用中，只有保证评价函数 Q 收敛，才能应用该算法最终得到优化策略。一般满足以下条件，Q 函数就是收敛的：第一，系统可用确定的马尔可夫过程模拟；第二，Agent 在任意状态—行为下所得到的回报是有界的；第三，Agent 选择行为的策略可保证随着学习进行，使每对状态—行为都会无穷地出现。当然，这些条件有的是很普通的，因为许多实际问题都可以用马尔可夫过程描述；而获得有界的回报（可

正可负)也不难。但是,要求每对状态—行为无穷地出现却非常难。

下面给出定理 1——确定的马尔可夫过程下 Q 学习收敛。

定理 1:Agent 在确定的马尔可夫过程系统中,在有界的回报 $\forall(s,a)|r(s,a)|<c$ 下,应用规则 1 训练 Agent 进行 Q 学习,初始化表 Q' 为任意值,选择 $0<\gamma<1$ 记 $Q'_n(s,a)$ 为第 n 次改进后的 Agent 的假设 $Q'(s,a)$。如果每一对 (s,a) 无穷次重复出现并被改进,则对于所有 s 和 a,当 $n\rightarrow\infty$ 时,$Q'(s,a)$ 收敛到 $Q(s,a)$。

(2) 非确定的马尔可夫过程

下面给出定理 2——非确定的马尔可夫过程下 Q 学习收敛。

定理 2:Agent 在非确定的马尔可夫过程系统中,在有界的回报 $\forall|r(s,a)|r(s,a)|<c$ 下,应用规则 2 训练 Agent 进行 Q 学习,初始化表 $Q'(s,a)$ 为任意值,并选择。$0<\gamma<1$。令 $n(i,s,a)$ 对应于第 i 次在状态 s 应用行为 a。如果每对状态—行为被无穷次地重复,有 $0<\alpha_n<1$,并且

$$\sum_{i=1}^{\infty}\alpha_n(i,s,a)=\infty,\sum_{i=1}^{\infty}[\alpha_n(i,s,a)]^2<\infty \tag{3.158}$$

则对于所有 s 和 a,当 $n\rightarrow\infty$ 时,$Q'(s,a)$ 以概率 1 趋近于 $Q(s,a)$。

4. 学习过程中的行为策略

注意在上述的算法没有指定 Agent 如何选择行为。一个明显的策略是,对于在状态 s 的 Agent,选择使 $Q'(s,a)$ 最大化的行为,从而利用其当前近似的 Q'。然而,使用此策略存在风险,Agent 可能过度束缚到早期训练中有高 Q' 的行为,而不能够探索到其他可能有更高值的行为。实际上,上面的收敛性定理要求每个状态—行为转换无限频繁的发生。显然,如果 Agent 总选择使当前 $Q'(s,a)$ 最大的行为,将不能保证无限频繁性。因此,在 Q 学习中通常使用概率的途径来选择行为。有较高 Q 值的行为被赋予较高的概率,但所有行为的概率都非 0。赋予这种概率的方法是:

$$P(a/s)=\frac{k^{Q'(s,a)}}{\sum k^{Q'(s,a)}} \tag{3.159}$$

其中 P(a|s)为 Agent 在状态 s 时选择行为 a 的概率,$k>0$ 为一常量,它确定此选择优先考虑高 Q'值的程度。较大的 k 值会将较高的概率赋予超出平均 Q'值的行为,致使 Agent 利用它所学习到的知识来选择它认为会使回报最大的行为,即使用贪婪型的策略。相反,较小的 k 值会使其他行为有较高的概率,导致 Agent 探索那些当前 Q'值还不高的行为,即使用探索型的策略。

另外还有一种非常常用的方法是采用 ε-greedy 策略,该策略并不是每次都选择 Q'最大的行为,而是以概率随机选择行为,以 $1-\varepsilon$ 概率选择 Q'最大的行为。

5. 与动态规划的关系

Q 学习算法与动态规划有紧密的联系,动态规划通过假定 Agent 拥有它所处环

境的函数 $\delta(s,a)$ 和 $r(s,a)$ 的完美知识。因此，它主要解决的问题是用最小的计算量得到优化策略，其中假定环境可被完美地模拟，不需要直接的交互。Q 学习的新颖之处在于它假定不具有 $\delta(s,a)$ 和 $r(s,a)$ 的知识，它不能在内部模拟的状态空间中移动，而必须在现实世界中移动后并观察结果。在后一种情况下，我们主要考虑的是 Agent 为收敛到一个可接受的策略必须执行的真实世界行为数量，而不是花费的计算迭代次数。原因是，在许多实际的领域中，比如生产问题，在外部世界中执行行为的时间和费用开销比计算开销更值得关注。在真实环境中移动进行学习并且观察其结果的系统通常称为在线系统，而主要通过模型模行为的学习被称为离线系统。

3.5.2.2　人工神经网络与 BP 算法

1. 人工神经网络简介

人工神经网络(Artificial Neural Network，简称 ANN)是指模拟人脑神经系统的结构和功能，运用大量的处理部件，由人工方式构造而成的网络系统。

人工神经网络是由大量的神经元互连而成的网络，它是在现代神经科学研究成果的基础上提出的，反映了人脑功能的基本特性，但它并不是人脑的真实描写，只是它的某种抽象、简化与模拟。神经网络理论突破了传统的、串行处理的数字电子计算机的局限，是一个非线性动力学系统，并以分布式存储和并行协同处理为特色，虽然单个神经元的结构和功能极其简单有限，但是大量的神经元构成的网络系统所实现的行为却是极其丰富多彩的。神经网络能够通过学习和训练获得用数据表达的知识。除了可以记忆已知的信息之外，神经网络还具有较强的概括能力和联想记忆能力。

目前，人工神经网络成了信息领域的热门研究课题。由于其较强的容错能力和对噪声的鲁棒性，神经网络已广泛地应用在社会生活和生产实际的各个领域。如自适应信号处理，时间序列预测，非线性信号处理，组合优化与智能控制，决策与管理，模式识别，计算机视觉、听觉、味觉，语言翻译，机器学习，专家系统，智能机器人，故障诊断，自然语言理解等。神经网络代表一种新的主义，即连接主义，用于解决诸如知识表达、推理学习、联想记忆、乃至复杂的社会现象，如混沌、社会演变等复杂系统的统一模型，它将预示着一个新的工业的到来。人工神经网络的重大进展有可能使包括信息科学在内的其他学科产生重大的突破。展望人工神经网络的成功应用，人类智能有可能产生一次新的飞跃。

2. BP 算法描述

1988 年，Rumelhart，Hinton 和 Williams 提出了用于前向神经网络学习训练的误差逆传播算法(Back Propagation，简称 BP 算法)，成功地解决了多层网络中隐含层神经元连接权值的学习问题。

BP 算法是有教师指导的，适合于多层神经网络的学习训练，是建立在梯度下降算法基础上的。主要思想是把学习过程分为两个阶段，第一阶段（信号正向传播过程），输入信号通过输入层经隐层逐层处理并计算每个节点的实际输出值；第二阶段（误差修正反向传播过程），若在输出层未得到期望的输出值，则逐层递归地计算实际输出与期望输出之间的误差，并依据此误差来修正权值。用迭代运算求解权值相当于学习记忆，加入隐节点使优化问题的可调参数增加，从而可以得到更精确的解。

在学习过程中，对于每一个输入样本逐次修正权值向量，若有 N 个输入样本，那么，一次学习过程将对权值向量修正 N 次，这种逐次不断修正权值向量的方法称之为逐次修正法。

确定和选择网络结构包括确定输入层和输出层的节点数，选择隐层数和隐层节点数。确定节点的转移函数、误差函数类型和选择各个可调参数值。以基于 BP 算法的一个三层前向全连接神经网络为例，假设此网络的输入层有 n 个节点，隐层有 n1 个节点，输出层有 m 个节点。Y_i^1 为输入层节点 i 的输出；Y_j^2 为隐层节点 j 的输出；Y_j^3 为输出层节点 k 的输出；T_k 为输出层节点 k 对应的教师信号；w_{ij} 为节点 i 和节点 j 间的连接权值；w_{jk} 为节点 j 和节点 k 间的连接权值；θ_j 为隐层节点 j 的阀值；θ_k 为输出层节点 k 的阀值；η 为学习率。

下面介绍一下 BP 算法的实现：

(1) 初始化

① 设定学习次数 $t=0$；对网络权值赋于小的随机数，$W_ij\in[1,1]$，

$W_{jk}\in[-1,1]$。可以把阀值也看作一个权值，这里 $W_{oj}(t)=-\theta_i(t)$

$W_{ok}(t)=\theta_k(t)$，$Y_0^1=Y_0^2=1$。

(2) 前向计算

①输入一个学习样本 (X_K,T_K)，其中 $K\in1,2,\cdots,N\}$，N 为样本数，

$X_K\in R^n$，$T_K\in R^m$。

②计算隐层各节点的输出值：

$$Y_j^2=f\left(\sum W_{ij}Y_i^1\right)=f\left(\sum W_{ij}X_{Ki}\right)\qquad jj\in\{1,2,\cdots,n1\}\tag{3.160}$$

③计算输出层节点的输出值：

$$Y_K^3=f\left(\sum_{j=0}^{nl}W_{jk}Y_j^2\right)\qquad k\in\{1,2,\cdots,m\}\tag{3.161}$$

(3) 逆向误差修正计算

①输出层节点误差修正量的计算：

$$\delta_k=(T_k-Y_k^3)Y_k^3(1-Y_k^3)\qquad k\in\{1,2,\cdots,m\}\tag{3.162}$$

②隐层节点误差修正量的计算：

$$\delta_j = Y_j^2(1-Y_j^2)\sum_{k=1}^{m}\delta_k W_{jk} \qquad j \in \{1,2,\cdots,n1\}$$

求出的误差修正量 δ_k 来修正隐层和输出层间连接权值矩阵 $\boldsymbol{W}_{jk}$。对 $\boldsymbol{W}_{jk}$ 的修正为：

$$\boldsymbol{W}_{ij}(t+1)=\boldsymbol{W}_{jk}(t)+\eta\delta_k Y_j^2 \tag{3.163}$$

求出的误差修正量 δ_j 来修正输入层和隐层间连接权值矩阵 $\boldsymbol{W}_{ij}$。对 $\boldsymbol{W}_{ij}$ 的修正为：

$$\boldsymbol{W}_{ij}(t+1)=\boldsymbol{W}_{ij}(t)+\eta\delta_j Y_i^1 \tag{3.164}$$

③如果全部学习样本未取完，则返回，否则：

④计算误差函数 E，并判断 E 是否小于规定的误差下限，如果 E 小于误差下限，则算法结束；否则，如果学习次数到则算法结束；否则更新学习次数 $t=t+1$；返回。

3. *BP* 算法收敛性

BP 算法把一组样本的 I/O 问题变为一个非线性优化问题，使用了优化中最普遍的梯度下降算法，用迭代运算求解权值相应于学习记忆，加入隐节点使优化问题的可调参数增加，从而可以得到更精确的解。*BP* 算法只要通过有限次迭代，就能保证学习收敛。下面的定理，在数学上能够给予保证。

定理 3：令 $\varphi(X)$ 为一有界单调递增连续函数，K 为 R^n 维的有界闭集合，$f(X)=f(X_1,X_2,\cdots,X_n)$ 是 K 上的连续函数，那么对于任意的 $\varepsilon>0$。存在正整数 N 和常数 $C_i,\theta_i(i=1,2,\cdots,N)$ 和 $\boldsymbol{W}_{ij}(i=1,2,\cdots,N;j=1,2,\cdots,n)$ 使：

$$\max_{X\in K}\left|f(X_1,X_2,\cdots,X_{n-})-\sum_{i=1}^{N}C_i\phi\left(\sum_{j=1}^{n}\boldsymbol{W}_{ij}\cdot X_j-\theta_i\right)\right|<\varepsilon \tag{3.165}$$

成立。

此定理说明对于任意 $\varepsilon>0$，存在一个三层网络，其隐单元的输出函数 $\varphi(X)$，输入输出单元为线性的，对于任意连续映射 $\mathrm{f}:\mathrm{R_n}\longrightarrow\mathrm{R_m}$，在任意的有界闭集合上能以任意精度逼近。

3.5.2.3　基于增强学习和神经网络的信号协调控制策略研究

本书对车辆运行情况进行了模拟，实现了交通控制程序，根据交通状态信息，采用增强学习与人工神经网络相结合的智能控制方法，动态的制定交通控制策略，进行实时的交通信号控制。此程序主要分为三个部分：发车模型，Q 值存储网络，交通信号控制策略。

1. 发车模型

微观交通仿真是一项复现交通流时空变化的交通分析技术，能对交通的各种状况进行预测与评估。断面发车模型是微观交通仿真中的一个重要模型。任何一个微观交通仿真平台，都是把发车作为整个仿真的起始点。微观交通仿真时有一个仿真区域,这个区域的边界为断面。车辆进入仿真区域时,可以统计得出通过此断面的分布规律,利用数学模型近似地描述出交通流的断面车辆的通过情况,用计算机实现,并能为微观仿真平台初始化车辆参数。仿真平台将对各种交通情况作评估,要求其发车数学模型应具有通用性与真实性。这里发车模型是一种基于概率论原理建立的描述模型,只需改变表达式的参数就可适用于不同的交通情况。文中通过对泊松分布规律进行数学变换,建立了具有通用性的发车数学模型,并给出了其计算机实现算法。

(1) 数学模型的建立

车辆进入仿真区域是个随机性事件,因此,可认为进入仿真区域的车辆之间的间隔时间是个随机量。根据车辆进入仿真区域本身的特点,从理论上应满足下列条件:

① 在不相重叠的时间区间内车辆的产生是互相独立的,即无后效性。

② 对充分小的 Δt,在时间区间$[t,t+\Delta t]$内有一辆车产生的概率与 t 无关,而与区间长度 Δt 成正比,即车辆的产生具有平稳性。

③ 对于充分小的 Δt,在时间区间$[t,t+\Delta t]$内,一条车道上有两辆或两辆以上车辆产生的概率极小,即具有普通性。

通过对相关资料提供的车流数据的分析,在城区、市郊、高速公路等车辆通行较为频繁的地方,车流到达情况接近均匀的波峰分布,指无突起的波峰,但并非每个时段经过车辆数都平均(指概率均等)。交通高峰、平峰、低峰差异表现在总车辆数的多少上。对于比较特别的交通情况,如突然产生一个巨大的波峰或在交通量很小的地方,当作小概率事件接受。在此选用泊松分布来表示交通流的分布情况:

$$p_\lambda(n)=\frac{\lambda^n}{n!}\mathrm{e}^{-\lambda}\qquad(n=0,1,2,\cdots)\tag{3.166}$$

其中,n 是经过断面的车辆数。由于泊松分布的变异系数 $D(x)/E(x)=1$,则根据变异系数定义,该分布的概率曲线集中度比较均匀,能体现车辆到达分布的特点。参数 λ 的物理意义是:在采样间隔时间 t 内经过断面的平均车辆数。令 $\lambda=\beta t$,β 表示车辆平均到达率(veh/s),公式(3.166)转化为

$$p_t(n)=\frac{(\beta t)^n}{n!}\mathrm{e}^{-\beta t}\qquad(n=0,1,2,\cdots)\tag{3.167}$$

这是一个参数 $\lambda=\beta t$ 的泊松分布。该公式的物理意义是:在采样间隔时间 t 内有 n 辆车进入仿真区域的可能性为 $p_t(n)$。当固定采样时间,则可通过在不同的断面处测量车辆数的方法确定参数 λ。对于采样时间,若过短,则车辆数会相对少,且数据的波动会相对增加,不符合泊松分布的定义;若过长,则车辆数会趋于常数,不能体现出车辆数的随机规律。经过实验得出:当车流量较大时,采样时间适当选小一点;当车流量较小时,采样时间适当选大一点。通过断面的车辆数呈现泊松分布规律,在基

于泊松分布原理而建立断面发车模型时，重要的是利用概率统计原理，确定出发车模型的相关参数，从而建立起具体的发车模型。

为了验证以上的断面发车规律，说明如何确定有关参数，下面以某城市中某一路口为一断面，举例说明如何求参数 λ。以 15 s 为采样时间，在 10 点钟到 12 点钟之间测量了 70 次，得到 70 组车辆数，见表 3.9 所列：

表 3.9 测量的车辆数——概率统计表

每 15 s 经过的车辆数	观测频率数	实际数据直接得到的概率	求出 λ=7.523 5 后代入式(4.1)计算所得概率	求出 λ=7.2714 后代入式(4.1)计算所得概率
0	0	0.000 0	0.000 5	0.000 7
1	0	0.000 0	0.004 1	0.005 1
2	1	0.014 3	0.015 3	0.018 4
3	3	0.042 9	0.038 3	0.044 5
4	5	0.071 4	0.072 1	0.081 0
5	8	0.114 3	0.108 5	0.117 8
6	10	0.142 9	0.136 1	0.142 7
7	11	0.157 1	0.146 2	0.148 2
8	10	0.142 9	0.137 5	0.134 7
9	8	0.114 3	0.115 0	0.108 9
10	7	0.100 0	0.086 5	0.079 2
11	5	0.071 4	0.059 2	0.052 3
≥12	2	0.028 6	0.080 6	0.066 6
合计	70	1.000	1.000 0	1.000 0

从表中实测的数据可以算出 λ 的期望：$\lambda=\sum_{n=1}^{12} n\cdot p=7.2714$ 则有 $\beta=\lambda/15=0.4848$ veh/s。根据已知的泊松表达式，用表中的数据进行最小二乘法与线形迭代合法求得 $\lambda=7.5235$，则有 $\beta=\lambda/15=0.5016$ veh/s。

将上面求得的两个不同的 λ 代入式(3.166)中，画出曲线与实测数据的曲线比较(见图 3.46)。可以看出，当 $\lambda=7.5235$ 时，式 3.166 的泊松分布曲线更接近实测的数据曲线，且此为最小二乘法确定参数，每点数据在总体走向上为最接近实测数据，所以确定 $\lambda=7.5235$。

(2) 计算机实现算法

当参数 λ 确定后，根据公式(3.166)可产生服从泊松分布的随机变量。但仿真模型所需的是两辆车到达的间隔时间，而非此随机变量代表的在固定的一段时间内到达的车辆数。从公式(3.167)可以看出，此式有 3 个变量：时间、车辆数、概率。所表达的意义是当时间固定时，车辆数与概率之间的函数关系，即在采样间隔时间 t 内有 n 辆车进入仿真区域的可能性。当车辆数 n 固定时，公式 3.167 表示的是时间与概率之间的函数关系，记作 $p_n(t)$。则当 $n=1$ 时，$p_1(t)$ 表示的是采样间隔时间为 t

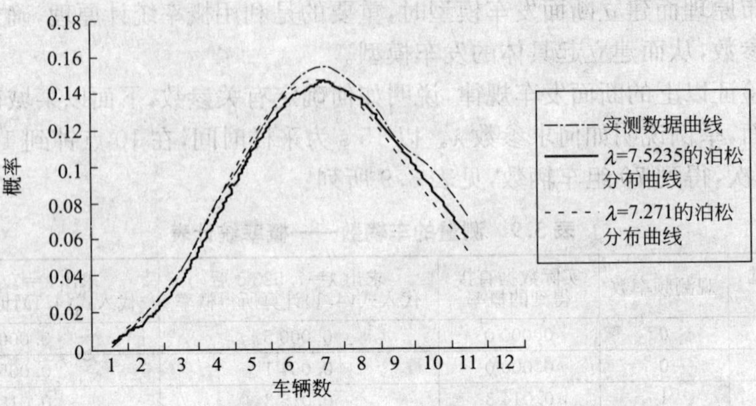

图 3.46 车辆数-概率曲线图

时，到达一辆车的概率，用公式表达为：

$$p_1(t)=\beta t\mathrm{e}^{-\beta t}\quad(t>0)\tag{3.168}$$

公式 3.168)表示了一辆车在可能间歇出现的概率，并服从负指数分布规律。仿真程序中的车辆将以该分布产生的随机变量作为发车间隔时间，依次进入仿真区域。由于在计算机上实现伪随机数是很容易的，且产生(0,1)均匀分布的随机数通常都会有现成的函数或子程序。下面为用(0,1)均匀分布的随机数产生仿真车辆的相关步骤。由前可知，用 $\lambda=\beta t$，代入公式(3.168)方便计算，得：

$$p_1(\lambda)=\lambda\mathrm{e}^{-\lambda}\qquad(\lambda>0)\tag{3.169}$$

对式(3.169)两边进行积分，得到 λ 的分布函数：

$$F(\lambda)=(-\lambda-1)\mathrm{e}^{-\lambda}+1\qquad(\lambda>0)\tag{3.170}$$

显而易见 $F(\lambda)$ 是单值的、递增的、非负的函数，而且满足 $0\leqslant F(\lambda)\leqslant 1$。也就是说，$\lambda$ 与 $F(\lambda)$ 是一一对应的，那么就可以产生(0,1)均匀分布的随机数，求出与之对应的 λ。最后，间隔时间 $t=\lambda/\beta$。这样，就可以在计算机上实现服从泊松分布的发车模型。

2. Q 值存储网络

(1) 存储方式的确定

对于 Q 值的存储，主要有两种方式：一是线性表方式，这种方式主要适用于状态有限的简单情况；另一种是采用神经网络存储方式，这种方式适用于环境状态空间很大的情况，因为神经网络的存储能力强，而且可以利用神经网络的泛化能力对没有学习过的状态进行外推。

由于交通状态空间很大，文中采用 BP 神经网络来存储 Q 值。在采用神经网络存储 Q 值时，还需要确定是采用多个单输出的神经网络分别存储不同行为的 Q 值，还是采用一个多输出的神经网络，每个输出代表一种行为的 Q 值。如果采用一个多输出的神经网络，则针对一种行为进行 Q 值的修改时，由于隐层节点的权值是对所有行为共享的,必然会影响其他行为的 Q 值的计算。因此,文中采用多个单输出的三层 BP 神经网络分别存储每种行为对应的 Q 值。

针对城市交通网中相邻路口的交通流可能相互冲突,即局部交通流的优化可能引起其他区域交通状况的恶化的问题,文中采用了全局的交通流

优化控制策略。路网中存在两类 Agent:路口 Agent 和管理 Agent。假设路网中有 n 个路口,每个路口都可以看成是一个 Agent,整个路网由一个管理 Agent 进行控制。路口 Agent 实时地将检测器检测到的交通状态信息传送给管理 Agent,管理 Agent 根据接收到的所有路口 Agent 传送来的信息,产生全局的控制策略,然后将每个路口的控制策略传送给相应的路口 Agent。路口 Agent 负责执行控制策略,每个路口 Agent 都有两种行为:维持绿灯相位和改变绿灯相位。整个交互过程如图 3.47 所示:

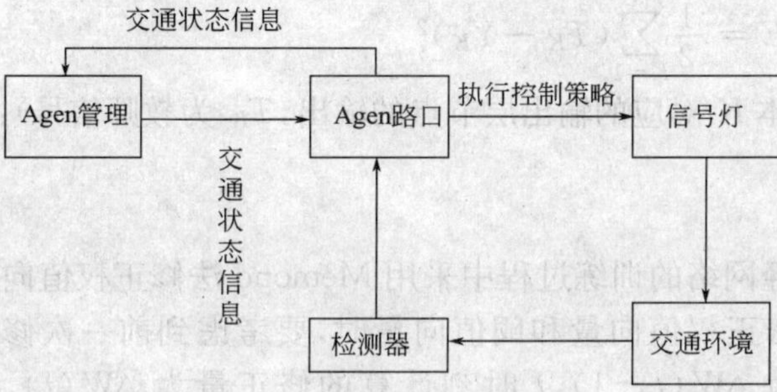

图 3.47　交通信号控制回路

管理 Agent 的行为集中共有 2^n 种行为,我们为每种行为建立一个 Q 值存储网络。

(2) 网络结构的设计

在 Q 值存储网络中,作为输入的是交通状态。合理的选择与提取交通状态,是决定学习过程有效性的重要因素之一。一般来说,与控制策略密切相关的因素主要分为三类:

A 类:长期保持不变的因素,包括路口的物理空间布局、与路口相关的路段数、每个路段的车道数,及各方向路段的设计通行能力;

B 类:在一段时间范围内保持相对稳定,但是从更大范围来看,这些因素又是不断变化的,包括所处的工作日、当前的工作时段及天气条件等;

C 类:每时每刻都在变化的因素,包括路口的当前绿灯相位,路口的排队车辆数、实际通行的车辆数、车辆的延误时间等与道路实时状态有关的各种因素。

在选择作为 Q 值存储网络输入的交通状态时,主要针对 C 类因素,因为 A 类因素总是保持不变的,而在控制程序中没有考虑 B 类因素对交通的影响。在 C 类因素中,最主要的两个交通状态为:路口的绿灯相位代码,路口的排队车辆数。在文中,将整个路网的交通状态作为 Q 值存储网络的输入,此状态-行为对对应的 Q 值作为输出,整个路网的交通状态用所有路口的交通状态的组合表示。所以对于 n 个路口的情况,Q 值存储网络的输入层节点数为 $2n$,隐层节点数取输入层节点数的 3 倍,输出层节点数为 1。

(3) 网络参数的设置

Q值存储网络的各个参数设置如下：

学习率取0.5；

初始权值和初始阈值取区间[−1,1]内的随机数；

隐层的转移函数和输出层的转移函数都选 Sigmoid 函数：$f(x)=1/(1+e-x)$；

误差函数为二乘误差函数：$E=\frac{1}{2}\sum_{K=1}^{N}(T_K-Y_K)^2$

(N为训练样本数，Y_K为样本K对应的输出层节点的输出，T_K为教师信号)；

误差下限取10^{-4}；

最大学习次数设为1 000。

为加快收敛速度，文中在神经网络的训练过程中采用 Memond 法修正权值向量和阈值向量。使用 Memond 法修正权值向量和阈值向量时，要考虑到前一次修正量。如果$t-1$时刻的修正量为$\Delta W(t-1)$，t时刻计算的修正量为$\Delta W(t)$，设 Memond 系数为m，则 Memond 法对权值的修正量为：

$$\Delta W(t+1)=\Delta W(t)+m\cdot\Delta W(t-1)$$

当t时刻计算的修正量为$\Delta W(t)$和 Memond 项$\Delta W(t-1)$符号相异时能使本次的修正量变小，即能抑制振荡，因而能加快学习过程。在本文中，Memond 系数取为0.9。

3. 交通信号控制策略

(1) 控制过程描述

用 Q 学习和 BP 算法解决交通信号控制问题的过程如下：

步骤1：在决策时间点，观察当前的交通状态s；

步骤2：通过Q值存储网络计算每种行为对应的Q值；

步骤3：管理 Agent 根据一定的策略选择行为a，并分别交由各个路口 Agent 执行；

步骤4：执行行为a后，收到回报r；

步骤5：观察新的交通状态s'；

步骤6：对$Q(s,a)$按照下式进行更新：

$$Q(s,a)=(1-\alpha)Q(s,a)+\alpha(r+\gamma\max_{a'}Q(s',a'))Q(s',a')$$

其中α为学习因子，γ为折扣系数；

步骤7：将交通状态 s 和更新过的$Q(s,a)$作为一个新的训练样本，添加到行为a所对应的Q值存储网络的训练样本集当中(如果新样本与样本集中原有样本冲突，删除原有样本)，并对此Q值存储网络重新进行训练；

步骤8：转向执行步骤1。

每个 Q 值存储网络的训练样本集用数据库中的表进行存储，具体形式如图 3.48 所示：

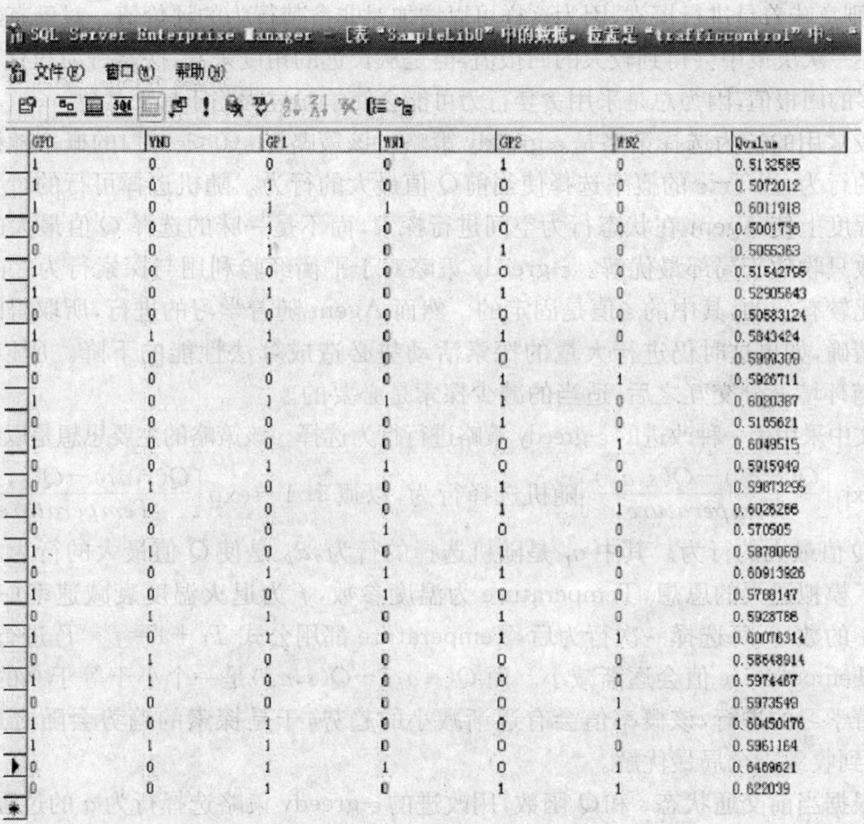

GP0	WN0	GP1	WN1	GP2	WN2	Qvalue
1	0	0	0	1	0	0.5132585
1	0	1	0	0	0	0.5072012
1	0	1	1	0	0	0.6011918
0	0	1	0	0	0	0.5001736
0	0	1	0	1	0	0.5055363
1	0	0	0	0	0	0.51542795
1	0	1	0	1	0	0.52905843
0	0	0	0	0	0	0.50583124
1	1	1	0	1	0	0.5843424
0	0	1	0	0	1	0.5998309
0	0	0	0	1	1	0.5926711
1	0	1	1	1	0	0.6020387
0	0	0	0	1	0	0.5165621
1	0	0	0	0	1	0.6049515
0	0	1	1	0	0	0.5915949
0	1	0	0	1	0	0.59873295
1	0	0	0	1	1	0.6026266
0	0	0	1	0	0	0.570505
1	1	0	0	1	0	0.5878069
0	0	1	1	1	0	0.60913926
1	0	0	1	0	0	0.5788147
0	1	1	0	1	0	0.5928788
1	0	1	0	1	1	0.60076314
0	1	0	0	0	0	0.58648914
1	1	0	0	0	0	0.5974487
0	0	0	0	0	1	0.5973549
1	0	1	0	0	1	0.60450476
1	1	1	0	0	0	0.5961164
0	0	1	1	0	1	0.6469621
0	0	1	0	1	1	0.622039

图 3.48　训练样本集

(2) 回报函数的选取

在 Q 学习中，需要环境为 Agent 提供一个回报，作为对其决策行为的评价，回报函数的选择应该能够反映决策行为的优劣。在交通信号控制领域中，衡量控制效果的指标有多个：燃油消耗量、交通流量、平均排队车辆数目、车辆的平均延误时间等。本文采用车辆的平均延误时间 AverageDelayTime 作为衡量控制效果的指标，回报函数采用如下形式：

$$r=\frac{1}{AvergeDelayTime} \tag{3.171}$$

(3) 行为选择策略

根据 Q 值进行行为选择时，必须注意解决对已有经验的利用和对未知领域的探索之间的关系。针对不同的行为，可以计算出与这些行为对应的 Q 值，在这些值中，总有一个最大值。如果在行为选择时，采用 Q 值最大的行为，我们称之为贪婪行为，对贪婪行为的选择意味着是对有关行为的评价经验的利用。如果在行为选择时，不采用贪婪行为，则意味着是进行探索，因为这样可以增加对非贪婪行为的评价值。对已有经验的利用在一次决策中会得到较大的回报值，但是从长远的角度来看，探索行为却有利于得到更多的回报值，因为总是采用贪婪行为可能会使学习过程陷于局部最优。

较常用的行为选择策略是 ε-greedy 策略。该策略以 $\varepsilon(0<\varepsilon<1)$ 的概率随机选择可行的行为，以 $1-\varepsilon$ 的概率选择使当前 Q 值最大的行为。随机选择可行的行为可在一定程度上使 Agent 在状态行为空间进行探索，而不是一味的选择 Q 值最大的行为而导致只收敛于局部最优解。ε-greedy 策略对于平衡经验利用与探索行为之间的关系是比较有效的，其中的 ε 值是固定的。然而 Agent 随着学习的进行，所取得的知识趋于精确，如果这时仍进行大量的探索活动势必造成算法性能的下降。所以在 Agent 与环境充分交互之后，适当的减少探索是必要的。

文中采用了一种改进的 ε-greedy 策略进行行为选择。该策略的主要思想是以概率 $\exp\left[\frac{Q(s,a_r)-Q(s,a_p)}{Temperature}\right]$ 随机选择行为，以概率 $1-\exp\left[\frac{Q(s,a_r)-Q(s,a_p)}{Temperature}\right]$ 选择使 Q 值最大的行为。其中 a_r 是随机选择的行为，a_p 是使 Q 值最大的行为。这里引入了模拟退火的思想，Temperature 为温度参数，f 为退火温度衰减速率（一个接近于 1 的数）。每选择一次行为后，Temperature 都用公式 $T_k+1=f*T_k$ 进行更新，这样 Temperature 值会逐渐减小。而 $Q(s,a_r)-Q(s,a_p)$ 是一个小于等于 0 的值，所以随着学习的进行，该概率值会有逐渐减小的趋势，于是探索的趋势会随之逐渐减小，直到收敛于全局最优解。

根据当前交通状态 s 和 Q 函数，用改进的 ε-greedy 策略选择行为 a 的过程如下：

步骤 1：从可行的行为集中随机选取一行为 a_r；

步骤 2：从可行的行为集中选取使 Q 值最大的行为 a_p；

步骤 3：产生[0,1]之间的随机数 ε

步骤 4：如果 $\varepsilon<\exp\left[\frac{Q(s,a_r)-Q(s,a_p)}{Temperature}\right]$，则 $a\leftarrow a_r$，否则 $a\leftarrow a_p$。

3.6 本章小结

通过对战略、战术检测器优化配置技术、控制子区划分与合并技术、混合交通配时参数优化技术的研究，本章重点介绍了混合交通流控制策略和算法及实施技术。

第4章 新一代智能化交通信号控制器开发

4.1 概 述

4.1.1 交通信号控制器开发背景及意义

交通控制是现代城市交通管理和控制的基础和重要组成部分，它通过对城市道路路口时间和空间资源的合理配置，使得在充分利用现有资源的条件下，能够最大程度的满足交通需求，保证城市道路的畅通、有序。随着国民经济的快速发展，国内城市道路交通的发展尤其显著，拥堵的现象越来越严重，给交通管理和信号控制也提出了越来越高的要求。

从历史发展的角度来看，交通信号控制器的发展是伴随着交通信号控制系统的发展而与时俱进的。从世界上第一台煤气信号灯 1868 年安装在伦敦威斯敏斯特街口开始，交通信号控制系统至今已经走过了将近 140 年的历程。从最开始的手动控制到现在的智能化、集成化控制，从简单的单点信号控制到复杂的区域信号协调控制，交通信号控制软件的功能越来越强大，越来越智能，也就要求交通信号控制器的功能越来越强大，能够响应这些越来越复杂的控制指令。

在智能交通技术飞速发展的今天，交通控制手段已经不仅仅局限于传统的信号灯控制，已经从单一的信号灯控制向包含交通信号、交通诱导的一体化交通控制转变，同时为了减少违章引起的道路通行能力的下降，电子警察等纠违设备也越来越多的应用在了道路上，还有诸如公交优先、公交专用道等等，这都说明了交通控制的内涵已经得到了大大的扩展，是根据不同的道路交通情况，运用综合的技术和手段，制定合理、高效的方案来对交通状况进行控制，使得道路资源能够得到充分的利用，提高道路的通行能力，并保证驾驶员的安全，这对我们社会的和谐发展无疑具有非常的意义。

一个成熟的交通控制系统一般包括软件模块和硬件模块两大部分，软件模块就是通常所说的交通信号控制软件，包含了各种复杂的交通控制算法，相当于一个信号控制系统的“大脑”，这在文中已经作了详细地阐述，这部分主要就交通控制系统的硬件模块，即交通信号控制器进行阐述，它相当于交通控制系统的“四肢”，在“大脑”的控制下完成各种动作,两者相辅相成,缺一不可。

4.1.2 交通信号控制器国内外发展概况

从当前交通信号控制器的国内外开发理念来看,国内外传统的交通信号控制系统就是指的交通红绿灯信号控制系统,虽然为了适应交通的发展,衍生出了很多智能控制算法和控制方式,但是其理念还是局限在调整红绿灯信号,优化交通流的时间分布上,仍然是一个独立的系统。随着系统的增多,也慢慢暴露出路口设备过多,维护麻烦,通讯复杂,交通信息中心负担大等等缺点,不利于发挥出智能交通系统在改善交通方面的优势。国外已经注意到了这一问题,如美国在最新提出的交通信号控制器标准 ATC v5.2 中已经提出了将多种智能交通设备进行集成控制,但相关的产品尚处于研制的起步阶段。而国内目前尚未见到相关报道,交通信号控制器的研制还停留在对交通信号灯的单一控制上。

从当前交通信号控制器的国内外标准来看,国外从上世纪 40 年代开始逐步制定交通信号控制器的标准,迄今已经发展了 6 代,形成了一系列软硬件标准,正是在这些标准的支撑下,以上几个国家都开发出了较为成功的交通信号控制系统及相关设备,诸如西门子 ST800 型信号机等,有力的配合了 SCATS 系统、SCOOT 系统等世界著名交通控制系统在国际上的推广,促进了相关的产业迅速发展。而我国在该领域尚无自己的标准,导致我国在交通信号控制领域内只能长期跟在外国人的背后亦步亦趋,难于有我们自己的创新突破。国内各厂商都是参照国外标准,开发产品时按照自己的理解制定了一些协议,不同厂商的设备之间难于互通互用。尤其是诸如北京这样的大城市经常同时安装有多套交通信号控制系统,由于协议、标准的不同,造成各系统之间无法信息共享,各自为政,造成了资源和信息的浪费。

从当前交通信号控制器的国内外产品来看,交通信号控制器的布设往往是与各个国家和城市所采用的交通信号控制系统息息相关的。就我国交通根据目前国内的交通控制系统调查情况来看,大多数大中城市是引进国外的交通控制系统,其中比较典型的是 SCOOT 系统在北京、大连、成都、青岛投入使用,SCATS 系统在上海、广州、沈阳、宁波、杭州投入使用。长春和郑州引进的是西班牙的 Sanco 交通控制系统,深圳则使用的是日本的京三系统。与之相应的 PHILIPS 的 PSCMark2,AWA 公司的 Delta5 型信号机就开始大举进入国内市场,国外产品目前已经推出了很多符合 NTCIP 协议(National Traffic Communication for ITS Protocol)的交通信号控制器,但面向智能交通的新一代智能化交通控制器也才刚刚开始研制,目前尚无成熟的产品推出。国内在交通信号机的产品上,比较典型的有上海宝康的 GBS2000 型信号机、上海计算技术研究所的 M-5A 型,上海交大的 MIC-TC 型路口信号控制器、南京多伦科技有限公司的 DPS-16 型交通信号控制器,青岛海信的 HSC100、SC200 系列交通信号控制器，北京亿阳的 EHLSTC-1620 交通信号控制器，哈尔滨新中新的 2000-Ⅰ交通信号控制器，西北工大的 XATM-V 型智能交通信号控制器等，在交通信号控制器生产领域初步形成了一定规模，但在信号设备的开发过程中，大多参考国外机型，仿制为主，在诸如可控制相位数，产品的耐用性等各方面开展研制和改进，尚未考虑面向智能交通系统进行集成控制，硬件设计上很难形成自主知识产权，不利于开拓境外市场。

从当前国内外交通信号控制器在我国的使用情况来看，由于我国当前的发展状况决定了混合交通问题在较长的一段时间内还将在我国存在，这是我国交通状况显著不同于国外的一点，导致很多国外先进的交通信号控制产品在中国出现“水土不服”的主要原因。国外的交通信号控制产品从底层的数据字典，交通算法，参数标定等各方面都没有考虑自行车等的影响，不能提供对混合交通的良好控制。国内已经有部分学者和厂商注意到了这一问题并开始了相应的研究，积累了一定的成果，但是主要集中在从交通信号控制系统软件、算法上对提供对混合交通的支持，尚未在硬件上考虑对混合交通控制的支持。

国家 863 高技术研究发展计划课题“新一代智能化交通控制系统关键技术开发”中，面向新时代条件下交通发展的要求，开展了对能够覆盖 2 000 个节点的大范围战略交通控制技术和覆盖不少于 500 个节点的区域交通协调控制技术的研究，并且在网络动态路径选择技术中创新性的提出了对区域交通控制与区域交通诱导的协同运作技术进行研究，这使得交通控制系统的规模和复杂性都提升到了一个空前的高度，需要完成的分析、处理、计算的工作量也变得非常的巨大，对通讯系统也提出了较高的要求，当前的国内外路口控制设备很难满足所有这些要求。为了满足大范围战略交通控制系统软件和区域交通协调控制系统软件的要求，必须研制相应的路口设备。

4.1.3　新一代交通信号控制器的设计理念

本章将围绕一个理念，一套规范，一种硬件，一个特色开展新一代交通信号控制器的探索与研究，从当前世界范围内的发展现状及趋势来看，主要包含以下几个方面：

1. 一个理念——“智能化交通节点”理念

国内外传统的交通信号控制系统就是指的交通红绿灯信号控制系统，虽然为了适应交通的发展，衍生出了很多智能控制算法和控制方式，但是其理念还是局限在调整红绿灯信号，优化交通流的时间分布上，仍然是一个独立的系统。难于在路口与其他智能交通系统实现互联互通、信息共享，只能将所有的信号都上传到交通信息中心再做综合处理。但是随着系统的增多，也慢慢暴露出路口设备过多，维护麻烦，通讯复杂，交通信息中心负担大等等缺点，不利于发挥出智能交通系统在改善交通方面的优势。

国外已经注意到了这一问题，如美国在最新提出的交通信号控制器标准 ATC v5.2 中已经提出了将多种智能交通设备进行集成控制，但相关的产品尚处于研制的起步阶段。而国内目前尚未见到相关报道，交通信号控制器的研制还停留在对交通信号灯的单一控制上。

将采用国际最先进的“智能化交通节点”概念，研制全面面向智能交通系统发展需求的新一代交通信号控制器，在这一领域保持与世界最先进技术的同步。

2. 一套规范——新一代交通信号控制器规范

国外从 20 世纪 40 年代开始逐步制定交通信号控制器的标准，迄今已经发展了 6 代，形成了一系列软硬件标准，正是在这些标准的支撑下，以上几个国家都开发出了较为成功的交通信号控制系统及相关设备，诸如西门子 ST800 型信号机等，有力的配合了 SCATS 系统、SCOOT 系统等世界著名交通控制系统在国际上的推广，促进了相关的产业迅速发展。如图 4.1 所示。

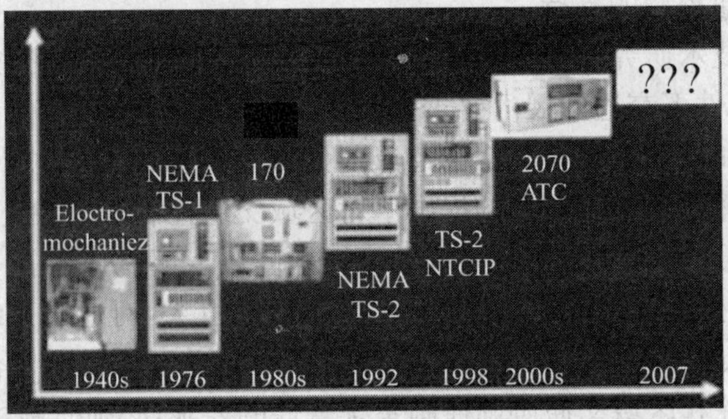

图 4.1　交通信号控制标准及设备发展史

而我国在该领域尚无自己的标准，导致我国在交通信号控制领域内只能长期跟在外国人的背后亦步亦趋，难于有我们自己的创新突破。国内各厂商都是参照国外标准，开发产品时按照自己的理解制定了一些协议，不同厂商的设备之间难于互通互用。尤其是诸如北京这样的大城市经常同时安装有多套交通信号控制系统，由于协议、标准的不同，造成各系统之间无法信息共享，各自为政，造成了资源和信息的浪费。

本章在完成新一代交通信号控制器开发的基础上，将探索、形成一套完整的交通信号控制器开发规范，这将是世界上首次在交通信号控制领域提出我们中国人自己的标准，这对结束我国各城市信号控制系统各自为政的局面，培育我国交通信号控制系统相关产业，产品走向国际市场都有重大的现实意义。

3. 一种硬件——新一代交通信号控制器硬件

为了满足海量计算，实时性、智能化、集成化的要求，新一代交通信号控制器不但要满足传统红绿灯信号控制系统复杂的计算要求，还要能同时兼容来自各种智能交通设备不同格式的信号，并做出统一处理，完成控制、上传、下传等一系列复杂操作。这对新一代交通信号控制器硬件提出了较高的要求，需要对信号控制器的计算模块，通讯模块，人机界面，电源管理等都要进行全新的设计。

国外很多厂商目前已经推出了很多符合 NTCIP 协议(National Traffic Communication for ITS Protocol)的交通信号控制器，但面向智能交通的新一代交通信号控制器也才刚刚开始研制，目前尚无成熟的产品推出。

国内目前有上海宝康、青岛海信、上海交大舒达(SUATS)、无锡锡山大为、北京亿阳等厂商在交通信号控制器生产领域初步形成了一定规模，总体来说，除上海宝康外，都还是仅仅结合 NTCIP 协议，考虑红绿灯交通信号控制系统自身的要求，在诸如可控制相位数，产品的耐用性等各方面开展研制和改进，尚未考虑面向智能交通系统进行集成控制，不满足我国智能交通的迫切需求。而且在信号设备的开发过程中，大多参考国外机型，仿制为主，硬件设计上很难形成自主知识产权，不利于开拓境外市场。

在先进理念和标准指导下的交通信号控制器必然需要强大的硬件设备作为依托，上海宝康公司将依托“新一代智能化交通控制系统关键技术开发”，结合自身在电子控制领域积累多年的经验，首次将 DeviceNet 技术总线应用于交通信号控制器，开发出完全兼容 NTCIP 协议，满足“智能化交通节点”要求的新一代交通信号控制器。

4. 一个特色——面向具有中国特色的混合交通

我国当前的发展状况决定了混合交通问题在较长的一段时间内还将在我国存在，这是我国交通状况显著不同于国外的一点，导致很多国外先进的交通信号控制产品在中国出现“水土不服”的主要原因。国外的交通信号控制产品从底层的数据字典，交通算法，参数标定等各方面都没有考虑自行车等的影响，不能提供对混合交通的良好控制。

国内已经有部分学者和厂商注意到了这一问题并开始了相应的研究，积累了一定的成果，但是主要集中在从交通信号控制系统软件、算法上对提供对混合交通的支持，尚未在硬件上考虑对混合交通控制的支持。

新一代智能化交通信号控制器结合宝康公司和吉林大学在交通控制领域长期研究的结果，将混合交通流的相位控制与 NTCIP 的数据字典相结合，从软硬件的底层协议开始提供对混合交通流控制的全方位支持。

除上述原因，国外先进系统还存在系统投资成本大、后期服务费用高等不利因素。综上所述，以“智能化节点”理念为导向的新一代交通信号控制器的研制，是我国交通人在长期工作经验中，充分吸收国内外经验，准确把握交通信号控制器发展方向基础上的大胆创新，该控制系统设计理念至少比当前国际著名的 SCOOT 和 SCATS 交通控制系统先进一代，使得各种路口设备由分散走向集成，从独立运作走向集成控制，并且为将来更为复杂的算法提供了良好的扩展基础。该设备的成功研制将对实现我国在交通信号控制领域跨越式的发展，把握将来的发展潮流，具有重大的现实意义。

4.2 新一代智能化交通控制器的设计与开发

4.2.1 新一代智能化交通信号控制器总体设计

4.2.1.1 基本要求

根据新一代智能化交通控制系统的需求分析，以及结合上海宝康电子控制工程有限公司长期以来在交通信号控制领域积攒的丰富实践经验，作者认为智能化交通信号控制器必须具备以下几点基本要求：

(1) 功能强大：智能化交通信号控制器首先必须符合新一代智能化交通控制系统复杂、频繁的小步距调整的需要，需要其通信系统的功能必须得到极大的增强通过仔细分析和设计，尽量提供比较完善的功能，并且可以方便地扩充其他功能，特别是符合中国交通特色的功能；

(2) 成本可控：通过优化结构和电路设计，进行模块化设计，用户可以根据需求选择相应的功能，以及合理选择元器件和加工单位，将硬件成本控制在用户可接受的范围之内；

(3) 性能稳定：通过优化软硬件设计和加强生产控制，使信号机各项性能指标达到标准规范的要求，平均无故障运行时间能达到五年；

(4) 版权独立：摆脱仿制国外信号机的束缚，依托本次国家 863 项目的支撑，研制完全符合我国国情和拥有完全自主版权的产品。

4.2.1.2 信号控制功能总体设计

智能化交通信号控制器在完全满足中华人民共和国公安部标准 GA47-2002 的基础上，可以采用多种方式实现与中心系统的通讯，具有先进的控制功能，提供区域协调控制（面控）、单点自适应、单点感应、无线线控、有线线控、多时段、手动、黄闪等工作方式，能够对大范围战略交通控制系统的控制指令进行实时响应，系统工作方式可以自动降级。

(1) 黄　闪

智能化交通信号控制器应该具备软件黄闪和硬件黄闪两种配置，使得黄闪控制更为可靠和节能，进入黄闪控制的途径主要包括：

硬件故障黄闪：当交通信号控制机的硬件发生故障时，可以进入硬件故障黄闪。

时段黄闪:通过参数设定,在指定时段进入黄闪控制方式。

手动黄闪:通过中心的控制终端或现场笔记本计算机,可以使交通信号控制机进入黄闪控制方式。

(2) 手动控制

在某些特殊情况下,路口民警可以通过智能化交通信号控制器侧面的手动按钮完成手动控制,进行信号转换、黄闪控制等,智能化交通信号控制器也必须能够响应来自控制中心操作终端或现场笔记本计算机的手动强制干预控制指令。

(3) 时基控制

在没有接受到大范围战略交通控制系统和区域交通信号协调控制系统指令的情况下,智能化交通信号控制器可以根据存储在机器中的基本配时方案离线执行,时间表可以是中心系统下传的固定配时方案,或通过笔记本计算机、手持终端在现场配置的。可根据年、月、周、日、时、分、秒,日时段划分为16个时段,每个时段表中最多可以有48个时段方案,10个为特殊日(节假日、事件等)方案。

(4) 单点(全、半)感应控制

智能化交通信号控制器应具有强大的单点感应控制功能,可对双向、全部相位或单向、部分相位实施全感应或者半感应控制,软件模块依靠检测设备提供的车辆到来信息,按照一定的延续绿,在最小绿和最大绿的约束下形成合理的信号运行周期和绿信比,可以有效地减少绿损失,感应相位无车辆申请时可执行相位跳跃或执行最短绿灯时间。

(5) 单点自适应控制

能够配置对一个周期中的全部相位或部分相位实施优化控制。

(6) 行人过街按钮功能

智能化交通信号控制器应该支持行人按钮信号输入,可将行人过街请求上发到区域交通信号协调控制系统中,做出判断,并决定是否在路段响应来自行人按钮的行人过街请求。

(7) 无电缆线控功能

智能化交通信号控制器需要具有无线对时功能,依靠准确的时钟校准,保持准确的时钟。在离线状态下,可以在预设(主要是预设交通信号控制机组和相互关系,即相位差Offset)的干道上实现无通讯的协调运行。可以保证执行无电缆联动的交通信号控制机之间的相对时钟误差≤1秒,日时段划分16个,每个时段表中最多可以有48个时段方案,不同方案的相位执行顺序可设定。

(8) 有线线控功能

通过智能化交通信号控制器之间的通讯电缆连接,每个路口控制器不仅能向其相邻的路口控制器发送本路口的控制和交通信息,而且可以接受这些控制信息和交通信息，作为控制信息输入，对本机的相位差和绿信比作相应调整。

(9) 多台路口控制器的协调控制功能

集成进入系统控制的智能化交通信号控制器可以接受大范围战略交通信号控制系统和区域交通信号协调控制系统下达的控制指令以及协调优化参数，实现多个相关路口交通信号的协调优化控制。

(10) 特殊控制

可以执行紧急车辆优先控制、公交车优先控制、倒记时等控制功能。

基本功能需求如表 4.1 所示。

表 4.1 智能化交通信号控制器基本功能需求

一般要求	如无特殊规定，文中信号持续时间的调节步长均为 1 s 黄闪信号频率为 55 次/～65 次/min，其中信号亮暗时间比为 1∶1 绿闪信号频率、信号亮暗比同黄闪信号 所有的时间设定精度应在±3%范围内 在控制方式转换、配时方案变化时，信号机应实现平滑过渡
特殊需求	能够与大范围战略交通控制软件与区域交通协调控制系统软件进行通信 系统通信时间小于 2 s 通信系统出现故障时能够在 1 min 内向监控中心报警 能够完成绿冲突检测
启动时序	当信号机通电开始运行信号机应先进行自检然后按如下时序启动 信号相位应先进入黄闪信号，持续时间至少 10 s 黄闪信号结束后各信号相位应进入全红信号，持续时间至少 5 s 启动时序结束后，信号机按预设置的方式运行
信号转换	基本转换序列如下 机动车信号：红—绿—黄—红 非机动车信号：红—绿—黄—红 行人过街信号：红—绿—绿闪—红 信号持续时间 绿信号、红信号、行人绿闪信号的持续时间应根据路口实际情况设置 黄信号持续时间可调，至少持续 3 s
控制方式转换	信号机从自动控制方式转入手动控制方式时，手动开关作用以后，保持原有相位的最小安全时间，最小安全时间根据路口实际情况设定 从手动控制方式转入自动控制方式时，信号状态不能突变，各相位信号应保持转换时刻的状态，并从当前信号状态开始以自动控制方式开始运行
设置功能	信号机能通过操作面板或手持终端进行控制方式的设置和信号参数的调整，并按设置的控制方案正常运行，在进行集中协调控制时，信号机可以通过通信接口接受并执行上级控制机的各项控制指令

4.2.1.3 硬件功能总体设计

1. 硬件总体设计说明

智能化交通信号控制器作为一款配置齐全，功能强大的新型交通信号控制机，是新一代智能化交通控制系统的分布式路口控制单元。这就要求控制器除了在信号控制功能上能够满足新一代智能化交通控制系统的要求外，还必须对硬件功能进行设计，以保证系统运行的安全、可靠。

智能化交通信号控制器采用模块化设计，包括电源单元、CPU 单元、检测器单元、灯控信号输出单元、通信单元等，其中中央处理器(CPU)为 32 位。

智能化交通信号控制器至少可以独立检测 32 路检测器，并带有独立指示，LED

灯亮表示 ON,LED 灯灭表示 OFF,LED 灯闪表示 NORMAL。

智能化交通信号控制器可以配置多块灯控输出板,视控制需要选用,至少选一块。每块灯控输出板有 4 个独立的信号灯输出端口,每个端口可以带 8 个信号灯组,每组分红黄绿 3 个信号灯,并带指示。采用可控硅输出,带电流、电压检测。主机框架的第二槽可以配置一块 16 通道的数字输入板,主要用于行人按钮信号的接入,也可用作其他无源数字信号的接入。

智能化交通信号控制器外机箱需要采用两层隔离设计,上层为设备安装层,下层为预留电缆盘放层,两层隔离使得机箱内整洁美观。内、外表面及控制面板均光洁、平整。表面有牢固的防锈、防腐蚀镀层或漆层;机柜结构合理,有足够的内部空间,利于信号机的散热和安装、使用、维修,应能完全防潮并且尽可能降低灰尘及鼠虫危害,具有足够的机械强度,能承受正常条件下可以预料到的运输、安装、搬运等过程中的操作。

智能化交通信号控制器可以连接 32 路环形线圈检测器,并且支持红外等其他检测设备,能够准确地自动检测各类交通数据,包括交叉口各进口道流量、占有率、速度等数据,并根据交通控制需求,对数据进行预处理。在系统传输正常的情况下,以设定的时间间隔上传数据,时间间隔依从系统需求,同时在交通信号控制器中保存至少 14 天的流量数据,一旦通信中断,信号机将自动保存数据,并且在系统传输恢复后,自动上传。

智能化交通信号控制器在运行过程中发现自身或所连接的检测器、信号灯等出现故障时,必须能够对故障进行记录,并在面板上显示相关故障,如果接入上位系统,将把故障信息上传到中心系统进行报警并自动记入系统的故障记录数据库中,供查询分析用。如果故障类型只是一般类型的报警,则操作人员可以在中心系统直接对智能化交通信号控制器的故障报警进行复位。所存储的信息能够在智能化交通信号控制器或通过与之相连的外部设备显示、查阅,智能化交通信号控制器中的后续故障记录不覆盖先前已有的记录,直到故障记录经人工清除,保存期至少为一年。

智能化交通信号控制器必须具有多个通讯接口,可以连接通讯用的 MODEM、光通讯设备、手持操作终端和便携计算机用于特征参数写入和运行监控。据此技术维护人员可以完成交通流量、故障记录和历史数据的提取,也可以现场进行故障诊断、通过提示信息分析故障产生的原因、可以现场清除故障记录、登录系统、配置修改控制参数并重新启动交通信号控制机。如果接入系统,以上这些工作均可以由技术人员通过中心系统的操作终端完成。

智能化交通信号控制器机箱内安装了避雷装置,对信号主机提供了有效的保护,可以在雷雨等特殊天气下,正常运行;智能化交通信号控制器必须具有漏电保护措施,可对维护操作人员以及设备本身提供有效的保护。

智能化交通信号控制器需要具备数据断电保存功能：在断电的情况下具备数据保存功能。同时还须具备时钟校准功能，时钟同步精度应在1秒以内，并预留时钟校准接口。

智能化交通信号控制器需采用 AC220 V±44 V，50 HZ±2 HZ 的电源额定电压，安装外接电源输入滤波器，安装具备过载、短路保护功能的电源总开关，开关的额定电压、电流满足 AC380 V、20 A 的最低容量要求，安装具备过载、短路保护功能的灯具驱动回路开关，开关的额定电压、电流满足 AC380 V、20 A 的最低容量要求。

2. 技术性能指标

—16 个机动车相位，4 个搭接，8 个行人相位；

—固定配时方案数可以达到 32 个；

—具有 16 路绿信号冲突监测功能；

—时段数 16 个；

—时段方案 48 个；

—特殊日方案 10 个；

—最小绿灯时间 5 s，最大绿灯时间 255 s；

—32 路检测器；

—支持 8 个行人按钮输入；

—48 路可独立控制的信号灯输出；

—整机功耗：<30 W(不带负载)；

—机箱尺寸：1 563 mm×680 mm×430 mm(壁厚大于 2 mm，经过处理，内外防止腐蚀)；

—电源 220 V±44 V，50 Hz±2 Hz；

—防雷、防浪涌设计；

—绝缘电阻：≥10 MΩ；

—每路灯输出驱动：≥1 000 W；

—工作环境温度：－20 ℃～70 ℃；

—相对工作湿度：20%－95%(不结露)；

—全工业标准设计，防护等级为 IP65，防水、防潮、防尘，控制机内连接恒温装置和维修灯，并能满足各种气候条件下的全时段长时间可靠运行。

4.2.2 新一代智能化交通控制器的主要特点

新一代智能化交通控制器的主要特点表现在：

(1) 能够利用一台区域交通控制器完成一定范围内所有智能交通路口设备(检测设备、信号设备、诱导屏、电子公交站牌、电子警察等)的控制；

(2) 区域交通控制器能够检测、计算并实施路口各种设备控制方案的计算，实现多路口多种智能交通设备的完美结合，使每一台交通控制器都成为一个强大的"智能化节点"；

(3) 有效减轻中心端的压力，使中心端的控制功能更加集中在对路口设备的监视和管理上；

(4) 所有的路口设备都可以集成到一个控制机箱中，美化路口的景观；

(5) 保持开放性的接口，兼容 NTCIP 协议。保持对以后新出现的路口设备的扩展性。

4.2.3　新一代智能化交通控制器开发的核心理论

新一代智能化交通控制器的开发以交通工程学、协同学、系统工程学、智能化控制理论、运筹学等基本理论和方法为指导，结合现代计算机技术、通信技术、电子技术、网络技术等先进的科学技术，通过探索研究现场多源交通信号的集成优化控制、主从机闭环协调控制、兼容 NTCIP(National Transportation Communications for ITS Protocol)的混合交通流数据字典和数据交换等前沿技术，运用先进的 CAN (Control Area Network)总线技术及 DeviceNet 协议，开发新一代的交通信号控制器原型机，实现红绿灯信号、公交信号、匝道调节信号、可变信息板、CCTV 视频信号等多方位一体化控制，并与国外控制设备及系统兼容，解决传统交通信号控制器功能单一、集成度低、可扩展能力不强等问题，突破制约我国交通信号控制发展的技术瓶颈，适应我国混合交通流多方位一体化的控制需求。

新一代智能化交通控制器的核心理论主要包括以下几点：

(1) 多源交通信号的集成优化理论及实施技术，包括基于多源信息的交叉口拥挤程度量化、状态判断、多目标集成优化控制理论模型以及多方式一体化控制技术；

(2) 主从控制器区域闭环协调控制技术，涵盖常发性交通拥堵下自学习交通流均分控制技术、偶发性交通事件下的区域诱导及信号控制协同疏散技术以及交叉口及子区集成控制效用评估模型和指标体系；

(3) 混合交通流集成控制数据字典及数据交换技术，包括 NTCIP 的交通信号控制基本数据字典、我国混合交通流集成控制数据字典、现场设备间及与上位系统的数据交换技术；

(4) 基于 DeviceNet 总线架构的交通信号控制器设计技术，包括硬件体系结构设计、嵌入式软硬件平台设计、扩展模块的快速整合技术、扩展模块的热插拔设计技术、各分系统模块的设计技术；

(5) 新一代智能化交通控制器机箱规范设计和交通控制器模块接口规范设计。

通过对上述前沿技术的探索和研究，作者在完成国家 863 项目——《新一代智能化交通控制系统》所提出的各种科研要求的基础上，获取新一代智能化交通控制器的新方法、新技术，形成相关软件、专利、战略产品原型，推出具有“集成控制、主从控制”特色的全新交通控制器，由对路口的单一信号控制发展到运用多种手段对路口的综合控制，总体达到国际先进水平，部分达到国际领先。对促进行业的跨越式发展，为我国新一代智能交通现场设备的软硬件规范及标准的制定与完善奠定坚实的基础。

4.3 新一代智能化交通控制器关键技术开发

4.3.1 新一代智能化交通控制器的开发流程

新一代智能化交通控制器的开发流程如图 4.2 所示：

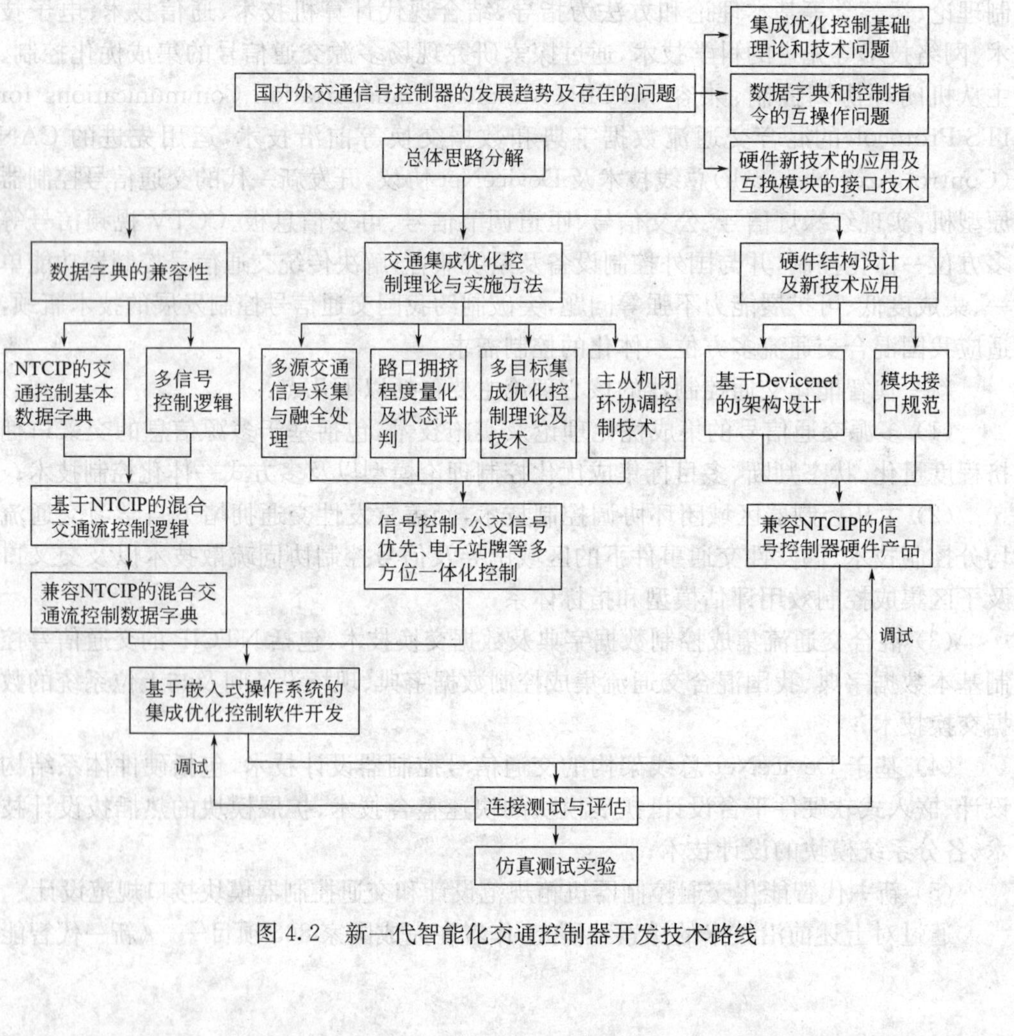

图 4.2 新一代智能化交通控制器开发技术路线

4.3.2　新一代智能化交通控制器的关键技术开发

传统意义的交通信号控制器，只能控制交叉口红绿灯信号的变化。

作者针对传统交通信号控制器功能单一、集成度低、可扩展能力不强等问题，紧密结合国外交通控制设备的发展趋势，面向我国混合交通流多方位控制需求，开发新一代交通信号控制器，能够采集多种来源的交通信号，在对路口交通相关的信息源进行融合处理的基础上，运用先进的智能交通集成优化控制理论与技术，实现红绿灯信号、公交信号、匝道调节信号、可变信息板、CCTV 视频信号、出行者信息、可变车道等一体化控制功能。

研发的关键落点：集成控制、智能主从控制、互换互操作。

1. 集成控制

实现现场设备的集成控制，包括多源信号采集技术集成、多源数据集成优化、多源指挥信号控制集成。如图 4.3 所示。

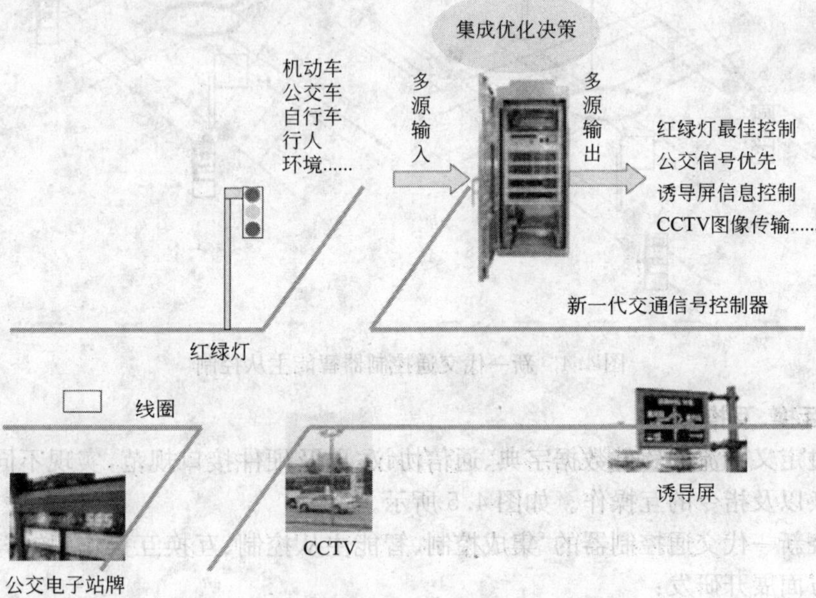

图 4.3　新一代交通信号控制器现场集成

2. 智能主从控制

实现了"智能化节点"，没有指挥中心的情况下，实现现场 1～10 个交叉口子区智能化状态识别，自适应协调控制。如图 4.4 所示。

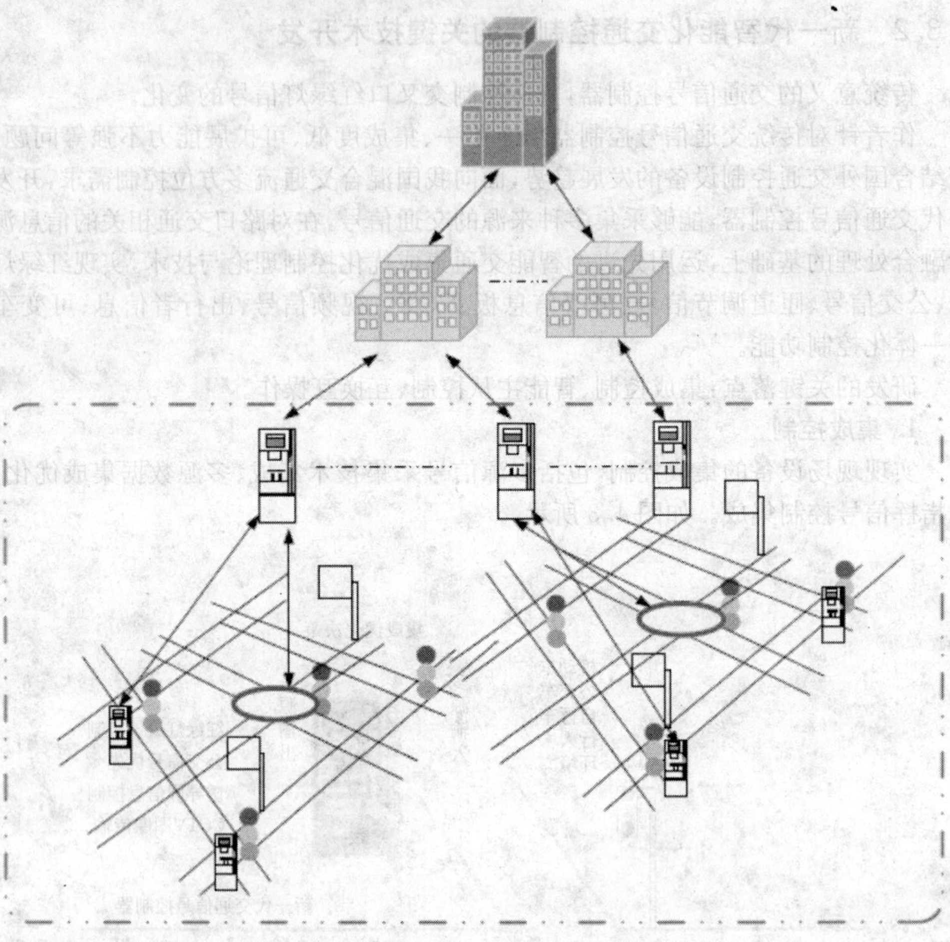

图 4.4　新一代交通控制器智能主从控制

3. 互换、互操作

通过定义主流的软件数据字典、通信协议，以及硬件接口规范，实现不同厂商的模块互换以及指令的互操作。如图 4.5 所示。

围绕新一代交通控制器的“集成控制、智能主从控制、互换互操作”的需求，在以下几个方面展开研发：

(1) 多源交通信号的集成优化理论及实施技术研发；

(2) 主从控制器区域闭环协调控制技术研发；

(3) 混合交通流集成控制数据字典及 C2F 数据交换技术研发；

(4) 基于 DeviceNet 总线架构的交通信号控制器设计技术研发；

(5) 新一代交通信号控制器的硬件接口规范研发。

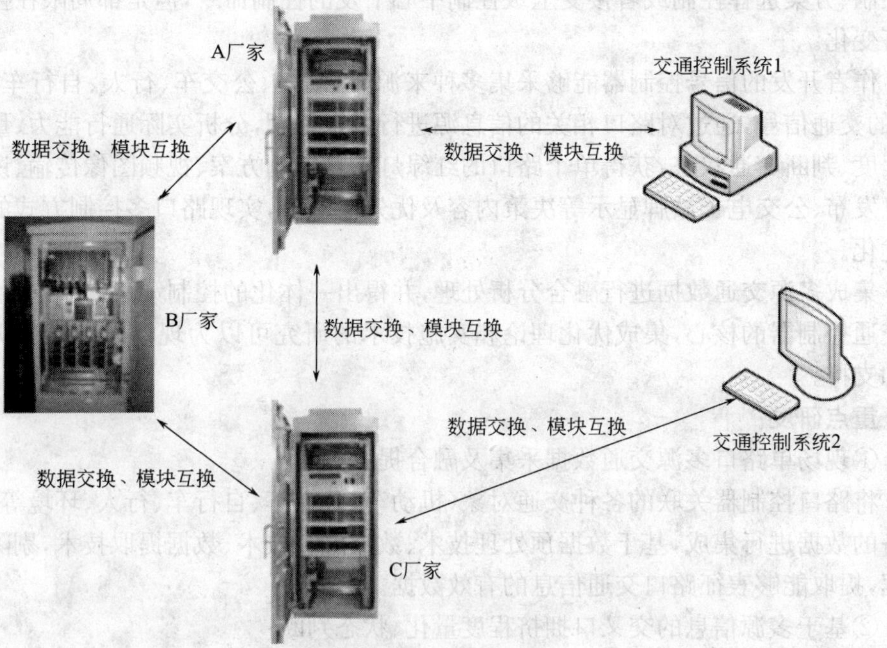

图 4.5　新一代交通控制器互换互操作

4. 大研究内容之间的关系如图 4.6 所示。

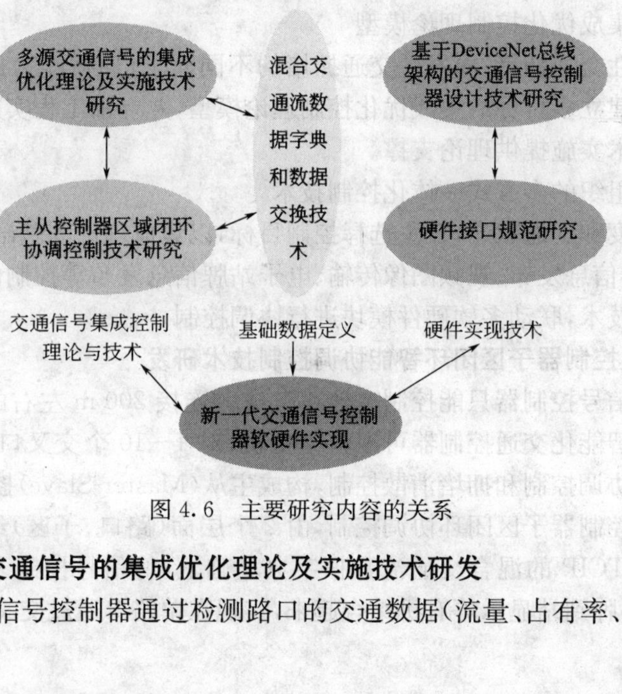

图 4.6　主要研究内容的关系

4.3.2.1　多源交通信号的集成优化理论及实施技术研发

传统的交通信号控制器通过检测路口的交通数据(流量、占有率、速度等)进行感应控制、方案选择控制或者接受上级控制中心下发的控制命令，但是都局限在控制红绿灯变化。

作者开发的信号控制器能够采集多种来源(机动车、公交车、行人、自行车、环境等)的交通信号，通过对路口相关的信息源进行融合处理，分析实际通行能力、量化拥挤程度、判断交通状态，获得单个路口的红绿灯信号控制方案、视频图像传输、诱导屏信息发布、公交电子站牌显示等决策内容及优先级顺序，实现路口多控制方式的集成与优化。

集成多源交通数据进行融合分析处理，并得出一体化的控制策略，是新一代智能化交通控制器的核心，集成优化理论和实施技术的研究可以为现场设备集成提供指导和支撑。

重点研发：

①现场单路口多源交通数据采集及融合提取技术

将路口控制器关联的各种交通对象(机动车、公交车、自行车、行人、环境等)采集设备的数据进行集成，基于数据预处理技术、数据融合技术、数据提取技术，剔除错误数据，提取能够表征路口交通信息的有效数据。

②基于多源信息的交叉口拥挤程度量化、状态判断

基于有效时间粒度、空间粒度的交通数据(进口道数据、进口方向数据等)，研究交叉口拥挤程度量化模型，通过分析实际通行能力，得出状态阈值影响模型及修正因子，进行交通状态的自动判别。

③多目标集成优化控制理论模型

针对常发性交通拥堵、偶发性交通拥堵的不同需求(通行能力最大或延误、停车次数最少等)，建立多目标的集成优化控制理论模型，并寻求工程实用的求解算法，为集成控制的技术实施提供理论支撑。

④基于自组织的多方式一体化控制技术

以拥挤程度和交通状态，自主选择控制目标，以集成理论为基础，研发信号控制、公交优先、诱导信息发布、视频图像传输、电子站牌信息发布等控制的优先级、信号传输内容等实施技术，联动多软硬件模块进行协调控制。

4.3.2.2 主从控制器子区闭环智能协调控制技术研发

传统交通信号控制器只能控制本地路口或者连接 200 m 左右的相邻路口，作者开发的新一代智能化交通控制器可以作为主机，对 1—10 个交叉口组成的子区进行交叉口群间的协调控制和拥堵消散控制，构成主从(Master-Slave)控制。

文中主从控制器子区闭环协调控制，由 2 个层面(路口、子区)组成。在路口，主要是在基于 NTCIP 的混合交通流数据字典基础上，将信号控制、公交优先信号控制、公交电子站牌到站显示等有机结合起来，实现在单路口通过交叉口混合交通流的

采集分析，以及优先公交车的检测，合理优化信号配时方案，并将公交车的到达下站信息在相应的电子站牌进行发布。

在子区，根据实时上传的各交叉口信号控制方案、交通流实时数据，拥挤程度量化以及效用评估指标，在集成优化模型的求解结果上，将事件检测、交通流诱导、信号控制结合起来，实现交通事件的自动报警，动态交通流诱导信息的发布以及区域信号交叉口的协调控制。

重点研发：

①闭环协调控制的适用条件及主从控制器功能划分及数据流

研究什么状态条件下，需要将主从机构成子区进行闭环协调控制，确定主从控制器功能分工，明晰主从控制器间的物理结构、逻辑结构及数据流程。

②常发性交通拥堵下自学习交通流均分控制技术

常发性拥挤下分析拥挤形成机理，研究地面信号控制、交通流诱导、可变车道控制、匝道调节控制的协同运作，将子区内的交通流进行路网压力均衡，控制进入常发性拥堵区的交通流以预防拥堵发生。

③偶发性交通事件下的区域诱导及信号控制协同疏散技术

偶发性拥挤下，自动报警，缩短响应时间，基于递阶协调控制思想，统筹制定信号控制、交通流诱导等系统的控制目标，根据实时路况诱导其他车辆绕行，为紧急救援车规划时间最短路径，开辟快速绿色通道，尽可能将事件的负面影响降到最低。

④交叉口及子区集成控制效用评估模型和指标体系

明晰交叉口的集成控制效用评估量化指标，并推广至主机控制的子区，建立一套交通评价指标体系，为集成控制方案的评估提供最有效的指标。

4.3.2.3 混合交通流集成控制数据字典及C2F数据交换技术研发

数据字典、C2F数据交换技术是交通信号控制器软件实现的基础数据定义，是控制器模块之间、控制器之间、控制器与上位系统间互换数据、实现互操作的“基本语言”。

目前，美国已经面向智能交通集成控制的需求，制定了比较完善的NTCIP协议，旨在实现控制器间以及控制器与系统间的数据共享、数据交换、指令互通，兼容NTCIP，也被国内ITS政府、企事业单位以及ITS生产商所认可。

作者在消化吸收NTCIP数据字典、控制逻辑、数据交换规范的基础上，研究适合我国交通流特点、交通控制实际需求的控制逻辑，定义控制逻辑各个阶段过程中涉及的对象属性，研究信号控制器之间以及与系统的数据交换技术。

重点研发：

①NTCIP的交通信号控制基本数据字典和控制逻辑

全面掌握NTCIP涉及的全局数据对象以及检测器、信号控制、可变信息板、匝道调节、数据采集等的数据字典，明晰其控制逻辑，研究其信息层、应用层、传输层、子网络层的数据标准。

②我国混合交通流集成控制数据字典

在 NTCIP 已有的数据字典和控制逻辑基础上，结合我国机动车、自行车、行人混合通行的特点，定义相关对象组的数据字典。

③现场设备间及与上位系统的数据交换技术

面向集成控制传输速率需求，研究现场设备间及与上位系统的通信协议栈选择，研究直接转换、制定 MIB(Management Information Base)对照转换等通讯协议封包转换技术，以达到完整的数据交换且转换过程简便。

4.3.2.4 基于 DeviceNet 总线架构的交通信号控制器设计技术研发

集成化的控制理论需要集成化的现场设备提供支撑。传统的交通信号机在试图解决多源信号的通信及处理时，遇到了诸多困难，问题表现为系统扩展能力不足、通信能力不够、处理能力不强，深层次分析其问题的本质是原有的设计体系架构就是面向简单的信号灯驱动的应用，并没有考虑到多源信号的接入以及现场处理。

因此，面向解决多源信号处理的交通信号控制器应当是基于全新的系统体系架构设计，并且大量应用电子技术最新成果的全新设备，使得系统在扩展能力，通信能力，数据处理能力上有一个飞跃性发展。

新一代智能化交通控制器在原有交通信号机的功能基础上，通过采用先进的 DeviceNet 总线，使得系统的扩展能力得到极大的提高；通过采用最新的嵌入式系统设计技术，使得系统的数据处理能力以及通信能力达到了一个新的高度。

重点研发：

①基于 DeviceNet 总线的交通控制器硬件体系结构设计

作者通过对多种现场总线标准的比较，确定总线结构，根据交通控制器的功能需求，行新一代智能化交通控制器的体系结构设计，通过合理的划分功能模块，使得系统能够充分的利用此总线结构带来的优点，同时尽可能的回避该总线结构所存在的缺点。

②适合于交通控制器功能需求的嵌入式软硬件平台设计

作者通过分析比较国内外先进的嵌入式软硬件平台，研究嵌入式平台选型、嵌入式平台软硬件设计，选择最佳的解决方案，来开发新一代开放式交通控制器，以满足其可靠性、数据处理能力以及通信能力的需求。

③扩展模块的快速整合技术

基于 DeviceNet 特性，通过采用可配置的软件设计思想，结合面向对象的程序设计方法，研究各类可能的扩充设备的分类及数据抽象描述方法、可配置的软件整体架构设计、扩展模块描述信息的导入技术，实现标准类型的设备的完全互换以及新增设备类型的快速整合。

④扩展模块的热插拔设计技术

传统的信号控制设备一旦发生故障或者需要新增设备，都需要控制器断电甚至整机断电，对于交通繁忙的路口，有可能引起大范围的交通秩序混乱，作者采用热插拔设计技术，使得更换故障板卡或者新增功能模块不需要断电，在软件处理得当的情况下，甚至可以做到不影响当前的控制信号，平稳过渡到新的硬件运行环境下。

⑤各分系统模块的设计技术

作者研发了包含以下主要的单元模块：控制单元、人机接口单元、总线接口单元、黄闪模块、灯驱动单元、车辆检测单元、通信扩展模块、电源模块、故障监控单元的设计技术，其中控制单元和故障监控单元设计是重点和难点。

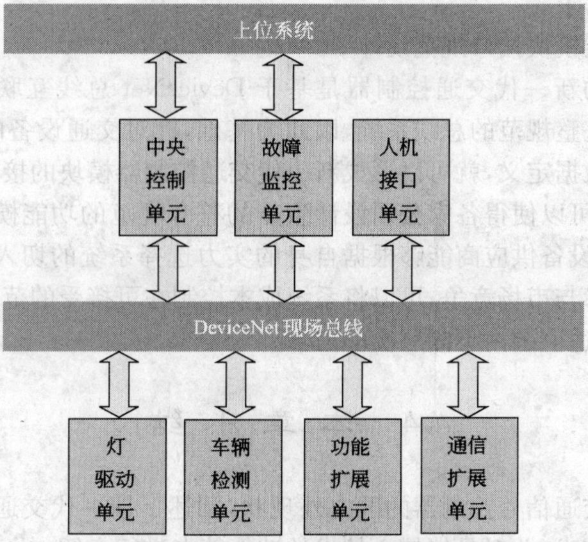

图4.7 新一代智能化交通控制器硬件模块组成

4.3.2.5 新一代智能化交通控制器的硬件接口规范研究

我国目前的信号机设计技术仍然停留在对国外系统模仿的层面上，客观条件以及技术积累的不足导致即使是模仿，也不能完全达到被模仿对象的技术水准，而ITS行业的迅速发展又直接促使大批企业涌入交通控制行业，这些企业规模差异非常大，技术能力也参差不齐，而交通控制实际上是专业性很强的工作，追求大而全或小而全的结果就是导致国内在此行业上始终处在低水准竞争，重复劳动的层次上。

国际上为解决上述问题都采取制定ITS行业的相关标准的方法，其中以美国国家电器制造商协会（NEMA，National Electrical Manufacturers Association）制定的开放的ATC标准最为详细并有效。

基于上述状况，非常有必要建立我们国家自己的交通控制器设计规范，以引导国内企业的技术发展，促进良性竞争，在降低城市交通建设成本，便于交通行政管理部门采购等方面具有积极的意义，最终必将促成国内交通行业的健康发展。

重点研发：

①交通控制器机箱规范设计

本课题的新一代智能化交通控制器的机箱不仅仅是一种通常意义上的提供对外部环境的屏蔽、内部安装有许多电气或电子模块的箱体，而是在此基础上，具有内部子系统通信互联的通道，并提供完善监控功能的系统平台。

该机箱平台提供 DeviceNet 总线互连，实现各个功能模块间的信息交互，采用模块化的结构，实现结构的标准化以及方便的人机交互，允许不同模块的自由组合，以满足不同的功能需求。

②交通控制器模块接口规范设计

由于规划中的新一代交通控制器是基于 DeviceNet 总线互联的，而 DeviceNet 总线是一个具有完整规范的总线系统，以此为基础，针对交通设备的特点，制定具体的设备描述以及数据定义，就可以形成新一代交通控制器模块的接口规范。

通过该规范，可以使得各家公司设计生产的符合规范的功能模块具有完全的互换性；可以使各个设备供应商能够根据自身的实力选择系统的切入点，本着有所为，有所不为的精神参与市场竞争；可以将系统成本控制在可接受的范围内；可以实现灵活的系统规模，以适应国内不同层次的需求。

4.4 本章小结

本章介绍了交通信号控制器的国内外现状，阐述了新一代交通信号控制器的开发理念以及总体技术，并对具体核心技术的功能特点进行介绍。

第5章　多目标智能交通控制技术

5.1　多目标智能交通控制技术的作用

交通管理者针对城市交通系统中不同的交通流状态需要对多个控制目标进行优化选择。由于目标之间存在相互矛盾和制约的关系，只有利用各种智能技术(模糊控制、神经网络等)，通过各个控制目标之间的相互协调，使得控制目标之间的矛盾和制约关系处在一个动态的平衡状态，从而得到实时的多目标最优解，最终得到最佳的控制策略。

作者针对不同的交通状态，确定相应的控制目标及其指标体系与度量方法，运用多种智能控制技术，实时调整控制策略来实现多目标智能交通控制。具体开发内容如下：

城市道路交通流特性受大量环境因素的影响，在其运行过程中，交通流运行特性与状态均会发生很大的变化。这种复杂过程很难找到一个令人满意的、全面的、精确的模型来反映特性与状态的改变，因而传统的控制方法(包括自适应控制)很难取得较好的控制质量。要完成对交通流复杂状态的高品质控制，必须满足若干明显的或隐含的目标，并且被控过程或状态的规模越大，特性越复杂，则对其实现高质量控制

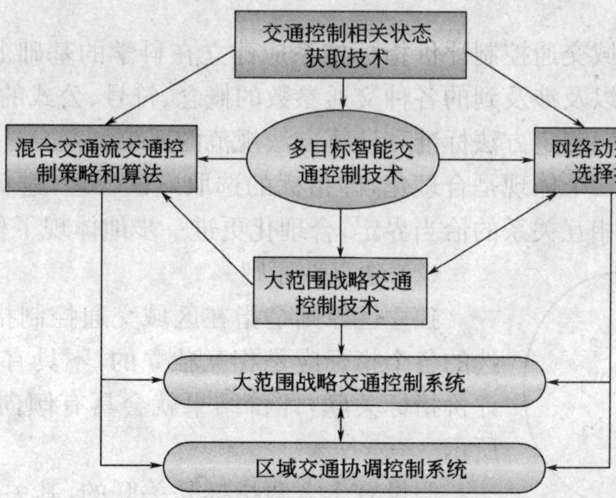

图5.1　交通控制系统

所必须满足的目标就越多。城市交通系统作为一种典型的复杂巨系统，无论从空间上还是从时间上均具有较强的非线性、模糊性和不确定性，运行于其中的交通流往往处于不同的状态，因而其控制目标也有所区别。如图 5.1 所示

5.2 交通控制多目标的确定及其指标体系与度量方法

众所周知，城市道路网络交通流运行过程是极其复杂的，它受众多因素，如道路条件、交通流组成情况、驾驶员的熟练程度等的影响。在不同的道路条件及交通管理状况下，交通流的运行特性也会发生很大的变化，并且相应的交通控制策略和控制目标也都各不相同。正是由于交通流运行过程的复杂性，使得如何实现高性能的交通流运行控制成为道路交通运输领域中的焦点问题之一。

在道路上不同的时刻有不同的交通状态，在此时区域路网的交通状态也发生着变化，交通控制系统在对各个单个交叉口或单个子区进行控制的同时，在区域这一层应该对整个区域的控制效果进行评价，然后反馈到控制子区和单个交叉口的控制中去。从而在宏观的角度对控制子区或单个交叉口的控制进行引导。

不同的交通状态下的交通控制目标和控制的理念都是不同的，所以在区域这一层对其进行评价时，采用的指标体系以及有指标体系建立的评价目标函数也应该是不同的。

5.2.1 评价指标选取原则

(1) 科学性原则

科学性原则指区域交通控制评价指标体系应建立在科学的基础上。也就是说，指标体系中的各指标以及涉及到的各种交通参数的概念、符号、公式的表述应力求准确无误，达到概念明确、测定方法标准和计算方法规范的要求。

科学性原则的第二个体现是合理化，即指标的选取应该合理，避免重复或遗漏。合理性是对事物之间相互关系的恰当界定，合理化更进一步地体现了科学性原则。

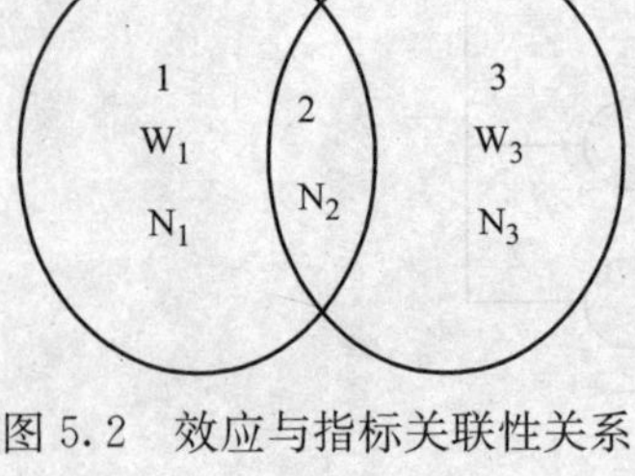

图 5.2 效应与指标关联性关系

(2) 独立性原则

独立性原则是指在区域交通控制指标体系中，所选的各个指标应是相互独立的，不具有关联性。如果评价指标关联，评价结果就会具有倾向性。如图 5.2 所示

假设有 1、2 两指标是关联的，其关联性大小用其包含部分 2 表示，消除量纲且归一化后，1 指标的数量

为 N1＋N2，2 指标的数量为 N2＋N3；W1、W3 为 1、3 两指标的权重，综合效应为 W1×N1＋W3×N3＋（W1＋W3）×N2，其效应夸大了（W1×N2）或（W3×N2），可见，夸大的效应与两指标的权重和关联性大小有关系。为确保评价结果的客观性，避免评价指标的关联性是至关重要的。

（3）实用性原则

实用性原则是指所设计的指标体系要具有实用性、可行性和可操作性。首先，评价指标体系要繁简适中，计算评价方法简便易行。即指标体系不可设计的太繁琐。在能基本保证评价结果的客观性、全面性的条件下，指标体系尽可能简化，减少或去掉一些对评价结果影响甚微的指标。其次，数据要易于获取。无论是定性评价指标还是定量评价指标，其信息来源渠道必须可靠，并且容易取得。否则，评价工作难以进行或耗资太大。再次，整体操作要规范，各项评价指标及其相应的计算方法，各项数据都要标准化、规范化。最后，要严格控制数据的准确性。能够实行评价过程中的质量控制，即对数据的准确性和可靠性加以控制。

（4）综合性原则

综合评价指标体系应力求全面地反映评价对象的特性、性能，否则将会使评价失效，给决策带来失误。指标个数的多少应以说明问题为准，定的评价体系应考虑各指标的相关性、整体性、系统性和目标性。

（5）通用可比性原则

通用可比性原则指的是不同时期间以及不同对象间的比较。即指标应该可以进行纵向比较和横向比较。

所谓纵向比较是指同一对象不同时期状态的比较。评价指标体系要有通用可比性。条件是指标体系和各项指标、各种参数的内涵和外延保持稳定，用以计算各指标相对值的各个参照值（标准值）不变。对本文研究的城市道路交通状态指标体系来说，纵向比较是指对一天不同时刻的交通状态比较。

横向比较是指不同对象之间的指标比较，找出共同点作为指标体系设计的基础。对于各种具体情况，采取调整权重的办法，综合评价各对象的状况再加以比较。对于相同性质的部门或个体，往往很容易取得可比较的指标。对本文研究的城市道路交通状态指标体系来说，横向比较是指这套体系也适用于对不同城市的道路交通状态进行比较。

5.2.2　各种交通状态下交通控制多目标的确定及其指标体系

城市区域路网的交通状态可分为畅通、拥挤、阻塞三种状态。在各种交通状态下的控制理念以及控制目标函数是不同的，所有这些都体现在指标的选择和各种指标的权重的确定上。

5.2.2.1 多目标交通控制的指标体系构成

各种交通指标的定义

不同控制目标下的指标体系的建立应该以各种交通效益指标为基础。交通控制效益的评价指标主要有：通行能力、排队长度、饱和度、行程时间、延误、停车次数、停车率、燃油消耗、废气排放、交通噪音等等。在此，对各种常用的交通效益指标进行简要介绍：

交叉口的通行能力：指某一信号相位的车流通过交叉口的最大允许能力，这取决于这些车流所能获得的最大通行流率，即饱和流率(S)以及所能获得的有效绿灯时间占整个信号周期的比例(g/c)，即 $C=S\times g/c$。

排队长度：指绿灯初始时刻进口道停车线前车道上累计停驶车辆数。

路段延误：指车辆沿某一路段在实际交通条件下行驶，经过该路段的实际行程时间与理论行程时间的差值。交叉口的延误通常包括相位延误、随机延误和排队延误。该延误与信号配时息息相关，是指一个信号周期内通过路口的所有车辆的单车平均延误时间。

停车次数：包括完全停车和不完全停车两部分。

交叉口的总通行能力：一个交叉口对于各个方向(全部车流)所能提供的最大允许通过流率。不言而喻，如果一个交叉口具有足够的通行能力，其每一相位都应满足不等式 $u>y$。

从以上指标的定义，可以看到每一个相位甚至每一个交叉口的各种参数的获得是比较容易的，可以通过检测器的检测和现有的各种比较成熟的公式便可以得到。那么一个区域的参数将怎样得到呢？现以延误和停车次数为例进行如下的介绍：

对于一个交叉口来说只能获得交叉口一个周期内某个相位的延误。在饱和度较小的情况下，经由国内外的资料显示韦伯斯特延误模型能与实际情况较好的吻合。由于篇幅的原因，在本文中将不多做介绍。

故第 j 个交叉口一个周期内的车辆平均延误时间为各相位延误的加权平均值：

$$D_j = \sum_i d_i q_i \Big/ \sum_i q_i \tag{5.1}$$

式中 D_j——一个周期内第 j 个交叉口的车辆平均延误时间；

i——一个周期内相位的个数；

d_i——第 i 个相位的平均延误时间；

q_i——第 i 相位进口道的总流量(pcu/h)。

对于一个交叉口来说只能获得交叉口一个周期内某个相位的停车率，阿克塞立科在考虑了部分不完全停车的停车率已经研究的比较成熟，由于篇幅的原因，在文中将不多做介绍。

故第 j 个交叉口一个周期内交叉口的车辆平均停车率为各相位停车率的加权平均值：

$$H_j = \sum_i d_i q_i \Big/ \sum_i q_i \tag{5.2}$$

式中　H_i——一个周期内第 j 个交叉口的车辆平均停车率；

h_i——第 i 个相位的平均停车率。

每个区域是由若干个交叉口组成，且每个交叉口的在区域中的地位是不同的，有关键交叉口和非关键交叉口之分。例如：十"字形子区典型为两条主干道相交情况。这样的子区必须把两条干道相交的路口定义为关键路口；"田"字型子区必须指定子区汇总邻接路口较多且交通负荷较大的某个路口为关键路口。如图 5.3 示例可以指定②、④、⑤、⑥、⑧路口为关键路口。

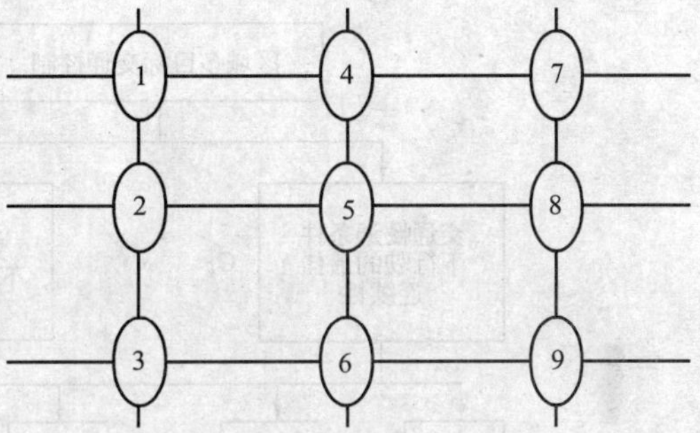

图 5.3　田字形区域示意图

当求得了各个交叉口的平均延误和停车率时，那么整个区域的平均延误和平均停车率又是多少呢？在本文中整个区域的平均延误等于各个交叉口平均延误的加权平均值，同理整个区域的平均停车率等于各个交叉口平均停车率的加权平均值。即

$$D = w_1 D_1 + w_2 D_2 + \cdots + w_j D_j + \cdots + w_n D_n \tag{5.3}$$

$$H = v_1 H_1 + v_2 H_2 + \cdots + v_j H_j + \cdots + v_n H_n \tag{5.4}$$

式中　D——整个区域的平均延误；

w_j——第 j 个交叉口的权重系数；

H——整个区域的平均停车率；

v_j——第 j 个交叉口的权重系数；

n——区域中交叉口的个数。

加权系数是对相关评价因素重要程度的定量分配，其值确定的恰当与否，会直接影响评价的结果。确定的原则为系统优化的原则，群体决策的原则，引导意图与现实相结合的原则。

加权系数的确定方法很多，如层次分析法，专家打分法，逐对比较法等，为求解简单，我们采用专家打分法来确定各个交叉口的加权系数。目前还没有某种方法成为公认的有效方法，本文采用专家调查法，由调查人员制定出表格，聘请阅历高、专业知识丰富且有实践经验的专家就各因素的重要程度进行权重分配，最后统一计算。

我们经过专家调查，取得各位专家对区域各个交叉口的延误和停车次数对区域

整体延误和停车次数的影响的重要程度。各个专家对各个交叉口进行打分，然后取平均值的出该交叉口的权重。

对于整个区域的通行能力和排队长度的获得，将采用同样的思路，在这里将不多做介绍。

根据前面对交通控制效益指标的分析和各种交通状态下区域交通控制的理念的描述，确定区域交通控制多目标的指标体系如图 5.4 所示。

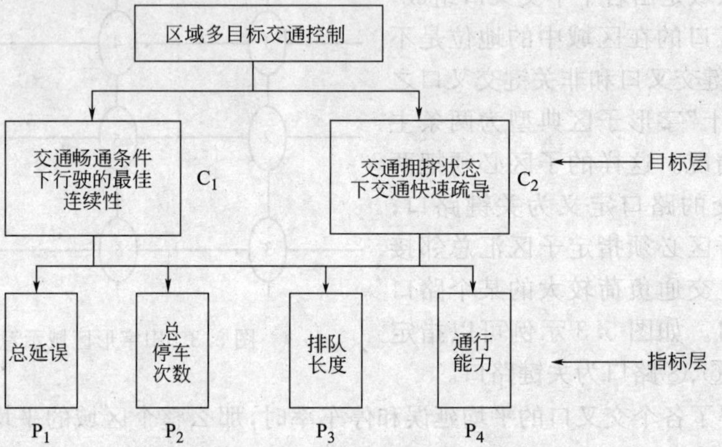

图 5.4　区域多目标交通控制指标体系结构

从图 5.4 可看出，指标体系包括 2 层。

第一层为目标层。

交叉口交通状态可分为交通畅通状态、交通拥挤状态、交通堵塞状态。

本着以人为本的原则，在不同的交通状态下，人对道路上交通运行的要求是不同的：

在交通畅通状态下，人对道路上交通运行的要求是：争取城市主要干道上车辆行驶的最佳连续性。

在交通拥挤状态下，人对道路上交通运行的要求是：交通疏导。

在交通阻塞状态下，交叉口的通行能力已经达到了最大，已不能通过调整信号参数来增大交叉口的供给（通行能力），但交叉口的需求（到达率）还是超过了交叉口的供给（通行能力）的交通状态。在此种交通状态下，单纯采用交叉口信号灯控制不能达到疏导交通的目的。可以考虑通过交通诱导和交通控制协同的办法来解决。此种交通状态的控制问题将在项目的第五部分进行研究。

第二层是指标层包括常用的各种交通效益指标。如：通行能力、排队长度、饱和度、行程时间、延误、停车率等。

5.2.2.2　利用层次分析法确定多目标的指标度量方法并建立多目标函数

1. 层次分析法简介

层次分析法(Analytical Hierarchy Process,简称AHP法),层次分析法是一种解决多目标多指标复杂问题的定量定性相结合的决策分析方法。层次分析法用决策者的经验判断各衡量目标能否实现的标准之间的相对重要程度,并合理的给出每个决策方案的每个标准的权数,利用权数求出个方案的优劣次序。该方法是美国运筹学家T. L. Saaty教授在1973年提出的一种能有效地处理决策问题、实用的多方案或多目标的决策方法。这种方法的特点是在对复杂的决策问题的本质、影响因素及其内在关系等进行深入分析的基础上,利用较少的定量信息使决策的思维过程数量化,从而为多目标、多准则或无结构特性的复杂决策问题提供简便的决策方法。

层次分析法的基本思想是把复杂问题分解为若干层次,在最低层通过两两对比得出各因素的权重,通过由低到高的层层分析计算,最后计算出个方案对总目标的权数,权数最大的方案即为最优方案。

决策的实质是进行比较,通过比较做出选择。但对于缺乏公度性的多目标决策问题来说,唯一可行的办法是进行两两比较。通过将两两比较的结果填入判断矩阵,求解判断矩阵的特征值和特征向量,然后确定各目标重要性的加权值。

层次分析方法的基本假设是层次之间存在递进结构,即从高到低或从低到高递进。当复杂系统中某一层次既可直接或间接地影响其他层次,同时又直接与间接地受其他层次影响时,就不属于层次分析范围,需用网络模型来描述。

应用层次分析法的步骤如下:

(1) 对构成决策问题的各种要素建立多级递进的结构模型。

(2) 对同一等级(层次)的要素以上一级的要素为准则进行两两比较,根据评定尺度确定其相对重要程度,并据此建立判断矩阵。

(3) 通过一定的计算,确定各要素的相对重要度。

(4) 通过综合重要度的计算,对各种替代方案进行优劣排序,从而为决策者提供科学决策的依据。

2. 基于层次分析法的控制指标度量方法及各种控制目标函数的建立

(1) 构造判断矩阵

建立起指标体系的层次结构之后,就要要求出每一层次内各因素对于上一层次有关因素的相对重要性,也就是求出指标层中各指标对于准则层 C_1 或 C_2 的权重。具体方法是评价者依据各评价因素的具体指标值以及实地考察后的个人主观评价进行综合分析,各因素指标之间逐对地进行两两比较判断,形成判断矩阵。

为了使决策判断定量化，形成一个数值判断矩阵，通常采用 A. L. Saaty 建议的 1～9 标度法，如表 5.1 所示。

表 5.1 判断矩阵标度及其含义

标度	含　义
1	表示两个因素相比，同样重要
3	表示两个因素相比，一个因素比另一个因素稍微重要
5	表示两个因素相比，一个因素比另一个因素明显重要
7	表示两个因素相比，一个因素比另一个因素强烈重要
9	表示两个因素相比，一个因素比另一个因素极端重要
2、4、6、8	上述两相邻判断的中值
倒数	因素 i 与 j 比较，的判断值 b_{ij}，则因素 j 比 i 比较的判断值 $b_{ij}=1/b_{ij}$

①判断矩阵 C_1—P 记为矩阵 $\boldsymbol{A}$（相对于车辆行驶的最佳连续性，各指标的相对重要性比较），如表 5.2 所示。

表 5.2 判断矩阵 C_1—P

C_1	P_1	P_2	P_3	P_4
P_1	1	1	5	6
P_2	1	1	5	6
P_3	1/5	1/5	1	2
P_4	1/6	1/6	1/2	1

②判断矩阵 C_2—P 记为矩阵 $\boldsymbol{B}$（相对于交通的快速疏导，各指标的相对重要性比较），如表 5.3 所示。

表 5.3 判断矩阵 C_2—P_2 计算各判断矩阵的层次单排序及一致性检验指标

C_2	P_1	P_2	P_3	P_4
P_1	1	1/2	1/4	1/5
P_2	2	1	1/6	1/7
P_3	4	6	1	1/3
P_4	5	7	3	1

层次单排序是通过求解判断矩阵的特征根和特征向量，对本层次的所有因素相对于上一层次而言的重要件进行排序。即对判断矩阵 $\boldsymbol{A}$ 和 $\boldsymbol{B}$，计算满足(5.5)式的特征根和特征向量。

$$AW=\lambda_{\max}W \tag{5.5}$$

式中　$\lambda_{\max}$——A 的最大特征根；

W——对应于 λ_{max} 的正规化特征向量；W 的分量 W_t 即是相应因素单排序的权值。

计算判断矩阵的最大特征根 λ_{max} 及其对应的特征向量 W，从而确定权重 W_t，可以有许多方法，常用的计算方法有幂法、方根法以及和积法。其中和积法仅利用计算器便可获得足够的精度。

具体计算步骤为：

将判断矩阵每一列正规化(归一化)

$$a_{ij}=\frac{a_{ij}}{\sum_{k=1}^{n}a_{ij}}\quad(i,j=1,2,\cdots,n)\tag{5.6}$$

将每一列经正规化的判断矩阵按行相加

$$\overline{W}=\sum_{j=1}^{n}\overline{a}_{ij}\quad(i,j=1,2,\cdots,n)\tag{5.7}$$

将向量 $\overline{W}=[\overline{W}_1,\overline{W}_2,\cdots,\overline{W}_n]^{\mathrm{T}}$ 正规化

$$\overline{W}=\frac{\overline{W}}{\sum_{j=1}^{n}\overline{W}_j}\quad(i,j=1,2,\cdots,n)\tag{5.8}$$

计算判断矩阵最大特征根 λ_{max}

$$\lambda_{max}=\sum_{i=1}^{n}\frac{(AW)_i}{nW_i}\tag{5.9}$$

式中 $(AW)_i$——向量 AW 的第 i 个分量。

由于客观事物的复杂性以及评价人员认识的多样性，人们在对大量因素进行两两比较时，可能会产生一些不一致性的结论。例如当因素 i,j,k 的重要性很接近，进行两两比较，有可能得出 i 比 j 重要，j 比 k 重要，而 k 又比 i 重要等矛盾的结论，要完全达到判断一致性是非常困难的。

为了检查决策者在构造判断矩阵时的判断思维是否具有一致性，要进行矩阵一致性检验，即计算一致性指标和检验系数。

一致性指标的计算公式为：
$$CI=\frac{\lambda_{max}-n}{n-1}\tag{5.10}$$

检验系数的计算公式为：
$$CR=\frac{CI}{RI}\tag{5.11}$$

RI 是平均随机一致性指标，可通过表 5.4 查得。当比较的因素越多，即两两比较矩阵维数越大时，判断的一致性就越差，故应放宽对高维两两比较矩阵一致性的要求，为此，引入 RI 值进行修正。

表 5.4 同阶平均随机性一致性指标

维数(n)	1	2	3	4	5	6	7	8	9
RI	0.00	0.00	0.58	0.96	1.12	1.24	1.32	1.41	1.45

当 $CR<1$ 时,可认为判断矩阵具有满意的一致性。否则,需要重新调整判断矩阵。

根据上述步骤判断矩阵 C_1—P(记为矩阵 $\boldsymbol{A}$)特征根、特征向量与一致性检验的计算结果:

$$W=\begin{bmatrix}0.4197\\0.4197\\0.0973\\0.0634\end{bmatrix}$$

$$\lambda_{\max}=4.044 \quad CI=0.014 \quad RI=0.96$$

$CR=0.015<1$,满足一致性检验。

判断矩阵 C_2—P(记为矩阵 $\boldsymbol{B}$)特征根、特征向量与一致性检验的计算结果:

$$W=\begin{bmatrix}0.0741\\0.0898\\0.2891\\0.5469\end{bmatrix}$$

$$\lambda_{\max}=4.244 \quad CI=0.08 \quad RI=0.96$$

$CR=0.083<0.1$,满足一致性检验。

根据以上计算得到在不同的控制目标下各个指标的权重,所以在交通畅通条件下延误∶停车次数∶排队长度∶通行能力=1∶1∶0.225∶0.15

所以建立的目标函数:$PI=D+H+0.225L+0.15C$

在交通畅通条件下延误∶停车次数∶排队长度∶通行能力=0.25∶0.29∶1∶2

所以建立的目标函数:$PI=D+H+0.225L+0.15C$,式中各种指标的单位统一采用货币单位计。

5.3 智能交通控制技术

5.3.1 基于进化算法的智能交通控制技术开发

进化算法是一种模生物进化机制而形成的全局性概率优化搜索方法,主要包括遗传算法、遗传规划和进化规划等。进化算法不仅对不同种类优化问题有很强的鲁棒性,更为重要的是,它针对由众多个体组成的种群执行进化操作,因而特别适合于求解复杂的多目标优化问题。

5.3.1.1 基于遗传算法的单交叉口优化配时

1. 单交叉路口交通流动态模型的建立

单交叉口信号控制作为城市交通控制的基础，在城市中占有举足轻重的地位。若对路口各个车道车流量进行实时检测所获取车流量信息，可以为优化决策提供必要的数据。正是由于各个车道在不同时刻具有不同的车流量，交通工程技术人员经过较长时间的摸索，总结出适合该路口车辆放行的规律，由此制定出相应交叉路口的相位信号控制方案并且付诸实施。由于交叉路口各个方向的车流是随机变化的，对于固定时段固定相位时间控制显然难以得到理想的交通状况。况且一个交通信号控制也不可能针对每天不同时段的不同车流分布制定出相应的信号控制方案。若依据各个车道的车流检测信息，以交叉路口流通能力最大、平均延误时间最小或排队等候的车辆数最少为优化目标函数，对交叉路口车流情况进行综合优化，实时修正各个相位的配时，则有利于减轻交通拥挤程度，使之获取最佳性能指标。本文采用四相位来介绍单交叉路口信号实时优化控制策略。

城市典型十字交叉口如图5.5所示，分为东、南、西、北四个方向，每个方向又由左转、直行、右转车流组成。

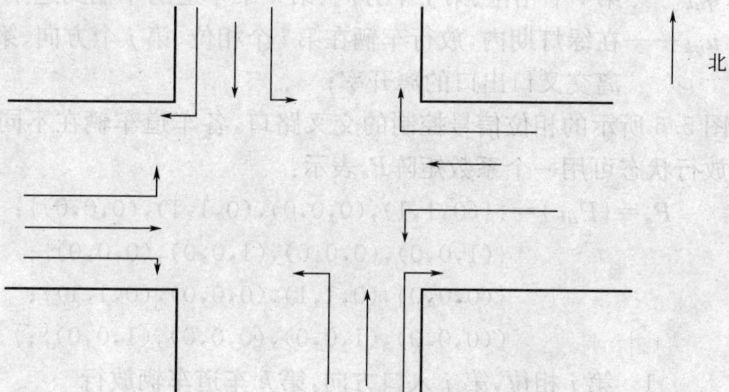

图5.5 单交叉口交通流分布示意图

假设该交叉口采用四相位信号控制，相位如图5.6所示：

各参数说明：

i——相位序号，取值为1,2,3,4，分别表示如图5.6所示的对应相位；

j——方向序号，取值为1,2,3,4，分别表示交叉口入口东、南、西、北方向；

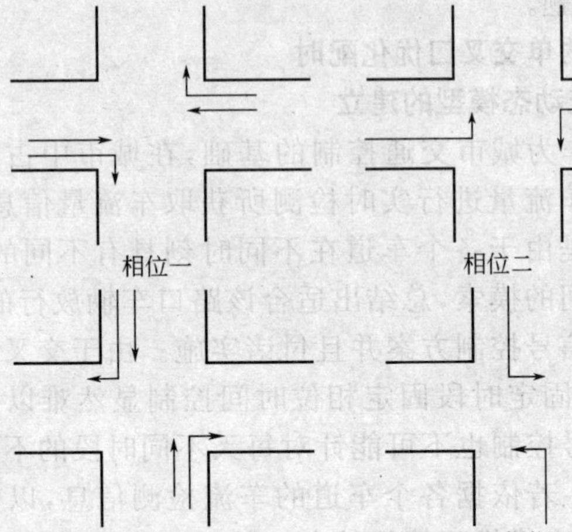

图 5.6　四相位交叉口交通流示意图

k——车道序号，取值为 1,2,3，分别表示交叉口每个入口的左转、直行、右转车道；

$t_i(i=1,2,3,4)$——交叉口各个相位的绿灯时间；

q_{ijk}——第 i 个相位、第 j 个方向、第 k 个车道的车辆到达率；

u_{ijk}——在绿灯期内，放行车辆在第 i 个相位、第 j 个方向、第 k 个车道驶离交叉口出口的离开率；

针对如图 5.6 所示的相位信号控制的交叉路口，各车道车辆在不同的相位在不同的车道的放行状态可用一个系数矩阵P_e表示：

$$\begin{aligned} P_e=\{P_{ijk}\}=\{&\{(0,1,1),(0,0,0),(0,1,1),(0,0,0)\};\\ &\{(1,0,0),(0,0,0),(1,0,0),(0,0,0)\};\\ &\{(0,0,0),(0,1,1),(0,0,0),(0,1,1)\};\\ &((0,0,0),(1,0,0),(0,0,0),(1,0,0)\};\} \end{aligned} \tag{5.12}$$

$$\text{其中：}P_{ijk}=\begin{cases}1 & \text{第 } i \text{ 相位，第 } j \text{ 入口方向，第 } k \text{ 车道车辆放行}\\ 0 & \text{第 } i \text{ 相位，第 } j \text{ 入口方向，第 } k \text{ 车道车辆禁止放行}\end{cases} \tag{5.13}$$

以滞留在交叉口的车辆数目作为进行优化的目标函数，目的是要使交叉口被延误的车辆数达到最少，从而实现车辆的通行能力最大。则被延误车辆数的计算如下：

一个周期内第 i 个相位绿灯时间内、第 j 个方向、第 k 个车道到达的车辆数为：

$$Q_1=q_{ijk}t_i \tag{5.14}$$

一个周期内第 i 个相位绿灯时间内、第 j 个方向、第 k 个车道可能离开路口的车辆数为：

$$Q_2 = p_{ijk} u_{ijk} t_i \tag{5.15}$$

设 s_{ijk}^l 表示 l 个周期、第 i 个相位、第 j 个方向、第 k 个车道滞留的车辆数则有：

$$s_{ijk}^l = s_{(i-1)jk}^l + Q_1 - Q_2 \tag{5.16}$$

即：$s_{ijk}^l = s_{(i-1)jk}^l + q_{ijk} t_i - p_{ijk} u_{ijk} t_i$　　(5.17)

式中，$i=1,2,3,4$；$j=1,2,3,4$；$k=1,2,3$

当 $i=4$ 时，s_{4jk}^l 表示为第 $l-1$ 个周期、第 j 个方向、第 k 个车道、第 4 相位滞留的车辆数。故第 l 个周期末路口总的滞留车辆数可表示为：

$$s = \sum_{j=1}^{4} \sum_{k=1}^{3} s_{4jk}^l \tag{5.18}$$

从以上分析可知，为了使交叉路口流通能力最大，即要使交叉路口滞留车辆数最小。满足：

$$s^* = \min s = \min \sum_{j=1}^{4} \sum_{k=1}^{3} s_{4jk}^l = \min \sum_{j=1}^{4} \sum_{k=1}^{3} \left(s_{4jk}^{(l-1)} + \sum_{i=1}^{4} q_{ijk} t_i - \sum_{i=1}^{4} p_{ijk} u_{ijk} t_i \right) \tag{5.19}$$

优化过程是针对交叉路口 4 个相位的绿灯持续时间 t_1、t_2、t_3、t_4 进行实时优化，且满足：

$$t_1 + t_2 + t_3 + t_4 = T \tag{5.20}$$

式中　T——交叉路口相位信号控制的周期时长。

文中未考虑黄灯时间、全红时间以及有搭接相位的情况。

若控制信号周期不变，性能指标定义为在满足公式(5.20)条件下求公式(5.19)的极小值。考虑交叉路口行人过马路时的安全需要，每相位最短绿灯时间不得小于某值 e(文中取 $e=7$ s)，因此，每一相位的配时须满足下面条件：

$$e \leqslant t_i \leqslant T-(m-1)e \tag{5.21}$$

式中　m——交叉口信号配时方案一个周期中的相位数。

对四相位信号控制的交叉口，每一相位的配时须满足条件

$$7 \leqslant t_i \leqslant T-21 \tag{5.22}$$

因此，优化问题归结为在满足公式(5.21)和公式(5.21)约束条件的前提下求公式(3.8)的极小值问题。

2. 预测控制模型

在实际情况中，实时动态的交叉口信号配时方案需要利用对交通流的估计进行，而上节中提到的单交叉口交通流排队长度是在假定交叉口各方向的车流到达一致情况下建立的，这不符合实际要求，只适合于固定配时方案，对于实时动态信号配时方案必须对交通流进行估计。车流的到达实际是随机的，一天中车流的变化随时间段

的不同而不同，高峰时期车流量较大，变化急剧，非高峰时期车流量较小，变化缓慢。在当前信号周期下要预测下一周期的车流到达量，为下一周期的配时提供初始数据。本文中采用线性预估的方法计算，因为这种方法简单，对于简单交叉口较为适用。

$$q^l = q^{l-1} + a(q^{l-1} - q^{l-2}) \tag{5.23}$$

式中，l 取正整数，q^l 为第 l 个周期到达的车辆数，a 为模糊修正系数（$0<a\leqslant 1$）。a 值随 $q^{l-1}-q^{l-2}$ 绝对值的增大而增大，随其绝对值的减小而减小。

3. 遗传算法

遗传算法（Genetic Algorithms，GA）是一种基于自然选择和基因遗传学原理的优化搜索方法。遗传算法的创立过程有两个研究目的：一是抽象和严谨地解释自然界的适应过程，二是为了将自然生物系统的重要机理运用到工程系统、计算机系统或商业系统等人工系统的设计中。遗传算法在计算机上模拟生物的进化过程和基因的操作，并不需要对象的特定知识，也不需要对象的搜索空间是连续可微的，它具有全局寻优的能力。

（1）遗传算法的基本原理

由美国 Michigan 大学 J. Holland 教授创建的遗传算法（GeneticAlgorithms，简记为 GA），是模拟生物在自然环境中的遗传和进化过程而形成的一种自适应全局优化概率搜索算法。在遗传算法中，将 n 维决策向量 $X=[x_1,x_2,\cdots,x_n]^T$ 用 n 个记号 $X_i(i=1,2,\cdots,n)$ 所组成的符号串 X 来表示：

$$X = X_1 X_2 \cdots X_n \Rightarrow [x_1, x_2, \cdots, x_n]^T \tag{5.24}$$

把每一个 X_i 看作一个遗传基因，它的所有可能取值称为等位基因，这样，X 就可看作是由 n 个遗传基因所组成的一个染色体。一般情况下，染色体的长度 n 是固定的，但对一些问题 n 也可以是变化的。根据不同的情况，等位基因可以是一组整数。也可以是某一范围内的实数值，或者是纯粹的一个记号。最简单的等位基因是由 0 和 1 这两个整数组成的，相应的染色体就可表示为一个二进制符号串。这种编码所形成的排列形式 X 是个体的基因型，与它对应的 X 值是个体的表现型。通常个体的表现型和其基因型是一一对应的，但有时也允许基因型和表现型是多对一的关系。染色体 X 也称为个体 X，对于每一个个体 X，要按照一定的规则确定出其适应度，个体的适应度与其对应的个体表现则 X 的目标函数值相关联，X 越接近于目标函数的最优点，其适应度越大；反之，其适应度越小。

遗传算法中，决策变量 X 组成了问题的解空间。对问题最优解的搜索是通过对染色体 X 的搜索过程来进行的。从而由所有的染色体 X 就组成了问题的搜索空间。

生物的进化是以集团为主体的，与此相对应，遗传算法的运用对象是由 M 个个体所组成的集合，称为群体。与生物一代一代的自然进化过程相类似，遗传算法的运算过程也是一个反复迭代过程，第 t 代群体记做 $P(t)$，经过一代遗传和进化后，得到第 $t+1$ 代群体，它们也是由多个个体组成的集合，记做 $P(t+1)$。这个群体不断地经过遗传和进化操作，并且每次都按照优胜劣汰的规则将适应度较高的个体更多地遗传到下一代，这样最终在群体中将会得到一个优良的个体 X，它所对应的表现型 X 将达到或接近于问题的最优解 X^*。

生物的进化过程主要是通过染色体之间的交叉和染色体的变以来完成的。与此相对应，遗传算法中最优解的搜索过程也模仿生物的这个过程，使用所谓的遗传算算子(genetic operators)作用于群体 $P(t)$，进行下述遗传操作，从而得到新一代群体$P(t+1)$。

选择(selection)：根据各个个体的适应度，按照一定的规则或方法，从第 t 代群体 $P(t)$中选择出一些优良的个体遗传到下一代群体 $P(t+1)$。

交叉(crossover)：将群体 $P(t)$内的各个个体随机搭配成对，对每一对个体，以某个概率(称为交叉概率，crossoverrate)交换它们之间的部分染色体。

变异(mutation)：对群体 $P(t)$中的每一个个体，以某一概率(称为变异概率，mutationrate)改变某一个或某一些基因值为其他等位基因。

(2) 遗传算法的运算过程

图 5.7 所示为遗传算法的运算过程示意图。

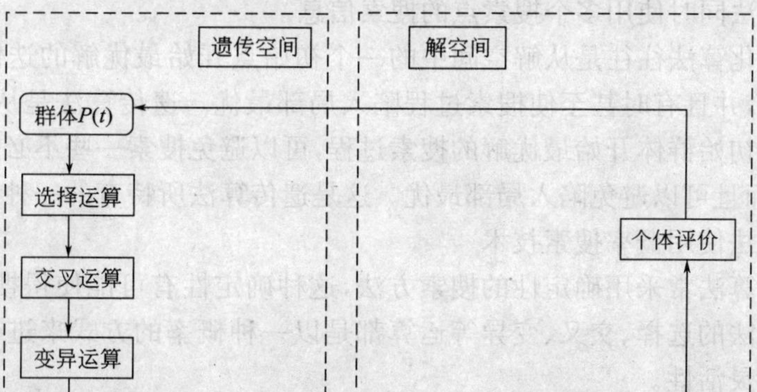

图 5.7　遗传算法的运算过程示意图

其主要运算过程如下：

步骤一：初始化。设置进化代数计数器 $t\to 0$；设置最大进化代数 T；随机生成 M 个个体作为初始群体 $P(0)$。

步骤二：个体评价。计算群体 $P(t)$中各个个体的适应度。

步骤三：选择运算。将选择算子作用于群体。

步骤四：交叉运算。将交叉算子作用于群体。

步骤五：变异运算。将变异算子作用于群体。群体 $P(t)$ 经过选择交叉、变异运算之后得到一代群体 $P(t+1)$。

步骤六：终止条件判断。若 $t \leqslant T$，则 $t \leftarrow t+1$，转到步骤二；若 $t > T$，则以进化过程中所得到的具有最大适应度的个体作为最优解输出，终止计算。

(3) 遗传算法的特点

遗传算法是一类可用于复杂系统优化计算的鲁棒搜索算法，它的主要特点如下：

①遗传算法以决策变量的编码作为运算对象

遗传算法往往直接利用决策变量的实际值本身来进行优化计算。这一特点使得我们在优化计算过程中可以借鉴生物学中染色体和基因等概念，可以模仿自然界中生物的遗传和进化等机理，也使我们能方便地应用遗传操作算子。特别是对一些无数值概念或很难有数值概念，而只有代码概念的优化问题更具有优越性。

②遗传算法直接以目标函数值作为搜索信息

它用由目标函数值变换来的适应度函数值，就可确定进一步的搜索方向和搜索范围，无需目标函数的导数值等其他一些辅助信息。这一特点使得我们把搜索范围集中到适应度较高的部分搜索空间中，提高了搜索效率。

③遗传算法同时使用多个搜索点的搜索信息

传统的优化算法往往是从解空间中的一个初始点开始最优解的迭代搜索过程，搜索效率不高，并且有时甚至使搜索过程陷入局部最优。遗传算法是从由很多个体所组成的一个初始群体开始最优解的搜索过程，可以避免搜索一些不必搜索的点，提高搜索效率，而且可以避免陷入局部最优。这是遗传算法所特有的一种隐含并行性。

④遗传算法使用概率搜索技术

传统优化算法常采用确定性的搜索方法，这种确定性有可能使得搜索达不到最优。而遗传算法的选择、交叉、变异等运算都是以一种概率的方式来进行的，增加了其搜索过程的灵活性。

4. 遗传算法优化配时控制

一般说来优化问题涉及三个基本要素：变量、约束和目标函数。在求解过程中选定的基本参数称为变量，对变量取值的种种限制称为约束，表示可行方案衡量标准的函数称为目标函数。变量的选取、约束条件的确定、目标函数的建立都因具体问题而异，需要分别对待。由于不同的编码方式和不同的遗传算子就构成了不同的遗传算法，文中采用由 Goldberg 总结出的基本遗传算法(Simple Genetic Algorithms，简称 SGA)进行此四相位交叉口的优化配时。

基本步骤如下：

第一步：确定决策变量及其各种约束条件，即确定出个体的表现型 X 和问题的解空间。

决策变量：t_1、t_2、t_3、t_4

约束条件：$t_1+t_2+t_3+t_4=T$

$$7\leqslant t_i\leqslant T-21$$

第二步：确定出目标函数的类型和个体适应度的量化评价方法，即确定出由目标函数值 s 到个体适应度 F 的转换规则。

由于交叉路口配时问题是一个随机过程，采用传统的算法往往难以获得比较满意的最优解，本文采用遗传算法进行配时优化，按周期顺序进行。由上节内容可知，实现交叉口信号优化，即要实现交叉口延误车辆最小，如下式表示：

$$s^*=\min s=\min\sum_{j=1}^{4}\sum_{k=1}^{3}s_{4jk}^{l}=\min\sum_{j=1}^{4}\sum_{k=1}^{3}\left(s_{4jk}^{l-1}+\sum_{i=1}^{4}q_{ijk}t_i-\sum_{i=1}^{4}p_{ijk}u_{ijk}t_i\right)$$

因为此目标函数是求最小值，而采用遗传算法是适应度越大，个体越能体现其优越性。所以将目标函数转化为求解最大值问题，因而存在目标值向适应值映射问题，取目标值向适应值的映射如下：

$$F=C_{\max}-s \tag{5.25}$$

式中 $C_{\max}$——一个相对较大的数。

第三步：确定表示可行解的染色体编码方法，也即确定出个体的基因型 X 及遗传算法的搜索空间。

经过公式映射，求目标值 s 极小值问题，就转化为适应值 F 极大值问题。以下介绍的遗传算法采用二进制多参数级联编码方式，用二进制码串[$a_{n/4},\cdots,a_1,b_{n/4},\cdots,b_1,c_{n/4},\cdots,c_1,d_{n/4},\cdots,d_1$]表示一条染色体，$n$ 为染色体长度。搜索空间为[0,255]。

第四步：确定解码方法，即确定出由个体基因型 X 到个体表现型 X 的对应关系或转换方法。

二进制码串[$a_{n/4},\cdots,a_1$]、[$b_{n/4},\cdots,b_1$]、[$c_{n/4},\cdots,c_1$]、[$d_{n/4},\cdots,d_1$]分别对应相应相位 1、相位 2、相位 3、相位 4 的配时 t_1、t_2、t_3、t_4 且满足

$$t_1=7+(T-28)\sum_{i=1}^{n/4}\frac{a_i2^{i-1}}{2^{n/4}-1} \tag{5.26}$$

$$t_2=7+(T-28)\sum_{i=1}^{n/4}\frac{b_i2^{i-1}}{2^{n/4}-1} \tag{5.27}$$

$$t_3=7+(T-28)\sum_{i=1}^{n/4}\frac{c_i2^{i-1}}{2^{n/4}-1} \tag{5.28}$$

$$t_4=7+(T-28)\sum_{i=1}^{n/4}\frac{d_i2^{i-1}}{2^{n/4}-1} \tag{5.29}$$

第五步：设计遗传算子，即确定出选择运算、交叉运算、变异运算等遗传算子的具体操作方法。

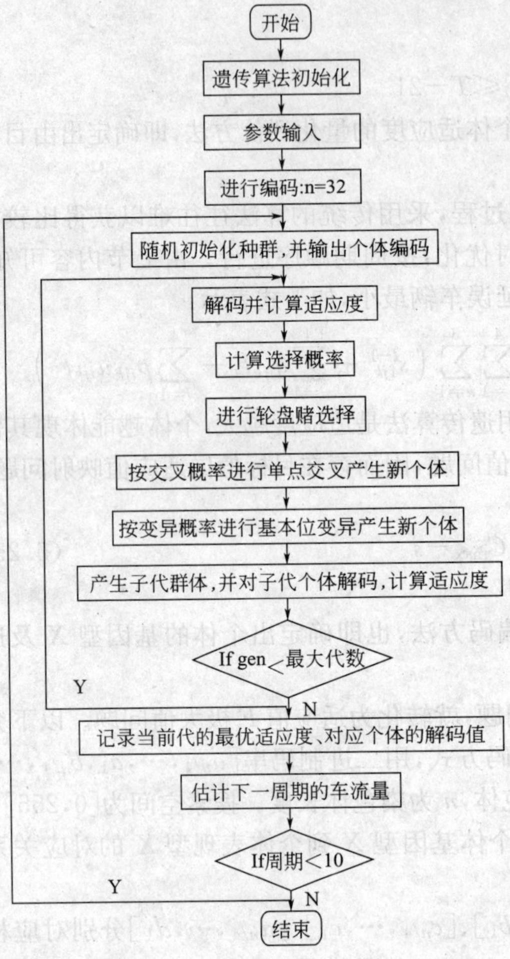

图 5.8　基本遗传算法流程图

- 选择运算使用比例选择算子;
- 交叉运算使用单点交叉算子;
- 变异运算使用基本位变异算子。

第六步:确定遗传算法的有关运行参数,即确定出遗传算法的等参数。

对于单交叉口信号配时优化控制的遗传算法运行参数为:

群体大小:$M=100$;

染色体长度:$n=32$;

终止代数:$G=100$;

交叉概率:$P_c=0.8$;

变异概率:$P_m=0.001$。

5. 遗传算法编程仿真

仿真是采用C语言对单交叉路口交通流实时配时遗传算法优化编程模,程序流程图如图 5.8 所示:

仿真路口如图 5.3。其中种群数取为 100,染色体长度 n 取为 32,迭代总代数为 100,C 为 1000。其中东、南、西、北的左行、直行、右行各车道的车流到达率分别采用车流量到达预测方法进行预测。

交叉路口的各个方向各个车道在允许放行的条件下,假定放行车辆数为 3 000 pcu/s,固定信号周期 T 取为 140 s,最小绿灯时间为7 s。文中对将遗传算法优化配时控制与定周期控制算法(配时参数由韦尔伯特配时公式得出,周期为140 s,东西左拐36 s,东西直行36 s,南北左拐32 s,南北直行32 s,黄灯4 s)进行比较。分别进行了 3 次独立的仿真,每次 10 个周期,6 次仿真试验结果如表 5.5 所示。

由仿真结果直观看出,经过遗传算法得出的配时方案明显优于由传统算法产生的定时控制,路口的车辆排队长度明显减小。

遗传算法(GA)收敛性通过采用带有最优适应值保持的复制算子的简单遗传算法(SGA)而得到保证。在搜索初期选用较大的交叉率和较大的变异率。较大的交叉率有利于新的个体的实现,较大的变异率有效地防止出现“过早收敛”现象。随着搜索的进行，为了防止破坏种群的相似性特性，动态地减小交叉率与变异率。而复制概率亦随着搜索而不断增大，有利于稳定地收敛于全局最优解。

表5.5 遗传算法仿真结果

控制算法	周期										均值
	1	2	3	4	5	6	7	8	9	10	
	平均周期队长/pcu										
遗传算法1	6.50	8.00	7.75	5.50	7.25	6.50	5.50	5.75	7.50	5.50	6.58
遗传算法2	7.25	8.25	5.00	3.75	5.75	4.25	6.50	6.75	5.75	6.00	5.93
遗传算法3	6.00	5.50	4.50	5.00	6.50	5.25	7.25	3.75	5.00	6.75	5.55
定时控制1	8.50	8.75	10.00	7.50	10.0	9.50	9.75	8.75	8.25	9.75	9.08
定时算法2	8.75	10.0	7.25	10.25	10.5	9.75	10.5	10.0	9.25	8.75	9.55
定时算法3	9.75	9.50	9.25	9.25	8.25	9.25	8.75	9.25	9.75	9.18	9.18

应用GA处理具有多个最优解的寻优问题时，可采用的方法首先是将父代具有最优适应值的个体直接复制到下一代。这样每生成新的一代个体时，父代的最优个体被完全保留到下一代。其次是适当增加遗传优化的代数，以确保所有最优解均被搜索到。另外，将GA应用于路口控制中，若是多个最优解的寻优问题，如果只考虑排队长这个单项性能指标，则可选择多个最优解中任意一个作为寻优目标值，也可综合其他性能指标(如平均延误时间、停车次数等)确定多个最优解之一作为寻优目标值。

上面所介绍的方法虽然是针对单交叉路口4相位交通信号控制，同样可以扩展到更多相位的交叉路口交通信号控制。

值得注意的是上述方法只考虑了机动车的相位，没有考虑自行车与行人的相位。实际处理问题时应将这些因素综合考虑。而且在应用车流量到达预测方法时采用的方法过于简单，很难真实的反映车辆的到达规律。

5.3.1.2 基于遗传算法的干线协调控制和区域协调控制

1. 模型建立

文中根据万绪军建立的线控系统中相位差优化模型对象控制系统进行遗传算法优化，以达到线控系统控制最优的目的。建立模型如下：

假设一线控系统由 s_1、s_2、…、s_n 共 n 个交叉口组成，交叉口之间距离分别为 l_1、l_2、…、l_{n-1}线控系统各路段车道数和车道宽都是一致的，交通量为 $q_上$、$q_下$(pcu/h)，不考虑转弯车辆的影响，线控系统车速为 $v_上$、$v_下$，线控系统的周期长和绿信比可以通过本书给出的方法确定，然后可进行相位差调节，以实现沿干线行驶车辆延误最小。

首先从线控系统的起点 s_1 来考虑问题，由 s_1 进入干线的交通流，因为进入干线前的交通流是从各个方向成一定规律到达的，然后进行整流进入干线车道，在这里我们对这个整流的过程中产生的延误不予以考虑，所以对起点 s_1 来说，只考虑离开干线车流所产生的延误即可。同理对线控系统的末点 s_n 来说，也只考虑离开干线的车流所产生的延误，而不考虑由 s_n 上行进入干线所产生的整流过程延误。但对中间交叉口来说，不但要考虑由上游驶来的下行车辆所产生的延误，而且还要考虑由下游驶来的上行车辆所产生的延误。因此，在中间交叉口车辆延误由上、下行两部分组成。这里有一个前提就是交通量没有超过道路的通行能力。当交通量超过道路的通行能力时，就需要采用诱导等措施来控制和分流进入干线的交通量。对整个线控系统来说要使沿干线行驶车辆延误最小，就要使各个交叉口的延误之和最小，即目标函数为：

$$\min\sum_{i=1}^{n}D_i \tag{5.30}$$

式中　D_i——第 i 个交叉口一个周期中上、下行车辆延误之和。

(1) 下行车辆通过交叉口延误的计算方法

对于中间交叉口 s_{i+1} 来说，车辆由 s_i 交叉口下行的车辆行驶时间为 l_i/v，设 s_i、s_{i+1} 两交叉口相位差为 $\varphi_{i+1,i}$，则通过由交叉口 s_i 下行至 s_{i+1} 的车辆延误分为两种情况：一种是车队头部到达 s_{i+1} 交叉口时遇到红灯受阻；另一种情况是车队尾部到达 s_{i+1} 时，s_{i+1} 交叉口信号灯由绿灯变为红灯而受阻。

(2) 下行车队头部在下一交叉口前受阻的情况

由 s_i 下行的车辆到达 s_{i+1} 交叉口时所经历的时间为 $l_i/v_{下}$，从车队头部到达 s_{i+1} 起至交叉路口 s_{i+1} 红灯结束的时间为 $\tau_{下}$。由于 s_{i+1} 相对于 s_i 的信号相位差为 $\varphi_{i+1,i}$，则

$$\left[\frac{l_i}{v_{下}}\right](\mathrm{mod}T)+\tau_{下}=\varphi_{i+1,i} \tag{5.31}$$

得出：

$$\tau_{下}=\varphi_{i+1,i}-\left[\frac{l_i}{v_{下}}\right](\mathrm{mod}T) \tag{5.32}$$

设在绿灯期间交叉口的最大通过能力为 u，如图 5-9 所示，为车队头部受阻时的延误情况。

在绿灯开启 t 时间后，累积的车辆得到全部疏散，t 后到达的车辆在绿灯期间不受阻地通过交叉口，

则有：

$$q_{下}(\tau_{下}+t)=tu \tag{5.33}$$

得出：

$$t=\frac{\tau_{下}\,q_{下}}{u-q_{下}} \tag{5.34}$$

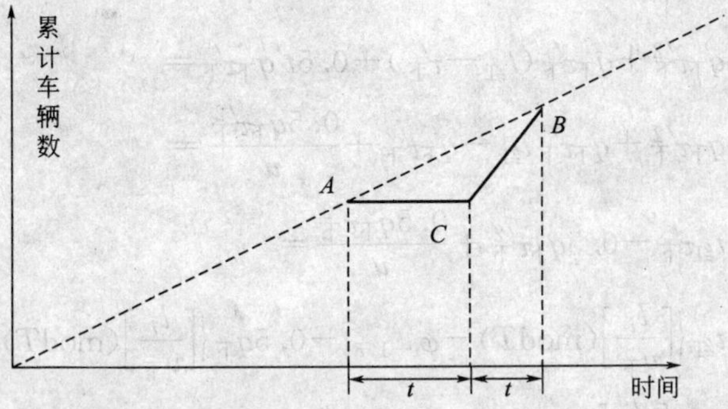

图 5.9　车队头部受阻时的延误情况示意图

图 5.9 中 ABC 的面积为此周期内下行车队在该交叉口的延误总值，记为 $d_{i+1下}$，则有：

$$d_{i+1下}=0.5\tau_{下}\ q_{下}(\tau_{下}+t)=0.5q_{下}\ \tau_{下}\left[\tau_{下}+\frac{q_{下}\ \tau_{下}}{u-q_{下}}\right]=\frac{q_{下}\ u\tau_{下}^2}{2(u-q_{下})}$$

$$=\frac{q_{下}\ u\left\{\varphi_{i+1,i}-\left[\frac{l_i}{v_{下}}\right](\mathrm{mol}T)\right\}^2}{2(u-q_{下})} \tag{5.35}$$

(3) 下行车队尾部在下一交叉口受阻的情况

由于车队尾部受阻，则在红灯期间到达下游的车辆要经历余下的红灯时间，等待在绿灯期间相继离开此交叉口。设车队从第一辆遇红灯受阻到最后一辆到达此交叉口的车辆经历的时间为 $\tau'_{下}$，则有：

$$\left[\frac{l_i}{v_{下}}\right](\mathrm{mod}T)-\tau'_{下}=\varphi_{i+1,i} \tag{5.36}$$

车队尾部有 $q_{下}\ \tau'_{下}$ 辆车未能赶上绿灯，须在下一周期内通过。图 5.10 为车队尾部受阻时的延误情况。

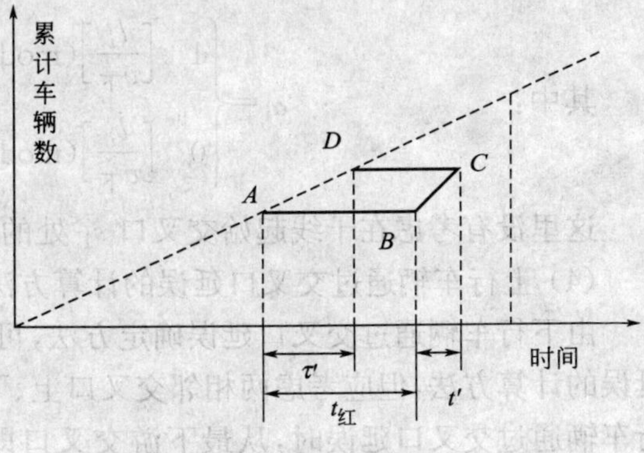

图 5.10　车队尾部受阻时的延误情况示意图

在下一绿灯期间须经 t' 时间才能使全部延误车辆通过，而在此 t' 时间段内由 s_i 驶出的车辆还没有到达该交叉口，

则有：

$$ut'=q_{下}\ \tau'_{下} \tag{5.37}$$

得出：

$$t'=\frac{q_{下}\ \tau'_{下}}{u} \tag{5.38}$$

图 5.10 中 $ABCD$ 的面积为此周期内车队在该交叉口的延误总值，记为 d'_{i+1}，

则有：

$$
\begin{aligned}
d'_{i+1下} = & 0.5q_{下}\tau'^{2}_{下} + q_{下}\tau'_{下}(t_{红} - \tau'_{下}) + 0.5t'q_{下}\tau'_{下} = \\
& 0.5q_{下}\tau'^{2}_{下} + q_{下}\tau'_{下}t_{红} - q_{下}\tau'^{2}_{下} + \frac{0.5q_{下}\tau'^{2}_{下}}{u} = \\
& q_{下}\ t_{红}\tau'_{下} - 0.5q_{下}\tau'^{2}_{下} + \frac{0.5q_{下}\tau'^{2}_{下}}{u} = \\
& q_{下}\ t_{红}\left\{\left[\frac{l_i}{v_{下}}\right](\mathrm{mod}T) - \varphi_{i+1,i}\right\} - 0.5q_{下}\left\{\left[\frac{l_i}{v_{下}}\right](\mathrm{mod}T) - \varphi_{i+1,i}\right\} + \\
& 0.5q^{2}_{下}\left\{\left[\frac{l_i}{v_{下}}\right](\mathrm{mod}T) - \varphi_{i+1,i}\right\}^{2}/u
\end{aligned}
\tag{5.39}
$$

式中　$t_{红}$——红灯时长。

由前述的这两种情况可知，若$\left[\frac{l_i}{v_{下}}\right](\mathrm{mod}T) \leqslant \varphi_{i+1,i}$，则产生车队头部受阻的情况；若$\left[\frac{l_i}{v_{下}}\right](\mathrm{mod}T) > \varphi_{i+1,i}$，则产生车队尾部受阻的情况。因此下行车辆在交叉口的总延误为：

$$
D_{下} = \sum_{i=2}^{n}\left[\alpha_i d_i + (1-\alpha_i)d'_{i下}\right] \tag{5.40}
$$

其中：

$$
\alpha_{\mathrm{i}} = \begin{cases} 1 & \left[\frac{l_i}{v_{下}}\right](\mathrm{mod}T) \leqslant \varphi_{i+1,i} \\ 0 & \left[\frac{l_i}{v_{下}}\right](\mathrm{mod}T) \leqslant \varphi_{i+1,i} \end{cases} \tag{5.41}
$$

这里没有考虑在干线起始交叉口 s_1 处的车辆整队延误。

(4) 上行车辆通过交叉口延误的计算方法

由下行车辆通过交叉口延误确定方法，可以类似地推导出上行车辆通过交叉口延误的计算方法，但应考虑两相邻交叉口上、下行相位差之间的内在关系。在推导上行车辆通过交叉口延误时，从最下游交叉口即 s_n 开始进行。在 s_n 交叉口处也有一个车辆整队的过程，在此过程中车辆延误不予考虑。现考虑两相邻交叉口 $i+1$ 和 i，第 $i+1$ 个交叉口对第 i 个交叉口的相位差为 $\varphi_{i+1,i}$，显然第 i 个交叉口对第 $i+1$ 个交叉口来说其相位差 $\varphi_{i,i+1}$ 为：

$$
\varphi_{i,i+1} = T - \varphi_{i+1,i} \tag{5.42}
$$

即相邻两交叉口相互之间的相位差之和为一个周期，即：

$$
\varphi_{i,i+1} + \varphi_{i+1,i} = T \tag{5.43}
$$

现在来分析由第 $i+1$ 个交叉口驶往第 i 个交叉口上行车队的受阻情况。

(5) 上行车队头部在下一交叉口受阻的情况

由上面的分析可知，若上行车队头部受阻，则有：

$$\left[\frac{l_i}{v_{上}}\right](\mathrm{mod}T)+\tau_{上}=\varphi_{i,i+1} \tag{5.44}$$

式中　$\tau_{上}$——上行车队头部受阻时间。

因为：

$$q_{上}(\tau_{上}+t_{上})=t_{上}\,u \tag{5.45}$$

式中　$t_{上}$——疏散时间，

即：

$$t_{上}=\frac{q_{上}\,\tau_{上}}{u-q_{上}} \tag{5.46}$$

所以：

$$d_{i上}=0.5\tau_{上}\,q_{上}(\tau_{上}+t_{上})=0.5q_{上}\,\tau_{上}\left[\tau_{上}+\frac{q_{上}\,\tau_{上}}{u-q_{上}}\right]=\frac{q_{上}\,u\tau_{上}^2}{2(u-q_{上})}=$$

$$\frac{q_{上}\,u\left\{\varphi_{i,i+1}-\left[\frac{l_i}{v_{上}}\right](\mathrm{mod}T)\right\}^2}{2(u-q_{上})}=\frac{q_u\left\{T-\varphi_{i+1,i}-\left[\frac{l_i}{v_{上}}\right](\mathrm{mod}T)\right\}^2}{2(u-q_{上})} \tag{5.47}$$

式中　$d_{i上}$——上行车队头部受阻的延误时间。

(6) 上行车队尾部在下一交叉口受阻的情况

由于上行车队尾部受阻，所以有：

$$\left[\frac{l_i}{v_{上}}\right](\mathrm{mod}T)-\tau_{上}=\varphi_{i,i+1} \tag{5.48}$$

式中　$\tau_{上}$——车队第一辆车受阻至该车队最后一辆车到达 i 交叉口所经历的时间。

上行车队尾部受阻延误时间 $d'_{i上}$ 的计算方法与下行车队尾部受阻的计算方法相同，

$$\begin{aligned}d'_{i上}=&q_{上}\,t_{红}\,\tau_{上}-0.5q_{上}\,\tau_{上}^2+\frac{0.5q_{上}^2\,\tau_{上}^2}{u}=q_{上}\,t_{红}\left\{\left[\frac{l_i}{v_{上}}\right](\mathrm{mod}T)-\varphi_{i,i+1}\right\}-\\&0.5q_{上}\left\{\left[\frac{l_i}{v_{上}}\right](\mathrm{mod}T)-\varphi_{i,i+1}\right\}^2+0.5q_{上}^2\left\{\left[\frac{l_i}{v_{上}}\right](\mathrm{mod}T)-\varphi_{i,i+1}\right\}^2/u=\\&q_{上}\,t_{红}\left\{\left[\frac{l_i}{v_{上}}\right](\mathrm{mod}T)-T+\varphi_{i+1,i}\right\}-0.5q_{上}\left\{\left[\frac{l_i}{v_{上}}\right](\mathrm{mod}T)-T+\varphi_{i+1,i}\right\}^2+\\&0.5q_{上}^2\left\{\left[\frac{l_i}{v_{上}}\right](\mathrm{mod}T)-T+\varphi_{i+1,i}\right\}^2/u\end{aligned} \tag{5.49}$$

由以上分析可知：若 $\left[\frac{l_i}{v_{上}}\right](\mathrm{mod}T)\leqslant\varphi_{\mathrm{i,i+1}}$，则上行车队头部受阻，即 $\left[\frac{l_i}{v_{上}}\right]$

$(\bmod T)\leqslant T-\varphi_{i+1,i}$，因此，当 $T-\left[\frac{l_i}{v_上}\right](\bmod T)\geqslant\varphi_{i+1,i}$ 时，在 i、$i+1$ 两相邻交叉口之间上行车队头部受阻；若 $\left[\frac{l_i}{v_上}\right](\bmod T)>\varphi_{i,i+1}$，则上行车队尾部受阻，即 $\left[\frac{l_i}{v_上}\right](\bmod T)>T-\varphi_{i+1,i}$，所以当 $T-\left[\frac{l_i}{v_上}\right](\bmod T)<\varphi_{i+1,i}$ 时，在 i、$i+1$ 两相邻交叉口之间上行车队尾部受阻。

对上行车队来说其在各交叉口的总延误为：

$$D_上=\sum_{i=1}^{n-1}\left[\beta_i d_{i上}+(1-\beta_i)d'_{i上}\right] \tag{5.50}$$

$$\beta_i=\begin{cases}1 & T-\left[\dfrac{l_i}{v_上}\right](\bmod T)\geqslant\varphi_{i+1,i}\\ 0 & T-\left[\dfrac{l_i}{v_上}\right](\bmod T)<\varphi_{i+1,i}\end{cases} \tag{5.51}$$

故由上、下行延误 $D_上$、$D_下$，可求出整个线系统上、下行车队在所有交叉口的延误之和 D 为：

$$D=D_上+D_下=\sum_{i=2}^{n}[\alpha_i d_i+(1-\alpha_i)d'_{i下}]+\sum_{i=1}^{n-1}[\beta_i d_{i上}+(1-\beta_i)d'_{i上}] \tag{5.52}$$

$$\alpha_i=\begin{cases}1 & \left[\dfrac{l_i}{v_下}\right](\bmod T)\leqslant\varphi_{i+1,i}\\ 0 & \left[\dfrac{l_i}{v_上}\right](\bmod T)>\varphi_{i+1,i}\end{cases}$$

$$\beta_i=\begin{cases}1 & T-\left[\dfrac{l_i}{v_上}\right](\bmod T)\geqslant\varphi_{i+1,i}\\ 0 & T-\left[\dfrac{l_i}{v_上}\right](\bmod T)<\varphi_{i+1,i}\end{cases}$$

另外加入约束：$0\leqslant\varphi_{i+1i}<T$。

2. 遗传算法优化配时控制

第一步：确定决策变量及其各种约束条件，即确定出个体的表现型 X 和问题的解空间。

决策变量：$\varphi_{i+1,i}(i=1,2,\cdots,n-1)$

约束条件：$0\leqslant\varphi_{i+1,i}<T$

第二步：确定出目标函数的类型和个体适应度的量化评价方法，即确定出由目标函数值 s 到个体适应度 F 的转换规则。

由上节内容可知，实现干线信号优化，即要实现通过干线道路的车辆延误最小，如(5.53)式表示：

$$D=D_{上}+D_{下}=\sum_{i=2}^{n}[\alpha_i d_i+(1-\alpha_i)d'_{i下}]+\sum_{i=1}^{n-1}[\beta_i d_{i上}+(1-\beta_i)d'_{i上}] \tag{5.53}$$

因为此目标函数是求最小值，而采用遗传算法是适应度越大，个体越能体现其优越性。所以将目标函数转化为求解最大值问题，因而存在目标值向适应值映射问题，取目标值向适应值的映射如下：

$$F=C_{\max}-D \tag{5.54}$$

式中 $C_{\max}$——一个相对较大的数。

第三步：确定表示可行解的染色体编码方法，也即确定出个体的基因型 X

经过映射，求目标值 D 极小值问题，就转化为适应值 F 极大值问题。以下介绍的遗传算法采用二进制多参数级联编码方式，用二进制码串$[\varphi_{18},\cdots,\varphi_{11},\varphi_{28},\cdots,\varphi_{21},\cdots,\varphi_{(n-1)8},\cdots,\varphi_{(n-1)1}]$表示一条染色体，$N=8(n-1)$为染色体长度。

第四步：确定解码方法，即确定出由个体基因型 X 到个体表现型 X 的对应关系或转换方法。

二进制码串$[\varphi_{18},\cdots,\varphi_{11}]$、$[\varphi_{28},\cdots,\varphi_{21}]$、…、$[\varphi_{j8},\cdots,\varphi_{j1}]$、…、$[\varphi_{(n-1)8},\cdots,\varphi_{(n-1)1}]$($j$：相位差个数)分别对应相应 $\varphi_{i+1,i}$($i=1,2,\cdots,n-1$)且满足

$$\varphi_{i+1,i}=T\sum_{k=1}^{8}\frac{\varphi_{jk}2^{k-1}}{2^8-1} \tag{5.55}$$

第五步：设计遗传算子，即确定出选择运算、交叉运算、变异运算等遗传算子的具体操作方法。

选择运算使用比例选择算子；

交叉运算使用单点交叉算子；

变异运算使用基本位变异算子。

第六步：确定遗传算法的有关运行参数，即确定出遗传算法的等参数。

对于单交叉口信号配时优化控制的遗传算法运行参数为：

群体大小：$M=100$；

染色体长度：N 由进行干线协调控制的交叉口的数目确定；

终止代数：$G=100$；

交叉概率：$Pc=0.8$；

变异概率：$P_m=0.001$。

3. 编程仿真

下面以某市的一个四交叉口协调控制系统为例进行研究。该系统示意图见图 5.11，各交叉口的绿信比及周期时长如表 5.5 所示。

对该系统进行遗传算法设计。系统周期取 105 s，到达交通量 $q=1\,080$ pcu/h，交叉口的最大通过能力为 $u=1\,500$ pcu/h，系统内各路段统一车速设定为 48 km/h。以

延误最小为优化目标，运用作者编制的程序通过多次计算所得到的相位差与延误，和运用传统算法所得的相位差与延误如表 5.7 所示。

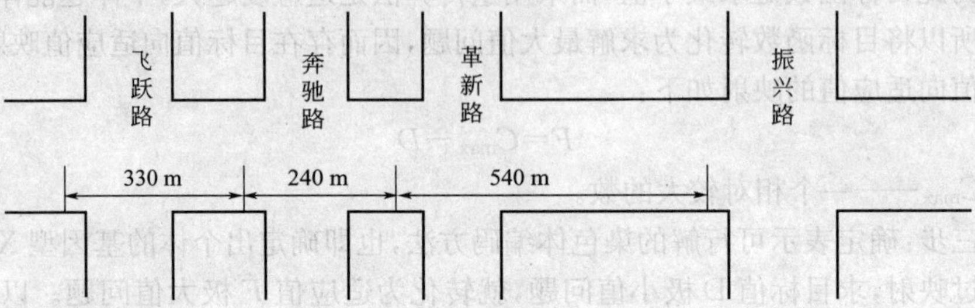

图 5.11 干线控制交叉口示意图

表 5.6 各交叉口的绿信比及周期时长

路口	飞跃路	奔驰路	革新路	振兴路
λ	0.65	0.65	0.65	0.60
C	105	100	96	105

表 5.7 验证结果

	$\varphi_{1,2}$	$\varphi_{2,3}$	$\varphi_{3,4}$	延误
传统算法	0	53	3	18.00
遗传算法	2	50	10	16.45

由以上仿真结果可见：

根据本节提出的干线模型，采用多目标遗传算法优化方法进行交通配时，可以较为合理地配置交叉口间的相位差，使得整个网络的车辆延误时间尽可能的短。

上面所介绍的方法虽然是针对 4 个交叉路口 2 相位干线协调控制，只要对程序稍加修改同样可以扩展到更多路口更多相位的交叉路口网络交通信号控制。

同样值得注意的是上述方法只考虑了机动车的相位，没有考虑自行车与行人的相位。实际处理问题时应综合考虑这些因素。

由于遗传算法是一种概率搜索算法，为使计算结论可靠，应进行多次模计算。

采用遗传算法得到的群体并不能保证每个样本都是非劣的，因此，应对其进行筛选，剔除那些明显的劣解。

4. 基于遗传算法的区域自适应控制系统初探

由于一个交通区域是由交通状况相似的交叉口组成，所以区域自适应控制系统可以采用三层的递阶分布式结构，递阶分布式结构如图 5.12 所示：

第 1 层是战术控制层，即路口控制层，位于交叉口。主要是由检测器检测实时道路交通流信息，根据收集汇总的信息采用遗传算法对其进行优化配时，具体操作可采用本书研究方法，并收集和汇总数据传输到上一级控制层，同时也接受上一级下达的指令并按指令进行操作。该层还应配有设备故障监视器，定时监测设备故障向上级报告。

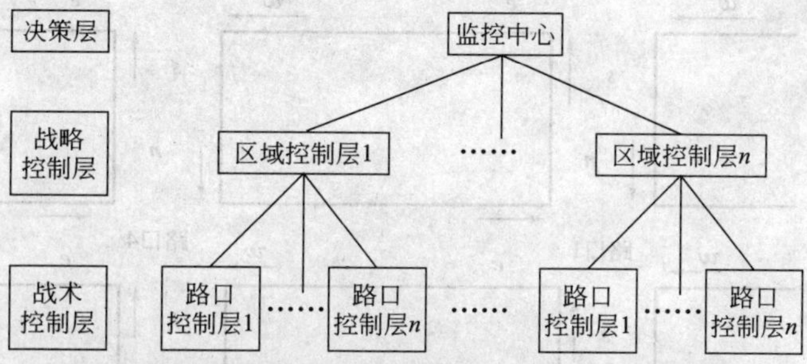

图 5.12　递阶分布式结构示意图

第 2 层是战略控制层，即区域控制层，位于所控制区域内的一个比较中心的地点。主要是接受从第一级传来的信息，针对具有相同交通特性的交叉口进行子区划分，再根据第一级传输的交通流特性进行相位差的优化，具体操作可采用本书研究方法。

第 3 层是决策层，位于城市内的一个合理的中心位置，该层应该起到一种命令控制中心的作用。从这个中心能监视城市内任意信号交叉口的数据，接受、处理有关交通流条件的数据，并提供监视和显示设备。

路口机之间通过现场总线通信，路口机和区域机，区域机和监控中心之间通过光纤或专线通信。在交通控制中，协调控制方案（尤其是相位差）的变换间隔不能太小，否则方案变换产生的集散波有可能造成交通紊流，引起进一步的交通阻塞。因此，本文采用分阶段参数优化策略：每个阶段长 5～30 min，根据交通网络具体情况确定实际长度；每个阶段保持相位差不变；在每个阶段的最后一个周期，根据本阶段前若干个周期的实时交通检测数据，优化下一阶段的区域各路口控制信号间的相位差，并下达给路口机；在每个周期结束前的若干秒，根据实时交通检测数据和预测信息，优化下一周期的路口绿信比。

控制参数的优化可分解为一个两级优化问题：第 1 级优化相位差，在区域机上进行；第 2 级优化绿信比，在路口机上进行。先由第 1 级产生对应于相位差的初始群体，进行遗传操作，在第 1 级评价个体时启动第 2 级优化，找出相应最优的绿信比。

5.3.1.3　基于蚁群算法的智能交通控制系统

1. 城市区域网络交通流动态模型

4 个城市交叉口网分布如图 5.13 所示，单路口总车流分布如图 5.14 所示，单交叉路口各相位车流流向分布如图 5.15 所示，对于右转车辆文中采用随到随走的方式不对其进行信号控制，简化模型。

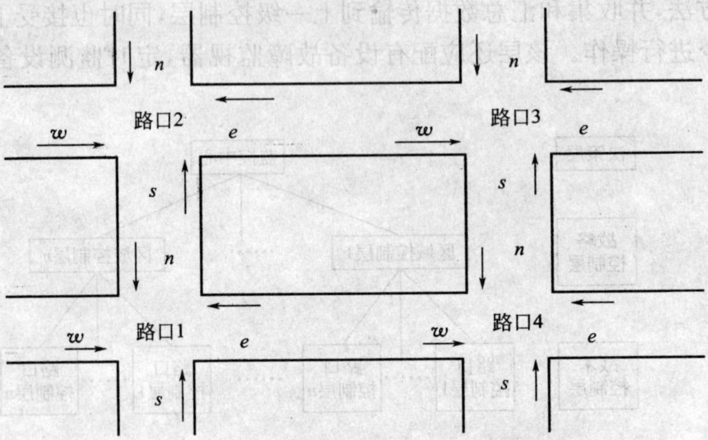

图 5.13 4 个城市交叉口网分布示意图

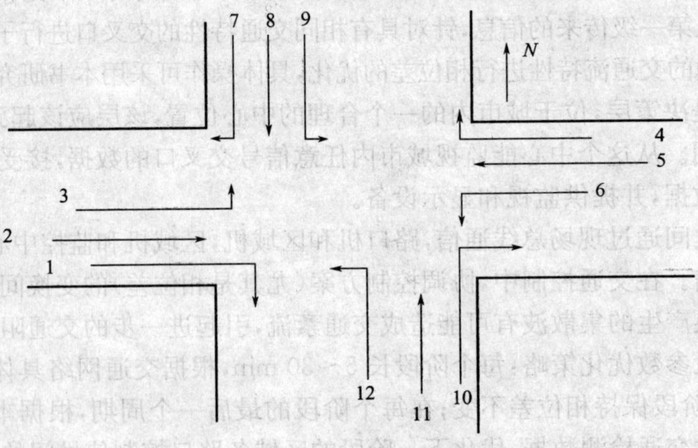

图 5.14 单路口总车流分布示意图

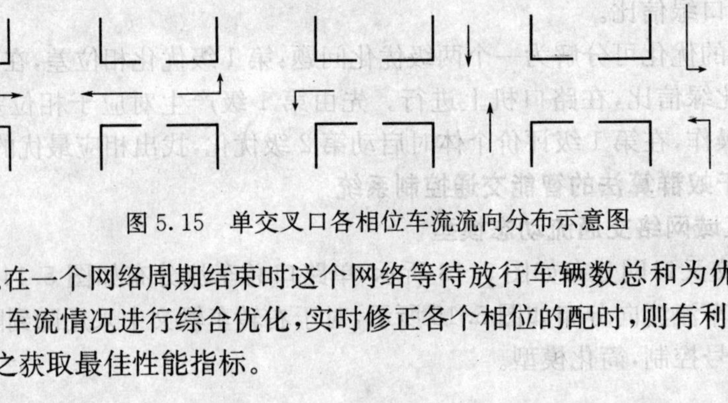

图 5.15 单交叉口各相位车流流向分布示意图

文中以在一个网络周期结束时这个网络等待放行车辆数总和为优化目标函数，对交叉路口车流情况进行综合优化，实时修正各个相位的配时，则有利于减轻交通拥挤程度，使之获取最佳性能指标。

各参数说明：

i——相位数，1代表东西直行，2代表东西左行，3代表南北直行，4代表南北左行；

j——车道数，在[1,12]取整数；

n——路口序号，取1、2、3、4；

T——网络周期；

T^n——第n个路口的信号周期；

t_i^{mn}——第m个路口周期，第n个路口的各相位的绿灯时间；

a_{nj}^l——第l个网络周期，第n个路口第j条车道的车辆到达率，j的设置方式如图5.14所示；

p_{nj}^l——第l个网络周期，第n个路口各车道的车辆通行率；

s^l——第l个网络周期，整个网络的等待车辆数；

β_1,β_2,β_3——分别为右、直、左各车辆的分流比，且三者之和=1；

$t_{12},t_{14},t_{23},t_{34}$——分别表示路口1与2，1与4，2与3，3与4间的相位差；

文中先给出某市各交叉口的相位差和各相位绿灯设置方式的特例用来说明该交通流模型，如图5.16所示，对于不同城市区域交叉口信号优化问题取不同的交叉口相位差和相位绿灯设计方案即可，所以本方法也具有通用性。

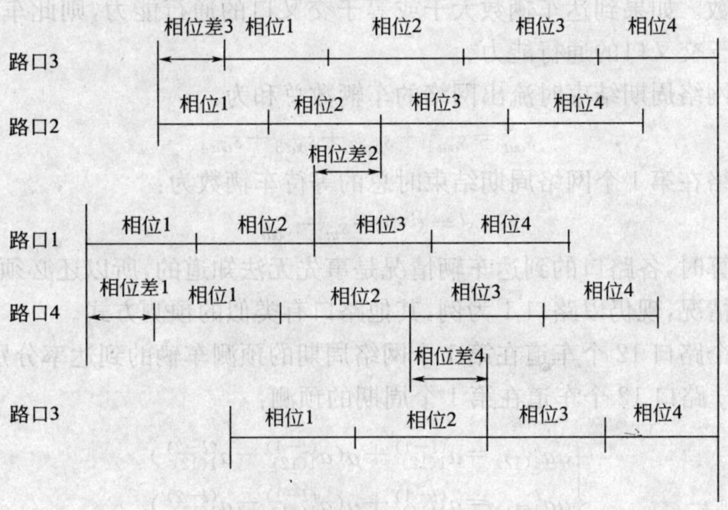

图5.16　各交叉路口的相位差和各相位绿灯设置

根据单交叉路口的周期和相邻路口间的相位差及上图，便可确定网络周期为：

$$T=t_1^1+t_2^1+t_{12}+t_3^2+t_4^2+t_{23} \tag{5.56}$$

或

$$T=t_{14}+t_1^4+t_2^4+t_{34}+t_3^3+t_4^3 \tag{5.57}$$

在一个网络周期结束时流入网络的车辆数总和为：

$$s_{in}=[a_{12}^{l}+a_{13}^{l}+a_{1(10)}^{l}+a_{1(11)}^{l}+a_{1(12)}^{l}+a_{21}^{l}+a_{22}^{l}+a_{23}^{l}+a_{28}^{l}+a_{29}^{l}+a_{37}^{l}+a_{38}^{l}+a_{39}^{l}+a_{35}^{l}+a_{36}^{l}+a_{44}^{l}+a_{45}^{l}+a_{46}^{l}+a_{4(11)}^{l}+a_{4(12)}^{l}]\times T \tag{5.58}$$

由于文中对于右转车辆不加以信号控制，因此在某些网络入口处的右转车辆的流入对整个网络交通量不构成影响，所以对上式中的 a_{11}^{l}、a_{27}^{l}、a_{34}^{l}、$a_{4(10)}^{l}$ 进行剔除，得到下式：

$$s_{in}=[a_{12}^{l}+a_{13}^{l}+a_{1(10)}^{l}+a_{1(11)}^{l}+a_{1(12)}^{l}+a_{21}^{l}+a_{22}^{l}+a_{23}^{l}+a_{28}^{l}+a_{29}^{l}+a_{37}^{l}+a_{38}^{l}+a_{39}^{l}+a_{35}^{l}+a_{36}^{l}+a_{44}^{l}+a_{45}^{l}+a_{46}^{l}+a_{4(11)}^{l}+a_{4(12)}^{l}]\times T \tag{5.59}$$

同理，文中对于不经过网络内部的右转车辆的流出情况也不予考虑，但某些路口的右转车辆是从网络内部驶出，所以对于这些车辆的流出应进行考虑。各个路口在网络周期内流出网络的车辆数计算如下：

$$s_{out1}=p_{17}^{l}*T^{1}+p_{15}^{l}*t_{1}^{1}+p_{16}^{l}*t_{2}^{1}+p_{18}^{l}*t_{3}^{1}+p_{1(12)}^{l}*t_{4}^{1} \tag{5.60}$$

$$s_{out2}=p_{24}^{l}*T^{2}+p_{25}^{l}*t_{1}^{2}+p_{23}^{l}*t_{2}^{2}+p_{2(11)}^{l}*t_{3}^{2}+p_{2(12)}^{l}*t_{4}^{2} \tag{5.61}$$

$$s_{out3}=p_{3(10)}^{l}*T^{3}+p_{32}^{l}*t_{1}^{3}+p_{33}^{l}*t_{2}^{3}+p_{3(11)}^{l}*t_{3}^{3}+p_{3(12)}^{l}*t_{4}^{3} \tag{5.62}$$

$$s_{out4}=p_{41}^{l}*T^{4}+p_{42}^{l}*t_{1}^{4}+p_{46}^{l}*t_{2}^{4}+p_{48}^{l}*t_{3}^{4}+p_{49}^{l}*t_{4}^{4} \tag{5.63}$$

若某车道达到的车辆数小于交叉口的通行率，则此车道流出网络的车辆数等于到达的车辆数。如果到达车辆数大于或等于交叉口的通行能力，则此车道流出网络的车辆数等于交叉口的通行能力。

在一个网络周期结束时流出网络的车辆数总和为：

$$s_{out}=s_{out1}+s_{out2}+s_{out3}+s_{out4} \tag{5.64}$$

整个网络在第 1 个网络周期结束时总的等待车辆数为：

$$s^{l}=s^{l-1}+s_{in}-s_{out} \tag{5.65}$$

实际计算时，各路口的到达车辆情况是事先无法知道的，所以还必须预测各路口的到达车辆情况，现仍以路口 1 为例，其他路口有类似的预测方式。

设第 1 个路口 12 个车道在第 1 个网络周期的预测车辆的到达率分别为：aa_{1j}^{m}

则对于 j 路口 12 个车道在第 1 个周期的预测：

$$\begin{cases}aa_{1(12)}^{l}=a_{1(12)}^{(l-1)}+\mu(a_{1(12)}^{(l-1)}-a_{1(12)}^{(l-2)})\\aa_{1(11)}^{l}=a_{1(11)}^{(l-1)}+\mu(a_{1(11)}^{(l-1)}-a_{1(11)}^{(l-2)})\\aa_{1(10)}^{l}=a_{1(10)}^{(l-1)}+\mu(a_{1(10)}^{(l-1)}-a_{1(10)}^{(l-2)})\end{cases} \tag{5.66}$$

$$\begin{cases}aa_{13}^{l}=a_{13}^{(l-1)}+\mu(a_{13}^{(l-1)}-a_{13}^{(l-2)})\\aa_{12}^{l}=a_{12}^{(l-1)}+\mu(a_{12}^{(l-1)}-a_{12}^{(l-2)})\end{cases} \tag{5.67}$$

$$\begin{cases} aa_{17}^{l}=(p_{21}^{(l-1)}+p_{28}^{(l-1)}+p_{26}^{(l-1)})\times\beta_1 \\ aa_{18}^{l}=(p_{21}^{(l-1)}+p_{28}^{(l-1)}+p_{26}^{(l-1)})\times\beta_2 \\ aa_{19}^{l}=(p_{21}^{(l-1)}+p_{28}^{(l-1)}+p_{26}^{(l-1)})\times\beta_3 \end{cases} \tag{5.68}$$

$$\begin{cases} aa_{14}^{l}=(p_{4(12)}^{(l-1)}+p_{45}^{(l-1)}+p_{47}^{(l-1)})\times\beta_1 \\ aa_{15}^{l}=(p_{4(12)}^{(l-1)}+p_{45}^{(l-1)}+p_{47}^{(l-1)})\times\beta_2 \\ aa_{16}^{l}=(p_{4(12)}^{(l-1)}+p_{45}^{(l-1)}+p_{47}^{(l-1)})\times\beta_3 \end{cases} \tag{5.69}$$

式中　μ——修正系数，在 0 至 1 之间取值。

考虑到实际交通中，出于行人安全等方面的原因，每相位时间要求不少于9 s，且四相位总时间应等于一个路口周期，故对每相位时间有下列约束：

$$\begin{cases} T^n=t_1^{mn}+t_2^{mn}+t_3^{mn}+t_4^{mn} \\ 9\leqslant t_1^{mn}\leqslant T^n-27 \\ 9\leqslant t_2^{mn}\leqslant T^n-27 \\ 9\leqslant t_3^{mn}\leqslant T^n-27 \\ 9\leqslant t_4^{mn}\leqslant T^n-27 \end{cases} \tag{5.70}$$

2. 蚁群算法

蚁群系统本来是生物学家为更好揭示昆虫的交互作用而提出的一种昆虫自组织模式。尽管建立这种模式的初衷是为了帮助人们去理解这类昆虫的复杂行为，蚂蚁也不可能从这些解释中获益，但是数学及计算机方面的专家和工程师却把这种超越生物本身的模型转化成了一项有用的优化和控制算法——蚁群算法，也称蚁群系统(Ant Colony System，ACS)。

蚁群优化(Ant Colony Optimization，ACO)是该系统的核心内容，其原理可大致描述如下：蚂蚁属于群居昆虫，个体行为极其简单，而群体行为却相当复杂。相互协作的一群蚂蚁很容易找到从蚁巢到食物源的最短路径，而单个蚂蚁则不能。此外，蚂蚁还能够适应环境的变化，例如在蚁群的运动路线上突然出现障碍物时，它们能够很快的重新找到最优路径。人们通过大量的研究发现，蚂蚁个体之间是通过在其所经过的路上留下一种可称之为"信息素"(pheromone)的物质来进行信息传递的。随后的蚂蚁遇到信息素时，不仅能检测出该物质的存在以及量的多少，而且可根据信息素的浓度来指导自己对前进方向的选择。同时，该物质随着时间的推移会逐渐挥发掉，于是路径的长短及该路径上通过的蚂蚁的多少就对残余信息素的强度产生影响，反过来信息素的强弱又指导着其他蚂蚁的行动方向。因此，某一路径上走过的蚂蚁越多，则后来者选择该路径的概率就越大。这就构成了蚂蚁群体行为表现出的一种信息正反馈现象。蚂蚁个体之间就是通过这种信息交流达到最快捷搜索到食物源的目的。图 5.17 能更具体的说明蚁群系统的原理。

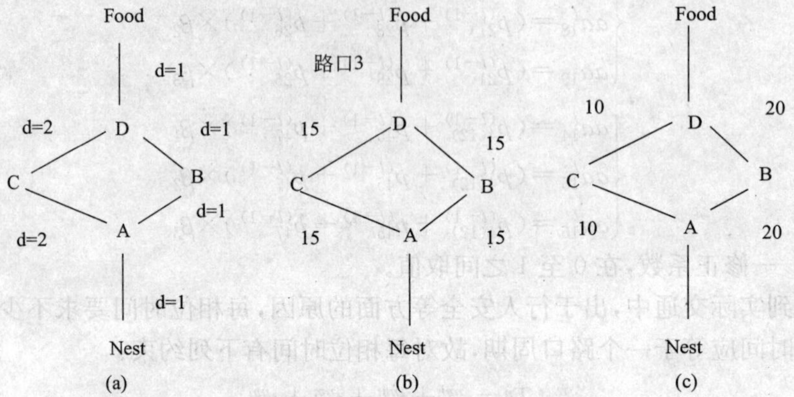

图 5.17　蚁群优化体统示意图

图中设 Nest 是蚁巢，Food 是食物源，B、C 为障碍物，距离为 d。由于障碍物的存在，由 Nest 外出觅食或由 Food 返回巢穴的蚂蚁只能经由 B 或 C 到达目的地。假设蚂蚁以"1 单位长度/单位时间"的速度往返于 Nest 和 Food，每经过一个单位时间各有 30 只蚂蚁离开 Nest 和 Food 到达 A 和 D(图 5.17(a))。初始时，各有 30 只蚂蚁在 C 和 B 遇到障碍物，开始选择路径。由于此时路径上无信息素，蚂蚁便以相同的概率随机的走两条路中的任意一条，因而 15 只选往 B，15 只选往 C(图 5.17(b))。经过一个单位时间以后，路径 ABD 被 30 只蚂蚁爬过，而路径 ACD 上则只被 15 只蚂蚁爬过(因 ABD 距离为 1 而 ACD 距离为 2)，ABD 上的信息量是 ACD 上信息量的 2 倍。此时，又有 30 只蚂蚁离开 A 和 D，于是各 20 只选择往 B 方向，而另外各 10 只则选往 C(图 5.17(c))。这样，更多的信息素量被留在更短的路径 ABD 上。随着时间的推移和上述过程的重复，短路径上的信息量便以更快的速度增长，于是会有越来越多的蚂蚁选择这条短路径，以致最终完全选择这条短路径。

3. 基于蚁群算法的优化实现

网络控制方案，优化性能指标及其约束条件。

控制方案：根据各路口过去实际车辆到达情况，预测各路口未来到达情况，根据在一个网络周期结束时，使网络等待车辆数总和最少(实际等价于使车辆放行尽可能的多)的原则，通过优化确定各路口的各相位时间 $t_1^{mn}, t_2^{mn}, t_3^{mn}, t_4^{mn}$；根据网络实际车辆到达情况，确定相邻路口的路段上的车流的平均车速，可以通过 4.2.1.2 节提供的方法确定相邻路口的相位差。

优化性能指标：优化函数取在一个网络周期结束时这个网络等待放行车辆数总和，即为：

$$s^* = \min s' = \min(s^{(l-1)} + s_{in} - s_{out})$$

约束条件为：

$$\begin{cases} T = t_{14} + t_1^4 + t_2^4 + t_{34} + t_3^3 + t_4^3 \\ T^n = t_1^{mn} + t_2^{mn} + t_3^{mn} + t_4^{mn} \\ 9 \leqslant t_1^{mn} \leqslant T^n - 27 \\ 9 \leqslant t_2^{mn} \leqslant T^n - 27 \\ 9 \leqslant t_3^{mn} \leqslant T^n - 27 \\ 9 \leqslant t_4^{mn} \leqslant T^n - 27 \end{cases} \tag{5.71}$$

在优化时，要求 s 尽可能的小，等价的可以认为 s 保证使车辆等待放行时间尽可能短。

(1) 基于蚁群算法的连续函数优化方法

城市网络信号控制属于多变量优化问题，多变量优化问题的本质在于，各个变量之间有可能是相互冲突的，同时也受约束条件的限制，对于多变量函数优化问题的求解成为各种研究问题的难点。

近年来，随着进化算法、粒子群优化、蚁群算法等智能优化方法在机器学习、过程控制、经济预测、工程优化等领域取得的成功，如何应用这些方法来求解复杂的带有多个约束条件的多变量优化问题成为该领域研究的热点。这些基于种群的智能优化方法具有较高的并行性，尤其在求解多变量问题时，一次运行可以求得多个相对最优解，具有多变量优化不可比的优势。

但是多变量问题是一个对连续空间求解的问题，而蚁群算法针对的是离散空间求解。本文将根据约束条件和专家经验对多变量问题中的求解变量进行值域限定，并规定其解值以整数形式输出，这样就将连续空间问题转化为离散空间问题。

对于多变量函数优化问题的求解有其特殊性，原始蚁群算法并不适用于多变量函数的求解问题，因此本文对蚁群算法进行改进，用来求解文中提到的区域交通流模型。

图 5.18 为改进蚁群算法求解多变量函数问题的构造图。该图由 m 个节点按先

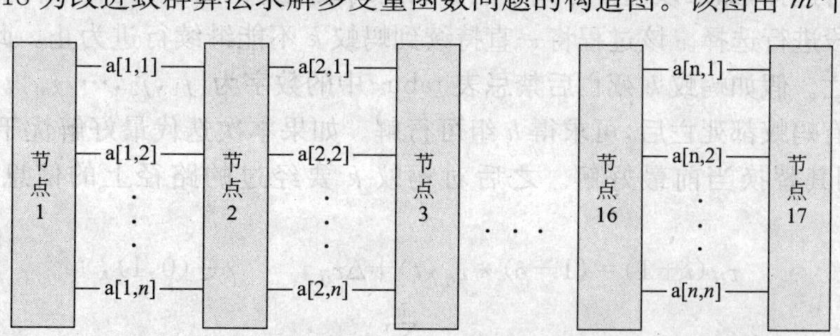

图 5.18　改进蚁群算法求解多变量函数问题的构造图

后顺序排列而成。从节点 $i(i=1,2,\cdots,m)$ 发出共有 n 条有向线段 $a[i,j](j=1,2,\cdots,n)$ 连接到节点 $i+1$。其中 $a[i,j](i=1,2,\cdots,m;j=1,2,\cdots,n)$ 对应的是各路口相位绿灯的可能取值，该取值范围不仅需要约束条件设定，还可以根据专家经验进行缩小蚁群搜索范围。

设 $\tau_{ij}(t)$ 为 $t(t=0,1,2,\cdots)$ 时刻有向线段 $a[i,j]$ 上的信息素，初始时刻各有向线段上的信息素为 $\tau_{ij}(0)=c$（c 为较小的正常数）。在时刻 t，将生成的 h 只蚂蚁放到节点 1 上，然后每只蚂蚁格局路径上的信息素和启发式因子独立的选择某一条有向线段并移动到下一个节点，直到不能向前移动为止。在时刻 t，蚂蚁 $k(k=1,2,\cdots,h)$ 从节点 $i(i=1,2,\cdots,m)$ 经由线段 $a[i,j]$ 移动到节点 $i+1$ 的转移概率 $p_{ij}^k(t)$ 为

$$p_{ij}^k(t)=\begin{cases}\dfrac{[\tau_{ij}(t)]^\alpha\cdot[\eta_{ij}]^\beta}{\sum\limits_{s\in J_K(i)}[\tau_{is}(t)]^\alpha\cdot[\eta_{is}]^\beta} & \text{如果 } j\in J_k(i)\\ 0 & \text{否则}\end{cases}\tag{5.72}$$

式中 η_{ij}——蚂蚁选择有向线段 $a[i,j]$ 的期望值，$\eta_{ij}=1/s^*$，s^* 为一个网络周期结束时这个网络等待放行车辆数总和，s^* 越小，选择路径 j 的可能性越大。

$J_k(i)$——位于节点 i 的蚂蚁 k 当前能够选择的有向线段集合，$J_k(i)=\{1,2,\cdots,m\}-\mathrm{tabu}_k$。蚂蚁 k 的禁忌表 tabu_k 记录其当前走过的有向线段。

α 和 β——分别表示蚂蚁 k 在选择路径时，有向线段上信息素和启发式因子的相对重要程度。

与蚂蚁系统不同，该系统中增加了另一种选择路径的方式。当按照式(5.72)选择的有向线段不能满足约束条件的时候，构建集合 $Sub\_J_k(i)$，且使其满足：$Sub\_J_k(i)\subseteq J_k(i)$，若 $Sub\_J_k(i)$ 非空时，则按照约束条件 $T^n=t_1^{mn}+t_2^{mn}+t_3^{mn}+t_4^{mn}$ 进行选择路径。

蚂蚁 k 在选择有向线段时，公式(5.72)具有较高优先级。即首先利用公式(3.61)进行选择，如果该选择方式不能够满足约束条件的时候，我们再利用约束条件对有向线段进行选择。该过程将一直持续到蚂蚁 k 不能继续行进为止。此时蚂蚁 k 将自动死亡。假如蚂蚁 k 死亡后禁忌表 tabu_k 中的数字为 $\{j_1,j_2,\cdots,j_m\}$。

当所有蚂蚁都死亡后，可求得 h 组可行解。如果本次迭代最好解优于当前最好解，那就用其替换当前最好解。之后对蚂蚁 k 要经过的路径上的信息素进行更新，即：

$$\tau_{ij}(t+1)=(1-\rho)*\tau_{ij}(t)+\Delta\tau_{ij},\qquad \rho\in(0,1),\tag{5.73}$$

$$\Delta\tau_{ij}=\sum_{k=1}^{h}\Delta\tau_{ij}^k\tag{5.74}$$

式中 ρ——路径上信息素的蒸发系数；

$\Delta\tau_{ij}$——本次迭代中有向线段 $a[i,j]$上信息素量的增量；

$\Delta\tau_{ij}^k$——第 k 只蚂蚁在 $a[i,j]$上留下的信息素量。

$$\Delta\tau_{ij}^k = \begin{cases} \dfrac{L_k}{Q} & \text{若蚂蚁 } k \text{ 的本次路径包含 } a[i,j] \\ 0 & \text{否则} \end{cases} \tag{5.75}$$

式中 Q——正常数；

L_k——第 k 只蚂蚁在本次迭代中所求得的解。

基本改进蚁群算法的伪代码为：

```
while(为满足停止条件)
schedule_acticities
ants_generation_and_actixity();{产生蚂蚁并使其开始活动}
pheromone_evapotation();{信息素蒸发}
end
end
Procedure ants_generation_and_actixity()
while(有资源可利用)
schedule_the_creation_of_a_new_ant();{创建新的蚂蚁}
new_active_ant();{蚂蚁生命周期的活动}
end
end
Procedure new_active_ant()
iInitialize_ant();{初始化蚂蚁}
M=update_ant_memory();{更新蚂蚁的内存信息,并存于 M 中}
While(当前状态≠目标状态)
A=read_local_ant_routing_table();{读取蚂蚁局部路由表信息,并存于 A 中}
P=comprte_transition_probabilities(A;M;问题约束条件);
{通过 A、M、问题约束条件计算转移概率 P}
Next_state=apply_ant_decision_policy(P;问题约束条件);
{通过 P 和问题约束条件选择下一个状态}
Objfunc();{计算函数的解}
evaluate_soluting();{评估解}
deposit_ant_routing_table();{更新蚂蚁的路由表}
Move_to_next_state(next_state);{蚂蚁移动到下一个状态}
```

```
if(使用在线逐步信息素更新策略)
Deposit_pheromone_on_the_visited_arc();
{更新已访问弧上的信息素}
Update_ant_routing_table();
{更新蚂蚁的路由表}
end
if
M=update_internal_state();{更新内部状态}
end
die();{结束蚂蚁的生命周期}
end
Greentime();{计算各项位的绿灯时间}
Incars();{计算各项位的到达车辆数}
Preflue();{预测流量}
end
```

(2) 仿真验证

以图5.18中所示路口1为例，假定图中各路口各方向各车道车辆到达是按照线性到达规律估计方法进行预测。假定单位时间内路口的放行车辆数均为2 pcu/s；路口各方向(左、直、右)的预测分流比为0.2、0.4、0.4。路口和路口间的距离均为400 m。自由车流速度均取为600 m/min，路口间的过渡车流分布密度均取50 m/s，阻塞密度均为100 m/s，$T=120$ s，$\alpha=10$，$\beta=10$，$\rho=0.5$，仿真周期为5，结果如表5.8～表5.11所示。

表5.8　第1交叉路口的信号配时

周期数	t1	t2	t3	t4	s
1	25	12	56	27	10
2	37	12	52	19	6
3	35	11	55	19	4
4	30	12	57	21	4
5	37	12	55	16	3

表5.9　第2交叉路口的信号配时

周期数	t1	t2	t3	t4
1	40	15	50	15
2	44	10	47	19
3	35	16	55	14
4	31	21	57	11
5	22	21	58	19

表 5.10　第 3 交叉路口的信号配时

周期数	t1	t2	t3	t4
1	50	15	39	16
2	58	11	40	11
3	55	12	30	23
4	54	13	32	21
5	58	19	22	21

表 5.11　第 4 交叉路口的信号配时

周期数	t1	t2	t3	t4
1	31	11	55	23
2	39	12	50	19
3	22	19	58	21
4	31	11	55	23
5	35	11	60	14

由以上仿真结果可见：

根据所提出的网络模型，采用蚁群算法优化方法进行交通配时，可以较为合理的配置交叉口的相位时间，使得整个网络的车辆延误时间尽可能的短，同时使得各个路口一个周期结束时的等待放行车辆尽可能的少。

上面介绍的方法虽然是针对 4 个交叉路口 4 相位网络交通信号控制，只要对程序稍加修改同样可以扩展到更多路口更多相位的交叉路口网络交通信号控制。

同样值得注意的是上述方法只考虑了机动车的相位，没有考虑自行车与行人相位。实际处理问题时应综合考虑这些因素。

由于蚁群算法是一种概率搜索算法，为使计算结论可靠，应进行多次模计算。

5.3.2　智能交通控制融合技术开发

城市交通系统是一个复杂多变，具有随机性、模糊性和不确定性的复杂系统。该系统是一个典型的多目标优化问题，但很难建立准确的数学模型，有时甚至无法用现有的数学方法来描述，严重制约了传统多目标优化控制算法的实施。采用传统交通控制系统理论与技术很难取得满意的控制效果，针对上述局限性，国内外的专家学者开始将人工智能的专家系统、人工神经网络、模糊控制、遗传算法等先进技术应用到交通工程领域，并取得了一些成绩。

通过研究国内外学者在智能交通控制技术方面的成果并结合本 ITS 开发中心的实力，在文中确定具体开发内容如下：

(1) 基于神经网络的模糊控制；

(2) 基于遗传算法的模糊控制；

(3) 基于神经网络的自适应控制技术；

(4) 自组织模糊控制技术的开发。

根据这四种智能交通融合技术的特点即使用条件，决定在不同的目标下采用哪个智能交通融合技术来实现，并验证。

5.3.2.1 基于神经网络的模糊控制

交通系统是具有随机干扰的高度非线性时变系统，难于用数学模型准确建模。对于难以建立精确数学模型的非线性系统，模糊控制方法和神经网络方法可以提供其他传统控制方法无法替代的控制效果。

1. 模糊控制

1965 年，美国加州大学伯克莱分校的 L. A. Zadeh 教授发表了关于模糊集的开创性论文，从而奠定了模糊数学的基础。近 40 年来，模糊理论及其应用的发展非常迅速。目前，模糊理论已在自动控制、人工智能、图像识别、管理科学、气象预报等领域得到了广泛应用。

模糊控制是模糊理论在控制领域中的应用，其核心是用语言描述的控制规则。为了实现模糊控制，需要将操作者或专家的控制经验和知识表示成语言变量描述的控制规则，然后用这些规则去控制系统，这就是模糊控制器。

模糊控制器的工作过程：根据由精确量转化来的模糊输入信息，按照手动控制策略获得的语言控制规则进行模糊推理，给出模糊输出判决，并再将其转化为精确量，馈送到被控对象。设计一个模糊控制器必须解决以下 3 个问题：

(1) 精确量的模糊化，把语言变量的语言值化为某个适当论域上的模糊子集；

(2) 模糊控制算法的设计，通过一组模糊条件语句构成模糊控制规则，并计算模糊控制规则决定的模糊关系；

(3) 输出信息的模糊判决，完成由模糊量到精确量的转化。

模糊控制器的方框图如图 5.19 所示：

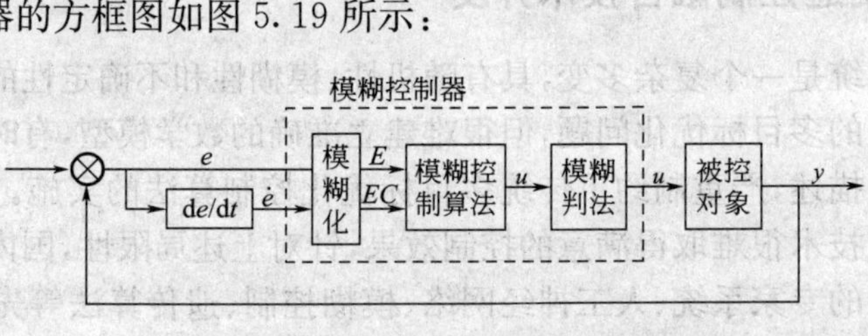

图 5.19 模糊控制器方框图

图中，S 为设定值(精确量)；e，$\dot{e}$ 分别为系统误差与误差变化率(精确量)；E，EC

分别为反映系统误差与误差变化的语言变量的模糊集；u 为模糊控制器输出的控制作用(精确量)；y 为系统输出(精确量)。必须指出：所谓模糊控制，只是在所采用的控制方法上应用了模糊理论，它所进行的完全是确定性的工作。实践表明，模糊控制具有以下几个特点：

(1) 它不需要知道被控对象的数学模型；

(2) 它易于实现对具有不确定性的对象和具有强非线性的对象进行控制；

(3) 它对被控对象特性参数的变化具有较强的鲁棒性；

(4) 它对控制系统的干扰具有较强的抑制能力。

2. 神经网络控制

人脑是一部不寻常的智能机，其自适应、自组织和自学习能力使现在最先进的计算机也望尘莫及。古今中外，成千上万的科学家对此进行了长期的探索，逐渐形成了一个多学科交叉的研究领域—神经网络。

神经网络控制是神经网络理论在控制领域中的应用，是比较活跃的智能控制方法之一。由于神经网络的特性和能力，引起了控制界的广泛关注，主要表现如下：

(1) 神经网络对于复杂不确定性问题的自适应能力和学习能力，可以用作控制系统中的补偿环节等；

(2) 神经网络对任意非线性关系的描述能力，可以用于非线性系统的辨识和控制等；

(3) 神经网络的非线性动力学持性所表现的快速优化计算能力，可以用于复杂控制问题的优化计算等；

(4) 神经网络对大量定性或定量信息的分布式存储能力、并行处理与合成能力，可以用作复杂控制系统中的信息转换接口，以及对图像、语言等感觉信息的处理和利用。

(5) 神经网络的并行分布式处理结构所带来的容错能力过程的控制。

神经网络有多种类型：BP 神经网络、RBF 神经网络、Hopfield 神经网络等。以 BP 神经网络为例介绍神经网络控制器的工作过程：

BP 神经网络的工作过程通常由两个阶段组成。一个阶段是工作期，在这一阶段，网络各节点的连接权值及阈值固定不变，网络的计算从输入层开始，逐层逐个节点地计算每个节点的输出，直到输出层下的各节点计算完毕。另一阶段是学习期，在这一阶段，各节点的输出保持不变，网络学习则是从输出层开始，反向逐层逐个节点计算各连接权值及阈值的修改值，以修改各连接权值及阈值，直到输入层为止。这两个阶段又称为正向传播和反向传播过程。在正向传播中，如果输出层的网络输出与所期望的输出相差较大，则开始反向传播过程，根据网络输出与所期望输出的信号误差，对网络节点间的各连接权值及节点的阈值进行修改，以此来减小网络输出信号与所期望输出的误差。

BP 神经网络学习过程分为 4 个阶段：①输入信号的顺向传播；②误差信号的逆向传播；②连接权值及闭值的修改；④收敛判断。

BP 神经网络学习过程的具体步骤如下：

Step 1：初始化。给权值$\{w_{ij}\}$，$\{v_{jt}\}$和阈值$\{\theta_j\}$，$\{r_t\}$值，通常是随机选定，可取[0,1]或[-1,1]之间的值；选定网络响应函数 $f(\cdot)$，一般为 S 函数，并求出其导数 $g(\cdot)$；确定学习次数及误差的预定值。其中，w_{ij} 是输入层到中间层的连接权，$i=1,2,\cdots,n$，$j=1,2,\cdots,p$（p 为中间层节点数）；v_{jt} 是中间层到输出层的连接权 $j=1,2,\cdots,p$，$t=1,2,\cdots,q$（q 为输出层节点数）；$\{\theta_j\}$是中间层各节点阈值，$j=1,2,\cdots,p$；$\{r_t\}$是输出层各节点阂值，$t=1.2,\cdots,q$。

Step 2：从本次学习尚未学习的样本中随机选取一对，提供给网络。设输入模式向量 $A_k=(a_1,a_1,\cdots,a_n)$，$k=1,2,\cdots,n$，对应的期望输出向量为 $Y_k=(y_1,y_1,\cdots,y_n)$。

Step 3：计算中间层的输入输出

$$S_j=\sum_{i=1}^{n}w_{ij}a_i-\theta_j \tag{5.76}$$

$$b_j=f(S_j) \tag{5.77}$$

Step 4：计算输出层的输入输出

$$C_t=f(L_t) \tag{5.78}$$

Step 5：计算输出层的校正误差

$$d_t^k=(y_t^k-C_t^k)f(L_t) \tag{5.79}$$

Step 6：计算中间层的校正误差

$$e_j^k=\left[\sum_{t=1}^{q}d_t^k v_{jt}\right]f(s_j) \tag{5.80}$$

Step 7：修正输出层的权值

$$v_{jt}(N+1)=v_{jt}(N)+\alpha d_t^k b_j,0<\alpha<1 \tag{5.81}$$

修正输出层的阈值

$$r_t(N+1)=r_t(N)+\alpha d_t^k \tag{5.82}$$

Step 8：修正中间层的权值

$$w_{ij}(N+1)=w_{ij}(N)+\beta e_j^k a_i^k \tag{5.83}$$

修正中间层的阈值

$$\theta_j(N+1)=\theta_j(N)+\beta e_j^k \tag{5.84}$$

Step 9；判断是否完成本次学习，即学习完全部 m 对学习样本。若是则下一步；否则返回到 Step 2。

Step 10:判断误差是否小于预定值或学习次数是否等于预定值,若是则学习完毕,否则学习次数加 1,返回到 Step 2。

上述步骤中,Step3-Step6 为输入模式顺向传播;Step 7、Step 8 为网络误差的反向传播;Step9、Step10 判断是否收敛和完成训练。

BP 网络模型将一组样本的 I/O 问题转变为一个非线性优化问题。它使用了优化中最普通的梯度下降法,用迭代运算求解相应于学习记忆的问题。通过加入隐节点,使得优化问题的可调参数增加,从而可得到更精确的解。如果将 BP 网络看成是从输入到输出的映射,则这个映射是高度非线性的,它通过对简单的非线性函数进行有序而复杂的组合来实现最终的复杂函数输出。并且具有这样的性质:任一连续函数或映射均可用一个 3 层网络加以实现。BP 网络具有重要的函数映射功能,其系统结构简单,易于编程实现,因此应用的比较广泛。

3. 基于神经网络的模糊控制融合的必要性

模糊控制是一种处理不确定性、非线性和其他不适定问题(Ill-PosedProblem)的有力工具,它比较适合于表达那些模糊或定性的知识,其推理方式比较类似于人的思维模式。基于以上这些显著特点,在交通系统中应用模糊控制原理是一种很有潜力的方法。模糊控制不依赖于被控的精确模型,能够充分利用学科领域的知识,并以较少的规则数表达知识,擅长技能处理。国内外有许多专家学者对交通系统的模糊控制进行了研究,取得了不少有益的成果。但是在设计交通模糊控制系统时,模糊子集的划分、论域的确定、隶属度的确定和模糊规则的确定等等,都十分依赖专家的经验,具有较大的主观性和随意性,这在一定程度上会影响系统的性能;此外,交通模糊控制系统输入输出量的论域大都由数目有限的离散量组成,由于单纯的模糊控制系统一般缺乏自学习、自适应和泛化的能力,并且难以保证控制精度,这也会影响高度时变的交通系统的实际控制效果。

神经网络具有并行计算、分布式信息存储、容错能力强以及具备较好的自适应学习功能,比较擅长认知处理。基于这些优点,神经网络控制已经越来越多的被用于交通系统中。但是一般说来,神经网络不适于表达基于规则的知识,在对神经网络进行训练时,由于不能很好地利用已有的经验知识,常常只能将初始权值取为零或随机数,从而增加了网络的训练时间或者陷入非要求的局部极值。同时,从系统建模的角度而言,神经网络采用的是典型的黑箱(Black-box)型的学习模式,因此当学习完成后,神经网络获得的输入输出关系无法用容易被人接受的方式表示出来,这些都是神经网络的不足。

自从 1977 年希腊学者 C. P. Pappis 和英国模糊控制专家 E. H. Mamdani 提出单交叉口交通信号灯模糊控制方法以来,该方面的研究主要集中在单交叉口的模糊控制方面,关于城市交通干线的模糊控制方法并不多。1984 年,日本学者

M. Nakatsuyama 等将 Pappis 法加以推广，提出两个理想交叉口的信号灯模糊干线控制方法，但他和实际应用有较大差距。1995 年，南韩学者 Jee-HyongLee 等提出分散控制方法，对交叉口群进行模糊控制，有较好的应用前景。以上这些模糊控制方法，其量化因子是固定不变的，因此对于城市交通干线这种复杂的大系统，这些方法难以保证控制精度，有时甚至会降低控制系统的鲁棒性。神经网络的自学习是解决这一缺点的最佳方法。

模糊逻辑和神经网络有机结合形成的模糊神经网络（FNN，Fuzzy Neural Network），充分吸取了两者的长处，弥补了各自的不足，既具有学习、联系和自适应性能力，又能进行模糊思维的系统结构，它用神经网络对输入输出样本的学习来实现模糊规则的调整，通过语言变量隶属函数的交迭来实现控制的鲁棒性，由此具有着更大的优越性。从仿真效果来看，由神经网络构成的模糊控制器实用性强，既不需要被控对象精确的数学模型，而且还可以对前提隶属函数和控制规则在线学习，不断提高自身的适应性，特别适合于系统结构异常复杂、非线性、大时滞、干扰大的交通系统，为实现交通系统智能化开辟了一条新途径。

5.3.2.2 基于神经网络的模糊控制器的设计

1. 模糊控制器的设计

系统描述：通常，城市区域内各个交叉口处的交通流是相互关联的，提高或减少某一交叉口的交通效益指标值（如：延误、停车率、排队长度等），有可能引起关联路口交通效益指标值的更多变化，换言之：子系统的最优并不能保证整个系统最优。因此，对城市区域进行控制，实现区域内各个交叉口的协调自适应控制使整体达到最优是至关重要的。如果单对单个交叉口进行控制很难达到整体最优的目的，因为这样忽略了各个交叉口之间的联系。

在研究中，在城市区域中每个交叉口各建立一个模糊神经网络控制器，为了补偿由于各控制器相互独立而丢失的交叉口间相互耦合信息，采取如下措施：第一，控制器的输出确保相邻交叉口的交通信息在时间上一致，减少车辆延误；第二，当下游交叉口存在过多的车辆时，要控制当前交叉口的车辆驶出，避免在两交叉口之间出现交通拥挤。

为有效的对整个区域的路网进行控制，各个交叉口的控制器分为二个部分：第一部分确定整个区域控制的公共周期，各个控制器分别计算各个交叉口的周期，选择各个周期中最大的那个为整个区域控制的公共周期，如图 5.20。第二部分分为 3 个模块：第一个模块的作用是进行相序优化，即除了当前绿灯时间外，所有的红灯相位中交通需求最严重的相位优先放行，形成一个竞争机制；第二个模块的作用是进行当前放行绿灯时间时长的控制，通过对绿灯延长时间的判断，确定当前绿灯的停止与否；第三个模块的作用是通过前两个模块的输出，决定当前相位的切换与否。如图 5.21 所示。

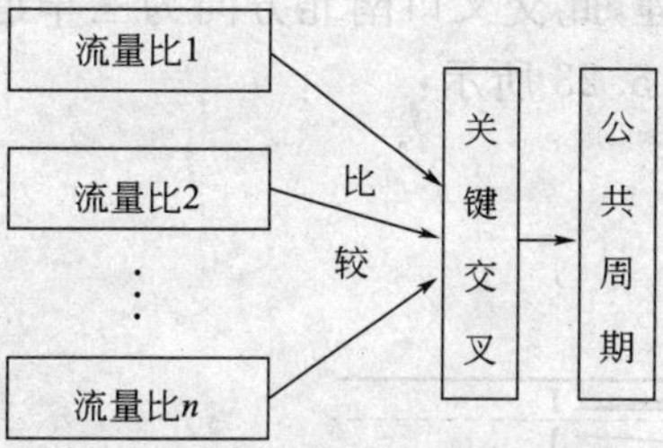

图 5.20　区域公共周期确定结构

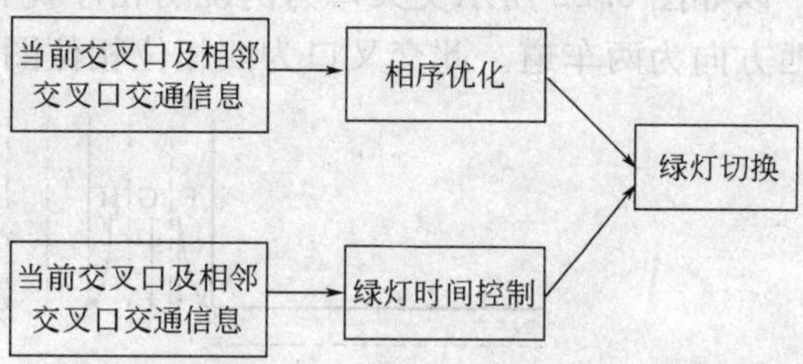

图 5.21　三模块关系图

(1) 区域公共周期的确定

交通控制区域上各交叉口信号周期确定的基本考虑是:在车辆稀疏的情况下,信号周期尽量短,以避免无通行权相位的等待车辆等待时间过长而造成较大延误和排队,但信号周期不能太短,一般不能短于 $P\times15$ s(P 为相位数),以免某一方向的绿灯时间小于 15 s 使车辆来不及通过路口影响交通安全,同时也给行人和非机动车一些过街时间。而在交通流较大的情况下,加大信号周期,以减少相位转换的损失时间,提高路口通过率,信号周期也不能太长,一般不能超过 220 s,否则会导致由于某一相位的绿灯时间太长而使驾驶员心理上难以忍受。

对区域信号周期的确定是以关键交叉口为基础的,所以确定信号周期长度的过程分为两步:一,确定关键交叉口;二,计算关键交叉口的信号周期长度作为区域的公共周期。

在进行关键交叉口确定之前,定义交叉口的流量比系指流量比最大的相位所达到的流量比值。流量比(q/s)作为确定关键交叉口的基本参数,分别计算区域中各个交叉口的流量比,选择流量比最大的交叉口作为该区域的关键交叉口。

当区域处于畅通的交通状态时,以延误和停车率建立目标函数对周期长度进行计算。当区域处于拥挤畅通时,以排队长度最小建立目标函数对周期长度进行计算。

考虑到系统运行上要有足够稳定性,区域信号周期长度进行频繁的、小步距的优化调整,两次调整的间隔不短于 2.5 min。当通过计算得到的周期长度比此前的周期长度长时,则+6 s 作为下一周期的周期长度。反之。则−6 s 作为下一周期的周期长度。对于周期确定模块的实现,采用 C 语言编程来实现。

(2) 相序优化

相序优化用来决定下一个候选的绿灯相位,他的输入是所有红灯相位的交通状况,而输出是最大的红灯相位优先权(priority degree of phase,PDP)。PDP 反映了对应红灯相位的紧急程度,相序优化首先计算出各红灯相位的 PDP,然后把 PDP 最大的红灯相位作为下一个候选绿灯相位。如果某一红灯相位中有多条车道,则该相位的 PDP 为各条车道交通紧急度 UDL 的平均值。

以如图 5.22 所示交叉口为例说明相序优化过程，此交叉口南北方向为三车道、东西方向为两车道。此交叉口为四相位相位图如图 5.23 所示：

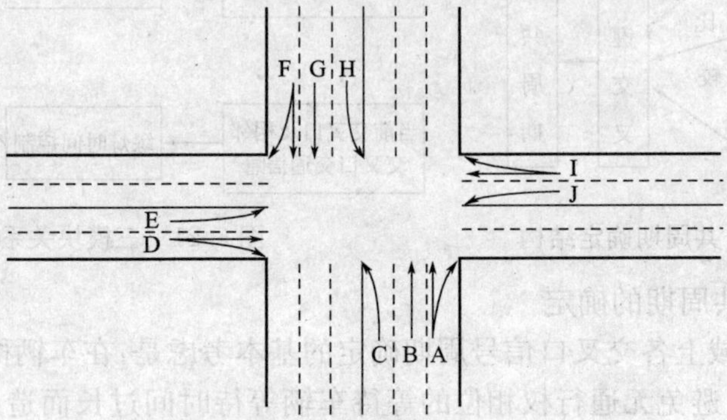

图 5.22　区域某交叉口平面图

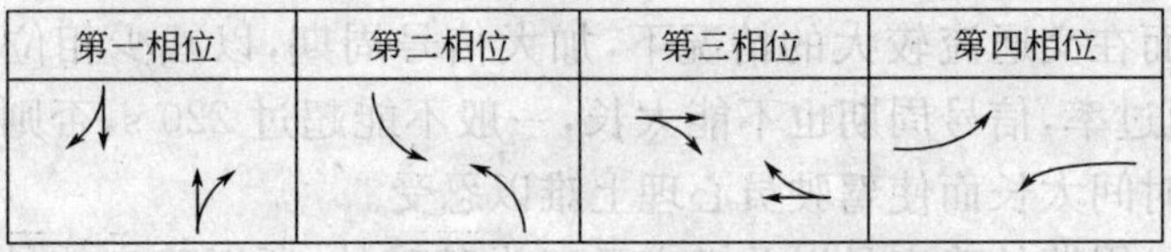

图 5.23　交叉口相位图

假设当前放行的相位是第二相位，则分别计算其他三个相位的相位优先权 PDP，其中第一相位的优先权 PDP 是 A、B、F、G 四个车道车道紧急度 UDL 的平均值。同理可计算其他三个相位的相位优先权 PDP。第一个优先放行的相位是优先权最大的那个相位，并且他决定了后面的相位序列，如果通过计算得到的相位优先权 PDP 有两个相位是相等的，则以主路优先，直行优先的原则进行决定下一个放行的相位。譬如，通过计算得到第一相位和第三相位的相位优先权 PDP 是相等的，则选择第一相位为候选相位。

为了计算各车道的紧急度 UDL，以 R_{time}、Q_{car}、S_{time}、Q_{1car} 作为它的模糊输入。R_{time} 为该车道上的红灯延续时间，其语言值：VS(很短)、S(短)、QS(较短)、M(中)、QL(较长)、L(长)、VL(很长)；Q_{car} 为交叉口某红灯相位中某一车道上车辆的排队长度，其语言值：VS(很短)、S(短)、QS(较短)、M(中)、QB(较大)、B(大)、VB(很大)；S_{time} 为上游交叉口和当前交叉口同一车道之间的相位差，如果上游没有交叉口，可设 S_{time} 为 $+\infty$，其语言值与 R_{time} 的语言值相似；Q_{1car} 为相邻下游交叉口同一车道上车辆的排队长度，如果下游没有交叉口，可设 Q_{1car} 为 0，其语言值为：S(小)、L(大)。R_{time}、Q_{car} 表现了该交叉口本身的交通状况；S_{time}、Q_{1car} 表现了相邻交叉口对该交叉口的影响。该模块输出各车道的紧急度 UDL。其语言值为：VS(很低)、S(低)、QS

(较低)、M(中)、QH(较高)、H(高)、VH(很高)。

R_{time}、Q_{car}、S_{time}、Q_{1car} 的隶属度函数如表 5.12～表 5.15 所示：

表 5.12　红灯延续时间 Rtime 隶属度函数

	车辆数	1	2	3	4	5	6	7	8	9
	变化范围	[0,10]	[10,20]	[20,30]	[30,40]	[40,50]	[50,60]	[60,70]	[70,80]	>80
模糊集	VC	1.0	0.7	0	0	0	0	0	0	0
	S	0.3	0.7	0.7	0.3	0	0	0	0	0
	QS	0	0	0.7	1.0	0.7	0	0	0	0
	M	0	0	0	0.3	0.7	0.3	0	0	0
	QB	0	0	0	0	0	1.0	0.7	0.3	0
	B	0	0	0	0	0	0.3	0.7	1.0	0.3
	VB	0	0	0	0	0	0	0	0.3	1.0

表 5.13　交叉口某红灯相位中某一车道上车辆的排队长度 Qcar 隶属度函数

	车辆数	1	3	5	7	9	11	13	15	17
	变化范围	[0,3]	[3,5]	[5,7]	[7,9]	[9,11]	[11,13]	[13,15]	[15,17]	>17
模糊集	VC	1.0	0.6	0.2	0	0	0	0	0	0
	S	0.2	0.8	1.0	0.7	0.1	0	0	0	0
	QS	0	0.2	0.7	1.0	0.7	0.2	0	0	0
	M	0	0	0.1	0.5	1.0	0.5	0.1	0	0
	QB	0	0	0	0.2	0.7	1.0	0.7	0.2	0
	B	0	0	0	0	0.1	0.7	1.0	0.8	0.2
	VB	0	0	0	0	0	0	0.2	0.6	1.0

表 5.14　相位差 Stime 隶属度函数

	车辆数	0	2	4	6	8	10	12	14	16
	变化范围	[0,2]	[2,4]	[4,6]	[6,8]	[8,10]	[10,12]	[12,14]	[14,16]	>16
模糊集	VC	1.0	0.7	0.1	0	0	0	0	0	0
	S	0.6	1.0	0.7	0.2	0	0	0	0	0
	QS	0.2	0.8	1.0	0.8	0.2	0	0	0	0
	M	0	0	0.1	0.6	1.0	0.6	0	0	0
	QB	0	0	0	0	0.2	0.8	1.0	0.8	0
	B	0	0	0	0	0	0.2	0.7	1.0	0.6
	VB	0	0	0	0	0	0	0.1	0.7	1.0

表 5.15　相邻下游交叉口同一车道上车辆的排队长度 Q_{1car} 隶属度函数

	车辆数	1	3	5	7	9	11	13	15	17
	变化范围	[0,3]	[3,5]	[5,7]	[7,9]	[9,11]	[11,13]	[13,15]	[15,17]	>17
模糊集	VC	1.0	0.6	0.2	0	0	0	0	0	0
	S	0.2	0.8	1.0	0.7	0.1	0	0	0	0
	QS	0	0.2	0.7	1.0	0.7	0.2	0	0	0
	M	0	0	0.1	0.5	1.0	0.5	0.1	0	0
	QB	0	0	0	0.2	0.7	1.0	0.7	0.2	0
	B	0	0	0	0	0.1	0.7	1.0	0.8	0.2
	VB	0	0	0	0	0	0	0.2	0.6	1.0

该模块的模糊规则是：车道紧急度 UDL 正比于 R_{time} 和 Q_{car}，也就是说，当交叉口某红灯相位某一车道上车辆的排队长度越长，且(或)该车道上的红灯延续时间越长，那么该车道上的交通情况越紧急，UDL 越大；对于信号一致性，如果上游交叉口和该交叉口各车道之间的相位差越长，即 S_{time} 越大，则该车道的 UDL 也越大；如果 Q_{1car} 越大，表明下游有太多的车辆在等待，那么应该减小该车道的 UDL。相序优化模块有 36 条模糊规则，表 5.16 列举了部分规则。

表 5.16 相序优化模块的模糊控制规则

Q_{car}	R_{time}	S_{time}	Q_{1car}	UDL
—	—	—	L	VS
VL	L	—	S	VH
L	M	—	S	H
M	L	—	S	H
M	—	L	S	H
S	—	S	S	M
VS	—	VS	S	QS
—	—	—	—	—

绿灯时间控制模块通过延长量的计算决定当前绿灯时间是否要停止或延长。该模块中采用双层模糊控制，简化了模糊推理过程，并提高系统的响应速度和控制效果。第一层通过输入单个交叉口的排队长度 $Q_{i,s}$、下游相邻交叉口的排队长度 $Q_{1i,s}$，输出当前绿灯时间的延长量 ΔG_i。第二层输入延长量$\triangle G_i$ 输出相位停止度(stop degree of phase，SDP)。

为计算当前绿灯时间的延长量 ΔG_i，输入单个交叉口的排队长度 $Q_{i,s}$和下游相邻交叉口的排队长度 $Q_{1i,s}$。其中排队长度的语言值均为：VS(很短)、S(短)、M(中)、L(长)、VL(很长)；绿灯时间延长量的语言值为：VS(很短)、S(短)、QS(较短)、M(中)、QB(较大)、B(大)、VB(很大)。SDP 的语言值为：Y(停止)、I(可能)、N(延长)。

$Q_{i,s}$、$Q_{1i,s}$、ΔG_i 的隶属度函数如图 5.24～图 5.26 所示：

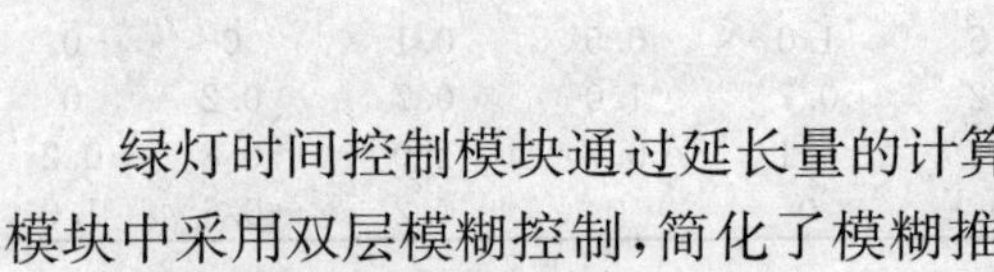

图 5.24 当前交叉口的排队长度 $Q_{i,s}$的隶属度函数

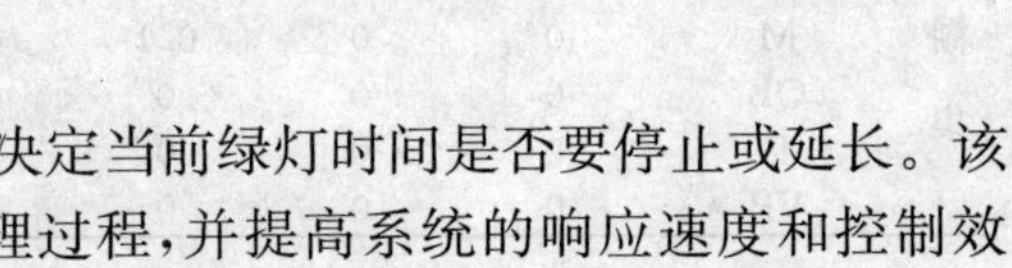

图 5.25 下游相邻交叉口的排队长度 $Q_{1i,s}$的隶属度函数

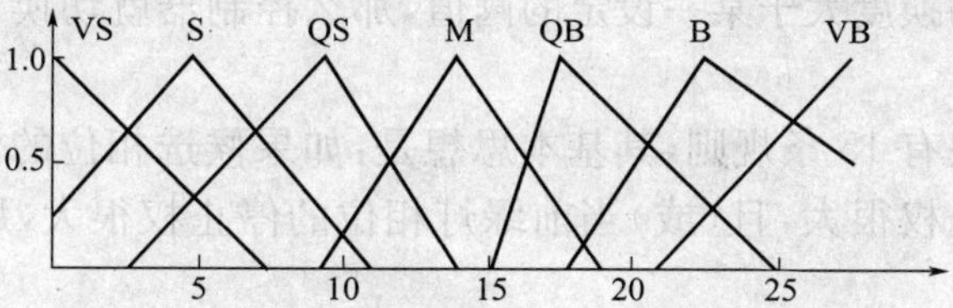

图 5.26　绿灯时间的延长量$\triangle G_i$的隶属度函数

通过总结专家经验，建立模糊控制规则，其基本思想是：如果当前交叉口排队长度较长，那么应该考虑继续放行该绿灯相位；如果下游交叉口中与当前交叉口放行车道相连的车道上滞留较多的车辆，那么应该立即停止当前绿灯相位的放行。见表 5.17。

表 5.17　绿灯控制模块的模糊规则 1

ΔG_i $Q_{1i,s}$ / is	VS	S	M	L	VL
VS	VS	VS	VS	VS	VS
S	QS	QS	QS	S	VS
M	QB	M	M	M	M
L	VB	VB	VB	B	QB
VL	VB	VB	VB	VB	VB

SDP 的隶属度函数，如表 5.18 所示。

表 5.18　SDP 的隶属度函数

SDP	1	3	5	7	9
Y	0	0	0.1	0.7	1.0
I	0	0.3	10	0.6	0
N	1.0	0.8	0.2	0	0

绿灯时间延长量与 SDP 之间的模糊控制规则的基本思想是：如果绿灯时间延长量越大，就越容易产生绿灯相位停止的判断。见表 5.19。

表 5.19　绿灯控制模块的模糊规则 2

IfΔG_i	VS	S	QS	M	QB	B	VB
ThenSDP	Y	Y	I	I	I	N	N

相位切换模块的输入分别是相序优化模块的输出 PDP 和绿灯时间控制模块的输出 SDP。输出是相位切换度 S(switch)，用来描述是否应该将放行相位切换到由相序优化模块得到的优先权最大的那个候选绿灯相位，其语言值：N(否)和 Y(是)，

如果清晰化后的切换度大于某一设定的阈值,那么控制器就切换当前的绿灯相位到候选绿灯相位。

相位切换模块有 15 条规则,其基本思想是:如果候选相位的优先权很高。且当前绿灯相位的停止权很大,且(或)当前绿灯相位的停止权很大,那么马上进行相位切换。

2. 神经网络的实现

相序优化、绿灯时间控制和相位切换模块都是由模糊规则组成的,由于模糊控制存在量化因子固定不变、缺乏自学习能力、有时甚至会降低系统的鲁棒性的缺点,用神经网络建立模糊关系以提高控制的精度。以绿灯控制模块为例,用 5 个 BP 神经网络来建立模糊关系以提高控制精度,其他两个模块也作类似处理。

采用 3 层神经网络Ⅰ来生成 Qi,s 的隶属度函数,输入层为一个神经元,用于接受 Qi,s 的输入,输出层为 5 个神经元,分别用于生成隶属于 Qi,s 模糊子集"VS(很短)、S(短)、M(中)、L(长)、VL(很长)"的隶属度,中间层采用 7 个神经元。3 层神经网络Ⅱ类似于Ⅰ,用于生成 Q1i,s 的隶属度函数。采用 3 层神经网络Ⅲ来实现模糊控制规则 1,对应于神经网络Ⅰ、Ⅱ的输出层,神经网络输入层有 10 个神经元,输出层为 7 个神经元,对应 ΔG_i 的输出,中间层采用 5 个神经元。采用 3 层神经网络Ⅳ来实现模糊控制规则 2,对应于神经网络Ⅲ的输出层,神经网络Ⅳ输入层有 7 个神经元,输出层为 3 个神经元,对应 SDP 的输出,中间层采用 4 个神经元。采用 3 层神经网络Ⅴ来实现模糊的清晰化,对应于神经网络Ⅳ的输出层,神经网络Ⅳ输入层有 3 个神经元,输出层为 1 个神经元,对应 SDP 的精确输出,中间层采用 7 个神经元。采用表 5.17,表 5.18 数据对上述神经网络进行训练。如图 5.27 所示。

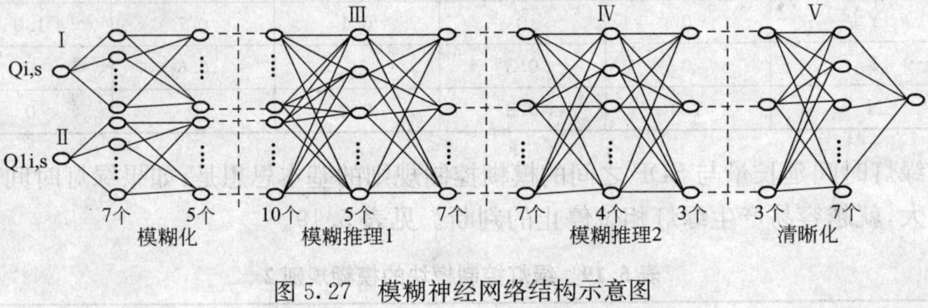

图 5.27 模糊神经网络结构示意图

3. 模型验证

以长春市人民大街、解放大路、东南湖大路、临河路围城的区域交通进行仿真研究,该区域有 9 个交叉口,其中 8 个为"十"字型交叉口,一个为"T"型交叉口。为了突出文中提出的方法的有效性,在相同的交通条件下,把它与车辆感应控制方法进行比较。在稳态交通环境下进行仿真,当区域处于畅通状态时,以车辆延误作为性能评价指标；当区域处于拥挤状态时，以车辆排队长度作为性能评价指标。仿真结果如表 5.20 所示。由表所示文中的方法比全感应控制有更好的控制效果。在稳态交通环境下，文中的方法与全感应控制方法相比较，车辆延误改善了 6.7%～16.4%。

表 5.20　仿真结果

交通方案		交通流量（pcu・h⁻¹）				车辆延误（h・pcu）	
		东	西	南	北	感应方法	本文方法
稳态交通	轻交通	1 200	1 300	1 250	1 350	144.6	120.8
	中交通	1 500	1 550	1 600	1 650	168.5	157.1
	重交通	1 900	1 950	2 000	2 050	238.7	180.4

利用模糊技术和神经网络技术结合的方法对区域交通进行控制，有效地弥补了单个技术的缺点，提高了控制系统的鲁棒性和控制精度。从仿真研究表明，该控制方法，优于经典的全感应控制方法，有广阔的应用前景。

5.3.2.3　基于遗传算法的模糊控制

城市交通信号控制系统是一个复杂多目标系统，很难对其建立一个准确的数学模型，模糊逻辑算法能以不同的水平层次应用于交通信号控制系统，并可解决不同的信号控制问题，但在实际应用中模糊控制受到各种因素的影响，运用遗传算法动态地调整模糊规则，能得到较好的控制效果。

模糊控制器设计的重要环节包括输入量模糊化、模糊推理和输出量反模糊化，采用遗传算法对模糊控制器的进行优化，就是优化控制器的数据库或规则基，即以系统的性能指标为评价标准，通过遗传操作搜索出模糊控制规则、隶属函数、量化因子或比例因子的最佳值，从而增强模糊控制器对环境参数变化的适应性。近年来，在交通控制领域，用遗传算法优化模糊逻辑控制器来制定交通控制策略引起了广泛的关注。

1. 基于遗传算法的模糊控制器的设计

模糊控制规则是人们对被控对象模糊信息的归纳和操作经验的总结。由于被控对象的时变性以及随机干扰等因素的影响，很难用试凑的方法正确选取控制规则和模糊变量的隶属度，从而影响模糊控制制效果。

将遗传算法与模糊控制相结合，利用遗传算法对模糊系统中隶属函数进行寻优，针对相序固定的交叉口，提出一种模糊控制系统．该系统可以动态调整模糊控制器的隶属函数及各相位的最大绿灯时间，以各相位排队长度为输入，以当前有通行权的车道的绿灯延时为输出，控制目标是减少交叉口排队长度及车辆平均延误。

系统结构如图 5.28 所示。

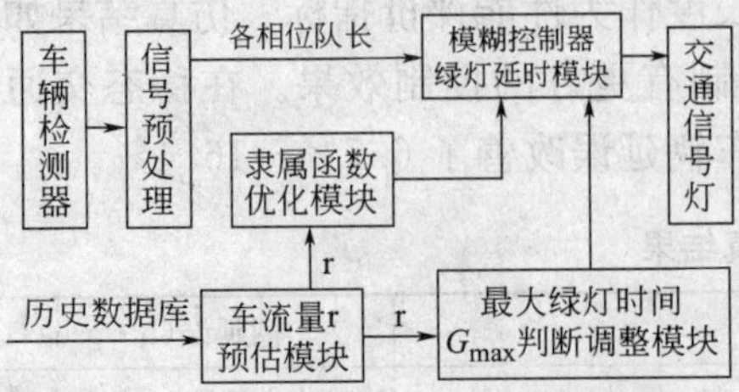

图 5.28　系统结构

一个经验丰富的交警通常是按等待车辆队长进行交通指挥的，在某一相位的放行过程中除了尽可能消除当前通行的车队队长外，他会不断观察下一个放行相位车道上的车队长短，综合考虑是否把通行权交给下一个相位。模拟了交警在指挥交通时的思路，即在对某相位放行时，是否再给此相位绿灯延时，取决于此相位排队长度和下一即将放行相位排队长度的综合比较。利用遗传算法优化调整控制器中各模糊变量的隶属函数，使得隶属函数的设置更加合理，从而使控制器控制效果更好。最大绿灯时间判断调整模块可以根据车流预测信息，动态调整各相位最大绿灯时间．绿灯延时信号输出控制交叉口信号灯。

绿灯延时模块模糊控制器的设计步骤：

(1) 模糊化：设输入变量 q,q_{next} 分别为当前通行相位及下一相位的队长，ΔG 为延长的绿灯时间。q 的基本论域为{0，1，2，…，21}，q_{next} 的论域为{0，1，2，…，33}；q，q_{next} 的模糊集取 5 个模糊变量，简记{NB,NM,ZE,PM,PB}。ΔG 的基本论域为{0，1，2，…，27}；ΔG 的模糊集取 7 个模糊变量{很短，短，较短，中，较长，长，很长}，简记{NB,NM,NS,ZE,PS,PM,PB}。q,q_{next}，ΔG 的隶属度函数如图 5.29～图 5.31 实线所示。

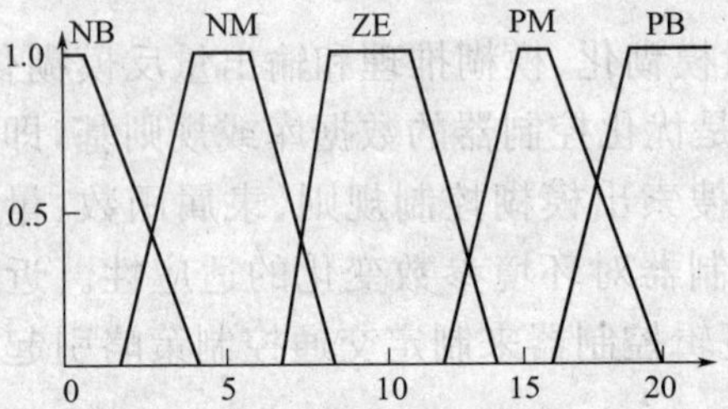

图 5.29　当前相位队长的隶属度函数

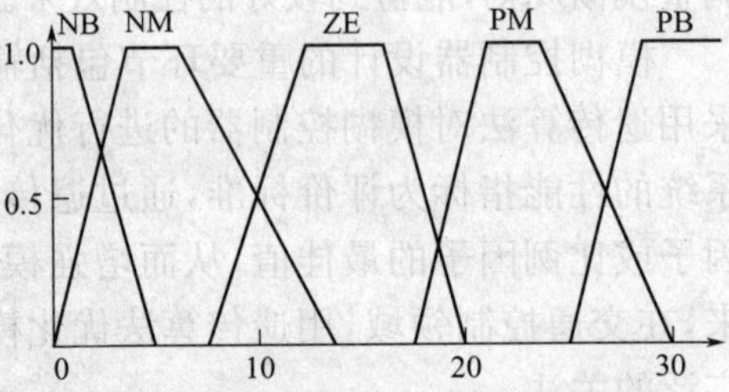

图 5.30　下一相位队长的隶属度函数

(2) 根据交警的经验，单交叉口的模糊控制算法可描述为：

①从相位 1 开始分别确定各相位的最大绿灯时间 G_{max} 和最小绿灯时间 G_{min}。

②先给该相位以最短绿灯时间 $G_1=G_{min}=\Delta G$ 秒。

③在 ΔG 内计算得放行车道及下一相位车道上的车队长度，设其分别为 P

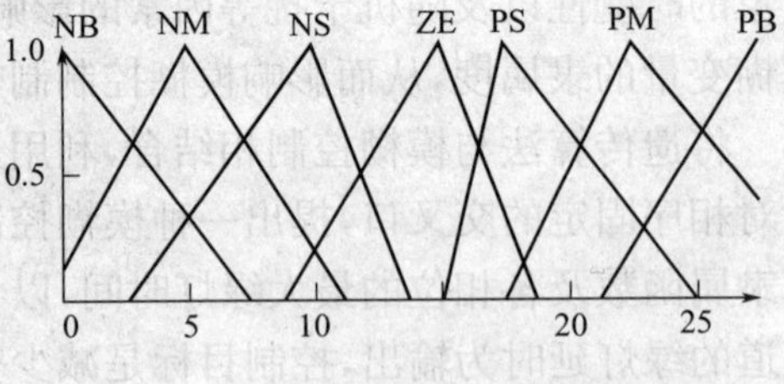

图 5.31　延长的绿灯时间的隶属度函数

和 q_{next}

④若 P 为 0 或累积绿灯时间 $G_1=G_{max}$ 则将绿灯转到下一相位，回到步骤 2，否则继续。

⑤根据 P 及 q_{next} 值的大小来确定绿灯延长时间 ΔG，这可以根据交警的经验及交叉口的几何形状建立模糊控制规则。设延长的绿灯时间为 ΔG，若 $G_1+\Delta G>=G_{1max}$，则 $\Delta G=G_{1max}-G_1$，否则 $G_1=G_1+\Delta G$；回到步骤 3。

(3) 模糊控制规则：通过总结专家经验，建立模糊控制规则见表 5.21。

表 5.21　模糊控制规则

q \ q_{next}	NB	NM	ZE	PM	PB
NB	NB	NB	NB	NB	NB
NM	NS	NS	NS	NM	NB
ZE	PS	ZE	ZE	ZE	ZE
PM	PB	PB	PB	PM	PS
PB	PB	PB	PB	PB	PB

(4) 模糊推理及反模糊化：采用 Mamdani 的推理方法进行模糊推理，采用重心法将模糊量转换为清晰的数字量输出。

遗传算法优化隶属度函数步骤：

编码：三角形隶属函数的可调参数为 3 个，梯形为 4 个。当前放行相位队长 q 有 5 个模糊语言变量，可调参数有 4×5＝20 个；下一相位队长 q_{next} 有 5 个模糊语言变量，可调参数 20 个；绿灯延时 q 有 7 个语言变量，可调参数有 3×7＝21 个。可调参数共有 61 个。考虑到本模糊控制器隶属函数的具体情况，如图 5.13 中放行相位队长 q 的模糊变量 NB 的参数为梯形 4 个顶点坐标 0，0，p_1，p_2，只有 p_1，p_2，两个参数需要调整。这样，该模糊控制器共有 49 个参数需要优化调整。每个参数有 5 位二进制数进行编码，将所有的待寻优参数串接起来构成一个个体，编码长度为 245。

①初始化。预先确定世代数、交叉及变异概率。随机产生串长为 245 的初始种群，个体数目为 N。

②计算个体 i 的适应度函数 $f(x_i)$。以车辆平均延误为目标函数 $d(x_i)$，适应度函数

$$f(x_i)=\frac{1}{d(x_i)} \tag{5.85}$$

③选择过程。采用确定性选择原则，即对群体的每一个串计算生成概率

$$p_i=\frac{f(x_i)}{\sum_{i=1}^{N}f(x_i)} \tag{5.86}$$

从而得到期望的拷贝数 $p_i \cdot N$，把 $p_i \cdot N$ 整数部分分配给该串一个拷贝数，若每一个串的拷贝数之和小于 N，则把每个串按其小数部分值由大到小排列，顺序把一个串再拷贝一次，直到拷贝总数为 N。

④交叉过程。将当前种群中的个体随机配对，在配对的 2 个个体中随机选择位置 j，交换 2 个字符串位置 j 左边（或右边）的部分，产生 2 个新个体。

⑤变异过程。采用单点变异。

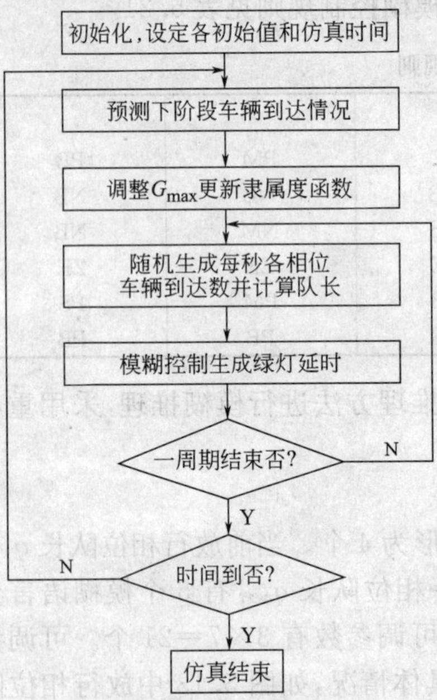

图5.32 仿真流程

⑥由交叉和变异产生新一代的种群，若世代数超过设定数，结束循环，否则返回到步骤 2。

最大绿灯时间调整模块：

当高峰期车流量变化较大，且车流量不均衡时，如果相位最大绿灯时间 G_{max} 不及时调整，可能会使车流量到达率高的相位不能充分放行，造成相位转换频繁，损失时间加大。此时，对各车道车流量进行预估，根据预测的车辆到达率 r_i 按比例动态分配各相位的最大绿灯时间，可使相位通行时间分配更加合理，从而减小车辆延误。

2. 仿真验证

用 C 语言编写了单交叉口多相位实时交通控制方法的计算机仿真程序，并通过调试，假定交叉口各进口道车辆到达率服从泊松分布，仿真流程如图 5.32。

仿真实验：本次仿真采用的遗传算法的参数设置如下：种群规模 50，循环总代数 100，复制概率 0.2，交叉概率 0.6，变异概率 0.15。为验证其控制效果，对交叉口不同车流大小情况进行控制，并与定时控制进行比较。

表 5.22 验证结果对比

编号	车流量/(kveh/h)	车辆平均延误时间/s		改进程度/% 定时控制
		定时控制	基于 GA 的模糊控制	
1	0.56	3.32	2.90	12.7
2	0.85	5.88	5.47	6.9
3	0.96	7.24	6.65	8.1
4	1.21	9.73	8.48	12.8
5	1.56	11.56	8.6	25.6

从表 5.22 可以看出，在交叉口到达情况相同时，采用 GA 优化的模型控制，明显优于定时控制。该方法收敛速度快，可以减少延误，控制效果明显改善。

5.3.2.4　基于神经网络的自适应控制技术

1. 自适应控制

自适应控制是一种解决系统不确定性问题的方法。简单地说，自适应控制系统能适应系统的环境条件或对象特性的变化，它根据对可得的输入输出量在线观测信息，自动校正或调整控制器的参数和性能，使系统保持在最优的或满意的工作状态。

自适应控制处理不确定性问题基于在线的参数调整算法，需要使用与环境、对象闭环交互得到的实验信息。其着眼于瞬时观点，目标是针对干扰和动态特性随时间变化的情况，以维持某种期望的闭环性能。

2. 基于神经网络的自适应控制

从原则上讲，在实际应用中，尤其是在工业过程控制中，对于缓慢的时变特性以及新型的控制局势，自适应控制是可取的。但是由于被控对象的严重非线性、数学模型的不确定性及系统工作点的剧烈变化等因素，大多数自适应控制一般都不能在很广的范围内把控制作用表示为当前运行状态的函数，它的控制器缺乏记忆，需要进行重新适应以补偿所有的瞬时变化。此外，即便在理想的环境下，每当对象特性变化时，自适应过程的动态特性还是会引起期望控制作用的滞后。这就意味着不合适的控制作用也可能持续一段时间。对于时不变的非线性对象特性，这将导致不必要的过渡过程，从而造成控制性能的下降；而对于线性的动态特性，如果变化非常快，仅依靠自适应作用也可能无法维持期望的控制性能。鉴于自适应控制存在着严重的不足，难以得到人们希望的结果，人们希望控制系统的功能和目标随着外界环境和任务的变化能够主动应变，这些问题都有力地推动了智能控制概念的形成与发展。即通过定性与定量相结合的综合集成方法（Metasyntheds），针对系统环境和任务的复杂性、模糊性和不确定性，有效自主地实现复杂的信息处理功能，完成智能化的控制任务。基于神经网络的自适应控制由此产生并逐步得到发展。

在常规模型参考自适应控制器基础上采用神经网络作为辨识器和控制器，组成模型参考神经网络自适应控制系统。利用神经网络的优点弥补传统自适应方法的不足，可以使系统具有更强的鲁棒性、仿真结果表明，该系统比传统模型参考自适应系统具有更好的稳定性和更快的响应速度。

与传统自适应控制相同，神经网络自适应控制也可分为自校正控制（STC）与模型参考控制（MRAC）两种。两者的区别是：自校正控制将根据对系统正向和（或）逆向模型辨识的结果，直接调节控制器内部参数，使系统满足给定的性能指标。而在模型参考控制中，闭环控制系统的期望性能由一个稳定的参考模型描述，它被定义为{r (t)，$y^m(t)$输入—输出对，控制系统的目的就是要使被控对象的输出 y(t)一致渐近地趋近于参考模型的输出。即

$$\lim_{t\to\infty}\| y(t)-y^m(t)\| \leqslant \varepsilon \tag{5.87}$$

式中 ε——一个给定的小正数。

(1) 神经网络自校正控制

神经网络自校正控制也分为间接与直接控制。它们的根本区别在于，前者使用常规控制器，离线辨识的神经网络估计器需要具有足够高的建模精度；而后者则同时使用神经网络控制器和神经网络估计器，其中估计器可进行在线修正。

①直接自校正控制

神经网络直接自校正控制，有时也称神经网络直接逆控制，它们本质上是完全一致的。其结构框图如图 5.33 所示。

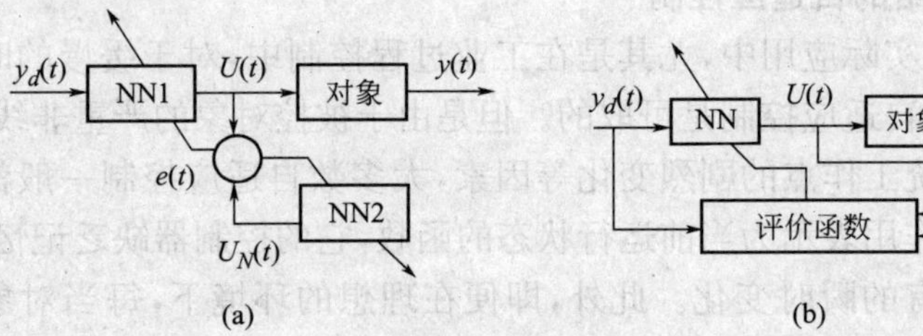

图 5.33 神经网络间接自校正自适应控制

②间接自校正控制

神经网络间接自校正自适应控制的结构框图，如图 5.34 所示。

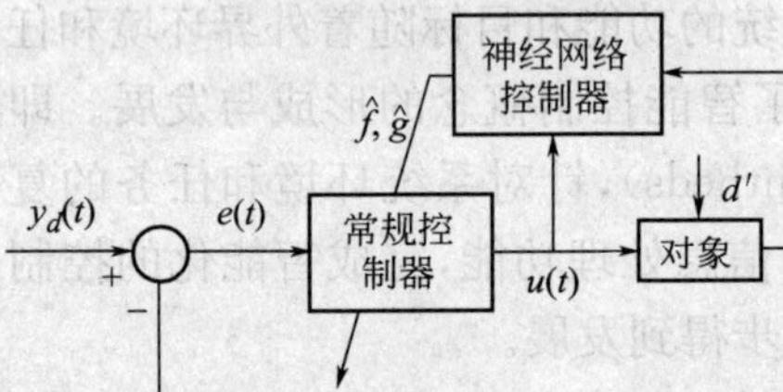

图 5.34 神经网络直接逆控制

不失一般性，假定被控对象为如下单变量仿射非线性系统

$$y_{k+1}=f(y_k)+g(y_k)u_k \tag{5.88}$$

若利用神经网络对非线性 $f(y_k)$和 $g(y_k)$进行离线辨识，得到具有足够逼近精度的估计值 $\hat f(y_k)$和 $\hat g(y_k)$，则常规控制率可直接给出为

$$u_k=[y_{d,k+1}-\hat f(y_k)]/\hat g(y_k) \tag{5.89}$$

式中 $y_{d,k+1}$——$k+1$ 时刻的期望输出值。

(2) 神经网络模型参考控制

神经网络模型参考控制也有直接与间接控制之分，如图 5.35 与图 5.36 所示。

①直接模型参考控制

在神经网络直接模型参考控制中，神经网络控制器的作用是使被控对象与参考模型输出之差 $e_c(t)=y(t)-y^m(t)\to 0$ 或 $e_c(t)$ 的二次型最小。与正-逆建模中的方法一类似，误差 $e_c(t)$ 的反向传播必须确知被控对象的数学模型，这给 NNC 的学习修正带来了许多问题。为此，我们可采用其中的方法二、方法三，这就构成了下面的间接模型参考控制。

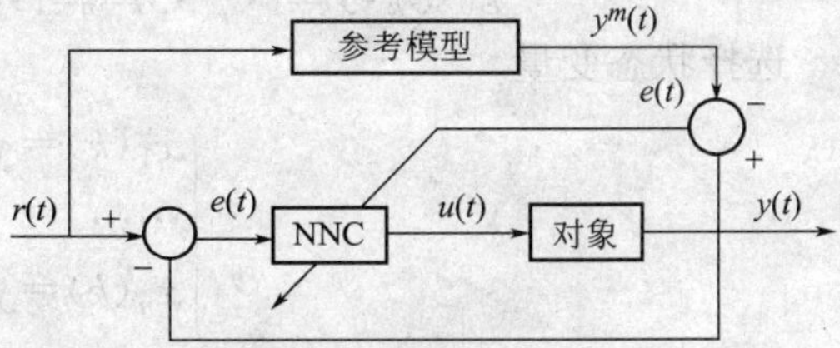

图 5.35　神经网络直接模型参考自适应控制

②间接模型参考控制

如图 5.35 所示，神经网络辨识器 NNI 首先离线辨识被控对象的正向模型，并可由 $e_c(t)$ 进行在线学习修正。显然 NNI 可为 NNC 提供误差 $e_c(t)$ 或其梯度的反向传播通道。由于参考模型输出可视为期望输出，因此在对象部分已知的情况下，若将 NNC 改为常规控制器，此法将与前面介绍的间接自校正控制方法类同。

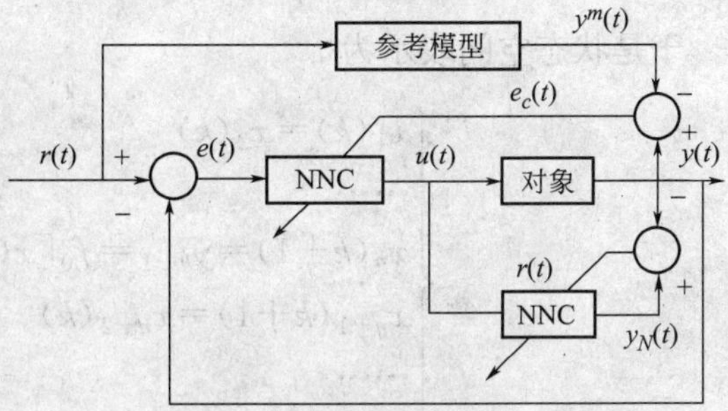

图 5.36　神经网络间接模型参考自适应控制

模型参考自适应控制系统（MRAC）是实际应用中比较常用，由于这种控制方法可以不必经过系统辨识而获得系统性能指标，因而可以获得快速的跟踪控制。在常规模型参考自适应控制器基础上采用神经网络作为辨识器和控制器，组成模型参考神经网络自适应控制系统。利用神经网络的优点弥补传统自适应方法的不足，可以使系统具有更强的鲁棒性。仿真结果表明，该系统比传统模型参考自适应系统具有更好的稳定性和更快的响应速度。

3. 基于神经网络的自适应行程时间预测模型

神经网络间接自校正技术在实际中的应用的比较多，将其应用于城市交通流诱导系统中的行程时间预测可以得到十分好的预测效果。

由于路段上的行程时间与前几个时段的行程时间有着必然的联系。同时路段是路网中的一个部分，路段的交通状况必然受到上游路段的交通状况的影响，所以路段上的行程时间势必与相连路段前几个时段的交通流量和行程时间有着内在的联系。我们就可以利用路段前几个时段的行程时间数据列去预测未来时段的行程时间，也可以利用上下游路段几个时段的交通流量和行程时间预测路段未来时段的行程时间。

考虑自适应自校正问题，其目的是校正系统的输出为 0，设对象特性为

$$y_{k+1}=f_0(y_k,y_{k-1},\cdots,y_{k-n-1},u_{k-1},u_{k-2},\cdots,u_{k-m})+$$

$$g_0(y_k, y_{k-1}, \cdots, y_{k-n-1}, u_{k-1}, u_{k-2}, \cdots, u_{k-m}) \tag{5.90}$$

选择状态变量

$$\begin{cases} x_1(k)=y_{k-n+1} \\ \cdots\cdots \\ x_n(k)=y_k \\ x_{n+1}(k)=u_{k-m} \\ \cdots\cdots \\ x_{n+m}(k)=u_{k-1} \end{cases} \tag{5.91}$$

于是状态空间表示为

$$\begin{cases} x_1(k)=x_2(k) \\ \cdots\cdots \\ x_n(k+1)=y_{k+1}=f_0[x(k)]+g_0[x(k)]u_k \\ x_{n+1}(k+1)=x_{n+2}(k) \\ \cdots\cdots \\ x_{n+m}(k)=u_k \end{cases} \tag{5.92}$$

$$y_k=x_n(k) \tag{5.93}$$

现在假设:①当 f_0 的增量全为 0 时,$f_0=0$;②g_0 在零点以外是有界的;③是最小相位系统,在原点是全局指数稳定的,其零动力学为

$$\begin{cases} x_1(k+1)=x_2(k) \\ \cdots\cdots \\ x_{n+m}(k+1)=-\left.\dfrac{f_0[x(k)]}{g_0[x(k)]}\right|_{x_{i=0,i=1,2,\cdots,n}} \end{cases} \tag{5.94}$$

神经网络自适应预测技术,用神经网络实现对非线性函数 f_0 和 g_0 的逼近,可以用两个三层 BP 网络分别实现:它们均有$(n+m)$个输入节点和 1 个输出节点,分别有 p 和 q 个隐节点,隐节点的输出函数均采用 S 型的双曲线函数 $H(\cdot)$,输入和输出函数均采用线性函数。

$$\hat{f}_0[x(k),w]=w_0+\sum_{i=1}^{p}w_iH\left[\sum_{j=1}^{m+n}w_{ij}x_j(k)\right] \tag{5.95}$$

$$\hat{g}_0[x(k),v]=v_0+\sum_{i=1}^{p}v_iH\left[\sum_{j=1}^{m+n}v_{ij}x_j(k)\right] \tag{5.96}$$

式中 w,v——网络的连接权矢量。

两个神经网络组合在一起,构造系统模型。网络结构如图 5.37 所示。

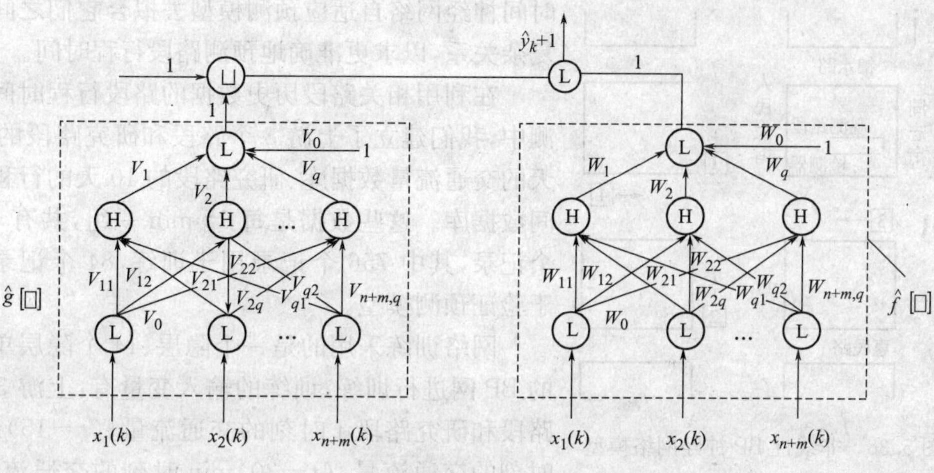

图 5.37　非线性 BP 神经网络模型

$$\hat{y}_{k+1}=\hat{f}_0[x(k),w(k)]+\hat{g}_0[x(k),w(k)]u_k \tag{5.97}$$

通过 BP 学习算法调整网络的连接权矢量。定义误差评价函数为

$$J_k=(y_{k+1}-y_{k+1})^2 \tag{5.98}$$

设 $\theta=[w,v]$，则梯度函数为

$$\nabla_{\theta(k)}J_k=2(\hat{y}_{k+1}-y_{k-1})\left\{\frac{\partial\hat{f}_0[x(k),w(k)]}{\partial w(k)}\frac{\partial\hat{g}_0[x(k),v(k)]}{\partial v(k)}u_k\right\} \tag{5.99}$$

采用 σ 规则调整连接权矢量

$$\theta(k+1)=\theta(k)-\frac{\eta}{2r_k}e_{\theta_k}J_k \tag{5.100}$$

式中，$r_k=1+□\left\{\frac{\partial\hat{f}_0[x(k),w(k)]}{\partial w(k)}\frac{\partial\hat{g}_0[x(k),v(k)]}{\partial v(k)}u_k\right\}$，$\eta$ 为学习速率因数($\eta>0$)。当学习次数 $k\to\infty$ 时，$\hat{f}_0$ 收敛于 f_0，$\hat{g}_0$ 收敛于 g_0，并且 $y_k\to0$，非线性自适应自校正的神经网络行程时间预测就可以实现。

4. 模型验证

模型应用的对象是长春市道路网络，长春市已采用 SCATS 自适应交通控制系统，其自动线圈检测器和电视监视器可提供车流量、平均占有率等交通信息。人民大街和解放大路是两条十字相交的重要交通通道，两条道路交叉口的交通流量很大，同时这两条十字道路上交叉路口的布局较为典型、检测器的安装与使用状况良好，故选定人民大街的解放大路路口至锦水路为研究路段。图 5.38 为该路段的示意图。

路段未来时刻的通行能力不但与本路段的现在和过去时段的交通状况有关，而且与之相连的路段交通状况有关，研究路段的行程时间与该路段的前几个时段的行程时间、交通流量和与之相连的路段交通流量有着必然的联系。这里我们利用行程

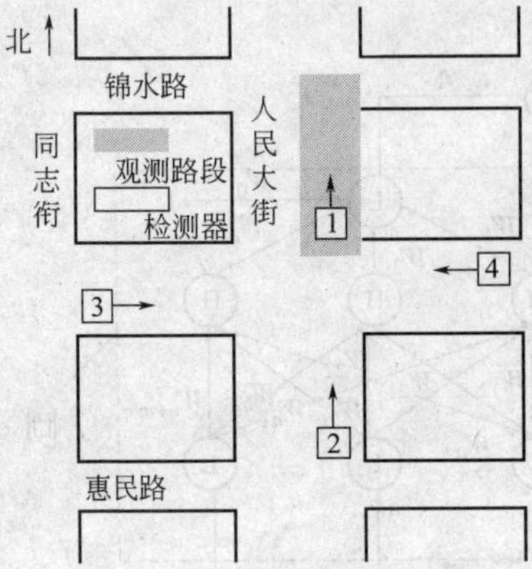

图 5.38 非线性 BP 神经网络模型

时间神经网络自适应预测模型去拟合它们之间的复杂关系，以求更准确地预测路段行程时间。

在利用相关路段历史数据的路段行程时间预测中，我们建立了上游 3 个路段和研究路段的 10 天的交通流量数据库、研究路段的 10 天的行程时间数据库。这些数据是每 15 min 一组，共有 840 个记录，其中 756 个记录用于训练，84 个记录用于验证预测模型。

网络训练采用的是一个隐层、14 个隐层单元的 BP 网进行训练，训练的输入变量有：上游 3 个路段和研究路段 t 时刻的交通流量、$(t-15)$min 时刻的交通流量、$(t-30)$min 时刻的交通流量、$(t-45)$min 时刻的交通流量，研究路段 t 时刻的行程时间、$(t-15)$min 时刻的行程时间、$(t-30)$min 时刻的行程时间、$(t-45)$min 时刻的行程时间，输出变量为研究路段$(t+15)$min 时刻的交通流量。学习率为自适应学习率。在训练过程中，自适应神经网络在主频为 3.0G 的 Pentium Ⅳ计算机上历时 23 s 的 3 000 次迭代之后，收敛于要求精度。经过训练的自适应神经网络对人民大街的解放大路路口至锦水路的路段某日的行程时间进行了预测，预测误差指价值见表 5.23：

表 5.23　行程时间预测误差

误差指标	mrerr(%)	marerr(%)	mxarer(%)	rmrerr(%)	E(C)
指标数值	-1.8485	8.9455	21.0946	11.5983	0.92

其中，mrerr 表示相对预测误差，marerr 表示为绝对值分数的预测误差。rmrerr 表示惩罚的预测误差，因而提供更好的模型评价参数。EC 表示预测值与实测值的合度，一般 0.90 以上为较好的拟合度。

通过以上结果可以看出，相关路段历史数据的行程时间预测具有较快的速度和较高的预测精度，采用神经网络自适应技术进行城市交通诱导系统的行程时间预测将更具实时性和准确性。

5.4　本章小结

本章通过对评级指标选取原则的分析，确立了各种状态交通控制多目标的确定及其指标体系，并在章节的最后就基于进化算法的智能交通控制技术、智能交通控制融合技术等智能交通控制技术进行了研究。

第6章　大范围战略交通控制系统软件及区域交通协调控制系统软件开发与应用

6.1　大范围战略交通控制系统软件开发

6.1.1　需求分析

6.1.1.1　系统总体功能概述

大范围战略交通控制系统软件总体功能是协调各区域交通控制系统有效运行，具体来说有这样两方面的功能：

一方面，在各区域控制系统正常运行的情况下，大范围控制系统不干预区域控制系统的运行，而当区域控制系统之间出现控制策略互相矛盾的时候，大范围战略交通控制系统则能够对有矛盾的区域边界进行协调。

另一方面，根据各个区域的整体交通运行状态为它们制定相应的控制目标和控制方法，以实现多目标智能化战略交通控制的目的。

6.1.1.2　软件的运行环境要求

(1) 硬件平台：运行本系统的硬件系统应至少满足以下配置

- CPU：Intel Pentium42.93G，
- 内存：2G，
- 硬盘：160G，
- 网卡：10-100M 网卡；

(2) 操作系统：操作系统选用 Windows 系列操作系统，版本为 Windows 2 000 Server 以上；

(3) 数据库：Oracle 10g；

(4) 与本系统相关软件：区域控制系统软件。

6.1.1.3　用户界面需求

软件的各部分功能模块的界面风格应保持一致，具体要求如下：

(1) 屏幕布局：主界面主要包含菜单栏、工具条、电子地图、信息显示栏四大部分。

(2) 菜单栏:菜单要按功能模块划分为几个部分,每部分都要包含该模块所有功能,每种功能都应设置相应的快捷键。

(3) 工具条:应包含常用功能的标准按钮。

(4) 电子地图:主界面的一部分应始终显示电子地图,能够使用户随时监控到交通状态,电子地图能够随着交通状态的改变而呈现不同的形式。

(5) 信息显示栏:信息显示栏中显示的文字、数字、日期、时间等信息的格式都应保持一致。

(6) 错误信息显示标准:错误信息显示应定义统一格式,应包含以下内容:错误信息编码、错误信息描述、解决方法提示。

(7) 状态栏:状态栏应充分利用来显示一些状态信息或提示信息。

6.1.1.4 软件开发平台需求

为保证软件的上下兼容性、扩展性,开发工具既要选择比较通用的开发工具,还要选择该工具的较新版本,本系统所选择的软件开发平台如下:

(1) 开发语言:Visual C++6.0;

(2) 数据库管理系统:Oracle9i 以上版本。

6.1.2 概要设计说明书

6.1.2.1 引　言

随着我国社会主义的高速发展和人民生活水平的不断提高,城市现代化的发展越来越快,交通问题也越来越引起人们的关注。随着城市车辆的增加,人、车、路三者关系的协调,已成为交通管理部门所面临的重要问题。大范围交通控制与诱导协同系统是面向全市的交通数据监测、交通信号灯控制与交通诱导的计算机控制系统,它是现代城市交通监控系统中重要的组成部份,主要用于城市道路交通控制与管理,对提高城市道路的通行能力、缓和城市交通拥挤起着重要作用。

(1) 编写目的

主要描述系统的组成包括硬件和软件、软件功能模块的划分和算法的描述。以及实现所需的必要条件,具体包括软件系统的总体设计、接口设计、数据结构设计、运行设计、出错处理设计、维护设计等,形成概要设计说明书文档,作为系统开发指导性的核心文件之一,并为下一步设计开发奠定基础。

面向对象:开发人员、系统维护人员、系统测试人员和项目评审人员。

定义:

Windows　　:客户端操作系统

C/S　　:系统程序框架服务器—客户端模式

Oracle　　:后台数据库

Delphi　　：编程开发语言
交叉口　　：多个路段的汇接点
路段　　　：系统所监控的一段道路
路网　　　：由多个路段所组成的区域
诱导路径　：可替代的行车路线
速度　　　：车辆的行使速度
饱和度　　：路段所能同时容纳的车辆的指标
神经网络　：算法
指数平滑　：算法

(2) 项目背景

所开发软件系统的名称：大范围交通控制与诱导协同系统；

项目来源：吉林大学。

6.1.2.2　任务概述

1. 目标

开发意图：作为ITS智能交通系统的一个实际应用，解决现实生活中日益严重的交通问题。

应用目标：城市交通的智能化控制。

作用范围：中小城市。

2. 运行环境

服务器端：

硬件：中端服务器(至少是入门级的)＋双CPU＋2G内存＋1 000G硬盘存储空间。

操作系统：UNIX或者Windows Server 2000以上。

数据库：Oracle8.0以上。

客户端：

硬件：普通PC＋CPU2.0GHZ以上＋1G内存＋100G硬盘。

操作系统：Windows XP/2 000。

(1) 需求概述

由于交通供给(Capacity)与交通需求(Demand)之间的失衡，导致交通问题(交通事故、交通阻塞、交通污染)日益严重，已发展成为难于治理的社会化公害之一。解决途径：一方面，加强城市基础设施的建设，提高交通服务设施的数量；另一方面，运用高科技手段，进行科学的交通管理，提高现有交通设施的服务质量。由于前者受限于财政支出，交通设施建设速度远远跟不上车辆的增长速度，而后者较之前者具有低投入、高收益的特点，因此，创建科学的自动化程度高的智能交通管理系统，成为缓解交通矛盾，减少交通拥挤的一种经济实用、行之有效的交通策略。目前，一种全新的交通管理模式——智能交通系统 ITS(Intelligent Transportation System)已成为交通管理系统中的新秀。ITS 智能交通系统是指采用电子计算机技术、电子技术和现代通讯技术，使车辆和道路智能化，以形成道路的交通环境安全快速，从而达到缓解道路交通拥堵、减少交通事故、改善道路交通环境、节约交通能源、减轻驾驶员疲劳的目的。在北美、欧洲及亚洲的日本等经济发达、交通问题严重的国家，已实施 ITS，并把 ITS 列入国家计划，每年划出专项资金用于 ITS 研究，以推动 ITS 的发展。ITS 管理系统是一个庞大的系统，涵盖了交通故障监控系统、路线诱导系统、停车管理系统、公共交通系统、特殊交通服务系统等交通管理模快。综合考虑现有的经济技术状况，并借鉴国内外城市的实施经验，应首先创建经济、实用、可操作性强的交通智能化路线诱导系统，加强对车辆的集中管理，并为全面实施 ITS 奠定基础。而本系统：大范围交通控制与诱导协同系统就是 ITS 智能交通系统的一个实际应用尝试。

(2) 条件与限制

本系统只能使用于局域网。

客户端只能使用 Windows 平台。

业务流程比较特殊，需要大量的历史数据。

3. 总体设计

(1) 系统设计原则

本系统以稳定性、准确性、实时性为设计的基本原则，在此基础上力求程序设计的模块化和模块功能的单一化，尽量保证代码的简洁明了。本系统的数据库设计尤为重要所以在数据库设计上应理顺各种数据的关系，保证数据库的简洁高效。

(2) 系统网络图

整个系统按地理位置和功能可以分为三个部分：前端采集、数据汇总、数据处理和呈现三个部分。如图 6.1 所示。

(3) 系统程序流程图

(4) 系统数据流程图

(5) 系统软件部分的功能模块划分

①数据预处理模块

完成原始采集信息的预处理。由零散的非可用信息转化为直观的可用信息，存储到基础表里。这个模块需要用到一些算法。

②数据汇总模块

在基础表的基础上，按照应用将数据进行提取汇总存储到中间表里，供其他模块使用。这个模块需要用到一些算法。

③交通分配模块

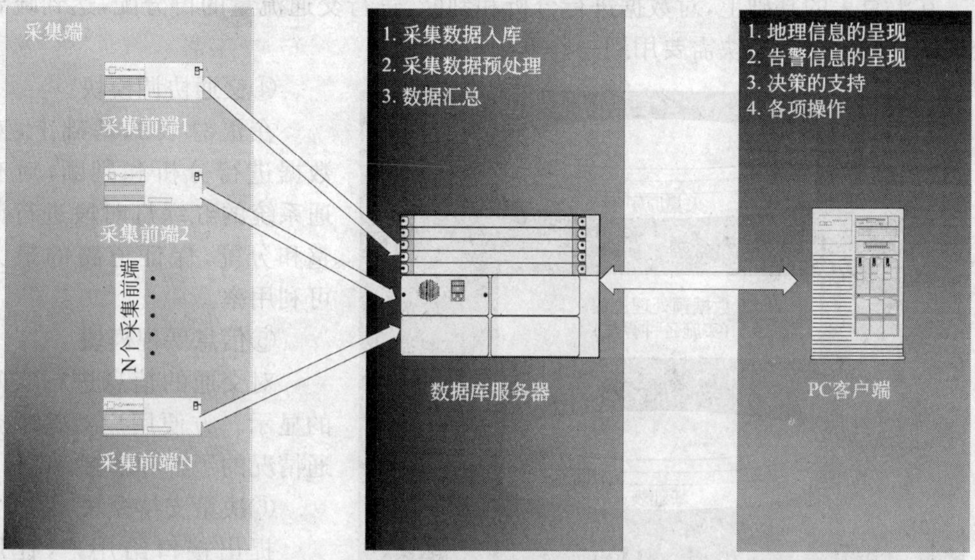

图 6.1　系统网络图

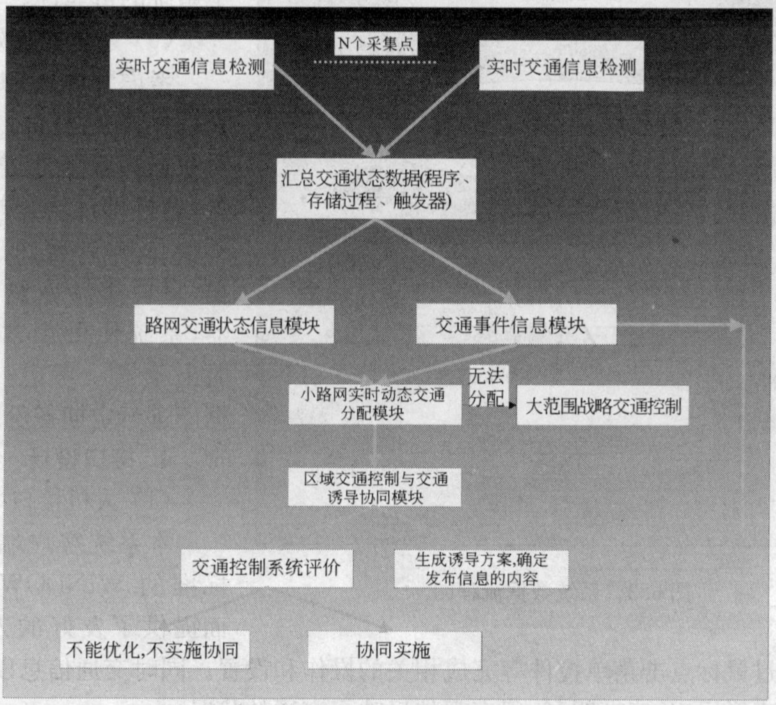

图 6.2　系统程序流程图

在汇总表的基础上，对数据进行分析和判断，进行交通流量的再分配，达到疏导交通的目的。这个模块需要用到一些算法。

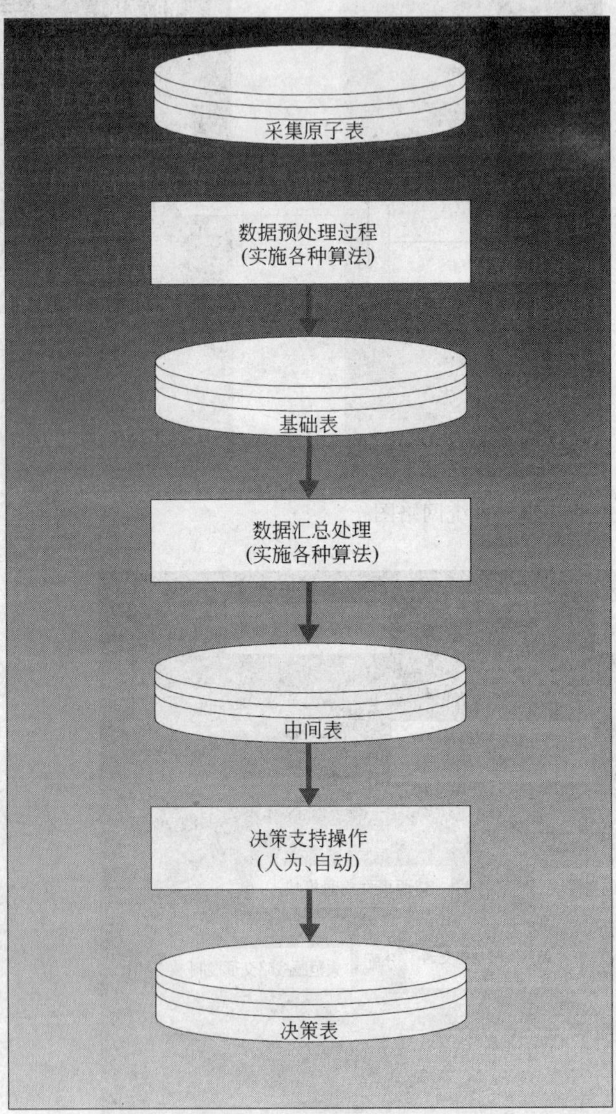

图 6.3　系统数据流程图

④交通协调模块

在汇总表的基础上，对数据进行分析和判断，对交通系统的红绿灯时段进行调整和分配，保证道路的最大可利用率。

⑤信息展现模块

对交通的信息进行实时的显示。方便用户对整个交通情况的了解和掌握。

⑥决策支持模块

提出接口给用户，让用户决定执行何种策略。增加了系统的可靠性。

(6) 系统容灾处理

考虑到系统的稳定运行和数据的完整性，可以考虑对数据库服务器进行双机热备，这样即使客户端崩溃，也不会影响到整个系统的数据，只要重新恢复客户端机器，系统便可正常运行。同时出于安全考虑，可以对数据库进行定期备份。

4. 接口设计

(1) 人机接口

本系统客户端程序采用标准的 WINDOWS 程序界面提供了友好的人机界面，用户可通过鼠标点击菜单控件等完成相关的操作和设置。同时交通信息以地图和列表的方式瑾形展现，清晰明了，很直观的反映了交通的状况。

(2) 外部接口

本系统中个独立模块之间的接口采用数据接口而非 Socket 等其他接口方式。这样大大减少了系统开发和维护的复杂度。这样既保证了系统的稳定性也为系统的维护提供了方便。

(3) 内部接口

本系统对地图显示子模块进行了封装，封装成 Ocx 控件，提供统一的内部访问接口，这样既保持了系统的模块化又提高了模块的可复用性。

5. 数据结构设计

(1) 数据库表说明

①原始表

单个浮动车检测器路段行驶数据表(行程时间)

单个浮动车检测器子路段行驶数据表(行程时间)

单个固定检测器数据表(速度、流量、占有率)

预处理后(修复)

单个浮动车检测器路段行驶数据预处理表(行程时间)

单个浮动车检测器子路段行驶数据预处理表(行程时间)

单个固定检测器数据预处理表(速度流量占有率)

②更新历史

单个浮动车检测器路段行驶数据历史趋势表(行程时间)

单个浮动车检测器子路段行驶数据历史趋势表(行程时间)

单个固定检测器数据历史趋势表(速度流量占有率)

③汇总

浮动车检测器路段数据表(平均行程时间)

浮动车检测器子路段数据表(平均行程时间)

固定检测器断面数据预处理表(平均速度平均流量平均占有率)

④更新历史

浮动车检测器路段行驶数据历史趋势表(平均行程时间)

浮动车检测器子路段行驶数据历史趋势表(平均行程时间)

固定检测器断面数据历史趋势表(平均速度平均流量平均占有率)

⑤预测

浮动车检测器路段多步预测数据信息表(平均行程时间)

浮动车检测器子路段多步预测数据信息表(平均行程时间)

单个固定检测器数据多步预测表(速度流量占有率)

固定检测器断面数据多步预测表(平均速度平均流量平均占有率)

〈注〉:

如果单输出预测则预测 6 次分别输出 6 个结果，如果是多输出预测则预测一次直接输出 6 个结果(时间以 5 分钟为周期，以次+5)。断面是由多个“单个”组成的。

⑥分类汇总

浮动车检测器路段微观指标数据表

浮动车检测器子路段微观指标数据表

浮动车检测器路段中观指标数据表

固定检测器路段微观指标数据表

固定检测器路段中观指标数据表

固定检测器路口微观指标数据表

固定检测器路口中观指标数据表

路段宏观指标数据表

路口宏观指标数据表

事件宏观指标数据表

〈注〉:

简单的分类求和，比率

⑦平均速度

浮动车检测器路段微观指标数据表

浮动车检测器子路段微观指标数据表

⑧饱和度

固定检测器路口微观指标数据表

⑨确定策略

JT_TacTic

6. 系统出错处理设计

(1) 错误输出信息

两种方式:

在程序界面错误输出栏显示近期的错误信息。

错误日志，可以保存较长时间的错误信息，以备查询。

(2) 出错处理对策

错误信息会按照一定的格式存储，同时会把出错的模块和错误信息加以记录，帮助系统管理员和维护人员进行差错和排查错误。

7. 安全保密设计

考虑到安全问题，如果用户要求可以考虑加上用户的权限认证和对数据库数据进行加密存储。

8. 维护设计

系统在运行过程中有些时候会进行数据的导入和导出，可以考虑编写一些工具软件帮助操作人员来完成相应的工作。

对于需要进行额外运算的算法可以考虑写成单独的程序方便操作人员或者系统管理员进行相关算法的测试和运算(神经网络的训练等)。

6.1.2.3　测试报告

大范围战略控制系统软件采用两种方式测试，一种为 Vissim 模试验说明，另一种为试运行。

6.1.2.4　Vissim 模试验

1. 试验目的

获取小型路网上的固定型交通检测器数据和行程时间数据。

2. 试验工具

vissim 模软件。

3. 试验方法

采用作者建立的路网，通过设置不同的车辆到达模式和随机数种子，形成足够数量的交通数据，以形成历史数据库、历史趋势数据库、模型标定数据库和模型验证数据库。

4. 试验方案

(1) 固定型检测器设置在路段的出口、入口和距车行方向前方停车线距离为路段长度 3/4 的位置，不分道路等级，以体现不同控制系统的要求，并便于估计某些无检测地点的交通数据，采样间隔为 300 s。

(2) 行程时间采集路段划分原则

以 100 m 为标准来划分子路段。由于基本路段的长度不正好是 100 的倍数，因此，每个基本路段上的最后一个子路段的长度不等于 100 m，其余子路段的长度均为 100 m。(注：一个交叉口的出口位置到下一个交叉口的出口位置为一个基本路段)。

(3) 除了 6 次常发性拥挤外，制造 2 次堵塞部分车道的交通事故，以考察交通事件对交通流的影响，建立偶发性交通拥挤的扩散范围与持续时间估计模型。

(4) 模拟时间长度 18 000 s，其中高峰、平峰、低谷时段各 5 400 s。

(5) 交通量调整：高峰、平峰、低谷分别采用 1.0、0.8、0.6 倍实验流量。

5. VISSIM 模数据说明

(1) 路网说明

模实验采用德国 PTV 公司开发的 VISSIM 4.20 版微观交通仿真系统为模工具，使用某城市实际调查数据对路网进行标定。该路网包含了主干路、次干路、支路、信号控制交叉口及无信号控制交叉口，路网示意图如图 6.4 所示。方框内是交叉口编号，直线旁边的是路段编号，粗实线表示的是每方向 2 车道以上的城市主干路，细

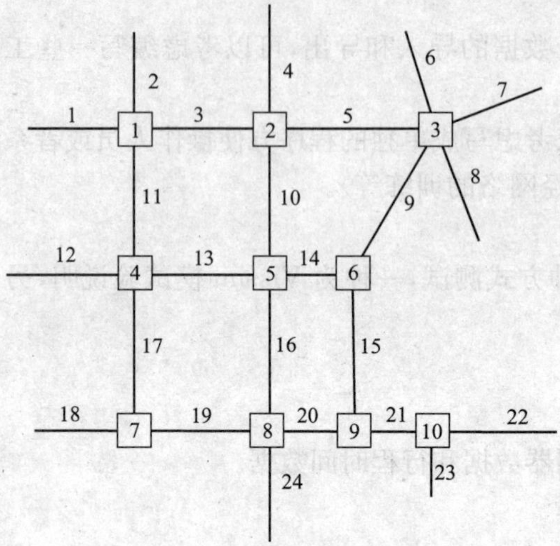

图 6.4 模城市路网示意图

实线表示的是次干路和支路，编号为6、9、10的交叉口为无信号控制交叉口，其余全部为信号控制交叉口（路段14和路段9为单向车道，即车辆只可从交叉口5驶向交叉口6，从交叉口6驶向交叉口3）。

分别采用不同的随机数种子对高峰、平峰、低谷时段路网中的交通流运行状况进行了模拟，每次模拟时间为18 000 s，600 s后开始采集数据。各时段具体划分如下：

0 ~ 600 s 为路网平衡阶段（warm-up period）。

600 s~6 000 s为高峰时段。

6 000 s~6 600 s为路网平衡阶段，6 600 s~12 000 s为平峰时段。

120 00 s~12 600 s为路网平衡阶段，12 600 s~18 000 s为低谷时段。

(2) 检测器编号说明

①data collection

采用5位数字编号方式，第1位是9没有实际意义，第2-3位数字代表路段编号，第4位数字代表检测站编号，第5位数字代表车道编号，其中1-5表示的同一方向的车道，6-9代表的是反方向车道，如图6.5所示。例如，检测器编号为90116表示的是路段1上第1个检测站中6车道的检测器。

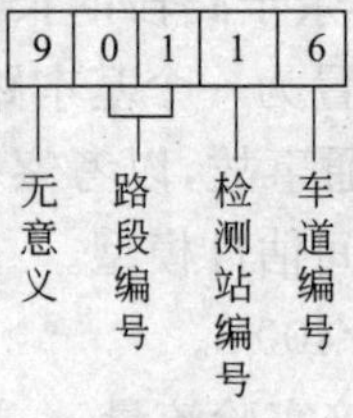

图 6.5 检测器编号示意图

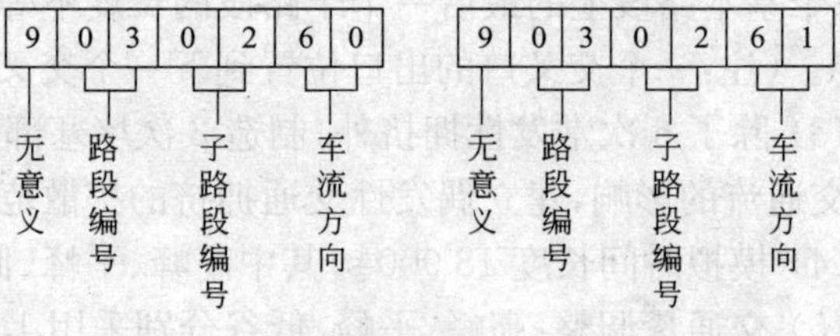

图 6.6 行程时间采集路段编号示意图

②travel time section

行程时间采集路段编号原则为：采用7位数字编号方式，第1位是9没有实际意义，第2-3位数字代表路段编号，第4-5位数字代表子路段编号，第6-7位代表车流的方向，其中：第6位只有6和9两个数，从左向右、从上向下行驶的路段上的子路段编号为6，反之，从右向左、从下向上行驶的路段上的子路段的编号为9（即当某两条子路段的编号前 5 位数字相同而第 6 位不同时，表示这两条子路段是同一条道路上的不同方向的道路)；第 7 位数字为 0、1、2、或 3，0 表示该路段还没有渠化路段，1、2、3 则分别表示该路段上行驶的车流出现分向，1 代表该路段上的车辆左转，2 代表直行，3 代表车辆右转。如图 6.6 所示。例如，路段编号为 9030260 表示的是基本路段 3 上第 2 个子路段，并且此时车流没有分向；路段编号为 9030261 表示的是基本路段 3 上第 2 个子路段，此时车流已开始分向行驶，并且该子路段上的车辆到下一个交叉口时向左转弯。

特别说明：由于交叉口 9 为丁字路口，做模路网时，交叉口 8 到 10 之间的路段为一个整路段，因此，本次模时的路段编号 9200460、9200563 实际上是路段 21 的子路段。建议在验证程序时不采用此路段上的数据。

建议：由于每个基本路段的最后一个子路段的长度不等于 100 米，因此建议验证模型时采用除最后一个子路段外其他子路段上的数据来验证；再用所有子路段的数据对基本路段进行验证。

(3) 数据文件说明

*.rsz 是编译后的行程时间数据，记录的是特定采样间隔内路段的平均行程时间。

*.rsr 是原始的行程时间数据，记录的是经过路段的所有车辆的行程时间数据。

*.mes 是 Data Collection 采集的数据，包括流量、速度、占有率、平均车长等数据。

(4) 模方案说明

①无偶发拥挤　随机种子数：19

②无偶发拥挤　随机种子数：83

③无偶发拥挤　随机种子数：12

④无偶发拥挤　随机种子数：9

⑤无偶发拥挤　随机种子数：123

⑥无偶发拥挤　随机种子数：666

⑦偶发性拥挤，外侧 2 车道拥堵

随机种子数：98

位置：路段 10 距离 E 交叉口约 70 m 处

持续时间：3 600 s～5 400 s，12 600 s～14 400 s

⑧偶发性拥挤，外侧 2 车道拥堵

随机种子数：72

位置：路段 10 距离 E 交叉口约 70 m 处

持续时间：3 600 s～5 400 s，12 600 s～14 400 s

6.1.2.5 试运行测试

1. 测试内容

针对大范围战略交通控制系统的功能，制定测试的内容如下：

(1) 功能测试

一方面测试大范围战略交通控制系统的所有功能点；另一方面验证各个业务流程的正确性，即检查系统的业务流程是否满足最终用户的需求；此外，由于该系统储存有大量的关键数据，具有实时性要求高，应用覆盖范围广的特点，因此数据的储存也是测试的关键点。

(2) 性能测试

测试系统在实际应用环境下的响应时间等性能指标，主要针对系统总体运行速度、数据处理周期、实时性、策略及控制指令的发布延时、信息发布时间等进行测试。

2. 测试设计

根据大范围战略交通控制系统的特点以及测试需求，我们分别对功能点、业务流程、性能测试制定了测试流程。其中功能点测试包括了交通数据采集模块、交通状态信息融合模块、区域边界协调模块、出行需求预测模块、控制与诱导协同模块 5 个模块的全部功能点。测试的主要业务流程包括：交通数据处理、针对不同的交通状况区域边界的协调过程、区域协调策略的制定、大范围交通控制和诱导协同的实施、交通信息发布等。而性能测试主要针对交通数据采集及处理的周期、策略及各种交通信息下发的延时等。

3. 测试小结

大范围战略交通控制系统具有道路交通信息数据自动处理功能，并能根据不同渠道获的数据按不同的处理流程送往各个子模块进行处理，通过对数据的融合和交换，为整个大范围战略交通控制系统提供共享信息。系统根据这些信息进一步判断各种交通状态，并根据不同的交通状态制定不同的协调策略。系统还具有信息发布的功能，包括向可变信息板及车载机发布各种交通信息，如道路拥挤状况，替代行使路线、区段内的平均行程时间等。另外，大范围战略交通控制还能够向区域交通控制管理系统发布区域间的协调策略和指令，达到协调各个区域的交通控制策略，均衡交通负荷的目的。

系统具有对道路交通状态进行分析和判断的能力，能够自动对当前道路的交通拥挤情况进行规范的分类与提示。交通状态共分为畅通、拥挤和堵塞三种。在发现交通异常以及在交通管制(如施工封路)时，系统能够按照决策控制要求发布指令性诱导信息，起到诱导与调节交通流量的作用。系统还能够对交通信息进行基于时间和基于空间的统计，计算道路区段内的平均车速和平均行程时间，为交通管理提供科学依据。

测试结果表明系统功能与流程正确、完整，符合设计的要求，很好地实现了大范围战略交通控制系统的交通数据采集、交通状态信息融合、区域边界协调、出行需求预测、控制与诱导协同的各项主要功能。系统的性能良好，达到设计目标，数据处理及信息发布的响应时间均在要求的范围之内。

6.2　区域交通协调控制系统软件开发

6.2.1　软件需求说明书

6.2.1.1　引　言

(1) 编写的目的

使软件设计人员对软件的整体框架有一个共同的理解。

(2) 背　景

软件名称：区域混合交通自适应协调控制系统软件

任务提出者：科技部、吉林大学

开发者：吉林大学智能运输系统开发中心

用户：城市交通控制指挥中心

(3) 定　义

交通量(Volume)又称流量：是指单位小时内，通过道路(或道路上某一条车道)指定地点或断面的车辆数。

流率(Rate of flow)：是把不足 1 h 的时间段内(通常是 15 min)，通过道路(或道路上某一条车道)指定地点或断面的车辆数经过等效转换得到的单位小时的车辆数。

高峰小时系数(Peak Hour Factor，PHF)：高峰小时内的小时交通量与最大流率的比值。

点速度(Spot Speed)：车辆通过道路特定地点的瞬时速度。

行程时间(Travel Time)：车辆驶过道路某一路段所需的总时间，包括行驶时间和延误时间。

行程速度(Travel Speed)又称综合行程速度(Overall Travel Speed)或称区间速度(Space Speed)：路段长度除以通过该路段的行程时间。

时间平均车速(Time Mean Speed)：在特定的时间区间内，通过道路某一地点的所有车辆点速度的算术平均值。

区间平均车速(Space Mean Speed)：某路段的长度与通过该路段所有车辆的平均行程时间之比。

百分位车速(Percentile Speed)：在速度累积频率分布曲线上，与纵坐标上累加百分数相对应的车速。

交通流密度(Density):在某一瞬间,道路单位长度上存在的车辆数。

空间占有率:在道路的任一定路段上,车辆总长度与路段总长度的比值。

时间占有率:在道路的任一路段上,车辆通过时间的累计值与观测总时间的比值。

车头间距(Spacing):一条车道上前后相邻车辆之间的距离。

车头时距(Headway):前后两辆车通过车行道上某一点的时间差。

阻塞密度(Jam Density):密度持续增加使流量趋进于零时的密度或指停车排队的密度。

临界密度(Critical Density):流量逐渐增大,接近或达到道路通行能力时的密度,又称最佳密度。

临界速度(Critical Speed):流量逐渐增大,接近或达到道路通行能力时的速度。

饱和流率(Saturation Flow Rate):是指在现行的道路和交通条件下,指定的进口道或车道组能通过交叉口的最大流率(假定进口道或车道组有100%的实际时间作为有效绿灯时间)。

饱和车头时距(Saturation Flow Rate Headway):稳定行驶的连续流的车头时距。

清尾损失时间(Clearance Lost Time):从一个方向最后一辆车进入交叉口的时刻与另一方向变为绿灯的时刻之间的时间差。

延误(Delay):行驶在路段上的车辆由于受到道路环境、交通管理与控制及其他车辆的干扰等因素的影响而损失的时间。

通行能力(Capacity):在一定时段内和通常的道路、交通、管制条件下,人和车辆通过车通或道路的一点或均匀断面上最大小时交通量。

车辆换算系数:在通行能力分析中某类车辆一辆等同于标准车辆的额数。

换算交通量(Conversion Volume):也称当量交通量。就是将总交通量中各类车辆交通量换算成标准车型交通量之和。

信号交叉口的通行能力:是对每一进口道规定的。它是在现行的交通、车行道和信号设计条件下,某一指定进口道所能通过交叉口的最大流率。观测流率的间隔时间一般为15 min。

信号相位(Signal Phase):交叉口各进口道不同方向所显示的不同灯色的组合称为一个信号相位。

信号周期(Signal Cycle):红、绿、黄信号显示一个循环所用的时间,单位为秒。

绿信比(Effective Green Ratio):是在一个周期时间内,有效绿灯时间与周期时间之比。

相位差：是系统控制中联动信号的一个参数。它分为相对相位差和绝对相位差。

相对相位差：是指在各交叉口的周期时间均相同的联动信号系统中，相邻两交叉口同相位的绿灯起始时间之差，用秒表示。

绝对相位差：是指在联动信号系统中，选定一个标准路口，规定该路口的相位差为零，其他路口相对于标准路口的相位差，用秒表示。

有效绿灯时间(Effective Green Time)：在信号交叉口分配给指定交通流向绿灯时间(绿灯加黄灯)，减去起动损失时间和清尾损失时间。

绿灯间隔时间：从失去通行权的上一个相位绿灯结束到下一个相位另一方向绿灯开始的时间间隔。

(4) 参考资料

国家高技术研究发展计划(863计划)专题课题申请书：新一代智能化交通控制系统关键技术开发，2006年9月5号

新一代智能化交通控制系统关键技术开发子项目：交通控制相关状态获取技术需求分析，2006年9月10号

新一代智能化交通控制系统关键技术开发子项目：大范围战略交通控制技术开发需求分析，2006年9月10号

新一代智能化交通控制系统关键技术开发子项目：多目标智能控制技术开发需求分析，2006年12月10号

新一代智能化交通控制系统关键技术开发子项目：混合交通流交通控制策略及算法需求分析，2006年12月10号

新一代智能化交通控制系统关键技术开发子项目：网络动态路径分配技术需求分析，2006年12月10号

新一代智能化交通控制系统关键技术开发相关协作需求，2006年12月10号

国家高技术研究发展计划(863计划)专题课题申请书：新一代智能化交通控制系统关键技术开发，2007年01月18号

新一代智能化交通控制系统关键技术开发子项目：混合交通流交通控制策略及算法开发技术执行计划，2007年02月15号

6.2.1.2 任务概述

1. 目　标

我国一些城市引进国外“先进”的交通信号控制系统虽然对促进城市交通的顺畅起到了一定的作用，但是由于国内外交通状况的差异，从国外引进的这些“先进”的交通信号控制系统出现了很多“水土不服”的现象。机动车、非机动车、行人组成的混合

交通一直是我国城市交通流的主要特征。因而这些国外先进的交通信号控制系统也就无法从根本上解决我国城市混合交通拥堵的状况。而且引进的自适应交通控制系统不能与国内其他的系统进行信息共享，不能二次开发，在开发、维护过程中还需要支付高额的费用。这种现状急需加强自主开发，提升交通信号控制系统的自主创新能力。

软件开发结合新一代智能化交通控制关键技术开发项目子项目——混合交通流交通控制策略及算法的开发成果，开发适合我国混合交通流特点的自适应交通信号控制系统的核心技术软件。在大范围战略交通协调策略的指导下，主要以区域为单位的综合协调区域内的交通信号控制和交通诱导协作，实现区域内部路网交通流的均衡分布，提高区域内的到来网络使用效率。

软件将作用于大中小城市的交通信号控制中心，用于控制、协调城市路网内路口交通信号的控制。

本软件产品的执行终端为路口智能型信号控制器，在上层接受大范围战略交通控制软件的协调和干预，即在同一城市路网内相邻控制区域使用本软件，在控制中心安装大范围协调控制软件的条件下，本软件产品接受上层协调和干预。本软件产品与各硬件的支撑结构关系如图 6.7 所示，其中区域控制机为本软件产品的运行位置。信息管理计算机为大范围战略控制系统软件的运行位置。

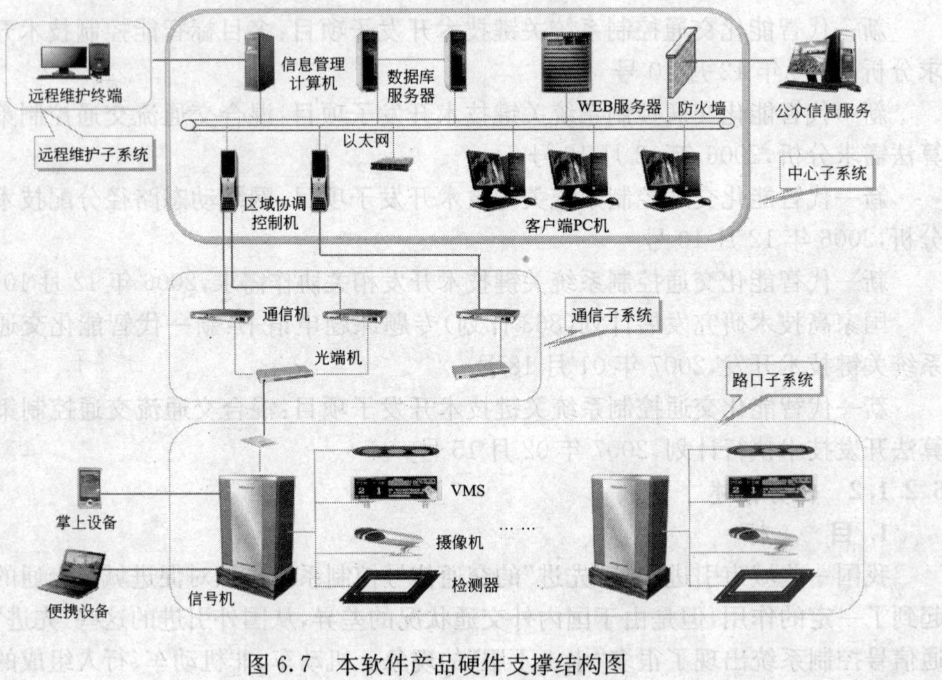

图 6.7　本软件产品硬件支撑结构图

2. 用户的特点

软件产品的最终用户：城市交通控制指挥中心

本软件产品的操作人员应具备城市交通管理与控制的基本理论和实践经验，掌握大型数据库管理。维护的人员应具备交通信息管理及控制的基本知识和网络维护知识。

软件产品的使用频度：连续＞＝16 小时/天

3. 假定和约束

经费支撑：吉林大学

开发期限：2007 年 1 月 1 日～～2007 年 12 月 31 日

数据约束：需要大量的交叉口属性信息和历史交通数据

应用约束：在本软件投入使用之前需要做大量的交通调查

6.2.1.3　需求规定

1. 对功能的规定(表 6.1)

表 6.1　IPO 列表

输入 INPUT	处理 PROCESS	输出 OUTPUT
协调策略 优先等级	有效性检验	响应状态
边界状态 特定路口或区域 控制策略	确认、响应	响应状态 确定路口和区域 信号执行方案
人工干预 远程干预	有效性检验、判断、响应	响应状态 执行状态
段化目标 指标权重	结合交通状态进行组合	综合指标函数
路口交通状态 路段交通状态	交通状态识别	连线状态
4 s 间隔流量数据 4 s 间隔占有率数据 5 min 间隔速度数据	检测器状态判断，错误数据处理，丢失数据修复	流量数据状态 有效 4 s 间隔流量数据 占有率数据状态 有效 4 s 间隔占有率数据 速度数据状态 有效 5 min 间隔速度数据
有效 4 s 间隔流量数据 有效 5 min 间隔速度数据 车道宽度 路段长度	车队离散分析与处理	车辆到达图式 流量统计数据
有效 4 s 间隔占有率数据	统计分析	占有率统计数据
车辆到达图式 交叉口类型 交叉口渠化方式 交叉所处道路等级 交叉口相位安排 交叉口各进口方向车道数 交叉口路口宽度 路网交通状态 优化控制目标	信号配时参数优化、处理	控制模式 信号周期长度 相位有效绿灯时间 相位绿灯显示时间 相位相序

续上表

输入 INPUT	处理 PROCESS	输出 OUTPUT
交叉口所属路网 相邻路口 路段长度 时间平均速度 区间平均速度 路段行程时间 路网交通状态 路网控制策略 路网控制目标	以控制目标为优化目标进行优化	公共周期 相位差 相对相位差 约对相位差
公工周期 交叉口类型 交叉口各进口方向到达率 交叉口相位设置 交通状态 控制目标	以目标函数进行性能指标优化	单/双周期 周期长度 绿信比 相位相序
信号周期 流量图式 时间	数学统计	时间 数据状态 历史流量信息
信号周期 交叉口饱和度 路段行程时间 区间平均车速 流量分布 所属路网 交通状态	子区动态划分与合并	是否合并划分 是否子区边界 所属控制子区

2. 对性能的规定

精度：

输入允许误差范围：－0.20～＋0.20

输出允许误差范围：－0.10～＋0.10

时间特性要求：

➢ 响应时间

✧ 信号周期：

■ 正常交通状态：60 s～120 s

■ 过饱和交通状态：＜＝300 s

✧ 策略转换：＜＝5 min

✧ 子区合并划分：＞＝30 min

➢ 更新处理时间：＜120 s

➢ 数据转换与传送时间：＜1 s

➢ 优化计算时间：＜30 s

灵活性：

操作方式变化方面：功能模块划分，逐步跟进；

运行环境变化方面：软件提供 Windows 和 Linux 环境下的编译版本；

同其他软件接口变化方面：采用数据库作为信息传输媒介，在数据中对数据输入、输出进行统一定义；

精度变化方面：优化程序及功能实现算法；

有效期限变化方面：软件开发阶段定义功能模块接口，多人协作；

计划的变化或改进：模块化跟踪和改进。

3. 数据管理能力要求

交通信息分为静态交通信息和动态交通信息。静态信息包括交叉口类型、路段长度、车道数等；动态信息包括流量、速度、占有率。根据控制路网的规模，静态交通的数据存储按路网规模的大小设定：N（交叉口数量）×S（静态数据类型）；动态数据类型与时间相关：N（交叉口数量）×D（动态数据类型）×L（路口车道数）×W（进口方向数）×G（时间间隔）。同时还包括控制策略和控制状态数据。因此磁盘存储容量应大于500 G，增量设置为100 MB。

4. 故障处理要求

软件引起的系统消息堵塞，将造成本软件无法正常运行，需要重新启动计算机，该过程中，路口各信号机的优化过程将降级至本地运行模式。

数据库计算机系统崩溃，造成数据输出存储错误，启用备用数据库服务器。

5. 其他专门要求

要求数据查询方面，数据维护管理及时，系统可靠性强。

6.2.1.4 运行环境规定

1. 设　　备

➢ 服务器端

◇ 硬件：中端服务器＋CPU3.2 GHZ以上＋2 GHZ内存＋640 G硬盘存储空间。

◇ 操作系统：Unix或者Windows Server 2000以上。

◇ 数据库：Oracle8.0以上

➢ 区域端：

◇ 硬件：普通PC＋CPU2.66 GHZ以上＋1G内存＋160 G硬盘

◇ 操作系统：Windows XP/2000

➢ 客户端

◇ 硬件：普通PC＋CPU1.33 GHZ以上＋256 MB内存＋40 G硬盘

◇ 操作系统：Windows XP/2000

2. 支持软件

操作系统：Windows XP/Linux

开发平台：Delphi 7.0/Kylix 3.0

测试软件:VISSIM 4.20

数据库:Oracle 8i 或更高的数据库版本

3. 接　　口

通讯协议采用 TCP/IP 协议

与其他软件通过数据库进行协同数据管理

4. 控　　制

数据来源为安装在路面的交通检测器装置以及公交优先信号。

6.2.1.5 系统总体功能概述

区域混合交通自适应协调控制系统软件总体功能是集机动车信号控制、非机动车信号控制、公交优先控制于一体的城市区域交通信号协调控制系统。系统采用实时运行模式,即:根据区域实时交通流量的变化,优化、调整信号配时参数,以协调控制区域内各信号控制交叉口的有效运行,使交通流处于最佳的运行状态。

6.2.1.6 软件的运行环境要求

➢ 硬件平台:运行本系统的硬件系统至少满足一下配置

✧ CPU:Intel Pentium4　2.26 GHz

✧ 内存:256 MB

✧ 硬盘:40 G

网卡:10-100 M 网卡

➢ 操作系统:操作系统选用 Windows 系列操作系统,版本 Windows Professional 2000 以上;

➢ 数据库:Oracle 8i 或 8i 以上版本;

➢ 与本系统相关软件:大范围战略交通控制系统软件。

6.2.1.7 用户界面需求

软件的各部分功能模块的界面风格应保持一致,具体要求如下:

(1)屏幕布局:客户端主界面包含菜单栏、工具条、树状功能按钮、状态栏;

(2)菜单栏:菜单要按功能模块划分为几个部分,每个部分都要包含该模块所有功能,每种功能都应设置相应的快捷键。

(3)工具条:应包含常用的标准按钮。

(4)树状功能按钮:主界面的一部分。

6.2.1.8 软件开发平台需求

为保证软件的上下兼容性、扩展性,开发工具既要选择比较通用的开发工具,还要选择该工具的较新版本,本系统所选择的软件开发平台如下:

➢ 开发语言:Delphi 7.0 & Kylix 3.0

➢ 数据库管理系统:Oracle 9i 以上版本

6.2.2 概要设计说明书

6.2.2.1 引言

道路交通是人类生产和生存的要素之一。随着国民经济的发展,人们对交通运输需求越来越迫切,对服务水平的要求也越来越高。改革开放以来,我国交通运输业发展越来越快,对促进国民经济的发展起到了不可估量的作用。而另一方面,随着经济的发展和汽车保有量的增加,道路交通现已成为了社会的公害—“交通公害”。尤其是大中城市的交通运输,面临的问题更多。主要表现为以下几个方面:

➢ 由于交通拥挤造成了大量的时间延误和能源浪费,这给社会带来了极大的经济损失。

➢ 由于交通事故造成了许多人员伤亡。这种事故的死伤人数远远超过了其他事故,如火灾、爆炸等。

➢ 由于车辆废气和噪声的影响,城市环境的质量不断下降。可以说车辆废气和噪声是城市污染的主要来源之一。

➢ 不断为增加的车辆扩展交通面积,使本来就缺乏的城市土地资源显得更为紧张。

➢ 车辆本是方便人们生活的交通工具,而“城市交通病”已成为现代城市最棘手的问题,也制约了城市经济的快速发展。

解决城市交通问题的根本途径主要有两条:一是加快交通设施建设;二是加强交通管理。

我国城市的机动车数远少于发达国家,路上交通量也不大,但交通拥挤现象却要严重得多。产生这种现象的重要原因是由于交通混乱,城市中现有道路的使用率较低所致,特别是交叉口的通行能力只有发达国家城市中交叉口通行能力的50%~70%。与加快交通设施建设相比,加强我国城市交通管理,挖掘现有道路的通行能力潜力将会是一个高回收率的方法。并且,越来越多的城市交通专家们得出结论:从长远来说,靠进一步扩展现存道路系统的方法来解决城市交通问题,最终将导致城市交通系统陷入困境。

城市交通管理包括交通组织、交通控制与管制、事故监理及预防、交通法规的制订与实施等内容。交通控制作为内容之一,是解决交叉口问题、维持正常交通秩序、保证交通安全、发挥现有设施的能力、提高通行效率的重要手段。它具有投资省、效率高、见效快且有效面广的特点。

区域混合交通自适应协调控制系统软件开发针对我国城市的交通特点,建立在机动车、自行车及行人道路交通条件基础上的控制系统。它以尽可能地保证全体出行者的安全，减少给各个出行者带来的不便，有效地缓解城市路网的交通拥挤，提高城市道路的通行能力，有效地降低燃料消耗，较大幅度地减少交通事故和空气污染为目的。

1. 编写目的

主要描述系统的组成包括硬件和软件、软件功能模块的划分和算法的描述。以及实现所需的必要条件，具体包括软件系统的总体设计、接口设计、数据结构设计、运行设计、出错处理设计、维护设计等，形成概要设计说明书文档，作为系统开发指导性的核心文件之一，并为下一步设计开发奠定基础。

2. 背　　景

所开发软件系统的名称：区域混合交通自适应协调控制系统

项目来源：吉林大学

3. 定　　义

Windows	：客户端操作系统
C/S	：系统程序框架服务器—客户端模式
Oracle	：后台数据库
Delphi	：编成开发语言
交叉口	：多个路段的汇接点
路段	：系统所监控的一段道路
路网	：由多个路段所组成的区域
VMS	：可变信息板
速度	：车辆的行使速度
饱和度	：路段所能同时容纳的车辆的指标
K-Cluster	：算法
双层规划	：算法
神经网络	：算法
指数平滑	：算法

4. 参考资料

（略）

6.2.2.2　总体设计

1. 需求规定

说明对本系统的主要的输入输出项目、处理的功能性能要求，详细的说明可参见附录 C。

2. 运行环境

➢ 服务器端

✧　硬件：中端服务器＋CPU 3.2 GHz 以上＋2 GHz 内存＋320 G 硬盘存储空间

✧　操作系统：Unix 或者 Windows Server 2000 以上

✧　数据库：Oracle 8.0 以上

➢　区域端：

✧　硬件：普通 PC＋CPU 2.66 GHz 以上＋1 G 内存＋160 G 硬盘

✧　操作系统：Windows XP/2000

➢　客户端：

✧　硬件：普通 PC＋CPU 1.33 GHz 以上＋256 MB 内存＋40 G 硬盘

✧　操作系统：Windows XP/2000

3. 基本设计概念和处理流程

区域混合交通自适应协调控制系统软件内部处理流程如图 6.8 所示：

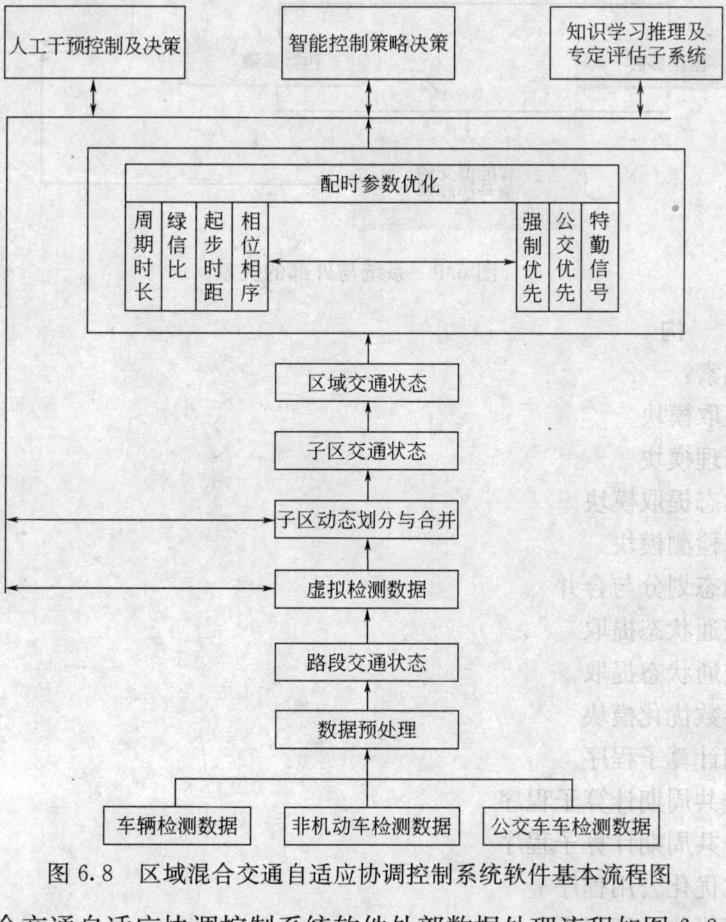

图 6.8　区域混合交通自适应协调控制系统软件基本流程图

区域混合交通自适应协调控制系统软件外部数据处理流程如图 6.9 所示：

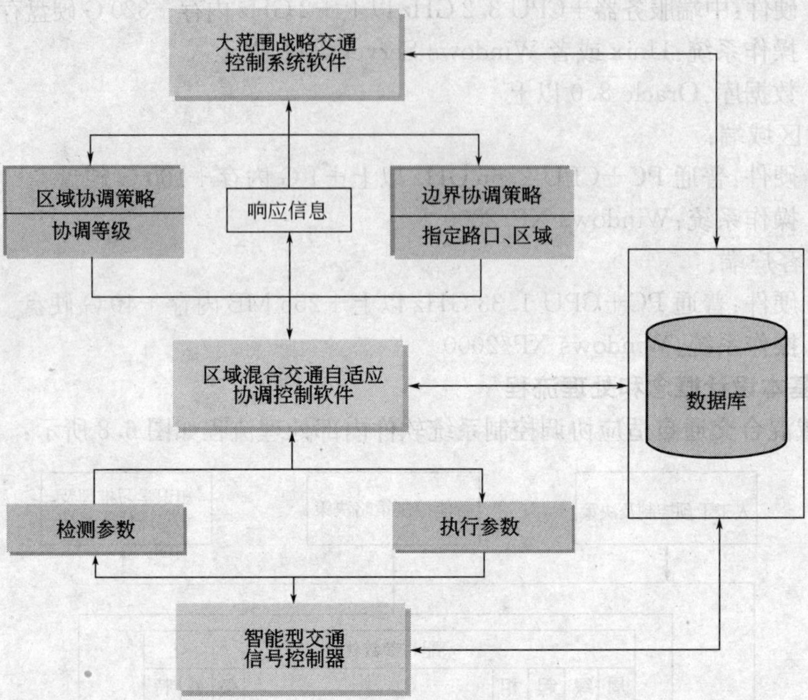

图 6.9　系统与外部的关系

4. 结　　构

系统元素：

信息提取模块

信息处理模块

交通状态提取模块

虚数据检测模块

子区动态划分与合并

子区交通状态提取

区域交通状态提取

配时参数优化模块

点周期计算子程序

干线公共周期计算子程序

区域公共周期计算子程序

绿信比优化公用程序

相位差优化公用程序

相序优化程序

强制优先控制模块

公交优化控制模块

主动信号优先子程序

自适应信号优先子程序

智能控制策略决策模块

人工干预控制模块

知识学习推理控制模块

6.2.2.3 任务概述

1. 目　　标

开发意图：作为城市交通管理与控制系统的一个实际应用，解决现实生活中日益严重的城市交通问题。

应用目标：城市交通信号控制。

作用范围：大中小城市。

2. 运行环境

➢ 服务器端

◇ 硬件：中端服务器＋CPU 3.2 GHz 以上＋2 GHz 内存＋320 G 硬盘存储空间。

◇ 操作系统：Unix 或者 Windows Server 2000 以上

◇ 数据库：Oracle 8.0 以上

➢ 区域端：

◇ 硬件：普通 PC＋CPU 2.66 GHz 以上＋1 G 内存＋160 G 硬盘

◇ 操作系统：Windows XP/2000

➢ 客户端

◇ 硬件：普通 PC＋CPU 1.33 GHz 以上＋256 MB 内存＋40 G 硬盘

◇ 操作系统：Windows XP/2000

(1) 需求概述

由于交通供给(Capacity)与交通需求(Demand)之间的失衡，导致交通问题(交通事故、交通阻塞、交通污染)日益严重，已发展成为难于治理的社会化公害之一。解决途径：一方面，加强城市基础设施的建设，提高交通服务设施的数量；另一方面，运用高科技手段，进行科学的交通管理，提高现有交通设施的服务质量。由于前者受限于财政支出，交通设施建设速度远远跟不上车辆的增长速度，而后者较之前者具有低投入、高收益的特点，因此，创建科学的自动化程度高的智能交通管理系统，成为缓解交通矛盾，减少交通拥挤的一种经济实用、行之有效的交通策略。目前，一种全新的交通管理模式——智能交通系统 ITS(Intelligent Transportation System)已成为交通管理系统中的新秀。ITS 智能交通系统是指采用电子计算机技术、电子技术和现代通讯技术,使车辆和道路智能化,以形成道路的交通环境安全快速,从而达到缓解道路交通拥堵、减少交通事故、改善道路交通环境、节约交通能源、减轻驾驶员疲劳的目的。在北美、欧洲及亚洲的日本等经济发达、交通问题严重的国家,已实施 ITS,并把 ITS 列入国家计划,每年划出专项资金用于 ITS 研究,以推动 ITS 的发展。ITS 管理系统是一个庞大的系统,涵盖了交通故障监控系统、路线诱导系统、停车管理系统、公共交通系统、特殊交通服务系统等交通管理模块。综合考虑现有的经济技术状况,并借鉴国内外城市的实施经验,应首先创建经济、实用、可操作性强的交通智能化路线诱导系统,加强对车辆的集中管理,并为全面实施 ITS 奠定基础。

(2) 条件与限制

本系统只能应用于局域网。

客户端只能使用 Windows 平台。

业务流程比较特殊,需要大量的静态交通数据和历史数据。

3. 总体设计

(1) 系统设计原则

本系统以稳定性、准确性、实时性为设计的基本原则,在此基础上力求程序设计的模块化和模块功能的单一化,尽量保证代码的简洁明了。本系统的数据库设计尤为重要所以在数据库设计上应理顺各种数据的关系,保证数据库的简洁高效。

(2) 系统网络图

整个系统化按地理位置功能可分成 4 部分:数据采集、数据存储、信号协调管理、执行控制部分。如图 6.10 所示。

(3) 系统程序流程图(图 6.11)

节点 1:提供交叉口战略、战术检测器的组合方式,即战略、战术检测器对应的车道编号、车道类型;提供不同类型交叉口在不同交通、地理条件下的最佳相位相序方案;

节点 2:提供路段各组成交通流的流量、速度、占有率等;

节点 3:提供整体路网及交叉口当前的交通流运行状态以及路网信息;

节点 4:以标准的车辆单位为各交通流组成流量计算单位;

节点 5:提供未来时段交叉口交通流到达情况;

节点 6:确定交叉口初始信号配时参数、排队长度、饱和流量、非机动车及行人的交通需求参数;

节点 7:共享区域及信号协调参数信息;

节点 8:提供信号配时优化结果,指导信号配时优化方案及优化目标;

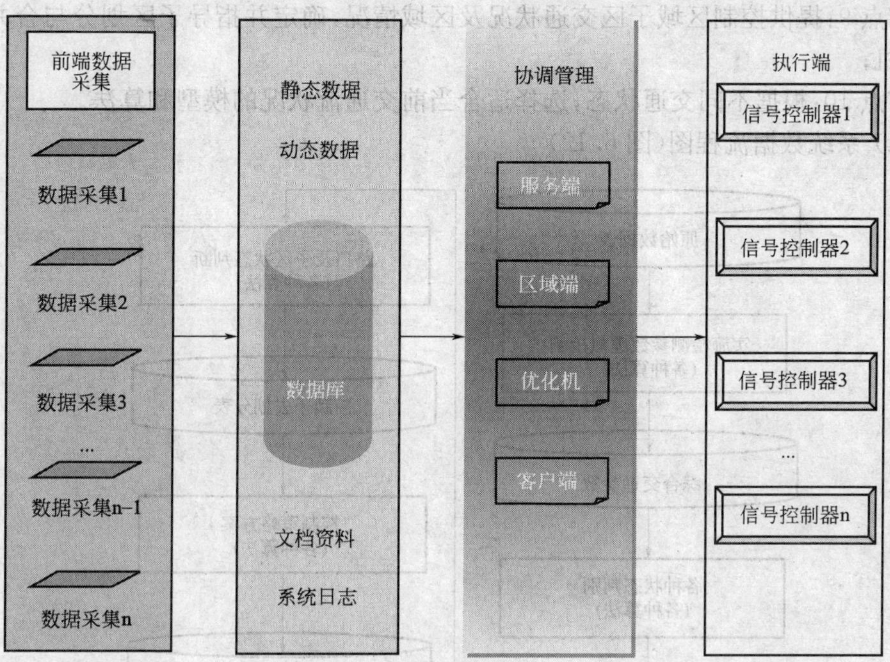

图 6.10　系统网络图

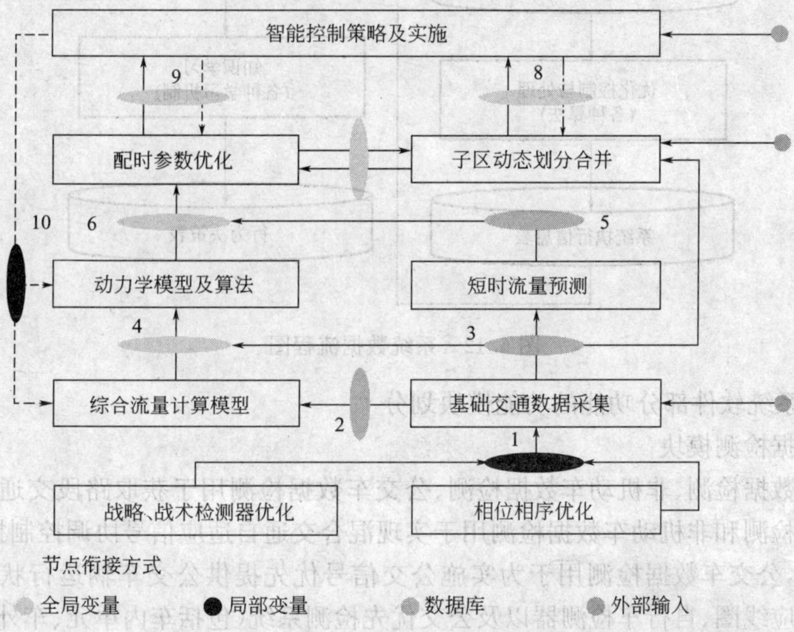

图 6.11　系统程序流程图

节点 9:提供控制区域子区交通状况及区域情况,确定并指导子区划分与合并原则、时机;

节点 10:根据不同交通状态,选择适合当前交通流状况的模型和算法。

(4) 系统数据流程图(图 6.12)

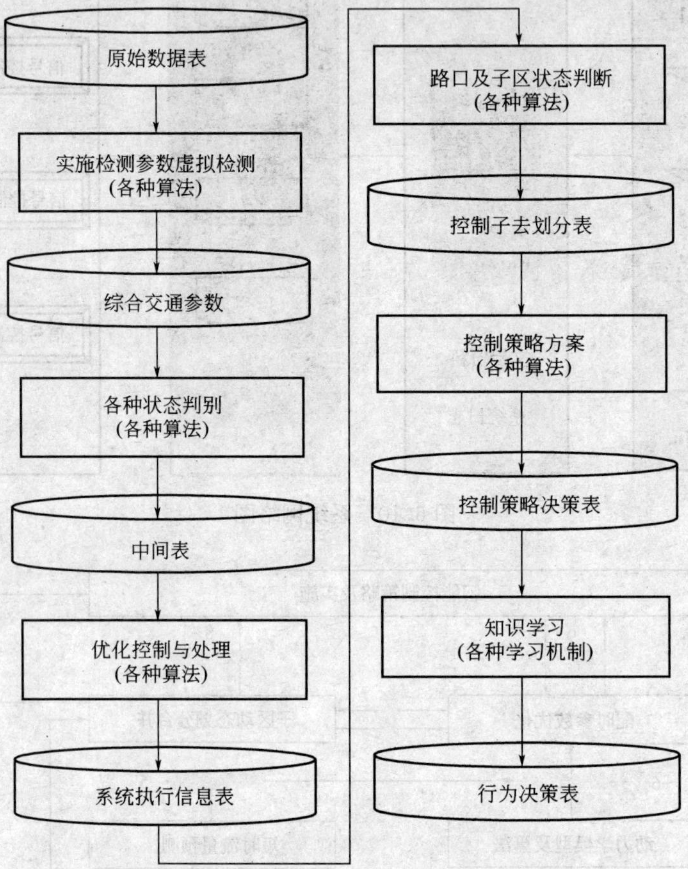

图 6.12　系统数据流程图

(5) 系统软件部分功能的功能模块划分

①数据检测模块

车辆数据检测、非机动车数据检测、公交车数据检测用于获取路段交通流信息,车辆数据检测和非机动车数据检测用于实现混合交通自适应信号协调控制提供基础交通信息,公交车数据检测用于为实施公交信号优先提供公交车辆运行状态信息。分别由感应线圈、自行车检测器以及公交优先检测系统(包括车内单元、车外单元)通过 RS-485 或光纤与交叉口的交通信号控制器相连接,从而来提供车辆信息。

②数据预处理模块

在特定时间段内，交通信号控制器数据预处理模块负责对从交叉口不同进口方向检测器获取的交通流数据进行预处理，包括检测器数据状态判别、冗余数据剔除、丢失数据修复、数据平滑处理等。该模块由一小型微处理芯片对数据进行实时处理。同时，交通信号控制器通过光纤将处理好的交通数据传送到设置在中心的数据库服务器中。

③交通状态判别模块

安装在区域协调控制计算机中的区域信号协调优化软件可以提取数据库服务器中的交通数据，分析各交叉口各进口路段的交通流运行状态，包括畅通、拥挤、堵塞以及路段平均行程时间、各进口端车辆排队情况等交通状态信息，该部分由协调优化软件的路段交通状态判别模块进行实时分析预测。

④虚检测模块

在SCATS系统中，检测器设置在停车线处，测得的各交叉口交通数据是在当地信号交叉口已经实施配时方案下获得的，只能作为下一周期选择配时参数的依据，影响信号控制实施的实时性，在SCOOT系统中，检测器设置在信号控制交叉口的上游交叉口出口端，能够提前获取到达交叉口的车辆信息，从而对干线的绿灯起步时距进行较好的优化，但由于车队离散性以及机非干扰等因素，交叉口各相位的绿信比优化效果不如SCATS。在工程实际中，由于经费不足以及资源紧张等因素，无法同时在交叉口上下游同时设置检测器以获取更多、更全面的交通流运行状态信息。在文中的混合交通自适应信号协调控制方法中，检测器的安装方式以设置在控制交叉口的上游交叉口出口端为准，同时为克服上述中存在的不足，采用虚检测技术，在获取路段交通状态的基础上，分析路段车队离散情况，关联临近交叉口的交通相似性，对多检测器进行数据融合，从而获取交叉口停车线处的交通参数信息（包括流量、占有率、车头时距等）。与上游检测器的检测数据结合，为实现区域信号协调优化控制软件实现战略控制和战术控制提供数据依据。该功能由区域信号协调优化软件的虚数据检测模块实现。

⑤子区合并划分模块

分析控制区域道路功能、等级以及日常交通状况，提取控制区域交通流关键节点，即信号控制关键交叉口，以关键交叉口为中心，分析邻近交叉口与关键交叉口的相似性、交通流运行特性的耦合度以及交叉口交通负荷均衡性。以关键交叉口作为牵制节点，将满足相似性的交叉口组成交通信号控制子区，同时随着交通流的变化，子区在离散时间间隔内也会发生变化。即区域交通控制子区动态合并与划分，该功能由区域信号协调控制软件的子区动态划分与合并模块来实现。

⑥子区状态识别模块

子区交通状态：集成、挖掘路段交通状态、上游检测器数据以及虚检测器数据信息，分析交通信号控制子区的交通流运行状态以及子区交通负荷度以及均衡性。该功能由区域信号协调控制软件的子区交通状态判别模块实现。

⑦区域状态判别模块

区域交通状态：集成控制区域内各交通状态，分析控制子区边界交叉口交通流的关联性以及实际交通需求与关键交叉口饱和度的相似度，分析子区边界交叉口之间存在拥挤产生的趋势，统筹各控制子区的控制模式。该功能模块由区域信号协调控制软件的区域交通状态判别模块实现。

⑧配时参数优化模块

配时参数优化：在正常情况下，对路网内的机动车、非机动车采用常规控制，在指定的控制模式下，以控制子区为单位，对路网内的信号控制交叉口进行交通信号方案配时参数进行优化，包括周期时长（T）、绿信比（λ）、相位差（φ）、相位相序（q）。其中根据不同的交通状态，采用多目标优化技术，基于多权重分配寻优方法对信号周期时长（T）进行优化；根据交叉口各通行方向的交通需求强度，对交叉口绿信比（λ）进行多元约束优化调整，兼顾干线信号协调，同时满足通行方向交通需求；以路段交通状态、车队离散性以及路段行程时间为基础，以分段绿波最大化及干线绿波接续性为目标优化交叉口相位差（φ），又称绿灯起步时距；基于干线协调及交叉口通行方向交通需求强度，采用双层模糊控制算法优化交叉口相位相序（q）。特殊信号控制下，主要包括强制优先控制、公交信号优先控制以及特勤信号控制。强制优先控制主要为应急车辆（消防车、救护车、工程抢险车等）快速通过信号控制交叉口服务的信号优先控制模式，当检测到应急车辆即将接近信号控制交叉口，记录交叉口当前控制方案，即刻将通行权方向跳转进入黄闪控制模式，为应急方向开启通行绿灯。该控制模式主要通过安装在应急车辆的发射装置向安装在交叉口的接受装置或向指挥中心通过无线通讯方式发送应急车辆存在信号，当接受装置接受不到应急车辆存在信号，即表示应急车辆离开交叉口停车线，根据上一时刻记录的信号控制方案以及当前交叉口交通排队情况，渐进过渡到正常的信号控制模式。

⑨优先控制模块

公交信号优先控制主要为保证公交车辆的准点率、提高公交乘坐率及服务水平的政策导向型信号优先形式。根据公交信号优先路口或优先干线公交信息的覆盖程度，将公交信号优先形式分为：无条件公交优先、有条件公交优先、自适应公交优先。

无条件公交优先：不考虑交叉口之间的信号协调以及实施的信号优先对整个交叉口产生的影响，当公交车辆到达交叉口时，即刻为公交车辆提供优先信号，使公交车辆无阻滞通过交叉口。

有条件公交优先：在公交车辆到达交叉口停车线之前，确定公交车辆当前的运行状态(包括公交车辆是否提前、准时、晚点),预测实施优先信号后对整个交叉口产生的影响,从而决定是否为公交车辆提供优先信号、何时提供优先信号。

自适应公交优先:通过从机动车、自行车检测器以及公交车辆检测系统获取当前路网的交通信息,综合考虑交叉口或路网的车辆运行状况,确定整体控制目标,协调公交优先信号与其他社会车辆的通行信号的竞争,同时确定公交车辆在信号优化中的权重,以最为合理的方式为路网内所有车辆提供通行信号。

而公交信息的获取主要通过公交指挥调度中心、安装在公交车上的发射装置以及安装在路口或中心(控制中心或调度中心)的接受装置来为公交优先控制模块提供公交运行状态信息。

⑩特勤控制模块

特勤信号控制主要用于为特勤路线形成一个警卫绿波,在混合交通自适应信号控制系统中,特勤信号控制的目的是能够及时改变特勤路线,以应付突发事件发生。在警卫车队通过交叉口后能够快速疏导交通,及时过渡到正常的交通信号控制状态中,且在警卫车队未到达之前能够有效利用交叉口的绿灯时间,减少警卫路口方向的车辆排队。

该部分的功能模块由区域信号协调控制软件的配时参数优化模块来实现,并负责将各交叉口的交通信号配时方案下发给路口的交通信号控制器。

⑪智能控制策略决策模块

智能控制策略决策:在城市路网中,同一时间的不同空间、同一空间的不同时间,交通流负荷均呈现不同的状态。对控制区域的交通信息进行决策级融合,采用决策支持系统技术,统筹各控制子区的信号控制模式,对当前控制子区采用的控制策略进行再评估,预测控制子区未来的交通状态,并对各子区下一步执行的控制策略进行优选。接受客户端高级用户的人工干预的控制策略。在策略决策模块中,主要包含的控制策略有:自适应信号控制、方案选择控制、Agent 式协调控制以及定时控制。其中采用 Agent 式协调控制要求信号机安装配时优化模块,与交通数据服务器为黑板模块,对区域的交通信号进行协调。该功能由区域信号协调控制软件的智能控制策略决策模块来实现。

⑫知识学习推理及评估模块

知识学习推理及专家评估子系统:采用基于规则的知识学习推理方法,获取交通状态下所采用的控制策略方案实施方法,及时更新经验知识。与后台专家知识推理机相结合,对控制区域子区划分合并、控制模式的确定以及信号配时参数优化选择进行指导指导。该功能由区域信号协调控制软件的知识学习推理及专家评估子系统来实现。

⑬人工干预及决策模块

人工干预及决策：仅供系统高级用户使用，可以实现对路口交通信号控制器的远程控制。直接对公交信号优先、特勤信号控制以及配时参数优化进行干预。该功能由区域信号协调控制软件的人工干预及决策模块来实现。

(6) 系统容灾处理

考虑到系统的稳定运行和数据的完整性，可以考虑对数据库服务器进行双机热备，这样即使客户端崩溃，也不会影响到整个系统的数据，只要重新恢复客户端机器，系统便可正常运行。同时出于安全考虑，可以对数据库进行定期备份。

4. 接口设计

(1) 人机接口

本系统客户端程序采用标准的 WINDOWS 程序界面提供了友好的人机界面，用户可通过鼠标点击菜单，控件等完成相关的操作和设置。同时交通信息以地图和列表的方式瑾形展现，清晰明了。很直观的反映了交通的状况。

(2) 外部接口

本系统中个独立模块之间的接口采用数据接口而非 Socket 等其他接口方式。这样大大减少了系统开发和维护的复杂度。这样既保证了系统的稳定性也为系统的维护提供了方便。如图 6.13 所示：

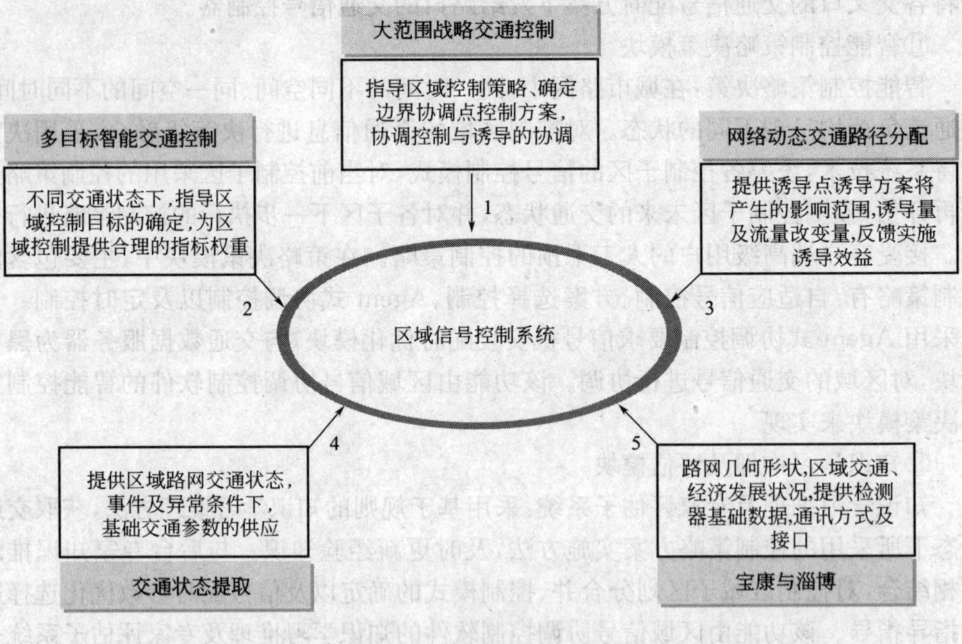

图 6.13 外部接口关系图

(3) 内部接口

本系统对地图显示子模块进行了封装，提供统一的内部访问接口，这样既保持了系统的模块化又提高了模块的可复用性。

5. 数据结构设计

6. 系统出错处理

(1) 错误输出信息

两种方式：

①在程序界面错误输出栏显示近期的错误信息。

②错误日志，可以保存较长时间的错误信息，以备查询。

(2) 出错处理对策

错误信息会按照一定的格式存储，同时会把出错的模块和错误信息加以记录，帮助系统管理员和维护人员进行差错和排查错误。

7. 安全保密设计

考虑到安全问题，如果用户要求可以考虑加上用户的权限认证和对数据库数据进行加密存储。

8. 维护设计

系统在运行过程中有些时候会进行数据的倒入和导出，可以考虑编写一些工具软件帮助操作人员来完成相应的工作。

对于需要进行额外运算的算法可以考虑写成单独的程序方便操作人员或者系统管理员进行相关算法的测试和运算。

6.2.3 测试报告

区域混合交通自适应协调控制软件采用两种方式测试，一种为 VISSIM 模试验说明，另一种为试运行。

6.2.3.1 VISSIM 模试验

1. 试验目的

获取小型路网上的固定型交通检测器数据，占有率，速度，行程时间数据。

2. 试验工具

VISSIM 4.20 模软件。

3. 试验方法

采用作者建立的路网，通过设置不同的车辆达到模式和随机数种子，形成足够数量的交通数据，以形成历史数据库、历史趋势数据库、模型标定数据库和模型验证数据库。

4. 试验方案

(1) 固定型检测器设置在路段的出口、入口和距车行方向前方停车线距离为路段长度 3/4 的位置，不分道路等级，以体现不同控制系统的要求，并便于估计某些无检测地点的交通数据，采样间隔为 300 s。

(2) 行程时间采集路段划分原则

以 100 m 为标准来划分子路段。由于基本路段的长度不正好是 100 的倍数，因此，每个基本路段上的最后一个子路段的长度不等于 100 m，其余子路段的长度均为 100 m。(注：一个交叉口的出口位置到下一个交叉口的出口位置为一个基本路段)。

(3) 模时间长度 18 000 s，其中高峰、平峰、低谷时段各 5 400 s。

(4) 交通量调整：高峰、平峰、低谷分别采用 1.0、0.8、0.6 倍实验流量。

5. VISSIM 模数据说明

(1) 路网说明

模实验采用德国 PTV 公司开发的 VISSIM4.20 版微观交通仿真系统为模工具，使用某城市实际调查数据对路网进行标定。该路网包含了主干路、次干路、支路、信号控制交叉口及无信号控制交叉口，路网示意图如图 6.14 所示。方框内是交叉口编号，直线旁边的是路段编号，粗实线表示的是每方向 2 车道以上的城市主干路，细实线表示的是次干路和支路，编号为 6、9、10 的交叉口为无信号控制交叉口，其余全部为信号控制交叉口(路段 14 和路段 9 为单向车道，即车辆只可从交叉口 5 驶向交叉口 6，从交叉口 6 驶向交叉口 3)。

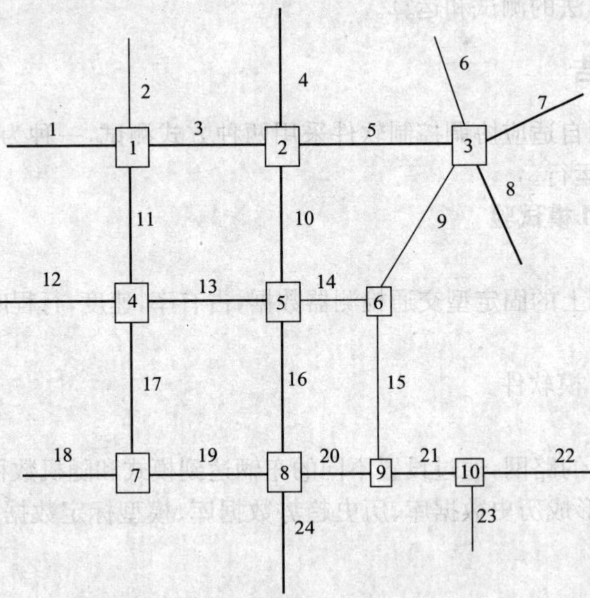

图 6.14　模城市路网示意图

分别采用不同的随机数种子对高峰、平峰、低谷时段路网中的交通流运行状况进行了模，每次模时间为18 000 s，600 s后开始采集数据。各时段具体划分如下：

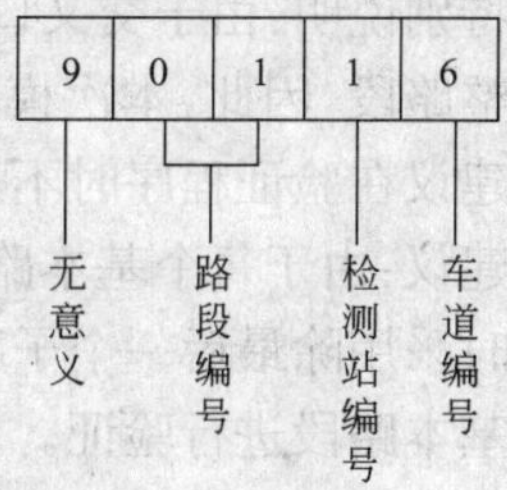

图6.15　检测器编号示意图

0～600 s为路网平衡阶段（warm-up period），600 s～6 000 s为高峰时段。

6 000 s～6 600 s为路网平衡阶段，6 600 s～12 000 s为平峰时段。

12 000 s～12 600 s为路网平衡阶段，12 600 s～18 000 s为低谷时段。

(2) 检测器编号说明

① data collection

采用5位数字编号方式，第1位是9没有实际意义，第2-3位数字代表路段编号，第4位数字代表检测站编号，第5位数字代表车道编号，其中1-5表示的同一方向的车道，6-9代表的是反方向车道，如图6.15所示。例如，检测器编号为90 116表示的是路段1上第1个检测站中6车道的检测器。

② travel time section

行程时间采集路段编号原则为：采用7位数字编号方式，第1位是9没有实际意义，第2-3位数字代表路段编号，第4-5位数字代表子路段编号，第6-7位代表车流的方向，其中：第6位只有6和9两个数，从左向右、从上向下行驶的路段上的子路段编号为6，反之，从右向左、从下向上行驶的路段上的子路段的编号为9(即当某两条子路段的编号前5位数字相同而第6位不同时，表示这两条子路段是同一条道路上的不同方向的道路)；第7位数字为0、1、2、或3，0表示该路段还没有渠化路段，1、2、3则分别表示该路段上行驶的车流出现分向，1代表该路段上的车辆左转，2代表直行，3代表车辆右转。如图6.16所示。例如，路段编号为9030260表示的是基本路段3上第2个子路段，并且此时车流没有分向；路段编号为9030261表示的是基本路段3上第2个子路段，此时车流已开始分向行驶，并且该子路段上的车辆到下一个交叉口时向左转弯。

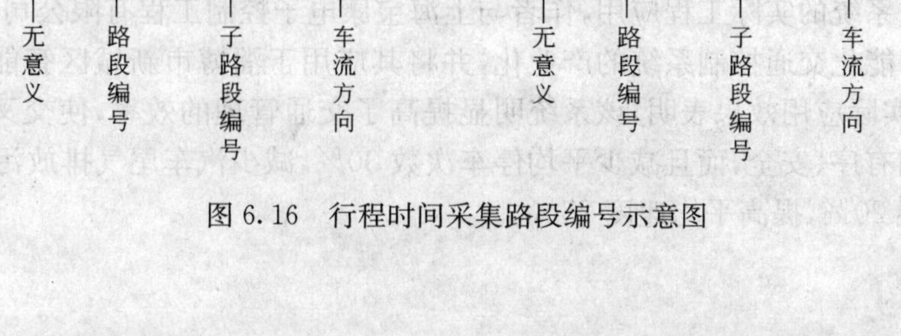

图6.16　行程时间采集路段编号示意图

特别说明：由于交叉口 9 为丁字路口，做模路网时，交叉口 8 到 10 之间的路段为一个整路段，因此，本次模时的路段编号 9200460、9200563 实际上是路段 21 的子路段。建议在验证程序时不采用此路段上的数据。

建议：由于每个基本路段的最后一个子路段的长度不等于 100 m，因此建议验证模型时采用除最后一个子路段外其他子路段上的数据来验证；再用所有子路段的数据对基本路段进行验证。

(3) 数据文件说明

*.rsz 是编译后的行程时间数据，记录的是特定采样间隔内路段的平均行程时间。

*.rsr 是原始的行程时间数据，记录的是经过路段的所有车辆的行程时间数据。

*.mes 是 Data Collection 采集的数据，包括流量、速度、占有率、平均车长等数据。

6.2.3.2 试运行测试

6.2.3.3 测试内容

针对区域混合交通自适应协调控制系统的功能，制定测试的内容如下：

(1) 功能测试

一方面遍历测试区域混合交通自适应协调控制系统的所有功能点；另一方面验证各个业务流程的正确性，即检查系统的业务流程是否满足最终用户的需求；此外，由于该系统储存有大量的关键数据，具有实时性要求高，应用覆盖范围广的特点，因此数据的储存也是测试的关键点。

(2) 性能测试

测试系统在实际应用环境下的响应时间等性能指标，主要针对系统总体运行速度、数据处理周期、实时性、策略及控制指令的发布延时、信息发布时间等进行测试。

(3) 测试设计

根据区域混合交通自适应协调控制系统的特点以及测试需求，我们分别对功能点、业务流程、性能测试制定了测试流程。

6.3 新一代智能化交通控制系统应用实例

为推进系统的实际工程应用，作者与上海宝康电子控制工程有限公司合作，完成了新一代智能化交通控制系统的产业化，并将其应用于淄博市新城区智能交通系统的建设中，实际应用效果表明，该系统明显提高了交通管理的效率，使交叉口的交通流运行更加有序、安全，而且减少平均停车次数 30%，减少汽车尾气排放污染 7%，减少平均延误 20%，提高平均速度 25%。

6.3.1　实验区域背景简介

淄博市新城区地处鲁中，总面积 5 938 km^2，人口 413 万，其中市区人口 273 万。淄博市新城区在规划实施智能交通系统建设时，配合新城区的市政建设，采用分步实施的方式，分一期、二期和三期实现。最终目标是达到整个新城区内信号控制 200 个点、电子警察 200 个点、卡口 20 个点、视频监视 300 个点、信息采集 300 个点、交通诱导 30 个点的规模。如图 6.17 所示。

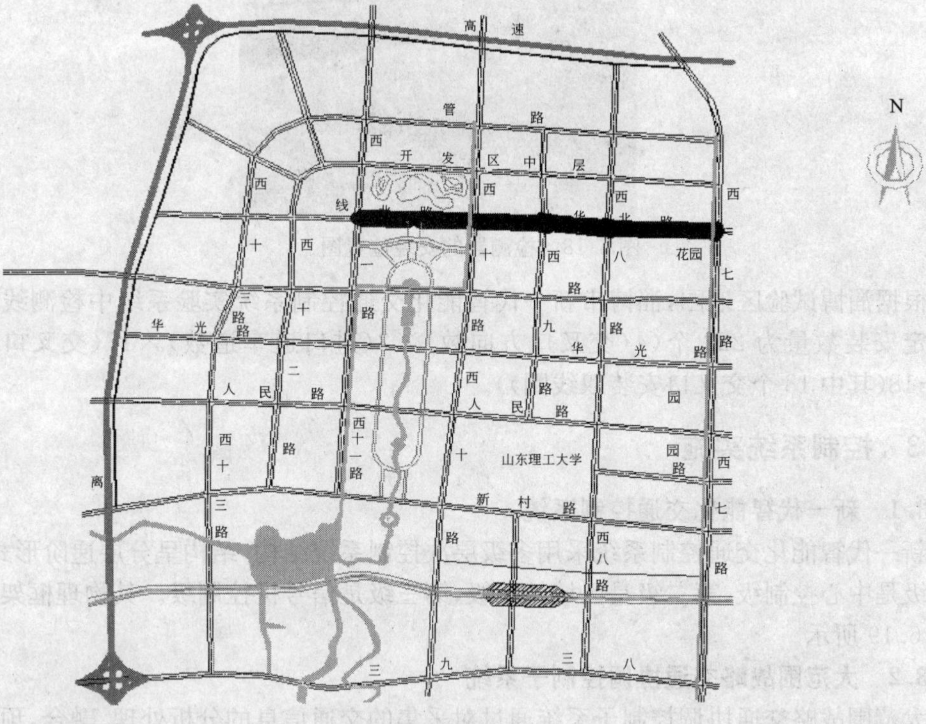

图 6.17　试验区域平面图

6.3.2　检测器的布设安装

结合区域交通协调控制系统自适应控制算法，确保检测器数据能够快速、准确、真实地反映路面车流情况，并监视交叉口车辆的排队。在新一代智能化交通控制系统中，战略检测器安装在上游交叉口出口处 15～30 m 处，检测进入下游交叉口的流量、平均速度、时间占有率。为确定关键交叉口、区域信号协调参数提供基础数据。战术检测器同样安装在上游交叉口出口处 15～30 m 处，检测通过检测器的流量、平均速度、时间占有率。如果上游交叉口出口存在信号控制行人过街横道的情况，检测器应设置在离开过街人行横道 25～30 m 处，检测器的具体安装位置如图 6.18 所示。

图 6.18　检测器的安装位置图

根据淄博试验区地图，淄博市新一代智能化交通控制系统实验系统中检测线圈的初定安装数量为 222 个(4(交叉口方向数)×3(进口道车道数)×17(交叉口个数)+18(其中 18 个交叉口安装双线圈))。

6.3.3　控制系统实施

6.3.3.1　新一代智能化交通控制系统

新一代智能化交通控制系统采用多级层次控制系统结构，结构呈分层递阶形式，第一级是中心控制级，第二级是区域控制级，第三级是信号机控制级。其物理框架图如图 6.19 所示。

6.3.3.2　大范围战略交通协调控制子系统

大范围战略交通协调控制子系统通过对采集的交通信息的分析处理、融合，预测等对区域及路段、路口的交通状态进行判别，根据判别的结果，利用区域战略交通控制策略优化模型为区域提供战略交通控制策略，并下发给区域交通协调控制子系统，利用区域边界交通协调模型，为区域边界提供区域间协调控制策略及信号配时方案。据此编制相应的软件来实现其功能。如图 6.20 所示。

6.3.3.3　区域交通协调控制子系统

区域交通协调控制子系统根据区域交通状态的不同，选择不同的多目标优化函数，优化信号配时方案，并能实时发布交通诱导信息，引导车辆避开拥挤路段，根据诱导后交通流状况进行信号配时协调优化，实现交通控制和交通诱导的协调。其运行界面如图 6.21 所示。

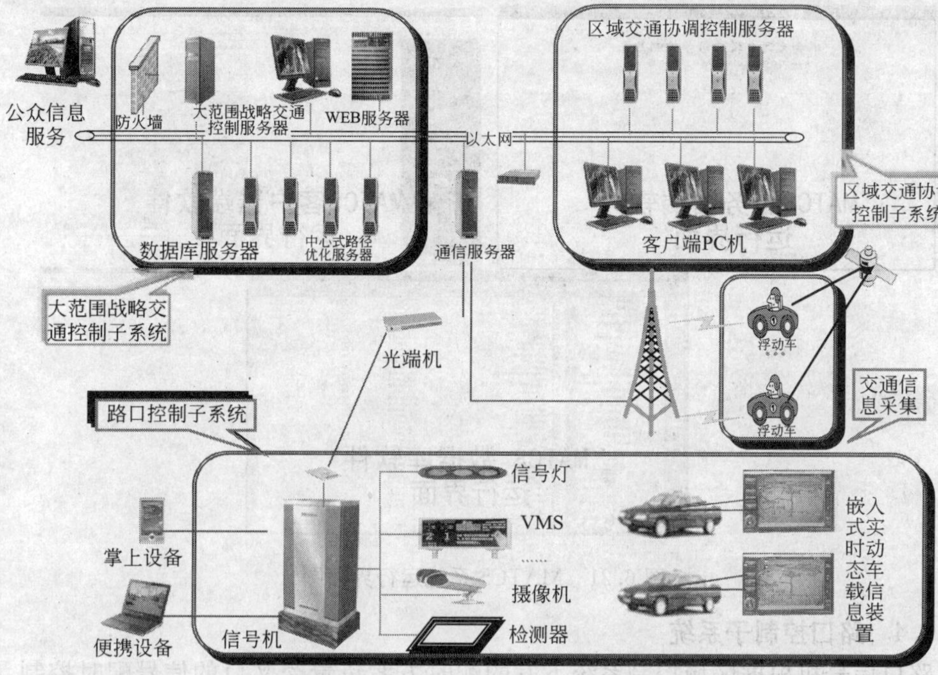

图 6.19　新一代智能化交通控制系统物理框架图

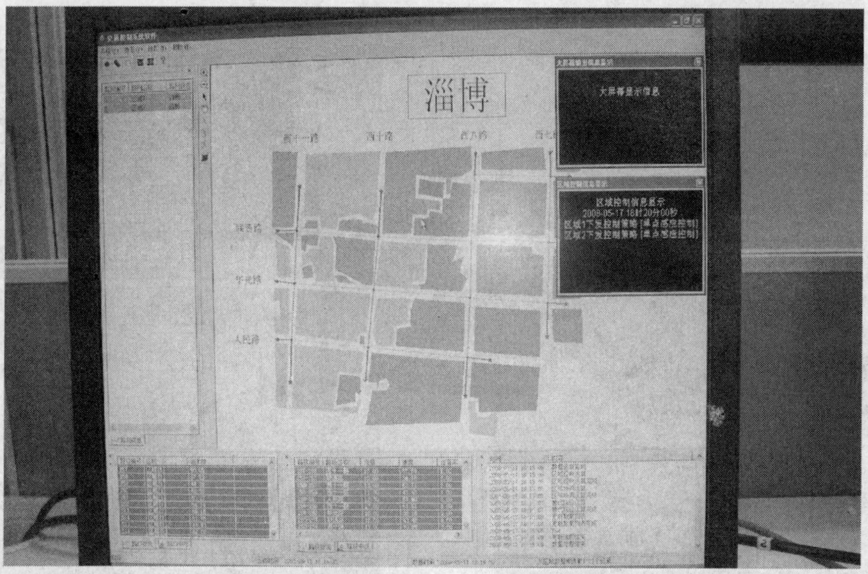

图 6.20　大范围战略交通协调控制软件运行界面

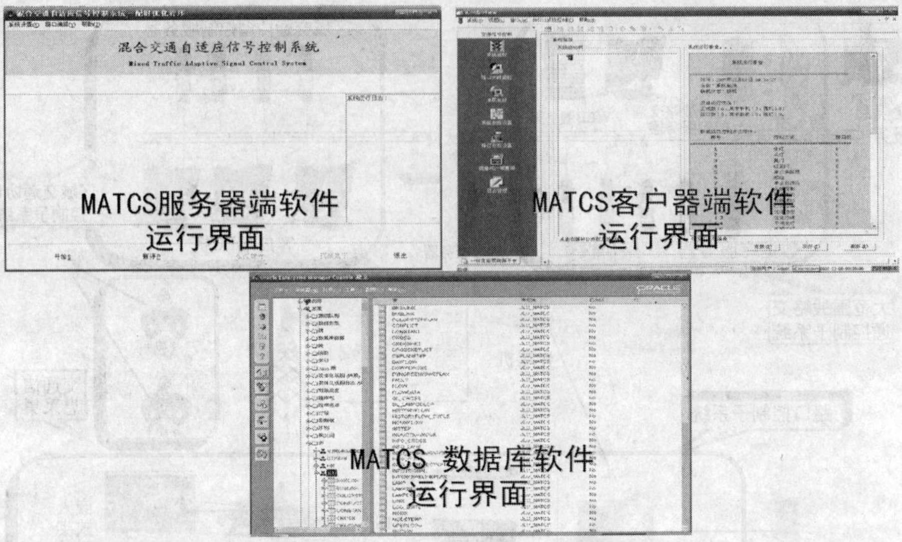

图 6.21　MATCS 系统运行界面图

6.3.3.4　路口控制子系统

路口信号机根据区域控制系统下发的配时方案负责交叉口的信号配时控制，并通过与区域控制器的连接，实现路口控制器之间的协调。如图 6.22 所示。

图 6.22　路口渠化及交通控制器的布置

6.3.4　区域交通指挥中心的建立

区域交通指挥中心可以将交通信号控制系统、视频采集系统、交通信息诱导系统，事件检测和响应系统等系统的信息进行融合，来提高交通管理的水平。并且交通信息在不同子系统间的共享，可以使做出的交通决策更加合理、有效。如图 6.23 所示。

图 6.23　区域交通指挥中心

6.4　本 章 小 结

本章主要介绍了大范围战略交通控制系统和区域交通协调控制系统的软件开发流程，并采用 VISSIM 仿真软件对系统进行了性能测试，测试结果表明系统功能与流程正确、完整，符合设计的要求，最后，介绍了新一代智能化交通控制系统在试验城市的具体应用，实际应用结果表明了系统具有良好的控制效果。

参 考 文 献

[1] 杨佩昆著. 交通管理与控制[M]. 北京:人民交通出版社,1997:122~126

[2] 杨兆升编. 智能运输系统概论[M]. 北京:人民交通出版社,2003:115~118

[3] 刘智勇著. 智能交通控制理论及其应用[M]. 北京:科学出版社,2003:1~2

[4] 刘智勇,梁渭清. 城市交通信号控制的进展[J]. 公路交通科技,2003,20(6):121~125

[5] 栗红强. 城市交通控制信号配时参数优化方法研究[D]. 长春:吉林大学,2004:5~6

[6] 许今强. 城市交通控制的研究现状与展望[J]. 交通与运输,2005,7:27~29

[7] 顾九春,于泉,王海忠,石建军. 城市交通信号控制系统研究(二)[J]. 交通科技,2004,6(207):94~96

[8] 杨庆芳,李善梅,杨兆升等. 城市交通控制与诱导系统协同效果评价方法[J],交通与计算机,2006,第6期:1-4

[9] 尹春娥,马艳,万国华. 可持续发展的城市交通系统评价指标体系[J],山西建筑,2005.07:20-21

[10] 姜桂艳. 道路交通状态判别技术与应用[M]. 北京:人民交通出版社,2004:57~60

[11] 翟润平,周彤梅. 道路交通控制原理及应用[M]. 北京:中国人民公安大学出版社,2002:163~164

[12] 张飞舟,范耀祖编. 交通控制工程[M]. 北京:中国铁道出版社,2005:52~57

[13] 全永燊著. 城市交通控制[M]. 北京:人民交通出版社,1989:84-85

[14] 何宁,杨涛等. 信号交叉口延误及排队长度的实证研究和应用[J]. 公路交通科技,2002年10期:106-109

[15] 王秋平,谭学龙,张生瑞. 城市单点交叉口信号配时优化[J]. 交通运输工程学报,2006;6(2):60-64

[16] 段里仁编. 道路交通自动控制[M]. 北京:中国人民公安大学出版社,1991:8~10

[17] Fu Liping. An Adaptive Model for Real-time Estimation of Overflow Queues on Congested Arterials[C]. 2001 IEEE Intelligent Transportation Systems Conference Proceedings, 2001:219-226

[18] Hai Yang. Traffic Assignment and Signal Control in Saturated Road Networks[J]. Transpn. Res.-A. Vol. 29A, No. 2. pp. 125-139, 1995

[19] Kevin Fehon, P. E. Adaptive Traffic Signals. ITE District 6 2004 Annual Meeting[C], 2004

[20] 胡永宏,贺思辉等. 综合评价方法[M]. 北京:科学出版社,2000.10,第1版:171-172

[21] 朱顺应,王红. 公路网规划技术评价指标相关性分析[J]. 系统工程理论与实践,2002,22(12):131-135

[22] 戴懿,陈长虹. 城市交通环境可持续发展指标体系的建立及评价[J]. 世界科技研究与发展,2005,27(5):94-99

[23] 李超.我国高速公路监控系统综合评价内容及其方法的研究[D].北京交通大学,2005.3:61-64
[24] 张生瑞.公路交通可持续发展系统分析与评价[D].长安大学,2002.10
[25] 胡宝清著.模糊理论基础[M].武汉:武汉大学出版社,2004:202～208
[26] 李士勇著.工程模糊数学及应用[M].哈尔滨:哈尔滨工业大学,2004:96～98
[27] 吴丽萍.模糊综合评价方法及其应用研究[D].太原理工大学,2003.6:40-46
[28] Kaufmann A,Gupta M M. Fuzzy Mathematical Models in Engineering and Management Science[M]. North-Holland:Amsterdam,1988:104-128
[29] Chanas S. Fuzzy programming in multiobjective linear programming[J]. Fuzzy Sets and Systems,1989(29):303-313
[30] 彭祖赠,孙韫玉.模糊(Fuzzy)数学及其应用[M].武汉大学出版社,2002.3,第1版:276-294
[31] 赵振宇,徐用懋.模糊理论和神经网络的基础与应用[M].清华大学出版社,1996.6,第1版:14-22
[32] 胡守仁,余少波,戴葵.神经网络导论[M].长沙:国防科技大学出版社,1993.10:7-9
[33] 蒋宗礼.人工神经网络导论[M].北京:高等教育出版社,2001:25-27
[34] 丛爽.面向MATLAB工具箱的神经网络理论与应用[M].合肥:中国科学技术大学出版社.1998.第一版:58-59
[35] 刘增良,刘有才.模糊逻辑与神经网络——理论研究与探索[M].北京:北京航空航天大学出版社,1996.5,第一版:30～31
[36] Ledoux C. A. neural network traffic flow model for heavy traffic conditions[J]. Applications of Advanced Technologies in Transportation,2000(2):265～279
[37] 王士同.模糊系统、模糊神经网路及应用程序设计[M].上海:上海科学技术文献出版社,1998.12,第一版:157-158
[38] 梁军.城市交通管理规划评价方法研究[D].东南大学,2002.3:21-24
[39] 张生瑞,邵春福,严海.公路交通可持续发展评价指标及评价方法研究[J].中国公路学报.2005.4:74-78
[40] 杜义贤,田启华.基于神经网络的模糊综合评价[J].系统工程与电子技术.2005.9:1583-1586
[41] 史忠科,陈小锋等.交通控制系统导论[M].北京:科学出版社,2003
[42] 陆化普,史其信,智能运输系统(一)智能运输系统的开发背景与研究内容,汽车与社会 1998年12期,PP42-46
[43] 欧海涛,张文渊等,城市交通控制研究新发展,信息与控制,Vol.29,No,5,2000,PP441-453
[44] 俞峥,李建永,多智能体在交通控制系统中的应用,交通运输工程学报,Vo1,No.1,2001,PP55-57
[45] 刘金琨,王树青.多智能体控制系统的设计与实现.控制理论与应用.Vol.16,No.4 Aug.1999.PP580-582
[46] 刘伟铭,"高速公路系统控制方法",北京,人民交通出版社,1998

[47] 张赫,中心式动态路径诱导系统理论模型和技术方案研究,吉林大学博士学位论文,2003

[48] 李振龙,城市交通诱导策略的探讨,交通科技,2003 年第 1 期,PP1-3

[49] Joseph Giarratano,Gary Riley 著. 印鉴,刘星成,汤庸译. 专家系统原理与编程. 机械工业出版社. PP40-63

[50] Josefa Hernández, José Cuena, Martín Molina, REAL-TIME TRAFFIC MANAGEMENT THROUGH KNOWLEDGE BASED MODELS: THETRYS APPROACH

[51] Xuan F. Zha, Samuel Y. E. Lim, Wen F. Lu, A Knowledge Intensive Multi-agent System for Cooperative/Collaborative Assembly Modeling and Process Planning, 2003 Society for Design and Process Science, Vol. 7, No. 1, PP99-122

[52] 陈江,清华机器人足球赛技术研究,清华大学毕业设计论文,PP10-13

[53] 杨煜普,欧海涛,基于再励学习与遗传算法的交通信号自组织控制,自动化学报,Vol. 28, No. 4, 2002, PP564-568

[54] 于德新,北京市快速路控制系统研究,吉林大学硕士学位论文,2003

[55] 马寿峰,智能交通系统中控制与诱导问题的研究,天津大学博士学位论文,PP42-59

[56] 李振龙,陈德望,交通信号区域协调优化的多智能体博弈模型,公路交通科技,Vol. 21, No1, 2004, PP85-88

[57] Shawn M. Tuner, P. E., Guidelines for Developing ITS Data Archiving Systems, 2001, PP23-44

[58] 管德永,先进的城市交通信号控制理论模型和实施技术研究,吉林大学博士学位论文,2003

[59] 张剑,汪秉文,黑板结构在控制系统中的应用,广东自动化与信息工程,1996 年第 4 期

[60] 刘群,数据融合中若干模型技术的研究,哈尔滨工程大学博士学位论文,1998, PP8-10, 50

[61] 贾俊刚,智能运输系统整合的理论与方法,同济大学博士学位论文,2000, PP60-80

[62] 张北海,国家运输 ITS 通信协议(NTCIP)简介,ITS 中心论文

[63] 唐辉,城市快速路交通控制策略与算法研究,北京工业大学博士学位论文,2002

[64] 梁泉,多智能体分散式协调控制的研究,上海交通大学博士学位论文,1996

[65] FANG-CHANG LIN, JANE YUNG-JEN HSU, Cooperation Protocols in Multi-Agent Robotic Systems, Autonomous Robots 4, 1997, PP175-198

[66] Dave Gurnell, Cooperative Planning and Plan Execution in Multi Agent Systems, August 2002

[67] Philippe Lalanda, Two complementary patterns to build multi-expert systems

[68] Dr. John Hunt, Blackboard Architectures, JayDee Technology Ltd. 2002

[69] Tom Wanyama, Agent-Based System Architecture and Organization

[70] Information-Sharing Models, Report to the President's Commission on Critical Infrastructure Protection, 1997

[71] Robert van Lere, Jan Harkes, Wim de Leeuw, A Distributed Blackboard Architecture for Interactive Data Visualization

[72] 贺国光,李宇,马寿峰. 基于数学模型的短时交通流预测方法探讨[J]. 系统工程理论与实

践,2000

[73] 王正武,黄中祥.短时交通流预测模型的分析与评价[J].系统工程,2003(6):97-100

[74] 刘静,关伟.交通流预测方法综述[J].公路交通科技,2004,(3):82-85.

[75] 姚智胜,邵春福,高永亮.基于支持向量回归机的交通状态短时预测方法研究[J].北京交通大学学报,2006,(3):19-22

[76] 江龙晖.城市道路交通状态判别及拥挤扩散范围估计方法研究[D].长春:吉林大学,2007.

[77] 王进,史其信.短时交通流预测模型综述[J].中国公共安全,2005:94

[78] Iwao Okutani. Dynamic Prediction of Traffic Volume Through Kalman Filtering Theory[R]. Transportation Research,1984:1-11

[79] Der Voort Maschavan,Dougherty Mark and Watson Susan. . Combining Kohonen Maps With ARIMA Time Series Models to Forecast Traffic Flow[R]. Transportation Research,1996:307-318

[80] R. Yasdi. Prediction of Road Traffic using a Neural Network Approach[R]. Neural Comput & Applic 1999:135-142

[81] Anthony Stathopoulos,Matthew. A multivariate state space approach for urban traffic flow modeling and prediction [J]. Department of Transportation Planning and Engineering,2002:121-135

[82] 王晓原,吴磊等.非参数小波算法的交通流预测方法[J].系统工程,2005:23(10),44-47

[83] Karl F. Petty,Peter Bickel,Jiming Jiang,etc. Accurate estimation of travel times from single-loop detectors. [EB/OL]. http://www. elsevier. com

[84] Xiaoyan Zhang. Short-Term Travel Time Prediction Using A Time-Varying Coe_cient Linear Model. [EB/OL]. http://www. elsevier. com

[85] Kun Zhang,Dewang Chen. Travel Time Prediction Algorithm Based on Neural Network And Date Fusion. [EB/OL]. http://www. elsevier. com

[86] 吕金虎,陆君安,陈士华.混沌时间序列分析及其应用[M].武汉:武汉大学出版社,2002

[87] Chafield C.时间序列分析引论[M].骆振华译.厦门:厦门大学出版社,1987

[88] 关新平等.混沌控制及其在保密通信中的应用[M].北京:国防工业出版社,2002

[89] Kugiumtzis D. State space reconstruction parameters in the analysis of chaotic time series-The role of the time window length[J]. Physical D,1996(95):13-28

[90] Grassberger P. Procaccial. Measuring the strangeness of strange attractors[J]. Phys. Rev. Lett,1983,31:189-208

[91] 党建武,黄建国.基于G.P算法的关联维计算中参数取值的研究[J].计算机应用研究,2004:48-51

[92] 李洪萍,裴玉龙等.基于混沌理论的交通流短时预测模型[J].昆明理工大学学报,2006,31(5):96-99

[93] 王东山,贺国光.交通混沌研究综述与展望[J].土木工程学报,2003:36(1),68

[94] 陈玉祥,张汉亚.预测技术与应用[M].北京:机械工业出版社,1985,74

[95] 江龙晖. 基于数据融合的城市快速路交通参数短时预测方法研究[D]. 长春:吉林大学交通学院,2003:45-48

[96] 韩悦臻. 城市道路交通状态指标体系及判定方法研究[D]. 长春:吉林大学交通学院,2001

[97] 阎平凡,张长水. 人工神经网络与模拟进化计算[M]. 北京:清华大学出版社,2000:10-28

[98] 朱中,杨兆升. 基于卡尔曼理论的实时行程时间预测模型[J]. 系统工程理论与实践,1999:74-75

[99] 杨兆升. 城市交通流诱导系统理论与模型[M]. 人民交通出版社,2000:130-147

[100] 肖辉. 时间序列的相似性查询与异常检测[D]. 上海:复旦大学,2005

[101] 刘世元,江浩. 面向相似性搜索的时间序列表示方法述评[J]. 计算机工程与应用,2004,27:53-59

[102] 王晓晔. 时间序列数据挖掘中相似性和趋势预测的研究[D]. 天津:天津大学,2003

[103] 马寿峰,李艳君,贺国光,城市交通控制与诱导协调模式的系统分析[J],管理科学学报,2003 年 03 期,45-52

[104] 徐立群,城市交通流诱导与控制一体化理论和模型研究[D],吉林大学,2000. 12-17

[105] 保丽霞,杨兆升,朱国华,交通信号控制与交通流诱导的多级协同运作机理分析,第六届全国交通运输领域青年学术会议[C],2005. 8,697-700

[106] M. J. Smith and T. Van Vuren. Traffic equilibrium with responsive traffic control [J]. Transportation Science, Vol. 27, No. 2, 1993, 118-132

[107] Y. Sheffi. and W. B. Powell. Optimal signal settings over transportation networks [J]. Journal of Transportation Engineering, Vol. 109, No. 6, 1983, 824-839

[108] M. J. Smith. Traffic signals in assignment [J]. Transportation Research, Vol. 19B, No. 2, 1985, 155-160

[109] M. J. Smith, T. Van Vuren, B. G. Heydecker and D. Van Vliet. The interactions between signal control policies and route choice[C]. Proceedings of the Tenth International Symposium on Transportation and Traffic Theory, 1987, 319-338

[110] Gartner, Nathan H, Stamatiadis. Integration of dynamic traffic assignment with real-time traffic adaptive control system[J], Transportation Research Record, -1998 (1644): 150156

[111] D. Vanderbilt and S. G. Louie. A Monte Carlo simulated annealing approach to optimization over continuous variables [J]. Journal of Computational Physics, Vol. 56, 1984, 259-271

[112] 李瑞敏,史其信. 基于多智能体系统的城市交通控制与诱导集成化研究[J],公路交通科技,2004 年 05 期,15-19

[113] 魏连雨. 李巧茹. 城市交通系统的可协调发展[J],河北工业大学学报,1998 年 03 期,55-62

[114] T. Van Vuren and D. Van Vliet. Route Choice and Signal Control: The potential for Integrated Route Guidance[C]. Athenaeum Press Ltd, Newcastle, Great Britain, 1992. 1566

[115] Amalia Polydoropoulou, Moshe Ben-Akiva, and Isam Kaysi, Influence of Traffic Information on Drivers' Route Choice Bebavior[M], National Academy Press Washington, D. C. , 1994, 259

[116] Randolph W. Hall. Route Choice and Advanced Traveler Information Systems on a Capacitated and Dynamic Network[J]. Transpn Res. -C, Vol. 4, No. 5, 1996, 289-306

[117] Merchant D. K. and Nemhauser G. L. A Model and An Algorithm for the Dynamic Traffic Assignment Problems[J]. Transportation Science, 1978(a), 12, 183-199

[118] Merchant D. K. and Nemhauser G. L. Optimality Condition for a Dynamic Traffic Assignment Model[J]. Transportation Science, 1978(b), 12, 200-207

[119] Carey M. Optimal Time-Varying Flows on Congested Networks[J]. Operation Research, 1987, 35, 58-69

[120] Carey M. Nonconvexity of the Dynamic Assignment Problem [J]. Transportation Research, 1992, 26B, 127-133

[121] Jonson B. N. Dynamic Traffic Assignment for Urban Road Networks[J]. Transportation Research, 1991, 25B, 143-161

[122] Jonson B. N. and Roble J. Dynamic Traffic Assignment with Arrival Time Costs [C]. Proceeding of 12th International Symposium on Transportation and Theory, Elsevier science, Amsterdan, 1993, 127-146

[123] Jonson B. N. and Robles J. A Quasi-Continuous Dynamic Traffic Assignment Model. Transportation Research Record 1493[J], TRB, National Research Council, Washington D. C. 1995, 55-59

[124] 黄海军，城市交通网络平衡分析理论与实践[M]，人民交通出版社，1994. 86-96

[125] 贺国光，马寿峰，论交通系统一体化[J]，交通运输系统工程与信息，第 3 卷，第 2 期，2003. 5，60-64

[126] 王浩，彭国雄，诱导条件下信号相位相序的控制策略[J]，上海公路 2001-1，37-40

[127] 陆化普，智能运输系统[M]，人民交通出版社，北京，2002. 66-69

[128] 徐岩宇，冯蔚东，贺国光. VRGS 与交通控制系统的一体化研究[J]. 公路交通科技，1997，9，24-28

[129] 杨兆升，徐立群，基于用户出行行为的动态用户最优模型[J]，公路交通科技，1998 年 12 月，39-41

[130] Jayakrishan R., Tsai W. K. and Chen A. A Dynamic Traffic Assignment Model with Traffic Flow Relationships [J]. Transportation Research, 1995, 3C, 57-72

[131] Friesz T. L., Luque F. J., Tobin R. L. and Wie B. -W. Dynamic Network Traffic Assignment Considered as a Continuous Time Optimal Control Problem [J]. Operation Research, 1989, 37, 893-901

[132] Friesz T. L. Transportation Network Equilibrium, Design and Aggregation: Key Developments and Research Opportunities [J]. Transportation Research, 1985, 19A, 413-428

[133] Friesz T. L., Bernstein D., Smith T. E., Tobin R. L. and Wie B. -W. A Variational Inequality Formulation of the Dynamic Network User Equilibrium Problem [J]. Operation Research, 1993, 41, 79-191

[134] 李艳君,基于博弈论的交通控制与诱导一体化模型的研究[D],天津大学硕士学位论文,2003.01

[135] 杨兆升.关于智能运输系统的关键理论——综合路段行程时间预测的研究[J].交通运输工程学报第1卷第1期.2001年3月

[136] 杨兆升,孙喜梅.实时动态路段行程时间预测的一种实用方法[J].公路交通科技2001年第2期.2001年4月

[137] 杨兆升,保丽霞,王彦新,刘新杰,城市交通流诱导与交通控制系统协同研究综述[J],中国科技论文在线,2005.09

[138] 张安训,一种博弈诱导方法及诱导与控制的时空协调模型[D],天津大学硕士学位论文,2004.02

[139] 孙建平,基于Agent的城市交通区域协调控制及优化研究[D],吉林大学博士学位论文,2004.06

[140] 杨兆升,王伟,李贻武,刘新杰,陈昕,基于信息协同的子区交通状态加权计算与判别方法[J],吉林大学学报(工学版),2007,37(03):0524-0527

[141] 杨兆升,李全喜,基于城市交通控制系统的动态车辆行驶路线选择的方法[J],公路交通科技,1999.03:33-36

[142] Iwao Okutani. Dynamic Prediction of Traffic Volume Through Kalman Filtering Theory [R]. Transportation Research,1984:1-11

[143] Davis Gary A. and Nihan Nancy L.. Nonparameteric Regression and Short-term Freeway Traffic Forecasting[J]. Journal of Transportation Engineering,1991,117(2):178~188

[144] Vythoulkas P. C.. Alternative Approaches to Short Term Traffic Forecasting for Use in Driver Information Systems[J]. Transportation and Traffic Theory,Elsevier Science Publishers,1993:485~505

[145] Smith Brian L. and Demertsky Michael J.. Short-term Traffic Flow Prediction: Neural Network Approach[R]. Transportation Research Record,Washington,D. C.,1993

[146] Dochy Thierry,Danech-Pajouh Mehdi and Lechevallier Yees. Short-term Traffic Forecasting Using Neuronal Network[J]. Theory and Application of Advanced Technology,1994:633-638

[147] 蹇峰.信息融合技术在先进的交通管理系统中的应用方法研究.吉林大学硕士学位论文.2002

[148] 杨兆升,蹇峰等.信息融合技术在智能交通系统中的应用研究综述.第二届北京国际智能交通(ITS)技术研讨暨技术与产品展览会论文集.2002年9月.北京

[149] 刘同明等.数据融合技术及其应用[M].国防工业出版社.北京.2000

[150] 燕颢.信息融合几种算法的研究.南京理工大学硕士学位论文.2003.3.1

[151] 袁军等.智能系统多传感器信息融合研究进展.控制理论与应用,Vol.11,No5.1994

[152] Zhaosheng Yang,Jinqiao Feng,Ge Gao,Lixia Bao. RESERCH ON MULTI-SENSOR TRAFFIC INFORMATION FUSION BASED ON KALMAN FILTERING THEORY

[C]. 11th ITS World Congress. Nagoya. 2004

[153] Knut Alfredsen, Bjørn Sæther. An object-oriented application framework for building water resource information and planning tools applied to the design of a flood analysis system. Environmental Modelling & Software 15 (2000) 215-224

[154] James H. Kell, Iris J. Fullerton, Milton K. Mills. Taffic Detector Handbook. FHWA of U. S, 1990

[155] Daniel. J. Daily, Patricia Harn, and Po-Jung Lin. ITS Data Fusion. U. S. Department of Transportation. 1996

[156] 郭伟,姚丹亚,付毅. 区域交通流特征提取与交通状态评估方法研究[J]. 公路交通科技, 2005,22(7):101-104

[157] 庄斌,杨晓光,李克平. 道路交通拥挤事件判别准则与检测算法[J]. 中国公路学报,2006,19(3):82-86

[158] 莫汉康,彭国雄,云美萍. 诱导条件下交通控制子区自动划分[J]. 交通运输工程学报, 2002,2(2):67-72

图书在版编目(CIP)数据

新一代智能化交通控制系统关键技术及其应用/杨兆升著．—北京：中国铁道出版社，2008.12
(智能交通系统(ITS)系统丛书)
ISBN 978-7-113-09525-3

Ⅰ.新…　Ⅱ.杨…　Ⅲ.交通运输管理-自动化系统-研究　Ⅳ.U495

中国版本图书馆CIP数据核字(2008)第201864号

书　　名：智能交通系统(ITS)系列丛书
新一代智能化交通控制系统关键技术及其应用
作　　者：杨兆升

策划编辑：殷小燕
责任编辑：殷小燕　　　　电话：51873147
封面设计：陈东山
责任校对：张玉华
责任印制：李　佳

印　　刷：北京鑫正大印刷有限公司
版　　次：2008年12月第1版　2008年12月第1次印刷
开　　本：787mm×960mm　1/16　印张：27.75　字数：568千
印　　数：1～3 000册
书　　号：ISBN 978-7-113-09525-3/U・2410
定　　价：50.00元
